·추·천·사·

우리 목회자에게 부여된 설교의 특권은 어떤 것과도 비교할 수 없는 영광이며 또한 어깨를 누르는 부담이기도 합니다. 어떤 이들은 진리보다도 설교를 멋지게 하려고 하기도 하고 본인의 성숙의 무게보다 더한 말들을 하려고도 합니다.

이런 때에 찰스 스윈돌 목사님의 신약 인사이트 시리즈가 나오게 된 것은 모든 목회자들을 위한 축복이라고 생각합니다. 그는 50년 가까이 사역을 하면서 단 한 번의 소란스러운 소문도 내지 않고 모든 교인에게 존경을 받은 목회자입니다. 탁월한 삶의 안목으로 진리를 발견하고, 가장 풍성한 언어로 본문의 강해를 전하는 목회자입니다. 그런가 하면 그는 가장 말씀을 잘 교육하는 달라스 신학교를 맡아 후학들을 교육하여 미국에서 가장 영향력 있는 신학교로 발전시켜나갔습니다.

이 책은 그의 50년 말씀 강해 사역의 결산입니다. 어렵고 난해한 설명이 아니라 진리에 대한 분명한 이해와 전 생애를 통해 입증한 진리의 말씀을 그만이 할 수 있는 언어의 연금술사적 표현으로 이 강해를 완성했습니다. 이 시리즈는 가볍고 빈약한 말씀으로 얼룩진 한국 교회의 강단에 풍성한 말씀의 은혜를 가져다줄 것입니다. 성경 본문을 다시 보게 만들고, 진리의 깊은 뜻에 목회자 자신이 먼저 은혜를 받게 하며, 전해야 할 메시지를 분명하게 정리해주는 가이드가 될 것입니다. 한국 강단에 말씀이 흥왕되기를 간절히 바라며 젊은 목회자뿐만 아니라, 말씀 앞에 오늘도 씨름하며 간절히 사모하는 모든 설교자에게 진심으로 이 책을 권합니다.

홍정길 목사_남서울은혜교회 원로 목사

찰스 스윈돌은 우리 시대 하나님의 선물입니다. 그는 가장 신실한 강해 설교의 모본을 보이신 분입니다. 그는 학자는 아니지만 언제나 본문에 성실한 설교자입니다.

그는 주석/ 석의의 기본을 중시하면서 본문을 강해하는 분입니다. 그러면서 탁월한 적용으로 우리를 삶의 마당으로 안내합니다. 이번에 도서출판 디모데가 『찰스 스윈돌의 신약 인사이트』 시리즈를 펴낸 것에 대해 한국 교회와 더불어 축하하며 기뻐하고 싶습니다.

그만큼 한국 교회 강단이 풍성해질 것을 기대하기 때문입니다. 설교자들은 옷을 팔아서라도 이 시리즈를 비치하고, 모든 성경 연구자는 새로운 재산 목록으로 이 시리즈를 추가하십시오. 이 시리즈가 오늘의 허약한 강단을 부요하게 하고, 위기에 처한 한국 교회를 살리는 보약이 될 것을 예감합니다. 진지하게 말씀을 묵상하는 모든 이에게 이 책은 우리 시대의 동의보감이 될 것입니다. 찰스 스윈돌이 이미 끼친 영향력보다 더 오래, 그리고 더 깊게 이 시리즈는 말씀을 연구하는 모든 사람의 길잡이가 될 것입니다.

함께 귀한 보화를 나누는 기쁨으로 이 책을 추천합니다.

이동원 목사_지구촌교회 원로 목사

찰스 스윈돌 목사님은 저 개인의 판단으로는 현재 생존하고 있는 설교자 가운데 최고의 설교자라고 늘 생각해왔습니다. 제가 미국에 거주했던 오랜 시간 동안 기회가 있을 때마다 스윈돌 목사님의 설교를 들으면서 하나님의 말씀이 얼마나 귀하고 위대한 진리인지를 강하게 느끼곤 했습니다. 특히 설교를 전달하는 그분의 능력은 누구와도 비교가 되지 않습니다. 사실 이러한 판단은 저만의 느낌이 아니고 그분의 설교를 들어본 전 세계 수많은 기독교인들이 같은 판단을 하고 있다고 생각합니다. 스윈돌 목사님의 설교는 거의 강해식 설교인데 성경 말씀의 현실적 가치를 남김없이 드러내줍니다. 설교자들이 본받아야 할 모델임에 틀림없습니다. 달라스 신학대학원 총장을 은퇴한 스윈돌 목사님은 달라스에 교회를 개척하신 후 오늘까지도 설교를 하고 계십니다. 그 설교 시리즈를 〈인사이트 포 리빙〉(Insight for Living)이라 부릅니다. 이번에 디모데에서 출판한 『찰스 스윈돌의 신약 인사이트』 시리즈는 그분의 설교를 주석 형태로 정리하여 출판한 것으로서, 비록 활자화된 책이 그분의 현장 설교를 그대로 반영할 수는 없겠지만, 그래도 그분의 탁월한 말씀 선포를 최대한 반영한 것이라 할 수 있습니다. 한국의 모든 목회자와 신학생과 한국 교회에 이 시리즈가 소중한 자료로 사용되어지고, 독자들에게 큰 은혜를 끼치게 될 것을 기대해마지 않습니다.

김상복 목사_세계복음주의연맹(WEA) 회장, 할렐루야교회 원로 목사

포스트모던 시대에 살고 있는 현대 크리스천들과 목회자들과 선교사들에게 있어서 가장 큰 취약점은 날이 갈수록 성경 말씀이 그들로부터 멀게 느껴진다는 사실이다. 찰스 스윈돌 목사님의 설교와 성경 강해는 이런 추세를 돌이키고도 남음이 있음을 지난 47여 년 동안 그의 설교를 듣고 하나님의 말씀이 주는 감동을 다시 찾은 미국 교회 회중들에 의해 충분히 입증된 바 있다. 이 『찰스 스윈돌의 신약 인사이트』 시리즈도 현대 한국 크리스천들과 목회자들과 선교사들로 하여금 말씀에 대한 이해와 적용을 할 수 있도록 도움으로써 다시 한 번 성경의 원저자가 의도했던 감동을 주기에 충분할 것이다.

성경 말씀이 처음 선포되었을 때 이를 들은 회중에게 일어났던 임팩트가 재현되기 위해서는 최소한 다음 두 가지 여건이 재조성되지 않으면 안 된다. 첫째, 하나님이 원래 의도하셨던 대로 그 의미(meaning)가 정확하게 전달되어야 한다. 둘째, 듣는 이들의 마음속에 말씀이 들어가서 하나님이 그 말씀을 통해 의도하셨던 일이 선명하게 드러나야 한다. 이럴 때 비로소 우리는 전해진 말씀이 자신들과 연관성(relevance)이 있다는 사실을 피부로 느끼게 될 것이다. 이를 다시 한국 상황에 맞게 정리하면 성경에 대한 이해와 아울러 이 말씀을 듣는 회중, 즉 한국 사람들의 마음에 대한 이해가 깊지 않으면 안 된다는 말이다. 이에 한 가지 중요한 요소를 더 보탠다면 이 둘 사이에 다리를 놓는 것, 즉 커뮤니케이션이 잘 되어야 한다는 것이다.

이 시리즈는 이 세 가지 모두를 탁월하게 이해한 이 시대의 가장 저명한 강해자 가운데 한 사람이 그의 전 생애를 건 결실이기도 하다. 이를 사용하는 한국 크리스천들과 목회자들과 선교사들에게도 다시 한 번 하나님의 말씀이 가슴속 깊이 파고들어가 원저자이신 성령이 의도하신 대로의 메시지에 따라 삶이 변화되며, 급기야 그 가치관과 세계관이 성경적이 되어 더 이상 얄팍한 크리스천이라는 비난을 받지 않게 되기를 간절히 기원하며 이 시리즈를 모든 사람에게 추천한다.

이태웅 목사_한국글로벌리더십연구원 원장

찰스 스윈돌 목사님은 우리 시대 최고의 목회자요 설교자로서 이미 수많은 저서를 통해 우리에게 잘 알려진 존경받는 저술가이기도 하다. 『찰스 스윈돌의 신약 인사이트』 시리즈는 목회자에게 유익을 주는 또 하나의 저서이다. 이 책은 목회자들의 설교나 성경 공부 준비에 아주 요긴한 좋은 지식을 제공하고 있어 대단히 유익하다.

김경원 목사_서현교회

"나는 성경 말씀을 고찰하고 선포하는 일에 중독되었다고 서슴없이 말할 수 있습니다." 이것은 찰스 스윈돌 목사님이 서문에서 고백한 내용이다. 그는 설교자로서 하나님의 말씀을 정확하고, 명료하고, 현실적이고, 통찰력 있게 전달하고자 애썼으며 이 일에 자신의 전 생애를 헌신했다. 이 책은 지난 50여 년 동안 설교하고 가르치면서 하나님의 진리를 이해하고 설명하고 적용한 귀한 책이다.

김병삼 목사_만나교회

찰스 스윈돌 목사님은 본문 주해와 적용에 탁월한 강해 설교자이다. 그에게는 원어로 말씀을 분석하는 지력과 말씀을 삶에 실제적으로 적용하는 통찰력이 있다. 그에게는 하나님의 말씀인 로고스(Logos), 그 말씀을 자신 있게 전하는 설교자의 에토스(Ethos), 그리고 열정과 헌신으로 가득한 설교자의 파토스(Pathos)가 있기에 이 시리즈가 말씀을 사랑하는 평신도와 목회자에게 큰 유익이 되리라 확신한다.

노창수 목사_워싱턴 중앙장로교회

찰스 스윈돌은 모든 사역자에게 존경을 받는 분입니다. 그분의 분명한 성경 강해와 실천적인 적용의 원리는 모든 곳, 모든 사람에게 깊은 영향력을 끼치고 있습니다. 이번에 디모데에서 출간된 『찰스 스윈돌의 신약 인사이트』 시리즈는 설교를 준비하는 신학생으로부터 담임목사에 이르기까지 매 주일 말씀을 선포하는 사역자들의 목마름을 해갈시켜줄 좋은 도움서입니다. 모든 분들의 일독을 적극 추천합니다.

박은조 목사_샘물교회

지난 반세기를 말씀을 전하는 일에 헌신해온 찰스 스윈돌 목사님은 과연 이 시대 가장 탁월한 설교자답게 모든 설교자를 위하여 대단히 귀한 선물을 준비했다. 설교자 치고 자료의 중요성을 모르는 사람이 어디 있을까? 이번에 그가 펴낸 이 새로운 시리즈는 어렵고 난해한 주석들과 너무도 평범한 설교집들 사이에서 방황하던 설교자들에게 마침표를 찍어줄 것이다.

박정근 목사_부산영안침례교회

내가 처음 강해 설교를 배운 후 연습을 위해 참고한 것이 찰스 스윈돌의 성경 공부였다. 그가 말씀을 묵상한 내용은 깊이도 있지만 적용의 포인트가 아주 신선했다. 무엇보다도 의사소통에 천재적인 능력을 보여주었다. 그는 자신이 강조하는 것처럼 성경 신학자는 아니다. 그럼에도 불구하고, 아니 그렇기 때문에 그의 성경 해석은 모든 사람에게 쉽게 전달이 된다. 이 시리즈는 성경을 공부하는 사람들에게 부담을 주지 않으면서도 실제적으로 많은 도움을 줄 것이다.

방선기 목사_직장사역연구소 소장

신약의 성경들과 관련된 주석들을 많이 읽어보았지만 찰스 스윈돌 목사님의 시리즈만큼 인사이트풀한 책은 없었습니다. 방대한 자료를 제시하며 깊이 있게, 여러 가지 관점으로 볼 수 있도록 인도하는『찰스 스윈돌의 신약 인사이트』시리즈는 신기할 정도로 한결같이 친절하고 생생한 언어를 사용해 성경의 원저자들을 만난 것 같은 기분을 느끼게 합니다. 가르치는 사람이라면 꼭 읽고 공부하시기를 권합니다. 다만, 이 책을 펼치시기 전에 조심해야 할 일이 있습니다. 이 책을 읽는 사람이라면 누구나 이 시리즈의 전도사가 될 것이기 때문입니다.

서정인 목사_한국컴패션 대표

명료하면서도 풍성한 표현, 정확하면서도 깊은 이해, 어렵지 않으면서도 부족함이 없는 성경 해석서가 있기를 바라왔는데 주님은 그런 축복을 찰스 스윈돌 목사님을 통해 우리에게 주셨습니다. 훌륭한 목회자로, 탁월한 설교자로서 그의 47년 목회 사역의 귀중한 자료들을 망라한 이 책을 말씀에 대한 갈증을 느끼는 모든 목회자, 특별히 설교를 준비하는 모든 설교자에게 진심으로 권합니다.

이찬수 목사_분당우리교회

오늘날 교계의 가장 빼어난 지도자 가운데 한 분으로 나는 주저 없이 찰스 스윈돌 목사님을 꼽는다. 그는 탁월한 지도력을 갖춘 목회자이고, 건강한 신학적 안목을 지닌 성경 강해자이며, 선명한 복음을 선포하는 설교자이다. 그러나 내가 그를 존경하는 진짜 이유는 말과 행실이 일치하는 그의 성숙한 신앙 인격 때문이다. 평생 스캔들 한 번 없이 수많은 사람들에게 거룩한 영향력을 미친 그의 47년 사역의 결정체가 책자로 출간되었다니 말할 수 없이 기쁘고 감사하다. 전통적 주석과 달리 성경을 통합적으로 꿰어내는 통찰력이 그의 라디오 사역인 〈인사이트 포 리빙〉(Insight for Living)을 연상시킨다. 이 보석 같은 책자를 모든 성도와 신학도와 설교자에게 자신 있게 추천한다.

정민영 선교사_WBT 부총재

찰스 스윈돌 목사님은 우리에게 잘 알려져 있는 목사님이다. 그가 가진 성경 공부와 강해 설교에 대한 탁월한 은사는 우리로 하여금 성경을 전체적으로 그리고 세밀하게 바라볼 수 있도록 도와준다. 그리고 그가 저술한 여러 책들은 누구나 성경을 바로 이해할 수 있도록 도와줄 뿐만 아니라 말씀을 삶에 적용하고 실천하는 데 대단히 훌륭한 가이드가 된다. 이번에 디모데에서 출판한 『찰스 스윈돌의 신약 인사이트』 시리즈는 목회자들의 설교 사역에 대단히 큰 도움을 줄 것이라고 확신한다.

정주채 목사_향상교회

드디어 기다리던 작품이 나오게 되어 기쁘다. 찰스 스윈돌, 그는 실천적 성경 해석가요 본문을 살아나게 하는 설교자이다. 그는 '그때 거기서' 주어졌던 말씀을 '지금 여기에서도' 적용되도록 실용적 인사이트를 준다. 특히 그는 어느 본문에서도 예수 그리스도가 나타나도록 설교의 절정을 이루는 원리와 비법을 자연스럽게 제시해준다. 그래서 말씀을 듣는 사람들을 부활의 능력으로 소생시켜준다. 이것이 그가 만들어내는 인사이트 주석의 핵심이다.

조봉희 목사_지구촌교회(서울)

본문에 대한 세밀한 통찰력과 시대를 읽어내는 예리한 지성이 청중을 사로잡는 수사학과 버무려진 책이다. 본문을 통하여 하나님의 음성을 읽어내는 영성과 그 음성을 청중의 삶에 적용하기 위한 찰스 스윈돌의 열정과 사랑이 집대성되었다. 이 책에는 천상의 소리를 지상의 소리로 만드는 비법이 고스란히 담겨 있다.

최명덕 목사_건국대학교 교수

『찰스 스윈돌의 신약 인사이트』 시리즈를 통해 찰스 스윈돌 목사님을 우리 개인의 서재로 초대하고, 그분과 함께 목회 동역자로 일할 수 있는 길이 가능해졌다. 성경에 대한 그분의 애정과 깊은 영성은 모든 목회자에게 엄선된 자료, 탁월한 분석과 요약, 놀라운 통찰력, 감동과 도전을 준다. 우리는 더 이상 성경 본문 속에서 방황할 필요가 없다. 왜냐하면 이제 성경의 핵심으로 바로 뛰어들어갈 수 있기 때문이다.

홍인종 목사_장로회신학대학원 교수

찰스 스윈돌의 신약 인사이트 시리즈

사도행전

Swindoll's Living Insights NT Commentary #5: Acts

※본문의 성경은 한글개역개정을 사용하였습니다. 별도의 경우 따로 표기해두었습니다.

찰스 스윈돌
신약 인사이트 시리즈

윤종석 옮김

SWINDOLL'S NEW TESTAMENT INSIGHTS

ACTS

사도행전

디모데
Timothy Publishing House

차례

■ 지도·도표·사진과 보충설명 목록

머리말

60년이 넘도록 나는 성경을 애독해왔습니다. 성경을 향한 그 사랑에 내가 해병대 복무 중에 받은 복음 사역으로의 부르심이 더해져 나는 달라스 신학교에 입학하게 되었습니다. 그 4년 동안 나는 하나님의 말씀을 사랑하는 훌륭한 하나님의 사람들 밑에서 수학하는 특권을 누렸습니다. 그분들은 무오한 하나님의 말씀을 추앙하고, 신중하게 가르치며, 열정적으로 설교하고, 행동으로 실천하는 모범을 보여주었습니다. 나는 내 것이라고 선포된 위대한 유업에 대해 하나님께 감사하지 않고 보낸 주가 한 주도 없었습니다! 하나님의 진리를 이해하고 설명하고 적용하는 일에 이토록 헌신하도록 나를 키워준 그 훌륭한 신학자들과 멘토들에게 나는 영원한 빚을 지고 있습니다.

45년 이상을 나는 이 일에 정진해왔습니다. 그리고 얼마나 이 일을 사랑하는지 모릅니다! 고백하건대 나는 성경 말씀을 고찰하고 선포하는 일에 중독되었다고 서슴없이 말할 수 있습니다. 그렇기 때문에 이 시리즈–특히 하나님이 기록하신 말씀 속에 담겨진 진리를 설명하고 이해를 돕는–는 내 삶에서 매우 중요한 의미를 가집니다. 오랜 세월 힘을 다해 성경을 성실하게 연구하면서 발견한 소중한 서적들을 모아 널찍한 서재를 만들었습니다. 생의 마지막 날까지 내 인생의 가장 중요한 목표는 하나님의 말씀을 정확하고, 명료하며, 현실적이고, 통찰력 있게 전달하는 것입니다. 찾아볼 수 있는 많은 정보가 담겨진 신뢰할 만한 서적들이 없었다면 나의 작업은 몇 십 년 전에 '고갈'되어버렸을 것입니다.

내가 가장 많이 그리고 즐겨 사용한 책들은 성경의 본문을 더 잘 이해하는 데 유용한 책들입니다. 대부분의 주석가들이 그렇듯이 나는 끊임없이 나의 재능을 연마하고 더 날카롭게 해줄 문헌들을 찾고 있습니다. 다시 말해서, 복잡한 것을 단순하고 이해하기 쉽게 만들어주고, 내가 살고 있는 21세기 세상의 관점에서 신성한 진리와의 관련성을 볼 수 있게 해주는 통찰력 있는 해설과 눈으로 보는 듯한 생생한 서술을 제공하며, 그 진리들을 내가 쉽게 잊지 못하도록 마음속 깊이 새겨주는 자료들을 찾는다는 뜻입니다. 그런 책을 발견하면 나는 그것을 손에서 놓지 않고 탐독한 후에 나중에 다시 찾아보기 위해 내 서재에 보관합니다. 그리고 정말로, 나는 자주 그 책들을 찾아봅니다. 신선한 통찰이 부족하거나 적합한 이야기나 예화가 필요할 때, 또는 본문 해석이 잘 풀리지 않아 빠져나올 방법을 찾을 수 없을 때 찾아볼 수 있는 자료들이 있다는 게 얼마나 다행인지 모릅니다. 열정적인 주석가들에게 서재는 반드시 있어야 합니다. 나의 멘토 중 한 분이 이런 말을 한 적이 있습니다. "도대체 다른 어디에서 자네 손바닥에 만 명의 교수들을 올려놓을 수 있겠나?"

최근에 나는 내가 방금 설명한 것과 같은 충분한 자료들이 턱없이 부족하다는 사실을 알게 되었습니다. 그리고 문제를 한탄하기보다는 내가 그 해답의 일부가 되자는 생각을 품게 되었습니다. 그러나 그 해답은 큰 임무를 떠맡는 것이 될 터였습니다. 신약의 모든 책과 편지들을 망라하는 저술 작업은 너무나 벅차고 두렵게 느껴졌습니다. 그러나 내가 지난 50년이 넘도록 신약 성경의 대부분을 가르치고 설교했다는 사실을 깨달았을 때 안도감이 밀려왔습니다. 내 자료 파일들은 이 시대의 필요에 부응하는 새로운 의미가 보태어져 세상에 나가 주님의 신선한 말씀을 갈망하는 사람들의 삶에 적용되기를 기다리며 숨어 있던 메시지들에 대한 주석들로 가득했습니다. 이거면 됐다! 나는 그 모든 파일을 바탕으로 신약 주석을 집필하기로 계획을 세웠습니다.

직접 편집을 해준 마크 게이더(Mark Gaither)와 마이크 스비겔(Mike Svigel)의 지칠 줄 모르는 노고에 감사의 마음을 전합니다. 그들은 신약 성경 27권의 각 장과 구절들을 모두 섭렵하는 작업을 멋지게 해냈습니다. 그들은 원고를 성경 본문에 충실하고 흥미롭고 독창적이면서도 읽기 편한 문체로 다듬고 자연스럽게 내 목소리가 드러나게 해주었습니다. 그 과정을 지켜보는 것은 또 다른 즐거움이었습니다.

내가 50년이 넘도록 섬겨온 미국 여러 지역의 교인들에게도 깊은 감사를 드립니다. 매년 하나님의 메시지를 지키고 전달하는 소명을 수행하면서 그분들의 사랑, 지원, 인내 그리고 수많은 격려의 말을 들을 수 있었던 것은 행운이었습니다. 나는 목자로서 그 양 떼들을 이루 말할 수 없이 사랑했습니다. 또한 내가 지금 기쁨으로 섬기고 있는 텍사스 주 프리스코에 있는 스톤브라이어 교회(Stonebriar Community Church)의 양 떼들은 더더욱 그렇습니다.

마지막으로, 공부와 설교와 글쓰기에 중독된 나를 이해해준 아내 신시아(Cynthia)에게 감사합니다. 아내는 내가 이 일을 하는 것을 한 번도 반대한 적이 없습니다. 언제나 내가 최선을 다하도록 격려해주었습니다. 그녀의 애정 어린 지원과 더불어 35년이 넘도록 인사이트 포 리빙(Insight for Living)을 훌륭히 이끌어온 그녀의 헌신에 힘입어 "때를 얻든지 못 얻든지" 나의 소명에 충실할 수 있었습니다. 평생을 함께 사역하면서 형성된 동역자로서의 관계는 그렇다 치더라도, 나에 대한 그녀의 헌신이 없었다면 이 시리즈는 결코 시작되지 못했을 것입니다.

이 책에 당신의 손길이 닿을 수 있어서 그리고 궁극적으로 당신의 서가에 놓일 수 있게 되어서 정말 기쁩니다. 나의 끊임없는 기도와 바람은 이 책들이 당신이 성경을 공부하고 적용하는 데 유용하게 쓰이는 것입니다. 내가 오랜 세월에 걸쳐 깨달았듯이 당신 또한 하나님의 말씀은 시대를 초월하는 진리라는 사실을 깨닫는 데 이 책이 도움이 되기를 기도합니다.

"풀은 마르고 꽃은 시드나
우리 하나님의 말씀은 영원히 서리라"(사 40:8).

찰스 스윈돌(Charles Swindoll)
텍사스 주 프리스코

스트롱 번호 체계

찰스 스윈돌의 신약 인사이트 주석은 스트롱의 단어 연구 번호 체계를 사용하여 초보자와 경험자를 막론하고 성경 학도들이 성구사전, 사전, 신학사전 등 유익한 원어 자료를 더 신속하고 간편하게 찾아볼 수 있도록 했다. *Strong's Exhaustive Concordance of the Bible*을 통해 보편화된 스트롱 번호 체계는 대다수 성경 헬라어 및 히브리어 참고문헌에 쓰이고 있다. 고대 히브리어, 아람어, 헬라어 철자에 익숙하지 않은 이들도 해당 번호만 찾아보면 각 단어에 대한 정보를 바로 얻을 수 있다. 애매한 활용과 어형 변화의 사전적 형태를 신속히 찾아볼 수 있어 성경 원어를 아는 이들에게도 도움이 된다. (로고스 역간『개역개정 · 개역한글 비교 성구사전 스트롱 원어코드』를 참고하라–역주.)

본문에 헬라어 단어를 언급할 때마다 괄호 안에 스트롱 번호를 병기했다. 예컨대 '사랑'을 뜻하는 헬라어 단어 *agapē*(26)의 경우 스트롱 번호 체계와 연계된 모든 헬라어 자료에 같은 번호 26이 쓰인다.

간혹 본문에 히브리어 단어가 언급될 때도 있는데 스트롱 히브리어 번호는 헬라어 번호와는 완전히 별개로 앞에 H가 붙는다. 예컨대 '속죄소'를 뜻하는 히브리어 단어 *kapporet*(H3727)는 '속량하다, 선물로 호의를 얻다'는 뜻의 *kopher*(H3722)에서 파생되었다.

사도행전 인사이트

이 내러티브 전체를 통해 누가는 도전받는 교회, 성령이 이끄시는 교회, 승리하는 교회를 보여준다. 그러므로 누가의 목적은 역사적 사실에 기초하여 다음 사실을 예증하는 데 있다. 즉 교회는 새 언약을 맡은 하나님의 도구가 되었고, 성령이 교회를 인도하시며, 그 무엇도 자신의 교회를 세우시는 그리스도를 막을 수 없다. 사도행전은 하나님 나라에 관한 질문과 그리스도가 교회에 사명을 맡기시고 능력을 입히시는 장면으로 시작되어, 바울이 로마에 구금된 상태에서도 계속 "거침없이" "하나님의 나라를 전파"한다는 확언으로 끝난다(행 28:31).

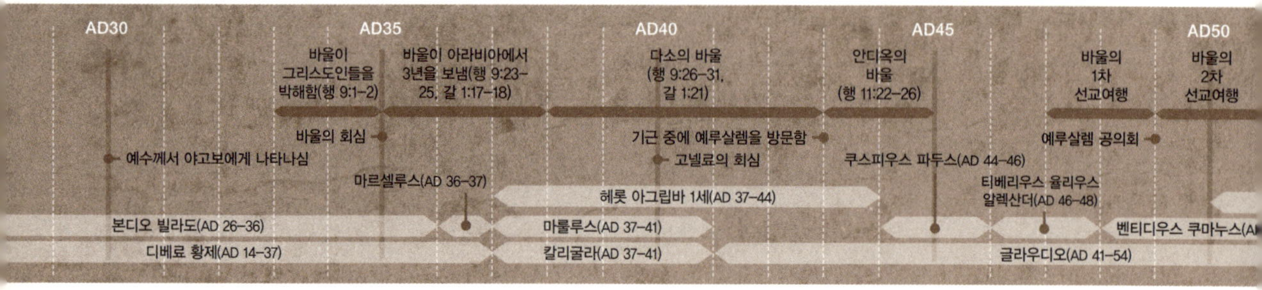

사도 시대의 로마 세계. 로마 제국은 시리아에서 스페인까지, 이집트에서 마케도니아까지 지중해 세계 전체에 걸쳐 있었다. 오순절 날 이후(2:1-47) 사도들과 동료들은 예수님을 믿음으로 구원받는 은혜의 기쁜 소식을 로마 세계 전역에 퍼뜨렸는데, 그 일이 이루어진 경위가 사도행전에 나와 있다.

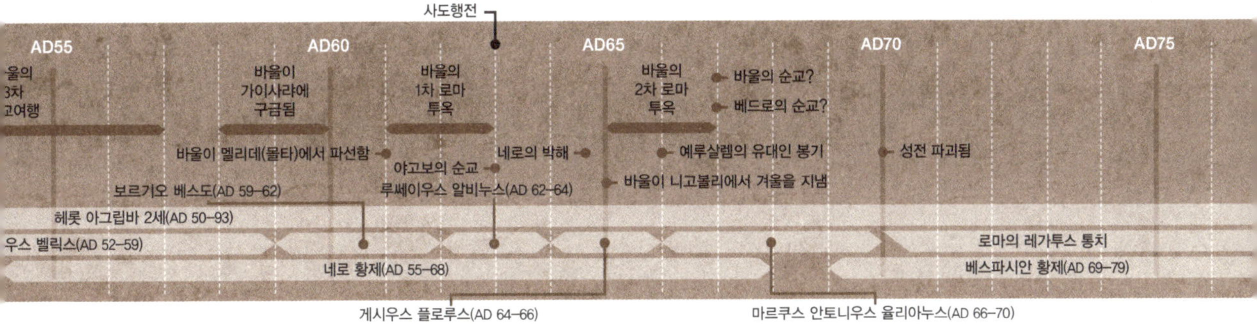

사도행전

서론

누가의 원문에서 사도행전에 기록된 맨 마지막 단어는 "거침없이"다. 그 말이 결어로 적합한 것은 1세기의 교회에 대한 이 사기(史記)의 중심 주제를 정확히 담아냈기 때문이다. 그렇다고 예수 그리스도를 통해 시작되어 그분을 따르는 이들을 통해 지속된 운동에 박해가 없었다는 말은 아니다. 오히려 사도행전에 기술된 박해는 아주 맹렬하고 치명적이어서 다른 기관 같았으면 금방 소멸되었을 것이다. 초대교회가 거침없었던 이유는 첫 신자들이 도전을 겪지 않아서가 아니다. 반대로 그들에게 닥쳐온 도전은 너무도 교활하고 특이하고 빈번하여, 인습적 지혜를 따랐다면 파멸만 재촉했을 것이다. "거침없이"란 그 무엇도 하나님의 목적을 이루는 교회를 막지 못한다는 뜻이다.

누가가 정확하고 상세하게 기록했듯이 1세기의 교회는 그 당시 알려진 세계의 거의 전역으로 퍼져나갔다. 하지만 정작 이 책의 초점은 어떤 개념이나 사건도 아니고 교회를 섬기고 이끈 사람들도 아니다. 사실 통상적 제목인 사도행전은 독자를 오도할 소지가 있다. 그 제목대로라면 이 책은 두 핵심 사도인 베드로와 바울의 행적을 주로 상술한 것이 된다. 비록 그 둘이 다수의 뛰어난 동료들 및 사역 조수들과 늘 긴밀하게 협력하기는 했지만 말

한눈에 보는 사도행전

단락	교회의 탄생	교회의 발흥
주제	**교회:** 태어나다 시험받다 정화되다 굳건해지다 능력을 입다	**복음:** 퍼지다 배가하다 삶을 변화시키다 전통을 깨다
핵심 용어	사도 깜짝 놀라다 증언 표적 기사	설교하다/ 선포하다 전도하다 제자 회개하다 할례
본문	1:1-7:60	8:1-12:25

교회의 확장	교회의 도전
증언: 시행되다 수용되고 거부되다 삶을 변화시키다 유대인과 이방인을 연합하다	**운동:** 시험받다 박해받다 변호되다 거침없다
토론하다/ 변론하다 널리 알리다/ 선포하다 권면하다/ 격려하다 갑자기/ 즉시 믿음	박해하다 엄숙히 증언하다 곧바로 고발하다 명령하다
13:1–20:2	20:3–28:31

이다. 더 적합한 제목은 '성령행전'일 것이다. 성령 충만한 사역 동료 중 하나였던 의사 누가는 진실을 색색의 깨어진 자기(瓷器) 조각처럼 모아 거대한 모자이크를 맞추어, 하나님이 친히 계획대로 역사하여 세상을 구속(救贖)하시고 변화시키시는 과정을 보여준다.

사도행전은 하나님에 대한 그리고 그분과 세상의 관계에 대한 이야기의 일부이니만큼, 전체 구속사에서 이 책이 차지하는 자리를 알면 도움이 된다. 작고한 전도자 빌리 선데이(Billy Sunday)는 자신이 경험한 성경을 일인칭의 절절한 그림 언어로 이렇게 묘사했다.

> 22년 전에 나는 성령의 인도하심에 따라 기독교의 경이로운 신전에 들어갔다. 창세기의 입구로 들어서서 구약의 화랑을 쭉 걷노라니 노아, 아브라함, 모세, 요셉, 이삭, 야곱, 다니엘의 그림이 벽에 걸려 있었다.
>
> 시편의 음악실로 옮겨가니 성령이 자연의 건반을 훑어 나가셨다. 하나님이 지으신 거대한 파이프 오르간의 건반이 이스라엘의 감미로운 음유 시인인 다윗의 하프 선율에 감응하는 듯했다. 전도서의 방에서는 전도자의 목소리가 들렸고, 샤론의 온실로 가니 골짜기에 핀 백합화의 은은한 향내가 내 삶을 향기로 가득 채웠다. 잠언의 사무실을 거쳐 선지서의 전망대로 가니 여러 가지 크기의 망원경이 있어 먼 훗날의 사건을 보여주는데, 모두 밝은 새벽별에 집중되어 있었다. 장차 달빛이 조요한 언덕에 떠올라 우리를 구원할 새벽별이었다.
>
> 만왕의 왕의 접견실로 들어가니 마태와 마가와 누가와 요한의 관점으로 그분의 영광이 보였고, 사도행전으로 건너가니 성령이 역사하여 신생 교회를 빚고 계셨다. 서재에는 바울과 베드로와 야고보와 요한이 앉아 편지를 쓰고 있었다. 마침내 들어선 요한계시록의 알현실은 찬란한 봉우리들보다 훨씬 높았고, 모든 영광 가운데 보좌에 앉으신 왕이 보였다. 내 입에서 찬송이 터져 나왔다.
>
> 주 예수 이름 높이어
> 다 찬양하여라
> 금 면류관을 드려서
> 만유의 주 찬양![1]

사도행전은 하나님이 계획하신 구속의 전체 내러티브에서 중대한 역할을 한다. 구약의 하나님은 인류에게 자신을 소개하시되 우선 이스라엘과 언약을 맺고 예수 그리스도를 예고하신다. 마태, 마가, 누가, 요한의 복음서에는 신인(神人)이신 예수님이 오셔서 구약의 언약을 성취하고 인류와 새 언약을 맺으시는 이야기가 나온다. 하나님은 이 새 언약을 선지자 예레미야를 통해 이렇게 약술하셨다.

> 여호와의 말씀이니라 보라 날이 이르리니 내가 이스라엘 집과 유다 집에 새 언약을 맺으리라 이 언약은 내가 그들의 조상들의 손을 잡고 애굽 땅에서 인도하여 내던 날에 맺은 것과 같지 아니할 것은 내가 그들의 남편이 되었어도 그들이 내 언약을 깨뜨렸음이라 여호와의 말씀이니라 그러나 그날 후에 내가 이스라엘 집과 맺을 언약은 이러하니 곧 내가 나의 법을 그들의 속에 두며 그들의 마음에 기록하여 나는 그들의 하나님이 되고 그들은 내 백성이 될 것이라 여호와의 말씀이니라 그들이 다시는 각기 이웃과 형제를 가리켜 이르기를 너는 여호와를 알라 하지 아니하리니 이는 작은 자로부터 큰 자까지 다 나를 알기 때문이라 내가 그들의 악행을 사하고 다시는 그 죄를 기억하지 아니하리라 여호와의 말씀이니라(렘 31:31-34).

사도행전은 새 언약의 출범을 기록하고, 예수님의 죽음과 부활 후 첫 30년 동안 새 언약의 공동체가 경이적으로 성장하는 과정을 추적한다.

성경 속 사도행전의 위치

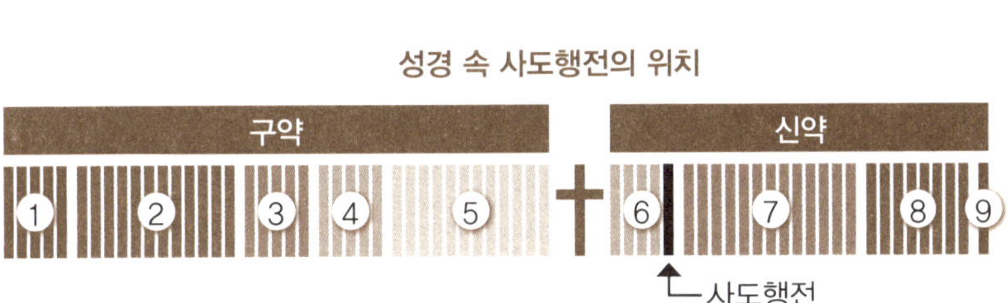

1. 모세오경(5권)
2. 역사서(12권)
3. 시가서(5권)
4. 대선지서(5권)
5. 소선지서(12권)

구약 39권

6. 역사서(5권)
7. 바울 서신(13권)
8. 일반 서신(8권)
9. 예언서(1권)

신약 27권

사도행전의 목적

현재 신약의 책들은 마태복음, 마가복음, 누가복음, 요한복음, 사도행전, 로마서 등의 표준화된 순서로 되어 있어 누가복음과 사도행전이 나뉘어 있다. 그러나 본래 사도행전은 별개의 문서로 읽도록 되어 있는 게 아니라 누가의 2부작 중 제2권이다. 2부작의 첫 책인 누가복음은 그리스도의 생애에 대한 역사적 기록이다.

그럼에도 사도행전이 복음서 다음에 놓인 것은 적절하다. 이 책은 예수님의 지상 사역 이후의 시기를 수록한 전환기의 책이며, 그때부터 교회는 사도들의 소중한 기록물을 받았다. 그래서 신약에서 누가의 두 번째 저작의 위치는 복음서 이후이자 서신서 이전이다. 역사상 어느 때와도 달랐던 그 시대에 하나님은 하실 말씀이 많았으나 선지자 개개인을 통해서보다 성령 충만한 신생 공동체를 통해 더 많이 말씀하셨다.

누가는 제1권처럼 제2권도 "데오빌로"에게 헌정했는데 그의 정체는 수수께끼로 남아 있다(눅 1:3, 행 1:1). 이름의 뜻은 "하나님을 사랑하는 자"이며 누가의 후원자를 가리키는 별명일 수도 있다. 고대의 부유층은 대개 자신의 이익을 도모하고자 역사의 기술(記述)을 위임하곤 했다. 예컨대 가장(家長)은 신빙성 있는 족보를 남겨 작호를 주장하거나 가문의 위상을 높이고자 했다. 조상의 누명을 벗기거나 집안의 업적을 칭송하려고 역사의 기술을 위임하기도 했다. 다시 말해 후원자가 역사가를 고용하여 다른 사람에게 읽힐 연혁을 기록하게 한 데는 그만한 이유가 있었다. 누가의 경우 첫 책의 목적을 이렇게 밝혔는데 아마 후원자의 취지가 반영되었을 것이다. "이는 [예수에 대하여] 각하가 알고 있는 바를 더 확실하게 하려 함이로라"(눅 1:4). 그러므로 충분히 단언할 수 있는 것은 데오빌로가 누가에게 위임하여 예수님의 생애를 조사하게 했고, 또 장차 교회의 신앙을 떠받칠 진실을 꼼꼼히 기록하게 했다는 것이다.

제2권의 목적도 강조점만 약간 다를 뿐 필시 제1권을 그대로 따랐을 것이다. 어쩌면 교회에 닥친 여러 새로운 도전이 계기가 되었을 것이다. 그래서 데오빌로는 누가에게 위임하여 그리스도의 몸 된 교회의 발흥과 확장을 시간 순서대로 기록하되, 성령의 역할을 특별히 강조하면서 다음과 같은 단골 주제에 중점을 두게 했을 수 있다. 즉 엄청난 박해에도 불구하고 교회가 "거침없이" 성장했다는 사실이다.

여러 훌륭한 주석가들이 사도행전의 목적에 대해 신빙성 있는 입장을 내놓았다. F. F. 브루스(F. F. Bruce)는 누가를 변증의 선구자로 보았다. 믿지 않는 비판자들을 통해 확산된 오해와 와전에 맞서, 누가가 그리스도인들을 변호했다는 것이다.[2] 그가 이런 견해에 도달한 이유는 사도행전에 그려진 교회가 다분히 억울한 비난과 부당한 대우를 당한데다 바울이 세상 법정에 출두하는 부분에 특별한 관심이 쏠려 있기 때문이다. 윌리엄 바클레이(William Barclay)는 "누가의 전체 취지는 기독교의 확장을 보여주는 것이었다. 팔레스타인의 작은 구석에서 시작된 종교가 어떻게 불과 30여 년 만에 로마에까지 이르렀는지를 예증하는 것이었다"고 역설했다.[3] 그런가 하면 몇몇 주석가는 복음서에 밝혀진 누가의 목적을 지적하면서, 박해 때문에 신앙이 흔들리던 많은 교인에게 사도행전이 그리스도가 결코 그분의 교회를 무너지게 두지 않으신다는 확신을 주었다고 말했다.

나로서는 이런 입장들을 받아들이기가 어렵다. 박해는 1세기의 교회를 위협한 많은 시련 중 하나에 불과한데 박해 문제에 과도히 집중하기 때문이다. 이 내러티브 전체를 통해 누가는 도전받는 교회, 성령이 이끄시는 교회, 승리하는 교회를 보여준다. 그러므로 내가 보기에 누가의 목적은 역사적 사실에 기초하여 다음 사실을 예증하는 데 있다. 즉 교회는 새 언약을 맡은 하나님의 도구가 되었고, 성령이 교회를 인도하시며, 그 무엇도 자신의 교회를 세우시는 그리스도를 막을 수 없다. 사도행전은 하나님 나라에 관한 질문과 그리스도가 교회에 사명을 맡기시고 능력을 입히시는 장면으로 시작되어(행 1:6-8), 바울이 로마에 구금된 상태에서도 계속 "거침없이" "하나님의 나라를 전파"한다는 확언으로 끝난다(28:31).

사도행전의 저자

누가는 초대 교회의 이야기에서는 비중이 작은 인물이지만 교회 역사에는 중대한 인물이다.[4] 그를 구레네 사람 루기오(13:1)로 보는 견해도 있는데, 루기오는 바울과 바나바를 1차 선교여행에 파송했던 수리아 안디옥의 주요 장로 중 하나였다. 교회의 초창기인 그때에 누가가 안디옥에 있었다고 보는 전통들이 있으나 이 이론을 뒷받침할 확실한 증거는 거의 없다. 사도행전을 액면 그대로 본다면 누가는 당대의 가장 영향력 있던 이방인 교회의 지도급 인사가 아니라, 바울의 전도 팀에 나중에 합류한 것으로 보인다(누가의 정체에 대한 자세한 논의는 본 인사이트 시리즈의『누가복음』서론을 참고하기 바란다[5]).

신약에 등장하는 누가

사도행전 16:10–17[6]	골로새서 4:14
사도행전 20:5–21:18	디모데후서 4:11
사도행전 27:1–28:16	빌레몬서 1:24

사도행전에서 누가는 세 곳의 긴 본문에 "우리"라는 대명사를 썼다. 추측컨대 "그들"로 썼을 때는 자신이 그 자리에 없었다는 뜻일 것이다. 이 가정에 근거해서 보면 누가는 2차 선교여행 중 한동안 바울을 만났다가 3차 선교여행의 뒷부분에 가서야 그와 재회했다. 그 후 바울이 예루살렘에서 로마로 갈 때도 누가는 처음부터 끝까지 동행했다.

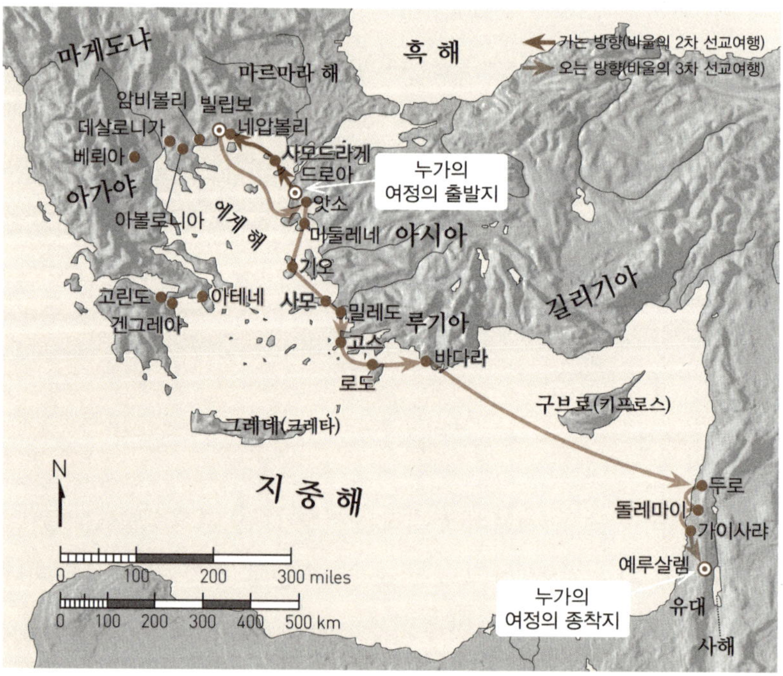

바울과 함께한 누가의 여행. 누가가 바울을 만난 것은 바울의 2차 선교여행 중이었다. 그때 바울은 그를 빌립보에서 일하도록 남겨두었다. 그 후 누가는 바울이 3차 선교여행을 마치고 예루살렘으로 돌아갈 때 다시 합류했다.

누가가 바울 일행을 만난 것은 그들이 2차 선교여행 중에 드로아에 머물고 있었던 때로 보인다. 복음을 들고 로마의 성(省)인 비두니아, 아시아, 무시아로 들어가려던 이들 팀은 성령이 막으시자 한동안 그 항구 도시에 남아 다음 행보를 구상했다(16:6-8). 누가는 신자로서 바울을 만났을 수도 있고, 드로아에서 바울의 인도로 믿게 되었을 수도 있다. 그 일에 대해 누가는 말이 없다. 분명한 것은 바울 일행이 마게도냐와 그리스 쪽으로 경로를 바꾸기로 했을 때 누가도 드로아에서 빌립보까지 여정의 첫 구간에 동행했다는 것이다. 그는 바울과 실라가 매를 맞고 투옥되는 것을 목격했고(16:22-40), 의사로서(골 4:4) 당연히 나서서 그들의 상처를 치료해주었을 것이다. 팀이 데살로니가와 그리스로 떠날 때 누가는 빌립보에 남았는데, 이는 바울을 만나기 전에 그의 거주지가 거기였기 때문일 수 있다.

3차 선교여행 때 바울 일행은 그리스로 가는 길에 빌립보를 경유했으나 이때도 누가가 합류하지는 않았다. 그리스에서 몇 달간 사역한 뒤 바울은 고린도 인근의 항구 도시인 겐그레아에서 배편으로 곧장 귀국할 예정이었으나 그를 죽이려는 음모 때문에 계획이 변경되었다. 행여 있을지 모를 자객을 따돌리려고 그는 일행에게 원래의 계획대로 겐그레아에서 배를 타되 행선지를 드로아로 바꾸게 하고, 자신은 거기서 그들과 재회하기로 했다. 한편 그는 오던 길을 되밟아 빌립보를 지나갔는데(행 20:2-5) 이때 누가에게 함께 가자고 청한 것이 분명하다. 두 번째 "우리" 본문에 따르면 누가는 예루살렘까지 바울과 동행했다. 알다시피 바울과 함께한 누가의 여행은 이번이 마지막이 아니다. 누가는 사도 바울의 생이 다하는 날까지 그의 곁을 지켰을 수 있다.

세 번째 "우리" 본문은 바울이 예루살렘에서 체포되어 헤롯 아그립바의 궁에 갇혀 있다가 로마로 이송되어 2년간 가택 연금 상태로 재판을 기다리던 궤적을 따라간다(27:1-28:16). 석방된 후 어디로 이동했는지는 아무도 확실히 모르지만, 그는 2년도 못 되어 다시 로마의 감옥에 투옥되었다. 감옥에서 최후를 준비하며 디모데에게 마지막 편지를 쓸 때 그는 누가만 곁에 있다고 언급했다(딤후 4:11).

사도행전의 구조

누가복음은 예수님의 지상 사역을 따라가되 나사렛과 갈릴리에서 시작하여(눅 4:14-9:50)

사마리아와 유대를 지나(눅 9:51–19:27) 마침내 예루살렘에 이르기까지(눅 19:28–24:12) 반경이 점점 좁아진다. 반대로 사도행전의 반경은 예루살렘에서 바깥쪽으로 점점 넓게 퍼져나간다. 부활하신 주께서 제자들을 마지막으로 만나셨을 때 그들은 "주께서 이스라엘 나라를 회복하심이 이 때니이까"(행 1:6)라고 여쭈었다. 아직도 그들은 예수님이 종교와 정치의 권력을 장악하여 범세계적 유대 제국의 지도자가 되시고 이를 통해 하나님이 온 땅을 다스리실 줄로 알았다. 그러나 예수님은 그들이 알고 있던 계획을 이렇게 바로잡아주셨다. "때와 시기는 아버지께서 자기의 권한에 두셨으니 너희가 알 바 아니요 오직 성령이 너희에게 임하시면 너희가 권능을 받고 예루살렘과 온 유대와 사마리아와 땅 끝까지 이르러 내 증인이 되리라"(1:7–8).

"예루살렘과 온 유대와 사마리아와 땅 끝까지"라는 지리적 강조점에 주목하라. 이렇게 친히 "감화하신 윤곽"을 따라 사도행전은 "예루살렘"(행 1–7장)에서 "온 유대와 사마리아"(행 8–12장)를 지나 "땅 끝"(행 13–28장)으로 확산된다.

지금도 계속되는 이야기

누가복음에 마지막으로 등장하신 장면에서 예수님은 구약을 길잡이 삼아 자신의 지상 사역을 요약하셨다(눅 24:44–49). 그분이 성경으로 예증하셨듯이 처음부터 하나님의 계획은 메시아가 자기 백성을 위하여 고난당하시고 사흘째에 죽음을 정복하시는 것이었다. 처음부터 그분의 계획은 모든 나라를 불러 죄를 회개하여 용서받게 하시고, 그분의 은혜로만 구원받음을 믿게 하시는 것이었다. 처음부터 예루살렘은 주께서 뜻하신 산 위의 빛이었고(참고 시 43:3, 마 5:14), 마침내 세계 전도의 시발점이 될 도시였다(사 43:10, 44:8, 행 1:8).

주님의 마지막 선포(눅 24:36–49)는 의미심장한 어휘와 표현이 매우 농후하여 사도행전의 많은 핵심 주제와 사건의 전조를 이룬다. 예컨대 영어 단어 '순교자'(*martyr*)는 '증인'[*martys*(3144), 눅 24:48, 행 1:8, 2:32]이라는 단어에서 유래했다. 무엇보다 사도들은 주님의 부활을 증언할 사람이었다(1:22). 이 단어에 '순교자'의 의미가 생겨난 것은 예수님의 죽음과 부활을 전한 일부 증인들이 복음의 메시지를 부인하느니 차라리 죽을 각오를 했기 때문이다(7:59–60, 12:1–2).

'내보내다'[*apostellō*(649), 눅 24:49, 행 3:20,26]는 뜻의 동사는 사도(*apostle*)와 어근이 같다. 하나님의 보내심을 받은 예수께서 성령을 보내셨기에(눅 24:49) 사도들도 이방인에게까지 보내심을 받을 수 있었다(행 26:17, 28:28).

"내 아버지께서 약속하신 것"(눅 24:49, 참고 행 1:4-5,8)은 머지않아 그들에게 "능력으로 입혀질" 성령을 가리킨다. 이 그림 언어는 정부 관리의 위임식에서 유래한 것이다. "위로부터"라는 말은 그들이 받은 위임과 능력의 출처가 하나님임을 밝혀준다(참고 4:13-20).

사도행전의 막이 오르면 새로 위임된 증인들 위에 성령의 능력이 번개처럼 임하고, 이때부터 그들은 기쁜 소식을 성전에서 담대히 전하고 가르친다. 이어 예수 운동은 예루살렘에서 그 주변 지역으로, 인접한 사마리아로, 갈릴리 바로 북쪽의 이방인 땅으로 그리고 마침내 로마 제국의 동부 전역으로 퍼져나간다.

누가의 책 제2권에는 깔끔하고 정연한 결말이 없다. 오히려 종결부는 사도 바울이 2년간 로마에 가택 연금을 당한 상태로 끝난다. 거기서 그는 모든 역경을 딛고 "하나님의 나라를 전파하며 주 예수 그리스도에 관한 모든 것을 담대하게 거침없이 가르"쳤다(28:31). 이는 제1권의 열려 있는 결말과 아주 비슷하다. 그때 그는 분명히 속편을 쓸 계획이었는데, 그 후 제3권도 쓰려 했는지는 알 수 없다. 바울은 로마의 동쪽 지역에 대한 사명에 마지막 작별을 고하고 서부의 변방으로 떠나 스페인에까지 가려던 꿈이 있었다(롬 15:23-28). 틀림없이 누가도 함께 다니며 모든 족적을 기록으로 남기고 싶었을 것이다. 하지만 그 바람은 실현되지 않았다.

누가의 집필 계획과 무관하게 내러티브는 성령의 뜻에 따라 제2권으로 끝났다. 내가 보기에 이런 미완의 결말은 우연이 아니다. 바울의 2차 투옥과 처형으로 이어진 네로의 박해를 누가는 예견하지 못했지만 하나님은 다 알고 계셨다. 주께서 일부러 이야기를 미완으로 두신 것은 아닐까? 120여 명에 이르는 첫 증인들이 예루살렘에서 예수께 위임받은 사명을 다른 사람들이 이어받되, 글로써가 아니라 삶으로써 완성하도록 말이다. 생각해보면 교회사를 종결지을 적절한 시점이란 존재하지 않는다. 지난 2천 년 동안 모든 세대의 신자들이 도전에 부딪히면서도 성령의 능력으로 대응하며 복음을 지켜왔다. 교회사를 계속 '쓰는' 임무는 그들을 거쳐 이제 우리 몫이 되었다. 지난 스무 세기 동안 그 무엇도 교회의 필연적 확장을 막을 수 없었듯이, 교회의 내러티브는 오늘도 거침없이 계속된다.

주

1. William A. Sunday, "Billy Sunday's Bible", *The Christian Advocate*, 제91권(New York: Hunt & Eaton, 1916), 890.
2. F. F. Bruce, *The Book of the Acts*, 개정판, The New International Commentary on the New Testament, Gordon D. Fee 편집(Grand Rapids:Eerdmans, 1988), 13.(『NICNT 사도행전』 부흥과 개혁사)
3. William Barclay, *The Acts of the Apostles*(Philadelphia:Westminster John Knox Press, 1966), xvii.[『바클레이 신약주석 시리즈 6:요한복음(하) · 사도행전』 기독교문사]
4. 누가복음과 사도행전에 누가가 저자로 명시되어 있지 않으나 신약 정경에 대한 2세기의 한 문헌에 그가 저자로 밝혀져 있다. 다음 책을 참고하라. Bruce M. Metzger, "The Muratorian Fragment", *The Canon of the New Testament:Its Origin, Development, and Significance*(Oxford: Clarendon Press, 1987), 305. (『신약정경 형성사』 기독교문화사)
5. Charles R. Swindoll, *Insights on Luke*(Grand Rapids: Zondervan, 2012).(『찰스 스윈돌의 신약 인사이트: 누가복음』 디모데)
6. 누가는 사도행전의 세 부분에 자신을 포함시켜 "그들"이라는 삼인칭 대신 "우리"라는 일인칭을 썼다.

교회의 탄생

사도행전 1:1–7:60

사도행전에서 다룬 시기는 역사상 어떤 시대와도 다르다. 히브리 민족이 이집트를 탈출할 때 온갖 재앙이 임하고 홍해가 갈라지고 쉐키나(*shekinah*)의 불기둥이 나타나고 하늘에서 만나가 내려왔듯이, 초대 교회에도 이후에 다시는 되풀이되지 않을 초자연적 사건이 많았다. 누가의 책 제2권이 시작될 때는 교회가 아직 존재하지 않았다. 그리스도를 따르는 이들 안에 거하실 성령은 아직 오지 않으셨고, 사도들은 아무런 능력과 용기와 권위와 방침도 없었다. 그런데 마지막 절에 가면 교회가 예루살렘에서 로마까지 제국 전역에 퍼져 있다. 사도행전 1장 1절부터 7장 60절까지에 기록된 교회사의 처음 몇 달 동안, 하나님의 권능이 영광스럽게 폭발하면서 일단의 평범한 남녀들이 초자연적 힘과 능력으로 하나님이 하실 수 있는 크기의 사명을 수행해나간다.

예수님이 말씀하셨듯이(눅 24:47, 행 1:8) 제자들은 예루살렘에서 사명에 착수하여, 예수님을 빌라도에게 넘긴 바로 그 종교 지도자들과 성전 당국자들 앞에서 새 언약의 메시지인 구속을 선포한다. 하나님이 계획하신 교회 성장의 이 첫 단계에서(1:8) 신자들은 모든 장애물을 극복하시는 하나님의 계획과 능력을 믿는 법을 배운다. 외부의 박해(4:1-31), 내부의 실패와 긴장(5:1-11, 6:1), 나아가 중요한 지도자들을 순교로 잃는 일(6:8-7:60) 등이 다 그런 장애물이다. 예수님을 따르는 이들의 고난 속에 그분의 기적적인 능력과 메시지가 나타난다.

예수님이 승천하신 지 며칠 만에 신자들은 그분이 약속하신 것의 첫 부분을 받았다. 성령님이 모든 신자 안에 충만하시자 그들은 능력을 입어 하나님의 구속 계획에서 저마다의 역할을 수행했다. 오순절 날 첫 신자들은 기적 같은 초자연적 능력으로 동족을 충격에 빠뜨렸고, 그 결과 수천 명의 유대인이 예수님을 메시아로 받아들였다. 새로 믿은 그들도 성령의 능력을 받고 증인이 되어, 성전에서 전도하며 예루살렘을 복음화했다. 조만간 예루살렘 교회는 굳건해지고 활기가 넘쳤다. 베드로와 요한이 든든한 리더십을 발휘하면서 산헤드린의 끊임없는 압박에도 불구하고 회중을 지도했다. 사울의 박해조차도 교회의 성장을 억제하기에 역부족이었으나 결국 스데반이 순교하면서 신자 공동체는 처음으로 심각한 타격을 입게 된다.

핵심 용어

ἀπόστολος [*apostolos*, 아포스톨로스] *(652)* '사도, 보냄 받은 자, 공식 사신, 관리'

동사 *apostellō*(649, '보내다, 임무나 권위를 위임하여 보내다')의 명사형으로 제국 전역에 공보(公報)를 전하거나 선언문을 낭독할 수 있는 정부의 공식 사신을 뜻했다. 이후의 그리스 종교와 철학에서는 이 용어가 신의 보냄을 받은 교사를 지칭하는 말로 쓰였다. 기독교에서는 특정한 사람들의 직무와 공식 자격을 아울러 칭하는 말이 되었다. '사도'로 불리려면 부활 후의 예수 그리스도를 직접 만나고, 다른 사람들에게 기쁜 소식을 전하라는 그분의 위임을 받은 사람이어야 한다.

ἐξίστημι [*existēmi*, 엑시스테미] *(1839)* '깜짝 놀라다, 무언가로부터 분리되다, 제정신을 잃다, 넋을 잃다'

문자적으로 '옮겨 놓아졌다'는 뜻이며, 은유적으로는 더는 자신을 통제할 수 없는 심리 상태를 가리킨다. 예수님 당시에 이 말은 흥분해서 '미쳤다'와 같은 식으로 과장법으로 쓰였다. 이보다 의미가 약한 단어로 누가는 *thaumazō*(2296)를 자주 썼는데 단순히 '깜짝 놀라다, 경이에 차다'는 뜻이다. *existēmi*가 심히 놀라 동요하는 사람을 더 생생히 묘사할 때 쓰였다.

θαυμάζω [*thaumazō*, 타우마조] *(2296)* '경악하다, 깜짝 놀라다, 기이히 여기다, 외경을 느끼다'

무언가에 대해 극도로 감명을 받거나, 외경심을 느끼거나, 심지어 불안을 느낀다는 뜻이며, 특히 모종의 신적 계시를 대면했을 때 쓰였다. 칠십인역에서 이 단어는 예배와 공경과 경탄을 나타내며, 대체로 '인간의 가능성을 초월하는 대상을 대면하는 종교 체험'을 가리킨다.[1]

μαρτυρία [*martyria*, 마르튀리아] *(3141)* '증언, 법정 증언, 증거'

'개인의 지식이나 신념에 기초한 확인 또는 입증'을 뜻하며[2] 흔히 법정 소송과 연관되어 쓰였다. 고대 법정에서 개개 증인이 확증하는 증언은 사실상 논박이 불가능한 것으로 간주되었다.

σημεῖον [*sēmeion*, 세메이온] *(4592)* '표적, 확인의 표시, 징표, 기적'

가장 기본적인 의미는 '다른 것의 참된 징후가 되는 무엇'이다. 도로 표지판은 여행자에게 전방에 무엇이 있는지를 정확히 알려준다. 헬라인들은 이 단어에 신의 뜻이나 초자연적 징조에 대한 물리적 표징이라는 특별한 의미를 부여했다. 예컨대 번개는 제우스의 뜻을 나타냈고, 천둥은 제우스가 곧 표적을 통해 말할 것이라는 전조로 통했다. 유대인들에게 '표적'은 특정한 선지자가 진정 하나님에게서 왔음을, 또는 그가 하나님의 영광이 물리적으로 현현한 것임을 가시적으로 확증해주었다.

τέρας [*teras*, 테라스] *(5059)* '기사, 전조, 징조, 기적'

단독으로는 쓰인 적이 없고 종종 *sēmeion*과 짝을 이루는 이 단어는 사람을 경악하게 하거나 놀라게 하는 무엇을 가리킨다. 비범한 사건을 나타낼 때가 많아, 훨씬 깊거나 중요한 일이 벌어졌거나 곧 벌어질 것임을 암시한다. 예컨대 아우구스투스는 밝은 혜성의 징조가 실제로 천국에 입성하는 자신의 양부 율리우스 카이사르의 영이라고 주장했다.

혁명 작전(사도행전 1:1–14)

1데오빌로여 내가 먼저 쓴 글에는 무릇 예수께서 행하시며 가르치시기를 시작하심부터 2그가 택하신
사도들에게 성령으로 명하시고 승천하신 날까지의 일을 기록하였노라 3그가 고난 받으신 후에 또한
그들에게 확실한 많은 증거로 친히 살아 계심을 나타내사 사십 일 동안 그들에게 보이시며 하나님 나
라의 일을 말씀하시니라 4사도와 함께 모이사 그들에게 분부하여 이르시되 예루살렘을 떠나지 말고
내게서 들은 바 아버지께서 약속하신 것을 기다리라 5요한은 물로 세례를 베풀었으나 너희는 몇 날이
못되어 성령으로 세례를 받으리라 하셨느니라

6그들이 모였을 때에 예수께 여쭈어 이르되 주께서 이스라엘 나라를 회복하심이 이 때니이까 하
니 7이르시되 때와 시기는 아버지께서 자기의 권한에 두셨으니 너희가 알 바 아니요 8오직 성령이 너
희에게 임하시면 너희가 권능을 받고 예루살렘과 온 유대와 사마리아와 땅 끝까지 이르러 내 증인이
되리라 하시니라

9이 말씀을 마치시고 그들이 보는데 올려져 가시니 구름이 그를 가리어 보이지 않게 하더라 10올
라가실 때에 제자들이 자세히 하늘을 쳐다보고 있는데 흰 옷 입은 두 사람이 그들 곁에 서서 11이르되
갈릴리 사람들아 어찌하여 서서 하늘을 쳐다보느냐 너희 가운데서 하늘로 올려지신 이 예수는 하늘
로 가심을 본 그대로 오시리라 하였느니라

12제자들이 감람원이라 하는 산으로부터 예루살렘에 돌아오니 이 산은 예루살렘에서 가까워 안식
일에 가기 알맞은 길이라 13들어가 그들이 유하는 다락방으로 올라가니 베드로, 요한, 야고보, 안드레
와 빌립, 도마와 바돌로매, 마태와 및 알패오의 아들 야고보, 셀롯인 시몬, 야고보의 아들 유다가 다
거기 있어 14여자들과 예수의 어머니 마리아와 예수의 아우들과 더불어 마음을 같이하여 오로지 기도
에 힘쓰더라

우리가 사는 세상은 지속적 진보와 부단한 변화를 통해 초고속으로 움직인다. 과거에는 다음번 과학 혁명이 이루어지기까지 수백 년이 걸렸으나 지금은 20년이 기본 단위다. 그중 대다수는 아예 뉴스거리가 되지도 못한다. 그냥 과학적 패러다임을 바꾸고 그와 더불어 우리 자신까지 바꾸어놓을 뿐이다. 수십 년 전까지만 해도 좋은 선진 기술 하나만으로도 신생 기업이 곧장 〈포춘〉(*Fortune*)지 선정 500대 기업으로 부상할 수 있었다. 지금은 2년마다 업계를 변화시키지 못하는 회사는 오래가지 못한다.

속사포같이 급변하는 문화 속에서도 교회는 살아남는 정도가 아니라 승승장구하고 있으니 얼마나 고무적인가! 이 놀라운 모험은 전통을 즐거이 고수하면서도, 접촉하는 모든

문화에 계속 변혁을 일으킨다. 그뿐 아니라 교회는 2천 년 동안 문화적으로 진화했음에도 불구하고 여전히 시의성이 있다. 이제는 고인이 된 스티브 잡스(Steve Jobs)는 "지도자와 따르는 이의 차이는 혁신에 있다"고 말했다.[3] 우리의 지도자는 세계 역사상 가장 창의적이고 진보적이며 적응력이 뛰어나고 혁신적이며 진취적인 분이고, 처음부터 이 기관과 함께해 오셨다. 사실 그분은 이 범세계적 사업을 출범하셨고 무수한 도전과 변화 속에서 지도자로 섬겨오셨다.

—1:1-2—

누가는 우선 자신의 복음서를 간략히 되돌아본다. 그의 내러티브가 분명히 끊겨 있다는 뜻이지만 그렇다고 간극을 메워야 할 만큼 큰 단절은 아니다. 그는 예수님의 생애가 독자들의 마음속에 여태 생생하리라 보았다. 그도 그럴 것이 누가는 갖은 노력을 다하여 인간 예수님이 메시아이실 뿐 아니라 인간의 몸을 입으신 하나님으로서 이 땅에 오셨음을 복음서에 담아냈다. 하나님은 인류에게 자신의 메시지를 보내시되 우리 같은 인간의 피와 뼈와 힘줄과 근육에 싸서 보내셨다. 그분은 30년이 넘도록 사람들 사이를 다니면서 설교하고 가르치며 병을 고치고 귀신을 쫓아내며 죽은 자를 살리셨다. 결국 그분은 십자가에서 죽어 무덤에 묻히셨다가 새로운 차원의 생명으로 부활하셨다. 누가가 말한 "무릇 예수께서 행하시며 가르치시기를 시작하심"(1:1)이란 바로 그것을 가리킨다.

"시작하심"이란 단어에 주목하라. 일은 아직 끝나지 않았다. 할 일이 더 있다. 그런데 2절에 보듯이 예수님은 승천하셨다. 우리가 죽을 때까지 또는 그분이 떠나시던 모습 그대로 구름을 타고 다시 오실 때까지(1:11) 우리는 그분의 얼굴을 볼 수 없다. 그렇다면 예수님은 친히 "시작하신" 일을 어떻게 다 마치실 것인가? "그가 택하신 사도들에게 성령으로 명하시고"(1:2)라는 말에 답의 전조가 들어 있다.

—1:3-5—

부활하신 예수님은 자신을 따르는 이들을 위로하며 40일을 지내셨다. 그들도 나름대로 단장의 아픔을 겪은 터였다. 그분이 십자가를 지시기까지 보내신 어두운 시간 동안 그들은 주님을 버렸다(막 14:50). 이어 그들은 있을 수 없는 일이 벌어지는 것을 지켜보며 공포에 질렸다. 자신들의 스승이요 주님이신 메시아가 죽으신 것이다! 무덤에서 돌아오신 그분은 우선 자신의 부활이 사실임을 입증하셔야 했다. 신화와 민속의 영향으로 그들은 유령을 믿었고, 또 교리적으로 영향을 미치던 바리새인들의 통상적 부활 개념 때문에 먼 훗날 의인과 악인이 함께 집단으로 부활할 것을 믿었다. 그런데 나머지 인류가 부활하기 이전에 메시아가 홀로 기적처럼 부활하셨다는 것이 아닌가? 그렇다면 종말에 벌어질 일에 대한 그들의 인식이 달라져야만 했다.

그러나 그리스도가 기적처럼 몸으로 부활하셨다는 사실을 받아들이는 일은 그들에게 많은 중대한 패러다임 전환 가운데 첫 번째에 불과했다.

그 40일 동안 예수님은 제자들을 만나 하나님 나라에 대한 잘못된 개념을 바로잡아주

세례(사도행전 1:5)

"너희는…성령으로 세례를 받으리라." 사도행전 1장 5절에 나오는 주님의 약속을 직역하면 그렇게 된다. 고대 문화의 사람들은 이 상징적 세례 의식에 담긴 의미를 알았지만 우리에게는 약간의 문화적, 역사적 정황이 필요하다.

고대 문화에서 세례 의식은 동화(同化)를 상징했다. 기관이나 단체는 신입 회원을 받아들일 때 모종의 액체 속에 그를 푹 담갔다. 대개는 물이었으나 많은 이교 의식의 경우 희생된 동물의 피를 썼다.[4] 따라서 공동체 "속으로 세례를 받은" 사람은 그 공동체와 연합하여 동화되었다. 웅덩이 속에 완전히 잠겨 있다 나온 입문자는 흠뻑 젖어 해당 액체가 뚝뚝 떨어졌다. 다른 모든 회원과 똑같은 물질로 뒤덮인 셈이다. 이렇게 단체 "속으로 세례를 받은" 사람은 그 공동체의 일원이자 신념의 대변자로 공인되었다. 따라서 권리, 혜택, 권한, 책임 등 회원의 신분에 수반되는 모든 것을 받았다.

유대교의 경우 신입 개종자는 우선 강습을 통해 히브리어를 배우고 히브리의 역사와 문화를 공부한다. 그 중 무엇보다 중요하게 모세 율법을 배운 뒤 정결한 물속에 잠기는 의식을 행했다. 즉 시험에 합격하면 남자는 할례를 받았고, 세례는 개종자 전원이 받았다. 세례는 히브리의 언약 공동체에 편입되기 전에 단번에 죄를 씻음받는다는 비유적 상징이었다. 유대교 "속으로 세례를 받은" 사람은 유대인으로 태어난 이들과 더불어 "언약의 자손"이 되었다.[5]

이러한 이방인의 세례 의식을 나중에 세례 요한이 새롭게 응용했다. 그는 유대인을 불러 회개의 세례를 받게 하면서 사실상 이렇게 말했다. "너희도 죄 때문에 하나님의 아브라함 언약 바깥에 있다. 부정한 존재다! 그러니 이방인처럼 세례를 받고 마치 처음인 것처럼 하나님께 나아와야 한다." 예수님은 요한이 시행한 물 세례에 뒤이어 결국 위로부터 초자연적 세례가 임할 거라고 말씀하셨다. 제자들은 성령 "속으로 세례를 받는다"는 개념이야 알았지만 거기에 함축된 의미를 다 알 수는 없었다. 적어도 아직은 아니었다. "성령 속으로 세례를 받으리라"는 말씀은 하나님의 초자연적 공동체의 일원이 되어 삼위일체 하나님의 권리, 혜택, 권한, 책임을 다 공유한다는 뜻이다.

시고 그들을 바른 궤도에 올려놓으셨다. 그분이 승천하실 즈음에는 그들도 진리를 아는 지식을 잘 갖추게 되었다. 그러나 안타깝게도 아직 능력은 없었다. 악이 지배하는 세상에서 능력 없는 진리가 이룰 수 있는 일은 미미하다. 어차피 주님은 그들을 무력한 상태로 보내실 뜻이 없었다. 그래서 그들에게 특별한 사건을 기다리라고 명하셨다. 그분이 쓰신 표현들에 제자들은 틀림없이 경악하고 놀랐을 것이다. "아버지께서 약속하신 것"(1:4)이 이미 누가복음에 여러 번 언급되어 있다.

- 세례 요한은 예수님이 "성령과 불로 너희에게 세례를 베푸실 것"(눅 3:16)이라고 말했다.
- 예수님은 인간 아버지들도 자녀에게 좋은 선물을 즐겨 준다고 말씀하시며 이렇게 반문하셨다. "너희가 악할지라도 좋은 것을 자식에게 줄 줄 알거든 하물며 너희 하늘 아버지께서 구하는 자에게 성령을 주시지 않겠느냐"(눅 11:13).
- 예수님은 제자들이 박해받을 것을 확언하시며 이런 약속도 함께 주셨다. "사람이 너희를 회당이나 위정자나 권세 있는 자 앞에 끌고 가거든 어떻게 무엇으로 대답하며 무엇으로 말할까 염려하지 말라 마땅히 할 말을 성령이 곧 그때에 너희에게 가르치시리라"(눅 12:11-12, 참고 눅 21:15).

"몇 날이 못 되어"(행 1:5) 제자들에게 하나님의 약속이 성취된다.

—1:6—

달라스 신학대학원에서 공부할 때 하워드 헨드릭스(Howard Hendricks) 박사님이 가르친 '성경공부 방법론'이라는 과목이 내 삶을 영영 바꾸어놓았다. 또 한 번의 잊지 못할 그 수업 시간에 교수님은 우리에게 사도행전 1장 8절을 꼼꼼히 읽고 50가지를 관찰하여 적으라고 했다. 이전에도 여러 학번의 학생들이 했던 과제였고 이후 그 신학대학원의 모든 졸업생도 마찬가지였다. 몇 시간째 그 구절을 노려본 끝에 드디어 오랜 세월 내가 놓쳤던 세부 사항 하나가 눈에 들어왔다. 말할 수 없이 중요한 "그러나"라는 짧은 단어였다. 문두에 자리한

이 접속사는 전후의 대조되는 내용이 무엇인지 찾아보라고 나를 다그치고 있었다(헬라어 원문과 저자가 사용하는 NASB에는 8절 맨 앞에 "그러나"가 있다-역주).

누가가 어떻게 사고했을지 그 흐름을 추적하여 근원으로 가보니 이런 질문이 있었다. "주께서 이스라엘 나라를 회복하심이 이때니이까"(1:6).

주님을 따르던 모든 이는 그분의 의제를 이해하느라 애를 먹었다. 그분께 지도자로 훈련받은 최측근 제자들도 다를 바 없었다. 그들은 평생 하나님 나라란 곧 이스라엘이라고 배웠다. 그들이 배워서 고대하던 메시아는 국운이 쇠하여 유다 지파로 오그라든 히브리 민족을 되살려 영광을 회복할 존재였다. 다윗과 솔로몬 이후 그들은 그런 영광을 본 적이 없었다. 그들은 왕관도 쓰고 대제사장의 예복도 입을 종교적, 정치적 지도자를 대망했다.

물론 이스라엘에 대한 하나님의 계획은 아직 끝난 것이 아니다. 장차 예수님이 구약의 모든 약속을 성취하실 것이다. 왕관과 대제사장의 예복은 다 그분의 것이며, 훗날 비유적으로만 아니라 말 그대로 그분이 입고 쓰실 것이다. 그러나 하나님 나라를 세우실 그분의 계획은 인간이 예상한 시기나 방식대로가 아니었다. 하나님이 약속을 성취하실 때는 언제나 우리의 예상을 초월하신다.

—1:7-8—

예수님이 제자들의 물음(1:6)에 하신 답은 인내하라는 부드러운 권고였다. 이런 말씀이나 같다. "마음을 느긋하게 먹어라. 하나님의 계획은 그분의 일정대로 전개될 것이며 그 무엇도 이를 막을 수 없다." 보다시피 그분은 장차 임할 나라에 대한 그들의 인식을 반박하신 것이 아니라 타이밍과 방법만 고쳐주셨을 뿐이다. 그분은 예루살렘에 군대를 소집하여 진군하지 않으실 것이다. 어쨌든 아직은 아니다(참고 계 19:11-21, 20:4). 외교나 음모로 국가를 장악하지도 않으실 것이고, 느부갓네살이나 알렉산더나 아우구스투스의 방식으로 나라를 확장하지도 않으실 것이다. "그러나…."

메시아는 장차 능력과 권세를 받아 전 세계를 다스리실 것이다(단 7:13-14, 계 11:15). "[그러나] 성령이 너희에게 임하시면 **너희가** 권능을 받고"(행 1:8, 강조 추가)라고 그분은 말씀하신다.

구약에서 성령의 능력은 왕과 제사장에게 국한되었고, 간혹 평민에게 임할 때는 주님이 무언가 비범한 일을 이루려 하시려는 것이었다. 성령 충만은 진기한 선물이었고 거의 언제나 한시적이었다. 그분은 특정한 목적을 위해 단시간 동안 특정한 개인 안에 충만하여 능력을 주다가 떠나셨다. 내주하시는 성령의 임재를 평생 누린 사람은 극소수이며 그중 하나가 세례 요한이다(눅 1:15). 그러므로 하나님의 영이 모든 신자 안에 거하실 거라는 발표는 상상할 수 없는 일로 보였다. 예수님을 따르던 이들은 이런 믿기 힘든 호사를 통 이해할 수 없었다.

그러나 성령이 모든 신자 안에 충만하여 능력을 주신다는 개념은 새삼스러운 것이 아니었다. 이미 수백 년 전에 하나님은 새 언약에서 새로운 차원의 나라가 출현할 것과 그러려면 모든 시민이 하나님의 마음을 품어야 함을 계시하셨다(렘 31:31-34, 겔 37:14, 욜 2:28-32). 태초부터 그분의 계획은 자기 백성에게 능력을 주어 그 나라의 시민으로서 그분의 명령을 수행하게 하시는 것이었다.

그런데 보다시피 그분이 그들에게 주신 것은 권능이다. 프로그램의 윤곽이나 자세한 전략을 주신 것이 아니다. 기업의 세계에서 익히 보듯이, 그런 거라면 세월의 시험을 이겨낼 수 없다. 하나님은 특정한 사업 모델을 내놓으신 것이 아니라 기관의 각 구성원에게 이를테면 CEO의 마음을 주셨다. 구체적인 전투 작전을 제시하신 것이 아니라 각 병사에게 장군이신 그분의 사명과 가치에 일치되게 사고하는 뇌를 주셨다. 주님은 그분의 나라 속으로 세례를 받게 하여 각 시민에게 능력을 주신다.

헬라어 단어 '권능'[*dynamis*(1411)]은 능력이나 역량을 가리킨다. 무언가를 능히 할 수 있다는 뜻이다. 구체적으로 해당하는 능력이나 역량은 상황에 따라 달라진다. 아주 무거운 물건을 드는 일이라면 '능력'은 신체적 힘이다. 적군을 물리치는 일이라면 노련한 장군의 '역량'이다. 주님이 약속하신 권능은 딱히 무어라고 정해져 있지 않다. 다시 말해 무엇이 필요하든 우리는 능력을 받아 하나님이 명하시는 일을 할 것이다.

이 권능은 결과를 낳는다. 마태복음 28장 19-20절에 주님은 "너희는 가서 모든 민족을 제자로 삼아"라고 명하셨다. 하지만 그것은 다른 날 다른 산에 모였을 때였다. 종말에 자신이 재림하실 자리인 여기 감람산에서는 예수께서 "너희가…내 증인이 되리라"(행 1:8)고 예언하신다. "증인"이라는 단어는 *martys*(3144)로, 영어 단어 '순교자'가 여기서 유래했다. 하지만 그 당시에는 종교적 어감이 강하지 않았다. 1세기의 그리스 작가들이 알던 *martys*는 법정에서 자신이 직접 본 일을 증언하는 사람을 가리키던 법률 용어였다.

앞서 말했듯이 예수님의 예언은 차차 전개될 교회 이야기의 전조다. 누가가 주님의 약속에 특별히 주목하는 것은 나머지 내러티브가 "예루살렘"(행 1-7장), "온 유대와 사마리아"(행 8-12장), "땅 끝"(행 13-28장)의 순으로 그 약속의 성취를 증언하기 때문이다.

제1권에서 누가는 하나님의 진리가 어떻게 육신이 되고 기쁜 소식이 어떻게 성육신했는지를 설명했다. 제2권에는 예수님의 몸이 이 땅을 떠나신 후에도 하나님의 진리가 어떻게 육신 가운데 머무는지를 예증한다. 그분이 보내신 성령이 그분의 사람들 안에 내주하시므로 "하나님이 우리와 함께하신다"는 기쁜 소식은 그들을 통해 계속된다. 그들이 그분의 권능을 입어 그 메시지를 육화한다.

—1:9-11—

이 세 구절은 누가가 제1권의 말미에 기술한 주님의 마지막 순간과 겹친다. 승천하시기 전에 그분은 제자들을 데리고 감람산의 한 지점으로 가셨는데, 아마 예루살렘에서 산등성이를 넘어 동쪽 비탈의 어디쯤이었을 것이다. 그곳은 구약에서 의미심장한 곳이다. 하나님 임재의 빛은 버림받은 성전을 떠나 다시 볼 수 없게 되었는데, 그때 "여호와의 영광이 성읍 가운데에서부터 올라가 성읍 동쪽 산에 머"물렀다(겔 11:23). 선지자 스가랴에 따르면 장차 주님은 이 산에 임하여 예루살렘을 다스리실 것이다. 그날 전능하신 왕은 이 산을 오르내리실 필요가 없다. 산이 그분 앞에서 커튼처럼 갈라져 기적같이 비켜날 것이다(슥 14:4).

바로 거기서 예수님은 승천하셨다. 구름 속으로 떠올라 지상의 차원에서 천상의 영역으로 넘어가셨다. 두 천사가 공표하기를 세상의 구주요 미래의 왕이신 예수님이 똑같은 방식으로 다시 오실 거라고 했다. 그분은 다시 아기로 태어나지 않으실 것이다. 다른 모습으로 나타나거나 다른 정체를 취하지 않으실 것이다. 환생하거나 남의 몸을 빌리지 않으실 것이다. 영으로 오지도 않으실 것이다. 그분은 이미 성령으로 이곳에 계신다! 장차 예수님은 인간인 자신의 몸 그대로 구름 속에서 내려오실 것이다. 아무도 놓칠 수 없게 물리적으로, 문자적으로, 극적으로 그렇게 하실 것이다.

—1:12-14—

주님을 따르던 이들은 그분이 명하신 대로 했다. 짧은 거리를 걸어서 기드론 골짜기를 도로 건너 예루살렘으로 갔는데, 필시 이전에 자신들이 숨어 있던 바로 그 방이었을 것이다(눅 24:33-36, 요 20:19). 거기서 그들은 기다렸다. 성령이 정확히 언제 오실지 그들은 몰랐지만, 하나님은 "몇 날이 못 되어"(행 1:5)가 곧 칠칠절(오순절)임을 아셨다. 유월절이 끝나고 오십일 째였으니 그리스도가 승천하신 날로부터는 열흘 후였다. 첫 열매를 추수하던 이 절기에(출 34:22, 신 16:9-12) 천하의 유대인들이 예루살렘에 모여 하나님께 제사를 드렸다. 그에 걸맞게 하나님은 친히 성령의 "첫 열매"들을 거두신다. 유대인 중 충실한 "남은 자들"이 성령의 새 공동체인 교회의 첫 입문자가 된 것이다.

이 헌신된 제자들은 한동안 기도에 전념했다. 주석가인 고 해리 아이언사이드(*Harry Ironside*)는 이렇게 말했다.

> 하나님은 큰일을 하실 때면 사람들의 마음을 움직여 기도하게 하신다. 그들을 감화하여 그분이 하실 일을 내다보며 기도하게 하신다. 미리 마음을 준비시키시는 것이다. 제자들은 기도와 간구를 통해 자아를 성찰해야 했다. 곧 벌어질 엄청난 사건에 준비될 수 있도록 말이다. 곧 성령 하나님이 이 땅에 오셔서 신자들 안에 거하시고, 그들에게 권능을 주어 그분을 증언하게 하실 것이다.[6]

누가는 그 자리에 있던 이들의 면면에 특별히 주목한다. 지상 사역 동안 예수님은 열두 명을 뽑아 집중적으로 신앙 교육과 리더십 훈련을 베푸셨다. 그중 가룟 유다는 돈을 받고 성전 관리들에게 예수님을 배신한 뒤, 회개하지 않은 채 후회하며 목매어 죽었다. 나머지 열한 명은 함께 뭉쳤다. 여자들 몇이 사역의 실제적 필요를 충실하게 채워왔고 주님의 헌신적인 학도로 간주되었다. 그들도 예수님의 어머니 마리아와 더불어 열한 제자의 기도에 동참했다. 놀랍게도 주님의 의붓동생들도 그 자리에 함께 있었다. 본래 그들은 예수님의 가르침에 적대적이었으나(막 3:21) 그분이 십자가에 죽으신 일에 영향을 받았고 부활을 통해 확신을 얻었다.

누가가 따로 언급한 사람은 그들이지만 이 기간 동안 기도에 전념한 제자들은 그들만이 아니었다. 성령이 오신다는 약속과 성취 사이의 공백기에 120명의 신자가 함께 기도하며 기다렸다. 이들 평범한 남녀의 무리를 중핵으로 하여 스무 세기 동안 모든 민족과 문화를 아우르는 범세계적 하나님 나라가 성장해왔고, 지금도 계속되고 있다. 그들의 세상은 곧 변화될 것이며, 그들 자신이 그 변화의 주역이 된다.

적용: 사도행전 1:1–14

그분의 계획, 그분의 백성, 그분의 능력

하나님께는 세상을 구속하실 계획이 있다. 새로운 계획이 아니라 첫 인간이 첫 죄를 짓기 전부터 창조주의 마음속에 존재했던 것이다. 그분을 깜짝 놀라게 할 사건은 없다. 그분은 아브라함과 그의 후손, 즉 히브리 백성과 언약을 맺으셨다. 성경을 가르치고, 솔선하여 율법에 순종하며, 하나님을 생생하게 믿는 본보기가 되도록 그들을 부르셨다. 그분은 또 전략적으로 이스라엘 나라를 사통팔달의 좁은 땅에 두셨다. 그 지역에서 발흥한 큰 문명들은 교역을 하거나 서로 전쟁을 벌일 때 그 땅을 지나다닐 수밖에 없었다. 만인이 이스라엘의 샬롬(평안과 행복)을 보고 그들의 하나님을 배울 수 있게 하신 것이다. 처음부터 하나님의 계획은 아들을 보내시는 것이었고, 실패한 이스라엘과 달리 그 아들이 성공하여 자기 백성을 위하여 고난당하시고 사흘째에 죽음을 정복하시는 것이었다. 알다시피 처음부터 하나님은 사람들을 불러 죄를 회개하여 용서받게 하시고, 그분의 은혜만으로 구원에 족하다는 것을 믿게 하셨다. 처음부터 예루살렘은 주님이 뜻하신 산 위의 빛이었고(참고 시 43:3, 마 5:14), 마침내 사도 시대에 세계 전도의 시발점이 될 도시였다(사 43:10, 44:8, 행 1:8).

이제 우리도 그분의 계획 가운데 일부다. 제자들처럼 우리도 그 나라가 언제 임할지는 모른다(1:6–8). 현시점에서 우리가 아는 것이라고는 하나님이 우리를 불러 그분과 함께 창조 세계를 악으로부터 되찾게 하신다는 것뿐이다. 그러려면 부활하신 메시아를 증언해야 한다. 그분은 우리에게도 명실상부하게 한몫을 맡겨 계획의 원안을 성취하게 하시며, 그 밖의 '복안'은 없다. 주님이 하고 계신 일과 거기에 우리를 끼워주신 사실을 생각하면 다음과 같은 두 가지 적용이 불가피해진다.

첫째, 이 계획을 시행하려면 사람들 속으로 들어가야 한다. 죄와 오류에 물든 이들을 멀리하고는 병들어 죽어가는 세상에 기독교의 치유력을 결코 퍼뜨릴 수 없다. 그리스도는 제자들을 꾸준히 접촉하셨고, 제자들은 자기 세대를 꾸준히 접촉했다. 그 결과 죄와 사망의 해독제가 세상 속으로 흘러들었다. 계획을 제대로 이행하려면 사람들에게 복음이라는 치료제를 불어넣어야 한다. 진리의 성육신이 중요함을 잊지 마라. 하나님의 진리가 인간의 육신을 입는 것이 관건이다. 사람을 구원하는 것은 책의 지면 위를 떠다니는 이론적 진리가 아니다. 한 생명이 다른 생명에게 영향을 미쳐야 한다.

둘째, 급변하는 세상에 영향을 미치려면 성령의 능력이 나타나야 한다. 성령의 역동을 정말로 아는 그리스도인이 얼마나 적은지 놀라울 정도다. 정말 놀랍다. 그리스도를 죽음에서 다시 살리신 모든 능력—요란한 능력이 아니라 고요하고 유효하며 역동적인 능력—이 우리에게 주어져 있다. 그런데 우리는 하나님이 내면에 임재하시는데도 거기에 잠재된 에너지를 너무 모른다. 그분으로 충만해져 그분의 지배를 받는 법도 모르고, 세상 속에서 그 능력을 긍정적 변화로 전환시키는 법도 모른다.

오래전 나는 어느 집회에서 폐회 메시지를 전했다. 내 마무리 기도가 끝나고 반주가 시작되자마자 한 부부가 곧장 앞으로 나와서 말했다. "오늘 성령에 대해 말씀하셨지요." (그들이 "*Holy Ghost*"라는 고어 표현을 써서 나는 호기심이 들었다.)

"예, 성령을 언급했습니다." 내가 말했다.

"우리도 성경에서 읽긴 했는데 잘 모르겠어요. 성령이 무엇입니까?" 그들이 성령에 대해 배워본 적이 없음을 대번 알 수 있었다. 그래서 그 자리에서 20분 정도 가르쳐주었다. 그들은 말 그대로 입을 다물 줄 몰랐다. 성령의 통치 아래 하나님의 능력을 삶 속에서 실제로 누릴 수 있다는 진리를 처음 들었던 것이다. 그들은 그리스도인이 된 지 오래되었는데도 이런 내용이 금시초문이었다.

불행히도 대부분 신자 역시 별로 더 아는 바가 없다. 우리에게 좋은 신학은 있는데 실제적 지혜가 없다. 잘 주목한다면 사도행전이 성령을 잘 모르는 우리의 깊은 괴리를 메워줄 것이다. 성령을 주제로 열심히 공부할 것을 권한다. 신학적 지식을 얻기 위해서만 아니라 당신 안에 사시는 하나님의 신기한 능력을 세상에 나타내기 위해서 말이다.

기도회의 주사위(사도행전 1:15-26)

[15]모인 무리의 수가 약 백이십 명이나 되더라 그 때에 베드로가 그 형제들 가운데 일어서서 이르되 [16]
형제들아 성령이 다윗의 입을 통하여 예수 잡는 자들의 길잡이가 된 유다를 가리켜 미리 말씀하신 성
경이 응하였으니 마땅하도다 [17]이 사람은 본래 우리 수 가운데 참여하여 이 직무의 한 부분을 맡았던
자라 [18](이 사람이 불의의 삯으로 밭을 사고 후에 몸이 곤두박질하여 배가 터져 창자가 다 흘러 나온
지라 [19]이 일이 예루살렘에 사는 모든 사람에게 알리어져 그들의 말로는 그 밭을 아겔다마라 하니 이
는 피밭이라는 뜻이라) [20]시편에 기록하였으되

그의 거처를 황폐하게 하시며
거기 거하는 자가 없게 하소서 하였고
또 일렀으되
그의 직분을 타인이 취하게 하소서 하였도다

[21]이러하므로 요한의 세례로부터 우리 가운데서 올려져 가신 날까지 주 예수께서 우리 가운데 출
입하실 때에 [22]항상 우리와 함께 다니던 사람 중에 하나를 세워 우리와 더불어 예수께서 부활하심을
증언할 사람이 되게 하여야 하리라 하거늘 [23]그들이 두 사람을 내세우니 하나는 바사바라고도 하고
별명은 유스도라고 하는 요셉이요 하나는 맛디아라 [24]그들이 기도하여 이르되 뭇 사람의 마음을 아시
는 주여 이 두 사람 중에 누가 주님께 택하신 바 되어 [25]봉사와 및 사도의 직무를 대신할 자인지를 보
이시옵소서 유다는 이 직무를 버리고 제 곳으로 갔나이다 하고 [26]제비 뽑아 맛디아를 얻으니 그가 열
한 사도의 수에 들어가니라

나는 아내와 결혼한 지 아주 오래되었다. 이 글을 쓰는 현재, 독신으로 산 기간보다 부부로 산 기간이 두 배나 더 길다. 오랜 세월 아내가 나의 연인, 친구, 상담 상대, 동지, 조언자, 위로자, 동역자이다 보니 결혼 전의 삶은 어땠는지 잘 기억이 나지 않는다. 중요한 결정을 내릴 때마다 둘이 함께 심사숙고하는 것은 호흡만큼이나 자연스럽다. 중요한 문제를 아내와 의논하지 않는다는 것은 상상할 수도 없다.

교회도 그래야 한다. 성령을 떠나서 움직이는 교회는 가히 상상할 수 없다. 2천 년이 넘도록 성령은 하나님 백성의 모임에서 길잡이가 되셨다. 예수 그리스도를 믿어 죄의 영원한 결과에서 구속되는 사람마다 성령을 선물로 받기 때문이다. 하나님의 임재가 즉시 그 사람에게 내주하면서 초자연적 변화가 시작된다. 죄의 종이었을 때는 영적으로 어두워진 마음으로 생각하여 이기적인 결정을 내렸지만, 새 신자에게는 그를 지도하고 가르치며 깨우치

고 위로하며 격려해줄 하나님의 마음이 있다. 이런 신자들의 모임이 곧 교회이므로 교회는 처음부터 성령의 리더십을 누려왔다.

사실은 거의 처음부터라고 말하는 것이 정확하다.

앞서 말했듯이 사도행전은 전환기의 책이다. 누가가 기술한 첫 번째 전환이야말로 의문의 여지없이 사상 최고로 극적이다. 사도행전 1장 12-26절에 보면, 교회가 출범하기 이전 신자들의 모임을 담아낸 신기한 그림이 나온다. 성령이 오시기 전에 위축되어 있던 회중이 묘사된, 거의 잊힌 초상이다. 누가가 묘사한 신자들은 딱할 정도로 자신이 없고 두려워 어찌할 바를 모른다. 성령의 지배를 받기 불과 며칠 전까지도 방향을 찾아 더듬고 있다. 사도들은 방 안에 모여 주님의 진군 명령을 기다린다. 명백한 물리적 표징이 없이는 그분의 뜻대로 결정조차 내리지 못한다. 그러다 사도행전 2장 1-4절의 사건이 터지면서 모든 것이 달라진다. 말 그대로 모든 것이다. 하나님의 뜻을 분별하려고 제비를 뽑던 그들이(1:26) 내주하시는 성령의 능력으로 "하나님의 큰 일"을 담대히 말한다(2:11). 하나님의 음성을 잘 듣지도 못하던 그들이 능력으로 그분의 말씀을 거침없이 전한다!

—1:15-17—

누가복음이 닫히고 사도행전의 이야기가 다시 시작되면 주님을 따르는 무리 120명이 그분의 지시대로 예루살렘에서 기다리고 있다(1:13-15, 참고 눅 24:49, 행 1:4). 우리는 그들을 역사의 초인적 영웅으로 보며 흠이나 결함이 없는 대리석상의 주인공으로 이상화하는 경향이 있다. 그러나 그 장면 속 누구의 머리 위에도 원광은 둘려 있지 않다. 누가가 거명한 베드로는 예수님을 모른다고 세 번이나 부인했고, 자신의 거짓말에 신빙성을 더하려고 저주하기까지 했다. 그중 요한과 야고보는 성질이 불 같은 "우레의 아들"(막 3:17)이었다. 계산적인 제자 빌립(막 6:37, 요 6:7)의 맞은편에는 "보아야만 믿겠다"던 침울한 도마(요 11:16, 20:25)가 있었다. 예수님의 어머니와 의붓동생들도 그중에 있었는데, 한때 그들은 주님이 미쳤다며 그분의 사역을 막으려 했었다(막 3:21). 그리스도의 죽으심과 부활을 통해 그들의 생각이 바뀐 것이 분명했다. 주님이 체포되어 재판받고 십자가에 달리실 때 모든 제자가 도망을 갔고, 나머지도 그분이 시련을 겪으시는 내내 곁을 지키지 못했다. 요컨대 이들 모두는 어떤 식으로든 실패했다가 주님이 부활하신 후 회복된 사람들이다.

그들은 모여 기도하면서 주님의 약속이 이루어지기를 기다렸다. 주님이 직접 훈련하신 열한 제자가 기도회를 인도했다. 열한 제자였다. 하지만 예수님의 약속에는 열둘이 나오지 않던가? 그분은 이렇게 말씀하지 않으셨다. "세상이 새롭게 되어 인자가 자기 영광의 보좌에 앉을 때에 나를 따르는 너희도 열두 보좌에 앉아 이스라엘 열두 지파를 심판하리라"(마 19:28).

보좌도 열둘이고 지파도 열둘인데 제자는 열한 명이었다. 베드로가 행동을 취하기로 한 것은 그런 숫자상의 문제가 보였기 때문인지도 모른다. 그는 자리에서 일어나 다른 제자들에게 두 가지를 상기시켰다. 구약에 유다의 운명이 예언되어 있다는 것(시 69:25, 109:8)과 그럼에도 주님은 열두 사도를 예견하셨다는 것이다.

—1:18-19—

이 대목은 누가가 베드로의 발언 중간에 유다의 운명에 대한 역사적 주해를 삽입한 말로 보인다. 많은 주석가가 지적했듯이 누가가 밝힌 사실은 마태복음 27장 3-10절에 나오는 내용과 언뜻 모순되어 보인다. 그러나 누가와 마태의 기록을 결합하면 합리적 설명이 도출된다. 모든 정보를 종합해볼 때 내가 보기에 사건의 흐름은 다음과 같다.

유다는 가책에 못 이겨 은전 30개를 성전 바닥에 던지고는 어느 외진 밭에서 목매어 죽었다. 아무의 눈에도 띄지 않는 동안 시신은 그 상태로 부패했고 배가 부풀어 올랐다. 그러다 배가 바닥 쪽으로 향하게 올가미에서 떨어지면서 내장이 땅으로 쏟아져 나왔다. "곤두박질하여"[*prēnēs*(4248)]로 번역된 헬라어 단어는 다른 헬라어 문헌에서는 '곤두박질치다'는 뜻이 없고, '납작해지다, 엎드리다, 밑을 향하다'는 뜻만 있다.[7]

고대인들에게 이런 섬뜩한 광경은 가장 수치스러운 죽음으로 통했고, 시신이 그런 식으로 부패한다는 것은 생각할 수 없는 일이었다. 유대인의 사고방식에서, 나무에 달린 사람은 "하나님께 저주를 받았"으며 시신을 당일에 장사하지 않으면 땅이 부정해진다고 보았다(신 21:23). 게다가 유대인들은 시체와 피라면 무조건 피했다. 요컨대 그 자리는 저주받은 땅이었다.

제사장들은 그 돈을 원하지 않았고, 그 땅을 원하는 사람도 없었다. 그래서 땅 주인은 손해 배상을 받았고, 밭에는 '피밭'이라는 오명이 붙었다.

—1:20–22—

누가의 내러티브는 다시 베드로의 발언으로 돌아간다. 베드로는 다윗 왕의 시편에서 두 구절을 인용하는데 둘 다 메시아의 전조가 되는 노래다. 여기 고대의 시에서 다윗의 적은 곧 메시아의 적임을 예시한다. 이 경우 한 특정인의 몰락이 시편에 예언되어 있다. 보좌와 지파는 각각 열둘인데 유다가 사라져 열한 사도만 남은 상황에서, 베드로는 성경에 근거하여 후임자의 필요성을 추론했다. 그러나 아무나 되는 것은 아니고 제대로 자격을 갖춘 사람만이 '사도'의 직함으로 불릴 수 있었다.

베드로는 예비 후임자의 주요 기준을 두 가지로 제시했다. 열한 사도처럼 후보자도 처음부터 예수님을 따랐어야 하고, 부활하신 주님과 직접 교류했어야 한다. 베드로가 이 두 가지 요건을 꼽은 데는 충분히 그럴 만한 이유가 있다. 첫째, 점점 증가하는 신자들을 이끌고 가르칠 주된 방편은 구두로 하는 것과 직접 대면하는 것이었다. 사도들은 이후 수십 년간 교회에서 신학적 진리의 출처 역할을 해야 했다(벧후 3:2). 오늘의 우리는 신약성경에서 교훈과 책망과 바르게 함과 의로 교육함을 얻지만(딤후 3:16) 1세기의 신자들은 사도들의 권위에 의존했다. 그러므로 후임자는 성자 하나님께 직접 훈련받은 사람이어야 했다. 그분은 인간의 육신을 입으신 하나님의 진리이시다.

그때가 전환기였음을 잊지 마라. 항상 그런 식으로 하지는 않을 것이다. 일각에서 사도직 승계라는 정책을 주장하지만, 사도들은 나중에 죽을 때 자신의 권위를 차세대 사도들에게 넘겨준 것이 아니다. 최초의 사도들이 다 죽었을 즈음에는 신약성경이 완성되어 회람되고 있었다. 그런 저작물을 베드로는 권위 있는 하나님의 말씀으로 인정했고(벧후 1:20–21), 그중 바울 서신도 빼놓을 수 없었다(벧후 3:15–16).

베드로가 그런 요건을 제시한 두 번째 이유가 있다. 예수님의 부활을 직접 목격하지 않은 사람의 증언은 법정에서 인정되지 않을 텐데, 이는 로마 문화에서 신빙성을 얻는 최소한의 기준에도 미달한다는 뜻이다.

셋째, 부활의 목격자가 아니라면 박해가 거세질 때 신앙 고백을 철회하려는 유혹이 더 쉽게 들 것이다. 그래서 사도는 주님께 직접 훈련받았을 뿐 아니라 부활하신 주님을 육안으로 본 데서 오는 확신이 있어야 했다. 고문은 사람의 심리 상태를 조종하는 위력적인 도구다. 지독한 강압에 못 이겨 자신의 이름조차 부인한 사람들이 있음은 주지의 사실이다. 사도들이 곧 대면할 상대는 로마 당국을 자극하여 예수님을 고문하고 십자가에 못 박게 한 바로 그 인물들이었다. 이 타락한 성전 지도자들은 예수님을 따르는 무리를 침묵시키는 정도가 아니라 어떻게든 신앙을 버리게 만들어야 했다. 따라서 진리에 대한 사도들의 확신은 난공불락이어야 하는데, 그런 확신은 직접 목격한 사람이어야만 가능했다(물론 성령의 도우심은 기본이다).

—1:23–26—

사도들은 두 가지 기준에 부합한 "두 사람을 내세"웠다(1:23). 적격자가 더 있었다면 그들 모두를 다 천거했을 것이다. 요셉은 바사바라는 별명으로도 불렸는데, 직역하면 '안식의 아들'이지만 속뜻을 아는 사람은 없다. 두 번째 후보의 이름인 맛디아는 맛다디아의 축약형이다. 역사 속 맛다디아라는 인물은 모두가 아는 영웅적 제사장으로서 마카비 혁명을 일으켜 결국 유대의 독립을 이끌어냈다.[8] 지금도 유대인들은 그때 거둔 승리와 하나님의 공급을 하누카, 즉 빛의 절기 또는 헌신의 절기로 지키고 있다(참고 요 10:22).

필수 자격을 갖춘 후보가 정해지자 신자들의 모임은 기도로 이 문제에 대한 하나님의 생각을 구했다. 이 짤막한 본문에서 신자들이 성령으로 충만해지기 이전의 교회 지도부를 살짝 엿볼 수 있다. 아직 분별의 성령이 내주하시기 전이므로 하나님의 백성은 유서 깊은 구약의 방법으로 그분의 뜻을 분별할 수밖에 없었다. 그들은 기도의 능력을 믿었고 우연이라는 개념을 거부했다. 그래서 "제비를 뽑"으면서—주사위 던지기와 다르지 않은 방법이다—결과를 하나님의 인도하심에 맡겼다(잠 16:33, 참고 레 16:8, 수 14:2, 삼상 14:41–42, 느 10:34, 11:1).

비유컨대 이것은 안전한 도박이었다. 물론 하나님의 뜻을 이런 식으로 분별하는 것이 우리에게는 이상해 보일 수 있다. 성숙한 그리스도인치고 중요한 결정—특히 교회 지도자를 뽑는 결정—을 주사위 던지기로 하려는 사람은 없을 것이다. 그러나 사도들은 이미 최선의 '거룩한' 추론을 통해 후보를 둘로 좁혔다. 따라서 이는 옳고 그름 중에 택일하는 문제가 아니었다. 두 사람 다 성품이 훌륭했고 직분을 맡을 자격도 뛰어났다. 그래서 모든 조건이 같은 상태에서 제자들은 하나님의 주권을 신뢰했고, 맛디아가 제비 뽑혀 열두 사도 중 하나가 되었다.

1장이 끝날 즈음 교회는 행동에 나설 준비가 된 모습이다. 사람들은 대기하고 있다. 지도자의 직위도 가장 유력한 이들로 채워져 있다. 더는 할 일이 남아 있지 않다. 그래서 그들은 하늘의 지도자가 하나님의 진리를 다시 육화해주실 그날을 고대하며 기다린다. 머지않아 자신들이 무슨 일을 목격하고 경험하게 될지 전혀 모른 채로.

적용: 사도행전 1:15-26

내 힘으로 하려면 실패하지만 하나님을 신뢰하면 그분이 성공하신다

로버트 와이즈(Robert Wise)의 통찰력 있는 책 『시련의 도가니』(*Your Churning Place*)에 보면 왕년의 할리우드 최고 스타 중 하나인 버트 랭커스터(Burt Lancaster)가 연예계에 입문한 사연이 나온다. 그가 서커스 곡예사로 시작했음을 아는 사람은 별로 없다.

> [오디션에서] 그에게 주어진 과제는 평행봉이었다. 그는 평행봉을 잡고 재주를 부리기 시작했다. 그런데 떨려서 타이밍을 놓치는 바람에 회전 중에 그만 3미터 아래로 납작 엎드러졌다. 그는 너무 창피하여 즉시 다시 평행봉을 잡고 솟아올랐다. 하지만 같은 대목에서 회전하다가 또 삐끗하여 바닥에 나동그라졌다!
>
> 버트의 타이츠는 찢어졌고 살갗도 까져 피가 났다. 그는 잔뜩 오기가 나서 다시 뛰어올랐으나 세 번째는 더 심했다. 이번에는 등 쪽으로 나가떨어졌던 것이다. 진행 요원이 다가와 그를 일으켜주며 말했다. "이봐, 채용됐으니 그쯤 하게."[9]

나는 우리가 그리스도인의 삶에 접근하는 방식이 바로 그렇다고 본다. 우리는 죽는 한이 있어도 기어이 해내고야 말겠다는 각오로 출발한다. 자기 힘으로 시도하고 또 시도하며 죽자 살자 그 일에 매달린다. 그러다 바닥에 납작 나동그라지기 일쑤다. 우리 힘으로 하면 실패할 수밖에 없다.

어쩌면 지금 당신의 모습이 그럴 수 있다. 당신은 몇 번이고 최고의 재주를 부렸으나 매번 피 흘리고 찢어지고 멍들고 부러졌다.

여기 당신에게 격려가 될 사실이 있다. 사도행전 1장에 기록된 인물들은 이력이 처참하다. 깨어져 불완전한 사람들, 실패하여 멍든 사람들이다. 부족하고 연약한 남녀들이 두렵고 불안하여 적들의 눈을 피해 다락방에 몰래 모여 있었다. 그들이 재주를 다 부리고 나자 하나님은 "이제 가만히 있으라. 더는 그러지 마라. 그만 시도하고 이제부터 신뢰하라"고 말씀하셨다. 그들이 계속 신뢰하고 기다리면 그분이 기이한 일을 행하실 것이다. 자신의 영을 보내 그들 안에 거하게 하실 것이다.

이런 무력한 신자들의 초상에서 두 가지 원리를 도출할 수 있다.

첫째, 하나님이 택하여 능력을 주시는 사람은 완벽한 곡예사가 아니라 의지하며 따르는 사람이다. 한숨 놓이지 않는가? 이 본문에서 이것만은 꼭 배우고 깨달았으면 좋겠다. 하나님이 찾으시는 사람은 자기 힘으로 완전무결한 재주를 부릴 곡예사가 아니다. 본문에 나오는 사람들의 이력은 너덜너덜한 흠투성이였다.

그런데 세상은 당신이 이렇게 믿기를 원한다. 한 번이라도 틀려서는 안 되며 실패는 아예 변명의 여지가 없다는 것이다. 우리는 인간이 만들어낸 '완벽'이라는 기막힌 기준 아래 살아가고 있다! 그리스도인의 삶에서도 말로는 은혜를 받아들인다지만 막상 실제로는 행위에 근거한 가치 기준을 떠받든다. 그러나 사실 당신은 늘 옳아야 하는 것이 아니며 '애쓰는 사람'이 될 필요가 없다. 대신 '신뢰하는 사람'이 되어야 한다.

둘째, 하나님이 존중하시는 계획은 복잡하지 않고 단순하다. 그분이 따르는 이들에게 주신 명령은 한 마디로 "예루살렘에 가서 기다리라"였고, 그래서 그들은 예루살렘에 가서 기다렸다. 그분은 요컨대 "나를 신뢰하면 능력을 보내겠다"고 확언하셨고, 그래서 그들은 능력을 보내주실 그분을 신뢰했다. 그리고 그분은 말씀대로 하셨다! 하지만 우리는 자신이 통제할 수 없는 계획은 싫어한다. 그런 식으로 움직이는 우리가 아니다.

"하나님, 저를 향한 주님의 계획은 무엇입니까?"

우리의 물음에 그분은 "원안대로니라"고 답하시며 신뢰와 순종을 요하는 노정을 보여주신다.

그러면 우리는 "복안은 없습니까?"라고 되묻는다.

왜 그럴까? 원안은 우리가 무력한 존재임을 상기시키기 때문이다. 원안대로 하려면 하나님을 신뢰해야 하는데, 솔직히 우리는 늘 하나님을 신뢰하고 싶은 것은 아니다.

그렇다면 해법은 무엇인가? 다음 사실에 근거한 결단으로 귀결된다. 내 힘으로 하려면 실패하지만 하나님을 신뢰하면 그분이 성공하신다. 해법은 단순하다. 전혀 쉽지는 않지만 복잡한 것은 아니다. 그만 애쓰고 이제부터 신뢰하라.

교회의 초자연적 분만(사도행전 2:1–13)

1오순절 날이 이미 이르매 그들이 다같이 한 곳에 모였더니 2홀연히 하늘로부터 급하고 강한 바람 같
은 소리가 있어 그들이 앉은 온 집에 가득하며 3마치 불의 혀처럼 갈라지는 것들이 그들에게 보여 각
사람 위에 하나씩 임하여 있더니 4그들이 다 성령의 충만함을 받고 성령이 말하게 하심을 따라 다른
언어들로 말하기를 시작하니라
5그 때에 경건한 유대인들이 천하 각국으로부터 와서 예루살렘에 머물러 있더니 6이 소리가 나매
큰 무리가 모여 각각 자기의 방언으로 제자들이 말하는 것을 듣고 소동하여 7다 놀라 신기하게 여겨
이르되 보라 이 말하는 사람들이 다 갈릴리 사람이 아니냐 8우리가 우리 각 사람이 난 곳 방언으로
듣게 되는 것이 어찌 됨이냐 9우리는 바대인과 메대인과 엘람인과 또 메소보다미아, 유대와 갑바도기
아, 본도와 아시아, 10브루기아와 밤빌리아, 애굽과 및 구레네에 가까운 리비야 여러 지방에 사는 사
람들과 로마로부터 온 나그네 곧 유대인과 유대교에 들어온 사람들과 11그레데인과 아라비아인들이라
우리가 다 우리의 각 언어로 하나님의 큰 일을 말함을 듣는도다 하고 12다 놀라며 당황하여 서로 이르
되 이 어찌 된 일이냐 하며 13또 어떤 이들은 조롱하여 이르되 그들이 새 술에 취하였다 하더라

1970년대에 내가 11시 뉴스를 보고 있는데 한 연회석의 장면이 카메라에 잡혔다. 어느 주지사가 일어나 청중에게 말하는데, 침착하고 기품 있는 모습이 아니라 당황하는 듯 보였고 옷차림도 단정하지 못했다. 그는 우선 사과부터 했다. "몇 달 후에 있을 선거에서 표를 잃을 수도 있겠지만 꼭 하고 싶은 말이 있습니다. 제가 왜 늦었는지 사실대로 말해야겠습니다. 저희 부부가 늦은 이유는 연회장으로 오다가 차를 세우고 UFO를 보느라고 그랬습니다. 무슨 일인지 다 설명할 수는 없지만 분명히…초자연적인 일이었습니다."

그는 선거에 당선되지 못했다.

사도행전 2장의 경험이 UFO 목격담과 비슷하다 해도 과언은 아닐 것이다. 그야말로 전대미문의 사건이었다. 누구든 현장에 없었던 사람은 좀처럼 그 일이 믿어지지 않았다. 직접 경험한 이들은 주변의 성화에 못 이겨 이 초자연적 현상을 보고 듣고 느낀 대로 설명해야 했다. 그런데 막상 입을 떼면 미친 사람 취급을 당했다.

하지만 그 일이 아무리 믿기지 않아도 일찍이 세례 요한이 한 말이 있다. "나는 물로 너희에게 세례를 베풀거니와 나보다 능력이 많으신 이가 오시나니 나는 그의 신발 끈을 풀기도 감당하지 못하겠노라 그는 성령과 불로 너희에게 세례를 베푸실 것이요"(눅 3:16, 참고 마 3:11, 막 1:8, 요 1:33). 예수님도 제자들에게 장차 이런 일이 있을 것을 일러주셨다(요 14:16-17, 26, 15:26, 16:7, 행 1:5). 그래도 솔직히 그 특정한 날에 벌어진 일은 아무도 예상하지 못하던 바였다. 이날은 영원히 "그 오순절 날"로 알려지게 된다(참고 2:1).

"오순"이란 단어는 "오십 번째"[*pentēkostē*(4005)]를 뜻하는 헬라어 단어를 번역한 것이다. 헬라계 유대인들은 유대교의 칠칠절(샤부옷)을 오순절로 칭했다. 맥추절이라고도 하는 이 절기는 유월절 식사 이후로 50일째 되는 날에 시작된다(레 23:15-16, 신 16:9-10). 장구한 세월 동안 두 절기 사이의 이 기간은 경건한 유대인들에게 간절한 기다림의 시기였다. 그들은 '오멜 계수'로 날짜를 센다. 성경에 명하기를 오순절 다음 날 곡물의 첫 이삭 한 단을 잘라 성전에 제물로 가져가게 했다(참고 레 23:10-11). 후대 사람들은 이삭 한 단에서 나오는 곡물을 1오멜, 즉 건량 2리터쯤으로 정했다. 그때부터 모든 가정은 곡물의 첫 오멜을 기점으로 맥추절 첫날인 오순절까지 날수를 세어 나간다. 오멜 계수가 진행되는 동안에는 가벼운 애통의 상태를 유지하며 결혼식과 연회와 잔치를 삼간다.

분명히 주님은 유월절, 오멜 계수, 오순절, 한 주간의 수확제 등을 둘러싼 상징을 십분 활용하셨다. 우선 예수 그리스도는 죽은 자 가운데서 가장 먼저 부활하여 잠자는 자들의 첫 열매가 되셨다(행 26:23, 고전 15:20-23). 그 후 사십 일을 지상에서 보내시고(행 1:3) 승천하셨다. 50일째 되는 오순절에 예수님의 예언대로 하나님의 영이 오셨는데, 그 시기가 전국적인 큰 수확제와 일치한다.

그날 120명가량의 신자가 한곳에 모여 있었다. 누가가 어디라고 밝히지는 않았으나 그들이 기도했던 그 다락방은 아닐 것이다. 예루살렘에 허다하게 머물던 경건한 유대인들의 눈에 띄는 곳이었으니 말이다(2:5). 아마 도심 근처의 어느 개인 집 뜰에서 함께 절기를 지키던 중이었을 것이다.

—2:1-3—

갑자기 불쑥 뜻밖의 소리가 나면서 집이 흔들렸다. 강물이 불어나 서서히 둑을 넘는 홍수와도 다르고 해상에서 점점 세력을 불리는 태풍과도 다르게, 순식간에 지축을 뒤흔드는 지진과 비슷했다. "급하고 강한 바람 같은 소리"(2:2)였다. 이륙하는 보잉 747기의 소리를 바로 옆에서 듣는 것에 견줄 만하다. 누가는 바람이 안으로 들이쳤다고 하지 않고 바람 같은 소리라고 묘사했다. 커튼이 휘날리지도 않았고 공기의 흐름이나 이동이 느껴지지도 않았다. 집이라는 평범한 환경 속에 위로부터 고막을 찢을 듯한 굉음이 울렸다. 누가는 그 출처를 하늘로 밝혀놓았다.

그 소리에 놀라운 광경이 수반되었다. "불의 혀" 같은 것이 갈라져 낱낱의 환한 띠를 이루었다. 그것은 무엇이었을까? 혹시 불꽃이었을까? 누군들 알겠는가? 번개를 본 적이 있으니 그 단어[*astrapē*(796), 참고 눅 10:18, 17:24]로 칭할 수도 있었겠지만, 대신 누가는 "불"[*pyr*(4442)]이라는 단어를 택했다. 아마도 그것은 하나님의 불붙은 영광이 드러내는 영묘한 빛처럼 보였을 것이다. 후기 유대교에서는 이를 쉐키나(*shekinah*)라고 불렀다. 하나님이 자신의 임재를 알리려 하실 때마다 늘 이 "불"이 나타났다. 그분은 미디안 광야의 떨기나무가 불꽃에 휩싸이게 하셨으나 그 불은 여느 불길과 달라서 나무를 사르지 않았다(출 3:1-3). 이스라엘 백성을 인도한 불기둥도 이 빛이었다(출 13:21-22). 이스라엘 백성 앞에서 시내 산 정상은 쉐키나에 뒤덮였다(출 19:18, 24:17). 두꺼운 실로 짠 성전 휘장 안쪽은 지성소인데, 그 안의 언약궤 위에도 이 "불"이 머물렀다(출 25:22, 레 16:2). 성경을 잘 아는 유대인들은 이 "불"이 하나님이 임재하신 거룩한 빛임을 알아차렸을 것이다.

누가가 묘사한 에너지는 불의 "혀"들(복수) 같은 것에서 나왔다. 이 빛나는 물체는 스스로 갈라져 각 사람에게 한 줄기씩 뻗어나갔다. 번갯불과 달리 각 사람 위에 임했다. 이 광경은 충분히 오랫동안 지속되어 누구나 둘러보며 알았을 것이다. 좌중의 모든 사람이 똑같은 불꽃의 권능, 똑같은 성령을 선물로 받았음을 말이다. 아무도 제외되지 않고 모두가 똑같은 능력을 받았다.

—2:4—

모여 있던 신자들은 무언가를 듣고 보았을 뿐 아니라 무언가를 말했다. 이는 가장 잘 알려져 있으면서도 가장 오해되고 있는 부분이다. 일찍이 물 세례를 받았던 그들은 이제 세례 요한의 예언대로 "성령과 불"로 세례를 받았다(마 3:11, 눅 3:16). 그들이 하나님의 능력을 받자 그 능력이 불가능한 일을 이루어냈다. 예수님은 신자들에게 "성령이 너희에게 임하시면 너희가 권능을 받고" 그 결과 그분의 증인이 되리라고 하셨다(행 1:8). 그래서 그들은 성령이 주시는 능력으로 다른 언어들로 말하기 시작했다.

"성령이 말하게 하심을 따라 다른 언어들로 말하기를 시작하니라"고 한 이 핵심 문구를 자세히 분석해볼 필요가 있다.

"성령이 말하게 하심을 따라"라는 말은 제자들이 순식간에 다른 언어를 습득하여 갑자기 이중언어자가 된 것이 아님을 보여준다. 이것은 성령이 주신 초자연적 능력이며, 필시 신자들에게 능력을 주어 주님의 약속대로 그분의 증인이 되게 하시기 위함일 것이다(1:8). "말하게"로 번역된 헬라어 단어[*apophthengomai*(669)]는 "큰 소리로 똑똑히 말하다 또는 (철학자와 무아경에 취한 사람과…가수와 예언자처럼) 강조해서 말하다"는 뜻이다.[10] 여기에 강하게 암시되어 있듯이 각 사람은 다른 언어로 말할 수 있었을 뿐 아니라 메시지를 유창하게 표현할 사고력도 받았다.

"다른 언어들로"는 여러 외국어를 지칭한다. 일각에서는 제자들이 하나님과 천사들만 아는 "천상의 언어"로 말했다고 주장한다. 인간의 귀로는 알아들을 수 없지만 영의 세계에서는 의미가 통하는 일종의 초자연적 소통이라는 것이다. 지금도 카리스마적인 단체들에서 그것을 실천하며 '방언'이라 칭한다. 그러나 본문에 나오는 몇 가지 요인들로 보아 이는 "천상의 언어"가 아니라 인간의 언어들임을 알 수 있다.

첫째, "다른"과 "언어들"에 쓰인 헬라어 단어는 둘 다 복수형이다. 게다가 "다른"으로 번역된 단어[*heteros*(2087)]는 언어끼리 서로 다르다는 뜻이다. "다양한"으로 바꾸어도 무방하다. 이 문구로 보건대 그들이 말한 것은 하나의 "천상의 언어"가 아니라 실제로 복수의 언어들이었다. 솔직히 천국의 언어가 둘 이상이라는 개념은 전혀 말이 안 된다. 먼 옛날 하나님이 혼잡하게 하신 것은 영의 세계에 사는 천사의 언어가 아니라 이 땅에 사는 인간의 언어였다(창 11:7).

둘째, 오늘날 '방언'으로 알려진 불가해한 무아경의 언어는 예로부터 이방 종교에서 행해지던 것이다. 이미 아주 오래전부터 다양한 분파와 종파에서 모종의 '무아경의 말'이 시행되고 있었으며, 그중에는 미친 듯한 감정 표현도 있었고, 합리적으로 보이는 소통 형태도 있었다. 본문에 나오는 그리스도인들이 오늘날 볼 수 있는 무아경의 방식으로 '방언'을 말했다면, 그런 행동은 구경꾼들에게 하나님의 특별하고 독특하며 기적적인 선물로 비치지 않았을 것이다.

셋째, 이어지는 구절들을 보면 분명히 알 수 있듯이 구경꾼들은 각자의 모국어를 알아들을 수 있었다. 사도행전 2장 6절에 "방언"으로 번역된 단어는 *dialektos*(1258)로 지금의 '지역 방언'이라는 말이 거기서 유래했다.

"말하기를 시작하니라"는 말은 신자들이 받은 능력이 이 사건 이후로도 지속될 것을 나타낸다. 어린아이가 "걷기 시작했다"는 말과 아주 비슷한 표현이다. 아이는 그 순간만 아니라 앞으로도 쭉 걸을 것이다.

—2:5-6—

유대인 남자는 세 절기에 적어도 일주일간 예루살렘을 반드시 방문해야 했는데, 그중 두 번째가 오순절이었다(출 23:14, 17, 34:23, 신 16:16). 그래서 로마 제국 전역과 그 너머에서 온 "경건한 유대인들"이 그 도시에 모여 있었다(행 2:5). 물론 예루살렘에는 경건한 유대인과 경건하지 못한 유대인을 통틀어 자체 인구도 있었다. 요란한 소리(2:2)는 그 뒤섞인 무리의 주목을 끌었다. 다양한 언어로 말하는 소리가 나자 그들이 더 자세히 보려고 다가온 것이다. 모여 있던 그리스도의 제자들은 이제 성령으로 충만해졌고 증언할 능력을 받았다. 그들이 "하나님의 큰 일을 말함"(2:11)은 굳이 주목을 끌기 위해서가 아니었으나, 외지에서 온 유대인들은 이 증인들의 말에서 자신들이 사용하는 언어를 들었다. 그들의 반응이 "소동하여"[*syncheō*(4797)]로 기술되어 있는데, 이는 '경악하여, 어리둥절하여, 혼란스러워, 동요되어'로도 번역될 수 있다.

—2:7-11—

누가복음에 쓰인 낯익은 두 단어가 사도행전에 다시 등장한다. 예수님의 치유와 축사(逐邪) 사역을 담은 누가의 기록을 보면 사람들이 시종일관 "놀라고" "기이히" 여겼다. 그런데 이제는 제자들이 능력을 입어 사람들을 놀라게 하고 경이에 빠뜨린다.

무리가 제자들의 신기한 외국어 실력에 놀란 데는 몇 가지 이유가 있다. 외지에서 온 사람들은 각자의 모국어를 듣되 그것도 갈릴리 사람들에게서 들었다! 이것은 우리에게는 아무 의미가 없지만 그 당시에는 큰 의미가 있었다. 1세기 팔레스타인의 유대인들은 대부분 두 지역에 나뉘어 살았다. 북방의 갈릴리는 촌뜨기들이 살던 시골이라 할 수 있다. 그곳의 문맹 퇴치율이 비교적 높았음에도 불구하고 남방 유대의 더 국제화된 동족은 그들을 무식쟁이로 취급했다. 한 주석가에 따르면 "갈릴리 사람들은 후음을 잘 발음하지 못했고 말할 때 음절을 삼키는 버릇이 있었다. 그래서 예루살렘 사람들은 그들을 시골뜨기로 얕보았다."[11]

갈릴리의 유대인들도 회당에서 교육을 받기는 했지만, 그들의 공부는 교육 수준이 높은 유대 사람들에 비할 바가 못 되었다. 예루살렘 사람들은 아람어와 코이네 헬라어(제국의 공용어인 평민들이 쓰는 헬라어)를 할 줄 알았고, 고전 헬라어와 라틴어를 배운 이들도 더러 있었을 것이다. 세계 여러 지역에서 온 유대인들은 배우지 못한 갈릴리 사람들이 그토록 많은 언어를 그토록 유창하게 말하는 데 깜짝 놀랐다.

온 세상에 살던 유대인들은 '분산된 또는 흩어진 자들'이라는 뜻의 디아스포라로 알려져 있었다(참고 약 1:1, 벧전 1:1). 누가는 방문객들의 출신지로 열다섯 곳을 꼽았는데, 이 정도면 로마의 통치권 바깥 지역까지 포함하여 알려진 세계는 거의 다 망라된 셈이다. 모든 지역이 의미하는 것은 지리적 거리라기보다 다양한 언어다. 후자가 전도에 훨씬 힘든 장애물이다. 그러나 이날 성령은 어떤 장애물이라도 뛰어넘어 하나님의 진리를 소통하고 하나님의 구속 계획을 수행하시려는 자신의 능력과 의지를 입증하셨다.

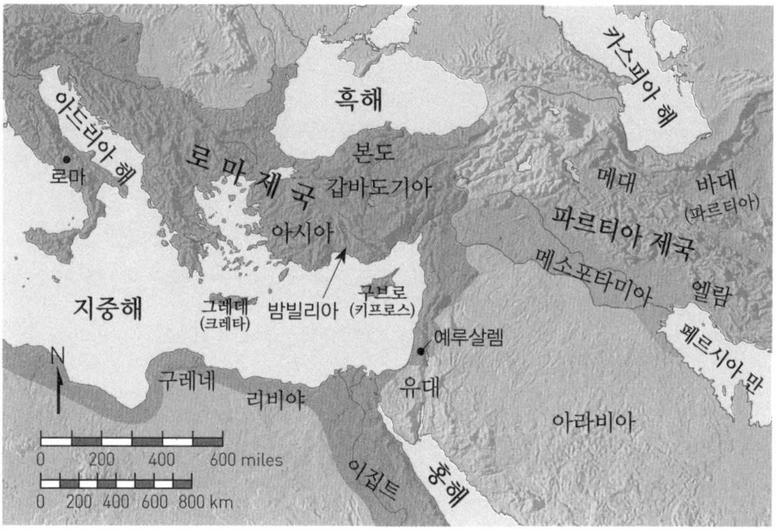

오순절 당시의 유대인 디아스포라(행 2:9-11)

—2:12-13—

2장 12절의 "다"는 2장 7절에 "보라, 이 말하는 사람들이 다 갈릴리 사람이 아니냐"라고 외치던 바로 그 사람들이다. "놀라며"로 번역된 말은 *existēmi*(1839)의 변형으로, 깜짝 놀라 "제정신을 잃은" 사람을 연상시키는 생생한 그림 언어다. "당황하여"[*diaporeō*(1280)]도 "어찌할 바를 몰라"로 옮길 수 있다. 구경꾼들이 목격한 광경은 평범하게 설명될 일이 아니었다. 명백히 초자연적인 일이라서 그들은 집에 돌아가 사람들에게 설명하기가 난감했을 것이다.

이 평범한 사람들이 어떻게 그토록 비범한 일을 할 수 있는지 설명이 안 되자, 구경꾼들은 멈추어 그 의미를 곰곰 생각했다. "이 어찌된 일이냐"(2:12)는 말은 수사적 질문 이상이다. 웬만한 구경꾼이라면 무언가 의미심장한 일이 벌어지고 있음을 알 정도는 식견이 있었다. "이 어찌된 일이냐"는 말은 앞날을 내다보는 질문이었다.

"조롱"하는[*diachleuazō*(1351b)] 사람들도 많았다. 이 단어가 다른 헬라어 문헌에는 '비웃다, 비아냥거리다'로 번역되기도 했다. 그들은 제자들이 하나님이 하시는 큰 일을 여러 언어로 말하는 이 사건의 의미를 알 능력—또는 의향—이 전혀 없었고, 그래서 그리스도를 따르는 무리가 "새 술"(2:13)에 취했다며 이번 일을 깎아내리고 일축했다.

"새 술"[*gleukos*(1098)]은 일각에서 말하는 '새로 빚은 술'을 뜻할 수는 없다. 오순절은 4-5월이라 포도를 수확하기에 너무 이르다. 아마도 이는 요즘 말로 가당(加糖)이라는 양조 과정을 지칭하는 표현일 것이다. 발효되지 않은 포도 곤죽에 꿀을 첨가하면 발효 과정에서 알코올 농도가 더 높아진다. 최종 제품은 단맛은 아니지만 더 강하게 톡 쏘는 것만은 분명하다!

조롱당했다고 해서 120명의 제자가 술 취한 것처럼 행동했을 것이라 생각해서는 안 된다. 취하기는커녕 그들이 온갖 외국어를 어찌나 유창하게 말했던지, 외지에서 온 무리는 그들의 교육 수준이 그 정도인가 싶어 깜짝 놀랐을 정도다. 물론 강한 바람 소리에 이어 소동이 있었고, 쉐키나의 빛이 번쩍였으며, 수많은 언어로 사람들이 하나님께 찬송드리는 소리도 들렸다. 하지만 그렇다고 미쳐 날뛰는 광경은 아니었다. 이것은 새로운 운동의 시작이었고, 주관자는 하나님 자신이셨다.

현대인들은 UFO를 보았다거나 외계인과 접촉했다는 개념에 쩔쩔매지만, 1세기의 그리스도인들은 초자연적 이야기를 어려움 없이 할 수 있었다. 물론 어떤 이들은 조롱했고 많은 이가 거부했다. 그러나 허다한 무리가 믿고 성령을 인격적으로 받아들여 교회의 초자연적 분만에 중대한 역할을 했다. 베드로는 사람들의 조롱에 아랑곳하지 않았다. 오히려 그들의 의심을 계기 삼아 교회 역사상 최초의 설교를 했을 뿐이다. 그 설교를 통해 성령이 일으키신 변화는 실로 어마어마하다!

적용: 사도행전 2:1-13
성령의 주권적 역사

오순절의 경험을 조금이라도 재현해야 한다고 교인들에게 큰 부담을 주는 교회가 많이 있다. 일부 진영의 어떤 지도자들에 따르면 진정으로 그리스도를 따르는 사람은 반드시 방언을 할 줄 알아야 한다. 많은 이가 제대로 알고 있듯이, 성령은 구원의 순간에 곧바로 신자 안에 내주하신다. 그런데 그들은 그 내주가 한시적이라고 보며, 사도행전 2장을 예로 들어 성령이 임재하신다는 외적인 증표로 방언이 필수라고 결론짓는다. 따라서 방언을 하지 못하면 성령이 내주하지 않으신다는 뜻이고, 성령이 내주하지 않으시면 구원받지 못했다는 뜻이다.

그런가 하면 성령을 '제2의 복'이라 칭하는 이들도 있다. 그들이 지적한 대로 사람이 구원받고 나서 얼마 후에 성령을 받은 예가 사도행전에 적어도 한 번은 나온다(8:14-17).[12] 그들이 내린 결론에 따르면 성령과 그분께 수반되는 각종 선물은 부가적 복이며, 우리는 그 복을 받고자 간절히 기도해야 한다. 이 견해대로라면 방언은 구원의 증표라기보다 경건의 척도다. 따라서 진정한 신자이되 방언을 하지 못하는 사람은 미성숙하거나 어딘지 부족한 그리스도인으로 간주된다.

두 가지 견해 모두 성경적, 신학적으로 중대한 하자가 있다.

사실 우리는 오순절을 경험하거나 심지어 그러려고 애쓰라는 명령을 받은 적이 없다! 그것은 불가능한 명령이다! 이는 마치 홍해를 가르신 일이나 오천 명을 먹이신 일을 우리더러 경험하라는 말이나 같다. 그런 일은 하나님의 독특한 행위였다. 믿지 않는 구경꾼들에게 그분 자신에 대해 무언가를 가르치시고자 역사의 특정한 시점에 그분이 주도하여 친히 행하신 일이었다. 그분은 신자들을 도구로 삼아 특정한 목적을 이루셨다. 그러므로 사람에게 오순절의 경험을 재현하기를 바라는 것은 공구(工具)에게 스스로 주인의 손에 들리라고 명하는 것이나 같다.

게다가 이런 기적적 사건의 영광은 하나님께만 돌아갔다. 사도행전 2장에 성령을 주신 일은 새 시대의 출발을 알리는 일회적 사건이었다. 그 영광은 사람의 몫이 아니었다. 성령의 강림과 그에 따른 그들의 방언을 통해 무대의 중앙에 오르신 분은 주님이다. 다른 언어로 말한 일은 그들이 대단히 경건한 그리스도인이라는 증거가 아니었다. 아주 성숙한 그리스도인은 그중에 아예 하나도 없었다!

끝으로 사도행전 2장에 기술된 "방언"은 나라별로 사람들이 알아들을 수 있는 인간의 언어였음을 잊어서는 안 된다. 그것은 지상에서 소통될 수 없는 천상의 언어가 아니라 전도를 위한 효과적인 도구였다. 따라서 방언을 구원의 증표나 경건의 척도로 삼으려 한다면 오늘날 이 시험에 통과할 사람은 아무도 없다!

우리는 성령으로 세례를 받거나 성령의 초자연적 증거를 내보이도록 명령을 받은 적이 없다. 우리가 하나님의 선물인 구원을 받아들이면 그분은 즉시 신자들에게 성령을 주시되 충만하고 영원하게 주신다. 기적의 여부를 떠나 그분이 하시는 일은 다 그분의 주권적 역사이며, 인간의 행동이나 소원이나 기대와 무관하게 그분의 절대적 권한에 속한다. W. E. 바인(W. E. Vine)은 이렇게 썼다.

> 이 선물이 사도 시대 이후는 고사하고 사도 시대의 말기까지라도 지속되었다는 증거는 없다. 이는 고린도전서 13장 8절이 이런 식으로 성취되었음을 확증해준다. 즉 "예언"과 초자연적 직접 계시라는 의미의 "지식"이 그러하듯이, 이 선물도 교회에서 종식되었다(참고 고전 14:6). 성경이 완성됨으로써 개인과 단체를 인도하고 교훈하며 건덕하는 데 필요한 것은 교회에 다 공급되었다.[13]

사도행전 2장의 이 본문을 묵상하면서 방언의 문제를 생각하노라니, 내게 이 난제를 헤쳐 나가는 데 길잡이가 되어주는 두 가지 진리가 떠오른다.

첫째, 하나님이 일하시면 아무도 이를 복제하거나 무시할 수 없다. 하나님이 기적을 행하시면 의심의 여지없이 그것은 하나님에게서 난 일이다. 사람들은 그것을 거부할 수는 있어도—신자들을 술 취했다고 비난하며 조롱하던 이들을 생각해보라—하나님의 틀림없는 손길까지 부정할 수는 없다. '초자연'이란 그 정의 자체가 하나님만이 하실 수 있는 일을 뜻한다. 인간이 시도하면 그에 대한 반응으로 의심과 회의와 의문이 뒤따른다. 사람들은 그것을 마술사의 눈속임인 양 분석한다. 그러나 하나님이 참으로 기적을 행하시면 아무도 이를 흉내 내거나 무시할 수 없다.

둘째, 성령이 능력을 베푸시면 그 공로는 인간이 아니라 하나님의 몫이다. 의사가 수술로 사람을 살리면 아무도 메스를 칭찬하지 않는다. 메스는 스스로 한 일이 없다. 마찬가지로 우리도 스스로는 초자연적 활동을 할 능력이 없다. 게다가 의사가 그 특정한 칼을 고른 것은 칼이 스스로 그 일에 유용해졌기 때문이 아니다. 누군가 그 칼을 만들고, 누군가 예리하게 갈고, 누군가 살균해서 마침내 그 의사가 썼을 뿐이다. 우리도 다르지 않다. 인간 스스로는 초자연적 능력을 발휘할 수도 없고 그런 자격을 갖출 수도 없다.

하나님의 초자연적 역사를 인간의 공로로 돌린다는 생각은 터무니없다. 그 사건에 관여된 당사자들로서는 더 말할 것도 없다.

다음번에 소위 하나님의 초자연적 역사를 보거든 다음 두 가지 질문을 자신에게 순서대로 해보라.

이 일이 진정이라면 지금 내가 감탄을 느끼는 대상은 누구인가?(하나님이 아니라면 조심하라.)

인간적 수단으로 이 위업을 재현하거나 그런 인상을 풍기는 것이 가능한가?(가능하다면 조심하라.)

베드로가 한 최초(이자 최고)의 설교(사도행전 2:14-36)

14베드로가 열한 사도와 함께 서서 소리를 높여 이르되 유대인들과 예루살렘에 사는 모든 사람들아
이 일을 너희로 알게 할 것이니 내 말에 귀를 기울이라 15때가 제 삼 시니 너희 생각과 같이 이 사람
들이 취한 것이 아니라 16이는 곧 선지자 요엘을 통하여 말씀하신 것이니 일렀으되

17하나님이 말씀하시기를
말세에 내가 내 영을 모든 육체에 부어 주리니
너희의 자녀들은 예언할 것이요
너희의 젊은이들은 환상을 보고
너희의 늙은이들은 꿈을 꾸리라
18그 때에 내가 내 영을
내 남종과 여종들에게 부어 주리니
그들이 예언할 것이요
19또 내가 위로 하늘에서는 기사를
아래로 땅에서는 징조를 베풀리니
곧 피와 불과 연기로다
20주의 크고 영화로운 날이 이르기 전에
해가 변하여 어두워지고
달이 변하여 피가 되리라
21누구든지 주의 이름을 부르는 자는
구원을 받으리라 하였느니라

22이스라엘 사람들아 이 말을 들으라 너희도 아는 바와 같이 하나님께서 나사렛 예수로 큰 권능
과 기사와 표적을 너희 가운데서 베푸사 너희 앞에서 그를 증언하셨느니라 23그가 하나님께서 정하신
뜻과 미리 아신 대로 내준 바 되었거늘 너희가 법 없는 자들의 손을 빌려 못 박아 죽였으나 24하나님
께서 그를 사망의 고통에서 풀어 살리셨으니 이는 그가 사망에 매여 있을 수 없었음이라 25다윗이 그
를 가리켜 이르되

내가 항상 내 앞에 계신 주를 뵈었음이여
나로 요동하지 않게 하기 위하여
그가 내 우편에 계시도다
26그러므로 내 마음이 기뻐하였고
내 혀도 즐거워하였으며
육체도 희망에 거하리니
27이는 내 영혼을 음부에 버리지 아니하시며
주의 거룩한 자로 썩음을 당하지 않게 하실 것임이로다
28주께서 생명의 길을 내게 보이셨으니
주 앞에서 내게 기쁨이 충만하게 하시리로다 하였으므로

29형제들아 내가 조상 다윗에 대하여 담대히 말할 수 있노니 다윗이 죽어 장사되어 그 묘가 오늘
까지 우리 중에 있도다 30그는 선지자라 하나님이 이미 맹세하사 그 자손 중에서 한 사람을 그 위에
앉게 하리라 하심을 알고 31미리 본 고로 그리스도의 부활을 말하되 그가 음부에 버림이 되지 않고 그
의 육신이 썩음을 당하지 아니하시리라 하더니 32이 예수를 하나님이 살리신지라 우리가 다 이 일에
증인이로다 33하나님이 오른손으로 예수를 높이시매 그가 약속하신 성령을 아버지께 받아서 너희가
보고 듣는 이것을 부어 주셨느니라 34다윗은 하늘에 올라가지 못하였으나 친히 말하여 이르되

주께서 내 주에게 말씀하시기를
35내가 네 원수로 네 발등상이 되게 하기까지
너는 내 우편에 앉아 있으라 하셨도다 하였으니

36그런즉 이스라엘 온 집은 확실히 알지니 너희가 십자가에 못 박은 이 예수를 하나님이 주와 그
리스도가 되게 하셨느니라 하니라

설교자를 창피하게 만들려면 그가 한 첫 설교에 대해 물어보라. 회중 앞에 처음 서던 때를 기억하고 싶은 설교자는 거의 없다. 그 민망한 순간을 다른 누구도 기억하지 못하기를 바라는 경우가 대부분이다!

신학교에서 나를 가르쳤던 교수님이 자신의 첫 설교 이야기를 들려주었다. 교회는 시골 벽지에 있었다. 그가 설교하려고 일어나 성경책을 펴는 순간 교회당 뒷문이 열리면서 염소 떼가 들어왔다. 그는 이렇게 말했다. "그냥 설교를 계속하려 했다. 그런데 염소들이 사방에서 달그락 소리, 쨍그랑 소리를 내며 시골의 낮은 회중석을 넘어 다녔다. 결국 강단에서 내려가 소매를 걷어붙이고 스무 명 정도 되는 시골 사람들과 함께 염소들을 잡아 문 밖으로 밀어냈다." 드잡이하는 와중에 염소 한 마리가 그의 코를 뿔로 받는 바람에 설교하는 내내 얼굴의 피를 닦아야 했다.

첫 설교를 준비하다가 두려워 죽는 줄 알았다고 고백한 친구도 있다. 그래서 그는 14-15페이지나 되는 원고를 일일이 타자로 쳐서 성경책의 설교 본문 자리에 순서대로 끼워 두었다. 그는 청중과 직접 시선을 마주치는 것이 중요하므로 원고를 보지 말고 사람들을 보라고 배운 것이다. 그래서 의자에서 일어나 강대상 앞으로 걸어가는 동안 원고 뭉치가 바닥에 떨어졌는데도 사람들을 보느라 그 사실을 몰랐다. 인사를 마치고 나서 아래를 보니 원고가 온 강단에 어지러이 흩어져 있었다. 물론 순서도 엉망이었다. 설상가상으로 그는 깜빡 잊고 페이지 번호를 매겨두지 않았다. 원고를 주워 순서를 도로 맞추는 데 몇 분이 걸렸다.

오순절 날 성령이 강하고 큰 바람 소리와 번쩍이는 쉐키나의 빛으로 임하셔서 베드로에게 복음을 소통할 신기한 능력을 주셨다. 그 능력이 아니었다면 그는 말하기를 주저했을 것이다. 믿지 않는 구경꾼들은 눈앞에서 벌어지는 광경에 놀랐다. 더러는 방언 사건을 인정하지 않으며, 그리스도를 따르는 이들을 술 취했다고 비웃었다(2:13, 15). 더러는 자신이 목격한 일을 무시하지 못하면서도 그게 무슨 의미인지 통 알 수가 없었다. 그래서 깊이 고민하며 "이 어찌 된 일이냐"(2:12)고 물었다.

새 시대의 막이 올랐으니 세상도 이를 알아야 했다. 그래서 베드로가 일어나 처음으로 대중 앞에서 설교를 한다.

—2:14—

"서서"라고 번역된 말은 동사 '서다'의 수동형으로 '앞으로 떠밀려'라고 옮길 수도 있다. "열한 사도와 함께"라고 한 것으로 보아 그들이 서로 둘러보다가 베드로가 적임자라고 뜻을 모았을 수 있다. 헨리 제이콥슨(Henry Jacobsen)이 썼듯이 "그에게 설교 원고는 없었지만 무한히 더 중요한 것 두 가지가 있었다. 무언가 할 말이 있었고 성령의 능력이 있었다."[14] 원고도 없고 준비할 시간도 없었지만 베드로의 설교는 매우 짜임새 있어 보인다. 복잡하지 않고 직설적이며 성경적이고 그리스도 중심이다. 모든 설교에 대해, 특히 나의 설교에 대해 그렇게 말할 수 있다면 좋겠다.

그는 메시지를 두 부분으로 나눈 뒤 나중에 2장 38절에서 회개를 촉구한다. 두 부분 다 맨 앞에 직접 부르는 호칭이 나온다(각각 "유대인들과 예루살렘에 사는 모든 사람들아", "이스라엘 사람들아"). 설교의 윤곽은 다음과 같다.

1. 눈앞에서 벌어진 일을 설명함(2:15-21)
   1) 술 취한 것이 아니다(2:15)
   2) 예언의 성취다(2:16-21)
2. 예수 그리스도를 선포함(2:22-35)
   1) 입증되시다(2:22)
   2) 십자가에 못 박히시다(2:23)
   3) 부활하시다(2:24-32)
   4) 승천하시다(2:33-34)
   5) 영화롭게 되시다(2:35)

두 부분은 각각 군중의 입에서 나온 두 가지 말, 즉 "그들이 새 술에 취하였다"와 "이 어찌된 일이냐"에 얼추 상응한다. 설교의 앞부분에서는 조롱하는 이들의 무고(誣告)에 답하면서 "경건한 유대인들"을 위해 그다음의 포석을 놓고, 뒷부분에서는 대망의 메시아이신 예수 그리스도를 선포한다.

베드로는 구경꾼들을 "유대인들과 예루살렘에 사는 모든 사람들아"라고 불렀는데 이는 현장에 있던 두 집단을 총칭하는 표현이다. 하나는 유대에 살던 기존 주민들이고, 또 하나는 맥추절(칠칠절)을 맞아 예루살렘에 와 있던 외지인들이다. 이 복음의 메시지는 유대인에게 아주 잘 맞추어져 있다. 베드로가 논증의 근거로 호소한 구약은 믿지 않는 이방인에게는 설득력이 없었을 것이다. "귀를 기울이라"로 옮겨진 헬라어 문구는 신약에는 전체를 통틀어 여기에만 쓰였으나 칠십인역(구약의 헬라어 역본)에는 32회나 등장한다. 대개 아주 중요한 말의 도입부를 이루는데, 예컨대 선지자 요엘의 대언은 이렇게 시작된다. "늙은 자들아 너희는 이것을 들을지어다 땅의 모든 주민들아 너희는 귀를 기울일지어다"(욜 1:2).

—2:15-16—

베드로는 제자들이 "새 술" 곧 특별히 독한 포도주에 취했다는 무고에 답했다. 그의 말처럼 때는 유대인의 시간 계산법으로 "제 삼 시"였으니 지금의 오전 9시에 해당한다. 어느 역사가에 따르면 "양심적인 유대인은 포도주를 고기와 겸해서만 마셨는데 [출애굽기 16장 8절]에 근거하여 아침에는 빵을 먹고 고기는 저녁에만 먹었다. 따라서 포도주도 저녁에만 마실 수 있었다."[15] 술에 취했다는 말은 가벼운 비난이 아니라 도덕적으로 완전히 해이하다는 뜻이 내포되어 있었다. 베드로의 대답은 "우리도 예루살렘의 여느 누구 못지않게 경건하다"는 말이나 같았다.

"그러나"로 번역되는 대조접속사가 코이네 헬라어에 둘이 있다. 하나는 형식상에 가까운 작은 대조이지만, 술 취한 게 아니라는 베드로의 말 뒤에 쓰인 *alla*(235)는 판이한 구별을 나타낸다(헬라어 원문과 저자가 사용하는 NASB의 16절 맨 앞에 "그러나"가 있다-역주). 그러므로 베드로의 선언은 "반면에 이는 곧 선지자 요엘을 통하여 말씀하신 것이니"로 옮길 수 있다. 베드로는 자신들이 경건하지 못하다는 비난을 논박한 뒤, 오히려 이 특이한 사건이 하나님의 역사하심이라고 역설했다.

—2:17-21—

베드로는 기억을 더듬어 요엘 2장 28-32절을 인용했다(행 2:17-21). 구약의 그 예언에서 하나님은 "내 영을 만민에게 부어 주리니"라고 약속하셨다(욜 2:28, 참고 행 2:17). "만민"—살아 있는 모든 사람—이 성령으로 충만해지는 일은 하나님 나라가 문자적, 물리적 형태로 이 땅에 임할 때에만 가능하다. 요엘의 예언이 완전히 성취되려면 모든 비신자가 구원받거나 사라져야 한다! 물론 요엘 2장 28-29절이 성취되면 그때부터 요엘 2장 30-31절에 묘사된 대로 말세가 도래하여 하나님 나라가 세워진다. 거기까지는 일반 유대인들도 제대로 이해했다. 하지만 그들은 성령을 부어주실 일을 "여호와의…날"(욜 2:31)에 이르는 과정이 아니라 종말의 한 사건으로 예상했다.

요컨대 일반 유대인들은 아래와 같이 이해했다.

구약 시대 → (성령) → 하나님 나라 (요엘 2:28-31)

베드로는 새로운 개념을 내놓았다. 적어도 당시 유대교 신학에는 새로운 것이었다. 그의 설교에 따르면 다음과 같다.

구약 시대 → 중간기 (요엘 2:28-29, 성령) → 하나님 나라 (요엘 2:30-31)

중요하게 짚고 넘어갈 것이 있다. 오순절에 최초로 성령을 받은 사람은 약 120명뿐으로 "만민"과는 거리가 한참 멀다는 것이다. 베드로가 말한 부어주심은 완결이 아니라 시작이었다. 그는 역설하기를 이 특정한 오순절은 새 시대의 기점이며, 장차 때가 되면 결국 살아 있는 모든 사람이 성령을 받을 것이라 했다.

그가 인용한 요엘의 예언은 이런 위안의 말로 마무리된다. "누구든지 주의 이름을 부르는 자는 구원을 받으리라"(행 2:21, 욜 2:32). 이 말을 계기로 그는 설교의 제2부로 넘어가 어떻게 누구나 구원받을 수 있는지를 설명한다. 오순절과 주의 날 사이에 메시아로 말미암아 가능해진 은혜의 시대가 존재한다.

—2:22-23—

베드로는 청중을 "이스라엘 사람들아"라고 불러 그들의 민족적 정체가 하나님의 언약 백성임을 상기시킨다. 일찍이 그분은 이 백성을 하나님 나라로 삼겠다고 약속하셨다. 이어 그는 나사렛 예수께서 그 나라의 왕 곧 메시아이심을 선포한다. 그의 설교는 다섯 가지 요지로 구성된다.

1. 입증되시다(2:22)

하나님은 예수님이 독특하게 위로부터 오신 분임을 입증하셨다. 신적 능력이 없이는 어떤 인간도 행한 적이 없고 행할 수도 없는 일을 예수님은 능히 이루셨다. "증언하셨느니라"로 옮겨진 헬라어 단어[*apodeiknymi*(584)]는 문자적으로 '대중의 인정이나 지명을 받고자 앞에 내놓다, 품질을 내보이다'는 뜻이다. 예컨대 칠십인역에 보면 다니엘이 바벨론 온 지방을 다스리는 통치자로 세워질 때 이 단어가 쓰였다(단 2:48). 예수님의 경우 하나님이 그분을 보내셨음이 "큰 권능"[*dynamis*(1411), '권능의 일']과 "기사"[*teras*(5059)]와 "표적"[*sēmeion*(4592)]을 통해 증명되었다.

"기사"란 심오한 초자연적 의미를 지닌 행동이나 사건을 가리킨다. 예컨대 치유는 부상이나 질병을 건강하게 되돌리는 일 이상이었다. 치유는 목격자들에게 치유의 주체와 대상에 대해 그리고 사안을 보시는 하나님의 생각에 대해 무언가를 알려주었다.

"표적"은 다른 것의 참된 징후가 되는 무엇을 가리킨다. 하나님의 뜻이나 초자연적 활동을 보여주는 물리적 표징이다. 유대인에게 "표적"이란 특정한 선지자가 진정 하나님에게서 왔다는 가시적 확증이었다.

베드로가 청중에게 환기시켰듯이 예수님은 이런 권능의 일과 기사와 표적을 많은 증인 가운데서 행하셨다.

2. 십자가에 못 박히시다(2:23)

여기까지는 사람들이 틀림없이 고개를 끄덕이며 서로 이렇게 말했을 것이다. "그렇지, 나도 그런 기억이 있거든. 자네도 기억나는가? 그때 예수가…." 그런데 베드로가 쓰라린 기억을 끄집어냈다. 불과 50일 전 일어난 일이니 모두의 머릿속에 아직 생생했을 것이다. 그들은 산헤드린의 지시에 따라 예수님을 죽였다. 암묵적으로 동의한 정도가 아니라 그분을 십자가에 못 박는 데 가담한 이들도 현장에 더러 있었다. 그중 다수나 어쩌면 대부분이 빌라도가 주관하는 법정 뜰에서 그분을 처형할 것을 요구했다(눅 23:18).

베드로의 말처럼 예수님은 진정 하나님에게서 오셨으나 자신의 신적 운명에 이끌려 십자가로 가셨다. "정하신"이라는 표현[*horizō*(3724)]에 '지명하다, 지정하다'는 뜻을 가진 헬라어 원어의 인격적 특성이 잘 담겨 있다. 예수님은 단지 십자가에 달릴 운명이셨던 것이 아니라 하나님이 자신의 아들을 지명하여 그 사명을 맡기셨다. 이 땅에서 사역하실 때 예수님은 "인자는 이미 작정된 대로 [십자가로] 가거니와 그를 파는 그 사람에게는 화가 있으리로다"(눅 22:22)라고 말씀하셨다.

자신들의 못된 행위가 떠올라 몸을 비틀고 있는 청중에게 베드로는 아픈 곳을 찔렀다. "너희가 법 없는 자들의 손을 빌려 못 박아 죽였으나"라고 줄줄이 고발을 늘어놓은 것이다. 그는 적당히 넘어가지 않았다. 히브리인의 사고에서 "법 없는"[*anomos*(459)]이라는 말은 율법이 없음[*a+nomos*(3551)], 언약의 바깥에 있음, 이교도, 하나님과 멀어져 있음을 의미했다. 이 고발은 예수님을 십자가에 못 박은 법 없는 자들과 청중을 연결했다.

—2:24–32—

헬라어 원문에 2장 23절과 24절은 하나로 이어져 있다. "그러나"를 넣어 새로운 문장으로 시작하는 역본이 많지만, 원문에는 예수님을 지칭하는 목적격 관계대명사가 있어 "그를 하나님께서…살리셨으니"가 된다.

3. 부활하시다(2:24–32)

베드로는 하나님이 능동적 역할을 하셨다고 선포한다. 하나님은 예수님이 십자가에서 죽으실 것을 미리 아시고 정하셨으며, 또한 그분을 "사망의 고통에서 풀어"(2:24)—직역하면 "사망의 산고(産苦)를 폐하여"—다시 살리셨다. 출산보다 고통스럽거나 불가피한 경험은 당연히 아무도 상상할 수 없다. 베드로는 부활을 이루신 공로를 하나님께 돌리면서도 성부의 능력과 예수님의 능력을 연계했다. 헬라어 접속사를 번역한 "이는"[*kathoti*(2530)]은 '왜냐하면, 다음 사실에 비추어'라는 뜻이다. 하나님은 아무것도 예수님을 죽음에 매어둘 수 없다는 사실에 비추어 그분을 살리셨다(2:24).

이것이 중요한 까닭은 하나님의 능력과 인간 예수의 능력이 서로 맞물리기 때문이다. 두 분의 능력은 동일한 능력이기에 협력하여 역사한다. 내가 이렇게 말한다고 상상해보라. "하나님이 나에게 산에 오를 능력을 주셨는데 이는 아무것도 나의 정상 등극을 막을 수 없기 때문이다." 하나님이 아닌 존재로서는 당돌한 발언이다! 사실상 나를 하나님과 대등한 지위에 올려놓는 말이다. 내가 그렇게 말하면 신성 모독이지만 예수님이 말씀하시면 그대로 사실이다.

베드로는 이 대담한 주장을 인증하고자 시편 16편 8-11절을—역시 준비 없이 기억만으로—인용했다. 다윗이 자신의 죽음과 부활의 소망을 노래한 시인데, 이 소망은 무덤에서 썩지 않으실 "주의 거룩한 자"(메시아를 가리키는 구약의 한 칭호)로 말미암은 것이다. 다시 말해 다윗은 자신이 부활하리라는 소망의 근거를 메시아의 부활에 두었다. 다윗이 말한 "주의 거룩한 자"가 그 자신일 수는 없다. 그는 죽어서 장사되었기 때문이다. 베드로 시대의 사람들은 직접 그 묘에 가서 다윗의 유해에 참배할 수 있었다(행 2:29).

아울러 이 설교는 메시아가 다윗의 자손 중에서 오시리라 하신 하나님의 예언을 상기시킨다(시 89:3-4, 132:11, 삼하 7:12-13). 예수님의 혈통은 생모 마리아(유전적 왕권)와 양부 요셉(법적 왕권)을 통해 다윗에게로 거슬러 올라간다. 아무도 그분의 혈통을 문제 삼을 수 없었다. 자신의 족보를 숙지하는 일은 모든 유대인에게 부여된 신성한 의무였다.

이러한 여러 사실에 따라 베드로는 메시아가 부활하시도록 되어 있다면 부활한 사람은 메시아일 수밖에 없다고 추론했다.[16] 그가 선포했듯이 예수님은 죽은 자 가운데서 살아나셨고, 적어도 120명의 증인[*martys*(3144)]이 그 사실을 증언할 수 있었다. 예수께서 예언하신 대로 제자들은 권능을 받고 그분의 증인이 되었다(행 1:8).

—2:33-35—

베드로의 설교는 부활에서 끝나지 않았다. 그는 예수님의 정체가 메시아라는 확증을 더 내놓았다.

4. 승천하시다(2:33-34)

베드로를 비롯하여 예수님을 따르던 이들은 자기들 가운데 서 계신 그분을 직접 보았다. 그분이 말씀하시는 것을 들었고 잡수시는 것을 보았다. 그분의 몸을 만졌고 한 달이 넘도록 그분의 가르침을 받았다. 이어 그분은 그들이 보는 데서 인자(단 7:13-14)만이 하실 수 있는 일을 하셨다. 하늘로 올라가신 것이다. 산헤드린 앞에서 재판받으실 때 예수님은 자신이 승천하여 "하나님의 권능의 우편에 앉아 있으리라"고 말씀하셨는데 이는 명백히 메시아의 표상이다(눅 22:67-70). 이 주장 때문에 산헤드린은 그분을 죽이는 것을 정당하게 여겼다(눅 22:71). 하지만 그분이 죽은 자 가운데서 부활하셨으니 이제 그분의 예언을 의심할 근거가 없어졌다.

베드로는 다시 다윗의 예언에 호소하는데 이번에는 예수께서 종교 전문가들과 대화하실 때 인용하셨던 시편 110편 1절의 본문이다(눅 20:41-44). 베드로의 요지도 예수님의 요지와 똑같다. 성부의 우편에 앉는다는 표현은 다윗 자신에 대한 말일 수 없다. 그는 여전히 무덤 속에 있었으니 말이다.

5. 영화롭게 되시다(2:35)

요한의 내러티브에서 예수님은 하나님의 아들이 "영광을 얻을 때"가 온다고 말씀하셨다(요 12:23). 그 사건을 언급하실 때 그분은 번번이 '한없이 위대하다, 위엄을 두르다, 영화롭게 되다'는 뜻의 헬라어 단어[*doxazō*(1392)]를 쓰셨다. 영화롭게 된다는 말은 모든 증인 앞에서 최고의 정당성을 인정받는다는 뜻이다. 예수님의 경우 그분이 가르치신 진리와 그분의 참 정체가 온 인류 앞에서 정당하게 입증된다는 뜻이다. 그러려면 그분의 위대하심이 찬란하게 나타나야 한다. 요컨대 그분의 정체가 메시아라는 사실은 그분의 부활과 승천을 통해 확증되었다.

예수님이 하신 모든 주장은 그분이 아버지의 우편에 앉아 계시다는 사실로 말미암아 정당성이 입증된다. 메시아를 부인하고 거부하며 멸시한 사람들, 메시아를 멸하려 한 사람들은 아버지가 하신 약속대로 모두 그분의 "발등상"이 될 것이다. 이는 본의 아니게 예속을 그림처럼 보여주는 은유다.

—2:36—

베드로는 "이스라엘 온 집" 곧 아브라함과 이삭과 야곱—하나님이 그의 이름을 "이스라엘"로 바꾸어주셨다—의 모든 자손에게 호소하며 말을 맺는다. 예수님의 부활은 성경에도 증거가 있고 증인들도 증언하는 바이니, 이에 근거하여 그들은 마땅히 그분의 정체를 사실로 받아들일 준비가 되어 있어야 했다. 그분은 "주"[*kyrios*(2962)]이시다. 이는 능력과 권위—하나님 자신의 권위—의 개념이 한데 합해진 호칭으로, 필시 하나님의 호칭인 히브리어 단어 아도나이(*adonai*)와 직결된다. 그분은 또한 그리스도[*christos*(5547)]이시다. 이 헬라어 단어는 '기름부음을 받은 자, 메시아'를 뜻하는 히브리어의 호칭 ***mashiyach***(H4899)를 번역한 것이다.

마지막으로 베드로는 메시아를 십자가에 못 박은 청중의 죄를 당당히 지적했다.

놀랍지 않은가? 불과 몇 주 전만 해도 베드로는 자신이 예수를 따르는 열둘 중 하나가 아니라며 저주를 하면서까지 예수님을 부인했다. 예수님이 개입하여 그를 회복해주지 않으셨다면 그는 그 실패 때문에 영원히 사역의 길을 등졌을 것이다. 며칠 전까지만 해도 종교 당국자들의 위세가 두려워 어두운 방에 웅크리고 있던 그였다. 그런데 성령께서 임하시자 어떤 결과가 나타났는지 보라!

베드로는 놀랍도록 능력 있게 증언했다. 다른 사람으로 변화되었던 것이다.

적용: 사도행전 2:14-36

설교학 개론

나는 설교자이다 보니 어느 정도의 분석 없이는 설교를 듣거나 읽을 수 없다. 비판이 아니라 분석이다. 과녁에 명중하는 설교나 삼천포로 빠지는 설교의 요인을 살피는 게 이제 나의 습성이 되었다. 다른 훌륭한 강사들과 설교자들에게 배우기도 하고, 성경과 청중을 이어줄 방법을 찾고자 나 자신의 설교를 찬찬히 뜯어보기도 한다. 베드로의 설교를 분석해보면 훌륭한 설교의 세 가지 본질적 특성이 보인다.

특성 1: 단순하다. 베드로는 누구나 알아들을 만한 단순한 어휘로 말했다. 문화와 언어가 그와 같았던 청중은 굳이 시간을 들여 묵상하지 않고도 내용을 이해할 수 있었다. 그들은 그가 하는 말의 뜻을 추측할 필요가 없었다. 당신도 소통자로 나서거든 소통의 형태가 무엇이든—성경을 가르치든, 교회를 목회하든, 라디오에 출연하든, 팟캐스트를 제작하든, 책을 쓰든—단순하게 하라. 단순하게 하려면 노력이 필요하다. 어떤 사람들은 복잡하게 전달하면 깊이가 있다고 착각한다. 화자가 소통을 형편없이 해놓고는 자신의 말을 알아듣지 못하는 것이 청중의 잘못이라고 우기는 경우도 있다. 십대 아이들도 어려움 없이 당신의 말을 이해할 수 있어야 한다.

특성 2: 성경적이다. 베드로는 메시지를 전하는 내내 성경 본문을 인용하고 언급했다. 하나님 말씀을 중심으로 자신의 요지를 능숙하게 전개했다. 그는 자신의 통찰이나 인간이 지어낸 교리적 결론이나 인간적 관점에 의존하지 않고, 하나님의 권위 있는 진리에 입각했다. 그분의 진리는 누구나 따져볼 수 있게 만인에게 계시되어 있다.

당신이 전하는 메시지가 하나님께 쓰임 받아 사람들의 삶에 영향을 미치기 원한다면 성경이 말하는 대로만 들려주라. 하나님은 자신의 말씀을 높이신다. 소통하려거든 성경의 원리들이 어떻게 적용되는지 보여주라. 사람들은 성경의 시의성을 명백히 제시하는 설교에 굶주려 있다. 그들은 당신의 그런 설교를 좋아할 것이고, 말씀을 펴는 당신을 사랑할 것이며, 주님을 더욱 사랑할 것이다. 성경을 더 명확히 깨닫게 해주는 나에게 감사하지 않는 청중은 여태껏 본 적이 없다.

특성 3: 그리스도 중심이다. 베드로는 번번이 설교의 모든 요지를 그리스도와 연결했다. 그러자 사람들은 마치 십자가에 달리셨다가 부활하신 주님이 바로 앞에 서 계신 것처럼 반응했다. "그들이 이 말을 듣고 마음에 찔려 베드로와 다른 사도들에게 물어 이르되 형제들아 우리가 어찌할꼬 하거늘"(2:37).

이런 긍정적 반응에 베드로는 못내 감격했을 것이다. 복음을 처음 설교한 이에게 얼마나 격려가 되는 일인가! 갓 실패에서 벗어난 그가 혼신을 다하여 말씀을 전했더니 3천 명에게서 이런 질문이 돌아왔다. "우리가 [이 진리에 반응하여] 어찌할꼬." 그들이 던진 첫 질문은 "이 어찌된 일이냐"였는데 베드로가 전한 그리스도 중심의 메시지는 "우리가 어찌할꼬"라는 더 좋은 질문을 이끌어냈다.

이는 성경 교육의 틀로서도 나쁘지 않다. 우선 "어찌된 일인가? 하나님이 이 말씀을 하심은 무슨 뜻인가?"라고 질문하라. 사람들의 눈높이에서 출발하여 말씀의 의미를 파악하도록 도와주라. 그다음에 그들이 이해하거든, 반드시 하나님의 메시지를 어떻게 실천할 것인지로 연결해주라.

아울러 하나님이 당신이 기울이는 최선의 노력을 신실하게 쓰심을 잊지 마라. 설령 당신의 역량이 다른 더 노련한 소통자들에 비할 바가 못 될지라도 말이다. 당신이 프로가 되어야만 일을 해낼 수 있다고 생각하지 마라! 전문가들은 당신이 살며 일하는 곳에 들어올 수 없다. 그곳에는 이미 당신이 있고 당신의 청중이 있다. 그저 당신이 아는 대로 진리를 말해주라. 부득이하다면 말을 더듬어도 좋으나 어쨌든 진리를 선포하라. 아울러 당신이 믿는 바를 본으로 보여주라. 메시지대로 사는 모본이 되라.

삼천 명에 이르는 '아기'의 출생(사도행전 2:37-47)

37그들이 이 말을 듣고 마음에 찔려 베드로와 다른 사도들에게 물어 이르되 형제들아 우리가 어찌할
꼬 하거늘 38베드로가 이르되 너희가 회개하여 각각 예수 그리스도의 이름으로 세례를 받고 죄 사함
을 받으라 그리하면 성령의 선물을 받으리니 39이 약속은 너희와 너희 자녀와 모든 먼 데 사람 곧 주
우리 하나님이 얼마든지 부르시는 자들에게 하신 것이라 하고 40또 여러 말로 확증하며 권하여 이르
되 너희가 이 패역한 세대에서 구원을 받으라 하니 41그 말을 받은 사람들은 세례를 받으매 이 날에
신도의 수가 삼천이나 더하더라 42그들이 사도의 가르침을 받아 서로 교제하고 떡을 떼며 오로지 기
도하기를 힘쓰니라

43사람마다 두려워하는데 사도들로 말미암아 기사와 표적이 많이 나타나니 44믿는 사람이 다 함
께 있어 모든 물건을 서로 통용하고 45또 재산과 소유를 팔아 각 사람의 필요를 따라 나눠 주며 46날
마다 마음을 같이하여 성전에 모이기를 힘쓰고 집에서 떡을 떼며 기쁨과 순전한 마음으로 음식을 먹
고 47하나님을 찬미하며 또 온 백성에게 칭송을 받으니 주께서 구원 받는 사람을 날마다 더하게 하시
니라

성경은 복을 주려고 기록되었다. 그런데 불행히도 사람들은 성경을 싸움터로 만들 때가 많다. 사도행전 2장도 아주 치열한 전선 중 하나다. 이 본문 때문에 신학적 차이가 생겨난 주요 교단이 적어도 넷은 된다. 다 합하면 개신교의 높은 비율을 차지한다. 그 밖에 무수히 많이 분열된 분파에도 특이한 해석들이 있으나 다 건전한 것은 아니다. 일부 해석은 너무

복잡하게 얽혀 있어 정작 해당 교파들에 속한 사람들도 자기네 신학을 이해하지 못한다. 그런가 하면 본문을 지나치게 단순화하여 우스울 정도로 터무니없는 결론을 도출하는 사람들도 있다.

사도행전 2장에서 반드시 짚고 넘어가야 할 세 가지 주된 이슈가 있다. (1) 오순절 계열의 신학자들은 방언(2장 1–13절 부분에 주해되어 있다)과 예언 등 성령의 몇 가지 초자연적 은사의 근거를 여기서 찾는다. (2) 오순절과 하나님 나라와 종말이 서로 어떻게 연관되는가에 관한 방대한 문제가 있다(이에 대한 나의 입장은 바로 앞 단원에서 명확히 밝혀졌기를 바란다). (3) 끝으로 그리스도의 교회 교단과 몇몇 침례교단은 세례를 통한 중생(重生)이라는 교리의 정당성을 여기서 찾는다. 이 교리는 다른 쟁점들과도 맞물려 있는데 우선 몇 가지만 꼽아도 믿음의 역할, 은혜, 구원, 견인(堅忍) 등이 있다! 이번 단원에서는 이 중요한 주제를 주해하고자 한다.

오순절에 성령께서 신자들 안에 충만하신 뒤로 베드로가 일어나 두 가지 말에 대해 설교로 응답했다. 그 두 가지 말 중 하나는 질문이었고 하나는 모욕이었다(2:12–14). 그리스도를 따르던 이들이 성령 충만하여 세상의 여러 언어와 방언으로 말하자, 이것을 보고 들은 사람 중 더러는 "이 어찌된 일이냐"고 물었고, 더러는 "그들이 새 술에 취하였다"고 비웃었다. 베드로의 설교는 냉소주의자들의 입을 막음과 동시에 맥추절을 지키려고 예루살렘에 와 있던 '경건한 유대인들'의 주의를 사로잡았다.

설교가 끝나자 청중 가운데 상당수는 냉담하던 마음이 불안해졌다(2:37). 베드로가 제대로 예증했듯이 그들은 메시아를 죽였으나 이제 죽음에서 부활하신 메시아가 그분의 나라를 세우실 것이었다. 이전에 예수님을 십자가에 못 박도록 넘겨준 그들의 선택은 중대한 과오이자 비참한 결정이었다. 책임을 물어야 할 중죄였다.

—2:37—

베드로의 설교를 듣고 많은 사람이 "마음에 찔"렸다. 이 표현은 죄의 자각 내지 하나님이 주신 죄책을 가리키는 말일 수 있다. 헬라어 원어[*katanyssomai*(2660)]의 의미는 '찔리거나 구멍이 뚫리다'에서 시작되어 '격한 고통을 느끼다'로 확장되었다. 하나님의 진리는 예리한 칼날처럼 그들의 모든 보호막을 뚫고 들어가 마음에 정서적 고통을 일으켰다. 그래서 그들은 "형제들아, 우리가 어찌할꼬"라고 물었는데, 이는 애처로운 질문이지만 어느 전도자에게나 격려가 된다. 빌립보의 간수도 그렇게 물었고(16:30), 바울도 다메섹 도상에서 예수님을 만났을 때 똑같이 물었다(22:10).

—2:38-39—

그들의 절박한 물음에 베드로는 복잡할 것 없는 직선적 답변을 내놓았다. 그런데 희한하게도 우리는 지난 스무 세기 동안 사도행전 2장 38절을 롤러코스터보다도 더 많이 비틀어놓았다. 지금부터 "그대로의 의미로 잘 통하거든 다른 의미를 찾지 말라"는 성경 해석의 보편적 경험칙을 따라 이 구절을 자세히 살펴보고자 한다.

요즘 우리는 "회개한다"는 말을 많이 쓰지 않는다. 신약에서 쓰인 이 개념에는 "돌이키라"고—그리하여 당연히 반대 방향으로 가라고—외치던 구약 시대 선지자들의 촉구가 반영되어 있다. 옛 랍비들은 개종에도 이 표현을 썼다.[17] 회개하려면 생각을 바꾸어 하나님이 잘못이라고 하신 모든 것에서 돌아서야 한다. 방향을 돌려 하나님의 도움을 구하여 그분이 옳다 하신 길로 간다는 뜻이다.

회개는 단지 뉘우침이 아니다. 그런 후회막심한 감정은 꼭 필요한 결단인 방향 전환으로 이어질 수도 있지만, 그렇지 않을 수도 있다. 유다는 예수님을 배신한 것을 깊이 뉘우쳤으나 하나님의 용서를 구하지 않고 자살했다.

베드로가 쓴 "너희가…각각"이라는 말은 구원의 개인적 성격을 강조한다. 우리는 다 하나님 앞에 단독으로 서서 자신의 삶을 보고해야 한다. 아버지가 회개하고 세례를 받는다고 해서 가족까지 구원할 수는 없다. 구원이란 구원받은 가정에 속했다고 받는 것이 아니며 선대(先代)로부터 물려받을 수도 없다.

"세례를 받고"라는 말은 '속에 담그다, 푹 적시다, 가라앉다, 목욕하다, 씻다'는 뜻의 헬라어 단어[*baptizō*(907)]를 번역한 것이다. 물에 잠기는 의식은 신입 회원이 집단에 동화한다는 상징으로 이교 공동체를 비롯한 다양한 집단에서 시행되었다. 공동체 '속으로 세례를 받은' 사람은 그 단체에 동화되어 회원의 혜택을 누리고 책임을 분담했다.

예수님 당시 유대인들은 세례 의식을 통해 이방인 개종자를 아브라함과 맺으신 하나님의 언약 속으로 받아들였다. 개종자는 철저한 공부와 엄격한 시험을 통해 모세 율법을 충분히 숙지했음을 입증해야 했고, 남자는 할례까지 받아야 했다. 그 후에야 세례를 받아 유대인으로 태어난 이들과 더불어 '언약의 자손'이 되었다. 이 세례에는 도덕적 부정함을 완전히 씻음받는다는 의미도 있었다.

세례 요한은 유대교의 그런 의식에 예언적 의미를 더하여, 유대인으로 태어난 이들에게도 '회개의 세례'를 촉구했다. 혈통으로 구원받을 수 없음을 암시한 것이다. 대신 그들이 인식해야 할 것이 있었다. 죄 때문에 그들과 하나님의 관계가 끊어졌고, 이스라엘이 하나님과 맺은 언약을 모두 어겼으며, 모든 유대인도 이방인 개종자처럼 마치 처음인 양 하나님께 나아가야 한다는 것이었다.

이제 이 의식은 새 언약을 만나 그리스도께서 다스리시는 하나님 나라와 연계되었다. 그래서 베드로도 세례 요한과 똑같은 이유로 물 세례를 촉구했다. 요한에게 세례가 내적 변화를 보여주는 외적 상징이었듯이, 신약의 세례도 그와 똑같고 그 이상이다. 회개한다는 조건 아래 세례는 새 언약과 하나님 나라에 편입되는 일이기도 하다. 그래서 바로 앞에 나오는 한정어가 아주 중요하다.

"예수 그리스도의 이름으로"는 '예수 그리스도에 근거하여, 예수 그리스도의 권한으로'라는 뜻이다. 친구가 자신의 시즌 입장권으로 당신을 음악회에 가게 해준다고 상상해보라. 친구의 명의로 된 입장권이지만 당신에게 권리를 양도할 수 있다. 친구의 권한으로 당신이 입장하는 것이다. 친구는 매표소에 그 사실을 알리기만 하면 된다. 그러면 시즌 입장권 주인을 위한 모든 특권이 당신에게 넘어온다.

당신이 입장하는 근거는 자신의 권한이 아니라 입장권 주인의 권한에 있다. 세례는 새 언약에 편입되는 일이며 당신이 하나님 나라에 입장했음을 상징한다. 세례의 정당성도 당신의 권한이 아니라 입장권 주인이신 그분의 권한에 있다! 당신이 들어갈 수 있음은 오직 그분이 자신의 특권을 양도해주셨기 때문이다. 그분께 근거하지 않은 세례, 즉 "예수 그리스도의 이름으로" 행하지 않는 세례는 전부 무효다.

"죄 사함을 받으라"로 의역된 말은 해석이 어렵기로 악명 높은 문구다(저자가 사용하는 NASB에는 "죄 사함을 위하여"로 직역되어 있다-역주). 핵심 단어는 "위하여"로 번역된 짤막한 헬라어 전치사 *eis*(1519)다. 헬라어 문헌에 쓰인 비슷한 문법적 맥락에서 이 단어는 8가지 기본 용법으로 쓰이는데[18] 그중 이 구절에 어울리는 것은 셋뿐이다. 다음 중 어떤 의미로든 쓰였을 수 있다.

목적: '위하여, 하고자'
결과: '그리하여, 그 결과'
관련: '관련하여, 비추어'

앞서 말했듯이 우리는 지금 "그대로의 의미로 잘 통하거든 다른 의미를 찾지 말라"는 성경 해석의 원칙을 따르고 있다. 이제 해석의 지침을 두 가지 더 소개할 절호의 기회가 왔다. 첫째, 애매한 본문은 뜻이 명확한 본문에 비추어 해석하라. 둘째, 교리의 근거를 결코 애매한 본문에 두지 마라. 이 경우 "사함을 받기 위하여 세례를 받으라"는 해석은 오직 그리스도를, 오직 믿음으로 말미암아, 오직 은혜로 구원받는다는 신약의 모든 가르침에 어긋난다. A. T. 로버트슨(A. T. Robertson)은 이렇게 썼다.

> 나는 베드로나 바울이나 기타 신약에 나오는 누구라도 세례를 죄 사함의 필수 요건으로 또는 사함을 확보하는 수단으로 가르쳤다는 개념에 단호히 반대한다. 따라서 내가 보기에 베드로가 그들 각자에게 촉구한 세례는 이미 돌이킨(회개한) 후에 받는 것이며, 세례를 예수 그리스도의 이름으로 베푸는 것도 이미 죄 사함을 받은 데 근거한 것이다.[19]

이 문구의 정확한 의미에 대해 이견이 있을 수 있으나 무엇이 아닌지는 분명하다. 첫 번째 '목적'의 의미는 성립되지 않는다. 두 번째 '결과'의 의미가 옳을지도 심히 의문이다. 이 또한 신약 전반의 가르침인 은혜의 복음에 어긋난다. 세 번째 해석이 가장 적합하다. 전치사 *eis*는 '관련하여, 비추어'를 뜻할 때가 많다. 이 경우 본문을 이렇게 풀어쓸 수 있다. "너희가 회개하여 각각 예수 그리스도의 이름으로 세례를 받되 너희의 죄 사함에 비추어 그리하라."

이어 베드로는 회개의 결과를 말한다. "그리하면 성령의 선물을 받으리니." 이는 "성령을 선물로 받으리니"의 다른 표현이다. 이 말은 불안한 청중에게 희망을 주었다. 회개하는 자에게 성령을 주신다는 약속은 정말 기쁜 소식이었다!

이 구절을 구원에 요구되는 고정된 틀로 보아서는 안 된다. 이 경우는 회개와 세례와 성령의 순서이지만, 10장 44-48절 등의 다른 본문에는 순서가 회개와 성령과 세례로 되어 있다. 8장 38절에는 회개와 세례만 있고 성령은 언급되지 않으며, 8장 12-17절에는 세례와 성령 사이에 상당한 시간 간격이 있다. 19장 5-6절에 나오는 사람들은 요한의 세례부터 받고 나서 나중에 예수님의 대속의 죽음에 대한 이야기를 다 들었다. 그때 세례를 다시 받는 순간 성령도 받았다.

사도행전의 내러티브를 규범으로 보지 않도록 주의해야 한다. 다시 말해 사도행전에서 어떤 일이 특정한 방식으로 벌어졌다 해서 누구나 다 그래야 하는 것은 아니다. 사도행전이 옛 언약에서 새 언약으로 넘어가는 전환기의 기록임을 늘 잊지 마라.

그럼에도 베드로의 설교를 통해 회개와 세례의 필연적 연관성이 더없이 명확하게 확립되었다. 베드로와 사도들과 초대 교회에 세례란 죄에서 돌이켜 그리스도를 따르겠다는 새 신자의 결단을 떠나서는 아무런 의미가 없었다. 안타깝게도 일부 교단에서는 교회의 이 신성한 의식을 유아에게도 베푼다. 유아는 선택하거나 믿거나 회개할 인지적 역량이 없는데도 말이다.

그들이 말하는 유아 세례의 취지는 구약의 할례와 비슷하다. 할례는 히브리의 남자 아기에게 생후 8일째 행하던 의식이다. 성경의 유대인들이 이해한 할례에 따르면, 신앙 공동체는 이 의식을 통해 소년에게 "마음에 할례를 받은"(참고 신 30:6, 롬 2:29) 사람이 되도록 가르쳐야 했다. 참으로 하나님을 따르는 사람이 되어, 아브라함과 맺으신 그분의 언약에 참여하되 단지 민족의 일원이라서가 아니라 기꺼이 자원하여 그렇게 한다는 뜻이었다. 그러나 할례와 세례의 유비는 두 가지 점에서 무산된다. 첫째, 하나님이 옛 언약—그에 상응하는 상징인 할례와 함께—을 맺으신 대상은 개인의 인격적 선택과 일체 무관하게 특정한 민족 집단이었다. 반면 초대 교회는 다른 어떤 요인과도 무관하게 그리스도를 믿고 회개한 사람에게만 세례를 베풀었다. 둘째, 옛 언약은 영적 구원의 통로가 아니었다. 죄에서 구원받는 사람은 누구나 다 그렇듯이, 아브라함도 믿음으로 말미암아 은혜로 의롭다 하심을 얻었다(창 15:6, 롬 4:3, 9, 22). 초대 교회는 세례를 사실상 영적 구원의 상징으로 보았으며, 거기에는 개인의 영원한 운명에 대한 의미도 강하게 내포되어 있다.

—2:40-41—

베드로의 설교가 얼마나 길었는지 모르지만 읽는 데 걸리는 3분보다는 분명히 길었을 것이다. 자신의 복음서 전체에도 누가는 많은 발언을 핵심만 추렸고, 간혹 몇 달 동안 일어난 사건을 한 문장으로 압축하기도 했다. 첫 설교를 마친 후에도 베드로는 "여러 말로" 계속 "확증"했는데[*diamartyromai*(1263)] 이는 설득하거나 촉구하거나 힘써 권고한다는 의미다. 그는 또 "권"했는데[*parakaleō*(3870)] 이는 강하게 호소하거나 독려한다는 뜻이다(2:40). 이 경우 베드로는 사람들에게 주님의 선물인 구원을 받아들일 것을 당부하고 권면했다.

그의 설교는 경이로운 결과를 낳았다. 하루 만에 교회의 성도 수가 120여 명에서 자그마치 3천 명으로 불어났다. 그러나 복음 사역자라면 누구나 말하듯이 제자 삼는 일은 회심으로 끝나지 않는다. 오히려 진짜 일은 이제부터 시작이다.

생각해보라. 그 놀라운 오순절 날 3천 명의 아기가 태어났다. 아직 교육과 훈련을 받지 못해 무지한 새 신자가 3천 명인데 교회 편람도 없고, 지침도 없으며, 모일 건물도 없었다. 여기에 그리스도를 십자가에 못 박는 데 적극 가담했던 적대적 사회까지 더해보라. 그야말로 초인적 과업에 직면하지 않을 수 없다. 예수님은 승천하시면서 베드로와 그의 열한 동료에게 영적 유아들을 양육하는 힘들고도 진 빠지는 일을 맡기셨다(참고 마 28:19-20, 요 21:15-17).

그들이 첫 번째로 할 일은 무엇이었을까? 세례를 베푸는 것이었다. 3천 명이 물속에 잠겼다 나왔다. 누가 어디서 어떻게 그 일을 행했는지는 나와 있지 않다. 세부 사항은 중요하지 않다. 누가는 세 가지 관련된 사실만 밝혔다. 첫째, 그들은 "그 말을 받"았다. 즉 베드로의 설교를 진리로 받아들였고, 그가 한 말을 믿었으며, 그가 권면한 대로 회개했고, 메시아를 따르기 시작했다. 둘째, "세례를 받"았다. 이로써 그들은 예수 그리스도를 따르기로 공적으로 고백했고, 강한 소속감을 얻었다. 셋째, "더하"였다. 하루 만에 이 운동의 규모는 3천 명이나 더 불어났다.

2:42

누가가 쓴 다음 문장은 "그들이"로 시작된다. 이는 감격스럽고도 고무적인 "그들"이다. 여기 "그들"은 본래 120명만도 아니고 새로 가세한 3천 명의 사람들만도 아니라 신구(新舊)의 구분 없이 한 몸을 지칭한다.

누가의 말을 직역하면 "그들이 계속 사도의 가르침을 받는 상태에 있어…"가 된다. 이는 장기간 벌어진 일을 압축해 표현하는 누가의 습성이 사도행전에 나타난 첫 사례다. 누가복음 전체에도 그는 몇 주나 몇 달에 걸쳐 반복된 지속적 활동을 미완료 시제 동사로 표현하고는 했다. 습관적 활동과 일회적 사건이 워낙 물 흐르듯 섞여 있다 보니 자칫 요약된 본문을 별개의 사건으로 착각하기 쉽다.

장기간에 걸쳐 그들 모두는 교육과 교제와 예배와 기도라는 네 가지 우선적 활동에 전념했다.

교육. 본문에 명시되어 있듯이 가르침의 주체는 사도들이었다. 이 열두 사람은 처음부터 예수께 훈련받았고(1:21-22), 부활하신 구주와 직접 교류했다. 물론 함께 모일 전용 건물은 없었다. 3천 명이 모일 만큼 큰 집은 아무에게도 없었다! 나중에 보면 알겠지만 그들은 주중에 더 작은 그룹으로 나뉘어 수많은 가정에서 모이다가 다시 성전의 공공 구역에서 한 몸으로 모였다.

그들에게는 아직 완성된 신약이 없었다. 교육의 기초는 구약이었고 또 사도들이 예수님과 함께 있을 때 차곡차곡 기억해둔 그분의 가르침이었다. 예수님은 방대한 저작을 남기시기보다 자신의 신적 지식을 이 사람들 속에 부으셨다. 또 성령을 보내셔서 그들이 구약을 해석하는 것을 지도하심으로 그들의 가르침을 옳고 참되게 지켜주셨다.

교제. 헬라어 단어는 *koinōnia*(2842)로 "상호 유익과 나눔이 수반되는 친밀한 관계"를 뜻한다.[20] 헬라어의 일반 작가들은 부부간의 독특한 유대를 묘사할 때 이 단어를 썼다. 단체의 경우 이 말은 서로를 향한 구성원 상호간의 인격적 투자를 의미한다.

앤 오틀런드(Anne Ortlund)는 『올려드리는 예배』(*Up with Worship*)라는 즐거운 책에 교회에서 흔히 볼 수 있는 두 부류의 공동체를 비교했다. 하나는 구슬 한 자루다. 사람들이 교제하러 모여 짤랑짤랑 부딪치는 소리도 내고, 반짝반짝 아름다운 빛도 발하며, 서로 긁어

주기도 한다. 친교를 나누기는 하는데 섞이지는 않는다. 이것은 코이노니아가 아니다. 다른 부류의 공동체는 포도 한 자루다. 자루를 조금 흔들면 즙이 나오기 시작한다. 안을 들여다보면 썩 보기 좋은 광경은 아니지만 모두 섞이고 있다. 각자의 삶이 다른 이들의 삶 속으로 흘러든다. 이것이 코이노니아다. 이것이 성령의 능력을 입은 진정한 교제다.

예배. "떡을 떼며"라는 말은 본래 코이노니아와 성찬식의 개념을 합한 것이다(참고 2:46-47, 20:7, 고전 10:16-17, 유 1:12). "주의 만찬"의 관습은 예수께서 제자들과 함께 유월절 식사를 나누며 예배하시던 때로 거슬러 올라간다. 그때 그분은 전통적 잔과 빵의 은유를 발전시켜 자신의 살과 피를 대변하도록 하셨다(마 26:26-29, 막 14:22-25, 눅 22:17-20). 첫 신자들이 이를 계속 실천하여 성찬을 소위 '애찬'의 일부로 삼았다. 그들은 집에 모여 식사를 즐기고, 찬송을 부르며, 성경을 읽고, 가르침을 들었다. 나중에 바울은 사람들에게 성찬이 식사에 가려지지 않게 하라고 주의를 주기도 했다(고전 11:17-21).

"떡을 떼며"라는 말에 내포된 "식사는 배고픔과 목마름을 해결해주면서 그리스도인의 형제애를 표현하는 이중적 목적이 있었다. 이 애찬이 끝나면 주님이 명하신 대로 빵과 포도주를 나누는데, 먼저 하나님께 감사드린 뒤 그리스도를 기념하여 먹고 마셨다. 이는 주님 자신과 연합하고 그분을 통해 서로 간에 연합하는 특별한 방편이었다."[21]

기도. 예루살렘 도성에서 모이기 시작한 이들 소그룹은 점차 성장하여 감격과 열정의 불이 붙었다. 그들은 기도할 목적으로 시 전역에 흩어져 있는 각 가정에서 수시로 모였다.

이와 같은 우선순위에 따랐더니 놀라운 결과가 나타났다(행 2:47). 이어지는 몇 구절은 2장 42절에 열거된 네 가지 우선적 활동과 일치하는 듯 보인다. 바로 교육(2:43)과 교제(2:44-45)와 예배(2:46)와 기도(2:47)다.

—2:43—

새 신자들은 자격을 갖춘 믿을 만한 이들에게 교육을 받았다. 사도들은 초자연적 능력과 신적 권능이 있었고, "기사와 표적이 많이 나타나" 그 가르침을 확증해주었다. 이런 가르침의 결과로 "사람마다 두려워하는데"[*phobos*(5401)] 이는 죽도록 두려운 공포가 아니라 외경과 경이였다(참고 막 4:41, 눅 7:16, 벧전 1:17).

—2:44-45—

그리스도를 따르는 이들의 교제가 어찌나 놀랍던지 개인의 권리 의식마저 사라졌다. 재산과 소유는 동료 신자들의 쓸 것을 채워주는 수단이 되었다. 그렇다고 그들이 하나의 대가족처럼 일정한 장소에서 공동생활을 했다는 뜻은 아니다. 그들이 나눈 독특한 교제에서 남다른 연합과 후한 베풂이 싹텄다는 뜻이다. 재물이나 각자의 안락보다 사람들을 더 중요하게 여기기 시작했다.

—2:46—

이 구절에 묘사된 예배는 "떡을 떼며"라는 말을 부연해준다. 첫 신자들은 예수님처럼 유대인이었으므로 구약에 규정된 성전의 제사 예배에 계속 참여했다. 그들은 유대인의 정체감을 잃은 적이 없다. 잃어야 할 까닭이 무엇인가? 예수님의 가르침은 성경의 히브리 신학과 전적으로 조화를 이루었고 지금도 마찬가지다. 그들이 예배한 참 유일신 하나님은 아브라함 및 그 후손과 언약을 맺으셨고, 그들을 나라로 만드셨으며, 그들에게 메시아를 약속하셨다. 요컨대 히브리인의 참된 예배와 실천은 기독교로 성취되었다.

메시아를 따르는 그들은 하나님의 집에서만 아니라 각 가정에서도 진심 어린 코이노니아[*koinōnia*(2842)]의 예배를 드렸다. 누가는 '기쁨'[*agalliasis*(20)]과 '순전함'[*aphelotēs*(858)]을 뜻하는 두 헬라어 단어로 그들이 드린 예배의 특징을 표현했다.

—2:47—

2장 42절에 살을 붙여나가는 이 몇 구절의 틀 그대로, 2장 47절의 말씀은 '기도'를 부연해준다고 볼 수 있다. 기쁨과 순전한 마음과 기도가 낳은 백성은 수직적 관계도 만족스럽고 수평적 관계도 훌륭했다. 신자들의 모임은 마땅히 그래야 한다. 잘 배워서 진정으로 예수님을 따르는 무리는 하나님을 찬송하고 사람들을 격려한다. 또 그들은 인원을 더해주실 주님을 기도로 바라본다. 주께서 과연 역사하셔서 신자들의 첫 공동체는 친구들과 동료들이 그들의 생활방식을 지켜보는 가운데 기하급수적으로 성장했다.

적용: 사도행전 2:37-47

훌륭한 아내(WIFE)

그리스도인은 지위, 성숙도, 신앙 연륜 등과 무관하게 서로에게 헌신한다. 더 성숙하게 자라가도록 서로 도울 의무가 있다. 이 일은 그리스도의 몸 된 교회—건물이 아니라 공동체—를 통해 이루어진다. 모든 회중은 경건한 우선순위에 헌신하여 그 목표를 추구해야 한다. 그리스도를 따르던 최초의 교회도 그랬다. 위에서 보았듯이 누가는 초대 교회가 우선으로 수행해야 할 활동을 기술했다(2:42-47).

교회는 그리스도의 "신부"로 불린다(계 19:7, 참고 엡 5:23). 내게 약간의 재량이 허용된다면 교회가 져야 할 네 가지 본질적 책임을 예배(Worship), 교육(Instruction), 교제(Fellowship), 표현(Expression)의 머리글자를 따서 WIFE(아내)로 제시해보고자 한다.

예배

1세기에 그리스도를 따르던 이들은 계속 성전에서 모였다. 터가 넓어 숫자가 점점 늘어나도 모이기에 좋았을 뿐 아니라 자연스러운 집회 장소로 여겨졌기 때문이다. 성실한 유대인이던 그들은 성전 예배에 계속 참여했다. 아울러 각 가정에도 모여 함께 노래하고 성찬식을 거행했다.

구원의 목적은 예배자의 무리를 하나님의 임재 안에 들여놓는 것이다. 바울이 에베소서에 말했듯이 하나님이 우리를 예정하심은 "그의 은혜의 영광을 찬송하게 하려는 것"이다(엡 1:6). 빌립보서에도 그는 예수께서 이 땅에 오셔서 고난당하시고 부활하심으로써 "하늘에 있는 자들과 땅에 있는 자들과 땅 아래에 있는 자들로 모든 무릎을 예수의 이름에 꿇게 하시고 모든 입으로 예수 그리스도를 주라 시인하여 하나님 아버지께 영광을 돌리게 하셨느니라"(빌 2:10-11)고 말했다. 우리는 예배하도록 창조되었고, 예배하도록 구속되었으며, 영원히 예배를 즐길 것이다. 따라서 교회는 예배를 우선으로 삼아야 한다.

교육

첫 그리스도인들은 아무리 가르침을 받아도 부족하기만 했다. 사도행전에서 점차 보겠지만 그들은 성전에 모여 공부했고 가정에도 모여 배웠다. 사도들에게 주신 예수님의 가르침을 그들은 다 알고 싶었다. 그래서 늘 영의 양식에 굶주려 있었다.

바울의 말처럼 변화는 생각에서 시작된다(롬 12:2). 성경 지식과 신학적 지식이 늘어나는 것을 성숙으로 착각해서는 안 되겠지만, 그런 지식이 없이는 성장도 있을 수 없다. 사고는 교육을 통해 건축 자재를 얻고, 성령은 그 자재를 써서 옛 사람을 그리스도를 닮은 새 사람으로 재건하신다. 새로 믿은 그리스도인들은 양분이 필요한 배고픈 아기와 같으므로 교회는 양질의 성경적, 신학적 가르침을 제공해야 한다. 그렇지 않으면 영영 육아실의 신세를 면치 못할 것이다.

교제

사도행전 2장 42-47절에 나오는 네 가지 우선적 활동을 개별적 요소로 살펴보았지만, 초대 교회에는 그 모두가 맞물려 있었다. 사람들은 모여서 예배했고, 교육은 애찬의 일부였다. 세례는 서로 간에 일체감을 주었고, 개인 기도와 합심 기도도 빠지지 않았다. 성찬에서 나누는 빵과 잔은 그들이 한 몸임을 일깨워주었고, 그래서 그들은 아낌없이 후하게 서로 베풀었다. 불 속의 석탄처럼 사람도 따로 떨어져 있으면 식어서 죽는다. 그러나 모여 있어 서로 기쁘게 넉넉히 나누면 빛과 온기를 발산한다.

표현

사도행전 2장 42절에 보면 교회가 하는 모든 일—충분한 예배, 교육을 통한 양육, 생명을 유지시키는 교제, 유의미한 지역 봉사, 효과적인 전도—의 배후 동력으로 기도가 구체적으로 지목된다. 그래서 누가는 "하나님을 찬미하며 또 온 백성에게 칭송을 받으니"라는 말로 기도의 개념을 더 부연했다. 그 결과는 무엇인가? "주께서 구원 받는 사람을 날마다 더하게 하시니라"(2:47).

교회는 "우리끼리"의 사고방식에 젖어 지나치게 안으로만 파고들 수 있다. 그러면 예배와 교육과 교제는 내부의 필요를 채워줄 뿐, 방문자들은 안을 들여다보는 외부인의 심정이 된다. 교회의 담벼락을 넘어 문화와 지역사회에 영향을 미칠 생각은 누구도 하지 않게 된다. 그러나 성경적 의미의 표현은 안에 가두어질 수 없고, 어디서든 교인들이 접하는 모든 이에게 자연스럽게 영향을 미치는 법이다.

교회가 지나치게 바깥에 치중하여 교회의 모든 기능이 전도로 귀결될 수도 있다. 전도가 교회의 본질적 기능이기는 하지만 전도 때문에 예배와 교육과 교제라는 다른 우선적 활동이 희생되어서는 안 된다. 네 가지 본질을 다 기도로 떠받치며 균형을 유지하면 전도는 자연스럽게 이루어진다. 그리스도를 전하라고 굳이 교인들을 구슬리거나 강요할 필요가 없다. 그들의 영적 성장은 웬만한 대화에서 쉽게 화제로 떠오를 것이다. 최초의 그리스도인들도 예배와 교육과 교제와 기도에 전념하는 가운데 바깥세상을 향하여 복음의 담대한 증인이 되었다. 밀라드 에릭슨(Millard Erickson)은 이렇게 썼다.

> 성경 시대의 교회는 모여서 예배하고 가르쳤다. 그다음에 나가서 전도했다. 교인들은 예배를 통해 하나님께 집중하고, 교육과 교제를 통해 자신과 동료 그리스도인들에게 집중하며, 전도를 통해 비신자들에게 주의를 돌린다. 교회는 이런 여러 활동을 따로 구분하는 게 좋다. 그렇지 않으면 하나나 그 이상이 밀려날 수 있다…예컨대 교회 모임이 주로 그리스도인끼리의 교류를 지향한다면 하나님을 예배하기는 힘들다. 예배의 목적을 마침 그 자리에 있는 비신자들을 전도하는 데만 두어도 마찬가지다. 사도행전 속 교회의 틀은 그렇지 않았다. 그들은 모여서 하나님을 찬송하고 서로 덕을 세운 다음, 바깥세상에 나가 잃어진 영혼들에게 다가갔다.[22]

당신 교회는 그리스도의 신부로서 건강한가?

교회에서 춤춘 걸인(사도행전 3:1-26)

1제 구 시 기도 시간에 베드로와 요한이 성전에 올라갈새 2나면서 못 걷게 된 이를 사람들이 메고 오
니 이는 성전에 들어가는 사람들에게 구걸하기 위하여 날마다 미문이라는 성전 문에 두는 자라 3그
가 베드로와 요한이 성전에 들어가려 함을 보고 구걸하거늘 4베드로가 요한과 더불어 주목하여 이르
되 우리를 보라 하니 5그가 그들에게서 무엇을 얻을까 하여 바라보거늘 6베드로가 이르되 은과 금은

내게 없거니와 내게 있는 이것을 네게 주노니 나사렛 예수 그리스도의 이름으로 일어나 걸으라 하고
7오른손을 잡아 일으키니 발과 발목이 곧 힘을 얻고 8뛰어 서서 걸으며 그들과 함께 성전으로 들어가
면서 걷기도 하고 뛰기도 하며 하나님을 찬송하니 9모든 백성이 그 걷는 것과 하나님을 찬송함을 보
고 10그가 본래 성전 미문에 앉아 구걸하던 사람인 줄 알고 그에게 일어난 일로 인하여 심히 놀랍게
여기며 놀라니라

11나은 사람이 베드로와 요한을 붙잡으니 모든 백성이 크게 놀라며 달려 나아가 솔로몬의 행각이
라 불리우는 행각에 모이거늘 12베드로가 이것을 보고 백성에게 말하되 이스라엘 사람들아 이 일을
왜 놀랍게 여기느냐 우리 개인의 권능과 경건으로 이 사람을 걷게 한 것처럼 왜 우리를 주목하느냐
13아브라함과 이삭과 야곱의 하나님 곧 우리 조상의 하나님이 그의 종 예수를 영화롭게 하셨느니라
너희가 그를 넘겨 주고 빌라도가 놓아 주기로 결의한 것을 너희가 그 앞에서 거부하였으니 14너희가
거룩하고 의로운 이를 거부하고 도리어 살인한 사람을 놓아 주기를 구하여 15생명의 주를 죽였도다
그러나 하나님이 죽은 자 가운데서 그를 살리셨으니 우리가 이 일에 증인이라 16그 이름을 믿으므로
그 이름이 너희가 보고 아는 이 사람을 성하게 하였나니 예수로 말미암아 난 믿음이 너희 모든 사람
앞에서 이같이 완전히 낫게 하였느니라

17형제들아 너희가 알지 못하여서 그리하였으며 너희 관리들도 그리한 줄 아노라 18그러나 하나님
이 모든 선지자의 입을 통하여 자기의 그리스도께서 고난 받으실 일을 미리 알게 하신 것을 이와 같
이 이루셨느니라 19그러므로 너희가 회개하고 돌이켜 너희 죄 없이 함을 받으라 이같이 하면 새롭게
되는 날이 주 앞으로부터 이를 것이요 20또 주께서 너희를 위하여 예정하신 그리스도 곧 예수를 보내
시리니 21하나님이 영원 전부터 거룩한 선지자들의 입을 통하여 말씀하신 바 만물을 회복하실 때까지
는 하늘이 마땅히 그를 받아 두리라 22모세가 말하되 주 하나님이 너희를 위하여 너희 형제 가운데서
나 같은 선지자 하나를 세울 것이니 너희가 무엇이든지 그의 모든 말을 들을 것이라 23누구든지 그
선지자의 말을 듣지 아니하는 자는 백성 중에서 멸망 받으리라 하였고 24또한 사무엘 때부터 이어 말
한 모든 선지자도 이 때를 가리켜 말하였느니라 25너희는 선지자들의 자손이요 또 하나님이 너희 조
상과 더불어 세우신 언약의 자손이라 아브라함에게 이르시기를 땅 위의 모든 족속이 너의 씨로 말미
암아 복을 받으리라 하셨으니 26하나님이 그 종을 세워 복 주시려고 너희에게 먼저 보내사 너희로 하
여금 돌이켜 각각 그 악함을 버리게 하셨느니라

정도 차이만 있을 뿐 역경을 당해보지 않은 사람은 없다. 우리의 신앙에 도전하며 한계를 시험하는 난관이 있다. 누구나 다 거기에 부딪혀보았다. 어떤 역경과 불우한 처지는 고된 노력으로 이겨낼 수 있다. 깊이 파고들면 자신에게 있는지도 몰랐던 힘이 솟는다. 어떤 고생에는 창의력이 요구된다. 부득이 시각을 바꾸면 역경을 이겨낼 뿐 아니라 오히려 전화위

복이 될 수도 있다. 그러나 노력이나 창의력을 아무리 동원해도 이겨낼 수 없는 역경도 있다. 하나님의 개입이 없이는 무엇으로도 역부족이다.

사도행전 3장은 역경의 이야기다. 더 정확히 말해 역경을 기회로 바꾸시는 하나님의 능력에 대한 이야기다. 누가는 일부러 교회사를 몇 주나 몇 달쯤 이후로 건너뛰어, 성전에서 일어난 한 놀라운 사건에 초점을 맞춘다. 사건 자체의 비범성 때문만이 아니라 사도행전 첫 단락(1:1-7:60)의 큰 주제 하나를 도입하기 위해서다. 이후 중요한 몇 달 동안, 성장하는 교회의 지도자들은 난공불락으로 보이는 난관에 정면으로 부딪힌다. 아무리 노력이나 창의력이나 돈이나 인내를 동원해도 이 도전에는 역부족이다. 태어날 때부터 장애인이었던 사람의 이야기를 필두로 누가는 모든 역경을 이기시는 하나님의 능력을 드러낸다. 더 중요하게, 그는 어떤 난관이든 그것을 하나님께 드리면 그분이 이를 도구 삼아 자신의 주권적 뜻과 완전한 계획을 이루심을 보여준다.

신자들이 삶의 역경과 씨름하는 과정에서 하나님의 능력이 드러나면, 그것이 주변 사람들이 하나님께로 돌아오는 새로운 기회가 되기도 한다. 이 본문에서는 하나님이 장애인을 치유하신 뒤에 이어진 베드로의 설교에서 그것을 볼 수 있다.

—3:1-2—

"제 구 시"(3:1)는 해 뜬 후의 제9시를 가리키므로 현재의 오후 3시쯤에 해당할 것이다. 유대인들은 오전 9시, 정오, 오후 3시를 성전에서 기도하는 시간으로 정해두었으므로 이때는 그 3회 가운데 하나이기도 했다(참고 10:9, 30, 시 55:17, 단 6:10, 9:21). 열두 사도 중 베드로와 요한이 다른 경건한 유대인들과 함께 기도하러 성전으로 향했다. 가는 길에 장애인으로 태어난 한 사람을 만났다. 차차 보겠지만 문제는 그의 발과 발목에 있었다(행 3:7). 발육이 제대로 되지 않았던 모양이다. 그는 어디를 가나 누가 옮겨주어야만 했다. 우리는 대부분 우리가 소유한 이동 능력을 당연시하지만 그는 걷거나 달리는 것은 고사하고 똑바로 서는 기쁨조차 몰랐다. 단 하루도 건강한 날이 없었다. 다리가 천 조각처럼 흐물흐물하지 않았던 적이 하루도 없었다. 다리에 감각도 없고 기동하지도 못해 그저 하루하루 적선을 구걸할 수 있을 뿐이었다.

그를 "사람들이 메고" 온 것으로 보아(3:2) 그의 친구들도 베드로와 요한과 많은 경건한 유대인들로 더불어 성전 쪽으로 가고 있었을 것이다. 누가는 그를 "사람들이…날마다…두는 자"로 묘사했다. 그만큼 1세기의 많은 유대인 그리스도인이 그를 기억했다는 뜻일 것이다. 고금의 역사를 통틀어 장애인은 돈이라는 형태의 동정을 받고자 으레 성전이나 신전으로 가는 길에 늘어서곤 했다. 그가 "미문이라는 성전 문에" 단골로 자리한 지가 얼마나 되었을까? 친구들이 그를 날마다 똑같은 자리에 두었다고는 했지만 그 기간이 얼마인지는 알 수 없다. 만약 1년이라면 예수님도 틀림없이 그를 한두 번 이상은 보셨을 것이다.

"미문(美門)"은 공식 명칭이 아닌 속칭이어서 누가가 말한 입구가 정확히 어디인지 우리로서는 알 길이 없다. 성전은 일각의 계산에 따르면 35에이커(약 14만 제곱미터)에 달하는 거대한 단지였다.[23] 안뜰이 여럿인데 뜰마다 담장이 둘리고 문이 나 있었다. 유대인이든 이방인이든 여러 문 가운데 아무데로나 성전 단지 내로 들어가 정해진 공공 구역을 다닐 수 있었다.

예루살렘 성전의 여러 뜰

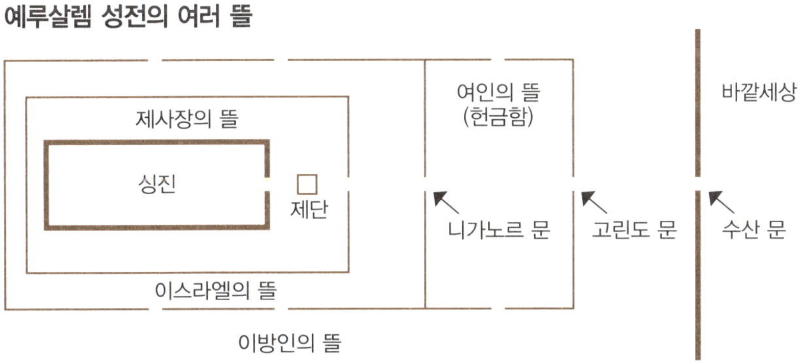

예루살렘 성전의 여러 뜰. 이 장애인이 치유된 장소로 가능성이 높은 문은 동문(東門, 수산 문) 외에도 두 곳이 더 있다. 하나는 유대인만 드나들 수 있던 고린도 문이고, 또 하나는 유대인 남자만 드나들 수 있던 니가노르 문이다. 역사가 요세푸스에 따르면 유대인과 이방인을 가르던 고린도 문은 "고린도의 놋쇠로 만들어져, 은과 금을 살짝 입히기만 한 다른 문들보다 훨씬 수려했다."[24] 장애인이 앉았던 자리가 고린도 문이었다면 틀림없이 가장 많은 유대인에게서 적선을 받기에 최적이었을 것이다.

—3:3-5—

평소 그가 앉던 자리가 어디였든 내러티브를 보면 장애인과 사도들이 만난 곳은 성전 단지의 바깥이었던 것 같다. 오후 기도회로 가던 인파 속이었을 것이다. 누가가 그려낸 장면에는 마치 그들이 어쩌다 만났다는 듯 우연의 기미가 살짝 묻어난다. 물론 이는 이 조우가 하나님의 섭리였다는 더 큰 진리를 드러내는 문학적 반어법이다.

그 사람은 베드로와 요한에게 돈을 달라고 했다. 아마 다른 후보들을 찾고자 무리를 훑어보면서 그랬을 것이다. 대도시의 도심가를 자주 걸어 다니는 사람은 누구나 알겠지만, 걸인과 눈이 마주치면 구걸의 대상이 되므로 웬만한 사람들은 눈길을 돌린다. 그러나 베드로가 본 것은 귀찮은 존재가 아니라 기회였다. 그는 상대를 똑바로 보며 그의 주의를 온전히 사로잡았다.

—3:6-7—

우선 당장 필요한 것은 의식주를 해결할 돈이었으므로 장애인은 손에 만져지는 가시적 해법을 기대했다. 다리를 쓰지 못한다는 근원적 문제가 해결되리라는 기대는 당연히 없었다. 베드로는 요한과 자신을 대변하여 그 사람이 매일 수십 번씩 듣던 말을 했다. "은과 금은 내게 없거니와…."

나머지 문장이 없다면 얼마나 매정한 말인가! 베드로의 선언은 교회의 사고방식을 잘 예증해주며, 마땅히 모든 기독교적 봉사의 지침이 되어야 한다. 우리에게 없는 것을 줄 수는 없으나 우리에게 있는 것이 있다. 그러니 그것을 주면 된다! 베드로와 요한은 자신들이 성령을 통해 초자연적 능력을 받았음을 알았고, 성령의 인도하심으로 그의 병을 고쳐주려는 마음이 들었다. "예수 그리스도의 이름으로"(3:6)라는 말은 베드로가 무슨 권한으로 이런 기적을 행할 수 있는지를 밝혀준다. 자신의 힘이 아니라 예수 그리스도의 능력으로 그는 구걸하는 걸인의 손을 잡아 일으켜 세웠다(3:7).

누가의 세부 묘사는 중요하다. 베드로가 돈을 받으려고 내민 그의 "오른손을 잡아" 위로 당겨 "일으키니" 죽어 있던 신체 부위에 "곧" 생기가 가득 퍼져나갔다. 점차 시간이 걸렸거나 여러 번의 물리치료가 필요했던 것이 아니라 즉시 그의 발과 발목이 정상으로 돌아왔다. "힘을 얻고"라는 말은 신적 수동태로 쓰여 이 기적을 이루신 분이 하나님임을 암시한다. 그분이 적시에 그의 체중을 떠받치신 것이다.

—3:8-10—

뒤에 나와 있듯이 그는 마흔을 넘긴 사람이었다(4:22). 어려서부터 그는 친구들이 달리고 뛰어노는 모습을 보기만 했다. 태내에서 잘못한 일로 천벌을 받았거나 부모의 죗값을 대신 치른다는 오명이 유대인인 그를 따라다녔을 것이다(참고 시 51:5, 눅 13:2, 요 9:2). 그는 장애인이라서 다른 유대인 남자들이 따뜻하게 환영받던 성전 안뜰에 들어갈 수 없었고, 남자의 정체감에 중요한 요소인 일자리를 얻을 기회도 없었다.[25]

그러므로 갑자기 두 발로 일어선 그가 평생 못해본 일부터 한 것은 당연하다. 그는 걷기도 하고 뛰기도 했다. 틀림없이 달리기도 했을 것이다!

누가는 "성전으로 들어가면서"(행 3:8)라는 말에 세 개의 분사를 병렬했다. 그 사람은 그냥 들어간 게 아니라 걷고 펄쩍펄쩍 뛰고 하나님을 찬송했으며, 그리하여 "모든 백성", 즉 기도하러 온 모든 사람의 주목을 끌었다. 그들은 성전 앞에 붙박이처럼 앉아 있던 그를 즉시 알아보았다. 그만큼 그는 모두가 알던 걸인이었다. 누가에 따르면 그들은 심히 놀랍게 여기며[*thambos*(2285)] 놀랐다[*ekstasis*(1611)]. 다시 말해 '어안이 벙벙했다'고 할 수 있다.

—3:11-12—

"솔로몬의 행각"(3:11)은 성전 단지의 동편을 따라 주랑이 늘어서 있던 길쭉한 구역이었다. 지붕이 덮여 있어 사람들이 모여 가르침을 듣는 장소로 흔히 쓰였다(요 10:23, 행 5:12). 좋아서 어쩔 줄 모르는 걸인이 베드로와 요한과 함께 동문으로 들어서자 이미 성전 안에 있던 이들이 무슨 일인지 보려고 우르르 모였다. 장애인이 완치되어 성전 뜰에서 덩실덩실 춤추는 모습을 본 그들은 심히 "놀라"워했다.

베드로는 여기서 다시 설교의 기회를 포착했다. 사실은 처음부터 그럴 의도였는지도 모른다. 어쨌든 하나님의 증인들에게 걸인의 장애를 사명을 수행할 수 있는 기회로 전환시켜주신 것은 분명히 그분의 계획이었다. 베드로의 메시지는 오순절 날과 똑같이 "이스라엘 사람[남자]들아"(3:12, 참고 2:22)라는 호칭으로 시작된다. 이는 여자들을 배제하려는 뜻이 아니라 자신도 동족의 일원임을 밝히려는 취지였다. 본론으로 들어가기 전에 그는 자신과 요

commons.wikimedia.org

예루살렘에 있던 헤롯 성전 단지의 모형으로, 북동쪽 모서리에서 남서쪽 방향으로 바라본 것이다. 사진의 왼쪽 상단에 솔로몬의 행각이 보인다.

한의 공로로 걸인이 치유된 것이 아니라며 모든 영광을 하나님께 돌렸다. “우리 개인의 권능과 경건으로 이 사람을 걷게 한 것처럼 왜 우리를 주목하느냐”(3:12).

—3:13-15—

베드로는 설교를 통해 현장에 있던 모든 이에게 이 신기한 표적을 해석해주었다. “아브라함과 이삭과 야곱의 하나님”이라는 호칭은 그분이 히브리 성경의 하나님이자 그들과 언약을 맺으신 하나님이라는 뜻이다. 이어 그는 치유의 기적을 이루어낸 능력의 정체를 하나님이 “그의 종 예수를 영화롭게 하셨느니라”는 말로 공표했다. 부활을 통해 그분이 메시아임을 입증하셨다는 뜻이다. 베드로는 성전 안에 있던 사람들에게 그들도 메시아를 죽이는 데 가담했음을 담대히 지적했다. 빌라도가 예수님을 풀어줄 기회를 주었을 때 그들은 바라바를 요구했던 것이다(3:13, 참고 마 27:20, 막 15:11, 눅 23:18). 요점을 강조하고자 그는 예수님을 세 가지 다른 호칭으로 불러 그분이 메시아이자 하나님이심을 확증했다.

1. "그의 종"은 이사야의 여러 노래에 나오는 메시아의 호칭을 연상시킨다. "고난당하는 종"은 자기 백성을 위해 죽는다(행 3:13, 참고 사 42:1-9, 49:1-13, 50:1-11, 52:13-53:12).
2. "거룩하고 의로운 이"는 메시아를 가리키며(행 3:14, 참고 시 16:10, 막 1:24, 눅 1:35, 4:34, 요 6:69), 구약에서 하나님(왕하 19:22, 욥 6:10, 시 71:22, 사 1:4, 60:9, 14, 렘 51:5, 겔 39:7, 호 11:9, 12, 합 1:12, 3:3)이나 그분이 지으신 초자연적 피조물(신 33:3, 욥 5:1, 15:15, 시 89:5, 단 4:17, 23)에만 쓰였다.
3. "생명의 주"(행 3:15)에서 "주"에 해당하는 단어[*archēgos*(747)]는 한 도시의 영웅, 즉 도시의 설립자와 통치자를 가리키며, 창시자의 개념도 들어 있었다. 본래 그리스의 도시국가들은 다른 문명처럼 왕이 없었다. 비전을 품은 지도자가 행정을 위한 신개념을 창안하여 사람들을 결집하면 거기서 없던 도시국가가 생겨났다. 그래서 그 사람은 새로운 길의 설립자이자 첫 본보기가 되었다. "생명의 *archēgos*"이신 예수님은 생명이라는 도시를 신설하셨고 왕으로 다스리신다.

오순절 날 설교할 때와 마찬가지로 베드로는 메시아를 죽인 청중의 죄를 고발한 뒤 그분의 부활을 선포했다. 그의 메시지를 믿은 사람들은 틀림없이 두려웠을 것이다.

—3:16-21—

베드로가 촉구한 회개는 첫 설교 때와 아주 비슷해 보이는데 어쩌면 당연한 일이다. 모든 일은 하나님이 미리 아시고 계획하신 대로 되었다. 메시아는 죽어서 구약을 성취하셔야 했고, 이제 죽은 자 가운데서 살아나 모든 회개하는 이에게 용서를 베푸신다. 그런데 한 가지 흥미로운 차이점이 눈에 띈다. 이전 설교에서는 "하나님이 오른손으로 예수를 높이"셨다고(2:33) 선포한 베드로가 이번에는 그분이 종말에 다시 오실 것을 강조했다. 지금은 예수께서 아버지의 오른편에 앉아 계시지만, 장차 이 땅에 재림하여 지상에 이루어질 하나님 나라에 대한 구약의 모든 약속을 성취하신다는 뜻이다(3:19-21).

베드로가 회개를 촉구한 것은 사람들 각자의 구원을 위해서만 아니라 그리스도의 재림을 앞당기기 위해서다. 보다시피 그는 하나님의 계획이 전개되는 특성을 이렇게 말했다. "너희가 회개하고 돌이켜 너희 죄 없이 함을 받으라 이같이 하면" (1) "새롭게 되는 날이 주 앞으로부터 [지금] 이를 것이요" (2) "또 주[하나님]께서 너희를 위하여 예정하신 그리스도 곧 예수를 보내시리니"(3:19-20).

그뿐 아니라 "만물을 회복하실 때까지는"(3:21) 그리스도께서 위에 계실 것이다. 이는 하나님이 창세기에 처음 창조하신 질서대로 그리스도께서 세상을 회복하실 때를 가리킨다(롬 8:20-21). 죄와 질병과 장애와 고난과 재앙과 죽음이 없는 세상이다. 그때가 되면 메시아가 몸으로 이 땅에 오셔서 다스리시고, 그분의 나라가 문자적으로 수립된다.

—3:22-26—

베드로는 청중에게 그들의 인간 시조인 모세로부터 시작하여 선지자들의 유산을 간략히 환기시켰다. 모든 선지자가 동일한 메시아를 가리키며 선포하기를, 선지자이자 왕이신 그분을 거부하거나 불순종하면 형벌을 받는다고 했다(3:22-25상). 베드로가 상기시킨 사실이 또 있다. 하나님은 그들을 선택하여 아브라함과 맺으신 언약을 물려받게 하셨고, 메시아 예수님은 그들도 회개를 통해 하나님이 그 족장에게 약속하신 복을 받기에 합당하게 해주신다(3:25하-26).

베드로는 이 설교를 성전 안에 있던 모든 이에게 했지만, 그날 가장 큰 영향을 입은 사람을 잊어서는 안 된다. 바로 치유받은 당사자다. 다리를 처음 쓰게 되자마자 그는 하나님의 은혜에 대해, 예수 그리스도의 대속을 통해 자신에게 베풀어진 자비에 대해 그리고 회개를 통해 가능해진 죄 사함에 대해 들었다.

한때 장애인이었던 그가 이후로 어떻게 되었는지는 아무도 모른다. 성경에 그가 더는 언급되지 않는다. 그는 성장하는 예루살렘 교회에서 두각을 드러낸 인물이 되었을 수도 있다. 우리가 분명히 아는 것은 하나님이 이 사람의 역경을 통해 그분의 계획을 이루어 나가셨다는 사실이다. 이러한 틀은 사도행전 4장 1절부터 시작하여 이어지는 몇 장에도 여러 번 되풀이된다.

적용: 사도행전 3:1-26

춤출 때

내게 흥미롭게 다가오는 사실이 있다. 이 장애인 걸인은 미문이라는 문에 앉아 있은 지 워낙 오래되어 그를 모르는 사람이 없었다. 아마 예수께서 이 땅에서 사역하시던 때까지로 거슬러 올라갈 것이다. 그분이 성전에 가셨을 때도 그가 거기 있었는지는 확실하지 않으나 내가 보기에는 그랬을 가능성이 높다. 그런데도 예수님은 그를 치유해주지 않으셨다. 요한복음 9장 1-3절에 나오는 맹인처럼 그의 치유도 예정된 때를 기다렸던 것 같다. 하나님이 하시는 일이 새로운 방식으로 나타날 그때를 말이다.

베드로와 요한이 그를 치유한 일을 계기로 놀라운 사건이 꼬리를 물었다. 우선 시작은 베드로의 두 번째 명설교였다. 이후의 여러 장에서 보겠지만 이 치유는 교회사의 중대한 순간이 되어, 그 일이 아니었다면 없었을 사건들을 촉발했다. 요컨대 이 장애인은 세상의 고난과 하나님이 설계하신 미래의 그 교차점에 앉아, 베드로와 요한이 자신의 역경을 축하받을 기쁜 일로 전환시켜줄 시점을 기다렸다. 그가 기다리고 있던 그 예정된 순간에 사도들이 '우연히 와서' 주의 명령대로 사람들을 제자로 삼았다.

이 본문에서 두 가지 원리를 건져낼 수 있다. 각 원리 속에 우리가 보여야 할 마땅한 반응도 들어 있다.

첫째, 당신의 불가능은 곧 하나님의 기회이니 그분을 의지하라. 장애인 걸인은 노력으로 역경을 극복할 수 없었고 창의력도 아무런 도움이 되지 않았다. 인간의 능력을 초월하는 도움이 필요했다. 아무도 할 수 없는 일을 하나님이 해주셔야 했다. 아침에 해가 떠서 친구들이 자신을 성전으로 옮겨줄 때까지만 해도 그는 그날부터 새로운 순례가 시작될 줄은 꿈에도 몰랐다. 그날도 그는 의식주를 해결할 동전 몇 개를 바랐을 뿐이다. 그런데 하나님께는 초자연적인 계획이 있었다. 한 개인을 향한 놀라운 일이었다.

그가 처한 불가능한 상황이 하나님께는 애초부터 그분의 계획을 이루실 기회였다. 그가 겪은 장애의 정확한 원인은 알 수 없으나 창세 전부터 주께서 그의 고난에 신성한 목적을 부여하신 것만은 분명하다. 당신이 당하는 역경도 마찬가지다.

그렇다고 꼭 당신의 소원대로 받는다거나 이 사람처럼 전화위복의 기적이 이루어질 거라는 말은 아니다. 훌륭한 사람인데도 화학 요법으로 머리가 다 빠졌거나, 몸이 약해 삶이 고달프거나, 평생 휠체어를 벗어나지 못하는 이들을 나는 너무도 많이 알고 있다. 감히 내가 하나님의 주권적 계획에 대해 주제넘게 나서서 내 소관도 아닌 약속을 남발할 마음은 없다. 그러나 하나님이 당신을 모른 체하지 않으시리라는 것만은 확실히 말할 수 있다. 그분은 당신에게 그리고 당신과 관계된 모든 사람에게 가장 선하게 역사하실 것이다. 그러므로 그분을 의지하라. 그분께 소원을 아뢰되 당신 자신의 기대를 내려놓으라. 그분의 뜻에 순복하고, 그분의 방식을 받아들이며, 그분의 타이밍을 신뢰하라.

그분은 들으시고 원하시는 대로 친히 응답하실 것이다. 그것이 그분의 주권적 권리다.

둘째, 하나님의 자비는 곧 당신의 기회이니 그분께로 돌이키라. 장애인이 치유되어 성전에서 즐겁게 춤춘 일을 계기로 주님은 베드로에게 설교할 기회를 주셨다. 덕분에 베드로는 1세기의 유대인들에게—또한 고금의 온 인류에게—메시지를 선포했다. 회개하고 하나님께로 돌이켜 용서를 받으라고, 모든 죄인을 초청하는 자비의 메시지다.

아직 그런 적이 없다면 이 기회를 붙잡으라. 그러면 당신도 춤추게 될 것이다.

종교 대 기독교(사도행전 4:1-22)

1사도들이 백성에게 말할 때에 제사장들과 성전 맡은 자와 사두개인들이 이르러 2예수 안에 죽은 자
의 부활이 있다고 백성을 가르치고 전함을 싫어하여 3그들을 잡으매 날이 이미 저물었으므로 이튿날
까지 가두었으나 4말씀을 들은 사람 중에 믿는 자가 많으니 남자의 수가 약 오천이나 되었더라

5이튿날 관리들과 장로들과 서기관들이 예루살렘에 모였는데 6대제사장 안나스와 가야바와 요한
과 알렉산더와 및 대제사장의 문중이 다 참여하여 7사도들을 가운데 세우고 묻되 너희가 무슨 권세와
누구의 이름으로 이 일을 행하였느냐 8이에 베드로가 성령이 충만하여 이르되 백성의 관리들과 장로
들아 9만일 병자에게 행한 착한 일에 대하여 이 사람이 어떻게 구원을 받았느냐고 오늘 우리에게 질
문한다면 10너희와 모든 이스라엘 백성들은 알라 너희가 십자가에 못 박고 하나님이 죽은 자 가운데
서 살리신 나사렛 예수 그리스도의 이름으로 이 사람이 건강하게 되어 너희 앞에 섰느니라 11이 예수
는 너희 건축자들의 버린 돌로서 집 모퉁이의 머릿돌이 되었느니라 12다른 이로써는 구원을 받을 수
없나니 천하 사람 중에 구원을 받을 만한 다른 이름을 우리에게 주신 일이 없음이라 하였더라

13그들이 베드로와 요한이 담대하게 말함을 보고 그들을 본래 학문 없는 범인으로 알았다가 이상
히 여기며 또 전에 예수와 함께 있던 줄도 알고 14또 병 나은 사람이 그들과 함께 서 있는 것을 보고

비난할 말이 없는지라 15명하여 공회에서 나가라 하고 서로 의논하여 이르되 16이 사람들을 어떻게 할
까 그들로 말미암아 유명한 표적 나타난 것이 예루살렘에 사는 모든 사람에게 알려졌으니 우리도 부
인할 수 없는지라 17이것이 민간에 더 퍼지지 못하게 그들을 위협하여 이 후에는 이 이름으로 아무에
게도 말하지 말게 하자 하고 18그들을 불러 경고하여 도무지 예수의 이름으로 말하지도 말고 가르치
지도 말라 하니 19베드로와 요한이 대답하여 이르되 하나님 앞에서 너희의 말을 듣는 것이 하나님의
말씀을 듣는 것보다 옳은가 판단하라 20우리는 보고 들은 것을 말하지 아니할 수 없다 하니 21관리들
이 백성들 때문에 그들을 어떻게 처벌할지 방법을 찾지 못하고 다시 위협하여 놓아 주었으니 이는 모
든 사람이 그 된 일을 보고 하나님께 영광을 돌림이라 22이 표적으로 병 나은 사람은 사십여 세나 되
었더라

1960년대 초반에 댈러스의 그린빌 가(街)에 하나님의 역사하심으로 변화가 일어났다. 그 교회 역사상 초유의 일이었다. 당시 담임목사가 없어 존립 자체가 힘들던 교회였다. 성인 성경공부반이 하나뿐이었는데 참석 인원은 평균 4명이고, 전원이 참석해야 5명이었다. 그 네댓 명의 사람이 머리를 맞대고 생각했다. '이보다 나은 무슨 수가 있어야 한다.'

그들은 거기서 멀지 않은 어느 복음주의 신학대학원의 학생회에 연락하여 해럴드라는 젊은 1학년 학생을 찾아냈다. 생면부지의 사람이었다. 해럴드는 헬라어와 히브리어와 신학과 교회사를 공부하기에도 벅찼지만 주일마다 성경공부반을 맡기로 했다. 성경 외에는 따로 교재를 쓰지 않고 성경의 한 책을 한 구절씩 쭉 가르쳐나갔다. 그 교회에 이런 일은 처음이었다. 교인들은 매우 종교적이었지만 대부분 거듭나지 않은 상태였다. 그들은 하나님이 이 젊은 교사를 통해 주시는 말씀을 깨달으며 얼마나 좋아했는지 모른다!

점차 인원이 두 배로 늘더니 다시 네 배, 여덟 배로 불어났다.

1학년이 끝날 즈음 해럴드는 선교 단체 CCC에서 사역하기로 했는데, 그러려면 그해 여름에 캘리포니아 주 샌버나디노에서 훈련을 받아야 했다. 그는 다른 청년에게 성경공부반을 대신 맡아줄 수 있겠느냐고 물었고 그 청년은 수락했다. 여름 동안 인원은 50명, 60명, 70명으로 계속 더 늘었다. 그런데 실내에서 수용할 수 있는 인원이 65명밖에 되지 않아 사람들은 양옆과 뒤쪽에 서서 성경을 배웠다. 그러는 내내 담임목사를 청빙하는 일은 계속되었다.

가을과 겨울을 지나면서 인원은 100명에 육박했고, 어언 성경의 책 몇 권을 끝내고 요나서를 공부하게 되었다. 교인들도 이제 성경을 스스로 공부하는 법을 배워 진정한 기독교

의 시의성을 깨닫고 하나님의 진리를 자신에게 적용했다. 수많은 사람이 그리스도를 알게 되었다.

머지않아 교회에 부임한 담임목사는 젊은 신학생에게 성경공부를 가르치지 못하게 했다. (자유주의) 신임 목사는 교인들이 성경을 너무 심각하게 대하고, 교회를 성장시킬 궁리는 하지 않으면서 예수님에 대해서만 너무 말이 많다고 불평했다.

신학생이 가르치던 반은 목사의 부인이 대신 맡아 위대한 미국인 시리즈로 교재를 바꾸었다. 몇 주 만에 인원이 도로 5명으로 줄었다.

첫 번째 교사는 내 친구 해럴드였고 두 번째는 나였다. 그때 나는 종교 및 종교의 파괴력과 처음으로 정면충돌했다. 그 경험을 잊을 수 없었다. 사실은 일부러 그 기억을 늘 살려두었다. 무슨 악감정이 있어서가 아니라 나 자신의 삶이나 내가 섬기는 모든 사역에 종교가 침투하지 못하도록 평생 경계하기 위해서였다.

카를 마르크스(Karl Marx)는 "종교는 억압받는 피조물의 한숨, 심장 없는 세상의 심장, 영혼 없는 현실의 영혼이다. 종교는 인민의 아편이다"고 썼다.[26] 그가 기독교를 겨냥해서 한 말이지만 그건 종교일 뿐 기독교는 아니다. 종교는 사람을 무디어지게 하여 죽음으로 몰아간다. 종교는 조직으로 구주를 대신한다. 종교는 개인에게 인생의 큰 물음에 대한 답이 종파에 있으며, 종교 활동에 더 가담하면 굶주린 영혼을 채울 수 있다고 말한다. 종교는 "너의 삶을 그리스도께 의탁할 것이 아니라 체제에 순응하라"고 말한다. 종교는 "힘써 노력하여 하나님의 분노를 달래고 그분의 은총을 얻어내라. 그러면 그분이 너에게 감동하여 언젠가는 천국에 들여보내주실 것이다"고 말한다. 그러나 이는 치명적 거짓말이다. 성경적 기독교란 하나님 쪽에서 우리를 찾으시고 우리의 필요를 채워주신다는 뜻이다. 우리 힘으로는 필요를 채울 수 없음을 그분은 아신다.

하나님이 장애인을 치유하신 후 베드로와 요한은 기회를 잡아 설교했다. 베드로의 설교는 그것을 듣는

많은 이에게 영향을 미쳤을 뿐 아니라(4:4), 성전에 있던 종교 당국자들의 주목을 끌었다. 이어진 대결에서 교회는 최초의 큰 도전에 직면했는데 그것은 다름 아닌 종교였다.

—4:1-3—

베드로와 요한이 솔로몬의 행각에 모인 무리에게 말하는 동안, 세 집단을 대표하는 사람들이 다가왔다.

- **제사장들.** 제사장들은 성전에서 모세 율법을 준행하는 임무를 부여받았다. 그래서 예배를 집례하고 모세오경에 명해진 의식을 수행했다. 정치적 권력은 별로 없었으나 유대인들에게 미치는 영향력은 지대했다.
- **성전 맡은 자.** 성전에는 보호해야 할 보물과 지켜야 할 질서가 있었다. 이들 무장 경비대는 이방인을 막아 고린도 문 안으로 들어가지 못하게 했다. 이들은 겟세마네에서 예수님을 체포하여 재판 중에 그분을 감시하는 일에도 가담했다. 그중 경비대장이 이번에 제사장들 및 사두개인들과 함께 왔다. 그의 입회는 영장을 든 경찰서장이 출현한 것과 맞먹는 일이었다.
- **사두개인들.** 대부분 귀족이었고 웅장한 헤롯 성전의 관할권을 비롯한 정치 권력의 지위를 점했다. 당대의 이신론자인 이들은 초자연적 개념이라면 무조건 지독히 의심했고, 속속들이 운명론적이었다. 성전을 사두개인이 지배하기는 했지만 그래 봐야 그들은 로마의 손아귀에 있었다.

종교 당국자들이 베드로와 요한에게 문제 삼은 것은 세 가지였다. 첫째, 자기들이 죽였던 사람의 추종 세력이 백성을 가르치고 있었다. 둘째, 그들은 바로 그 사람의 이름으로 가르치고 있었다. 셋째, 그들은 살해된 그 사람이 죽은 자 가운데서 부활하셨으며, 그분을 믿는 사람들도 부활할 수 있다고 주장했다.

그들은 베드로와 요한을 심문할 참이었으나 날이 거의 저물었고 야간 재판은 그들의 법에 어긋났다. 물론 예수님을 재판할 때는 불법으로 밤에 했지만 이번에는 시간이 그들 편이었다. 그들은 하룻밤쯤 옥에 갇혀 있으면 두 사도도 주눅이 들어 아침에 심문받을 때 더 순순해지려니 생각했다. 두 사람을 가둔 곳은 안토니아 요새로 보는 게 가장 논리적이다. 성전에 인접한 이 수비대에서 유대와 로마의 병력이 함께 성전 경내를 감시했다. 예루살렘에 이보다 더 방비가 철저한 곳은 없었을 것이다.

분명히 두 사도에게 적어도 몸으로는 힘든 밤이었을 것이다. 그러나 이튿날 아침 산헤드린은 복음에 대해 중요한 교훈을 배우게 된다. 메신저를 가둘 수는 있어도 메시지를 막거나 억누를 수는 없다는 사실이다.

—4:4–6—

본인들도 분명히 알았듯이 성전 당국자들은 심각한 대외관계 문제에 봉착했다. 사기꾼 교사들을 진압해야겠는데 그들의 설교를 받아들인 회심자가 이미 최소 5천 명에 달했다. 가족을 제외한 "남자의 수가 약 오천"(4:4)이었다! 이 5천 명으로 대변되는 상당한 정치 세력이 베드로와 요한 편이었다. 그러므로 사도들을 그냥 죽여서는 문제만 더 커질 게 뻔했다. 성전 고위층의 입장에서는 사도들이 신앙을 버려야만 추종 세력이 와해될 수 있었다. 종교적인 사람들에게는 위협이 잘 먹힌다.

"관리들과 장로들과 서기관들"(4:5)은 산헤드린의 구성원을 가리킨다. 70인의 유대인 정치가로 이루어진 이스라엘의 이 통치 기구는 지금의 국회와 대법원을 하나로 합해놓은

사두개인(사도행전 4:1)

사두개인은 특이한 종자였다. 육신의 혈통은 히브리인인데 헬라인처럼 살고 행동했다. 부유한 귀족에다 정치적 야망이 컸던 그들은 자신의 현세적 욕구에 꼭 맞는 신학적 관점을 추려냈다. 보수 신학의 입장을 취하여, 구약의 첫 다섯 책인 모세오경에 나오지 않는 가르침과 전통은 일체 거부했다. 모세의 저작만 수용한다는 것이 언뜻 고상해 보일 수 있으나 사실은 자신들의 사사로운 목표에 영합하는 교리였다. 선지자들은 이스라엘이 외세와 야합하는 것을 규탄했으므로 사두개인들은 선지서를 후기의 전승이라 하여 인정하지 않았다.

그들은 모세오경을 제멋대로 해석하여 사후의 삶, 부활, 천사, 영원한 상벌 등의 개념을 일체 거부했다. 그들이 믿는 하나님은 인간의 운명을 각자의 자유에 맡겨둔 채 아득히 동떨어져 있는 존재였다. 일종의 불간섭 정책을 쓰는 신이었다. 사두개인들은 18세기의 이신론자를 닮아 초자연적 활동의 가능성을 극구 부인했고, 그리하여 속속들이 운명론적이었다. 그들이 믿기로 인간은 자유 의지가 있기에 인생의 모든 사건, 즉 질병과 빈곤과 불운과 죽음의 방식까지도 각자의 책임이었다. 나아가 그들은 죄를 벌하는 것이 인간의 의무이므로 냉정하게 엄벌을 시행해야 한다고 보았다.[27]

하나님이 인간사에 관여하지 않아 인간이 세상을 책임져야 하기에 사두개인들은 종교적, 정치적 권력을 생득권으로 부여잡았다. 온갖 신학적 정당화를 동원하여 인간 세계에서 하나님의 최종 권력을 자신들이 행사했다.

기관에 상응한다. 장로이며 의장직인 나시(*nasi*)가 대제사장과 긴밀하게 협력하여 공회의 의제를 정했다. 법을 제정하고, 유대교의 공식 종교력을 확정지으며, 국가 정책을 결정하고, 성전을 통제하며, 중죄 사건을 판결하는 일 등이 의제에 포함되었다. 유대교 전승에 따르면 그 당시 나시는 유명한 랍비인 힐렐의 손자이자 다소의 사울이라는 젊은 바리새인의 스승(22:3)인 가말리엘이었다.

이튿날 산헤드린이 심문하러 모였을 때 네 사람이 재판에 동석했다. 웬만한 사건에는 직접 나오지 않을 인물들이었다.

- **안나스.** 공식 대제사장은 가야바였지만 세간의 인식으로는 그의 장인 안나스가 성전을 지배하는 실세였다. 본래 구레뇨가 AD 6년에 안나스를 대제사장으로 임명했으나 나중(AD 15)에 발레리우스 그라투스가 면직시켰다. 그럼에도 그는 예루살렘의 제도적 부패라는 거대한 제국의 수장으로 남았다. 어느 작가는 "안나스 일가의 착취와 탐욕은 유명했다"고 썼다.[28] 직위에서 물러난 그는 차례로 아들 엘리에셀과 사위 가야바를 통해 권력을 휘둘렀다. 안나스에게 꼭 맞는 이미지를 떠올려보고 싶은가? 그들이 속한 종교 집단의 '대부'로 생각하면 된다.
- **가야바.** 안나스의 사위로 AD 18년에 대제사장직에 오른 그를 36년에 비텔리우스가 면직시켰다. 안나스의 꼭두각시에 불과했지만 예수님을 죽이자는 발상은 그에게서 나왔다. 예수님으로 인해 야기된 정치적 딜레마를 그는 그렇게 해결하려 했다. 평소에 대제사장은 심문에 참석하지 않았고 산헤드린의 행정을 나시에게 일임했다.
- **요한.** 아마 안나스의 아들이자 차기 대제사장(AD 36-37, 44)일 것이다. 다른 세 형제와 안나스의 손자와 더불어 그 직위를 차지할 재목으로 훈련되었던 것으로 보인다.
- **알렉산더.** 아들이나 손자는 아니지만 안나스와 관계된 인물이다. 누가가 그를 언급한 것은 틀림없이 독자들이 그를 알았기 때문이다. 그 후 그는 역사의 먼지 속에 묻혔다.

누가가 안나스와 그의 친족을 언급한 것은 그러잖아도 암울한 장면에 그들의 존재가 불길한 기운을 더해주었기 때문이다. 산헤드린이 예루살렘의 가시적 권력을 휘둘렀다면 안나스는 눈에 보이지 않는 요소들을 주물렀다. 종교의 옷을 걸친 제도적 범죄라는 암흑의 세계였다. 요즘으로 말하자면 베드로와 요한은 국회와 마피아의 공동 법정에 소환된 셈이었다.

진리가 부재할 때 권력이 어떻게 돌아가는지를 여기서 똑똑히 볼 수 있다. 권력(특히 종교적 권력)을 쥐었으되 진리에 전혀 관심이 없는 이들은 구성원이 이의를 제기하면 뻔한 수법을 동원한다.

- **협박**. 권위를 내세워 반대 의견을 품은 이들의 마음속에 두려움을 조장한다(4:1-6).
- **전통**. 오랜 역사 동안 믿고 행동해온 특정한 방식을 들이댄다. 제대로 된 조사를 하지 않고 반론도 듣지 않는다(4:7).
- **강요**. 위협, 뇌물, 공갈, 아부 등 필요한 모든 수단을 동원하여 상대의 행동을 조종한다. 필요하다면 상대를 아예 제거해버린다(4:13-18).

세월이 흘러도 달라지지 않는 것들이 있다.

—4:7—

산헤드린이 모인 성전의 구역은 장로들이 사건을 판결하고 사회적인 결정을 내리던 곳이었다. 해당 사건의 원고나 피고는 공회원들에 빙 둘러싸여 중앙에 섰다. 베드로와 요한이 부딪혔을 중압감을 가늠해보려면, 노동자 계급의 두 고졸자 평민이 변호인도 없이 국회와 대법원의 공동 법정 앞에 끌려왔다고 상상해보라. 알다시피 예수님도 불과 얼마 전에 바로 이 자리에서 허위 재판을 받으셨다. 그분의 운명은 안나스와 가야바가 대저택의 각기 다른 구역에서 진행한(나는 그들이 큰 궁전에 함께 살았다고 본다) 두 번의 야간 재판을 통해 이미 결정되어 있었다.

종교는 안전을 숫자와 형식과 지위와 의전과 신분과 계급과 법도에서 찾는다. 종교는 창의적으로 생각하지 않고 선례를 강조한다. 종교적인 사람들은 이 모두를 동원하여 상대를 위협한다.

성전에 있는 왕의 현관 동쪽 끝에서 71인의 장로가 타작마당을 본뜬 곳에 반원형으로 줄지어 둘러앉았다. 산헤드린은 여기서 정식으로 모여 국가 정책과 종교 정책을 결정하고, 민사 사건과 형사 사건을 재판했다. 그들이 심의하고 결정한 내용은 전부 일반에 공개되었다.

보다시피 첫 질문부터 공회는 진실을 캐물은 것이 아니라 베드로와 요한의 권위에 도전했다. 사도들에게 요구된 일은 자신들의 견해를 변호하고 성경이나 사실적 증거로 설교를 뒷받침하라는 게 아니었다. 이력서와 자격증을 내놓으라는 것이었다. 베드로와 요한이 선천적 장애인을 치유했음을 잊지 마라. 재론의 여지가 없는 이 기적을 말 그대로 수백 명이 목격했다! 예수님의 이름에 담긴 능력을 보여주는 이 반박할 수 없는 증거에도 불구하고 이스라엘의 종교 관리들과 정치 관리들은 두 사람의 입을 틀어막기로 작정했다.

—4:8—

베드로는 일어나 답변할 때 자신의 지혜와 용기에 의존할 필요가 없었다. 그는 "성령이 충만"했다. "충만하여"라는 말도 신적 수동태로 되어 있어 충만하게 하신 주체가 하나님임을 보여준다. 베드로는 성령께 복종했을 뿐이고, 성령께서 능력을 주셔서 그의 결정과 말을 인도하셨다.

베드로는 권위(4:9–10)와 진리(4:11–12)라는 두 가지 핵심 사항을 변호했다.

—4:9–10—

권세를 따지는 질문이 궁금하여 묻는 질문이 아니라 비난임을 베드로도 물론 알았다. "우리가 너희에게 권한을 주지 않았으니 너희는 설교하거나 가르칠 권세가 없다"는 말이었다. 사도는 그 지도자들에게 기적적으로 치유된 사람을 상기시켰다. 산헤드린이 정말 권한의 문제로 걱정했다면 장애인으로 태어난 40여 세의 그 사람만 생각하면 되었다. 베드로와 요한이 감방에서 고생하던 그 시간에도 그는 예루살렘 어디선가 춤추고 있었다. 사도들의 권위는 부활하신 메시아에게서 직접 왔다. 산헤드린도 그분께 온전히 굴복하고 순종했어야 했다.

—4:11–12—

베드로는 사두개인들이 고발하는 반란죄를 담대하고 기민하게 뒤집어, 그들이야말로—베드로와 요한이 아니라—반역자임을 입증했다. "너희 건축자들의 버린 돌"이라는 알쏭달쏭한 표현은 이들 똑같은 무리가 예수님의 권위에 도전했을 때 그분이 하셨던 답변을 떠올리게 한다.

> 예수께서 성전에 들어가 가르치실새 대제사장들과 백성의 장로들이 나아와 이르되 네가 무슨 권위로 이런 일을 하느냐 또 누가 이 권위를 주었느냐…예수께서 이르시되 너희가 성경에 건축자들이 버린 돌이 모퉁이의 머릿돌이 되었나니 이것은 주로 말미암아 된 것이요 우리 눈에 기이하도다 함을 읽어 본 일이 없느냐 그러므로 내가 너희에게 이르노니 하나님의 나라를 너희는 빼앗기고 그 나라의 열매 맺는 백성이 받으리라 이 돌 위에 떨어지는 자는 깨지겠고 이 돌이 사람 위에 떨어지면 그를 가루로 만들어 흩으리라 하시니 대제사장들과 바리새인들이 예수의 비유를 듣고 자기들을 가리켜 말씀하심인 줄 알고 잡고자 하나 무리를 무서워하니 이는 그들이 예수를 선지자로 앎이었더라(마 21:23, 42-46).

종교 당국자들에게 답하실 때 주님은 시편 118편 22절의 은유를 빌려 자신이 메시아임을 선포하셨고, 유대교 학자들도 그분의 주장을 알아들었다. 메시아는 하나님 나라라는 건물의 머릿돌이다. 그런데도 그들은 음모를 꾸며 예수님을 체포하고 불법으로 재판하여 로마인들에게 넘겨 처형시켰다. 정치와 종교의 권력을 자신들이 계속 장악하기 위해서였다. 메시아를 죽임으로써 산헤드린은 하나님 나라의 정당한 정권을 전복시켰다.

베드로와 요한은 위협 앞에 움츠러들기는커녕, 오히려 상대의 이런 이력에 근거하여 선동죄의 고발을 그들 쪽으로 되넘겼다. 이어 베드로는 다음과 같이 반론하며 최종 논점을 부각시켰다. "당신들이 죽인 그 왕이 다시 살아 계신다. 그분은 하나님이시다. 당신들도 그분께 와야만 구원받을 수 있다. 그분 외에는 누구도 안 된다." 베드로의 말 속에 불굴의 확신이 넘쳐난다.

—4:13-16—

이게 소설이라면 산헤드린의 반응은 실소를 자아냈을 것이다. 협박이 두 사람에게 아무런 효과도 없자 그들은 놀랐다. 그들 대부분은 웬만큼 구식으로 겁박해서 결과를 보는 데 익숙해져 있었을 것이다. 명색이 산헤드린이 아니던가! 그런 그들이 갈릴리 시골의 어부 출신인 "학문 없는 범인"(4:13)들과 74대2로 맞붙어 패하고 만 것이다.

베드로와 요한이 "학문 없는" 것은 그 당시 대다수 이방인들과 동일한 의미에서는 아니었다. 유대인인 그들은 회당에서 히브리어로 읽고 쓰는 법을 배웠고, 성경도 외웠으며, 이스라엘 역사도 누구 못지않게 잘 알았다. 다만 사두개인과 서기관과 부유층 이방인처럼 신학과 철학을 논할 만큼 정식 고등교육을 받지는 못했다. 사도들은 아무개 랍비의 말을 인용하여 자신의 입장을 변호할 수 없었다. 그들은 자신의 권위가 아니라 그리스도의 권위에 의지했다.

산헤드린이 패한 결정적 요인이 또 있었다. "또 병 나은 사람이 그들과 함께 서 있는 것을 보고 비난할 말이 없는지라"(4:14). 그런데도 이 부정할 수 없는 엄연한 기적에 순순히 물러날 그들이 아니었다. "표적"으로 번역된 단어[*sēmeion*(4592)]는 이 기적에 표적의 의미도 들어 있음을 보여준다. 누가는 그 점을 부각함으로써 산헤드린이 베드로와 요한의 증언을 거부한 이유가 믿어지지 않아서가 아니라 믿을 마음이 없어서임을 분명히 밝혔다. 그들의 반응은 지식이나 증거의 문제가 아니라 의지의 문제였다. 그들은 진리와 무관하게 권력을 유지하는 쪽으로 행동했다. 종교 당국자들은 지금도 똑같이 행동한다.

—4:17-22—

공회는 두 사람을 내보내고 의논했다. 진상을 가려내기 위해서가 아니라 그들을 억압하여 자신들이 장악한 종교와 정치의 권력—이스라엘 백성을 통제할 수완—을 유지하기 위해서였다. 협박도 통하지 않고 전통에 호소해도 소용이 없자 공회는 강요라는 카드를 꺼내들었다. 하지만 그들은 상대를 잘 몰랐다. 베드로와 요한은 진리를 억압하거나 권력으로 위협한다고 거기에 굴할 사람들이 아니었다. 그 두 가지, 즉 그리스도의 진리와 성령의 권능이 사도들에게 있었기 때문이다!

두 "학문 없는 범인"(4:13)은 묵비권을 행사한 뒤 재판정을 나와 다시 설교할 수도 있었다. 그러나 그들은 산헤드린의 함구령을 공공연히 거부하며, 부활하신 예수님을 계속 메시아로 선포할 뜻을 명시했다. 여기서 교만이나 오만은 조금도 찾아볼 수 없다. 너무도 기쁜 소식이라 침묵할 수 없는 두 사람의 겸손하고도 확신에 찬 선포가 있을 따름이다.

결국 산헤드린은 백성—여론의 위력—이 두려워 뒤로 물러났다. 하지만 이것은 전술적

퇴각에 불과했다. 교회를 억누르려는 공작은 이제 시작일 뿐이었다.

적용: 사도행전 4:1-22

경건한 용기의 세 가지 특성

이 본문을 주의 깊게 살펴보면, 용감하게 옳은 길을 택하는 경건한 사람의 남다른 특성이 세 가지나 나온다. 각 특성이 가리켜 보이는 원리에 힘입어 우리도 협박과 강요 앞에서 베드로와 요한을 본받을 수 있다.

첫째, 베드로와 요한의 확신에 주목하라. 이것은 교만이 아니다. 성령이 사람을 충만하게 하시면 겸손이 교만을 몰아낸다. 교만은 정서 불안에서 비롯된다. 두 사람이 확신 있게 말한 것은 자신에게서가 아니라 주님에게서 안정을 얻었기 때문이다.

둘째, 베드로와 요한의 권위를 생각하라. 그들은 권력과 지식을 갖춘 성전 지도자들처럼 신학과 철학을 논할 만큼 정식 훈련을 받지 못했다. 갈릴리의 유대인 아이라면 누구나 받던 기본 교육을 받았을 뿐이다. 사도들은 자신의 권위가 아니라 그리스도의 권위에 의지했다. 그들은 절대 진리이신 예수 그리스도, 곧 하나님의 살아 계신 말씀과 직통으로 연결되어 있었다.

셋째, 베드로와 요한의 열매를 보라. 그들은 성령의 통치에 복종함으로써 하나님의 뜻을 이루는 도구가 되었다. 협박과 강요 앞에서 옳은 길을 가면 열매가 맺힌다. 큰 희생이 따르고 목숨까지 잃을 수도 있다. 그러나 주님은 순종을 존중하신다. 사도들의 순종이 낳은 명명백백한 결과가 곁에 서 있었으니, 곧 한때 장애인이었다가 건강이 온전히 회복된 사람이었다.

당신도 옳은 길을 가기로 작정하면 말과 행실에 안정되고 겸손한 확신이 풍겨나게 된다. 당신의 생각과 행동은 진리를 명확히 이해한 데서 비롯된다. 오해나 비방이나 심지어 박해를 받을 수도 있지만, 그래도 내면 깊숙이 부동의 평안을 품고 행할 수 있다. 늘 충실한 사람들을 주께서 알아주시고 인정하시며 상 주심을 알기 때문이다.

개척자 그리스도인들(사도행전 4:23-37)

23사도들이 놓이매 그 동료에게 가서 제사장들과 장로들의 말을 다 알리니 24그들이 듣고 한마음으로
하나님께 소리를 높여 이르되 대주재여 천지와 바다와 그 가운데 만물을 지은 이시오 25또 주의 종
우리 조상 다윗의 입을 통하여 성령으로 말씀하시기를

어찌하여 열방이 분노하며
족속들이 허사를 경영하였는고
26세상의 군왕들이 나서며
관리들이 함께 모여
주와 그의 그리스도를 대적하도다 하신 이로소이다

27과연 헤롯과 본디오 빌라도는 이방인과 이스라엘 백성과 합세하여 하나님께서 기름 부으신 거룩한
종 예수를 거슬러 28하나님의 권능과 뜻대로 이루려고 예정하신 그것을 행하려고 이 성에 모였나이다
29주여 이제도 그들의 위협함을 굽어보시옵고 또 종들로 하여금 담대히 하나님의 말씀을 전하게 하여
주시오며 30손을 내밀어 병을 낫게 하시옵고 표적과 기사가 거룩한 종 예수의 이름으로 이루어지게
하옵소서 하더라 31빌기를 다하매 모인 곳이 진동하더니 무리가 다 성령이 충만하여 담대히 하나님의
말씀을 전하니라

32믿는 무리가 한마음과 한 뜻이 되어 모든 물건을 서로 통용하고 자기 재물을 조금이라도 자기
것이라 하는 이가 하나도 없더라 33사도들이 큰 권능으로 주 예수의 부활을 증언하니 무리가 큰 은혜
를 받아 34그 중에 가난한 사람이 없으니 이는 밭과 집 있는 자는 팔아 그 판 것의 값을 가져다가 35사도
들의 발 앞에 두매 그들이 각 사람의 필요를 따라 나누어 줌이라

36구브로에서 난 레위족 사람이 있으니 이름은 요셉이라 사도들이 일컬어 바나바라(번역하면 위로의
아들이라) 하니 37그가 밭이 있으매 팔아 그 값을 가지고 사도들의 발 앞에 두니라

개척자에게는 무엇에도 비할 수 없는 면모가 있다. 개척자는 그려진 지도도 없고 앞서간 이의 도움도 없이 전진하여 새로운 길을 뚫는다. 어떠한 도전이나 장애물이 닥칠지도 잘 모르는 채로 위험을 각오한다. 고생에도 아랑곳없이 목표점에 도달하고자 꾸준히 나아간다. 진정한 개척자를 만나본 사람은 알겠지만, 마치 시간이 정지하고 인생의 가치 체계가 전부 재조정되는 것 같다. 그래서 당신의 생활방식과 일정과 목표와 지출과 우선순위도 재평가하지 않을 수 없게 된다.

나의 외할아버지는 문자적 의미 그대로 개척자였다. L. O. 런디(L. O. Lundy)는 지붕 있는 마차를 타고 텍사스 평원으로 이주하여 그곳에 정착한 뒤 외할머니를 만나 결혼했다. 두 분은 텍사스 남부의 소읍에서 네 식구를 건사했다. 돌아가시던 날까지 런디 할아버지는 강직한 성품, 흐트러짐 없는 도덕성, 예리한 사고 그리고 무엇보다도 하나님께 민감한 마음으로 인하여 존경받았다.

개척 선교사들도 같은 부류의 사람들이다. 그들은 남들이 간 적이 없거나 가려 하지 않는 곳으로 간다. 웬만한 사람은 힘들어서 일주일 만에 짐을 싸서 집으로 돌아가련만 그들은 고생을 견뎌낸다. 선구자의 도움 없이 일을 이루어낸다. 자신이 선구자이기 때문이다.

개척자 그리스도인의 특이한 자질을 생각하면 두 가지가 떠오른다. 첫째, 겉으로는 거칠다. 그들은 결연한 의지로 오뚝이처럼 일어나며, 정신적으로 다부지게 단련되어 있다. '포기'라는 말을 모르는 이들이다. 무엇에도 위축되지 않는다. 악천후나 장애물이 앞을 막아도 행동으로 밀고 나간다.

둘째, 속으로는 부드럽다. 그들은 하나님이 말씀하실 때 듣는다. 그분의 음성에 민감하다. 신중에 신중을 기하여 그분의 계획 속에 머문다.

타임머신을 타고 스무 세기를 거슬러 올라갈 수 있다면 우리를 빙 둘러쌀 개척자들이 있다. 바로 초대 교회의 그리스도인들이다. 거칠고도 부드럽던 그들은 예수 그리스도의 비전을 직접 받았고 내주하시는 성령의 인도를 받았다. 그들이 견뎌낸 도전과 장애물과 대적은 우리의 상상을 초월한다. 요하네스 바이스(Johannes Weiss)는 이 개척자 그리스도인들의 단순한 특성을 다섯 가지로 꼽았다. 그들은 "열정이 뜨거웠고, 주제할 수 없이 감정이 격했으며, 하나님의 임재를 생생히 느꼈고, 비할 데 없는 능력이 있었으며, 다른 사람들의 의지와 심령과 몸 상태에까지 불가항력의 영향을 미쳤다. 이것이 초대 기독교의 역사화(歷史畵)에서 지워낼 수 없는 특징이다."[29]

사도행전 4장에 그것이 두드러지게 나타난다. 베드로와 요한이 하룻밤 옥에 갇혔다가 법정에 불려나간 그 장면에서 우리는 교회를 향한 조직화된 박해를 처음으로 접한다. 예수 그리스도를 따르던 최초의 무리는 이때부터 진면목을 드러낸다.

—4:23—

산헤드린은 구금했던 베드로와 요한을 석방하면서 “도무지 예수의 이름으로 말하지도 말고 가르치지도 말라”(4:18)고 엄히 경고했다. 사도들은 종교 지도자들을 존중했지만 그렇다고 주님을 향한 자신들의 본분을 저버릴 리는 없었다. 그래서 그들은 정반대로 할 것을 겸손히 단언했다(4:19-20). 산헤드린은 대중에게서 불어올 역풍이 두려워 일단은 그들을 풀어줄 수밖에 없었다(4:21-22).

베드로와 요한은 풀려나자마자 즉시 “자기 사람들에게 갔다”(4:23, 직역). 마음이 맞는 같은 부류이자 그들의 말을 듣고 이해해줄 동료들에게 간 것이다. 베드로와 요한은 개척자였지만 독불장군은 아니었다. 공동체의 필요성을 부인하지 않았다. 그들은 하나님이 자기 백성에게 서로를 주신 이유를 알았기에 그리스도 안의 형제자매들에게로 직행했다.

—4:24-28—

사도들의 보고를 들은 신자 공동체는 자연스럽게 기도에 돌입했다. 아무도 이렇게 광고하지 않았다. “자, 소그룹으로 흩어져 12분 동안 베드로와 요한을 위해 기도합시다. 그 후 친교실에서 다과를 나누겠습니다.” 그들의 합심 기도는 즉시 자발적으로 이루어졌다. 기도의 내용은 주로 두 가지다.

- 하나님의 주권을 찬양한다(4:24-28).
- 하나님의 격려를 간구한다(4:29-30).

하나님의 주권에 대한 찬양은 “대주재여”(4:24)라는 호칭으로 시작된다. 이 경우 헬라어 원어는 흔히 ‘주’로 번역되는 *kyrios*(2962)가 아니라 *despotēs*(1203)다. ‘절대군주’(*despot*)라는 단어가 거기서 유래했으나 적절한 번역은 ‘주인’이나 ‘상전’이다. 상속이나 매입으로 땅을 소유한 사람, 그리하여 그 땅과 거기 속한 모든 것을 마음대로 할 권리가 있는 사람이다. 베드로와 요한은 종의 어법을 썼다. 기도는 시편 146편 6절의 인용으로 이어진다. 하나님이 창조주시라는 고백은 피조물을 다스리고 주관하실 최고의 권위와 능력이 그분께 있다는 고백이기도 하다. 이어 그들은 메시아에 대한 유명한 본문인 시편 2편 1-2절을 인용한다. 이 풍자의 저자는 주의 "그리스도"[4:26, *mashiyach*(H4899)] 곧 메시아(기름부음을 받은 자)를 타도하려고 헛수고하는 하나님의 적들을 꾸짖는다.

교회는 당면한 사건을 시편 2편과 유사하게 보았다. 이 땅의 권력자들은 자신이 메시아를 멸하고 하나님을 거역하여 권력을 유지할 수 있다는 착각에 빠져 있었다. 기적의 사실성만은 산헤드린도 부인할 수 없었음을 잊지 마라. 그들은 도저히 그 소식을 막거나 연관성을 무시할 방도가 없었다. 어차피 그들은 하나님이 예정하신 계획을 무산시킬 수 없었다. 그분은 세상 최고의 권력자들을 장기판의 말처럼 부리시는 분이다.

—4:29-35—

공동체 외부에서 오는 도전에 대한 하나님의 주권적 통치를 선포한 교회는 이제 두려움을 고백했다. 나는 그들이 두려움을 변명하지 않아서 참 좋다. 연약함을 인정하며 "우리에게 담대함을 주소서"(참고 4:29)라고 주님의 도움을 구했을 뿐이다. 그들은 얼마든지 "우리를 여기서 벗어나게 해주소서"라든지, "산헤드린을 다 죽여주소서"라고 기도할 수도 있었다. 반대로 그들의 간구는 이런 식이었다. "주님, 멈추지 마시고 계속하소서. 이런 일이 또 벌어지거든 그때도 저희가 기탄없이 확실하게 말하게 해주소서."

기도는 신앙 고백으로 이어졌다. "[주의] 손을 내밀어 병을 낫게 하시옵고 표적과 기사가 거룩한 종 예수의 이름으로 이루어지게 하옵소서"(4:30). 그들은 주께서 당연히 약속을 이루실 것을 믿어 의심치 않았다. 그래서 그분의 계획이 성취되는 것이 먼저이고 자기네 일신상의 안전은 다음이었다. 말자하면 이런 고백이었다. "주님, 주께서 하시는 일에 우리도 동참하기 원합니다."

교회사 속의 이 일화를 누가는 하나님의 기도 응답에 대한 묘사로 마무리한다. 그들이 경험한 일은 오순절 때와 비슷했으나 몇 가지 중요한 차이가 있다. 신자들이 기도를 마치자 "모인 곳이 진동"했다(4:31). 알다시피 오순절 때는 하나님의 능력이 빛의 모습으로 임하여 각 신자 속으로 흘러들었다. 그런데 이번에는 하나님의 능력으로 건물이 진동했다. 기도의 자리로부터 세상 속으로 그 능력이 흘러나간 것이다. 그들은 그분의 능력 곧 치유와 표적과 기사를 통해 증언의 기회가 생겨나기를 기도했다. 그러자 이 간구에 대한 응답이 그곳에서 세상 속으로 파도쳐 나가면서, 그들이 담대히 선포할 복음을 듣도록 세상을 준비시켰다.

누가는 또 "무리가 다 성령이 충만하여"(4:31)라고 했다. 성령의 내주하시는 임재라면 이미 그들이 선물로 받은 상태였다. 그분이 떠나셨다가 다시 오신 것이 아니다. 이것은 그와 다르다. 무언가로 "충만하다"는 말은 그것에 사로잡혀 지배당한다는 뜻이다. 감정이 충만하면 감정의 영향이 강해져 거의 주체할 수 없게 된다. 지식이 충만하면 거기에 근거하여 결정을 내릴 수 있다. 바울은 신자들에게 술로 충만해지지 말라고 경고했다. 술은 사고를 지배하여 판단력을 앗아간다. 대신 그는 우리에게 성령으로 충만함을 받으라고 명했다. 아주 속속들이 성령의 지배를 받으라는 뜻이다. 즉 통제권을 그분께 의탁하고 그분의 감화에 복종하는 것이다. 어떻게 하면 그렇게 될 수 있을까? 이 신자들이 성령으로 충만해진 것은 기도의 결과였다.

자발적인 기도와 그로 인한 성령 충만에서 두 가지 결과가 나왔다. 첫째, 그들은 "담대히 하나님의 말씀을 전"했고(4:31), 능력 있게 "주 예수의 부활을 증언"했다(4:33). 물론 누가의 말뜻은 그들이 그 방 안에 함께 있을 때에만 아니라 이후로도 오랫동안 담대했다는 뜻이다. 마음이 맞는 사람들끼리는 담대히 말하기가 쉬워 굳이 용기가 없어도 된다. 누가는 일회적 사건에서 요약된 본문으로 넘어가는 식으로 서술할 때가 많은데, 사도행전 4장 31절도 그중 하나다. 하나님의 물밀 듯한 능력으로 건물이 진동하면서 사람들이 속속들이 변화되었다. 그 변화의 여파가 지속되어 신자들은 주저 없이 담대히 말씀을 전했다.

둘째, 교회가 더없이 후해졌다. 2장 43-45절에 보듯이 사람마다 이타적이 되어 재산을 교회와 나눔으로써 공동체 내에 생필품이 없는 사람이 아무도 없게 했다. 자기 재물의 소유권을 주장하는 교인이 하나도 없었다(4:32). 재물은 주님의 소유이며 따라서 서로의 소유였다. 그들은 행동하는 교회가 되어 자신의 재산을 팔아 공동체에 나누는 일을 실천했다(4:34-35).

이 모두는 장기간에 걸쳐 벌어진 일이다. 아마 여러 달이 흘렀을 것이다.

—4:36-37—

누가는 요약된 본문(4:31하-35)에서 넘어가 교회사의 한 핵심 인물을 소개한다. 요셉이라는 사람은 족장 레위의 후손인 레위인이었다. 일찍이 하나님은 레위 집안을 지명하여 성전에서 봉사하게 하셨다(민 8:24-26). 그들은 유급 성직자로서 성전의 일상 직무를 수행했다. 오늘날의 사역자들이 사례를 받는 것과 비슷했다. 레위인은 본래 땅도 소유할 수 없었으나(민 18:20, 24) 이 규정은 이스라엘 안의 땅에만 적용되었다. 요셉은 구브로 섬 출신으로 그곳에 땅이 있었다.

사도들은 그에게 바나바라는 별명을 붙여주었다. "위로(격려)의 아들"(4:36)[30]이라는 뜻인데, 이름을 고쳐 부른 이유는 사도행전의 이야기가 전개되면서 더 분명해진다. 일단 누가는 그의 성품만 살짝 보여준다. 재산을 처분한 돈을 사도들에게 가져와 교회 사역에 쓰도록 한 이들 중 하나가 바로 바나바였다.

사도행전에 기술된 교회를 지금도 이상적 교회상으로 보는 사람들이 있는데 나도 그중 하나다. 이것이 우리의 목표다. 조직과 프로그램은 교회마다 다를 수 있어도 결국 우리가 추구하는 모습은 이것이다. 그러나 첫 교회를 구성했던 담대하고 후한 교인들도 죄와 씨름했다. 누가가 바나바를 후히 베푸는 모범으로 제시한 것은 교회 생활의 한 어두운 일화를 알리려는 서곡이었다. 성령께서 절대다수의 신자들 안에 충만하여 그들을 변하시키셨지만 그중 더러는 복종하지 않았다.

적용: 사도행전 4:23-37

영적 개척자가 되는 법

누구나 다 개척자가 될 수는 없다. 개척 선교사로 부름 받는 사람은 극소수다. 그러나 당신도 얼마든지 개척자 그리스도인의 사고방식을 품을 수 있다. 모든 신자에게 합당한 세 가지 자질이 사도행전 4장 23-37절에 나오는데, 당신도 원한다면 그것을 얻을 수 있다. 초대 그리스도인들이 박해 앞에서 담대함을 구했듯이, 당신도 주님께 이런 개척자의 자질을 구하면 어떤 상황에 부딪히든 더 열매를 맺을 수 있다.

첫째, 긍휼을 구하라. 당신을 긍휼히 여겨 달라는 기도가 아니라 남을 긍휼히 여기는 마음을 주님께 구하라는 뜻이다. 성경은 긍휼과 동정을 구분한다. 동정은 불우한 사람을 딱하게 여기지만 수동적이다. 시간이 지나고 거리가 멀어지면 동정은 식는다. 반면 긍휼은 당신이 가시적 도움을 베풀 때까지 사라지지 않는다.

지난주에 당신이 남을 위해 한 일은 무엇인가? 오직 긍휼에 이끌려 순전히 상대를 도울 목적으로 한 일이 무엇인가? 당신이 베푼 것은 무엇인가? 답하기가 힘들거든 기도로 긍휼을 구하라. 그러나 경고한다. 긍휼을 구하면 잘 긁히지 않는 가려움증이 생겨난다. 그래도 당신의 신앙이 생생해지려면 내 생각에 이보다 더 좋은 길은 없다. 야고보는 이런 예리하고 뜨끔한 말을 남겼다.

> 만일 형제나 자매가 헐벗고 일용할 양식이 없는데 너희 중에 누구든지 그에게 이르되 평안히 가라, 덥게 하라, 배부르게 하라 하며 그 몸에 쓸 것을 주지 아니하면 무슨 유익이 있으리요 이와 같이 행함이 없는 믿음은 그 자체가 죽은 것이라(약 2:15-17).

둘째, 주도적인 자세를 구하라. 개척자는 한 자리에 앉아 기회가 오기를 기다리는 것이 아니라 기회가 있는 곳으로 간다. 비신자들에게 그리스도에 대해 말해주고 싶다면 비신자들이 사는 곳으로 가야 한다. 그러려면 주도적인 자세가 필요하다. 기꺼이 당신의 안전지대를 벗어나 당신을 바라지 않을지도 모르는 곳에 끼어들어야 한다. 물론 쉽지 않고 편하지 않을 것이다. 너무 위험하게 느껴질 수도 있다. 하지만 거기가 신앙의 최전선이다. 주도적인 자세는 타성을 물리치고 신앙을 실천하려는 의욕이다.

셋째, 약한 모습을 내보일 수 있는 용기를 구하라. 자신의 부족함과 필요를 인정하고 다른 사람에게 도움을 청하라. 하나님 나라에서 무슨 일이든 하려면 누구나 그리스도의 공동체 안에서 다른 사람의 도움이 필요하다. 자신의 필요를 인정하는 것만으로 부족하다. 약한 모습을 충분히 내보여 지원을 구하고 받아들여야 한다.

이 세 가지 자질을 겸비하면—한데 통합하여 그대로 실천하면—당신은 개척자 그리스도인이다. 상황이나 섬김의 자리와 무관하게 당신도 초대 교회의 교인처럼 겉으로는 거칠지만 속으로는 부드럽게 된다.

죽음을 부른 거짓말(사도행전 5:1-11)

1아나니아라 하는 사람이 그의 아내 삽비라와 더불어 소유를 팔아 2그 값에서 얼마를 감추매 그 아내
도 알더라 얼마만 가져다가 사도들의 발 앞에 두니 3베드로가 이르되 아나니아야 어찌하여 사탄이 네
마음에 가득하여 네가 성령을 속이고 땅 값 얼마를 감추었느냐 4땅이 그대로 있을 때에는 네 땅이 아
니며 판 후에도 네 마음대로 할 수가 없더냐 어찌하여 이 일을 네 마음에 두었느냐 사람에게 거짓말
한 것이 아니요 하나님께로다 5아나니아가 이 말을 듣고 엎드러져 혼이 떠나니 이 일을 듣는 사람이
다 크게 두려워하더라 6젊은 사람들이 일어나 시신을 싸서 메고 나가 장사하니라
7세 시간쯤 지나 그의 아내가 그 일어난 일을 알지 못하고 들어오니 8베드로가 이르되 그 땅 판
값이 이것뿐이냐 내게 말하라 하니 이르되 예 이것뿐이라 하더라 9베드로가 이르되 너희가 어찌 함께
꾀하여 주의 영을 시험하려 하느냐 보라 네 남편을 장사하고 오는 사람들의 발이 문 앞에 이르렀으니
또 너를 메어 내가리라 하니 10곧 그가 베드로의 발 앞에 엎드러져 혼이 떠나는지라 젊은 사람들이 들
어와 죽은 것을 보고 메어다가 그의 남편 곁에 장사하니 11온 교회와 이 일을 듣는 사람들이 다 크게
두려워하니라

어쩌다 한 번씩은 우리에게 현실을 일깨워줄 충격이 필요하다. 만사가 척척 잘 풀리면 걱정할 것이 없어 안일에 빠지기 쉽다. 행운은 거짓된 안전감을 조장한다. 조심하지 않으면 우리도 삼천포로 빠지거나 임박한 재앙의 경고 신호를 놓칠 수 있다.

1973년 가을에 내게 그런 충격이 있었다. 안개 낀 어느 아침 7시쯤 교회의 내 서재에 도착했다. 팔에는 책을 한아름 들었고 머릿속은 그날 처리해야 할 여러 일로 어지러웠다. 열쇠구멍을 돌려 문을 활짝 연 뒤 발꿈치로 닫고는 책상 위에 책을 탁 내려놓았다. 그러고 나서 옆으로 돌아서니 정면에 관이 보였다. 관은 시든 꽃으로 덮여 있었고, 그 위에 내 대형 사진이 놓여 있었다!

손목시계의 초침을 확인해보니 여전히 돌아가고 있었다.

맥박을 짚어보니 강하고 빠르게 뛰고 있었다.

손에 불끈 힘을 쥐어보니 힘줄이 불룩 튀어나왔다.

누군가의 장난임을 알고 내가 멀쩡히 살아 있음에 안도했다. 하나님께 감사한 뒤 복수를 계획했다! 그러나 충격이 잦아든 고요한 순간 문득 내가 아주 귀한 선물을 받았다는 생각이 들었다. 자신의 장례식이 어떻게 치러질지 그 예고편을 보는 사람은 극히 드물 것이

다. 미래를 슬쩍 엿본 덕분에 나의 우선순위, 방향, 강점, 약점, 잠재적 위험 등 삶 전체를 찬찬히 돌아보게 되었다.

예루살렘의 신생 교회가 최초의 큰 도전—산헤드린이 두 사도를 체포하여 심문한 뒤 협박을 시도한 일—을 이겨내자 사람들이 무리를 지어 반응했다. 베드로의 첫 설교로 하나님 나라에 3천 명의 새신자가 들어오더니 두 번째 설교로는 5천 명이 더 늘었다. 이들 새 그리스도인들은 성령으로 충만하여 예수 그리스도를 담대히 선포했고, 자신들의 재물을 초자연적으로 베풀었다. 교회는 지상천국의 작은 맛보기가 되었다. 그런데 그때 이 운동에 가담 중인 모든 구성원을 현실로 확 깨어나게 하는 충격적인 일이 발생했다.

—5:1-2—

내러티브의 이 부분은 "그러나"라는 불길한 말로 시작된다[개역개정에 생략된 원문의 접속사(*δέ*)가 저자가 사용하는 NASB에 "그러나"로 옮겨져 있다-역주]. 왜 이런 대조가 필요할까? 몇 구절만 뒤돌아가 보면 코이노니아[*koinōnia*(2842)]의 황금기가 나온다. 예루살렘 교회의 교인들은 하나님의 영으로 충만했고, 기쁜 소식으로 터질 듯했으며, 함께 예배하고 먹고 배우고 성장했고, 재물을 서로 나누었다. 땅 주인들이 재산을 팔아 그 돈을 교회에 전액 기부하는 것이 아예 범상한 일이 되었다(4:34-35).

누가가 그런 비범한 그리스도인 중 하나를 거명한 데는(4:36-37) 아마 두 가지 이유가 있을 것이다. 첫째, 구브로 출신의 요셉이라는 레위인을 소개하기 위해서다. 별명이 "위로의 아들", 즉 바나바인 그는 뭇 사람에게 은혜를 베풀기로 유명했다. 둘째, 아나니아와 삽비라의 이야기에 걸맞은 배경을 깔기 위해서다. 순전하고 투명하게 베푸는 이야기는 사도행전 5장 1절에서 음울하고 기만적인 위선으로 반전한다.

이 부부도 겉으로 한 행동은 바나바와 똑같았다. 땅을 팔아 그 돈을 사도들에게 가져다주어 불우한 교인들의 필요를 채우게 했다. 그 자체는 훌륭한 베풂의 행위였다. 은혜를 베풀었으니 감사받을 일이었다. 문제는 그들이 거짓말을 했다는 것이다(5:2-4).

—5:3-4—

부부가 함께 오지 않고 아나니아가 먼저 돈을 가져왔다. 베드로의 고발은 한 가지 중요한 대비를 부각시켜준다. 바나바를 비롯한 다른 신자들은 성령으로 충만했으나 아나니아와 삽비라의 마음에는 사탄이 가득했다(5:3). 그들은 지혜에 이끌려 행동한 게 아니라 전지하신 하나님을 속일 수 있다는 어리석은 판단에 빠졌다. 사도는 두 가지 잘못된 생각을 명백히 밝혔다.

첫째, 아나니아와 삽비라는 재산을 바칠 의무가 없었다(5:4). 그들은 땅을 그냥 두어 재산을 더 불릴 수도 있었다. 땅을 팔아 그 돈으로 창업에 투자하거나, 집안의 좋은 일에 쓰거나, 호화 휴가를 떠날 수도 있었다. 그리스도는 재물을 죄라고 가르치신 적이 없다. 나아가 일정액의 헌금을 명하신 적도 없다. 하나님은 희생제물이나 성전의 헌물이나 10퍼센트 세금(십일조)을 의무화하여 요구하시는 게 아니라 자기 백성을 성령으로 충만하게 하여 심령을 변화시키신다. 그렇게 충만해진 결과로 그분의 백성은 자발적으로 후하게 드린다(4:32-35).

거짓말만 하지 않았다면 이 부부가 교회에 자원하여 드린 돈은 고맙게 받아들여졌을 것이다. 그런데 그들은 돈의 일부만 사도들에게 내놓으면서 그게 전액이라고 주장했다(참고 5:8). 사실은 이렇게 말했어야 했다. "형제들이여, 우리가 땅을 팔았는데 오늘 그 돈의 일부만 가져왔습니다. 나머지는 우리에게 필요해서요." 그랬어도 전혀 잘못이 아니었다. 그런데 그들은 자기네도 성령의 감화로 바나바처럼 전부 드려 희생하는 척했다.

둘째, 그리스도인이 도덕적 책임을 질 궁극적 대상은 사도나 교회 지도자 등 인간이 아니다. 물론 우리의 행동은 피차 영향을 미치므로 서로 간에도 책임이 있다. 또 교회 지도자는 교회에 가장 유익하게 행동해야 하므로 교인들의 회개하지 않은 죄를 지적해야 한다. 그러나 우리 행동에 대해 최종 책임을 물으시는 분은 하나님이다. 아나니아와 삽비라는 사도들의 환심을 사는 것이 중요한 줄 알았으나 베드로가 바로잡아주었다. 그는 사실상 "너희가 우리를 속여서 영적으로 얻을 게 하나도 없다"고 말했다.

—5:5-6—

이 남자의 사인(死因)이 정확히 무엇인지는 나와 있지 않다. 심장 마비나 뇌의 동맥류(動脈瘤)나 뇌졸중이었을까? 하나님이 하신 일이라는 명시적 표현은 없지만 누가의 문법에 그것이 강하게 암시되어 있다. 어쨌든 그의 기만과 급사 사이에 분명한 인과 관계가 보인다.

유대인의 율법에 따라 시신은 신속히 처리되어야 했다. 사람이 죽은 때가 해질녘에 가까우면 일단 향료와 수지를 적신 세마포에 시신을 싸서 굴속에 두어야 했다. 이튿날 아침 정식 장례 준비를 마친 후 유가족의 애도 기간이 뒤따랐다.

—5:7-10—

3시간 후 아나니아의 아내 삽비라가 사도들에게 왔다. 무슨 용무였는지는 알 수 없다. 어쩌면 바나바처럼 칭송을 받고 싶었는지도 모른다. 그녀가 도착하자 베드로가 물었다. 사실대로 말할 기회를 충분히 준 것이다. 그의 질문은 이보다 더 단도직입적일 수가 없다. "그 땅 판 값이 이것뿐이냐 내게 말하라"(5:8). 비참하게도 그녀 역시 거짓말을 했다. "예 이것뿐이라"(5:8).

베드로가 여자를 고발한 말은 남편의 경우와 비슷하다. "주의 영을 시험하려"(5:9)라는 표현은 "성령을 속이고"(5:3)라는 표현과 맥을 같이한다. "시험하려"[*peirazō*(3985)]로 번역된 헬라어 단어는 실험을 통해 무언가의 참 정체를 밝혀내는 과정을 뜻한다. 진품인지 보려고 금화를 깨무는 사람을 떠올려보라. 바로 그 개념이다. 아울러 이 단어에는 함정에 빠뜨린다는 개념, 즉 '꾀어서 잘못된 행동을 하게 만든다'는 뜻도 들어 있다.

아나니아와 삽비라는 하나님의 성품을 시험하거나 그분을 죄에 끌어들일 의도는 없었다. 하지만 하나님이 이런 식으로 반응하지 않으셨다면 그런 결과가 되고 말았을 것이다. 베드로가 암시했듯이 그들의 행동은 하나님을 궁지로 몰아넣었고, 따라서 그들의 사기 행각을 그냥 두면 그분을 암묵적 공범으로 만드는 것이었다.

몇 분 만에 그녀도 남편처럼 유명을 달리했다(5:9-10). 시신은 해지기 전에 가족 묘지의 남편 곁에 장사되었다. 이 얼마나 집안의 비극이자 또한 교회의 슬픈 날인가! 위선으로 두 사람이 죽음에 이르렀다.

—5:11—

사도행전 5장 5절의 뒷부분이 11절에 그대로 반복된다. 하나님의 거룩하심과 능력에 대한 경외의 두려움이 교회에 가득했다. 이 참사는 현실을 일깨우며 교회에 경종을 울린 섬뜩한 충격이었다. 그 전까지 교회 내의 모든 일은 원활하다 못해 거의 이상적이었다. 아나니아와 삽비라가 지은 죄는 그리스도인도 얼마든지 죄에 빠질 수 있음을 교회에 일깨워주었다. 성령을 받고 구원받은 사람도 성화의 과정에서 그분의 능력에 복종하지 않을 수 있다. 겉보기와는 달리 속에 죄를 품고 있을 수 있다. 교회가 배운 것이 또 있다. 하나님은 은혜가 많으시지만 그렇다고 죄를 대충 넘어가지 않으신다. 여전히 그분은 반항을 엄히 다루시는 거룩하고 의로우신 하나님이다.

적용: 사도행전 5:1-11
그리스도인의 책임

아나니아와 삽비라의 죄를 생각하면 두 가지가 떠오른다. 첫째, 그것은 계획적인 행위였다. 실수가 아니었다. 그들은 단순히 거래 대금을 잘못 계산한 것이 아니다. 성령의 이름으로 둘이 짜고 사기를 저질렀다.

둘째, 죄의 동기는 교만이었다. 너무도 분명한 사실이다. 동료들처럼 후해 보이고 싶은 마음에 그들은 이렇게 말할 마음이 없었다. "베드로여, 우리는 오직 하나님의 목적과 영광을 위해서만 이 돈을 가져옵니다. 받은 금액이 더 되지만 나머지는 우리가 쓰려고 두었음을 밝힙니다. 행여 우리가 바나바와 같은 반열이라는 인상을 풍기고 싶지 않습니다. 다만 돈의 일부를 가져왔으니 소용되는 대로 쓰십시오." 그게 정직이고 겸손이다.

당시의 정황도 놓쳐서는 안 된다. 교회는 성령의 감화로 한창 후히 베풀던 중이었다. 오순절 날로 말하자면 이는 몇 사람이 남들처럼 성령 충만해 보이려고 외국어를 가짜로 말한 셈이 된다. 우리는 성령의 참된 대변자로서 세 가지 중요한 책임이 있다.

첫째, 각자의 도덕성을 고수할 책임이 있다. 삶의 모든 영역에서 진실을 우선으로 삼아야 한다. 위선의 반대인 투명하고 진실한 생활방식을 가꾸어야 한다. 아나니아와 삽비라는 여기서 실패했다. 우리는 자신의 동기를 살필 책임이 있다. 살핀 결과가 마음에 들지 않거든 주님께 가져가라. 다윗은 이렇게 했다.

> 하나님이여 나를 살피사 내 마음을 아시며
> 나를 시험하사 내 뜻을 아옵소서
> 내게 무슨 악한 행위가 있나 보시고
> 나를 영원한 길로 인도하소서(시 139:23-24).

> 하나님이여 내 속에 정한 마음을 창조하시고
> 내 안에 정직한 영을 새롭게 하소서(시 51:10).

신학교에 다니던 4년 내내 내 책상머리에 손으로 쓴 작은 팻말이 붙어 있었다. 공부하다가 고개를 들 때마다 눈에 들어온 그 말은 이것이다. "너의 동기는 무엇인가?" 50년이 더 지난 지금도 우리 집 서재의 책상에서 고개를 들면 그 말이 눈에 아른거린다.

당신의 동기는 무엇인가? 지금 하고 있는 일을 왜 하는가?

둘째, 양심을 떳떳하게 지킬 책임이 있다. 다윗은 시편 32편에 기만의 덫을 이렇게 묵상했다.

> 마음에 간사함이 없고
> 여호와께 정죄를 당하지 아니하는 자는 복이 있도다
> 내가 입을 열지 아니할 때에 종일 신음하므로
> 내 뼈가 쇠하였도다
> 주의 손이 주야로 나를 누르시오니
> 내 진액이 빠져서 여름 가뭄에 마름 같이 되었나이다(시 32:2-4).

이 왕은 양심이 괴로워서 몸에 병이 났다. 주님은 그에게 하나님의 사람으로서만 아니라 재판을 맡은 자로서 떳떳한 양심을 지킬 책임을 물으셨다. 자신의 죄를 자백하지 않았을 때는 그는 앞에 놓인 사건들에서 옳고 그름을 편견 없이 공정하게 판결할 수 없었다. 마침내 나단이 그의 비밀을 들추어내 "당신이 그 사람이라"고 지적했을 때 왕은 죄를 인정하고 해방을 얻었다(삼하 12:1-14). 그제야 그는 하나님의 대변자로서 자신의 임무를 다하고 악한 세상에 주님의 의를 구현할 수 있었다.

우리에게도 똑같은 책임이 있다. 하나님의 영을 안에 모신 자로서 악이 지배하는 세상에 의의 목소리를 대변할 의무가 있다.

셋째, 진정성을 갖출 책임이 있다. 바울이 20년쯤 후에 쓴 말을 아나니아와 삽비라가 알았더라면 도움이 되었을 것이다. "우리 중에 누구든지 자기를 위하여 사는 자가 없고 자기를 위하여 죽는 자도 없도다"(롬 14:7, 나는 여기에 "우리 중에 누구든지 자기에게 죄를 짓는 자도 없도다"라고 덧붙이고 싶다). 하지만 바울의 그 말이 앞에 없었어도 그들은 그쯤은 알았어야 했다. 위선의 죄는 언제나 다른 사람을 끌어들인다. 사실 그것은 모든 사람을 상대로 짓는 죄다. 주님이 우리를 공동체 안에 두신 것은 서로 격려하게 하시기 위해서다. 그러려면 정직해야 한다!

다른 신자가 고민을 인정하면 내게도 힘이 된다. 나 혼자라는 느낌이 줄어들고, 이를 계기로 내 고민도 털어놓을 수 있다. 비슷한 난관에 부딪혀 이겨내는 사람을 보면서 나도 유혹과 약점에 직면하는 법을 배운다. 하나님이 설계하신 교회라는 공동체는 상호 지원 체제다. 따라서 한 사람이 일부러 가면을 쓰고 아무런 문제도 없는 척하면 그 피해가 모두에게 돌아간다.

넉넉히 이기는 우리(사도행전 5:12-42)

12사도들의 손을 통하여 민간에 표적과 기사가 많이 일어나매 믿는 사람이 다 마음을 같이하여 솔로몬
행각에 모이고 13그 나머지는 감히 그들과 상종하는 사람이 없으나 백성이 칭송하더라 14믿고 주께로 나
아오는 자가 더 많으니 남녀의 큰 무리더라 15심지어 병든 사람을 메고 거리에 나가 침대와 요 위에 누
이고 베드로가 지날 때에 혹 그의 그림자라도 누구에게 덮일까 바라고 16예루살렘 부근의 수많은 사람
들도 모여 병든 사람과 더러운 귀신에게 괴로움 받는 사람을 데리고 와서 다 나음을 얻으니라

17대제사장과 그와 함께 있는 사람 즉 사두개인의 당파가 다 마음에 시기가 가득하여 일어나서 18사
도들을 잡아다가 옥에 가두었더니 19주의 사자가 밤에 옥문을 열고 끌어내어 이르되 20가서 성전에 서서
이 생명의 말씀을 다 백성에게 말하라 하매 21그들이 듣고 새벽에 성전에 들어가서 가르치더니

대제사장과 그와 함께 있는 사람들이 와서 공회와 이스라엘 족속의 원로들을 다 모으고 사람을
옥에 보내어 사도들을 잡아오라 하니 22부하들이 가서 옥에서 사도들을 보지 못하고 돌아와 23이르되
우리가 보니 옥은 든든하게 잠기고 지키는 사람들이 문에 서 있으되 문을 열고 본즉 그 안에는 한 사
람도 없더이다 하니 24성전 맡은 자와 제사장들이 이 말을 듣고 의혹하여 이 일이 어찌 될까 하더니
25사람이 와서 알리되 보소서 옥에 가두었던 사람들이 성전에 서서 백성을 가르치더이다 하니 26성전
맡은 자가 부하들과 같이 가서 그들을 잡아왔으나 강제로 못함은 백성들이 돌로 칠까 두려워함이더라

27그들을 끌어다가 공회 앞에 세우니 대제사장이 물어 28이르되 우리가 이 이름으로 사람을 가르
치지 말라고 엄금하였으되 너희가 너희 가르침을 예루살렘에 가득하게 하니 이 사람의 피를 우리에
게로 돌리고자 함이로다 29베드로와 사도들이 대답하여 이르되 사람보다 하나님께 순종하는 것이 마
땅하니라 30너희가 나무에 달아 죽인 예수를 우리 조상의 하나님이 살리시고 31이스라엘에게 회개함
과 죄 사함을 주시려고 그를 오른손으로 높이사 임금과 구주로 삼으셨느니라 32우리는 이 일에 증인
이요 하나님이 자기에게 순종하는 사람들에게 주신 성령도 그러하니라 하더라

33그들이 듣고 크게 노하여 사도들을 없이하고자 할새 34바리새인 가말리엘은 율법교사로 모든
백성에게 존경을 받는 자라 공회 중에 일어나 명하여 사도들을 잠깐 밖에 나가게 하고 35말하되 이스
라엘 사람들아 너희가 이 사람들에게 대하여 어떻게 하려는지 조심하라 36이 전에 드다가 일어나 스
스로 선전하매 사람이 약 사백 명이나 따르더니 그가 죽임을 당하매 따르던 모든 사람들이 흩어져 없
어졌고 37그 후 호적할 때에 갈릴리의 유다가 일어나 백성을 꾀어 따르게 하다가 그도 망한즉 따르던
모든 사람들이 흩어졌느니라 38이제 내가 너희에게 말하노니 이 사람들을 상관하지 말고 버려 두라
이 사상과 이 소행이 사람으로부터 났으면 무너질 것이요 39만일 하나님께로부터 났으면 너희가 그들
을 무너뜨릴 수 없겠고 도리어 하나님을 대적하는 자가 될까 하노라 하니

40그들이 옳게 여겨 사도들을 불러들여 채찍질하며 예수의 이름으로 말하는 것을 금하고 놓으니
41사도들은 그 이름을 위하여 능욕 받는 일에 합당한 자로 여기심을 기뻐하면서 공회 앞을 떠나니라
42그들이 날마다 성전에 있든지 집에 있든지 예수는 그리스도라고 가르치기와 전도하기를 그치지 아
니하니라

바울은 적대적인 세상 속을 살아가는 그리스도인을 로마서 8장에 충격적인 은유로 표현했다. "기록된바 우리가 종일 주를 위하여 죽임을 당하게 되며 도살당할 양 같이 여김을 받았나이다 함과 같으니라 그러나 이 모든 일에 우리를 사랑하시는 이로 말미암아 우리가 넉넉

히 이기느니라"(롬 8:36-37). 무서우면서도 위안을 주는 은유다. 우리는 무력하지만 궤멸될 수 없다. 막강한 적과 대치하고 있지만 두려워해서는 안 된다. "도살당할" 수도 있지만 넉넉히 이긴다. 이 긴장을 유지하기가 불가능해 보인다면 정말 불가능하기 때문이다! 어쨌든 인간의 힘으로는 그렇다.

주님은 우리에게 초인적 힘이나 천재적 지능이나 영웅적 용맹을 요구하지 않으신다. 이기는 일일랑 그분께 맡긴 채 충실하게 순종할 것을 명하실 뿐이다. 이것이 다음번 큰 도전에 부딪힌 첫 그리스도인들에게 하나님이 가르쳐주신 교훈이다.

—5:12-16—

누가의 내러티브에서 이 대목은 몇 주 또는 몇 달에 걸친 교회 성장을 요약하는 서술로 시작된다. 사도들은 산헤드린의 경고에도 아랑곳없이 성령의 능력으로 계속 병자들을 치유하고 예수님의 부활을 선포했다. 물론 이들 첫 그리스도인들은 유대인이었으므로 계속 성전에서 모였다. 사실 그들이 매번 모인 솔로몬의 행각은 이전에 베드로와 요한이 체포되었던 곳이다.

담대함을 구한 신자들에게(4:29) 주님은 확실히 응답해주셨다!

성전을 오가던 유대인들은 가장 큰 뜰에서 모이는 대규모의 집회를 놓칠 수 없었다. 예루살렘과 그 인근에 사는 이들도 많았지만, 제사하고 예배하러 원방에서 다니러 오는 이들도 많았다. 그들은 떠나기 전 예수님에 대해 들었다. 그분이 메시아라는 구약의 여러 증거와 부활하신 그분을 목격한 이들의 증언을 들었다. 사람들이 믿음으로 반응하면서 그리스도인의 수는 꾸준히 늘어났다. 종교 관리들의 위세가 두려워 아직 거리를 두는 무리도 많았지만 성전에서 벌어지는 하나님의 운동을 아무도 무시할 수 없었다.

그렇다고 누구나 다 그 의미를 알았던 것은 아니다. 미신과 소문 때문에 사람들은 베드로의 그림자에라도 덮여 병이 낫기를 바라며 병든 친척들을 데리고 거리에 늘어섰다. 누가의 말은 베드로의 그림자로 누구 하나라도 치유되었다는 것이 아니라 사람들이 그렇게 생각했다는 것뿐이다. 그들은 성전 뜰에서 어느 사도에게라도 다가갈 수 있었으나 응징이 두려웠다. 예수님을 추종하며 점점 커가는 이 분파를 산헤드린은 인정하지 않았다.

—5:17-18—

사도들의 가르침은 산헤드린의 종교 권력에만 도전이 된 것이 아니다. 성장하는 이 운동은 종교 지도자들이 애써 유지해온 아슬아슬한 정치적 균형도 위협했다. 수십 년째 사두개인과 바리새인은 민족주의적 유대인과 로마 사이에서 용케도 절묘한 권력 균형을 유지해왔다. 그들은 로마의 잔인한 협박을 이용하여 대중의 반란을 막는 한편, 로마 쪽에는 혁명의 소지를 줄이려면 지나친 간섭을 삼가야 한다고 설득했다. 이런 구도 덕분에 성전 통치자들은 엄청난 권력과 어마어마한 부를 얻었다. 그런데 교회의 인기가 날로 더해가자 성전 관리들은 개종자가 하나씩 늘 때마다 자신들의 정치 권력이 조금씩 약해지는 것을 무력하게 지켜볼 수밖에 없었다.

베드로와 요한을 무너뜨리려던 종교 지도자들의 시도(4:3-22)는 수포로 돌아갔다. 오히려 열 명이 더 가세하여 이전에 그 둘이 체포되었던 바로 그 지점에서 전도 모임을 지속했다. 그래서 대제사장은 탄압의 강도를 높여 열두 사도를 모두 체포하여 밤새 "[공공의,

종교의 정치(사도행전 5:17, 34)

종교는 언제나 왕과 정부가 즐겨 쓰던 도구였다. 가시적 기관을 만들어 통제 대상인 백성의 신념을 규정한 뒤, 권위를 내세워 우리 편과 저쪽 편을 가르기만 하면 된다. 자신의 영원한 운명이 통치자의 손에 달려 있다고 믿는 백성은 거의 무엇이든 시키는 대로 믿고 원할 뿐 아니라 행동까지 한다. 지상 최대의 악을 저지른 이들 중 일부는 종교 때문에 자신의 행동이 선하며 옳다고 믿었다. 아무리 소름 끼치거나 비인간적인 행위일지라도 말이다. 2001년에 벌어진 미국의 9.11 사태가 단적인 예다.

1세기 이스라엘에는 두 주요 집단이 종교의 지배권을 놓고 다투며 애증의 공생 관계에서 벗어나지 못했다. 귀족층인 사두개인은 웅장한 헤롯 성전의 관할권을 비롯한 권부의 관직을 점했다. 성전은 이스라엘 최고의 가시적 기관이었다. 하지만 그들은 공공연히 로마에 부역했기 때문에 오로지 해방 국가만을 원하던 유대 민족 사이에 평판이 극도로 나빴다. 반면 민족주의적 바리새인은 유대교를 철저히 신봉하여 민중에 대한 지배권을 유지했다. 모세 율법을 지켜 유대교인이 될 수 있다면 이들이야말로 무슨 수를 써서라도 도덕 세계의 왕으로 남았을 것이다.

사두개인은 성전을 지배했지만 그래 봐야 로마의 손아귀에 있었으므로, 그들이 유대 민족을 지배하려면 바리새인의 종교적 영향력이 필요했다. 바리새인은 백성에게 막중한 영향력을 행사했지만, 로마에 대한 태도가 호전적인데다 군사력도 없다 보니 기껏해야 구호를 외치는 정도였다. 로마는 로마대로 내정 간섭을 최대한 줄이려면 사두개인이 필요했다. 백성을 조종하려면 종교 기관과 종교적 권위가 둘 다 필요한데 두 집단 중 어느 쪽도 이를 겸비하지 못했다. 그래서 그들은 서로 시기하며 각자의 지배 영역을 사수했다.[31]

NASB] 옥"에 가두었다가 심문하기로 했다(5:18). "공공의"[*dēmosios*(1219)]로 번역된 헬라어 형용사의 어의는 주로 두 가지다. 하나는 "국가에 속했다"는 뜻이고, 또 하나는 "대중에게 보이거나 열려 있다"는 뜻이다. 모든 감옥은 어차피 국가의 소유였으므로 필시 이는 죄수들을 전시하여 백성에게 경고로 삼던 감옥일 것이다. 하룻밤 옥에서 지내보면 적어도 몇몇 사람의 마음이 약해지거나 아예 집단이 쪼개지리라는 것이 대제사장의 바람이었다. 그러면 그들의 흔들리는 연대감을 이튿날 아침 심문할 때 이용하면 될 터였다.

과거에는 대제사장의 이런 수법이 아마 잘 통했을 것이다. 그가 입막음한 신흥 세력과 민중 선동가가 얼마나 많았을지 누가 알겠는가? 하지만 이번에는 그가 미처 고려하지 못한 결정적 요인이 하나 있었으니 바로 하나님의 능력이다.

—5:19-20—

밤중에 주께서 성전 지도자들의 허를 찌르셨다. 그들이 사도들을 모욕할 작정으로 옥에 전시한 만큼 주님은 사도들을 풀어주셔서 그들을 지지하신다는 사실을 공적으로 선언하셨다. 그분이 보내신 천사는 잠겨 있던 옥문과 대문을 기적처럼 열어, 그들을 데리고 간수들 곁을 지나 거리로 나갔다. 그런데도 아무의 눈에도 띄지 않았다. 인간의 수법으로는 발각되지 않고 탈옥할 수 없는 곳이었다.

그런데 놀랍게도 그들은 그 도시를 떠나기는커녕 성전으로 돌아가 다시 그리스도의 부활을 선포했다. 탈옥 자체로 끝났다면 입증될 것이 없었을 것이다. 탈주자로 살았다면 그들에게 반체제 무리가 모여들기는 했겠지만 경건한 유대인들 사이에서 그들의 입지가 흐려졌을 것이다. 하지만 그들은 하나님의 복을 받으며 활동에 복귀함으로써 잠재적 신자들에게 전혀 다른 메시지를 보냈다.

사도들은 자신들이 체포되었던 바로 그 자리로 돌아가 설교하고 가르치며 치유하는 사역을 재개했다.

—5:21-25—

공회는 아침에 모여 사람을 보내 죄수들을 데려오게 했다. 이번에도 사도들을 협박할 참이었다. 공회로서는 사도들이 자신들의 증언을 부인해야 했기 때문이다. 그들의 선포로 예수님의 부활 소식을 들은 사람이 이미 수만 명에 달했다. 산헤드린이 예수님을 이미 죽였으나 이번에는 그분의 증인들이 적으로 나타난 것이다. 그들을 멸하려면 위신에 먹칠을 하는 수밖에 없었다.

사도들이 감옥에서 사라졌다는 보고를 듣고 성전 지도자들은 "의혹"했다[5:24, *diaporeō* (1280)]. 이 단어는 "어찌할 바를 몰랐다"로 변역될 수 있다. 그들은 이미 벌어진 일을 이해하거나 설명할 수 없었을 뿐더러 앞일이 어찌될지도 막막했다. 소식을 들은 그들은 사도들이 이미 달아난 줄로 생각했다. 그랬다면 두 가지 결과가 가능했다. 첫째, 산헤드린을 상대로 그들은 열심당의 비밀 작전과 비슷한 지하 운동을 벌일 수 있었다. 둘째, 그들은 갈릴리나 그보다 더 북쪽으로 피하여 사역을 재개할 수 있었다. 어느 경우든 산헤드린이 대응해야 할 방식은 똑같았다. 하나님의 성전을 대적한 탈주자로 내세워 사도들의 위신에 먹칠을 하는 것이었다.

종교 당국자들은 그들이 솔로몬 행각에서 공공연히 가르치고 있을 줄은 꿈에도 몰랐다. 거기는 그들이 체포되었던 곳이기 때문이다!

—5:26-32—

성전 경비대장과 군인 분견대는 사도들에게 산헤드린의 회합에 참석해줄 것을 정중히 요청했다. 틀림없이 군중은 전날 일어난 사건을 알고 있었다. 사도들이 옥에 갇혀 전시되었으니 말이다. 성전 경내의 평화 유지를 맡은 성전 경비대는 사도들의 말을 들으러 모인 군중이 어떤 반응을 보일지 두려웠다(5:26).

대제사장 가야바는 사도들을 고발할 때 일부러 예수님의 이름을 언급하지 않고 "이 이름", "이 사람"이라는 표현을 썼다(5:28). (지금도 예수님의 이름은 사람들을 불편하게 한다). 그래도 그가 누구를 지칭하는지 모두가 알았다.

"이 사람의 피를 우리에게로 돌리고자 함이로다"(5:28)는 말은 죄책의 귀속을 가리킨다. 틀림없이 공회는 예수님을 죽인 자신들의 음모를 합리화했다. 아마 그분 자신의 말 때문에 유죄가 되었다거나 또는 빌라도의 탓이었다고 확신했을 것이다. 그럼에도 그들은 무죄하고 의로운 사람을 죽인 죄를 대중이 자신들에게 돌릴까 봐 걱정했다. 그들이 두려워한 것은 도덕적 죄책이나 사건의 진실이 아니라 권력의 상실이었다.

사도들이 답변한 말은 우리 모두가 외우면 좋을 것이다. "사람보다 하나님께 순종하는 것이 마땅하니라"(5:29). 베드로는 산헤드린을 불쾌하게 만들 이슈를 피하지 않고, 오히려 메시아에 관한 탄탄한 반론으로 그들의 고발을 제압했다. 이런 말이나 같았다. "메시아를 십자가에 죽인 죄가 당신들에게 돌려질까 봐 염려하는 것은 실제로 당신들이 메시아를 죽였기 때문이다!" 그러나 베드로의 증언대로 그 예수님은 하나님의 능력으로 부활하셨고, 메시아에게 약속된 모든 능력과 권위를 받으셨다(5:30-31).

베드로는 신학적 논리를 전개하지 않았다. 그럴 필요가 없었다. 이 사건에 함축된 의미라면 전문 신학자들인 상대 쪽이 누구보다도 더 잘 알았다. 베드로와 사도들은 직접 경험하고 목격한 내용을 증거로 제시했다. 예수님은 자기 백성의 죄 때문에 자신이 체포되어 고문당하고 희생되셨다가 다시 살아나실 것을 그들에게 예고하셨다. 그리고 약속대로 다 성취하셨다(5:32).

사도들은 추호도 뒤로 물러설 마음이 없었다.

—5:33-39—

성전 지도자들은 예수님을 제거했듯이 신자들도 없애기로 거의 결정했는데, 그때 아주 명망 높은 가말리엘이라는 교사가 개입했다. 그는 우선 다른 실패한 운동들의 역사를 간략히 언급한 뒤, 과거에 불간섭 정책이 아주 주효했음을 동료들에게 상기시켰다. 자칭 메시아나 민중 운동이 일어날 때마다 산헤드린은 로마의 노여움을 살까 두려워 지지하지 않았고, 백성을 노하게 하지 않으려고 로마 편을 들지도 않았다. 현혹하던 지도자가 매번 살해되면서 운동은 와해되었다. 산헤드린의 개입이 없이도 위기가 지나갔던 것이다(5:35-37). 그래서 가말리엘은 이 운동의 배후에 하나님이 계시지 않다면 위기가 저절로 풀릴 것이라 추론했다. 반면 하나님이 예수님의 추종 세력 편이시라면 공회는 주님을 막아서지 않는 게 지혜로울 것이었다(5:38-39).

가말리엘은 소속 단체를 보호하려고 한 말이지만 그 속에 자신도 모르는 진리가 담겨 있었다. 그가 이스라엘의 한 지도자로서 인정했듯이, 신분과 교육 수준이 낮은 비무장 민간 단체가 로마의 숨 막히는 지배 아래서 세를 불리려면 하나님의 능력에 힘입지 않고는 불가능했다. 공회도 누구 못지않게 로마의 압제에서 해방되기를 원했으므로, 혹 성공할지도 모르는 운동까지 무조건 다 진압할 이유는 없었다. 평화를 지키지 못했다는 로마의 질책이 산헤드린에 날아들지 않는 한에는 그랬다. 그런데 여태까지 이 성가신 운동은 정치적으로 평화를 유지했다.

—5:40-42—

공회는 가말리엘의 논리를 받아들였다. 게다가 예수님을 죽였어도 그들은 그분의 추종 세력을 박멸하기는커녕 오히려 더 깊은 헌신을 부채질하고 성장을 가속화했다. 그러니 열둘을 죽이면 무슨 일이 벌어질지 상상할 수 없었다. 그래서 그들은 사도들을 채찍질한 뒤 예수님의 이름으로 가르치지 말라고 또 한 번 경고하며 풀어주었다(5:40).

"채찍질하며"[*derō*(1194)]로 옮겨진 단어는 문자적으로 '살가죽을 벗긴다'는 뜻이지만 때리거나 구타하거나 채찍질하는 것을 총칭한다. 본문에서는 가죽 채찍으로 몇 대 때리는 식의 간단한 상징적 벌이었을 수도 있고, 예수께서 십자가에 달리시기 전에 당하신 채찍질처럼 혹독했을 수도 있다. 고전 헬라어 문헌에는 이 단어가 살가죽을 벗긴다는 개념으로 많이 쓰였다. 모든 점을 고려해볼 때 사도들은 아마 피가 나도록 채찍질을 당했지만 예수님처럼 반죽음 상태까지 가도록 맞지는 않았을 것이다. 그래도 이 벌의 흉터는 틀림없이 평생 남았을 것이다.

교회 지도자들은 공회의 회의실을 떠나며 기뻐했다(5:41)! 그들은 이런 시련을 예수님이 이 땅에서 사역하실 때 누누이 예언하셨던 일의 성취로 보았다(마 10:17, 22, 23:34, 24:9, 막 13:9-13, 눅 12:11, 21:12, 17, 요 15:19-21). 그래서 그들이 다음에 한 일은 무엇인가? 성전 뜰로 돌아가 메시아 예수님의 부활을 선포하고 병을 치유하는 사역을 계속했다. 아마 그곳은 그들이 이미 두 번이나 체포되었던 솔로몬의 행각이었을 것이다.

교회사를 돌아보면 첫 그리스도인들을 실제보다 부풀려 아예 초인적 존재로 생각하기 쉽다. 특히 그들에게 닥친 악조건을 오늘 우리가 처한 상황과 비교해 생각하면 그렇다. 그들은 모일 건물도 없었고 정부의 보호도 없었다. 오히려 정부는 그들이 죽어 없어지기를 간절히 바랐다. 또 그들에게는 표현의 자유가 없었고, 프라이버시나 정당한 법 절차나 공정한 심문도 보장되지 않았다. 유형의 자원도 거의 전무했고 정치적 권력이나 대단한 학력도 없었다. 신약이 아직 한 권도 기록되기 전이었으니 완간된 성경조차 없었다.

오늘의 우리보다 여건이 훨씬 불리했는데도 그들은 말 그대로 세상을 변화시켰다. 하지만 그들도 우리와 별반 다르지 않은 평범한 남녀였음을 잊어서는 안 된다. 성령이 아니었다면 첫 그리스도인들은 당면한 도전을 감당하지 못했을 것이다. 그들이 이긴 것은 하나님의 능력에 의지했기 때문이며, 그 동일한 능력이 오늘 우리에게도 주어져 있다.

적용: 사도행전 5:12-42

십자가의 군사들이여, 차렷!

예수님은 메시아에 대한 1세기 이스라엘의 신학적 거푸집에 들어맞지 않았다. 구약의 예언에 밝았던 당대의 전문가들이 고대한 것은 비범한 정치 거물, 근육질의 군사령관, 경제 문제를 풀어줄 도사, 예언자적 현인, 도덕적 투사 등을 모두 한데 모아놓은 위대한 인물이었다. 그들은 이 사람이 이스라엘의 군사력과 경제적 번영과 종교적 질서를 회복하여 삶을 다시 행복하게 해주기를 바랐다. 그래서 갈릴리 촌뜨기인 평화로운 목수가 대망의 왕으로 자처하며 전혀 다른 부류의 의제를 공표했을 때, 이스라엘의 종교 지도자들은 눈살을 찌푸리며 그분을 조롱하고 거부했다.

그분을 메시아로 받아들인 이들조차도 그분의 사명을 이해하지 못했다. 그분이 기복신앙의 편안하고 안락한 삶이 아니라 그 정반대를 누누이 약속하셨는데도 말이다. 심지어 그분이 부활하신 후에도 그들이 궁금해한 것은 이것이었다. "주께서 이스라엘 나라를 회복하심이 이때니이까"(1:6).

그러나 성령과 그분의 능력과 지혜를 받은 뒤로, 예수님을 따르는 이들은 메시아와 그분의 사명을 보는 눈이 근본적으로 달라졌다. 이제 하나님의 마음이 그들 안에 있어 그들을 변화시켰다. 그래서 사도행전 5장 12-42절에 보면 열두 사도는 박해받아 억울한 흉터가 남았는데도 저주하거나 의심하지 않고 오히려 기뻐했다. 이 시련을 하나님의 은총을 받은 표징으로 여겼다! 오늘날 그리스도를 위해 고난당하는 이들에게 적용되는 두 가지 원리를 여기서 볼 수 있다. 첫째, 박해는 당신이 하나님의 뜻 바깥이 아니라 그분의 뜻 안에 있다는 의미일 수 있다. 둘째, 하나님의 뜻은 당신이 여론을 따라가는 게 아니라 여론에 역행하는 것일 수 있다.

이해하기 어렵지만 예수님은 그분을 따르는 이들에게 타락한 세상의 삶이 안락이나 인기를 가져다주리라고 약속하신 적이 없으며 지금도 마찬가지다. 그런데 왠지 우리는 일이 잘 풀리면 하나님이 흡족해하시거나 자신이 그분의 뜻 안에 있다는 증거라고 생각한다. 반대로 역경이 닥치면 하나님이 못마땅해하시거나 자신이 그분의 주권적 계획을 벗어나 방황해서 그런 것이라고 자꾸 의심한다. 사실, 하나님의 뜻은 그분의 사람들이 몹시 가난하게 살다가 거부와 슬픔과 터무니없는 불의를 겪고 고통스럽게 죽는 것일 수도 있다. 아들 예수님도 그랬고 그분을 따른 사도들도 그랬다. 약 3백 년 전에 발표된 아이작 와츠(Issac Watts)의 위대한 찬송가에 그것이 잘 표현되어 있다.

나는 예수 따라가는
십자가 군사라
주 이름 증언하기를
왜 주저하리요

다른 군사 피 흘리며
나가서 싸울 때
나 혼자 편히 앉아서
바라만 보리오

거룩하신 주님 위해

싸우러 나가자

주님의 권능 힘입어

다 이길 때까지

때를 가리지 말고 늘 충실하라. 결국은 우리가 넉넉히 이긴다는 사실을 잊지 마라.

성장통(사도행전 6:1–7)

1그 때에 제자가 더 많아졌는데 헬라파 유대인들이 자기의 과부들이 매일의 구제에 빠지므로 히브리
파 사람을 원망하니 2열두 사도가 모든 제자를 불러 이르되 우리가 하나님의 말씀을 제쳐 놓고 접대
를 일삼는 것이 마땅하지 아니하니 3형제들아 너희 가운데서 성령과 지혜가 충만하여 칭찬 받는 사람
일곱을 택하라 우리가 이 일을 그들에게 맡기고 4우리는 오로지 기도하는 일과 말씀 사역에 힘쓰리라
하니 5온 무리가 이 말을 기뻐하여 믿음과 성령이 충만한 사람 스데반과 또 빌립과 브로고로와 니가
노르와 디몬과 바메나와 유대교에 입교했던 안디옥 사람 니골라를 택하여 6사도들 앞에 세우니 사도
들이 기도하고 그들에게 안수하니라

7하나님의 말씀이 점점 왕성하여 예루살렘에 있는 제자의 수가 더 심히 많아지고 허다한 제사장
의 무리도 이 도에 복종하니라

1970년대에 나는 신기한 중흥을 목격했다. 그 이전 20년간 미국 교회는 암울했다. 모든 전문가와 급진파마다 그들의 표현으로 "하나님의 얼어붙은 백성"을 비난했다. 교회가 "신도시의 포로"가 되어 냉담하게 꿈쩍도 하지 않았기 때문이다. 그런데 이상한 일이 벌어졌다. 대부분 주류 교단은 계속 꾸준히 쇠퇴하는데 일부 교회에 긍정과 실험과 소생의 시기가 도래한 것이다. 전통적인 큰 교회들은 인원과 헌금이 감소하는데 다른 많은 예배당은 초만원을 이루었다.

어떤 교회는 시드는데 어떤 교회는 활짝 피어나는 이유를 설명하려고 많은 서적과 세미나가 등장했다. 버스 사역, 강해 설교, 현대식 예배, 적극적 전도, 사회 참여, 공동체 의식 등 여러 좋은 요인이 거론되었다. 그러나 내가 담임목사로 섬기던 교회와 근처의 다른 교회들에서 그런 급성장을 목격하면서 나는 웬만한 책에 언급되지 않은 한 가지 공통분모를 보았다. 이런저런 이유로 급성장하다가 순식간에 거품이 빠지거나 갈라지는 교회도 있

었으나, 계속 성장하는 교회에는 지혜롭고 적응력 있는 지도자들이 있었다. 그들은 전통을 따르되 전통에 얽매이지 않았다.

오순절 후 처음 몇 달 동안 예루살렘 교회는 많은 도전에 부딪혔다. 그들은 대중의 비웃음이라는 도전에는 건전한 설교로 맞섰다. 협박이라는 도전에는 담대함을 구하는 기도로 맞섰다. 위선이라는 도전에는 단호한 도덕성으로 맞섰다. 박해라는 도전에는 기쁨과 한결같은 충실함으로 맞섰다. 그 사이 오순절에 교인 3천 명이 늘었고, 성전에서 5천 명이 더 예수님을 메시아로 받아들였으며, 그 외에도 하나님의 권속으로 들어온 이들이 부지기수였다. 이제 사도들은 가장 큰 도전 중 하나인 성공이라는 도전에 부딪혔다.

엘튼 트루블러드(Elton Trueblood)는 지상 교회를 "방화(放火) 단체"라 했고,[32] F. F. 브루스(F. F. Bruce)는 "퍼져나가는 화염"이라 했다.[33] 1세기에 일어난 교회 현상에는 정관이나 조직도가 없었고, 오직 내주하시는 성령께서 교회를 단결시켜 바른 방향으로 이끄셨다. 교회가 비교적 작을 때는 그대로 잘 돌아갔다. 그러나 결국 예루살렘 교회는 급성장에 수반되는 여러 위험에 직면하고 말았다.

—6:1—

"제자"는 예루살렘에 있는 지역교회 전체를 가리킨다. 문화, 언어, 배경, 입교 시점 등과 무관하게 모든 그리스도인을 뜻한다. 예수님은 지상 사역 중에 열두 사람을 최측근 학생으로 불러 지도자로 훈련하셨는데, 그때도 그분을 따르는 이들이 많았다. 수백 명이나 어떤 때는 수천 명에 달했다. 누가는 그리스도를 따르는 사람을 모두 "제자"로 칭한다.

당시 신자들은 모두 유대인이었으나 배경이 아주 다른 두 집단이 섞여 있었다. 역본에 나오는 "유대인들"이라는 단어는 헬라어 원문에 없는데 편집진이 뜻을 명확히 하려고 삽입했다. 원문을 직역하면 일상적 의미로 쓰이던 '헬라계'와 '히브리인'이 된다.

"헬라파"도 "히브리파" 못지않게 히브리인이었다. 적어도 출생과 혈통으로는 그랬다. 유대인으로 태어난 그들은 주변 이방인의 풍습을 많이 수용하며 여러 모로 각자 속한 지역사회에 동화했다. 헬라파의 다수는 이교를 거부하며 하나님만 예배했고, 성전에 와서 제사와 절기에 참여했으며, 대체로 모세 율법을 지켰다. 그럼에도 옷차림을 이방인처럼 하고 이방인과 교제하며 로마를 자신의 정부로 받아들였다. 그들이 헬라파로 알려진 것은 대부분 로마 세계처럼 헬라어를 일상어로 썼기 때문이다.

반면 "히브리파"는 생활 방식과 옷차림과 풍습에서 더 유대인의 전통을 따랐다. 그들은 모세오경의 율법과 랍비들의 전통을 지켰는데, 랍비들의 전통은 바리새인의 엄격한 행동 규범으로 이루어져 있었다. 어떻게 입고, 어떻게 씻고, 어떻게 먹고, 어떻게 사업하고, 무엇을 만지고, 누구와 교제할 것인가 등 삶 전반이 거기에 규정되어 있었다. 대다수 헬라파가 유대인의 정체를 완전히 버리지 않으면서도 헬라 문화를 수용하려 한데 반해, 히브리파는 이방인의 요소라면 무조건 철저히 배격했다. 그들은 민족주의적 성향도 아주 강하여 일상생활에서는 최대한 히브리어나 아람어로 말했고, 헬라어는 꼭 필요할 때만 썼다.

예루살렘 교회는 이렇게 판이한 두 집단으로 이루어져 있었는데, 예수 그리스도가 공통분모인데다 다함께 성령으로 충만했으므로 화합이 아주 잘 되었다. 그래도 순전히 인간적인 관점에서 보면 마찰이 불가피했다.

당시에 빈민들이 교회에 많이 나왔다. 그들의 기본적 필요를 채워주고자 교회는 바나바 같은 이들의 후한 베풂에 힘입어(4:36-37) 음식을 사서 바구니나 식탁을 통해 그들을 섬겼다. 도움이 가장 절실한 사람은 과부들이었다. 헬라어 단어 과부[*chēra*(5503)]의 핵심 개념은 '버림받았다'는 뜻이다. 오랜 역사를 보면 남자 없이 남겨진 여자는 불행히도 오래 살아남기 힘들었다. 실제로 굶주림이나 유기(遺棄)나 폭행 등으로 죽는 이들이 많았다. 대체로 고대 문화는 사람의 가치를 사회에 쓸모가 있는 정도로 따졌다. 늙은 여자는 출산 능력도 없고 중노동도 할 수 없었으므로 가족이 없는 늙은 여자의 삶은 비참했다(룻기에 나오는 나오미가 처했던 곤경을 떠올릴 수 있다).

히브리 문화는 과부와 고아에게 베푸는 친절을 곧 하나님을 높이는 일로 여겨 중시했으므로 과부들의 형편이 한결 나았다. 당연히 교회도 유대교의 이 전통을 이어갔다. 그런데 음식을 분배할 때 헬라파 과부들이 간과된다는 불만이 헬라파 쪽에서 나왔다. 문화적 편견을 탓하는 어감이 은근히 깔려 있었다.

—6:2-4—

사도들이 동시에 어디에나 있을 수는 없었다. 게다가 하나님이 그 열둘을 부르신 것은 가르치고 설교하고 이끌라는 뜻이었지 각 개인의 필요를 직접 채워주라는 것은 아니었다. 그들은 단체를 조직화할 필요성을 금세 인식했다. 교회가 초점을 잃지 않으려면 개개인의 정당한 필요를 채워줄 경건한 성품의 사람들이 필요했다. 교회는 교인들을 돌보되 "예루살렘과 온 유대와 사마리아와 땅 끝까지 이르러 내 증인이 되"는(1:8) 주된 사명에 소홀해서는 안 되었다. 교인들의 사역이 아직 예루살렘의 반경도 벗어나지 못한 이 시점에서 세부적인 일에 꼼짝없이 매일 여유는 없었다. 그 세부적인 일이 과부들을 구제하는 중요한 일일지라도 말이다.

성장에 부응하면서도 주께서 명하신 초점을 고수하기 위해 사도들은 교인들에게 일곱 명을 뽑는 일을 맡겼다(6:3). 과부에게 음식을 분배하는 일을 주관할 사람들이었다. 여기 "택하라"[*episkeptomai*(1980a)]로 옮겨진 헬라어 단어는 '주도면밀하게 잘 관찰하다'는 뜻이다. 뽑혀서 봉사할 일곱 사람은 선착순으로 관심을 표했거나 시간 여유가 있는 이들이 아니었다. 교회는 필요한 책무에 맞추어 그 책무를 다할 만한 자격을 갖춘 이들을 뽑아야 했다.

일단 사도들이 내놓은 인선 기준은 딱 두 가지였다. 평판이 좋아야 했고, 성령 충만한 증거가 있어야 했다. 사도들은 믿을 만한 사람들이 자기들과 똑같이 성실하게 그 일을 해주기를 원했다.

얼마나 지혜로운 계획인가! 사도들은 집사를 직접 임명하지 않고 교인들에게 뽑게 했다. 교회에서 일반 투표가 대체로 최선의 정책은 아니지만 열두 사도가 편애의 의혹을 불식시키는 데는 최상의 방법이었다. 헬라파의 불만에는 "히브리파"가 과부들을 차별하여 음식을 분배한다는 의심이 깔려 있었는데, 열두 사도는 다 히브리파에 속했다. 따라서 교인들이 봉사자를 정함으로써 말썽의 소지가 깨끗이 차단되었다.

—6:5-6—

회중이 택한 일곱 사람은 모두 헬라 이름이라서 헬라적 성향을 암시한다(6:5). 니골라는 아

묵상의 서재

성공의 위험(사도행전 6:1)

예루살렘 교회는 급성장에 수반되는 여러 위험에 직면했다. 내 눈에 띄는 것은 다음 네 가지다.

첫째, 급성장하는 교회의 큰 위험은 목적이 흐려지는 것이다. 성장에 속도가 붙으면 초기에 아주 명확했던 목표가 덜 명확해진다. 빠른 성장은 기억을 지운다. 한때 교회에 목적과 방향을 부여했던 제반 원리와 우선순위가 머지않아 망각되고 만다.

'살아있는 교회'(Churches Alive)의 설립자 하워드 볼(Howard Ball)에 따르면 대다수 미국 교회의 지도자들(목사 포함)은 "당신 교회는 어디로 가고 있는가?", "거기에 어떻게 도달할 것인가?"라는 질문에 답하지 못한다. 심각한 문제가 아닐 수 없다. 교회 지도자가 사역의 방향과 목적을 제대로 말할 수 없다면 그만큼 목적과 정의(定義)가 결여되어 있다는 뜻이다. 급성장하는 교회에 나타나는 부작용 가운데 하나다.

둘째, 우선순위가 모호해진다. 급성장하는 교회에서는 어제까지만 해도 매우 중요했던 일이 내일이면 그 중요성을 잃을 수 있다. 시설 확충이 필요하고, 주차장이 태부족이며, 교육부 봉사자들이 힘들어하고, 여러 번 드려지는 예배로 자원에 무리가 가다보면 당장 급한 불부터 끄자는 생각이 우세해질 수 있다. 애초에 교회 성장을 가능하게 했던 우선순위는 그런 혼돈 속에서 '임기응변 증후군'의 피해자가 된다.

셋째, 전문가에게 맡기는 현상이다. 교인들이 자원해서 짐을 분담하는 것이 아니라 인력을 고용해서 떠넘기는 것이다. 안전 관리나 조경 같은 일을 말하는 게 아니라 선교와 전도와 사회복지와 돌봄 같은 사역을 두고 하는 말이다. 전문가에게 맡기자는 주의는 선교지에 사람보다 돈을 보내는 쪽을 선호한다. 전도 전문가인 목사를 채용하여 모든 전도를 그에게 맡기는 게 더 쉽다. 그러나 교역자를 채용할 거라면 교인들을 준비시켜 봉사의 일을 하도록 이끌어주기 위해서라야 한다.

넷째, 개인의 중요성이 줄어든다. 큰 교회에서는 한 사람의 비중이 점점 작아질 수 있다. 수천 명 가운데 하나로서 이런 생각이 들 수 있다. "내 아들이 가출했어도 누구 하나 알아주는 사람이 있는가? 배우자가 나를 떠났어도 누가 신경이나 쓰는가? 내가 속으로 죽어가고 있어도 이 대형교회에 그나마 나를 충분히 아는 사람이 있기나 한가? 실직해서 생활비가 떨어진 나를 누가 도와주겠는가? 관심이나 있는가? 어쩌면 괜히 나 때문에 문제가 생기기를 바라지 않을지도 모른다."

급성장하는 교회가 성공의 이 네 가지 위험을 잘 살펴서 조치를 취하지 않는다면, 내가 들었던 우스갯소리 속의 기계처럼 될 수 있다. 어떤 사람이 특허 변호사의 사무실에 앉아 자신의 발명

품을 만지작거리고 있었다. 단추를 누르자 기계가 살아났다. 불빛이 반짝이고, 기어가 올라가고, 바퀴가 회전하고, 피대가 돌아갔다. 매혹적인 기계음이 만들어내는 작은 교향악에 모두의 시선이 집중되었다. 옆 사람이 물었다. "와, 대단하군요! 그 기계의 용도는 무엇인가요?" 그러자 발명가가 대답했다. "용도요? 딱히 하는 일은 없습니다. 하지만 멋지게 돌아가지 않습니까?"

큰 교회도 멋지게 돌아가지만 정작 이루는 일은 거의 없을 수 있다.

예 유대인 태생도 아니고 개종[*prosēlytos*(4339)]하여 유대인이 되었다가 나중에 복음을 받아들였다. 스데반과 빌립은 머지않아 누가의 내러티브에 중요한 인물로 등장하지만 나머지 다섯에 대해서는 성경에 더 밝혀진 바가 없다.

회중이 택한 이들을 사도들 앞에 세우자 사도들은 "안수"했다(6:6). 안수는 히브리 민족의 초창기로 거슬러 올라가는 관행이다. 복(창 48:14, 마 19:14-15), 죄책(출 29:10), 심판(레 24:14), 권위(민 27:18-20), 성령(행 8:17-20) 등 무형적인 무엇을 이 사람에게서 저 사람에게로 전수함을 상징하는 몸짓이다. 신약 교회는 사람에게 특정한 직무를 수행하도록 위임하는 수단으로 이 관행을 활용했다(9:17, 13:3).

결국 이 사람들은 최초의 "집사"[*diakonos*(1249)]로 알려지게 되는데, 이 직분은 6장 2절에 "접대를 일삼는"으로 번역된 동사에서 왔다. 가장 문자적인 의미에서 단어 *diakonos*는 '식탁에서 섬기는 사람'을 뜻한다. 거기서 의미가 넓어져 '자원하여 순종하며 섬긴다, 복종하는 태도로 봉사한다'는 개념이 더해졌다. 나중에 집사의 직무가 더 확대되지만, 이 직분으로 섬기는 이들은 그 뿌리가 식탁에서 시중드는 일임을 잊어서는 안 된다.

—6:7—

누가의 이 요약된 서술은 사도들의 결정이 옳았음을 확증해준다.[34] 그들은 성공이라는 도전에 지혜롭게 맞섰다. 교회는 현 교인들의 필요를 계속 채워주되 외부인들을 향한 사역도 소홀히 하지 않았다.

"허다한 제사장의 무리도 이 도에 복종하니라"는 첨언은 이번에 내린 행정적 결정이 성전에서 일하는 제사장들의 마음에 가닿았다는 점에서 의미심장할 수 있다. 이 제사장들은 대제사장이나 고위층 제사장과는 사회적, 경제적으로 달랐다. 정치와 신학 면에서 사두개인이던 후자와 달리 이들은 중산층이고 경건했으며 대개 성전의 실무를 책임졌다. 교회가 복음에 실제적 시의성을 부여하자 이제 그들에게도 메시지가 설득력을 띠었다.

적용: 사도행전 6:1-7

성장의 원리

급성장하는 예루살렘 교회에 닥친 여러 도전에서 우리는 오늘날에도 적용되는 네 가지 원리를 볼 수 있다.

첫째, 훌륭한 지도자 밑이라 해서 문제가 없는 것은 아니다. 지도자들이 강하고 유능하고 성령 충만하여 성령의 인도하심에 따른다 해도, 성장하는 교회에는 문제가 있게 마련이다. 초창기에 예루살렘 교회를 이끌었던 이들이 누구인가? 몇 년간 예수께서 훈련하신 열두 사도였고, 그중 열한 명은 측근에서 메시아의 지도를 직접 받았다! 그런데도 교회에 문제가 닥쳤다.

어려움이 닥칠 때 지도자를 탓하지 마라. 탓하는 게 해결에 동참하는 것보다 쉽지만 문제를 해결하는 데 조금도 도움이 되지 않는다.

둘째, 급성장을 핑계로 꼭 필요한 일을 외면해서는 안 된다. 이거야말로 오늘의 지도자들이 명심해야 할 교훈이다. 본문에 나오는 지도자들은 정당한 불만을 경청하고 조치를 취했다. 그들은 편애를 지적받았을 때 변명하지 않았다. 자신들이 관여할 바 아니라며 문제를 무시하지 않았다. 필요를 일축하거나 축소하지도 않았다. 불만을 제기하는 이들에게 면박을 주는 일은 더더욱 없었다. 그들은 비판을 귀담아듣고, 이를 계기로 필요가 채워지지 않던 부분에 손을 썼다.

셋째, 관심을 가지고 개입하느라 우선순위를 잃을 필요는 없다. 사도들은 가장 우선적인 일을 희생하지 않고도 회중의 필요를 채워줄 해법을 찾아냈다. 이런 균형을 유지하기란 쉽지 않다! 창의적 사고, 자발적 융통성, 과감한 위임, 실패를 무릅쓰는 지혜 등이 요구되는 일이다. 리더십 개론 수업에 참여한 것을 환영한다.

넷째, 큰 교회는 효과적인 사역을 할 수 있다. 사실 작은 교회가 감당할 수 없는 사역이 있다. 어느 쪽이 더 좋다는 말은 아니고 큰 교회나 작은 교회 양쪽 다 이점이 있다는 말이다. 큰 교회에 닥쳐오는 위험이 많지만 작은 교회는 그런 문제로 씨름할 필요가 없다(135-136페이지에 나오는 "성공의 위험"을 참고하라). 그럼에도 지도자들이 그런 위험을 잘 비켜갈 수만 있다면 큰 교회는 필요를 채움 받기 힘든 이들을 섬길 수 있다. 예컨대 장애 아동, 뇌손상을 입은 퇴역군인, 청각이나 시각이나 지체 장애인 등을 섬길 수 있다. 큰 교회에서 이런 데 편성하는 자원을 예산 규모가 작은 교회로서는 조달하기 어렵다.

하나님이 교회를 수적으로 성장하게 하실 때는 반드시 그 앞길도 인도해주신다. 지도자들이 성령께 민감한 마음으로 기도하는 가운데 성공의 위험을 피하고 이런 원리를 힘써 적용한다면, 교회를 강건하게 지킴과 동시에 성장의 흐름도 유지할 수 있다.

첫 순교자의 최후 진술(6:8-7:60)

8스데반이 은혜와 권능이 충만하여 큰 기사와 표적을 민간에 행하니

9이른 바 자유민들 즉 구레네인, 알렉산드리아인, 길리기아와 아시아에서 온 사람들의 회당에서
어떤 자들이 일어나 스데반과 더불어 논쟁할새 10스데반이 지혜와 성령으로 말함을 그들이 능히 당
하지 못하여 11사람들을 매수하여 말하게 하되 이 사람이 모세와 하나님을 모독하는 말을 하는 것을
우리가 들었노라 하게 하고 12백성과 장로와 서기관들을 충동시켜 와서 잡아가지고 공회에 이르러
13거짓 증인들을 세우니 이르되 이 사람이 이 거룩한 곳과 율법을 거슬러 말하기를 마지 아니하는도
다 14그의 말에 이 나사렛 예수가 이 곳을 헐고 또 모세가 우리에게 전하여 준 규례를 고치겠다 함을
우리가 들었노라 하거늘 15공회 중에 앉은 사람들이 다 스데반을 주목하여 보니 그 얼굴이 천사의 얼
굴과 같더라

7:1대제사장이 이르되 이것이 사실이냐

2스데반이 이르되 여러분 부형들이여 들으소서 우리 조상 아브라함이 하란에 있기 전 메소보다미
아에 있을 때에 영광의 하나님이 그에게 보여 3이르시되 네 고향과 친척을 떠나 내가 네게 보일 땅으
로 가라 하시니 4아브라함이 갈대아 사람의 땅을 떠나 하란에 거하다가 그의 아버지가 죽으매 하나님
이 그를 거기서 너희 지금 사는 이 땅으로 옮기셨느니라 5그러나 여기서 발 붙일 만한 땅도 유업으로
주지 아니하시고 다만 이 땅을 아직 자식도 없는 그와 그의 후손에게 소유로 주신다고 약속하셨으며
6하나님이 또 이같이 말씀하시되 그 후손이 다른 땅에서 나그네가 되리니 그 땅 사람들이 종으로 삼
아 사백 년 동안을 괴롭게 하리라 하시고 7또 이르시되 종 삼는 나라를 내가 심판하리니 그 후에 그들
이 나와서 이 곳에서 나를 섬기리라 하시고 8할례의 언약을 아브라함에게 주셨더니 그가 이삭을 낳아
여드레 만에 할례를 행하고 이삭이 야곱을, 야곱이 우리 열두 조상을 낳으니라

9여러 조상이 요셉을 시기하여 애굽에 팔았더니 하나님이 그와 함께 계셔 10그 모든 환난에서 건
져내사 애굽 왕 바로 앞에서 은총과 지혜를 주시매 바로가 그를 애굽과 자기 온 집의 통치자로 세웠
느니라

11그 때에 애굽과 가나안 온 땅에 흉년이 들어 큰 환난이 있을새 우리 조상들이 양식이 없는지라
12야곱이 애굽에 곡식 있다는 말을 듣고 먼저 우리 조상들을 보내고 13또 재차 보내매 요셉이 자기 형
제들에게 알려지게 되고 또 요셉의 친족이 바로에게 드러나게 되니라 14요셉이 사람을 보내어 그의
아버지 야곱과 온 친족 일흔다섯 사람을 청하였더니 15야곱이 애굽으로 내려가 자기와 우리 조상들이
거기서 죽고 16세겜으로 옮겨져 아브라함이 세겜 하몰의 자손에게서 은으로 값 주고 산 무덤에 장사
되니라

17하나님이 아브라함에게 약속하신 때가 가까우매 이스라엘 백성이 애굽에서 번성하여 많아졌더
니 18요셉을 알지 못하는 새 임금이 애굽 왕위에 오르매 19그가 우리 족속에게 교활한 방법을 써서 조
상들을 괴롭게 하여 그 어린 아이들을 내버려 살지 못하게 하려 할새 20그 때에 모세가 났는데 하나
님 보시기에 아름다운지라 그의 아버지의 집에서 석 달 동안 길리더니 21버려진 후에 바로의 딸이 그
를 데려다가 자기 아들로 기르매 22모세가 애굽 사람의 모든 지혜를 배워 그의 말과 하는 일들이 능
하더라 23나이가 사십이 되매 그 형제 이스라엘 자손을 돌볼 생각이 나더니 24한 사람이 원통한 일 당
함을 보고 보호하여 압제 받는 자를 위하여 원수를 갚아 애굽 사람을 쳐 죽이니라 25그는 그의 형제
들이 하나님께서 자기의 손을 통하여 구원해 주시는 것을 깨달으리라고 생각하였으나 그들이 깨닫지
못하였더라 26이튿날 이스라엘 사람끼리 싸울 때에 모세가 와서 화해시키려 하여 이르되 너희는 형
제인데 어찌 서로 해치느냐 하니 27그 동무를 해치는 사람이 모세를 밀어뜨려 이르되 누가 너를 관리
와 재판장으로 우리 위에 세웠느냐 28네가 어제는 애굽 사람을 죽임과 같이 또 나를 죽이려느냐 하니
29모세가 이 말 때문에 도주하여 미디안 땅에서 나그네 되어 거기서 아들 둘을 낳으니라

30사십 년이 차매 천사가 시내 산 광야 가시나무 떨기 불꽃 가운데서 그에게 보이거늘 31모세가
그 광경을 보고 놀랍게 여겨 알아보려고 가까이 가니 주의 소리가 있어 32나는 네 조상의 하나님 즉
아브라함과 이삭과 야곱의 하나님이라 하신대 모세가 무서워 감히 바라보지 못하더라 33주께서 이르
시되 네 발의 신을 벗으라 네가 서 있는 곳은 거룩한 땅이니라 34내 백성이 애굽에서 괴로움 받음을
내가 확실히 보고 그 탄식하는 소리를 듣고 그들을 구원하려고 내려왔노니 이제 내가 너를 애굽으로
보내리라 하시니라

35그들의 말이 누가 너를 관리와 재판장으로 세웠느냐 하며 거절하던 그 모세를 하나님은 가시나
무 떨기 가운데서 보이던 천사의 손으로 관리와 속량하는 자로서 보내셨으니 36이 사람이 백성을 인
도하여 나오게 하고 애굽과 홍해와 광야에서 사십 년간 기사와 표적을 행하였느니라 37이스라엘 자손
에 대하여 하나님이 너희 형제 가운데서 나와 같은 선지자를 세우리라 하던 자가 곧 이 모세라 38시
내 산에서 말하던 그 천사와 우리 조상들과 함께 광야 교회에 있었고 또 살아 있는 말씀을 받아 우리
에게 주던 자가 이 사람이라 39우리 조상들이 모세에게 복종하지 아니하고자 하여 거절하며 그 마음
이 도리어 애굽으로 향하여 40아론더러 이르되 우리를 인도할 신들을 우리를 위하여 만들라 애굽 땅
에서 우리를 인도하던 이 모세는 어떻게 되었는지 알지 못하노라 하고 41그 때에 그들이 송아지를 만

들어 그 우상 앞에 제사하며 자기 손으로 만든 것을 기뻐하더니 42하나님이 외면하사 그들을 그 하늘
의 군대 섬기는 일에 버려 두셨으니 이는 선지자의 책에 기록된 바 이스라엘의 집이여 너희가 광야에
서 사십 년간 희생과 제물을 내게 드린 일이 있었느냐 43몰록의 장막과 신 레판의 별을 받들었음이여
이것은 너희가 절하고자 하여 만든 형상이로다 내가 너희를 바벨론 밖으로 옮기리라 함과 같으니라

44광야에서 우리 조상들에게 증거의 장막이 있었으니 이것은 모세에게 말씀하신 이가 명하사 그
가 본 그 양식대로 만들게 하신 것이라 45우리 조상들이 그것을 받아 하나님이 그들 앞에서 쫓아내신
이방인의 땅을 점령할 때에 여호수아와 함께 가지고 들어가서 다윗 때까지 이르니라 46다윗이 하나
님 앞에서 은혜를 받아 야곱의 집을 위하여 하나님의 처소를 준비하게 하여 달라고 하더니 47솔로몬
이 그를 위하여 집을 지었느니라 48그러나 지극히 높으신 이는 손으로 지은 곳에 계시지 아니하시나
니 선지자가 말한 바

49주께서 이르시되
하늘은 나의 보좌요
땅은 나의 발등상이니
너희가 나를 위하여 무슨 집을 짓겠으며
나의 안식할 처소가 어디냐

50이 모든 것이 다 내 손으로 지은 것이 아니냐 함과 같으니라

51목이 곧고 마음과 귀에 할례를 받지 못한 사람들아 너희도 너희 조상과 같이 항상 성령을 거스
르는도다 52너희 조상들이 선지자들 중의 누구를 박해하지 아니하였느냐 의인이 오시리라 예고
한 자들을 그들이 죽였고 이제 너희는 그 의인을 잡아 준 자요 살인한 자가 되나니 53너희는 천
사가 전한 율법을 받고도 지키지 아니하였도다 하니라

54그들이 이 말을 듣고 마음에 찔려 그를 향하여 이를 갈거늘 55스데반이 성령 충만하여 하늘을
우러러 주목하여 하나님의 영광과 및 예수께서 하나님 우편에 서신 것을 보고 56말하되 보라 하늘이
열리고 인자가 하나님 우편에 서신 것을 보노라 한대 57그들이 큰 소리를 지르며 귀를 막고 일제히
그에게 달려들어 58성 밖으로 내치고 돌로 칠새 증인들이 옷을 벗어 사울이라 하는 청년의 발 앞에
두니라 59그들이 돌로 스데반을 치니 스데반이 부르짖어 이르되 주 예수여 내 영혼을 받으시옵소서
하고 60무릎을 꿇고 크게 불러 이르되 주여 이 죄를 그들에게 돌리지 마옵소서 이 말을 하고 자니라

성경의 이 대목을 읽는 것은 전몰용사 추모비가 세워진 거룩한 땅에 서는 일과 같다. 첫 순교자의 최후 진술을 읽노라면 그 비참한 장면 전체가 머릿속에 그려진다. 죽음을 목전에 두고도 진리를 부인하지 않고 진리에 겸손히 복종하는 사람이 보인다. 그를 강권하고 떠받치는 것은 진리다. 그의 차분한 논리를 대적하는 종교 지도자들의 분노에 찬 함성이 들린

다. 토론에서 자신의 입장을 고수한다는 이유만으로 당장이라도 우르르 그를 덮쳐버릴 듯한 지독한 오만과 증오가 느껴진다.

그러나 이것은 여느 법정에서 벌어지는 평범한 심문이 아니다. 소신 때문에 죽어야만 했던 용감한 이들의 최후 진술은 역사에 많이 남아 있다. 누가가 교회사에 이 재판을 기록한 것은 이 순간이 전환점이 되기 때문이다. 악인들이 자행했지만 하나님이 예정하신 이 비극은 이후 오랜 세월에 걸쳐 교회 성장을 규정하는 틀이 된다.

—6:8-10—

사도행전 6장 5절부터 시작되는 스데반의 이야기를 다 읽고 나면 그가 대대로 위대한 설교자 집안 출신이 아닐까 생각할 수 있다. 사실 그의 배경은 별로 알려진 게 없다. 신자들을 섬기도록 뽑힌 7명 중 한 사람인 것만은 분명하다. 덕분에 사도들은 가르치는 일에 집중할 수 있었다. 스데반은 믿음으로 성령의 인도하심에 복종하여 열심히 교회를 섬겼다. 하나님은 바로 그런 신실한 그리스도인을 즐겨 쓰셔서 큰일도 맡기신다. 스데반은 신앙을 진지하게 대하여 성령의 주관하심에 따랐다. 본문에 나오는 "충만하여"란 바로 그런 뜻이다. 그래서 그는 능히 초자연적 위업—"기사와 표적"[*teras*(5059)와 *sēmeion*(4592)]—을 행하여 자신의 가르침이 진정 하나님에게서 왔음을 입증했다(6:8).

예루살렘 탈무드에 따르면 베스파시안 황제에게 함락되기 전까지 1세기 예루살렘 안팎에는 성전 외에도 480개에 달하는 회당이 있었다.[35] 물론 과장된 수치일 수 있다.[36] 어쨌든 예루살렘에 있던 많은 회당 중 "자유민의 회당"이라는 곳의 사람들이 스데반을 대적했다(6:9). "자유민"[*libertinos*(3032)]이란 한때 노예였다가 자유를 샀거나 풀려난 이들이다. 로마의 폼페이 장군은 많은 유대인을 전쟁 포로로 잡아다가 노예로 삼은 뒤 나중에 풀어주었다. 그들이 유대로 돌아와 상호부조를 위한 회당을 세웠을 수 있다.[37] 누가에 따르면 "자유민"은 제국의 아주 다른 3개 지역 출신이었는데 모두 지중해를 따라 빙 둘려 있었다. 구레네와 알렉산드리아는 북아프리카의 지중해 연안에 있었고, 길리기아는 수리아 안디옥의 바로 북쪽이었다. 거기서 서쪽으로 가면 지중해와 에게 해와 흑해로 둘러싸인 아시아 성(省)이 있었다(참고 6:9).

회당은 예배와 가르침의 장이었을 뿐 아니라 사람들이 만나 교제하던 공회당의 역할도 했다.[38] 그래서 신학을 논하기에 이상적인 곳이었다. 스데반과 동료 신자들은 메시아 예수님과 그분의 부활을 증언할 기회를 얻고자 회당에 단골로 자주 갔다. 곧 스데반의 뛰어난 토론 실력이 드러나자 이들 자유민은 격노했다(6:10).

—6:11-15—

신학 토론에서 스데반의 지혜를 꺾을 수 없던 유대인 자유민들은 동료들을 구슬려 "네 이웃에 대하여 거짓 증거하지 말라"(출 20:16)고 하신 제9계명을 어기게 했다. "매수하여"[행 6:11, *hypoballō*(5260)]로 번역된 헬라어 단어는 신약에서 이곳에만 등장한다. 돈이나 호의를 베풀어 강요한다는 의미가 담긴 표현이다. "몇 사람에게 뇌물을 주어 거짓 증언을 하게 했다"고 말할 수 있다.

그들이 스데반에게 씌운 죄목은 "모독하는 말"[6:11, *blasphēmos*(989)]인데, 이는 누군가를 향한 '저주, 비방, 경멸'을 뜻하는 단어다. 상대의 가치를 깎아내리거나 무시하는 투의 말은 다 모독에 해당한다. 이전에 종교 지도자들은 예수께도 똑같은 죄목을 씌웠다(마 26:59-65, 막 14:55-64). 하지만 결국 그들은 그분에게서 거짓말을 찾아낼 수 없어 하나님의 아들로 자처하신 참말에 대해 유죄를 선고했다(마 26:63-65, 막 14:61-64). 그 수법이 이번에도 되풀이된다.

스데반을 대적하던 무리는 고의로 비방전을 지속했고, "백성…장로…서기관들…공회"(즉 산헤드린) 등 아래부터 위까지 종교 위계를 총망라했다(행 6:12). 구체적인 죄목은 성전("이 거룩한 곳")을 거슬러 말했다는 것인데, 이는 예수께도 처음에 똑같이 덮어씌운 죄목이다. 아울러 적들은 스데반이 모세 율법을 모독했다는 비난까지 덧붙였다(6:11). 예수께서 재판받으실 때 제기되었던 성전에 대한 증언은 일부만 진실이었다. 그분은 환전상을 낀 안나스의 불법적인 돈벌이를 여러 번 질타하셨는데, 그중 한 번은 성전에서 어떤 교훈을 베푸신 적이 있었다(눅 19:45-47). 그런데 재판에서는 그런 정황이 고의로 왜곡되었다. 예루살렘을 좌지우지하는 막강한 대부의 꼭두각시인 종교 당국자들은 예수께 이렇게 따졌다. "네가 이런 일을 행하니 무슨 표적을 우리에게 보이겠느냐"(요 2:18). 다시 말해 "우리는 대제사장에게서 권한을 받았는데 너는 누구에게 이런 행동을 할 권한을 받았느냐." 예수님은 이 질문에 예언으로 답하심으로 성전에 대한 자신의 권위와 우월성을 아울러 선포하셨다.

> 예수께서 대답하여 이르시되 너희가 이 성전을 헐라 내가 사흘 동안에 일으키리라 유대인들이 이르되 이 성전은 사십육 년 동안에 지었거늘 네가 삼 일 동안에 일으키겠느냐 하더라 그러나 예수는 성전된 자기 육체를 가리켜 말씀하신 것이라(요 2:19-21).

스데반이 회당에서 여러 번 토론하던 중 이 똑같은 이슈가 제기되었던 것이다. 그리스도를 대적하는 무리는 이전처럼 모독이라는 죄목을 입증하려고 증언을 왜곡했다. 그러나 그들이 지어낸 거짓 속에 진리의 요소가 하나 들어 있었다. 예수님은 정말 "모세가 우리에게 전하여 준 규례를 고치"러 오셨다(행 6:14). 거기까지는 사실이다. 하지만 그들이 그분의 사명을 규정한 방식대로는 아니었다.

누가는 스데반의 얼굴이 "천사의 얼굴과 같더라"(6:15)고 했다. 안타깝게도 이 말이 무슨 뜻인지 우리로서는 알 길이 없다. 말 그대로 초자연적 의미일 수도 있다. 모세가 하나님을 만난 뒤로 신기한 빛을 발했던 것처럼 말이다(출 34:29-35). 어쩌면 누가의 말은 스데반의 표정이 침착하고 당당했다는 뜻일 수도 있다. 폴리캅(Polycarp)의 이야기 같은 유명한 순교자들의 기사에 비슷한 표현이 나온다. "그는 용기와 기쁨에 고취되어 얼굴이 은혜로 충만했다. 악담을 듣고 기겁하여 쓰러지기는커녕 오히려 총독과 그 무리가 경악했다."[39] 어쨌든 종교 지도자들이 피고의 얼굴에서 흔히 보는 것은 불안감이나 죄책감인데 스데반은 그런 모습을 보이지 않았다.

—7:1—

대제사장은 안나스의 사위 가야바였다. "이것이 사실이냐"라는 그의 질문은 부당한 것이었다. 명백한 규정에 따라 피고는 자신에게 불리한 증언을 강요당할 수 없었고,[40] 변호를 받을 권리가 있었다.[41] 과연 증언에 정해진 규정대로 했더라면 이 질문은 무효가 되었을 것이다. 두세 증인의 증언이 완벽히 일치해야 했기 때문이다(신 17:6, 19:15). 더욱이 기소 측 증인들은 철저한 심문과 반대 심문을 거쳐(신 19:16-20, 참고 미쉬나 산헤드린 4:1) 일체 의문의 여지가 없게 해야 했다.

다르게 보자면 대제사장이 던진 이 질문은 스데반에게 자신을 변호할 기회를 주기 위한 것이었을 수도 있다.

당신이 가장 막강한 영향력을 가진 정부 관리들 앞에 서 있다고 상상해보라. 당신의 중죄를 입증하는 듯한 증거가 제출되었고, 이에 따른 사형 선고가 일몰 전에 집행될 것이다. 당신의 생사를 결정할 수 있는 권한이 그 관리들에게 있다. 사형일 경우 얼마나 신속히, 얼마나 고통스럽게 죽어야 할지도 그들이 정한다. 결과는 당신이 이번에 하는 발언에 달려 있다. 스데반이 받고 있는 중압감이 느껴지는가?

그 상황 속에서 스데반은 목숨을 건져야 한다는 중압감을 느낀 게 아니라 평생 한 번뿐인 기회를 보았다. 그 소중한 몇 분 동안 예루살렘의 가장 막강하고 영향력 있는 인물들이 온전히 그를 주시하고 있었다. 이 천금 같은 순간을 그는 자신의 결백을 변호하거나 그리스도의 적들이 내뱉은 거짓 증언을 논박하느라 허비하지 않고 이스라엘 지도자들이 꼭 들어야 할 말을 하기로 했다. 그의 설교는 세 가지 요지를 동시에 밝혀준다.

- 하나님의 점진적 계획에서 정점(頂點)은 성전이 아니라 그리스도와 그분의 나라다.
- 하나님은 성전의 유무와 무관하게 전체 역사 속에서 이스라엘에 복을 주셨다.
- 이스라엘은 오랜 역사 동안 하나님의 계획을 방해했으며, 항상 의인과 반항하는 무리라는 두 집단으로 이루어져 있었다.

아브라함 때로부터 이 설교가 선포된 시점까지 스데반이 이스라엘 역사를 훑어나가는 동안, 이 세 가지 요지를 명심하기 바란다.

—7:2-8—

아브라함

스데반은 유대인으로 태어나 헬라 문화를 수용한 헬라파였지만 산헤드린을 "여러분 부형들이여"(7:2)라고 불렀다. 이어 공통의 역사를 되짚을 때도 그는 성경의 족장들을 계속 "우리 조상들"이라 칭했다. 그에 준하는 표현이 열한 번이나 나온다.[42] 그러나 지도자들을 고발할 때만은 그는 역사 속의 배교 세력을 "너희 조상들"(7:52)이라 불렀다.

이 첫 부분(7:2-8)에 스데반이 논증하듯이 하나님은 아브라함을 택하심으로 이스라엘과의 관계를 시작하셨다. 그분은 이 족장에게 조국과 친척을 떠나 장차 보여주실 땅으로 가라고 명하셨다(7:3, 참고 창 12:1). 아브라함은 처음에 자기 나라 북방의 변경 도시인 하란까지만 갔고 아버지도 데려갔다. 알다시피 조카 롯도 데려갔다. 그러나 결국 아브라함은 하나님이 보여주신 "약속의 땅"(히 11:9) 가나안으로 들어갔다. 주님은 이 땅을 곧바로 아브라함에게 주신 게 아니다. 그 약속은 나중에 그의 후손에게 성취될 것이었다. 일단 주님은 아브라함과 맺으신 언약의 증표이자 외적 상징으로 할례 의식을 제정하셨다.

아브라함은 이삭을 낳고 이삭은 나중에 이름이 이스라엘로 바뀐 야곱을 낳았다. 야곱이 낳은 열두 아들은 이스라엘 열두 지파의 조상이 되었다.

—7:9-16—

요셉

열 족장이 그들의 동생 요셉을 노예로 팔았다. 그는 이집트로 끌려가 그들의 기억에서 망각된 채로 모함과 부당한 대우를 당했다. 그는 하나님이 구해주시기만을 기다렸고, 결국 그분은 요셉의 형들이 품은 악의를 선용하여 이스라엘을 향한 자신의 계획을 이루셨다. 하나님은 요셉을 이집트 왕 다음으로 높은 총리직에 앉혀 히브리 민족의 조상들을 보호하셨다. 덕분에 그는 극심한 기근 동안 자기 백성에게 삶의 터전을 마련해줄 수 있었다. 이후 4백 년 동안 이스라엘 민족은 이집트의 안전하고 비옥한 지역에서 급속히 번성했다.

아브라함과 맺으신 언약을 대다수 백성이 반항함에도 불구하고 지키시는 하나님의 주권적 은혜에 주목하라.

—7:17-35—

모세

주께서 이스라엘 백성을 이집트에서 어찌나 형통하게 하시고 보호해주셨던지 이집트인들은 그들이 두려워져서 노예로 삼았다. 하지만 하나님은 모세라는 구원자를 세우시고 이집트인들을 통해 이 소년의 리더십을 길러주셨다. 다시 말해 주께서 이집트인들을 통해 준비시키신 그가 결국 그들의 죄를 지적하고, 하나님의 진노를 경고하며, 순종을 촉구한다. 그리하여 하나님의 백성을 해방하게 된다. 하지만 모세의 순종은 일부분에 그쳤다. 그가 하나님의 능력이나 인도하심을 떠나 스스로 이스라엘의 해방자가 되려 한 것이다. 그동안 이스라엘 백성은 이 구원자를 거부했다.

부분적 순종, 백성의 고집, 점진적으로 이루어지는 하나님의 계획 등에 주목하라.

—7:36-45—

출애굽

40년 후 주님은 모세에게 이스라엘 백성을 노예주에게서 해방시켜 이전에 아브라함에게 약속하신 땅으로 인도할 것을 명하셨다. 그러나 그들은 노예 생활을 등지면서도 마지못해 떠났고, 이집트에서 숭배하던 우상들을 가지고 나왔으며, 구원자 모세에게 대들기 일쑤였다. 심지어 도중에 우상을 새로 만들기까지 했다. 그래도 주님은 계속 보호하시고 공급하시며 자기 백성을 본래 아브라함에게 약속하셨던 땅으로 인도하셨다. 결국 그들은 하나님의 인도하심으로 가나안에 들어가 그분께 받은 능력으로 거주민을 정복하고 그곳에 정착했다. 그분의 구체적인 지침대로 성막도 지어 자신들을 이집트에서 구해내신 참 하나님을 예배했다. 이 시기에 모세는 이스라엘에 한 선지자를 약속했는데(신 18:15), 이 선지자는 동족 출신으로 하나님의 대변자와 대리인, 즉 메시아가 될 인물이었다.

부분적 순종, 대다수 백성의 반항, 점진적으로 이루어지는 아브라함 언약, 이스라엘의 죄에도 불구하고 베푸시는 하나님의 은혜 등에 주목하라.

—7:46-50—

다윗과 솔로몬

아브라함에게 약속된 땅을 끝내 다 점령하지는 못했지만 이스라엘의 영광은 다윗 왕과 그 아들 솔로몬 시대에 이르러 절정에 달했다. 솔로몬이 재위하기 전까지 이스라엘은 성막에서 예배했으나 솔로몬 왕국이 부국강병을 이루면서 예루살렘에 성전이 건축되었다. 그럼에도 나라가 북왕국(이스라엘)과 남왕국(유다)으로 분열되었고, 솔로몬 성전은 불순종의 결과로 파괴되었다.

히브리 민족은 포로 기간 동안 성전 없이 지냈고, 귀환 후에 지어진 성전도 이후 4백 년간 부정해지고 약탈당했으며, 전쟁의 참화를 입었다. 헤롯이 지은 웅장한 성전은 스데반이 설교하던 그때 채 50년도 되지 않았다.

스데반이 약술한 역사에 솔로몬 성전은 겨우 언급된 정도이지만, 그래도 산헤드린은 성전산의 역사를 떠올렸을 것이다. 이전의 성전 건물이 두 번 다 아주 처참한 꼴을 당한 것이 이스라엘의 반항 때문이었음도 환기되었을 것이다. 스데반이 사도행전 7장 49-50절에서 이사야 66장 1-2절을 인용하여 증명했듯이, 산헤드린이 행하던 한낱 건물 숭배는 하나님이 보여주신 역사적 우선순위에 완전히 어긋났다. 이 때문에 그들은 메시아 예수님으로 성육신하신 하나님의 주권에 반항했다. 하나님의 관심은 예배 장소가 아니라 예배 방식에 있다. 그분의 백성은 "영과 진리로"(요 4:23) 예배해야 한다.

—7:51-53—

스데반의 고발

마침내 스데반의 설교는 당면한 핵심 사안에 이른다. 그가 인용하다 만 이사야서의 다음 소절은 이렇다. "무릇 마음이 가난하고 심령에 통회하며 내 말을 듣고 떠는 자 그 사람은 내가 돌보려니와"(사 66:2). 종교 지도자들은 성전 건물을 거의 우상 수준으로 격상시켜놓고, 말로만 하나님을 예배한다고 했을 뿐 사실은 그분께 계속 반항했다. 스데반은 "목이 곧고 마음과 귀에 할례를 받지 못한 사람들"(행 7:51)이라는 익숙한 은유를 써서, 유대인이라는 그들의 신분을 무효로 만들었다.[43] 그가 선포했듯이 그들의 외적인 종교는 사악한 반항이었으며, 그래서 그들은 이스라엘 역사를 통틀어 하나님의 계획을 대적했던 반역의 파당들과 한통속이 되었다.

보다시피 스데반은 "우리 조상들"에서 "너희 조상들"(7:51)로 호칭을 바꾼다.[44] 메시아를 언급하는 대목에서 더는 그들을 형제로 대하지 않는다. 그들은 성전을 지키려고 메시아를 죽였다. 자신들의 권력이 성전에서 나왔기 때문이다. 반면 스데반과 동료 신자들은 예수님을 메시아로 받아들였다. 그들이 소유한 능력의 출처는 한시적 건물이나 타락한 제도가 아니라 성령이었다.

—7:54—

죄지은 사람이 죄를 지적받으면 회개할 때도 있으나 대개는 격노로 반응한다. 종교적인 사람의 마음을 격분에 빠뜨리고 싶거든 그의 죄를 거론하면 된다.

"마음에 찔려"로 번역된 헬라어 단어는 문자적으로 '톱으로 켜다'[*diapriō*(1282)]는 뜻이다. 은유적으로는 마음이 찔린 데 대한 그들의 본능적 분노를 가리킨다. 그들의 격분이 그만큼 깊었음을 강조하는 표현이다. 사실 적들은 어찌나 노기가 충천했던지 스데반을 향해 이를 갈았다.

—7:55-56—

스데반이 성령의 통치에 완전히 복종했다는 누가의 언급은 이번이 네 번째다(참고 6:3, 5, 8). 분노로 들끓는 산헤드린을 보면서도 스데반은 침착하게 구주께 집중한 채로, 자신의 눈앞에 보이는 환상을 말로 풀어냈다. "하나님 우편에 서신" 예수님이 보인다는 표현은 시편 110편 1절을 연상시킨다. "여호와께서 내 주에게 말씀하시기를 내가 네 원수들로 네 발판이 되게 하기까지 너는 내 오른쪽에 앉아 있으라 하셨도다." 가야바와 그의 패거리는 이 시구가 메시아를 가리키는 말임을 알아차렸을 것이다. 그뿐 아니라 예수께서 동일한 산헤드린 앞에서 재판받으실 때 인용하셨던 비슷한 말씀이 그들의 머릿속에 되살아났을 수도 있다.

> 대제사장이 이르되 내가 너로 살아 계신 하나님께 맹세하게 하노니 네가 하나님의 아들 그리스도인지 우리에게 말하라 예수께서 이르시되 네가 말하였느니라 그러나 내가 너희에게 이르노니 이 후에 인자가 권능의 우편에 앉아 있는 것과 하늘 구름을 타고 오는 것을 너희가 보리라 하시니 이에 대제사장이 자기 옷을 찢으며 이르되 그가 신성 모독 하는 말을 하였으니 어찌 더 증인을 요구하리요 보라 너희가 지금 이 신성 모독 하는 말을 들었도다 너희 생각은 어떠하냐 대답하여 이르되 그는 사형에 해당하니라 하고(마 26:63-66, 참고 단 7:13-14).

—7:57-58—

의로운 길에 위험이 닥쳐올 때 주님은 꼭 그것을 모면하게 하지는 않으시더라도 우리에게 용기를 주신다. 산헤드린은 (미쉬나 산헤드린 4:1-2에 따른) 여러 가지 법 규정을 이미 어겼다.[45]

- 중죄 사건은 순서를 엄수하여 피고 측 논고로부터 시작해 유죄 입증을 위한 논고로 진행되어야 한다.
- 무죄 방면을 위한 논고는 산헤드린 판사 전원이 할 수 있지만, 유죄 판결을 위한 논고는 전원이 할 수 없다.
- 중죄 사건의 경우 유죄 판결을 위한 표결과 선고는 최연소자로부터 개별적으로 시행하여, 나이가 어린 회원들이 나이가 많은 회원들의 표결에 영향을 받지 않게 한다.
- 산헤드린 회원들은 밤새도록 둘씩 만나 사건을 논의한 뒤 다시 모여 최종 판결을 확정짓고 형을 부과해야 한다.
- 중죄 사건의 형 선고는 이튿날까지 할 수 없다.

위엄 있는 회합에 모인 이스라엘 최고의 지성들과 가장 명망 높은 정치가들이 사형(私刑)을 주도하는 폭도로 변했다. 그들은 스데반에게 달려들어 그를—물론 유대교의 율법을 엄수하여(레 24:14-16)—성읍의 변두리로 몰아낸 뒤 이단자로 몰아 처형했다.

여기서 누가는 내러티브에 새 인물을 소개한다. 다소 출신의 바리새인으로 가말리엘의 애제자였던 사울은 아마 이 재판을 은밀히 선동한 사람일 것이다. 이론일 뿐이지만 내가 보기에 충분히 개연성이 있다. 누가의 내러티브에 암시된 바에 따르면, 사울은 대제사장을 대신하여 막후에서 음모를 주도했고, 대제사장은 다시 예루살렘의 대부인 안나스에게 보고했다. 부패한 성전 관리들과 종교 강경파에게 교회는 공공의 적이었다. 사도들을 협박해도 소용이 없자 그들은 예수님의 추종 세력을 유대교의 적으로 몰아세우기 시작했다. 사울은 기소 측으로든 증인으로든 재판에 정식으로 가담하지는 않았으나 누가는 이 젊은 바리새인이 사건에 연루되어 있음을 부각시켰다. 유대교 율법에 보면 기소 측 증인들이 먼저 돌을 던지도록 되어 있었다(신 17:7). 이 증인들은 돌을 들기 전 자신들의 겉옷을 사울의 발 밑에 두었다(행 7:58).

—7:59-60—

돌로 치는 것은 이스라엘의 전통적 처형 방식이자 성격상 집단을 통한 사형 형태였다. 그래서 누가 죽였는지 비난 또는 공로의 소재가 불명확했다. 게다가 죽는 시간이 오래 걸리기도 했다. 마지막 고통의 시간에 스데반이 가해자들에게 보인 반응은 예수님이 십자가에서 보이신 모습과 같다(눅 23:34, 46). 그는 주님께 자신의 영혼을 받아달라고 의탁한 뒤 자신을 죽이는 이들을 용서했다. 스데반이 "자니라"(행 7:60)는 본문의 표현은 부활을 염두에 둔 말이다. 그리스도인은 이 땅에서 숨을 거두는 즉시 천국으로 영접된다.

초대 교회의 신학자 터툴리안(Tertullian)은 순교자의 피가 곧 교회의 씨앗이라고 말했다.[46] 교회를 진멸하려던 산헤드린의 시도는 아무런 소용도 없이 오히려 복음을 더 멀리 퍼뜨리는 결과를 낳았다. 공회의 격노는 부활하신 메시아의 제자들을 바람에 날리는 씨앗처럼 흩어놓았고, 기독교를 근절하기는커녕 그리스도가 예언하신 성취를 재촉했을 뿐이다. 예수님은 그분을 따르는 이들에게 이렇게 약속하셨다. "너희가…예루살렘(1단계)과 온 유대와 사마리아(2단계)와 땅 끝까지(3단계) 이르러 내 증인이 되리라"(1:8).

스데반이 돌에 맞아 죽은 일이 교회에 고비가 되어 주님의 계획은 2단계로 넘어간다.

적용: 사도행전 6:8-7:60
경건한 이들이 박해받을 때

사도행전 7장에 기독교 최초의 순교자의 증언이 기록된 것은 후대를 위해서다. 스데반은 그리스도께 온전히 헌신했다가 목숨을 잃은 신자로서 기록에 남은 첫 사례일지 모르지만 마지막 사례는 아니다. 그 뒤로 역사에 수시로 박해기가 닥쳐와 그리스도인들이 신앙 때문에 목숨을 버렸다. 스데반은 경건한 사람으로서 당국이 가한 극단적 박해를 받은 본보기인데, 여기에 우리가 기억해야 할 두 가지 실제적 교훈이 있다. 세상은 하나님의 기준인 진리와 의를 점점 더 대적하므로, 그런 세상에서 경건하게 살려면 우리도 나름대로 박해에 부딪히게 마련이다.

첫째, 세상은 그리스도와 동행하는 당신을 지지하는 게 아니라 대개 못마땅해한다. 주님과 동행하는 우리를 자신이 재학 중인 일반 학교나 대학에서 기뻐해줄 것이라 생각한다면 이는 비현실적인 기대다. 직장 사람들이나 가족이나 친구들이 신앙이나 도덕의 문제에서 당신의 입장을 싫어할 경우, 그들은 정중히 이견을 표하는 게 아니라 대개 당신을 대적할 것이다.

의로운 증언을 통해 자신의 죄성의 실상을 거울 보듯이 지적받아도 세상은 이를 받아들이는 게 아니라 격노한다. 사도행전 7장 54절에 보면 유대교 지도자들은 "이 말을 듣고 마음에 찔"렸다. 심한 가책을 느꼈다. 그런데 그들의 반응은 본능적이었고, 스데반을 향해 부득부득 이를 갈기까지 했다!

기독교의 반문화적 소신을 품은 우리는 왜 걸핏하면 세상 사람들의 박수나 존중을 바라고 하다못해 그들이 정중하게 이견을 표명하기를 기대하는 것일까? 날로 더해가는 주변 세상의 압박을 견뎌내려면 그리스도가 경고하신 대로 각오를 다져야 한다. "세상이 너희를 미워하면 너희보다 먼저 나를 미워한 줄을 알라 너희가 세상에 속하였으면 세상이 자기의 것을 사랑할 것이나 너희는 세상에 속한 자가 아니요 도리어 내가 너희를 세상에서 택하였기 때문에 세상이 너희를 미워하느니라"(요 15:18-19).

둘째, 진리로 반응할수록 박해는 줄지 않고 더 커진다. 산헤드린이 이를 갈기까지 했어도 믿음의 용사 스데반은 최고의 변호인을 구하여 자신의 종교적 권리를 변호하지 않았다.

그는 물리력이나 언변의 무기로 되받아 싸우지 않았고, 평화를 지키려고 소신을 굽히지도 않았다. 오히려 직접 삼위일체 하나님의 능력을 입고 그분께 헌신된 모습을 보여주었다. "스데반이 성령 충만하여 하늘을 우러러 주목하여 하나님의 영광과 및 예수께서 하나님 우편에 서신 것을 보고 말하되 보라 하늘이 열리고 인자가 하나님 우편에 서신 것을 보노라 한대"(행 7:55–56).

통치자들의 반응은 어떠했던가? 귀를 막고 소리를 지르며 스데반을 죽이려고 달려들었다(7:57). 아예 도시 밖으로 끌어내 돌로 치기까지 했다. 생각해보라! 선량해 보이는 종교적인 사람들이 돌을 던져 그를 죽였다. 변두리로 끌고 가 그의 몸에 돌 세례를 퍼부었다. 어려서부터 '살인하지 말라'고 배운 종교 지도자들이 그랬다. 하나님께 헌신했다는 자들이 그분의 증인을 이렇게 다룰진대, 하나님을 대적하고 모든 선(善)을 대적하는 자들은 어떻게 할지 상상해보라.

아니, 상상할 필요도 없다. 경건한 이들이 박해받으면서도 신앙을 지킨 사례는 역사에 무수히 많이 있다.

그러니 각오하라! 우리는 불경한 이들에게 경건하게 반응할 준비가 항상 되어 있어야 한다. 안락과 평판과 친구와 가족과 자유와 심지어 목숨까지 잃을지라도 말이다.

주

1. Gerhard Kittel & Gerhard Friedrich 편집, *Theological Dictionary of the New Testament:Abridged in One Volume*, Geoffrey W. Bromiley 번역 편집(Grand Rapids: Eerdmans, 1985), 316(『신약성서 신학사전: 킷텔단권 원어사전』 요단출판사)
2. William Arndt, Frederick W. Danker, & Walter Bauer 편집, *A Greek-English Lexicon of the New Testament and Other Early Christian Literature*, 제3판(Chicago:University of Chicago Press, 2000), μαρτυρία 항목.
3. Carmine Gallo, *The Innovation Secrets of Steve Jobs:Insanely Different Principles for Breakthrough Success*(New York: McGraw–Hill, 2010), 1.(『스티브 잡스 무한 혁신의 비밀』 비즈니스북스)
4. 다음 책을 참고하라. Everett Ferguson, *Baptism in the Early Church:History, Theology, and Liturgy in the First Five Centuries*(Grand Rapids: Eerdmans, 2009), 33.
5. 랍비들의 자료에 기술된 "개종자의 세례"가 나중에 기독교 이후에 생겨난 것인지, 아니면 그리스도 당대와 교회 설립 시기에 이미 시행되던 것인지에 대해서는 이견이 있다. 이에 대한 논의는 같은 책, 76–82를 참고하라.
6. Harry A. Ironside, Acts, Ironside Expository Commentaries(Grand Rapids:Kregel Publications, 2007), 18.
7. 다음 여러 문헌을 참고하라. Josephus, *Wars of the Jews* 1.621, 2.171(『요세푸스 3:유대 전쟁사』 생명의 말씀사). *Antiquities* 18.59, 19.349(『요세푸스 1 · 2:유대 고대사』 생명의 말씀사). Life 138(『요세푸스 4:자서전 외』 생명의 말씀사). Euripides, *Rhesus*, 797행. Hesiod, Shield of Heracles, 365행(『신들의 계보 외』 숲). Homer, *Iliad* 2.418, 4.544, 5.58(『일리아드』 다락원). Philo, On the Creation 157. On *Husbandry* 113. *On Dreams* 2.269.
8. 이 이야기는 신구약 중간기의 유대 역사를 기록한 외경인 마카베오상 2장에 나온다.
9. Robert L. *Wise, Your Churning Place*(Glendale, CA:Regal Books, 1977), 66.
10. Kittel & Friedrich 편집, *Dictionary:Abridged*, 75.
11. Richard N. Longenecker, "The Acts of the Apostles", *The Expositor's Bible Commentary*, Frank E. Gaebelein & J. D. Douglas 편집, 제9권, John—Acts(Grand Rapids:Zondervan, 1981), 272.
12. 일각에서는 사도행전 19장 2–7절도 그런 경우로 보겠지만, 이 본문에 나오는 사람들은 온전한 복음을 듣지 못했다. 그들은 세례 요한의 세례를 받았을 뿐인데, 이는 곧 오실 메시아를 고대하는 회개의 세례였다.
13. W. E. Vine, Merrill F. Unger, & William White Jr., *Vine's Complete Expository Dictionary of Old and New Testament Words*(Nashville:Thomas Nelson, 1996), 2:636.
14. Henry Jacobsen, *The Acts:Then and Now*(Wheaton, IL:Victor Books, 1973), 20.
15. E. M. Blaiklock, *The Acts of the Apostles:An Historical Commentary*, 재판, Tyndale New Testament Commentaries 5(Grand Rapids:Eerdmans, 1979), 58.
16. 나사로는 자격이 없다. 그는 썩을 몸으로 부활했으므로 결국 다시 죽었다. 예수님은 질병이나 부상이나 박탈이나 죽음을 겪을 수 없는 새로운 차원의 생명으로 살아나셨다.
17. Kittel & Friedrich 편집, *Dictionary:Abridged*, 641–642.
18. Daniel B. Wallace, *Greek Grammar Beyond the Basics:An Exegetical Syntax of the New*

Testament(Grand Rapids:Zondervan, 1996), 369-371.

19. A. T. Robertson, *Word Pictures in the New Testament*(Oak Harbor, WA:Logos Research Systems, 1997), 사도행전 2:38.(『신약원어 대해설』 요단출판사)
20. Arndt, Danker, & Bauer 편집, *Lexicon*, 552.
21. Geoffrey W. Bromiley 편집, *The International Standard Bible Encyclopedia*, 개정판(Grand Rapids:Eerdmans, 1979), 1:66.
22. Millard J. Erickson, *Christian Theology*(Grand Rapids:Baker, 1985), 1057.(『복음주의 조직신학』 크리스천 다이제스트)
23. Meir Ben-Dov, *In the Shadow of the Temple:The Discovery of Ancient Jerusalem*, I. Friedman 번역(Jerusalem:Keter, 1982), 77. 다음 책에 인용되어 있다. The Anchor Bible Dictionary, 6:365.
24. Flavius Josephus, *Wars of the Jews*, 출전:*The Works of Josephus:Complete and Unabridged*, William Whiston 번역(Peabody, MA:Hendrickson, 1996), 5:201.
25. 성전 당국은 다른 돈벌이 수단이 없는 사람에게만 구걸을 허용했고, 고대에 직업 재활이란 아예 존재하지 않았다.
26. Karl Marx, *Critique of Hegel's "Philosophy of Right"*, Joseph O'Malley 편집(Cambridge: Cambridge University Press, 1970), 131.(『헤겔 법철학 비판』 이론과 실천)
27. Josephus, *Wars of the Jews* 2.162-166.
28. Bromiley, *International Standard Bible Encyclopedia*, 1:128.
29. Johannes Weiss, *Earliest Christianity:A History of the Period A.D. 30-150*(Gloucester, MA: Peter Smith, 1970), 1:42-43.
30. 헬라어로는 "*paraklēsis*(3874)의 아들"이다.
31. 다음 책에 나오는 내용을 다듬었다. Charles R. Swindoll, *Jesus:The Greatest Life of All*(Nashville: Thomas Nelson, 2007), 80-81.(『예수: 가장 위대한 생애』 디모데)
32. Elton Trueblood, *The Incendiary Fellowship*(New York:Harper & Row, 1967).
33. F. F. Bruce, *The Spreading Flame*(Grand Rapids:Eerdmans, 1953). (『초대교회 역사』 기독교문서선교회)
34. 그 밖의 요약된 서술은 사도행전 2:42,47, 4:4, 5:14, 6:1, 9:31, 12:24, 16:5, 19:20, 28:31 등을 보라.
35. Jerusalem Talmud, *Megillah 3*[Daf 23a].
36. L. L. Grabbe, "Synagogues in Pre-70 Palestine:A Re-Assessment", *Ancient Synagogues: Historical Analysis and Archaeological Discovery*, Dan Urman & Paul V. M. Flesher 편집, 제1권(Leiden: Brill, 1995), 22.
37. James D. G. Dunn, *Christianity in the Making*, 제2권, *Beginning from Jerusalem*(Grand Rapids: Eerdmans, 2009), 247.
38. Z. Safari, "The Communal Functions of the Synagogue in the Land of Israel in the Rabbinic Period", *Ancient Synagogues*, Urman & Flesher 편집, 제1권, 200.
39. Michael William Holmes, *The Apostolic Fathers in English*(Grand Rapids:Baker, 2006), 151.
40. Laurna L. Berg, "The Illegalities of Jesus' Religious and Civil Trials", *Bibliotheca Sacra*,

161, no.643(2004년 7-9월), 330-342. Mishnah, *Sanhedrin* 3:3-4를 인용했다.

41. Darrell L. Bock, "Jesus v. Sanhedrin:Why Jesus 'Lost' His Trial", *Christianity Today* 42 no.4(1998년 4월 6일): 49.

42. 사도행전 7:2,11,12,15,19,32,38,39,44,45(2회)를 참고하라.

43. 출애굽기 32:9, 33:3,5, 레위기 26:41, 신명기 30:6, 예레미야 4:4, 9:25-26, 에스겔 44:7-9를 참고하라.

44. 스데반은 계속 "우리 조상들"이라는 말을 쓰다가(행 7:11-12,15,19,38-39,44-45) "너희 조상들"로 바꾸어 상대를 규탄했다(7:51-52).

45. Berg, "Illegalities", 330-342.

46. Tertullian, *The Apology*, 출전:*The Ante-Nicene Fathers:Translations of the Writings of the Fathers down to A.D. 325*, Alexander Roberts, James Donaldson, & A. Cleveland Coxe 편집, 제3권(Grand Rapids: Eerdmans, 1997), 3:55.

교회의 발흥

사도행전 8:1–12:25

인간은 본성상 변화를 싫어하지만 변화 없이는 살 수 없다. 계속 움직이고 성장하며 적응하려면 실제로 우리 몸과 뇌에 일정량의 스트레스가 필요하다. 무언가가 창의력을 자극하고 생존 본능을 일깨우지 않으면 근육이 위축되고 뇌가 멍해진다. 다행히도 세상의 유일한 상수(常數)는 변화다. 난기류가 닥쳐오면 우리는 평정을 회복하려 안간힘을 쓰는데, 이때 발생하는 긴장 때문에 부득이 더 강해지고 지혜로워진다. 그런데 변화에 대응하려면 때로 자신의 세계관을 전면 재검토해야 한다. 기존의 관점을 완전히 바꾸어야 한다.

1960년대 초에 토머스 쿤(Thomas Kuhn)은 관점의 이러한 극적인 변화에 이름을 붙였다. 지금은 이를 가리켜 "패러다임 전환"이라 한다.[1] 과학자나 연구자가 종래의 어떤 관점으로도 데이터를 해석할 수 없을 때 그런 현상이 벌어진다. 과학자들이 기존 모델로 새로운 차원의 정보를 꿰어맞추려다가 결국 지치면, 거기서 새로운 사고방식이 태동하면서 인류는 도약을 이룬다. 그러나 모든 중대한 변화가 그렇듯이 패러다임 전환에도 고통이 따른다. 새로운 세계관을 선물로 받는 이들은 깊은 고뇌와 종종 고통스러운 회의를 겪는다. "이렇게 생각하는 나는 미친 것인가?" 사고의 신개척지로 잠정적 첫걸음을 내딛노라면 동료들로부터도 쓰라린 배척을 당할 때가 많다. 새로운 패러다임이 다른 지식인들에게 수용되고 한 세대 전반에 받아들여질 때까지, 그들은 세상의 오해를 견뎌야 한다.

첫 그리스도인들이 직면한 극적인 변화들이 사도행전에 기록되어 있다. 특히 이번 단락에는 사상 최고로 힘들고 고통스러웠던 몇 가지 변화가 나온다. 스데반의 순교는 교회생활에는 물론 하나님의 점진적 계획에도 분기점이 되었다.

박해는 구원의 메시지를 봉쇄하기는커녕 바람에 날리는 꽃가루처럼 기쁜 소식을 더 퍼뜨렸다. 신자들이 예루살렘에서 흩어지면서 주님의 계획(1:8)은 2단계로 넘어가, 사마리아인(8:15)과 이방인(10:44-48)도 성령을 받았다. 이로써 베드로는 새로운 패러다임을 받아들이게 되었다(11:1-18). 한편 스데반의 죽음을 마땅히 여기던 사울은 회심하여 이방인에게 그리스도를 전할 사명을 받았다(9:1-31). 그는 한동안 안디옥의 그리스도인들과 함께 지냈는데, 그들도 이미 복음의 메시지를 헬라인에게 전하기 시작했다(11:19-26).

이때까지 예수님을 따르는 무리—수만 명에 달했다—는 다 유대인이었고, 기독교의 중심지는 성전이었다. 이 신자들은 하나님의 언약을 물려받았다. 그분은 아브라함을 택하여 그와 그의 후손에게 땅과 복을 주셨고, 큰 나라로 삼아주실 것을 약속하셨다. 그분은 이스라엘을 세상의 그 지역에 두어 다른 나라들의 빛이 되게 하셨다. 문명의 교차로에 놓인 이 신정 국가는 제사장 나라로 세워졌으며, 그 목적은 세상을 왕이신 하나님의 통치 아래로 이끄는 것이었다. 나아가 하나님은 히브리 백성에게 메시아를 약속하셨다. 이 초자연적 왕이 세우실 나라는 자라서 온 지상을 덮을 것이고, 모든 나라가 이 왕께 무릎을 꿇고 그분의 시민이 될 것이다. 예루살렘의 유대인 신자들은 예수님을 이 대망의 군주로 받아들였다.

예수님을 따르는 히브리인들은 이방인도 성령을 받을 것이라 충분히 예상했으나 다만 그 확장이 어떤 절차를 거칠지 스스로 안다고 생각했다. 그들이 생각하기에 이방인은 유대교라는 문을 통해 메시아의 교회에 들어올 것이었다. 이방인 개종자 니골라처럼(6:5) 모든 비유대인은 모세 율법을 받아들이고, 성전 의식에 참여하며, 세례와 할례를 받아 "언약의 자손"이 되고, 예수님을 메시아로 영접하며, 성령을 받을 것이었다. 그때까지는 누구나 그런 식으로 성도의 일원이 되었다. 하지만 이후 몇 달 동안 그들의 관점은 어쩔 수 없이 바뀐다. 스데반의 죽음을 계기로 교회는 패러다임 전환의 길에 들어섰고, 이를 선도한 인물은 교회 내에서 가장 열렬한 골수 유대인인 베드로였다.

첫 그리스도인들은 모두 유대인이었으므로 우상을 숭배하는 무지하고 부정한 이방인이 아브라함 언약을 통하지 않고도 하나님 나라의 시민이 될 수 있는 방도를 가히 상상할 수 없었다. 신학적인 문제 외에도 유대인은 대대로 이방인의 모든 것을 혐오했다. 이방인의 식생활, 손대는 물건, 접촉하는 사람, 일하는 곳 등 비유대인의 삶이라면 무엇이나 다 유대인의 반감을 자아냈다. 그런 와중에 베드로가 주님께 대표로 뽑혀 편견을 타파하게 된다.

뒤숭숭한 환상을 본 뒤로 베드로는 전형적인 '부정한' 집으로 보내져 주께서 이방인 신자들을 받아주시는 광경을 직접 목격했다. 그가 보는 데서 오순절이 가이사랴에 재현되었다. 유대인이 외부인으로 여기던 이들에게도 구약에 약속된 성령이 주어진 것이다. 하지만 이는 하나님이 이미 말씀하신 일이었다. 성령은 정통 유대인에게나 '부정한' 이방인에게나 편견 없이 똑같이 충만하셨다. 이제 이방인이 하나님 나라에 받아들여졌음을 아무도 부인할 수 없었다.

핵심 용어

κηρύσσω [*kēryssō*, 케뤼소] *(2784)* '설교하다, 선포하다, 전령이 되다'

대체로 왕의 법령, 공공 축제와 금식, 군사 행동 등을 정식으로 공표할 때 쓰이던 단어다. 칠십인역에 그런 용례가 나오며(예: 출 32:5, 36:6, 대하 20:3) 그보다 덜 쓰이는 용법으로 심판을 선포하거나(예: 욘 3:2) 의인화된 지혜가 부를 때도 쓰였다(잠 1:21, 8:1, 9:3). 그래서 신약에는 위임받은 사자들이 메시아가 다스리시는 나라의 기쁜 소식을 선포한다는 표현이 자주 나온다.

εὐαγγελίζω [*euangelizō*, 유앙겔리조] *(2097)* '전도하다, 기쁜 소식을 말하다, 공표하다, 선포하다'

일반 세상에서는 사자가 기쁜 소식을 공식적으로 전하는 행동에 이 동사가 쓰였다. 전쟁의 경과, 왕족 아기의 출생, 임박한 왕의 행차 등을 새로 알릴 때가 그런 경우였다. 신약에서도 해방과 승리의 개념을 이어받되 특히 예수 그리스도 안의 구원을 전하는 일에 이 단어를 썼다. 신약에 54회 쓰였는데 그중 거의 절반이 누가복음(10회)과 사도행전(15회)에 나온다. 나머지 사례의 대부분(21회)은 누가의 스승인 바울의 서신에 나온다.

μαθητής [*mathētēs*, 마테테스] *(3101)* '제자, 학생, 따르는 자'

무언가에 대해 정통해지거나 경험하거나 배우거나 지도를 받는 과정에 임하는 사람을 뜻한다. 대개 다른 사람의 도움이 암시되어 있으며, 어의가 충분히 무르익음에 따라 길잡이나 스승 없이 학습자가 된다는 것은 상상할 수 없게 되었다. 랍비, 세례 요한, 바리새인, 모세(예: 막 2:18, 요 9:28) 등의 제자를 지칭할 때 이 단어가 쓰였다. 사도행전 전체에서 누가는 예수님을 스승으로 따르는 무리를 이 단어로 칭했으며(예: 행 6:1) 그중에는 아직 온전한 복음을 듣지 못한 이들도 있었다(19:1–5).

μετανοέω [*metanoeō*, 메타노에오] *(3340)* '회개하다, 생각이나 목적을 바꾸다, 뉘우치다, 회심하다'

일반적 의미로 잘 알려진 단어가 특정한 공동체 내에서는 아주 구체적이고 기술적인 의미를 띨 수 있다. 일반 헬라어에서 이 동사는 '생각을 바꾸다, 뉘우치다, 후회하다'는 뜻이다. 그런데 복음서에는 죄에서 돌이켜 하나님과 화목하게 된다는 개념으로만 거의 전적으로 쓰였다.[2] 따라서 누가복음과 사도행전에서 회개한 사람은 곧 구원받고 회심하여 진정한 신자의 반열에 들어선 사람이다. 사도행전에 나오는 명사형[metanoia(3341)]은 대개 지속적인 마음 상태를 가리키며, 하나님과의 관계가 바르다는 뜻이다.

περιτομή [*peritomē*, 페리토메] *(4061)* '할례, 할례받은 사람, 할례받은 무리의 하나'

'빙 둘러 자르다'는 뜻의 동사에서 파생된 이 헬라어 명사는 남자의 포피를 잘라내는 히브리의 의식을 가리킨다. 하나님이 제정하신 이 의식(창 17:10)을 통해 남자는 그분이 아브라함과 맺으신 언약의 일원이 되었다. 이런 구별짓는 특성은 세월이 가면서 그 백성과 언약과 문화의 상징이 되었다. 결국은 할례받은 상태 자체를 통해 하나님의 복을 받고 그분의 심판에서 구원받을 자격을 얻는다고 생각하는 유대인들이 많아졌다(행 15:1). 사도행전에서는 할례받지 못한 이방인들도 메시아를 믿게 되면서 이 언약의 징표가 교회에서 차지하는 자리를 두고 긴장이 불거졌다(11:1–18, 15:1–35).

진짜와 가짜(사도행전 8:1-24)

1사울은 그가 죽임 당함을 마땅히 여기더라
그 날에 예루살렘에 있는 교회에 큰 박해가 있어 사도 외에는 다 유대와 사마리아 모든 땅으로
흩어지니라 2경건한 사람들이 스데반을 장사하고 위하여 크게 울더라 3사울이 교회를 잔멸할새 각 집
에 들어가 남녀를 끌어다가 옥에 넘기니라
4그 흩어진 사람들이 두루 다니며 복음의 말씀을 전할새 5빌립이 사마리아 성에 내려가 그리스도
를 백성에게 전파하니 6무리가 빌립의 말도 듣고 행하는 표적도 보고 한마음으로 그가 하는 말을 따
르더라 7많은 사람에게 붙었던 더러운 귀신들이 크게 소리를 지르며 나가고 또 많은 중풍병자와 못
걷는 사람이 나으니 8그 성에 큰 기쁨이 있더라
9그 성에 시몬이라 하는 사람이 전부터 있어 마술을 행하여 사마리아 백성을 놀라게 하며 자칭
큰 자라 하니 10낮은 사람부터 높은 사람까지 다 따르며 이르되 이 사람은 크다 일컫는 하나님의 능력
이라 하더라 11오랫동안 그 마술에 놀랐으므로 그들이 따르더니 12빌립이 하나님 나라와 및 예수 그리
스도의 이름에 관하여 전도함을 그들이 믿고 남녀가 다 세례를 받으니 13시몬도 믿고 세례를 받은 후
에 전심으로 빌립을 따라다니며 그 나타나는 표적과 큰 능력을 보고 놀라니라
14예루살렘에 있는 사도들이 사마리아도 하나님의 말씀을 받았다 함을 듣고 베드로와 요한을 보
내매 15그들이 내려가서 그들을 위하여 성령 받기를 기도하니 16이는 아직 한 사람에게도 성령 내리신
일이 없고 오직 주 예수의 이름으로 세례만 받을 뿐이더라 17이에 두 사도가 그들에게 안수하매 성령
을 받는지라 18시몬이 사도들의 안수로 성령 받는 것을 보고 돈을 드려 19이르되 이 권능을 내게도 주
어 누구든지 내가 안수하는 사람은 성령을 받게 하여 주소서 하니 20베드로가 이르되 네가 하나님의
선물을 돈 주고 살 줄로 생각하였으니 네 은과 네가 함께 망할지어다 21하나님 앞에서 네 마음이 바르
지 못하니 이 도에는 네가 관계도 없고 분깃 될 것도 없느니라 22그러므로 너의 이 악함을 회개하고
주께 기도하라 혹 마음에 품은 것을 사하여 주시리라 23내가 보니 너는 악독이 가득하며 불의에 매인
바 되었도다 24시몬이 대답하여 이르되 나를 위하여 주께 기도하여 말한 것이 하나도 내게 임하지 않
게 하소서 하니라

교회사를 추적하는 일은 상처 입은 사슴을 뒤쫓아 갓 내린 눈밭을 지나가는 것과 같다. 예루살렘의 산헤드린으로부터 로마의 네로에까지 핏자국이 쭉 이어져 있다. 이전 단락의 끝부분에서 우리는 스데반의 순교를 목격했다. "주여, 이 죄를 그들에게 돌리지 마옵소서"라는 그의 마지막 말은 돌무더기에 파묻혀 스러졌다. 하나님의 적들이 이 신실한 사람의 섬뜩한 기념상으로부터 등을 돌리는 순간 교회는 훌륭한 집사를 잃었고, 성도들은 사랑하는

형제를 잃었으며, 천국은 진정한 영웅을 영접했다.

이 성령 충만한 참 신자가 순교한 직후 복음은 산정의 도시 예루살렘에서 인근 골짜기의 유대와 그 북쪽 사마리아로 흘러내려 갔다. 많은 사람이 부활하신 메시아의 기쁜 소식을 듣고 참 믿음으로 반응했지만, 누구나 다 선의로 복음을 받아들인 것은 아니다. 이번 단락에서 누가는 우리를 가짜와 대면하게 한다. 마술사 시몬과 스데반은 더할 나위 없이 극명한 대조를 이룬다.

—8:1-4—

"사울은 그가[스데반이] 죽임 당함을 마땅히 여기더라"(8:1)는 말은 중요한 문장이다. 이를 이야기의 돌쩌귀로 삼아 교회의 확장은 예루살렘 시내에서 시외로 넘어간다. 아울러 이 기회에 누가는 장차 그 확장에 지대한 역할을 할 한 인물을 소개한다. 그렇지 않다면 "증인들이 옷을 벗어 사울이라 하는 청년의 발 앞에 두니라"(7:58)고 한 그의 말은 흥미로운 사족 정도로 여겨졌을 것이다. 반대로 사울의 이름은 "그 날에 예루살렘에 있는 교회에 큰 박해가 있어"라는 뜨끔한 선언의 표제로 등장한다.

'다소의 사울'은 오늘 우리에게 '사도 바울'로 더 잘 알려져 있다. 그러나 이야기의 이 시점에서 그는 그리스도인들에게 대학살을 기획한 사람이었다. 아돌프 아이히만(Adolf Eichmann)이 1930년대 독일의 유대인들에게 그랬던 것과 같다. 사울은 종교적 열정에 이끌려 예수님의 추종 세력을 완전히 뿌리 뽑기로 작정했다.

21세기의 서구에서 종교적 박해를 경험한 사람은 거의 없다. 우리는 학교에서 약간의 조롱과 직장에서 빈정대는 말투와 동네에서 언짢은 노성을 들을 수는 있으나 대개는 그 정도다. 현대 교회에 박해라는 시험이 닥친다면 실상이 아주 적나라하게 드러날 것이다. 얼마나 많은 사람이 신속히 변절할지 모른다. 첫 신자들은 다른 데로 피했을지언정 변절하지는 않았다.

누가가 요약해놓은 요약된 본문(8:1-4)이 독자들에게 확증해주듯이 사울이 주도한 박해 운동은 실패로 돌아갔다. 그의 노력으로 교회가 일소되기는커녕 오히려 하나님의 계획이 촉진되었다. 계획의 1단계에서 성령이 임하셔서 신자들이 그분의 증인이 되었고 예루살렘이 복음화되었다(2:1–7:60). 박해는 "유대와 사마리아"(참고 1:8)로 넘어가는 2단계의 촉매제가 되었다. 일반 그리스도인들은 로마인에게 유대로 불리던 주변 지역을 거쳐 사마리아라는 지역으로 흩어져 나갔다. 그러면서 부활하신 예수님을 계속 이스라엘의 메시아로 선포했다.

—8:5—

누가가 요약해놓은 서술인 8장 4절을 기점으로 일련의 주목할 만한 사례가 소개되면서 내러티브의 두 번째 대단원을 구성한다.

- 빌립이 사마리아에서 증언한다(8:5–24).
- 에티오피아의 사신이 신자가 된다(8:25–40).
- 그리스도께서 사울을 회심시키신다(9:1–19).

사마리아의 간략한 역사(사도행전 8:5)

본래 히브리 민족은 약속의 땅에 정착하여 수세기 동안 번성기를 누렸다. 그때만 해도 열두 지파가 하나로 연합하여 그리심 산에서 16킬로미터 정도 떨어진 실로의 성막에서 예배를 드리다가 마침내 이스라엘의 3대 왕 솔로몬이 예루살렘에 영구적인 성전을 건축했다.

솔로몬이 죽고 얼마 안 되어 북쪽의 열 지파는 적통 후계자 왕을 거부하고, 우상을 숭배하는 반역자 장군을 지도자로 정했다. 그리고 따로 나라를 만들어 이스라엘이라는 국호를 가져갔다. 남쪽의 베냐민 지파와 유다 지파는 솔로몬의 아들에게 충절을 지키며 유다로 불렸다. 남과 북은 그 후 2백 년 동안 간헐적으로 싸우다가 앗수르 왕 불(왕하 15:19–20, 대상 5:26)과 디글랏 빌레셀(왕하 15:29, 사 9:1)의 반복된 공격으로 이스라엘의 관심이 그쪽으로 옮겨갔다. 마침내 살만에셀(왕하 17:3–6)과 그 후계자 사르곤이 이스라엘을 정복한 후 북쪽의 열 지파를 국외로 이주시켜 다른 피정복 민족들과 통혼하게 했다. 혼혈로 만들어 사실상 멸족시킨 것이다. BC 721년 이후 북쪽 지역에 남은 이스라엘 열 지파는 소수에 지나지 않았고, 그나마도 대다수가 이방인들과 통혼하기 시작했다.

유다 백성이 바빌론에 포로로 잡혀갔다가(BC 606–587) 나중에 에스라와 느헤미야의 인도로 귀환해보니 북쪽 지역에는 히브리인과 이방인의 신앙 유산이 뒤섞인 사마리아 백성이 살고 있었다. 귀환한 유다 백성은 이때부터 유대인으로 알려지게 되었다. 사마리아인들이 예루살렘 성벽과 성전 재건을 방해하면서 긴장이 고조되었다. 그러다 사마리아인들이 그리심 산에 자체 성전을 짓고 예루살렘이 아니라 거기가 진정한 예배 장소라고 주장하면서 양측의 분단은 끝내 고착되고 말았다. BC 128년에 유대인 대제사장 요한 히르카누스(John Hyrcanus)가 그 성전을 파괴했다.[3] AD 2세기에 하드리아누스 황제는 그 자리와 예루살렘 성전 터에 각각 이교 신전을 세워 더욱 부정하게 만들었다.

- 사울이 그리스도를 전하기 시작한다(9:20-31).
- 베드로가 유대 전역에서 사역한다(9:32-43).
- 베드로가 이방인에게 설교한다(10:1-48).
- 사도들이 이방인 그리스도인들을 형제자매로 받아들인다(11:1-18).
- 수리아 안디옥의 이방인 그리스도인들이 교회를 세운다(11:19-30).
- 하나님이 베드로의 이방인 사역을 인증해주신다(12:1-25).

이번에 소개되는 첫 일화는 첫 일곱 집사 중 하나인 빌립이라는 인물(6:5)과 관계된 것이다. 그는 박해가 심한 예루살렘을 떠나(사도들은 그곳에 남아 있었다. 8:1) 사마리아라는 지역에서 복음을 전했다. 누가가 따로 지목한 "사마리아 성"은 북왕국의 옛 수도로(왕상 16:24), 예로부터 신앙을 타협하며 예루살렘과 치열하게 경쟁하던 곳이었다. 유대인이 사마리아인을 증오했다 해도 과언은 아니다. 전자가 보기에 후자는 우상을 숭배하는 혼혈종이었고, 인종적으로 더럽혀졌으며, 종교적으로 혼탁해지고, 도덕적으로 저속해진 부류였다. 이런 편견은 뿌리가 깊었다. 이스라엘 역사의 유난했던 암흑기에(에스라 4장에서 그 단면을 엿볼 수 있다) 그 지역의 히브리 주민들은 이방인과 통혼했고, 예루살렘 성전에 맞서 그리심 산에 따로 성전을 지었다(참고 요 4:20). BC 128년에 유대인 대제사장 요한 히르카누스가 그 성전을 파괴했다.[4] 부정해질 위험을 무릅쓰고 사마리아 땅에 발을 들여놓을 유대인은 거의 없었으며, 그쪽의 따듯한 환대를 기대하지도 않았다.

빌립은 그런 일들에 개의치 않았다. 하나님께는 온 세상을 위하여 박동하는 선교사의 심장이 있다. 그분이 보시는 것은 혼혈종이나 이방인이 아니라 구원이 필요한 잃어진 영혼이다. 교회가 박해에 떠밀려 안방을 벗어날 때까지는 안타깝게도 첫 신자들 중 누구도 복음을 들고 사마리아에 들어가지 않았다. 어쨌든 빌립은 예루살렘이 가장 멸시하던 백성에게 그리스도를 선포하기로 했다.

—8:6-8—

참된 전도의 중심 주제는 예수 그리스도의 메시지다. 진정한 기독교 사역은 그리스도를 예배와 헌신의 유일한 대상으로 삼아야 한다. 빌립은 과거를 언급하거나 성전의 위치에 대해 변론하거나(참고 요 4:20) 유대인 신학의 우월성을 변호하지 않았다. 그리스도를 전하고 사람들을 섬겼을 뿐이다. 그의 메시지에 '표적'(진정 하나님에게서 온 가르침이라는 기적적 증거)이 뒤따라 예수님의 지상 사역을 연상시켰다. 병자들이 고침 받고 귀신들이 쫓겨났기 때문이다(행 8:7). 많은 사마리아인이 틀림없이 예수님의 사역을 떠올렸을 것이다(참고 요 4:39-42). 어쨌든 그들은 빌립의 사역에 기쁘게 반응했다(행 8:8).

—8:9-11—

오늘날의 첨단 기술처럼 "고대 세계에는 마술이 어디에나 있었다."[5] 우리가 스마트폰, 태블릿 PC, 와이파이 기기, 노트북 컴퓨터 등이 제공하는 편리함에 중독되다시피 한 것처럼 1세기에는 마술사와 마술 도구에 대한 의존이 만연해 있었다. 미신적 저주에서 초자연적 치유에 이르기까지, 각계각층의 사람들이 마술에 노출되어 있었다. 한 역사가는 마술사에 대한 대다수 이교도들의 생각을 이렇게 요약했다. "마술사는 신의 세계와 직결되어 있었고 마술은 신들의 선물로 통했다."[6] 거짓을 퍼뜨리던 그들은 날랜 손재주와 기만적 현혹으로 두려움과 존경심과 찬탄과 돈을 얻어냈다.

사마리아인 시몬도 그런 부류였다. 고대 교회의 기독교 역사가들은 흔히 그를 마술사 시몬이라 불렀다. 그는 마술 전문가였다. 시몬은 현대의 마술사들이 쉽게 따라할 수 있는 각종 비법을 입수하여 속임수를 선보였을 수도 있다. 그러나 사도행전의 문맥이라든가 악한 영들과 벌인 싸움이 만연했음을 감안할 때, 그가 초자연적 능력—하나님의 능력이 아니라 귀신의 능력—으로 사람들을 "놀라게"(8:9, 11) 했을 가능성도 충분히 있다. 어느 경우든 시몬은 기적의 공로를 하나님께 돌리지 않고 자신에게 돌려 사람들에게서 "크다 일컫는 하나님의 능력"(8:10)이라는 호칭을 얻어냈다. 이 희한한 문구는 시몬이 사실상 하나님의 가시적 현현이거나 최소한 반신반인이라는 뜻이다. 물론 인간 이상의 존재로 칭송받을 때 그는 겸손하고 관대한 인상을 풍겼다. 그러나 바울과 바나바와는 달리(참고 14:11-15) 그런 대우를 마다하지 않은 것만은 분명하다.

—8:12-13—

빌립은 참 하나님의 권능으로 능히 사람들을 "놀라게" 하되, 자신을 향한 두려움과 존경심을 자아낸 게 아니라 자신의 가르침을 하나님이 인증하셨음을 증명했다. 그러자 사람들이 무리 지어 반응했다. 그가 복음을 전하자 그들은 믿었다. 그가 부활하신 예수님을 가리켜 보이자 그들은 그분을 메시아로 받아들였다. 믿음의 외적 상징으로 물 세례도 받았다.

누가는 독자들이 액면 그대로 받아들이기를 바라며 "시몬도 믿고"(8:13)라고 밝히 말했다. 빌립도 시몬의 진정성을 의심하지 않았다. 시몬은 물 세례를 받고 제자처럼 빌립을 따라다니며, 그가 설교하고 치유하고 귀신을 쫓아내는 사역을 지켜보았다. 누가는 미완료 시제를 써서 시몬이 "놀라니라"[*existēmi*(1839)]고 표현했는데, 이는 그가 계속 "넋을 잃은" 상태였다는 뜻이다.

여기서 주목해야 할 것은 누가가 사마리아에서 있었던 어떤 회심과도 성령을 연결해 언급하지 않았다는 점이다. 물론 그 자체는 특별할 것이 없다. 문맥상 신자들이 성령 충만하다는 암시가 있는 경우에도 그는 성령에 대한 언급을 생략한 때가 있다(2:37-41, 4:4, 5:14). 그러나 이 경우에는 신자들이 성령을 곧바로 받지 못했으며(8:15-16), 그 이유는 잠시 후에 분명히 밝혀진다.

—8:14-19—

사마리아인들이 회심할 때 예루살렘의 사도들은 그 자리에 없었다. 그래서 그들은 베드로와 요한을 보내 빌립과 합류하게 했다. 그들이 가서 새 신자들에게 안수하고 기도하자 그제야 신자들은 성령을 받았다(8:14-17). 누가는 시몬을 참여자가 아니라 관찰자로 묘사하면서—중요한 차이다—그 마술사의 관점을 보여준다. 시몬은 베드로와 요한이 성령을 준다고 보았으나 이는 심각한 오해였다.[7] 하나님이 사도들을 사마리아로 보내신 목적은 성령을 주라는 것이 아니라 성령을 받는 사마리아인들을 목격하라는 것이었다. 주께서 성령의 강림을 늦추신 것은 사도들의 유익을 위해서였다. 그분이 이미 사마리아인들의 믿음을 받아들여 그들을 본격적으로 하나님 나라의 형제자매로 삼으셨음을 사도들에게 확신시켜주시기 위해서였다.

결국 시몬은 성령을 받지 못했다. 진정으로 믿지 않았기 때문이다. 그 분명한 증거로 그는 성령의 권능도 마술—실제이든 환상이든—과 똑같이 사리사욕의 관점에서 보았다. 그는 복음에 대한 이해가 어찌나 멀리 빗나가 있었던지 성령의 권능을 돈으로 사려고까지 했다!

—8:20-23—

시몬을 향한 베드로의 반응은 헬라어 원어로 보면 훨씬 가혹해 보인다. "망할지어다"(8:20)라는 단어는 무언가의 진멸 곧 완전한 파멸을 뜻한다. 베드로의 말은 이런 것이나 같다. "네가 지옥을 향하고 있으니 네 돈도 그리로 따라갈지어다!" 그러나 베드로는 시몬에게 지옥행을 선고하거나 그의 파멸을 기원한 게 아니다. 시몬의 제의에 경멸을 표하며 그의 앞길에 영원한 파멸이 있음을 경고했을 뿐이다. 사도는 "혹"(8:22) 용서받을 수 있도록 시몬에게 회개를 촉구했다.

"혹"에 해당하는 헬라어 문구[*ei ara*(1488,686)]는 역어에 암시된 뜻보다 가정의 성격이 약하다. "혹"은 반반의 확률에 못 미치지만 *ei ara*는 시도만 한다면 거의 확실하다는 뜻이다. 나중에 사도행전 17장 27절에서 바울은 아테네 사람들에게 말하기를, 하나님이 그분과 관계를 맺게 하시려고 사람을 지으셨으니 "이는 사람으로 **혹** 하나님을 더듬어 찾아 발견하게 하려 하심이로되 그는 우리 각 사람에게서 멀리 계시지 아니하도다"(강조 추가)라고 했다. 이 말에 암시된 뜻은 하나님을 찾으려고만 하면 결국 거의 확실하게 그분을 발견한다는 것이다.

베드로의 경고에는 시몬의 시기심과 교만이 하나님을 향한 갈망을 억압해왔을 수 있다는 가능성이 담겨 있다. "악독이 가득하며"(8:23)는 '남에 대한 시기나 원한에 사무친' 사람을 가리키는 생생한 은유다. "불의에 매인"이라는 말은 '악의 족쇄에 채워진'으로 풀어쓸 수 있다. 자유로이 선택하는 시몬의 능력이 고질화된 악 때문에 심히 퇴화되어 있어, 도움이 없이는 거기서 벗어날 수 없었다는 뜻이다. 요컨대 사람이 회개를 구하면 하나님이 반드시 회개를 주시지만, 문제는 시몬에게 정말 회개할 마음이 있었느냐는 것이다.

묵상의 서재

구원하는 믿음(사도행전 8:13)

마술사 시몬은 믿고 세례를 받았으나 그의 태도와 행동으로 보아 거듭나지 않은 게 분명했다. 당연히 하나님이 바라시는 회심은 지적 동의 이상이다. 그렇다면 '구원하는 믿음'이란 어떤 믿음인가?

구원하는 믿음—하나님이 그 진정함을 받으시고 성령을 선물로 주시는 믿음—은 그리스도라는 역사적 인물을 사실로 수용하는 것 이상이다. 예수라는 사람이 역사 속에 사셨고 나중에 십자가에 죽으셨다는 사실을 받아들이는 것은 믿음의 시작일 뿐이다. 나아가 진정한 믿음은 예수님을 칭송하거나 본받거나 그분의 가르침을 따르는 것 이상이어야 한다. 그분을 인간 이상의 존재로 공경하는 것만으로도 부족하다.

그런 믿음은 좋은 출발점이 된다. 그러나 우리는 그보다 훨씬 더 포괄적인 믿음으로 부름 받았다. 첫째, 헬라어 단어 피스테우오[*pisteuō*(4100)]는 '믿는다'는 뜻이다. 즉 어떤 주장이 현실과 일치한다고 그 진실성을 인정하는 것이다. 누가복음을 믿는다는 말은 내가 그 내용을 사실로 받아들인다는 뜻이다. 그리스도를 믿는 사람은 우선 그분이 하신 말씀을 사실로 받아들인다. 더 중요하게 둘째, 피스테우오는 대상을 '신뢰한다, 의지한다, 확신한다'는 뜻이다. 예수 그리스도를 믿는다는 말은 내가 그분을 신뢰하고 의지하며 철두철미 확신한다는 뜻이다. 이생과 사후에 대해 내가 아는 모든 것은 그분이 자신에 대해 주장하신 내용에 달려 있고, 그분이 제시하신 은혜에 대한 나의 긍정적 반응에 달려 있다.

이것이 하나님이 받으시는 진정한 믿음이다. 이 믿음은 사람에게 영생을 주고, 성령 충만하게 하며, 내면의 변화를 일으킨다.

—8:24—

시몬의 반응은 진심이었던 것 같다. 적어도 겉보기에는 그렇다. 회개를 촉구하는 베드로에게 시몬은 자기 대신 하나님 앞에 중보해달라고 했다. 하지만 그는 아직도 '알아듣지' 못했다. 회개란 누가 대신해줄 수 있는 게 아니다. 우리는 다 직접 회개해야 한다. 사랑하는 이들이 우리를 위해 기도해줄 수 있으나 그 기도로 우리의 운명에서 헤어날 수 없다. 회개를 명하시는 하나님 앞에서 우리는 각자 결단하고 각자 책임져야 한다.

이레니우스(Irenaeus, AD 180년경)에 따르면 시몬은 "각종 이단"의 아버지가 되었고,[8] 특히 그중에는 초기 형태의 영지주의도 있었다. 이레니우스를 비롯해 여러 출처에 따르면 케르도(Cerdo)와 마르키온(Marcion)의 거짓 가르침에 지식적 기초를 놓은 사람도 시몬이다.[9] 후대에 거짓 가르침이 형성되는 데 그가 정확히 어떤 역할을 했는지는 논란의 여지가 있지만 이 사실만은 확실해 보인다. 시몬은 주 예수 그리스도를 믿는 진정한 신자가 되지 않았다.

적용: 사도행전 8:1-24

가짜를 식별하는 법

누가가 기록한 초대 교회사에는 진정한 기독교 사역이 무엇인지를 보여주는 사례가 많이 나온다. 특히 내러티브의 이번 단락은 진정한 사역을 종교적 사이비인 가짜와 대조하여 보여준다.

우선 빌립의 사역에서는 성령의 능력에서 흘러나오는 진정한 사역의 세 가지 특성을 볼 수 있다.

첫째, 메시지의 중심이 예수 그리스도다(8:4-5). 중심은 다른 어느 지도자도 아니고 철학 체계나 활동 방침도 아니다. 특정한 교리도 아니다. 그것이 아무리 중요하거나 정당한 가르침일지라도 말이다. 모든 예배와 교육과 교제와 표현에서 핵심으로 삼아야 할 초점은 우리의 살아 계신 지도자이자 주님이신 예수 그리스도여야 한다. 따르는 사람들에게 계속해서 그리스도를 가리켜 보이며 모든 영광을 그분께 돌리는 사역이라면, 하나님에게서 난 것이니 안심해도 된다.

둘째, 해방시키는 역동적 능력이 있다(8:6-7). 사람들이 죄의 굴레로부터 자유를 얻는다. 빌립이 하나님의 능력으로 병을 고치고 귀신을 쫓아낸 것은 사람들 안에 두려움을 심어주거나 마을의 주술사로 행세하기 위해서가 아니라 자유를 주기 위해서였다. 그의 능력은 메시지가 하나님에게서 기원했음을 확증해주었고, 사람들에게 자신이 아닌 하나님을 가리켜 보였다. 질병에서 해방되면서 사람들은 죄의 굴레에서 해방된다는 메시지도 받아들였다. 진정한 기독교 사역은 그리스도를 따르는 이들에게 자유를 가져다주고 그 자유를 누리도록 독려한다.

끝으로, 기쁨이 퍼져나간다(8:8). 빌립이 설교하고 가르치고 치유해준 결과로 그 도시는 기뻐했다. 그들은 각종 책임이나 의무를 다해야 한다는 부담에 사로잡히지 않았다. 새 신자들은 경직된 사고와 행동 체계의 포로가 되어 시무룩하고 어둡고 침울해진 게 아니다. 그들은 해방의 기쁨을 맛보며 전에 없던 행복과 만족을 누렸다.

반면 마술사 시몬의 활동은 가짜 사역의 몇 가지 특징을 보여준다. 최소한 네 가지가 눈에 띈다.

1. 그리스도보다 사람을 높이는 사역이다. 당신이 속한 체제(나 교회)가 그리스도보다 사람을 높인다면 당신은 문제에 빠진 것이다. 시몬은 현장에서 배타적 주장을 내세워 자신을 향한 헌신을 부추겼다. 자고로 영매와 마술사와 무당은 그런 식으로 사람들 속에 두려움을 조장하여 영의 세계와 육의 세계 사이의 유일한 중재자로 자처했다. 지금도 현대판 '신유 마술쇼'를 일삼는 사람들이 있다. 그들은 하나님께 영광을 돌리는 척하지만 교묘히 자신을 치유와 교육의 '주역'으로 내세운다.

2. 당장 문제를 해결해준다는 약속으로 추종 세력을 끌어들이는 사역이다. 당신의 재정적, 신체적, 관계적, 정서적 문제를 해결해준다고 약속하는 사역이라면 무조건 조심하라. 물론 진정한 기독교는 삶 전반을 더 나아지게 할 수 있다. 주님께 순종하여 성령께서 변화시켜주시는 대로 따르면 놀라운 기적이 벌어질 수 있다. 그러나 그 어느 특정한 사역도 그런 확정적 주장을 내세울 수 없다. 하나님은 치유와 복과 지혜와 자유를 직접 주신다. 기도로 그분께 직접 나아가면 그분이 친히 당신을 다루어주실 것이다. 돈을 보낼 필요가 없다. 천 조각이나 기름이나 물이나 책이나 기타 어떤 증표도 구입할 필요가 없다. 큰 능력을 받았다고 주장하는 특정인이 당신을 위해 기도해줄 필요는 더더욱 없다.

3. 가짜 능력을 구사하는 사역이다. 일부 텔레비전 전도자들이 행하는 마술쇼를 조심하라. 그들은 기부금을 뜯어내려고 가짜 능력을 팔고 다닌다. 신유 사역자들의 '초자연적' 시범에 넘어가는 사람은 본래 잘 속는 이들뿐이다. 그들은 아주 통제된 환경에서 속임수를 쓴다. 그래서 '신유'가 약간의 호전에 국한되거나 아니면 검증하기 어려운 결과를 내세우거나 둘 중 하나다.

사도행전 3장의 걸인이 치유된 예에서 보듯이 성경의 기적은 즉시 가시적 결과가 나타나 아무도 그 사실을 부인할 수 없었다. 성경에 기록된 표적과 기사는 당대 최고의 열렬한 회의론자들에게도 의심의 여지를 남기지 않았다. 요즘 우리 앞에 벌어지는 신유는 이런 진정한 기적의 범주에 하나도 들지 못한다.

4. 영적인 일보다 물질에 집착을 보이는 사역이다. 가짜 사역은 돈, 재물, 건물, 자가용 비행기, 특수 장비 등을 입버릇처럼 말하지만 정작 용도에 대해서는 거의 함구한다. 물론 사명을 다하려면 어떤 사역이든 물질이 필요하다. 하지만 진정한 기독교 사역은 늘 영적인 일을 첫자리에 둔다. 물질은 영적 목적을 위해 쓰일 뿐이다. 예컨대 어떤 사역에서 기금을 조성하여 건물을 구입하고 싶을 수 있다. 진정한 사역이라면 건물의 주된 수혜자는 그 사역을 통해 섬기려는 사람들이 될 것이다.

사역 지도자의 말을 들을 때 신중을 기하라. 그가 하는 말뿐 아니라 하지 않는 말에도 주의하라. 그의 가르침이 거의 전적으로 건강과 돈 등 물리적 이슈에 관계된 것이라면 조심하라!

하나님이 섭리하신 만남(사도행전 8:25-40)

25두 사도가 주의 말씀을 증언하여 말한 후 예루살렘으로 돌아갈새 사마리아인의 여러 마을에서 복음
을 전하니라 26주의 사자가 빌립에게 말하여 이르되 일어나서 남쪽으로 향하여 예루살렘에서 가사로
내려가는 길까지 가라 하니 그 길은 광야라 27일어나 가서 보니 에디오피아 사람 곧 에디오피아 여왕
간다게의 모든 국고를 맡은 관리인 내시가 예배하러 예루살렘에 왔다가 28돌아가는데 수레를 타고 선
지자 이사야의 글을 읽더라 29성령이 빌립더러 이르시되 이 수레로 가까이 나아가라 하시거늘 30빌립
이 달려가서 선지자 이사야의 글 읽는 것을 듣고 말하되 읽는 것을 깨닫느냐 31대답하되 지도해 주는
사람이 없으니 어찌 깨달을 수 있느냐 하고 빌립을 청하여 수레에 올라 같이 앉으라 하니라 32읽는

성경 구절은 이것이니 일렀으되

그가 도살자에게로 가는 양과 같이 끌려갔고
털 깎는 자 앞에 있는 어린 양이 조용함과 같이
그의 입을 열지 아니하였도다
33그가 굴욕을 당했을 때 공정한 재판도 받지 못하였으니
누가 그의 세대를 말하리요
그의 생명이 땅에서 빼앗김이로다 하였거늘
34그 내시가 빌립에게 말하되 청컨대 내가 묻노니 선지자가 이 말한 것이 누구를 가리킴이냐 자
기를 가리킴이냐 타인을 가리킴이냐 35빌립이 입을 열어 이 글에서 시작하여 예수를 가르쳐 복
음을 전하니 36길 가다가 물 있는 곳에 이르러 그 내시가 말하되 보라 물이 있으니 내가 세례를
받음에 무슨 거리낌이 있느냐 37(없음) 38이에 명하여 수레를 멈추고 빌립과 내시가 둘 다 물에
내려가 빌립이 세례를 베풀고 39둘이 물에서 올라올새 주의 영이 빌립을 이끌어간지라 내시는
기쁘게 길을 가므로 그를 다시 보지 못하니라 40빌립은 아소도에 나타나 여러 성을 지나 다니
며 복음을 전하고 가이사랴에 이르니라

그리스도의 효과적인 증인이 되기란 쉽거나 자연스러운 일이 아니다. 하나님도 이를 아신다. 문제를 아주 잘 아셨기에 그리스도를 따르는 무리에게 그분의 능력을 받기까지는 가만히 있으라고 지시하셨다. 어렵고 초자연적인 일을 이루려면 그분의 도움이 필요했다. 그분의 도움을 통해서만 그들은 집과 건넛마을과 온 세상에서 그분의 증인이 될 수 있었다(1:8).

우리 대부분은 그리스도의 효과적인 증인이 되어야 할 책임 때문에 힘들어한다. 우선 두려움이 우리를 방해한다. 대부분 무엇이 두려운지도 모른다. 무지도 우리를 막는다. '제대로 하지' 못하거나 상대의 질문에 답하지 못할까 봐 걱정한다. 하지만 솔직히 우리의 무관심도 원인이다. 우리는 사람들에 대한 관심이 부족해 그들이 일평생 들어야 할 가장 중요한 소식을 말해주지 않는다. 온갖 교묘한 방식으로 죄스러운 양심을 달래면서 "내 증인이 되리라"(1:8)고 하신 주님의 가장 직설적인 명령을 회피한다.

빌립 집사는 사도행전에서 일대일 개인 전도의 가장 훌륭한 귀감이다. 그가 한적한 길에서 진지한 과객을 만난 일을 통해 우리는 많은 것을 배울 수 있다.

—8:25-26—

가짜 마술사 시몬과 흉한 대면을 한 후 베드로는 요한과 함께 예루살렘으로 돌아갔다. 가는 길에 사도들은 시간을 내서 사마리아의 여러 마을에 들러 설교하고 가르쳤다. 한편 천사가 사마리아의 빌립에게 나타나 그를 예루살렘(해발 760미터)에서 지중해의 항구 도시인 가사로 내려가는 길로 보냈다. 아마 예루살렘에서 약간 남쪽으로 가다가 산등성이를 따라 유대 산지의 엘라 골짜기 쪽으로 하강하는 노정이었을 것이다. 누가가 삽입구로 넣은 "그 길은 광야라"(8:26)라는 말은 사람의 왕래가 뜸한 길이라는 뜻이다.

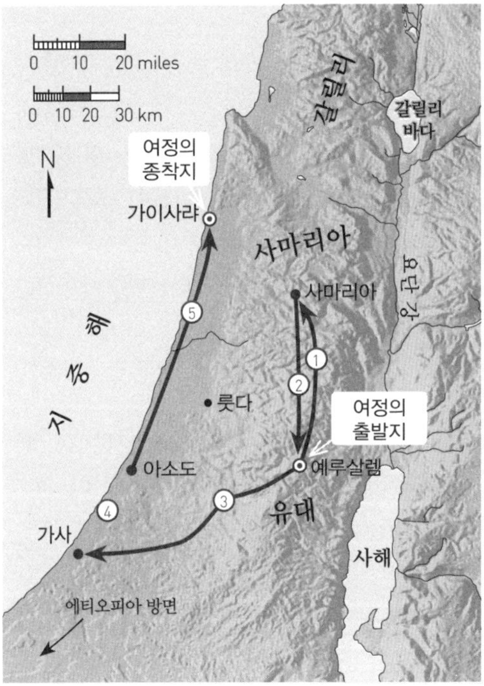

빌립의 사역. 하나님은 사마리아에서 사역하고 있던 빌립을 불러 예루살렘 남서쪽 방향의 어느 길로 보내셨다. 거기서 그는 에티오피아의 관리에게 전도하고 세례를 주었는데 아마 가사에 이르기 전이었을 것이다. 이후 "주의 영이 빌립을 이끌어"가셔서 그는 북쪽의 아소도에서 계속 전도했다.

보다시피 천사는 이유를 말하지 않았다. 게다가 빌립은 거기서 만날 사람이 누구인지도 몰랐다. 인간적인 관점에서 볼 때 이 새로운 명령은 말이 되지 않았다. 빌립은 사람들이 거주하고 있는 사마리아의 많은 마을에서 아주 성공적인 사역을 하고 있었는데, 지시에 따라 그곳을 떠나 남쪽으로 이틀 거리인 산간벽지의 한적한 길까지 가야 했다.

—8:27-28—

누가는 간단명료한 표현으로 빌립의 반응을 잘 살려냈다. 즉 빌립은 즉시 순종했다. 한적한 길 어디쯤에 "에디오피아 사람 곧…내시"(8:27)가 보였는데, 고대에 누비아 또는 구스로도 불렸던 그 나라는 오늘날 에티오피아 북부에 해당한다. '에디오피아' 백성의 영토는 나

부연설명: 증인을 찾습니다(사도행전 8:35)

사역에 몸담은 지 50년이 넘는 동안 나는 많은 전도 방법을 보았다. 그중 더 나은 것도 있지만 모든 사람에게 항상 통하는 단 하나의 방법은 없을 것이다. 그래도 복음을 전할 때 최소한 다음 세 가지 방법은 누구나 삼가야 한다.

잡상인

잡상인은 아무에게나 기독교의 기본을 설명해줄 생각에 아침에 일어날 때부터 잔뜩 흥분해 있다. 상황이나 상대의 관심도 따위는 상관없다. 주유소의 남자, 마트의 여자, 직장에 찾아온 택배기사, 친구의 친구, 식당이나 비행기에서 옆자리에 앉은 손님 등 누구를 만나든 기어이 말하고야 만다. 상대가 준비되었든 말든 부딪치고 본다!

긍정적인 면에서 잡상인에게는 반드시 결과가 따른다. 워낙 상대하는 숫자가 많다 보니 그중 일정 비율은 정말 복음을 듣고 반응한다. 그러나 부정적인 면에서 이 때문에 복음에 등을 돌리고 더 반감을 품는 이들이 얼마나 많은가? 잡상인은 그런 데 개의치 않는다. 목적이 수단을 정당화한다며 일말의 가책도 없다. 사실 반감을 살 수 있다는 우려를 아예 무시하는 잡상인들이 많이 있다. 그들은 "본래 그리스도의 메시지는 악한 세상에 반감을 주는 법이다"고 합리화할 뿐, 반감의 원인이 복음이 아니라 자신일 수 있다는 생각은 전혀 하지 않는다.

내 친구 밥(Bob)이 처음 보았던 전도하는 사람은 고등학교 때 알았던 한 여학생이었다. 그녀는 길고 칙칙한 드레스와 두꺼운 스타킹 등 구식 옷차림을 한 채 아주 묵직한 성경책을 들고 다녔다. 으레 라커 뒤에 숨어 있다가 누가 지나가면 툭 튀어나와 상대의 손에 전도지를 찔러 넣으며 이렇게 말했다. "지옥에 가더라도 예수님을 탓하지는 마라!"

내게 그 이야기를 하면서 밥은 이렇게 말했다. "'당연히 그분 탓은 아니겠지'라는 생각이 들더군."

잡상인의 관심은 삶과 관계의 변화보다 결신자의 숫자에 있다.

현학자

현학자는 내가 쓰는 표현으로 '아이비리그 접근법'을 좋아한다. 여러 모로 잡상인의 반대다. 이 이지적인 증인은 지나친 열의나 열정을 배제한 채 "세계의 여러 종교에 대해 논해보자"고 말한다. 현학자는 변증에는 달인이지만 최종 결론, 즉 그리스도를 믿겠다는 결단으로 인도할 줄은 모른다.

아이비리그 접근법은 몇 가지 장점이 있다. 인간의 폭넓은 견해차를 인정하고, 다른 관점을 이해하려 애쓰며, 대화를 통해 요지를 전달하려 한다. 종교 간의 차이점과 유사점을 밝혀내는 일은 교육적이고 뇌에도 자극이 된다. 현학자는 이미 꽉 찬 자신의 머릿속에 더 많은 정보를 욱여넣는다.

단점은 이렇게 이성(理性)에 치중하는 방식이 거의 효과가 없다는 것이다. 사람들이 대개 그리스도를 알게 되는 것은 논쟁에 졌기 때문이 아니다. 죄는 이지적인 문제가 아니라 하나님께 반항한 결과다. 그리스도를 믿겠다는 결단은 의지의 문제다. 그렇다고 전도에 변증이 필요 없다는 말은 아니다. 이성을 효과적으로 활용하면 기독교가 합리적 신앙임을 예증하는 데 도움이 된다. 덕분에 대화의 물꼬가 더 잘 트인다. 그러다 상대의 마음이 복음을 받아들이는 쪽으로 가면, 변증은 그리스도께 이르는 길에서 지적인 장애물을 치우는 데 유용할 수 있다.

비밀 공작원

솔직히 우리 대부분은 비밀 공작원 같은 그리스도인이다. 이런 신자는 복음을 전하는 일에 자신의 주도적 자세가 부족함을 합리화하려고 '하나님의 말 없는 증인'으로 자처한다. 생활방식으로 모든 말을 대신하려 한다. 그들은 누군가가 다가와 이렇게 말하기를 기다린다. "친구여, 당신의 삶을 쭉 지켜보다가 나도 그리스도를 구주로 영접하고 싶은 마음이 생겼다. 믿음으로 영접하면 되는가?" 그런 일이 생기면 비밀 공작원은 상대에게 그리스도의 모든 것과 그분을 인격적으로 아는 법을 말해줄 것이다. 문제는 그런 일이 없다는 것이다.

사람들은 이렇게 묻곤 한다. "잠깐만, 나의 생활과 메시지 중 어느 쪽이 하나님께 더 중요한가?" 이는 비행기 조종사에게 "왼쪽 날개와 오른쪽 날개 중 어느 쪽이 더 중요한가?"라고 묻는 것과 같다. 양쪽 다 있어야 한다. 그렇지 않으면 비행기가 땅 위로 뜰 수 없다.

비밀 공작원의 장점은 상대에게 반감을 주지 않는다는 것이다. 아울러 그는 평소에 진실하고 정직하며 친절하고 너그럽게 살려는 책임감도 있다. 그러나 그 대가로 치명적 단점이 수반된다. 이 접근법은 그리스도께 받은 엄중한 책임을 회피하면서 자신의 양심을 달래는 자기중심적 수단이다.

분명히 최선의 방법은 이 세 가지 모두에 있는 가장 효과적인 요소들을 종합하는 것이다. 당신과 예수님의 관계를 투명하게 내보이며 당신의 영적 성장에 대해 드러내놓고 말하라. 다른 종교를 공부하고, 사람들을 진지하고 정중하고 침착한 대화에 끌어들이라. 주의 깊게 경청하고 상대의 질문에 합리적 답변을 제시하라. 얼마든지 삶으로 말을 대신하되 모든 말을 대신하지는 마라! 일단 상대의 신뢰와 충분한 발언권을 얻었거든 그때부터 본론으로 들어가, 죄를 회개하고 그리스도의 선물인 영생을 받아들여야 함을 말해주라.

일 강과 홍해 사이의 지역으로 현재 이집트 남부의 아스완에서부터 수단의 하르툼에까지 이르렀다.

내시는 수술을 통해 거세된 남자였다. 고대 동양의 일부 문명에서 남자는 성기를 일부 또는 전부 바친다는 조건으로 왕궁에서 일하는 직분에 자원할 수 있었다. 때로 거세 절차가 아주 잔혹하여 상당수의 자원자는 그 외상을 이겨내지 못했다. 거세에는 충절의 표현 외에도 실제적인 목적이 있었다. 이 수술을 통해 배반을 불러일으키는 가장 흔한 동기들이 사실상 제거되었다. 그래서 내시는 왕실의 신뢰가 두터운 하인이 되었다. 본문에 나오는 내시는 국가의 재무를 관리하던 사람이었다.

간다게는 꼭 인명이 아니라 이집트의 바로나 프랑스의 도팽(황태자) 혹은 이란의 샤(왕)처럼 직함이었을 수도 있다. 일부 역사가에 따르면 누비아인들은 "태양을 왕의 아버지로 여겼고 왕의 어머니에게는 간다게라는 칭호를 주었다."[10] 간다게의 권위는 거의 절대적이어서 대개 왕보다 높았다. 사실인지 몰라도 본문에 언급된 간다게의 이름은 아마니토레(Amanitere)였을 수 있다. 그녀의 정확한 재위 기간에 대해서는 이견이 있다.

누비아의 종교는 인접국 이집트만큼이나 이교였겠지만 이 내시는 예루살렘에서 예배하고 돌아가던 길이었다. 유대교의 율법에 따라 내시는 정식 "언약의 자손"이 될 수 없었다(참고 신 23:1). 그런데도 이 사람은 아주 헌신적이었고 성경 사본까지 소유했다. 이런 두루마리는 유대교의 서기관이 손으로 꼼꼼히 필사한 것으로 값이 아주 비쌌다. 어느 모로 보나 그는 히브리의 하나님을 예배하는 경건한 사람이었을 뿐 아니라 교육을 받은 데다 재력까지 갖추었다.

수레를 타고 산지를 내려가면서 그는 이사야 53장을 읽었다[헬라어 단어 *harma*(716)는 말이 끄는 두 바퀴의 탈것을 가리키는데 군용 전차와 여행용 수레 등 두 종류가 있었다]. 수레와 나란히 걷는 일행이 있었을 수도 있는데, 그랬다면 그가 성경 읽는 소리를 그들도 들었을 것이다. 그때 빌립이 달려와 수레에 따라붙었다.

—8:29-31—

내시가 그곳에 있었던 것은 그저 우연이 아니다. 성령께서 이 만남을 섭리하셨다. 누가는 성령께서 빌립에게 어떤 방식으로 말씀하셨는지 밝히지 않았으나 내 생각에는 그냥 머릿속에 생각만 주신 게 아니라 육성을 들려주셨을 것 같다. 이전에도 천사가 빌립에게 지시한 적이 있었다(8:26). 더욱이 이 만남 전후로 일어난 사건을 보면 초자연적 성격이 확연하다. 어쨌든 성령의 지시대로 빌립은 수레에 다가갔다. 내시가 여느 때처럼 소리 내어 읽고 있었으므로 빌립은 이를 대화의 접촉점으로 삼았다.

—8:32-34—

이사야서에 여호와의 이름 없는 종이 하나님의 백성을 대신하여 행동하는 네 편의 "종의 노래"(사 42:1-4, 49:1-6, 50:4-9, 52:13-53:12)가 나오는데, 내시가 읽고 있던 대목은 그중 맨 마지막 것이었다. 이 마지막 노래에서 종은 자신이 무죄한데도 백성의 죄 때문에 형벌을 당한다. 이 이타적 희생에 대한 보상으로 노래 속에 부활이 암시되어 있다. 내시는 이 종에게 가해진 처참한 고난이 절정에 달하는 부분에 집중했다.

> 그가 곤욕을 당하여 괴로울 때에도
> 그의 입을 열지 아니하였음이여
> 마치 도수장으로 끌려가는 어린 양과
> 털 깎는 자 앞에서 잠잠한 양 같이
> 그의 입을 열지 아니하였도다

그는 곤욕과 심문을 당하고 끌려갔으나
그 세대 중에 누가 생각하기를
그가 살아 있는 자들의 땅에서 끊어짐은
마땅히 형벌 받을 내 백성의 허물 때문이라 하였으리요(사 53:7-8).

그는 예리한 질문을 던졌다. 도대체 선지자는 누구를 두고 하는 말인가(행 8:34)? 유대교 신학자들도 오랜 세월 바로 그 신비와 씨름했다. 예수님 시대의 유대인들이 생각하던 메시아는 전사이자 왕이었다. 나라의 적을 무찌르고 이스라엘을 번영으로 인도하여 다윗의 보좌에서 영원히 다스릴 인물이었다. 그래서 그들은 이 고난당하는 종이 곧 메시아라는 생각을 일체 배제했다. 죽은 사람이 어떻게 적을 무찌르거나 보좌에서 다스릴 수 있다는 말인가? 메시아가 자기 백성을 구원하려고 죽었다가 다시 살아나 영원한 왕이 될 수 있다고 생각한 사람은 예수님 당시에 아무도 없었다. 그들이 알던 부활이란 종말에 의인들이 집단으로 부활하는 것뿐이었다.

—8:35-37—

일찍이 예수님은 그 고난당하는 종이 곧 메시아이며 그분 자신이 이 예언의 성취임을 밝히셨다(눅 22:37, 참고 사 53:12). 베드로처럼 빌립도 "예수를 가르쳐 복음을 전"했다(행 8:35, 참고 5:42). 베드로의 본을 그대로 따랐다면 그가 설명한 내용은 이러했을 것이다. 즉 예수께서 그리스도이시고, 세상 죄로 인한 형벌을 당하셨으며, 죽은 자 가운데서 살아나셨고, 누구든지 그분을 믿는 자를 용서해주신다는 것이다.

내시의 회심에 대한 부연설명은 누가의 원문에는 없었던 것이 거의 확실하다. 사도행전 8장 37절은 가장 초기의 어느 사본에도 없고 '서쪽'의 사본 군(群)에만 등장한다. 서로마제국에서 기원한 사본들이라 그렇게 불린다. 내시의 회심이 언급되지 않은 채로 그가 세례를 받는 것이 이상해 보여, 중간에 어느 서기관이 그 구절을 첨가했을 것이다.[11] 비록 누가의 원문에는 없지만 이 구절을 통해 우리는 로마 서쪽의 초대 교회가 회심을 어떻게 생각했는지 엿볼 수 있다. 그들은 세례가 신자만을 위한 의식임을 분명히 이해했다.[12] 믿음의 내용도 비교적 단순했다. 곧 예수께서 하나님의 아들 그리스도이시라는 것이다.

—8:38—

빌립은 내시의 믿음을 액면 그대로 받아들였던 게 분명하다. 가던 길에 물이 보여 내시가 물 세례를 받으려 하자 집사도 반대하지 않았다. 누가가 사용한 어휘는 유대교의 전통에 일치하도록 그것이 물에 푹 잠기는 세례였음을 강력히 뒷받침한다. 그렇지 않고서야 둘 다 물속에 들어갈 필요가 없었다. 일각에서는 둘이 물속에 들어갔더라도 빌립이 내시에게 물을 붓거나 뿌렸을 수 있다고 말한다. 하지만 유대교의 새 개종자들이 세례를 받을 때 물속에 완전히 잠겨야 했던 것을 두 사람 다 익히 알고 있었다.

부연설명: 본문 비평과 성경의 신빙성(사도행전 8:37)

나는 본문 비평이라는 말을 늘 싫어했다. 그 말에서는 성경 본문이 무의미해지거나 신빙성을 잃을 때까지 그 분야의 전문가들이 평생을 바쳐 성경을 비평한다는 느낌이 배어난다. 불행히도 일부 학자들이 여태까지 시도한 일이 바로 그것이다. 하지만 본문 비평의 참된 취지를 추구하는 훌륭한 사람들도 많이 있다. 그 취지란 수천 개에 달하는 고대 사본들 가운데 성경의 저자들이 성령의 감동을 따라 충실하게 기록한 원문이 어느 사본들에 들어 있는지 규명하는 것이다.

바울, 누가, 야고보, 베드로, 요한 등 1세기의 기독교 인물들이 글을 쓸 때 성령은 하나님을 믿고 순종하는 데 필요한 모든 정보를 넣도록 그들을 감화하셨고, 또한 그들의 글에 오류가 없도록 막아주셨다. 그 결과 하나님의 진리가 파피루스에 잉크로 보존되었다. 교회 사도들과 선지자들이 쓴 글의 내용이 권위 있는 예언적 진리로 인정되었으므로 필사자들은 그것을 손으로 베껴 다른 교회들에 돌렸다. 사본들에서 다시 사본들이 나오고, 그 사본들에서 나중에 더 많은 사본들이 만들어졌다. 머지않아 곳곳의 교회로 수백 부의 사본이 퍼져나갔고, 그러는 동안 원본의 파피루스는 점점 낡아졌다.

이제 원본들은 사라진 지 오래이며, 안타깝게도 필사 과정은 완벽하지 못했다. 여기저기 단어나 문구가 더해지기도 하고 누락되기도 했으며, 이 글자가 저 글자로 혼동되어 보이기도 했다. 게다가 한 사본에 생긴 소소한 오류들은 그것을 베껴 쓴 모든 사본에 그대로 옮겨졌다. 간혹 필사자는 이전의 과오—또는 자기에게 과오로 보이는 부분—를 고치려다가 본의 아니게 더 틀리기도 했고, 그래서 또 다른 변형된 문장들을 유포하기도 했다. 여러 세기가 지난 지금 신약 성경의 사본이나 사본의 일부는 모두 5천 개가 넘게 발굴되었으며, 그 모두에 신약 원문이 일부라도 들어 있다.

이런 현상의 좋은 예를 흔히 우리 주변에 있는 게시판에서 볼 수 있다. 예전에 내가 "태도"(Attitudes)라는 제목으로 써 붙인 짤막한 글을 어떤 사람이 베껴 적었다. 사람들은 간단한 포스터를 제작하려고 그 글을 종이에 타자로 쳤다. 어떤 사람이 그것을 보고 마음에 들어 복사하여 친구들에게 주었고, 그 친구들은 다시 그것을 자기네 게시판에 붙였다. 그 뒤로도 사람들은 사본의 사본을 다시 손으로 베끼거나 팩스로 보내거나 복사했다. 얼마 되지 않아 내 원본은 어찌나 많이 복사를 하고 팩스를 보냈던지 거의 읽을 수가 없게 되었다. 글자들이 얼룩지고 번지고 흐려진 것이다. 하지만 누락된 글자와 단어까지 있는데도 그 글을 읽는 데 어려움을 느끼는 사람은 거의 없었다.

물론 복사기는 없었지만 성경 원본의 사본들도 비슷한 과정을 거쳤고 최고의 정성이 들어갔다. 필사자들은 꼼꼼하기로 정평이 나 있었지만, 그래도 수백 번의 필사를 거치는 동안 오류가 생겨났다. 손으로 필사하는 방식이 비록 완전하지는 못하지만, 그래도 2천 년이 지나도록 하나님의 진리를 잘 보존해주었다. 오류의 절대다수는 소소하고 잘 알려진 것들이며, 따라서 원본의 의미에는 영향을 주지 못했다. 의미에 영향이 있는 경우라 하더라도 워낙 사본의 수가 많기 때문에 비교적 쉽게 과오를 찾아내 고칠 수 있다. 또한 대부분 변형된 문장에는 원문에 무언가가 첨언되어 있기 때문에 대개 원본의 표현을 쉽게 가려낼 수 있다.

다행히, 우리에게는 성경 원본을 복원하기 위하여 수천 개의 고대 사본을 비교 분석하는 노련한 본문 비평가들의 헌신과 전문 지식이 있다. 오늘 우리에게 있는 성경은 더할 나위 없이 믿을 만한 사본들인데—거의 초대 교회에 있던 것들만큼이나 정확하다—이 모두가 근면하고 경건한 학자들 덕분이다.

—8:39-40—

그들이 물에서 나오자 성령께서 집사를 “이끌어”가셨다(8:39). 여기에 쓰인 단어[*harpazō* (726)]는 ‘무언가를 강제로 옮겨가다’는 뜻이다.[13] 누가의 표현으로 보아 문자적 의미 외에는 다른 여지가 거의 없다. 이유는 성령만이 아시지만 빌립은 한 곳에서 사라져 다른 곳에 나타났다. 누가가 골라 쓴 어휘를 보면 빌립 자신도 순식간의 이동에 놀랐을 것 같다. 정신을 차리고 보니 그는 32미터쯤 떨어진 아소도에 가 있었다.

내시의 입장에서 보면 둘이 물에서 나오자마자 빌립이 사라져버렸다(8:39) 그럼에도 그는 “기쁘게” 집으로 돌아갔다. 즉 행복하고 평안한 상태였다.

적용: 사도행전 8:25-40

열매 맺는 증인이 되기 위한 지침

빌립이 모범을 보여준 몇 가지 지침을 통해 우리는 불쾌감을 주는 증인, 헛수고에 그치는 증인, 무관심한 증인(각각 175-176페이지에 언급한 잡상인, 현학자, 비밀 공작원)이 되지 않을 수 있다. 하나님이 섭리하신 빌립과 낯선 사람의 만남에서 다섯 가지 유익한 지침을 얻을 수 있다.

지침 1: 민감해야 한다.

당신이 빌립의 입장이 되어보라. 그는 한참 사마리아에서 감격에 겨운 사역으로 놀라운 성공을 누리고 있다. 사람들의 삶이 변화되고, 가정이 화합하며, 병이 치유되고, 마을 전체가 돌이켜 그리스도를 따르고 있다. 그런데 갑자기 주께서 "다 놓아두고 먼 오지의 한적한 길로 가라"고 말씀하신다. 빌립은 토를 달거나 저항하지 않고 바로 순종했다.

열매 맺는 증인은 민감한 마음을 유지한다. 늘 준비되어 있다가 주님의 감화에 선뜻 따른다. 효과적인 증인은 그냥 불쑥 현장에 나타나는 게 아니라 성령의 인도를 받는다. 동일한 주께서 상대방도 그 자리로 인도하여 만남의 계기를 만들어주신다.

지침 2: 자신을 내어드려야 한다.

민감한 마음과 자신을 내어드리는 마음은 쌍둥이다. 둘 중 하나만 있을 수 없고 늘 함께 다닌다. 성령의 인도하심에 민감한 사람은 자신을 내어드려 그 감화에 순종한다. 주께서 빌립을 인구가 많고 큰일이 벌어지는 곳에서 한적한 길로 옮기기로 하셨을 때, 그는 이의를 제기하지 않고 그냥 순종했다. 하나님 나라를 세우는 일은 그분의 사업이며 자신은 일꾼일 뿐임을 인식했다. 자신이 일하는 곳이 사마리아이든 가사이든 아소도이든 가이사랴이든 그것은 중요하지 않았다. 빌립은 자신을 내어드렸다.

지침 3: 적극적이어야 한다.

침묵의 벽을 깨려면 주도적 자세가 필요하다. 불쾌감을 줄 마음이 없다고 해서 늘 가만히 앉아 상대가 도움을 청하기만을 기다릴 수는 없다. 사람들은 자신이 무엇을 모르는지도 모른다! 대개는 종교라는 주제 자체를 혼란스러워하며, 그래서 망설이느라 먼저 말을 걸지 못한다. 그러니 당신 쪽에서 일상적 화제로 접촉점을 찾으라. 기회를 보아 상대에게 필요할 만한 것을 언급하라. 질문에 답하거나 오해를 풀어주라. 그러는 내내 당신의 믿음을 투명하게 내보이라.

빌립은 상대가 읽고 있던 책에서 접촉점을 찾았다. 그리고 주제넘거나 부담되지 않는 단순한 질문을 던졌다. "읽는 것을 깨닫느냐"(8:30).

지침 4: 요령껏 해야 한다.

D. 제임스 케네디(D. James Kennedy)는 요령의 미덕을 이렇게 예시했다.

> 나는 한 남자가 한 여자에게 다가가 이렇게 말하는 것을 들은 적이 있다. "오늘 당신의 콩팥이 어떻습니까?" 실제로 있었던 일이다! 그 남자가 그렇게 묻는 것을 내 귀로 똑똑히 들었다. 여자의 반응은 어땠을까? 핸드백으로 남자를 쳤을까? 아니, 여자는 이렇게 말했다. "아, 오늘은 한결 좋아졌어요. 감사합니다, 의사 선생님." 내가 병실에서 우연히 들은 대화다. 의사가 그런 사적인 질문을 던질 수 있었던 것은 이미 관계를 잘 가꾸어 그럴 만한 자격을 얻었기 때문이다. 의심스럽다면 당신이 직접 길에서 아무 여자나 붙잡고 똑같이 물어보라. 그러고나서 어떻게 되는지 보라.
>
> 요점은 이것이다. 사적인 질문을 던질 수 있으려면 먼저 관계를 잘 가꾸어 그럴 만한 자격을 얻어야 한다. 그러려면 친구가 되고, 상대를 알아가며, 상대의 말을 경청하고, 관심을 보이며, 질문을 들어주어야 한다.[14]

상대가 반감을 느낀다고 그 잃어진 영혼을 탓하지 마라. 당신이 불쾌하게 한다면 그는 얼마든지 반감을 느낄 이유가 있다. 사적인 질문을 던질 수 있는 자격을 얻는 것, 그것이 요령의 정의다. 영적인 질문이야말로 가장 사적이고 민감한 질문에 속한다.

지침 5: 명확해야 한다.

빌립은 그 성경에서 시작하여 "예수를 가르쳐 복음을 전"했다(8:35). 훌륭하지 않은가? 그는 종교를 비교하거나 지성적 설계의 증거를 말하지 않았다. 신학적 이슈나 사회악을 논하지도 않았다. 물론 때와 장소에 따라 그런 토론도 필요하지만, 이는 지엽적인 것일 뿐 핵심은 예수 그리스도와 그분께 보여야 할 우리의 반응이다. 질문이나 반론도 요령껏 다루어야 하지만 그렇다고 핵심의 변죽만 울려서는 안 된다.

전도자로 변한 박해자(사도행전 9:1-22)

1사울이 주의 제자들에 대하여 여전히 위협과 살기가 등등하여 대제사장에게 가서 2다메섹 여러 회당
에 가져갈 공문을 청하니 이는 만일 그 도를 따르는 사람을 만나면 남녀를 막론하고 결박하여 예루살
렘으로 잡아오려 함이라 3사울이 길을 가다가 다메섹에 가까이 이르더니 홀연히 하늘로부터 빛이 그를
둘러 비추는지라 4땅에 엎드러져 들으매 소리가 있어 이르시되 사울아 사울아 네가 어찌하여 나를 박해
하느냐 하시거늘 5대답하되 주여 누구시니이까 이르시되 나는 네가 박해하는 예수라 6너는 일어나 시
내로 들어가라 네가 행할 것을 네게 이를 자가 있느니라 하시니 7같이 가던 사람들은 소리만 듣고 아
무도 보지 못하여 말을 못하고 서 있더라 8사울이 땅에서 일어나 눈은 떴으나 아무 것도 보지 못하고
사람의 손에 끌려 다메섹으로 들어가서 9사흘 동안 보지 못하고 먹지도 마시지도 아니하니라
10그 때에 다메섹에 아나니아라 하는 제자가 있더니 주께서 환상 중에 불러 이르시되 아나니아야
하시거늘 대답하되 주여 내가 여기 있나이다 하니 11주께서 이르시되 일어나 직가라 하는 거리로 가
서 유다의 집에서 다소 사람 사울이라 하는 사람을 찾으라 그가 기도하는 중이니라 12그가 아나니아
라 하는 사람이 들어와서 자기에게 안수하여 다시 보게 하는 것을 보았느니라 하시거늘 13아나니아가
대답하되 주여 이 사람에 대하여 내가 여러 사람에게 듣사온즉 그가 예루살렘에서 주의 성도에게 적
지 않은 해를 끼쳤다 하더니 14여기서도 주의 이름을 부르는 모든 사람을 결박할 권한을 대제사장들에게
서 받았나이다 하거늘 15주께서 이르시되 가라 이 사람은 내 이름을 이방인과 임금들과 이스라엘 자손
들에게 전하기 위하여 택한 나의 그릇이라 16그가 내 이름을 위하여 얼마나 고난을 받아야 할 것을 내가
그에게 보이리라 하시니 17아나니아가 떠나 그 집에 들어가서 그에게 안수하여 이르되 형제 사울아 주
곧 네가 오는 길에서 나타나셨던 예수께서 나를 보내어 너로 다시 보게 하시고 성령으로 충만하게 하신
다 하니 18즉시 사울의 눈에서 비늘 같은 것이 벗어져 다시 보게 된지라 일어나 세례를 받고
19음식을 먹으매 강건하여지니라
사울이 다메섹에 있는 제자들과 함께 며칠 있을새 20즉시로 각 회당에서 예수가 하나님의 아들
이심을 전파하니 21듣는 사람이 다 놀라 말하되 이 사람이 예루살렘에서 이 이름을 부르는 사람을
멸하려던 자가 아니냐 여기 온 것도 그들을 결박하여 대제사장들에게 끌어 가고자 함이 아니냐 하
더라 22사울은 힘을 더 얻어 예수를 그리스도라 증언하여 다메섹에 사는 유대인들을 당혹하게 하니

하나님이 누군가를 구원하기로 작정하시면 아무도 그분의 집요하심을 따라갈 수 없다. 집요하게 추적하시는 하나님의 사랑을 프랜시스 톰슨(Francis Thompson)보다 더 잘 아는 사람은 별로 없을 것이다. 그는 천주교 신부나 의사가 되려다 양쪽 다 실패했다. 수술 장비 제조업자로는 2주, 백과사전 영업 사원으로는 2개월밖에 버티지 못했다. 사전을 다 읽기만 하고

하나도 팔지 못했다. 군대 생활도 단기간 만에 체력 검사에 실격하여 끝났는데 아마 지독한 아편 중독 때문이었을 것이다.

결국 그는 런던에서 출세해보려고 집을 떠났다. 작가로 성공하고 싶었으나 어느 전기 작가의 말대로 "그는 책과 의료 장비를 처분하여 마약에 놀아나던 습관이 있었다."[15] 머지않아 빈털터리가 된 그는 누더기 차림에 다 떨어진 신발을 신고 런던의 거리를 배회했다. 운이 좋아 일자리가 생겨도 오래가지 못했고, 그러다가 아사(餓死)를 면하려고 성냥을 파는 신세가 되었다. 그러나 이 헐벗은 부랑자의 가슴속에 뛰는 심장을 하나님은 이미 자신의 것으로 삼으셨다.

잡지 〈메리 잉글랜드〉(*Merrie England*)의 편집인이던 윌프리드와 앨리스 메이넬(Wilfrid & Alice Meynell) 부부가 톰슨의 시를 읽고 그를 거리에서 구해주었다. 그들은 그에게 거처를 내주고 첫 책의 출간을 알선했는데, 이 책으로 톰슨은 즉시 유명인사가 되었다. 나중에 그는—많은 비평가의 표현으로—출판 역사상 가장 위대한 영문 시인 "천국의 사냥개"(*The Hound of Heaven*)를 썼다. 하나님이 사랑하는 자를 지칠 줄 모르고 추적하신다는 신비로운 시다.

> 나는 그에게서 도망쳤네, 밤에도 그리고 낮에도.
> 나는 그에게서 도망쳤네, 수많은 세월 동안을.
> 나는 그에게서 도망쳤네, 내 마음속 미궁 같은 길로.
> 그리고 슬픔 속에서도
> 나는 숨었네, 겉으로는 연이어 웃으면서도.
> 희망에 부풀어 오르다가도
> 두려움의 골짜기 거대한 음울 속으로
> 곤두박질쳐버렸네,
> 나를 따라오는, 추적해오는 그 힘찬 발소리로부터.
> 그러나 서두르지 않고
> 흐트러지지 않는 걸음걸이
> 일부러 속도를 내며, 장엄한 긴박함으로,

두드린다—그리고 한 목소리가 두드린다,
발소리보다 더 긴박하게—
"네가 나를 배반하기에, 모든 것이 너를 배반한다."[16]

많은 사람이 프랜시스 톰슨의 이야기에 공감할 수 있음은 하나님의 은혜를 필사적으로 피하던 자신의 모습과 닮았기 때문이다. 그들은 그분의 은혜로운 선물인 자유를 거부하려 애썼지만, 집요하게 추적하신 주님의 사랑 덕분에 이제 상상을 초월하는 삶을 누리고 있다.

톰슨보다 17세기 이전에 하나님에게서 도망친 사람이 또 있었다. 그는 부랑자가 아니라 학자였다. 마약 중독자가 아니라 당대의 가장 경건하고 종교적인 사람 중 하나였다. 실패자가 아니라 중동 전역에서 가장 예리한 지성의 소유자 중 하나였다. 똑똑하고 설득력 있는데다 미움을 살 만큼 독선적인 그는 동료들 사이에 통하던 어느 성취 기준으로 보나 대단히 성공한 사람이었다. 그럼에도 그는 달리고 있었다. 톰슨은 의식적으로 하나님을 피해 달아났지만 이 열정에 찬 유대인은 양심을 다해 하나님을 향해 달렸다. 적어도 본인은 그렇게 생각했다.

다소의 사울은 기독교를 당대의 가장 위험한 이단으로 보고 단신으로 이에 맞서 싸웠다.

—9:1–2—

그리스도인들을 향한 사울의 증오심을 담아낸 누가의 표현을 보면 불길한 기운이 뚝뚝 떨어진다. 내러티브의 앞부분에서 보았듯이 사울은 스데반을 체포하고 유죄를 선고하여 돌로 죽이는 음모를 지지했다(7:58, 8:1). 이어 그는 예루살렘에 공포 분위기를 조성하여 "교회를 잔멸할새 각 집에 들어가 남녀를 끌어다가 옥에 넘"겼다(8:3). 사울의 박해는 3년이나 지속되었을 수 있지만 교회를 잔멸하기는커녕 오히려 그런 시도 때문에 복음이 더 신속하게 더 멀리 퍼져나갔다.

일부 그리스도인은 예루살렘을 떠나 동쪽과 남쪽의 여러 광야 마을로 피했다. 다른 사람들은 유대의 정치적 영향권에서 벗어나 있던 갈릴리 북부의 수리아(시리아)로 이주했다. 다메섹(다마스쿠스)은 꽤 큰 도시라서 안전하고 편리하여 인기가 좋았을 것이다. 대도시권과 그 인근에 복음을 전할 기회도 많았음은 물론이다. 게다가 난민 그리스도인들은 예루살렘의 맹렬한 박해로부터 보호받을 수 있었다. 아니, 그럴 줄로 알았다.

그리스도인 공동체가 다메섹에 모여 있음을 안 사울은 박해의 범위를 넓히기로 했다. 그런데 정치적 기류 때문에 성전 측의 도움이 필요했다. 대제사장은 다메섹의 유대교 지도자들에게 공문을 보내 사울의 일에 협조할 것을 당부했다. 사울은 예수님을 따르는 유대인들을 송환하여 산헤드린의 재판에 세울 작정이었다. 누가가 그리스도를 믿는 무리를 "그 도"라는 말로 표현한 것은 필시 예수께서 자신을 "길이요 진리요 생명"(요 14:6)이라 칭하셨기 때문일 것이다.

—9:3-4—

다메섹은 예루살렘에서 북동쪽으로 225킬로미터쯤 떨어져 있어 걸어가면 적어도 엿새는 걸리는 길이었다. 이야기의 문맥으로 보아 사울과 성전 경비대의 분견대가 다메섹까지 채 하룻길도 남겨두지 않았을 때, 밝은 빛이 그들을 둘러 비추었다(26:13). "홀연히"(9:3)라는 부사로 보아 이 사건은 신속하고도 예기치 않게 그들에게 닥쳤다. "…로부터"로 옮겨진 전치사[*ek*(1537)]는 대개 가시적 대상과 관련하여 공간적 양태를 나타낸다. 다시 말해 *ek*는 출처와 방향을 둘 다 가리킨다. 빛은 하늘'로부터' 줄기나 기둥처럼 나타났다. "비추는지라"로 번역된 동사는 번개를 암시한다. 해보다 밝은 빛이 온 사방을 훤히 비추었다. 사울이 나중에 한 말을 보면 이 사건이 일어난 때는 정오쯤이었다(22:6).

예수께서 사울에게 나타나실 때 수반된 이 빛은 신의 현현, 즉 하나님의 가시적 현시를 보여주는 한 사례다. 구약 전체에서 주님은 자신의 임재를 초자연적 빛의 형태로 보이셨는데 나중에 이를 쉐키나라 했다. 이 빛은 떨기나무 가운데서 모세에게 나타났고(출 3:1-3), 광야에서 불기둥으로 이스라엘 백성을 인도했으며(출 13:21-22), 그 백성 앞에서 시내 산 위에 임했다(출 19:18, 24:17). 성막—나중에는 성전—이 지어지자 쉐키나는 두꺼운 휘장 안쪽인 지성소의 언약궤 위에 머물렀다(출 25:22, 40:35, 레 16:2). 주님이 그렇게 하신 것은 자기 백성의 유익을 위해서였다. 유일무이하신 하나님이 그들 가운데 임재하심을 그렇게 확증해주신 것이다. 본문에 나오는 이 계시도 사울의 유익을 위한 것이었다.

사울이 땅에 엎드러지자 "나"(행 9:4)를 박해한다고 그를 꾸짖는 음성이 들려왔다. '그들'이나 '교회'나 심지어 '나의 교회'도 아니고 '나'였다. 선택된 대명사가 이상하여 사울은 혼란에 빠졌을 것이다. 여태 그는 옳다고 생각되는 길을 열심히 추구했고 이단을 척결하고 싶었다. 자신의 동족 중 일부가 어떤 죽은 사람을 메시아라 부르고 있었는데, 이는 그가 알던 히브리 성경에 완전히 어긋나는 일이었다.

그리스도의 입장에서 볼 때 "그 도"는 신학적 관점이 아니라 살아 계신 그분의 일부였다. 그분께 교회는 곧 자신의 몸이다. 사울이 여태 때리고 죽인 이들은 누구인가? 성령께서 세례를 통해 그들을 그리스도 안으로 받아들여, 그리스도께서 아버지 및 성령과 하나이시듯(요 17:18-21) 그들도 그리스도와 하나가 되게 하셨다. 교회라는 집단으로서 우리는 세상에서 예수 그리스도의 가시적 현현이다. 따라서 교회를 박해하는 것은 곧 하나님의 아들을 공격하는 일이다.

—9:5-6—

"주여 누구시니이까"(9:5)라는 사울의 질문에는 그가 이 음성을 하나님이나 예수님의 음성으로 여겼다는 암시가 들어 있지 않다[여러 영역본에 대문자(Lord)를 쓴 것은 바울의 관점이 아니라 독자의 관점에서 그렇게 한 것이다]. 여기에 쓰인 "주"는 "선생님" 정도로 볼 수 있는 경어다(예: 창 18:12, 19:2, 마 13:27, 27:63, 요 4:11, 행 10:4). 하지만 사건의 초자연적 성격을 감안할 때 분명히 사울은 이를 하나님이나 그분이 보낸 천사의 음성으로 여겼던 것 같다. 그 음성이 "나는 네가 박해하는 예수라"(9:5)고 정체를 밝혔을 때 사울이 얼마나 놀랐을지 상상해보라.

"박해하는"[*diōkō*(1377)]에 해당하는 원어에는 '밀고 나가다, 매진하다, 추진하다, 추구하다, 적극 참여하다'의 개념이 담겨 있으며, 대개 특정한 대의를 위한 것이다. "박해하다"라는 역어와 달리 이 헬라어 단어(그에 상응하는 히브리어 표현과 아람어 표현도 마찬가지)의 어감은 대개 '힘껏 추구하다'에 상응하며 꼭 부정적인 의미는 아니다. 예컨대 "화평을 찾아 따르지어다"라는 시편 34편 14절의 권고에 히브리어 *radap*(H7291)이 쓰였는데 이 단어가 헬라어로는 *diōkō*로 옮겨졌다. 또 바울이 나중에 "오직 내가 그리스도 예수께 잡힌 바 된 그것을 잡으려고 달려가노라"(빌 3:12)고 할 때도 같은 단어가 쓰였다.

그러므로 예수께서 사울과 대화할 때 언급하신 "박해"는 절대적이고 무조건적인 정죄가 아니다. 사울이 그리스도인들을 맹추격한 것이 하나님 보시기에 잘못된 일임은 분명하지만 그럼에도 이 대의에 매진한 그의 동기는 옳았다. 다만 "믿지 아니할 때에 알지 못하고 행하였"을 뿐이다(딤전 1:13). 사울이 그리스도인들을 열심히 대적한 것은 정말 그들이 하나님을 대적한다고 생각했기 때문이다. 그래서 그는 이 죄에 대해 "긍휼을 입"었다(딤전 1:13). 부활하신 그리스도는 사울을 쳐서 죽이거나 죗값을 치르게 하시지 않고 이 불의한 추적자를 추적하여 그의 죄를 지적해주셨다.

다메섹 도상에서 부활하신 그리스도를 만난 바울

누가가 사도행전에 기록한 말	바울이 성전에서 유대인들 앞에 변호한 말	바울이 가이사랴에서 재판받을 때 아그립바 2세에게 한 말
"사울이 길을 가다가 다메섹에 가까이 이르더니 홀연히 하늘로부터 빛이 그를 둘러 비추는지라 땅에 엎드러져 들으매 소리가 있어 이르시되 사울아 사울아 네가 어찌하여 나를 박해하느냐 하시거늘"(행 9:3-4).	"가는 중 다메섹에 가까이 갔을 때에 오정쯤 되어 홀연히 하늘로부터 큰 빛이 나를 둘러 비치매 내가 땅에 엎드러져 들으니 소리 있어 이르되 사울아 사울아 네가 왜 나를 박해하느냐 하시거늘"(행 22:6-7).	"그 일로 대제사장들의 권한과 위임을 받고 다메섹으로 갔나이다 왕이여 정오가 되어 길에서 보니 하늘로부터 해보다 더 밝은 빛이 나와 내 동행들을 둘러 비추는지라 우리가 다 땅에 엎드러지매 내가 소리를 들으니 히브리 말로 이르되 사울아 사울아 네가 어찌하여 나를 박해하느냐 가시채를 뒷발질하기가 네게 고생이니라"(행 26:12-14).
"대답하되 주여 누구시니이까 이르시되 나는 네가 박해하는 예수라"(9:5).	"내가 대답하되 주님 누구시니이까 하니 이르시되 나는 네가 박해하는 나사렛 예수라 하시더라"(22:8).	"내가 대답하되 주님 누구시니이까 주께서 이르시되 나는 네가 박해하는 예수라"(26:15).
"너는 일어나 시내로 들어가라. 네가 행할 것을 네게 이를 자가 있느니라 하시니"(9:6).	"내가 이르되 주님 무엇을 하리이까 주께서 이르시되 일어나 다메섹으로 들어가라 네가 해야 할 모든 것을 거기서 누가 이르리라 하시거늘"(22:10).	"일어나 너의 발로 서라 내가 네게 나타난 것은 곧 네가 나를 본 일과 장차 내가 네게 나타날 일에 너로 종과 증인을 삼으려 함이니 이스라엘과 이방인들에게서 내가 너를 구원하여 그들에게 보내어 그 눈을 뜨게 하여 어둠에서 빛으로, 사탄의 권세에서 하나님께로 돌아오게 하고 죄 사함과 나를 믿어 거룩하게 된 무리 가운데서 기업을 얻게 하리라 하더이다"(26:16-18).

"같이 가던 사람들은 소리만 듣고 아무도 보지 못하여 말을 못하고 서 있더라"(9:7).	"나와 함께 있는 사람들이 빛은 보면서도 나에게 말씀하시는 이의 소리는 [알아]듣지 못하더라"(22:9, NASB).	
"사울이 땅에서 일어나 눈은 떴으나 아무 것도 보지 못하고 사람의 손에 끌려 다메섹으로 들어가서"(9:8).	"나는 그 빛의 광채로 말미암아 볼 수 없게 되었으므로 나와 함께 있는 사람들의 손에 끌려 다메섹에 들어갔노라"(22:11).	

예수님은 사울에게 계속 다메섹까지 가라고 지시하셨다. 다만 목적이 달라졌는데 그것은 추후에 밝혀질 것이었다. 훗날 아그립바 앞에서 이 만남을 술회할 때(행 26:12-21) 사울은 이후 며칠 동안 일어난 사건을 압축하여 자신이 주께 들은 모든 내용을 약술했다.

—9:7-9—

사울의 동행들은 아무도 보지 못했다. 빛을 보고 음성을 들었으나 대화를 알아듣지는 못했다(9:7, 22:9). 반면 사울은 부활하신 그리스도의 메시지를 똑똑히 알아들었다. 이 만남 중에 그는 빛 때문에 시력을 잃어 동료들의 손에 이끌려 다메섹까지 갔다. 거기서 사흘 동안 흑암 속에 앉아 금식하며 물도 마시지 않았다(9:8-9).

나중에 아그립바 앞에 이 일화 전체를 회고한 말을 보면, 그 사흘 동안 사울은 주님과 소통했다. 그때 그가 들었던 내용이 사도행전 26장 16-18절에 요약되어 있다(위의 표를 참고하라). 아울러 같은 기간에 그는 환상도 보았는데, 다메섹의 한 그리스도인이 베풀 사역을 통해 시력을 되찾으리라고 그를 안심시켜주는 내용이었다.

—9:10-16—

한편 주님은 "다메섹에 아나니아라 하는 제자"를 시내 저쪽에 예비하셨는데, 그는 "율법에 따라 경건한 사람으로 거기 사는 모든 유대인들에게 칭찬을 듣는" 인물이었다(9:10, 22:12).

주님은 아나니아에게 사울이 기다리고 있는 집의 위치와 주인의 이름을 일러주시면서(9:11) 그가 올 것을 사울도 알고 있다고 확언하셨다(9:12). 이제 남은 일은 그가 "일어나…가"는 것뿐이었다(9:11).

당연히 그는 우려를 표했다. 자신의 안전만 아니라 정의를 위한 일이기도 했다. 주님은 그에게 그분의 전체 계획은 물론 사울이 곧 회심하리라는 사실도 알려주지 않으셨다. 사울을 찾아내 안수라하고만 명하셨을 뿐이다. 아나니아로서는 사울이 눈먼 상태로 있는 게 교회에 유익해 보였을 것이다. 그리스도인들을 대적하는 자가 시력을 되찾는 것은 비생산적으로 보였다. 정당한 우려였다. 아나니아는 이의를 제기하거나 불복한 것이 아니라 그냥 알고 싶었을 뿐이다.

주님은 매번 다 알려주시는 것은 아니며 그러실 의무도 없다. 그래도 그분은 자신의 종이 보이는 진지한 반응을 존중하셔서 사울이 사흘간 금식하며 깨달은 내용을 아나니아에게 알려주셨다. 즉, 그분은 교만하고 사나운 다소의 열성파 바리새인을 추적하여 구원하셨고, 세상을 구속하실 계획에서 중요한 역할을 그에게 맡기셨다(9:15). 이 말씀에서 주님은 자신이 사울을 주권적으로 택하셨음을 강조하셨다. "택한"으로 번역된 말은 "중요한 기준에 근거한 특별한 선택"을 뜻하며, "대개 선택 대상을 향한 강한 우호적 태도가 암시된다."[17] 다시 말해 하나님이 사울을 택하신 것은 감정이 배제된 실용적 선택이 아니라 사랑에서 비롯된 일이었다.

"그릇"[*skeuos*(4632)]은 글자 그대로 그릇을 가리킨다. 대개 그릇은 특수한 용도에 따라 제작된다. 포도주를 저장하는 그릇과 가정용품을 넣어두는 그릇은 모양부터 아주 달랐다. 하나님은 사울을 특정하게 빚으셨고, 소기의 목적에 맞게 그 걸음을 지도해오셨다. 사울은 위대한 가말리엘 문하에서 최상급 교육과 고도의 훈련을 받은 유대인이면서 다소의 유명한 헬라 학술원 옆에서 자랐다. 그래서 유대인의 왕이신 분을 이방인 문화에 알릴 대사(大使)로서 이상적이었다. 로마 시민권을 갖춘 히브리 학자이니만큼 양쪽 세계 모두에서 권위를 가지고 말할 수 있었다.

다소의 사울은 사도 바울이 될 운명이었다. 즉, 이방인과 왕들과 동족 유대인에게 증인이 되어야 했다. 나아가 정의에 대한 우려와 관련해서는, 사울은 한때 자신이 진압하려 했던 복음을 위해 큰 고난을 당하게 된다(9:16).

—9:17–19—

아나니아는 지체 없이 순종했다. 자기 집을 떠나 눈먼 사울의 거처인 유다라는 사람의 집에 들어갔다(9:11). 그는 사울을 "형제 사울아"라고 부르며 주저 없이 그를 참된 신자이자 그리스도를 위한 동역자로 받아들였다(9:17). 아울러 인사말에서 보듯이 그는 사울이 겪은 일을 본인에게 직접 듣기도 전에 다 알고 있었다. 노상의 사울에게 나타나신 주님이 다메섹의 아나니아에게도 나타나셨다. 아나니아가 선포한 말에는 사울이 시력을 되찾으면서 성령을 받았다는 사실도 암시되어 있다(9:17).

누가는 사울의 눈에서 "비늘 같은 것"이 벗어졌다고 표현했다. 헬라어 단어 *lepis*(3013)는 물고기나 뱀의 비늘처럼 얇고 부서지기 쉬운 것을 가리킨다. 이런 물리적 현상이 뒤따르기는 했지만 사울이 시력을 회복한 것은 초자연적 치유였다. 눈에서 비늘이 벗어지면서 그의 몸은 성령으로 충만해졌다. 눈은 시력을 받았고 영혼은 비전을 받았다. 사울은 금식을 끝내기 전에 물 세례부터 받았다(9:18). 그다음에야 음식을 먹었다(9:19).

—9:20–22—

사울은 시간을 허비하지 않고 "즉시로" 여러 회당에서 예수께서 "하나님의 아들"이심을 전파했다(9:20). 구약에서 아들이라는 표현은 이스라엘 나라(출 4:22–23, 사 63:16, 64:8, 렘 3:19, 31:9, 호 11:1), 이스라엘의 기름부음 받은 왕(삼하 7:14, 대상 22:10, 시 89:26–27), 메시아(시 2:7) 등에 쓰였다.

사울의 손에 대제사장의 공문이 들려 있었음을 잊지 마라. 공문의 수신자는 그 동일한 여러 회당의 지도자들이었고, 내용은 그리스도인들을 체포하여 인도(引渡)할 권한을 부여한다는 것이었다. 예수님을 메시아로 선포하는 유대인을 모조리 잡아들이려 다메섹에 왔던 사울이 어느새 그분을 열정적으로 따르는 사람이 되어 있었다. 복음에 함축된 의미에 대한 그의 이해는 앞으로 몰라보게 깊어지겠지만, 초기인 이때부터 이미 그는 언변이 뛰어났고, 히브리 성경에 대한 지식도 남달랐다. 그래서 동족 유대인들에게 그리스도를 강력하게 변호했다.

적용: 사도행전 9:1-22

이제부터 가야 할 길

사울이 경험한 회심은 누구와도 달랐다. 부활하신 그리스도를 초자연적으로 직접 만나는 사람은 여간해서 별로 없다! 그래도 그의 경험에서 모든 새로운 그리스도인의 출생과 양육에 적용되는 하나의 틀을 볼 수 있다. 사울의 회심에 뒤이어 벌어진 사건들을 눈여겨보라.

관계

사울이 그리스도를 만난 직후 주님은 한 성숙한 신자를 보내 그를 섬기게 하셨다. 아나니아는 그의 친구와 옹호자와 길잡이가 되었다. 바울의 의문에 그가 답해주었고, 이런 변화를 이미 경험한 사람과의 교제가 필요했던 바울에게 그가 그리스도인으로서 첫 교제 상대가 되어주었다. 성령께서 새 신자 안에 처음으로 입주하시면 이는 충격적이다 못해 때로 주체하기 힘든 경험이다. 전혀 새로운 관점의 삶이 시작되었으므로 이 비틀거리는 걸음마를 도와줄 사람이 필요하다.

공동체

아나니아는 이 짐을 혼자 지지 않고 사울을 얼른 다메섹의 신자 공동체에 소개했다. 그들의 도움으로 바울은 다음 행보를 정했다. 그들은 그의 확신을 지지했고, 그를 적들에게서 보호했으며, 신자인 그를 양육하여 성장하게 했다. 이제 사울이 메시아를 만났으니 교회는 그가 자신의 신학을 수정하도록 도왔다. 그들의 지원으로 바울의 변화는 다음 단계로 넘어간다.

교육

비록 전도와 설교에 즉각 뛰어들기는 했지만, 바울이 다메섹 도상의 경험과 명백한 사역의 소명을 받았다 하여 교리와 실천의 준비를 건너뛸 수 있는 것은 아니었다. 아라비아에서 정확히 무엇을 했는지는 몰라도 그는 다메섹을 떠나 그곳에서 시간을 보냈다(갈 1:17). 아마 공부하고 묵상하며 주님과 교제하고 성령의 특별 계시까지 받았을 것이다. 어느 정도의 시간이었는지 알 수 없는 기간이 흐른 후 그는 다메섹으로 돌아갔다가 예루살렘으로 갔다(참고 갈 1:17-18). 아직도 그의 사역은 준비가 끝나지 않았다. 안디옥의 이방인 회심자들 사이에서 일하도록 부름 받았다가 바나바와 함께 그 유명한 1차 선교여행으로 보냄 받은 것은 한참 후에 일어난 일이다. 그 전에 그는 고향 다소로 이주하여(행 9:29-30) 10년 동안 공부와 사역에 힘썼다. 이렇게 교리와 실천 양면에서 충분히 훈련된 후에야 비로소 하나님은 바울을 사도의 역할을 감당하도록 내보내셨다.

재생산

영적 성장이 잘 진행되면서 바리새인 사울은 사도 바울로 변모했고 신자로서 재생산을 시작했다. 그의 간증은 국제적으로 이루어질 전도 사역의 기초가 되었고, 이로써 그의 믿음을 통해 다른 사람들도 예수 그리스도를 믿게 되었다. 이거야말로 하나님 나라의 일원이 되는 모든 이에게 그분이 뜻하신 바다. 제자가 제자를 삼고 그 제자는 또 제자를 삼는 것이다.

새 이름이 필요한 사람(사도행전 9:23-31)

23여러 날이 지나매 유대인들이 사울 죽이기를 공모하더니 24그 계교가 사울에게 알려지니라 그들이
그를 죽이려고 밤낮으로 성문까지 지키거늘 25그의 제자들이 밤에 사울을 광주리에 담아 성벽에서 달
아 내리니라
26사울이 예루살렘에 가서 제자들을 사귀고자 하나 다 두려워하여 그가 제자 됨을 믿지 아니하니
27바나바가 데리고 사도들에게 가서 그가 길에서 어떻게 주를 보았는지와 주께서 그에게 말씀하신 일
과 다메섹에서 그가 어떻게 예수의 이름으로 담대히 말하였는지를 전하니라 28사울이 제자들과 함께
있어 예루살렘에 출입하며 29또 주 예수의 이름으로 담대히 말하고 헬라파 유대인들과 함께 말하며
변론하니 그 사람들이 죽이려고 힘쓰거늘 30형제들이 알고 가이사랴로 데리고 내려가서 다소로 보내
니라
31그리하여 온 유대와 갈릴리와 사마리아 교회가 평안하여 든든히 서 가고 주를 경외함과 성령의
위로로 진행하여 수가 더 많아지니라

확신컨대 모든 그리스도인은 영적 성숙을 향한 여정에서 세 단계를 거쳐야 한다.

누구나 각 단계를 통과해야 하지만 경험하는 방식은 사람마다 다르다. 1단계를 휙 지나

놓고는 2단계에 고착되는 사람도 있다. 거의 한평생 3단계에서 고전하느라 온전한 성숙에 이르지 못하는 사람도 있다. 어쨌든 성장의 단계는 모두에게 동일하며, 역사를 통틀어 어쩌면 가장 유명한 그리스도인인 다소의 사울도 예외는 아니었다. 사도행전 9장에 그가 밟은 영적 성장의 개요가 나와 있다.

영적 성숙에 이르는 단계

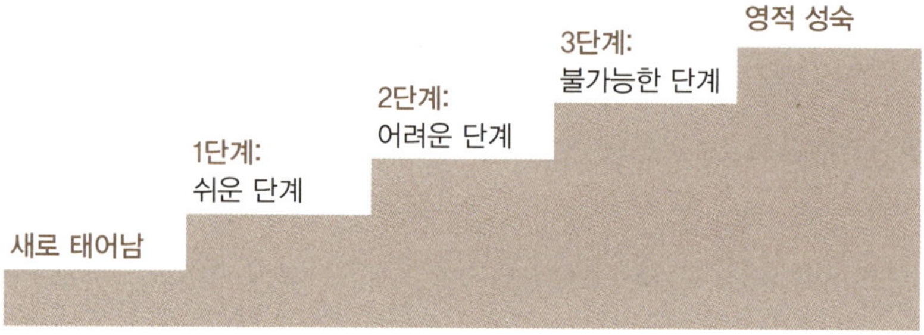

- 쉬운 단계(9:19-22)—사울은 여러 회당에서 동족 유대인들과 변론을 벌여 크게 성공했다. 타고난 재능, 뛰어난 지성, 광범위한 지식으로 무장된 그는 당대 최고의 지성들까지도 능가했다.
- 어려운 단계(9:23-25)—사울은 암살 음모의 과녁이 되어 그 도시를 떠나야 했다. 스탠리 투세인트(Stanley Toussaint) 박사의 말마따나 "다메섹의 그리스도인들을 박해하려던 사울의 계획은 묘한 반전을 맞이했다. 그 도시에 그는 맹인으로 들어갔다가 광주리에 실려 떠났다. 얄궂게도 그가 박해의 대상이 되었다."[18]
- 불가능한 단계(9:26-30)—예루살렘으로 돌아간 사울은 성전의 옛 동료들 사이에 설 자리가 없었고, 그리스도인 공동체도 의심스러운 그를 당연히 반기지 않았다.

바울의 신앙 여정이 여기까지 지나는 데 4년이나 걸렸다. 고향 다소에서 보낸 10년까지 합하면 더 길어진다. 결국 그는 영적 성숙이라는 중대한 지점에 도달했다. 이때부터 신자는 그리스도인의 삶의 '불가능한' 기준을 받아들일 뿐 아니라 무력한 자로서 성령의 능력으로 승리하는 법을 배운다. 이런 관점으로 살지 않는 그리스도인은 아직 새로운 삶을 제대로 맛보지 못했다고 할 수 있다.

교회사에 대한 누가의 계속되는 내러티브에서 사울의 성장은 이제 막 시작되었다. 지금까지는 그에게 그리스도인의 삶이 쉬웠지만 지리적으로나 영적으로나 아직 갈 길이 멀었다.

사도행전 9장에 언급된 바울의 여행지

예루살렘	(행 9:1-2)
다메섹	(행 9:3-22)
아라비아	(갈 1:17)
다메섹	(행 9:23-25, 갈 1:17, 고후 11:32-33)
예루살렘	(행 9:26-29, 갈 1:18-20)
가이사랴	(행 9:30)
다소	(행 9:30, 갈 1:21-24)

—9:23-25—

다메섹 도상에서 부활의 주님을 만난 사울은 완전히 실명한 채로 사흘간 친구 유다의 집에서 금식하며 기도했다.[19] 그 기간에 귀하고 놀라운 선물을 주님께 받았다. 즉, 그리스도인으로서 자신이 이방인과 왕들과 유대인에게 큰 증인이 될 것을 미리 보았다(9:15-16). 그는 시력을 받을 때 성령도 받았고(9:17) 금식을 끝내기 전에 물 세례를 받았다. 세례는 그의 내면이 깨끗해졌다는 외적 상징이자 예수 그리스도를 하나님의 아들, 히브리의 메시아, 세상의 구주로 믿는다는 공적 선포였다.

당장 다메섹에서 사울은 예수님의 부활을 전하기 시작해, 불과 며칠 전에 메시아를 만난 일을 모두에게 말했다. 처음에는 사역이 쉬웠다. 천부적 재질을 갖춘 그가 아니던가! 평생 성경과 신학을 공부한 그가 드디어 구약 전체에 예언된 메시아를 만나니 모든 게 척척 맞아들었다. 그는 리더십 역량도 뛰어났고 웅변술도 탁월했다. 성전 고위층 사이에 높이 평가받던 바리새인인데다 틀림없이 로마 정부에 연줄도 많았다. 중요한 도시에서(21:39) 로마 시민으로 태어난 그는(22:28) 사회에서 귀한 신분을 누리며 사람들의 선망을 한 몸에 받았다. 하나님이 CEO 유형의 인사를 발굴하여 성장하는 교회의 운영을 맡기려 하셨다면 다소의 사울보다 이력서가 화려한 사람은 없었다.

그러나 사울이 곧 배웠듯이 하나님은 지도자를 기업체의 인재 모집책처럼 발굴하시는 분이 아니다. 탄탄한 이력서는 좋은 출발에 불과하다. 하나님 나라의 직무에 맞게 준비되려면 성품이 전면 개조되어야 한다. 해체와 휴경기를 거쳐 서서히 재건되어야 한다.

사울이 다메섹에서 사역을 시도하느라 "여러 날이 지나매" 회당 지도자들이 그를" 죽이기를" 공모했다(9:23). 사울을 체포하여 예루살렘으로 돌려보내 재판에 세우려는 공모였을 수도 있고, 즉석에서 죽이려는 공모였을 수도 있다. 시내에서 그를 찾지 못한 그들은 그가 드나들 때 잡으려고 성문에 밀정을 세웠다(9:24). "그의 제자들"이란 사울이 다메섹에서 그리스도께로 인도했거나 가르치기 시작한 사람들을 가리킨다. 그들의 도움으로 그는 "성벽"을 통해 피했다(9:25).

고대의 많은 도시는 두 겹의 성벽에 둘러싸여 있었고 외벽과 내벽의 간격은 4.5미터쯤 되었다. 아랫부분은 돌과 잡석으로 채워 적들이 도시의 방벽을 뚫기 어렵게 만들었다. 그러나 위쪽에는 두 벽 사이에 목재 들보를 얹고 바닥을 깔아 생활 공간을 만들었다. 아마 사울은 바깥쪽으로 난 방의 창으로 피했을 것이다. 제자들이 그를 광주리에 담아 달아내려 무사히 시외로 벗어나게 했다.

훗날 갈라디아의 신자들에게 쓴 편지에 사울은 자신이 회심 후 아라비아에 은거했던 시기를 언급했다.

> 내가 곧 혈육과 의논하지 아니하고 또 나보다 먼저 사도 된 자들을 만나려고 예루살렘으로 가지 아니하고 아라비아로 갔다가 다시 다메섹으로 돌아갔노라 그 후 삼 년 만에 내가 게바를 방문하려고 예루살렘에 올라가서 그와 함께 십오 일을 머무는 동안…(갈 1:16-18).

이 본문을 사도행전 9장과 병치해놓고 보면 그가 아라비아에 얼마나 오래 있었는지, 언제 떠났는지, "삼 년"이 정확히 어느 시점을 가리키는지 등이 분명하지 않다. 사도행전 9장과 갈라디아서 1장의 단서를 이어 맞추어 사건을 시간 순서대로 정리해보면, 크게 다음 두 가지 해석이 가능하다.

시간 순서대로 배열한 사도행전 9장: 해석 1

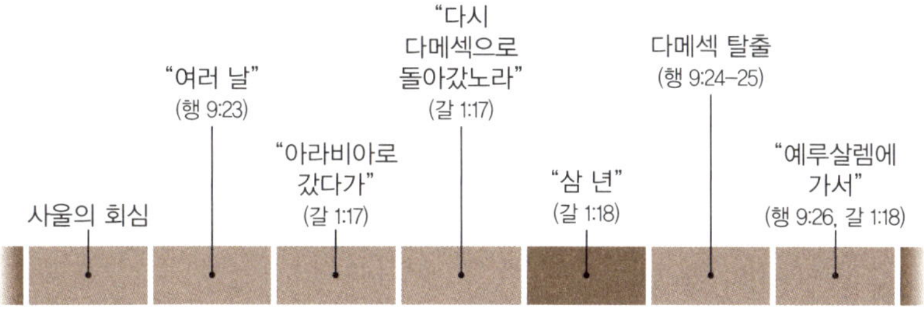

이 해석에 따르면 사울은 다메섹에서 "여러 날"(9:23) 사역하다가 아라비아로 떠났다. 거기서 아마 책을 읽고 공부하고 훈련받았을 것이다. 그 후에 다메섹으로 돌아가 3년간 사역했는데, 이때 그를 죽이려는 음모가 있어 부득이 탈출해야 했다. 그래서 다메섹을 떠나 예루살렘으로 올라갔다.

충분히 가능성 있는 해석이며, 겉보기에는 갈라디아서 1장 18절에 "그 후"로 번역된 부사구도 의미가 통한다. 그러나 헬라어 원어의 부사를 더 자세히 보면 그렇게 확실한 것만도 아니다. 모든 사실을 종합해볼 때 나는 두 번째 해석을 더 받아들이는 쪽이다.

시간 순서대로 배열한 사도행전 9장: 해석 2

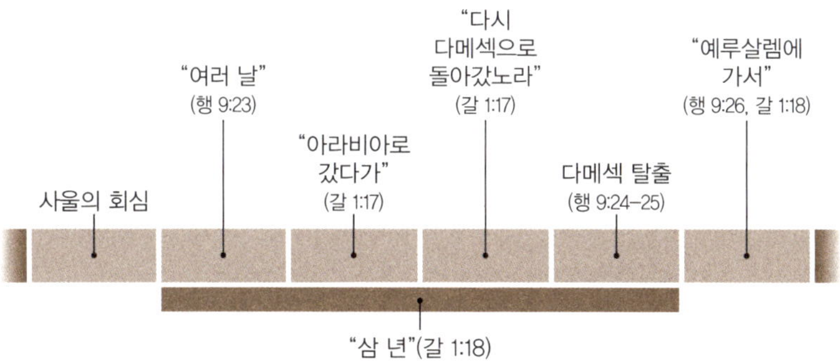

이 순서대로라면 사울이 다메섹에서 "여러 날" 사역하던 중 각 회당에서 그를 더는 반기지 않았다. 그래서 그는 아라비아로 가서 2년 동안 사역을 더 잘 준비했다. 그러다 다메섹으로 돌아가 사역을 재개했는데, 회당 지도자들이 그를 "죽이기를" 공모하는 바람에(행 9:23)

밤중에 피해야만 했다. 그 길로 그는 예루살렘으로 갔다.

이 경우 그가 회심한 후 예루살렘으로 가기까지 총 3년이 소요되었다. 다시 말해 사울이 예루살렘의 베드로를 방문한 때는 다메섹으로 돌아간 때로부터 3년 후가 아니라 회심한 지 3년 후였다. 케네스 웨스트(Kenneth Wuest)가 설명했듯이 "'삼 년 만에'라는 말은 단순히 시간의 경과를 가리키는 게 아니라 논의상의 발언이다[즉 논증을 떠받친다]. 바울이 이 단락 전체에 보여주는 것은 자신이 예루살렘의 사도들에게 전혀 의존하지 않았다는 사실이다. 따라서 3년이 가리키는 것은 아라비아에서 돌아온 후의 시간이 아니라 회심한 후의 기간이다."[20]

여기까지 사울의 영적 여정은 먼 길을 왔다. 회심 직후 그는 다메섹이라는 작은 인큐베이터 안에 남아 있었다. 그의 회심을 목격한 소수의 제자들이 그에게 양육과 수용과 격려와 지도와 보강과 보호를 베풀었다. 그들은 성령께서 그에게 임하여 성품을 변화시켜주시는 것을 보았다. 그는 가족적인 공동체를 누리며 여러 회당에서 꾸준히 사역했다. 그리스도인의 삶에서 경험하는 이 단계는 사울에게 쉬웠다!

그러나 이후의 몇 년은 그에게 어려운 시간이었다. 회당 지도자들에게 배격당한 그는 광야로 사라져 자신의 처지를 실감했다. 그나마 다메섹에서 적들이 그를 치려고 공모할 때는 신자들과 교제라도 할 수 있었다. 예루살렘에서는 삶이 불가능해진다.

—9:26-27—

그동안 사울은 그리스도인의 삶에서 겪는 쉬운 시기와 어려운 시기를 통과했다. 이제 예루살렘에서는 삶이 불가능해졌다. 둘 중 어느 쪽 해석을 따르든(197페이지의 도표를 참고하라) 그는 몇 년 만에 예루살렘으로 귀환한 것이다. 그 기간이면 유대교 동료들 사이에서 그의 영향력이 쇠퇴하기에는 충분했지만, 처음 몇 년간 그가 박해했던 기억이 지워지기에는 아직 너무 일렀다(9:26). 성전에 포진한 적들과 그를 두려워하는 교회로 인하여 사울은 외톨이가 되었다. 양쪽 공동체에서 다 단절되어 이를테면 소속 집단이 없어진 셈이었다. 사울 혼자서 어찌해볼 도리가 없었다.

그리스도인의 삶이 불가능해지면 신자는 항복이라는 요긴한 개념을 배워야 한다. '항복'은 '포기한다'는 뜻이 아니다. 항복에는 원한이나 자기연민이나 탓하기나 분노가 없다. 항복한 사람의 마음에는 권리의식이 없다. 항복한 그리스도인은 자신의 무력함을 인정한다. 하지만 과거에 큰 성공을 구가했거나 엄청난 잠재력을 타고난 이들은 이런 태도를 품기가 어렵다.

영적 여정을 시작할 때 사울은 자급력과 열심과 의욕과 능력이 넘치고, 방향감각이 뚜렷한 종교 지도자였다. 그런데 부활하신 주님을 만나면서 인생길이 전혀 새로워졌다. 가장 예리한 그리스도인들은 틀림없이 그의 회심에 고무되었을 것이다. 하나님 나라를 위한 일에 잠재력이 확실한 사람이 이제 막 메시아를 받아들였으니 말이다. 다소 출신의 훌륭한 사울이 성령으로 충만해지면 무슨 일을 이루어낼지 누가 알겠는가! 그러나 완고한 그가 하나님의 사람이 되어 주님을 위해 잠재력을 실현하게 되기까지는 아직 갈 길이 멀었다.

사울(바울)이 떠난 초기 여행들. 그는 그리스도인들을 박해하려는 열성으로 예루살렘에서 다메섹까지 갔다. 거기서 기독교로 회심한 뒤로는 초기에 아라비아, 예루살렘, 가이사랴, 다소 등지를 다녔다.

A. W. 토저(A. W. Tozer)는 "하나님이 사람에게 깊은 아픔을 먼저 주지 않으시고도 큰 복을 주실 수 있을지 의문이다"고 썼다.[21] 앨런 레드패스(Alan Redpath)도 비슷하게 말했다. "하나님은 불가능한 일을 하시려면 불가능한 사람을 취하여 깨뜨리신다."[22] 하나님이 사람을 아프게 하시며 즐기신다는 말이 아니라 대개 영적 수술에 고통스러운 회복이 뒤따른다는 말이다. 사울처럼 자신의 의지가 강한 사람들이 치료받고 재활하려면 시간이 아주 오래 걸릴 수 있다. 그의 경우 거의 15년이 걸렸

다! 마침내 강한 의지가 꺾이면—자신이 무력하다는 사실을 비로소 받아들이면—하나님의 도움이 곁에 대기하고 있다.

여정에 오른 지 3년밖에 되지 않은 사울은 예루살렘 시절의 앞부분을 혼자서 보냈다. 신자들이 그를 피했다(9:26).

사울은 소속도 없고 공동체도 없고 방향도 없고 소망도 없었다. 혼자서는 도저히 상황을 반전시킬 수 없었다. 삶이 불가능해졌기에 항복이 불가피했다. 바로 그때 바나바가 그를 구하러 왔다(9:27, 참고 4:36). 이전에 다메섹에서는 아나니아가 사울의 친구가 되었는데 지금 예루살렘에서는 바나바가 그의 옹호자가 되었다. 바나바가 사울이 걷고 있는 영적 여정의 내막을 알게 된 경위는 알 수 없다. 아무래도 그의 성격상 사울의 말을 그대로 믿었을 것이다. 어쨌든 바나바는 사울을 "사도들"에게 데려갔고, 그들은 이전의 적을 신자들의 교제권 안으로 기꺼이 받아들였다.

누가는 사울이 "사도들"과 함께 있었다고 썼지만 갈라디아서 1장 18-19절에 보면 그가 본 사도는 베드로와 야고보뿐이었다. 그리스도의 동생 야고보는 열두 사도 중 하나는 아니었지만 예루살렘 교회는 그를 사도로 인정했던 것 같다(갈 1:19, 행 12:17, 15:13, 21:18). 그러므로 누가가 쓴 "사도들"이라는 말은 넓은 의미의 '지도자들'을 총칭했을 것이다. 즉 열두 사도의 지도 아래 교회의 실무를 이끌던 이들이었다.

—9:28-30—

이번에도 사울이 예루살렘에 얼마나 오래 머물렀는지 확실히 알 수 없다. 훗날의 회고에 따르면 그는 베드로와 함께 15일을 머물렀지만(갈 1:18), 바나바의 도움이 있기 전에도 그 도시에서 몇 주 지냈을 수 있다. 베드로와 조우한 뒤로 활발하게 사역한 기간이 더 있었던 것만은 분명하다. 다메섹에서 그랬듯이 그는 예루살렘의 "헬라파 유대인들"[행 9:29, *Hellēnistēs*(1675)]과 변론했는데, 공교롭게도 그들은 스데반을 비방하는 운동을 선동했던 바로 그 집단이었다. 누가는 그때의 음모를 은근히 사울 탓으로 돌린 바 있다(7:58, 8:1). 이번 교류의 결과로 이 집단은 사울을 죽이려 했다. 당시 일각에서는 이를 사필귀정으로 보았을 것이다. 사울이 스데반을 대적하여 뿌린 씨를 스스로 거둔다는 것이었다. 실제로 그는 반기독교 정서를 퍼뜨리는 데 일조했고, 이제 그것이 부메랑이 되어 자신에게 돌아왔다. 하지만 은혜는 늘 넘친다! 한시적 결과가 아직 남아 있기는 했지만, 사울의 죄는 이미 용서되었다.

교회의 형제자매들은 사울을 살해하려는 새로운 음모를 듣고 그를 가이사랴로 피신하게 했고, 거기서 그는 배편으로 고향 다소로 향했다. 이후 10년 동안 그는 배우고 성장하며 교회 지도자로 계속 준비되어간다. 하나님은 이 똑똑한 바리새인을 이방인의 사역자로 세우셨으나 교회는 아직 그를 받아들일 준비가 되어 있지 않았다. 그래서 그분은 다소의 사울을 준비시켜 사도 바울이 되게 하시는 한편, 예루살렘의 유대인 교회를 준비시켜 이방인을 형제자매로 받아들이게 하신다.

—9:31—

짧게 요약된 서술을 통해 누가는 사울의 회심 이야기에서 베드로의 사역에 대한 설명으로 넘어간다. "그리하여"로 번역된 헬라어 접속사[*oun*(3767)]는 문맥에 따라 역할이 달라진다. 이 말이 내러티브에 쓰이면 앞서 중단되었던 이야기가 속개된다. 본문의 경우 '한편'이란 단어가 적절할 것이다. 누가의 내러티브는 바울의 회심을 둘러싼 굵직한 사건을 개괄하느라 잠시 곁길로 벗어났었다. 한편 교회는 교회대로 영적으로 계속 성장했다. 베드로의 사역은 그 자신과 그가 이끌던 회중을 미답의 땅으로 데려간다.

적용: 사도행전 9:23-31

항복에 대한 교훈

바울이 그리스도인이 되고 나서 초창기 때 걸었던 영적 여정을 살펴보면 두 가지 중요한 교훈이 드러난다.

첫 번째는 이것이다. 우리가 그리스도 안에서 성장하도록 하나님은 어떻게든 육신을 무력하게 만드신다. 여기서 "육신"이란 그리스도인의 본성 중에서 바울이 로마서 7장에 "죄 아래에 팔렸도다"(롬 7:14)라고 말한 그 부분을 뜻한다. 신자에게 있는 그 부분은 죄의 습성에 젖은 옛 사고방식대로 계속 결정하고 선택한다. "육신"에 이끌린 결정은 자만과 독선과 이기적 태도와 야심으로 충만한 결과를 낳는다. 영적으로 성장하려면 신자 안에 계신 성령이 자아에 함몰된 낡고 악한 관점을 이기셔야 한다.

그런데 우리 중에는 고집이 세서 배우는 데 더딘 이들이 있다. 지식과 경험과 활력과 의욕으로 여러 난관을 이겨낸 사람이다 보니, 우리는 무엇이든 혼자서 해낼 수 있다고 진심으로 믿는다. 그저 하나님의 도움이 조금만 있으면 된다. 그러나 성령은 힘써 그런 관점을 죽이신다. 그래야 우리가 그분의 능력을 경험할 수 있기 때문이다. 그분이 신자들 안에 내주하심은 우리가 처리해야 할 의제를 수행하도록 도우시기 위해서가 아니다. 그분은 오셔서 우리를 주님의 계획에 편입시키신다. 우리는 자신이 원하는 것을 악착같이 움켜쥐지만 성령은 점차—때로는 고통스럽게—우리의 손가락을 하나씩 잡아 펴신다. 그리하여 우리가 원하는 것을 꼭 필요한 것으로 대체하신다.

그렇게 성령이 육신을 무력하게 만드시면 당신은 불안해질 수 있다. 마치 세상이 당신을 등진 것 같다. 한때 펄펄 날던 당신이 이제 더는 그렇지 않다. 그 기분은 아찔하지만 사실은 당신이 성장하고 있다는 분명한 신호다. 육신의 힘을 잃는다는 게 무엇인지 당신의 하늘 아버지이신 주님이 훤히 아신다. 덕분에 당신은 순순히 그분의 능력에 의존할 수 있다.

두 번째 교훈은 이것이다. 사역을 수행하려면 성도들이 항복해야 한다. 항복한 신자들은 동일한 성령의 명령에 따르므로 한마음으로 함께 사역을 수행한다. 그리스도인마다 초자연적 능력으로 각기 제멋대로 한다면 어떻게 될지 상상이 되는가? 교회는 엉망이 될 것이다! 이것은 그분의 일이다. 사역은 그분의 의제를 수행해야 한다. 그러므로 하나님의 종은 누구든지 자신의 뜻을 내려놓고 자신이 무력하다는 사실을 받아들여야 한다. 그래야 하나님의 뜻과 능력이 막힘없이 흘러나올 수 있다.

오래전 어느 익명의 시인은 영혼을 변화시키시는 주님을 이렇게 묘사했다.

> 하나님이 사람을 훈련하시고
> 전율하게 하시고
> 숙련시키려 하실 때,
> 하나님이 사람을 빚어
> 가장 귀한 역할을 맡기려 하실 때,

그분이 전심으로 열망하셔서
온 세상이 놀랄 정도로
훌륭하고 담대한 사람을 길러내실 때,
그분의 방법과 절차를 보라!

그분은 귀하게 택하신 자를
가차 없이 연단하시고
망치로 아프게 때리시어
강타로 그를 변화시키신다.

하나님만이 아시는 질그릇으로
점차 빚어나가시는 동안
그는 마음이 괴로워 울고
애원하듯 두 손을 든다!

그분은 휘시되 꺾지 않으시고
그에게 선을 이루시며,
택하신 자를 쓰시되
모든 목적으로 그를 녹이시고,
모든 행위로 그를 강권하여
그분의 영광을 드러내게 하신다.

하나님이 어련히 알아서 하신다.

하나님이 어련히 알아서 하신다. 그 사실을 결코 잊지 마라! 그분은 자기 몫을 충실히 다하신다. 우리 몫은 그분의 뜻에 내 뜻을 복종시키고, 그분의 방식 앞에 내 방식을 버리는 것이다.

초자연적 현시(사도행전 9:32-43)

32그 때에 베드로가 사방으로 두루 다니다가 룻다에 사는 성도들에게도 내려갔더니 33거기서 애니아
라 하는 사람을 만나매 그는 중풍병으로 침상 위에 누운 지 여덟 해라 34베드로가 이르되 애니아야
예수 그리스도께서 너를 낫게 하시니 일어나 네 자리를 정돈하라 한대 곧 일어나니 35룻다와 사론에
사는 사람들이 다 그를 보고 주께로 돌아오니라
36욥바에 다비다라 하는 여제자가 있으니 그 이름을 번역하면 도르가라 선행과 구제하는 일이 심
히 많더니 37그 때에 병들어 죽으매 시체를 씻어 다락에 누이니라 38룻다가 욥바에서 가까운지라 제
자들이 베드로가 거기 있음을 듣고 두 사람을 보내어 지체 말고 와 달라고 간청하여 39베드로가 일어
나 그들과 함께 가서 이르매 그들이 데리고 다락방에 올라가니 모든 과부가 베드로 곁에 서서 울며
도르가가 그들과 함께 있을 때에 지은 속옷과 겉옷을 다 내보이거늘 40베드로가 사람을 다 내보내고
무릎을 꿇고 기도하고 돌이켜 시체를 향하여 이르되 다비다야 일어나라 하니 그가 눈을 떠 베드로를
보고 일어나 앉는지라 41베드로가 손을 내밀어 일으키고 성도들과 과부들을 불러 들여 그가 살아난
것을 보이니 42온 욥바 사람이 알고 많은 사람이 주를 믿더라 43베드로가 욥바에 여러 날 있어 시몬이
라 하는 무두장이의 집에서 머무니라

베드로가 하나님의 은혜를 효과적으로 선포한 것은 누구보다도 자신에게 은혜가 더 필요했기 때문이다. 경건한 중산층 가정에서 태어난 베드로는 갈릴리 바다에서 그물질을 하며 자랐고, 결혼했으며, 벳새다의 어촌에서 아마 자녀도 두엇 길렀을 것이다. 그러다 그는 예수님을 만났다. 머지않아 그는 대성황이었을 수도 있는 어업의 이권을 버리고 메시아를 따르며 아주 도발적인 제자가 되었다. 확실히 베드로는 풍랑이 잦아 종잡을 수 없는 갈릴리 바다의 성질과 비슷한 데가 있었다. 너무 급히 말했고, 생각 없이 행동했으며, 충동적으로 나섰고, 시종 교만하게 앞장섰다.

잡히시기 전날 밤 예수님은 힘든 시기를 앞둔 제자들의 마음을 이렇게 준비시켜주셨다. "오늘 밤에 너희가 다 나를 버리리라 기록된 바 내가 목자를 치리니 양의 떼가 흩어지리라 하였느니라 그러나 내가 살아난 후에 너희보다 먼저 갈릴리로 가리라"(마 26:31-32). 그러나 베드로는 들을 마음이 전혀 없었다. "모두 주를 버릴지라도 나는 결코 버리지 않겠나이다…내가 주와 함께 죽을지언정 주를 부인하지 않겠나이다"(마 26:33, 35).

하지만 그는 주님을 세 번이나 부인했다. 예수님을 모른다고 부인했고, 사람들에게 자신의 거짓말을 확신시키려고 스스로 하나님의 저주를 부르며 맹세했다. 수탉이 울고 먼동

이 트자 그는 자신이 주님을 버렸을 뿐 아니라 그분을 죽이려는 자들에게 인정받으려 했음을 깨달았다. 주님의 말씀과 자신의 반응이 떠오르자 베드로의 교만은 추호도 남김없이 눈물과 함께 깨끗이 씻겨나갔다.

여러 날 동안 눈물만을 벗 삼아 지내던 베드로를 부활하신 주께서 따로 불러 의미심장한 대화를 나누셨다. 그의 마음을 살펴 교만이 흔적조차 사라진 것을 보신 예수님은 이 실족한 제자에게 "내 양을 치라"(요 21:16)고 명하셨다. 그는 과연 양을 쳤다! 예루살렘 거리에서 처음 설교하여 조롱하던 3천 명을 제자로 변화시킨 사람도 베드로였다. 신앙 때문에 처음 박해당한 사람도 베드로였다. 그는 요한과 더불어 성전에서 등에 채찍을 맞은 첫 주자가 되었다. 태형이 끝나자 다시 성전 경내에서 설교하여 그리스도를 따르는 이들을 5천 명이나 더 얻어낸 사람도 베드로였다. 아나니아와 삽비라의 위선을 엄단하고 마술사 시몬을 책망한 사람도 베드로였다. 예수 그리스도의 은혜는 베드로를 바닥 중의 바닥에서 일으켜 예루살렘 교회에서 가장 높은 권위의 자리에 세웠다. 한때 수치스러워 아무도 모르는 곳으로 숨고 싶었던 그를 그분은 첫 그리스도인들 가운데 가장 돋보이는 대변자로 삼으셨다. 베드로는 또 하나님이 사도 시대의 가장 위대한 몇몇 기적을 행하신 통로가 되기도 했다. 사울이 회심하던 때와 마찬가지로 은혜는 넘친다.

—9:32-33—

예루살렘 교회에 대한 누가의 내러티브가 재개될 즈음, 베드로는 자신의 사명을 온 유대로 확장한 상태였다. 여행 중 그가 간 룻다라는 성읍은 구약 시대에는 롯으로 불렸다(대상 8:12, 스 2:33, 느 7:37, 11:35). 본래 이스라엘이 가나안을 정복할

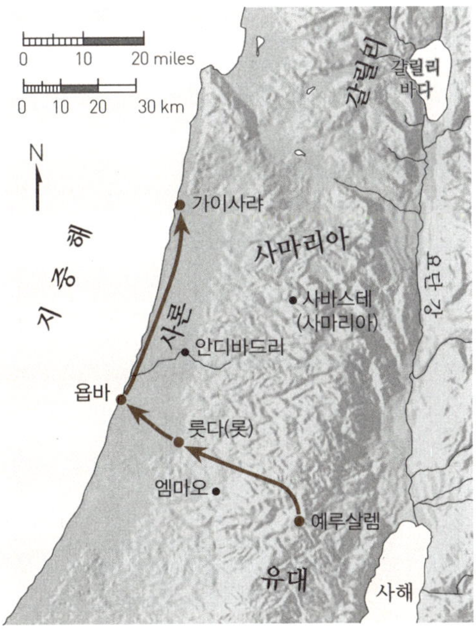

베드로의 사역. 베드로는 사역의 반경을 예루살렘 교회 너머로 넓혔다. 유대 사방을 두루 다니며 룻다와 욥바와 가이사랴에 들렀고, 돌아올 때는 성령이 이방인에게도 임하셨다는 기쁜 소식을 가져왔다.

때 베냐민 지파의 한 히브리인이 세운 이 성읍은 바빌론과 이집트를 잇는 간선도로와 예루살렘과 욥바를 잇는 큰길의 교차로에 있었다. 그래서 군사와 상업의 요충지였고, 직물과 도예로 유명했다. 현재는 텔아비브 인근의 벤구리온 공항이 그 자리에 있다.

베드로는 룻다에서 8년째 중풍을 앓고 있던 애니아라는 사람을 만났다. 그의 삶은 하루하루가 똑같이 암울했다. 누군가가 옷을 입혀주고 일으켜 앉혀주어야 했다. 음식도 먹여주고 몸도 씻어주어야 했다. 이곳에서 저곳으로 옮겨주어야 했다. 그는 8년이나 그렇게 살았다.

—9:34-35—

사도는 기적을 통해 자신에게가 아니라 자신이 가져온 메시지에 주목을 끌고자 했다. 그래서 자신의 행동을 큰 구경거리로 만들지 않고 "예수 그리스도께서 너를 낫게 하시니"(9:34)라고만 말하면서 애니아에게 몸이 성한 사람처럼 자리를 정돈하라고 했다. 여태 그는 병 때문에 종일 자리에 누워 있었으나 이제 여느 누구처럼 일어나 이부자리를 개야 했다.

누가가 쓴 "곧"[*eutheōs*(2112)]이라는 단어는 기적적 결과를 부각시켜준다. 환자는 병세가 호전된 뒤 물리치료를 통해 더 튼튼해진 게 아니다. 하나님이 순식간에 그의 건강을 완전히 회복시키신 것이다.

기적은 소기의 목적을 달성했다. 룻다는 앞서 말했듯이 도시이고, 사론은 그 도시가 위치한 해안 평지로 대략 너비 15킬로미터 길이 80킬로미터에 해당한다. 룻다와 인근 지역에 거주하던 사람들 절대다수가 베드로의 설교를 하나님이 인정하신 것으로 받아들였다. 누가가 쓴 "주께로 돌아오니라"는 문구는 그들이 예수님을 따르는 사람이 되었다는 뜻이다(9:35, 11:21, 15:19). 즉, 믿고 세례를 받고 성령을 받았다는 뜻이다.

—9:36-38—

베드로가 순회 사역 때 들른 곳 중 욥바도 있었다. 옛날에 요나가 그 항구 도시로 달아난 적이 있었다(욘 1:3). 오랜 역사 동안 욥바는 여러 정복국의 지배를 받다가 결국 카이사르(가이사)가 그곳을 헤롯에게 하사했다. 안타깝게도 헤롯은 욥바 사람들을 싫어하여 거기서 북

기적의 특성(사도행전 9:32-35)

기적은 날마다 벌어지는 일이 아니다. 나의 한 동료가 말했듯이 "그런 일이 날마다 벌어지면 기적이 아니라 일상이 될 것이다." 비록 성경에는 흔히 등장해도 사실 역사 속에서 보이는 기적은 극히 드물다. 하나님은 대개 기적을 단기간의 특별한 시기로 제한하신다. 피조물과 교류하시는 방식에 큰 변화를 주시기 직전이다. 성경에 나오는 기적은 대부분—물론 전부는 아니다—비교적 단기간인 세 번의 극히 놀라운 시대로 국한된다.

1. 출애굽, 광야에서의 방황, 가나안 정복
4백 년의 침묵 후 하나님은 일련의 기적적 사건으로 이집트 백성과 히브리 백성을 놀라게 하셨다. 이렇게 그분은 자신의 언약 백성을 이집트의 노예 생활에서 해방시켜 약속의 땅에 정착시키셨다.

2. 엘리야와 엘리사가 행한 예언 사역
왕정 시대에 하나님은 수십 년의 반복된 경고 끝에 이스라엘을 우상숭배에서 돌이키시고자 이 두 선지자를 보내셨다. 그분은 기적을 통해 그들의 메시지가 하나님에게서 온 것임을 입증하셨다.

3. 그리스도와 사도들이 행한 기초 사역
4백 년의 침묵 후 하나님이 보내신 그분의 아들은 구약에 나오는 기적의 시대들에 필적하는 기적적 위업을 능히 행하셨다. 이어 그분은 사도들을 통해서도 기적을 베풀어 예수 그리스도의 메시지가 하나님에게서 난 것임을 확증하셨다

기적은 드물어서 역사를 통틀어 매우 뜸하게 발생했다. 그럼에도 하나님은 세상 속에서 늘 초자연적으로 역사해오셨다. 다만 '초자연'과 '기적'은 다르다.

하나님은 무에서 만물을 창조하실 때 중력의 법칙, 열역학 법칙 같은 자연법도 고안하여 우주 만물에 질서를 부여하셨다. 대체로 그분은 우주가 자연법대로 운행되게 두시고, 실제로 자신의 계획을 추진하실 때도 대개 자연법을 거스르지 않고 그런 법칙을 통해 일하신다. 다시 말해 피조물과 협력하여 자신의 뜻을 이루실 때 그분은 매번 거창하게 하시는 것만은 아니다. 많은 경우 그분이 역사를 이끄시고 사건을 이루셔도, 관련자들은 자신이 쓰임 받고 있음을 모른다. 일례로 오순절 날 베드로는 무리에게 "그[예수]가 하나님께서 정하신 뜻과 미리 아신 대로 내준 바 되었거늘 너희가 법 없는 자들의 손을 빌려 못 박아 죽였으나"(2:23)라고 말했다. 하나님은 구약에 예언된 대로 성자 예수님이 자기 백성을 위해 십자가에서 죽임을 당하시도록 역사를 빚으시고 사건을 이끄셨다.

창조주께서 자연을 초월하여—'초자연적으로'—피조물과 교류하시는 방식은 얼마든지 많이 있다. 그분은 우연처럼 보이는 환경을 연출하시고, 사건의 평범한 흐름을 바꾸어놓으시며, 사람들에게 능력을 주어 평소에 할 수 없던 일을 해내게 하시고, 의학적 치료나 설명을 뛰어넘는 방식으로 사람들을 치유하신다. 이 모두가 하나님의 초자연적 활동이다.

반면 기적이란 초자연적 활동 중에서도 특별한 부류에 속한다. 하나님이 초자연적 활동을 겉으로 명백히 드러내실 때 기적이 발생하는데, 대개는 어떤 요지를 밝히시기 위해서다. 그분이 자연법을 극적으로 거스르심은 해당 사건이 그분의 뜻대로 된 것임을 입증하시기 위해서다. 기적의 목적은 하나님의 능력을 불가항력적으로 드러내 모두의 주의를 끌고, 그 활동이나 메시지가 하나님에게서 난 것임을 확증하는 데 있다. 그래서 그분은 바닷물을 갈라 이 끝에서 저 끝까지 육지가 되게 하셨고(출 14:22), 나귀가 사람처럼 말하게 하셨으며(민 22:28), 도끼머리가 떠오르게 하셨고(왕하 6:6), 세 청년이 화염 속에 들어갔다가 머리카락 한 올도 그슬리지 않고 나오게 하셨다(단 3:23-27).

이런 것들이 진정한 기적이다. 즉 하나님이 자연법을 어기시는 극적이고도 부인할 수 없는 행위다. 대개 기적은 삶의 통상적 구조 내에서는 불가능했을 문제를 해결해준다.

주님은 끊임없이 초자연적으로 역사하시지만 기적은 극히 드물다.

쪽으로 50킬로미터쯤 되는 곳에 최신식 항구 도시를 건설하고 이름을 가이사랴라고 붙였다(가이사랴 빌립보와 구분하고자 '해변'을 붙여 가이사랴 마리티마라고도 한다-역주). 그러다보니 욥바의 해상 무역은 이 새로운 라이벌에 비할 바가 못 되었다. 그래도 바다를 통해 예루살렘을 방문하는 사람들은 욥바 항구를 자주 이용했다.

욥바에 그리스도를 따르는 여자가 있었는데, 누가는 "착한 일과 자선의 베풂이 충만한"(직역) "제자"라 표현하여 그것이 그녀의 몸에 밴 생활방식이었음을 내비쳤다(행 9:36). 아람어 이름 다비다와 헬라어 이름 도르가는 둘 다 '영양[羚羊)'을 뜻한다. 누가가 헬라어 독자들을 위해 이름을 번역해놓았으나 짐작컨대 그녀는 유대인 태생이었다. 베드로는 예루살렘으로 올라가는 큰길에서 불과 20킬로미터 지점인 룻다 성읍에서 사역하고 있었는데, 마침 그때 이 여인이 병으로 죽었다.

친구들은 유대의 풍습대로 곧바로 장례를 치른 게 아니라, 시신을 씻어 안방 위층의 방에 두었다(9:37). 이는 두 가지 이유에서 매우 이례적인 일이었다. 첫째, 시신의 부패를 막을 방도가 없었다. 통상적 절차대로라면 일단 향품과 수지를 시신에 발라 무덤 굴에 두어야 했다. 이어 하루나 이틀 뒤에 장례의 마무리로 자그마치 45킬로그램에 이르는 향품과 수지에 세마포를 푹 적셔 시신을 둘둘 감아야 했다. 썩는 동안 냄새가 새어 나오지 않게 하려는 조치였다. 그런데 그들은 장례 준비의 첫 단계조차 취하지 않고 그냥 시신을 씻기만 했다. 둘째, 그들이 시신을 둔 곳은 대개 식사하는 방이나 특별한 손님이 묵던 공간이었다. 사람이 자거나 먹는 곳에 일부러 시신을 둔다는 것은 어디서도 도무지 볼 수 없는 일이었다!

이 이야기가 오늘날 벌어진 일이라면 다비다의 친구들은 당연히 죽음 이후의 통상적 관습을 따라야 할 것이다. 일단 병원 응급실에 전화를 걸어 사망 사실을 알린 뒤 검시관이나 장의사를 통해 시신을 옮겨 냉동 보관할 것이다. 장례식을 통해 모두가 고인을 대면하고 나면 시신을 매장하거나 화장할 것이다. 그런데 그녀의 친구들은 시신을 씻어 옷을 입힌 뒤 손님방에 두었다.

그래서 누가의 내러티브는 옛 독자들에게 하나의 신호로 작용한다. 다비다의 친구들은 장례식을 앞둔 이들이 으레 하는 일을 하나도 하지 않았다. 오히려 이 여인의 부활을 준비한 듯 보인다.[23] 이 상황이 놀라운 이유는 예수님 이후로 사람이 죽었다가 살아났다는 언급이 지금까지 누가의 내러티브에서 전무하기 때문이다. 우리가 아는 한 이 친구들은 베드로가 장례식을 집전하는 것 외에 다른 일을 능히 하리라고 생각할 만한 선례가 전혀 없었다. 그런데도 그들은 욥바와 예루살렘을 잇는 길의 20킬로미터 지점으로 사람을 보내 베드로를 불렀다. 그에게 지체 없이 바로 와줄 것을 간청했다(9:38).

—9:39–41—

베드로가 도착하자 예사롭지 않은 광경이 그를 맞이했다. 장사 지낼 준비가 되지 않은 시신이 손님방에 뉘어 있고, 과부들이 둘러서서 애도하고 있었다. 필시 그들은 다비다가 바느질 사역을 통해 도왔던 여인들이었다. 다락에 서서 침상 위의 시신을 내려다보는 베드로에게는 그 장면 전체가 섬뜩할 정도로 낯익어 보였을 것이다. 성경 역사에 나오는 최소한 두 가지 일화가 재현된 것처럼 보였을 정도였을 텐데, 그중 하나는 옛날이었고 하나는 더 근래였다.[24]

열왕기상 17장 17–24절에 보면 엘리야가 한 과부의 아들의 시신을 자신이 묵고 있던 다락으로 옮겨 침상에 누인 뒤 이렇게 기도했다.

> 여호와께 부르짖어 이르되 내 하나님 여호와여 주께서 또 내가 우거하는 집 과부에게 재앙을 내리사 그 아들이 죽게 하셨나이까 하고 그 아이 위에 몸을 세 번 펴서 엎드리고 여호와께 부르짖어 이르되 내 하나님 여호와여 원하건대 이 아이의 혼으로 그의 몸에 돌아오게 하옵소서 하니 여호와께서 엘리야의 소리를 들으시므로 그 아이의 혼이 몸으로 돌아오고 살아난지라 엘리야가 그 아이를 안고 다락에서 방으로 내려가서 그의 어머니에게 주며 이르되 보라 네 아들이 살아났느니라(왕상 17:20–23).

훗날 예수님이 사역하시던 중 주님과 제자들은 나인에서 어떤 장례식 행렬과 마주쳤다. 죽은 사람은 과부의 외아들이었다.

> 주께서 과부를 보시고 불쌍히 여기사 울지 말라 하시고 가까이 가서 그 관에 손을 대시니 멘 자들이 서는지라 예수께서 이르시되 청년아 내가 네게 말하노니 일어나라

하시매 죽었던 자가 일어나 앉고 말도 하거늘 예수께서 그를 어머니에게 주시니(눅 7:13-15).

베드로는 슬퍼하는 과부들을 내보냈는데 아마 자신의 의도를 알리지 않았을 것이다(행 9:40). 그는 이 일에 대한 하나님의 뜻을 안다고 주장하거나, 성령의 능력을 주제넘게 대하거나, 거창하게 능력을 과시하지 않았다. 그냥 은밀하게 조용히 기도했을 뿐이다. 그의 명령은 예수님이 야이로의 딸을 살리시던 일을 연상시킨다. 그때 주님은 "달리다굼, 일어나라"(참고 막 5:41, 눅 8:51-56)고 명령하셨고, 지금 베드로는 "다비다야, 일어나라"고 명령했다.

여인은 성령의 능력으로 베드로의 명령에 반응하여 즉시 살아났다. 베드로는 밖에서 기다리고 있던 이들에게 그녀를 내보였다(9:41).

—9:42—

기적을 목격한 자들과 욥바 성읍 전반이 믿음으로 반응했다. 엘리야와 예수님을 통해 하나님의 능력을 본 사람들과 아주 비슷했다. 엘리야의 경우 그 여인은 "내가 이제야 당신은 하나님의 사람이시요 당신의 입에 있는 여호와의 말씀이 진실한 줄 아노라"(왕상 17:24)고 말했다. 예수께서 나인에서 기적을 베푸신 후에는 "모든 사람이 두려워하며 하나님께 영광을 돌려 이르되 큰 선지자가 우리 가운데 일어나셨다 하고 또 하나님께서 자기 백성을 돌보셨다 하더라 예수께 대한 이 소문이 온 유대와 사방에 두루 퍼지니라"(눅 7:16-17). 베드로가 기적을 행한 욥바에서도 마찬가지였다. 소식이 금세 퍼져 "많은 사람이 주를 믿"었다(행 9:42).

주님이 승천하신 때로부터 열두 사도 중 요한이 마지막으로 죽은 때까지를 일컬어 사도 시대라 한다. 이 시기에 성령은 설교자들과 교사들에게 기적을 행하는 능력을 주셨다. 목적은 복음의 메시지가 진정 하나님에게서 온 것임을 입증하는 데 있었다. 앞서 말했듯이 사도행전은 사상 유례없는 전환기를 기록한 책이다. 새 언약(렘 31:31-34)이 갑자기 극적인 능력으로 임했고, 하나님은 사도들을 통해 말씀하셨다. 그러나 이 전환기는 끝났다. 존 월부어드(John Walvoord)는 자신의 책 『성령』(*The Holy Spirit*)에 이렇게 썼다.

신약이 완결되고 하나님께 충실한 이들 거의 모두가 이를 수용함으로써, 기적을 특별히 더 보여야 할 필요성도 종식되었다. 오늘날 설교자는 치유나 방언의 능력이라는 외적인 증거로 굳이 복음의 정당성을 실증할 필요가 없다. 기록된 말씀은 자명하며 거기에 성령의 능력이 수반되어 깨우쳐주신다.[25]

—9:43—

누가가 이 일화를 마무리한 문장은 이번 이야기를 다음 이야기로 연결해준다. 베드로는 욥바에 남아 기적의 결과로 생겨난 새 신자들을 수확했다. 아마 거기서 남쪽이나 동쪽으로 방향을 틀어 사역을 계속할 작정이었을 것이다. 하지만 종종 그렇듯이 주님께 다른 계획이 있었다.

오래전 선지자 요나는 하나님이 예비하신 사명을 피해 욥바로 갔다. 주님의 명령에 순종하려면 북쪽의 니느웨로 가야 했지만 그는 욥바로 물러나 다시스로 향하는 배에 올랐다. 오늘날 스페인 연안인 다시스는 당시에 베니게(페니키아)의 배가 왕래하던 가장 먼 지점이었다.

욥바에 머물던 베드로에게 곧 주님은 순종하기에 쉽지 않은 명령을 내리신다. 그는 어떻게 반응할 것인가?

적용: 사도행전 9:32-43

진정한 기적

성경에 나와 있듯이 우리는 기적의 시대를 한 번 더 앞두고 있다. 미래의 어느 시점에 극적으로 전개될 초자연적 활동—요한계시록에 기록된 여러 기적적 사건—이 종말의 시작을 알릴 것이다. 사도들 이후 대환난 이전까지의 현 시대에는 설령 기적이 있다 해도 아주 드물다는 뜻이 된다. 그래도 나는 하나님이 일부러 자연법을 초월하여 자신의 능력을 크게 드러내실 수 있는 가능성을 배제하지 않는다. 아울러 그분은 사람을 통해 그 일을 하실 수도 있다. 그 경우 나는 진정한 기적의 표지로 최소한 네 가지를 살필 것이다. 방금 살펴본 베드로와 관련된 기적 모두에 함축되어 있는 내용이다.

첫째, 영광은 결코 인간의 몫이 아니라 오직 주님의 몫이다. 초자연적 활동이 어떤 식으로든 인간을 높인다면 하나님에게서 난 것이 아니라는 확실한 증거다! 나는 이렇게 조언하고 싶다. 거기서 나오라. 벗어나라. 하나님께 영광을 돌리지 않는 모든 활동은 아무리 대단할지라도 하나님의 백성에게 무익하다.

둘째, 과시가 없다. 성경의 기적은 많은 청중 앞에서 이루어진 적이 별로 없으며, 하나님의 능력은 조용하고 차분하며 품위 있게 인격적으로 나타난다. 구약의 선지자나 신약의 사도 중 기적을 이용하여 군중을 현혹하거나 끌어들이거나 환심을 사거나 흥을 돋운 사람은 아무도 없다. 예수님도 마찬가지다.

셋째, 비신자들이 설득되어 믿게 된다. 성경 전체에서 하나님의 기적적 활동은 사람들에게 믿을 기회를 주었다. 많은 사람이 믿음으로 반응했고, 고집스럽게 그분을 부인한 다른 이들도 그분이 하신 활동은 부인할 수 없었다. 어쨌든 기적은 하나님의 선하심과 능력을 드러내주어, 멀어져 있던 이들도 그분께 다가올 수 있게 했다.

넷째, 성경의 진리가 확증된다. 하나님이 기적을 행하시면 당신은 성경책을 등 뒤에 감추거나 굳이 비판자에 맞서 변호할 필요가 없어진다. 기적은 하나님의 진리를 담대히 선포할 기회를 열어준다. 기적은 의심을 몰아내고 결단의 기로에서 의지를 세워준다. 그러므로 진정한 기적을 목격하고도 그리스도를 거부한다면 그 사람의 문제는 머리가 아니라 가슴에 있는 것이다.

편견의 죄에 맞서다(사도행전 10:1-23)

1가이사랴에 고넬료라 하는 사람이 있으니 이달리야 부대라 하는 군대의 백부장이라 2그가 경건하여
온 집안과 더불어 하나님을 경외하며 백성을 많이 구제하고 하나님께 항상 기도하더니 3하루는 제 구
시쯤 되어 환상 중에 밝히 보매 하나님의 사자가 들어와 이르되 고넬료야 하니 4고넬료가 주목하여
보고 두려워 이르되 주여 무슨 일이니이까 천사가 이르되 네 기도와 구제가 하나님 앞에 상달되어 기
억하신 바가 되었으니 5네가 지금 사람들을 욥바에 보내어 베드로라 하는 시몬을 청하라 6그는 무두
장이 시몬의 집에 유숙하니 그 집은 해변에 있다 하더라 7마침 말하던 천사가 떠나매 고넬료가 집안
하인 둘과 부하 가운데 경건한 사람 하나를 불러 8이 일을 다 이르고 욥바로 보내니라

[9]이튿날 그들이 길을 가다가 그 성에 가까이 갔을 그 때에 베드로가 기도하려고 지붕에 올라가니
그 시각은 제 육 시더라 [10]그가 시장하여 먹고자 하매 사람들이 준비할 때에 황홀한 중에 [11]하늘이 열
리며 한 그릇이 내려오는 것을 보니 큰 보자기 같고 네 귀를 매어 땅에 드리웠더라 [12]그 안에는 땅에
있는 각종 네 발 가진 짐승과 기는 것과 공중에 나는 것들이 있더라 [13]또 소리가 있으되 베드로야 일
어나 잡아 먹어라 하거늘 [14]베드로가 이르되 주여 그럴 수 없나이다 속되고 깨끗하지 아니한 것을 내
가 결코 먹지 아니하였나이다 한 대 [15]또 두 번째 소리가 있으되 하나님께서 깨끗하게 하신 것을 네가
속되다 하지 말라 하더라 [16]이런 일이 세 번 있은 후 그 그릇이 곧 하늘로 올려져 가니라

[17]베드로가 본 바 환상이 무슨 뜻인지 속으로 의아해 하더니 마침 고넬료가 보낸 사람들이 시몬의
집을 찾아 문 밖에 서서 [18]불러 묻되 베드로라 하는 시몬이 여기 유숙하느냐 하거늘 [19]베드로가 그 환
상에 대하여 생각할 때에 성령께서 그에게 말씀하시되 두 사람이 너를 찾으니 [20]일어나 내려가 의심
하지 말고 함께 가라 내가 그들을 보내었느니라 하시니 [21]베드로가 내려가 그 사람들을 보고 이르되
내가 곧 너희가 찾는 사람인데 너희가 무슨 일로 왔느냐 [22]그들이 대답하되 백부장 고넬료는 의인이
요 하나님을 경외하는 사람이라 유대 온 족속이 칭찬하더니 그가 거룩한 천사의 지시를 받아 당신을
그 집으로 청하여 말을 들으려 하느니라 한 대 [23]베드로가 불러 들여 유숙하게 하니라

이튿날 일어나 그들과 함께 갈새 욥바에서 온 어떤 형제들도 함께 가니라

우리는 인종, 종교, 문화, 성별, 국적 등 차이점이 많지만, 전 세계 모든 사람에게 적어도 한 가지 공통점이 있으니 바로 편견이다. 편견은 모든 이의 마음속에 자라는 끈질기고 가시 많은 잡초이고, 타락한 죄성이라는 썩은 퇴비에서 양분을 얻는다. 싹둑 자르거나, 잎에 독을 뿌리거나, 뿌리째 뽑아보라. 어느새 다시 돋아날 것이다.

편견의 덩굴은 아주 느리게 퍼져나가 눈에 띄지 않는다. 고착되는 방식도 예상을 벗어난다. 가장 흔한 종류인 인종 편견은 누구나 잘 아는 바다. 상대의 특정한 피부색, 특수한 국적, 상이한 문화, 심지어 특이한 억양 때문에 속으로 편협한 생각을 품는 이들이 있다. 다른 부류의 편견으로는 정치적 소속, 경제적 계층, 결혼 여부, 종교적 배경, 문신, 복장이나 머리 모양, 심지어 화장 여부 등 그 형태가 더 미묘하다. 편견은 만인 보편의 문제다. 사람마다 내용은 다를 수 있어도 모두의 심중에 모종의 편견이 자란다. 그런데 편견이라는 잡초를 뽑는 일을 남보다 잘하는 이들이 있다.

베드로는 예루살렘 회중이 사랑하는 영웅이자 초대교회 시기의 첫 20년 동안 교회가 배출한 가장 용감한 그리스도인이었지만 그런 그도 자신의 뿌리 깊은 편견과 씨름했다. 그에게

나 교회에나 다행히도 주님은 이런 죄의 태도를 그냥 두지 않으시고 이내 뿌리를 뽑으신다.

—10:1-2—

사도행전 10장이 시작될 즈음 교회의 연륜은 5-6년쯤 되었을 것이다. 그동안 복음은 유대 전역을 휩쓸며 많은 유대인 회심자를 교회로 끌어들였다. 빌립은 사마리아 지역에서 매우 효과적인 사역을 수행했고, 베드로는 자신과 동료 유대인들에게 종교적으로 더럽혀진 혼혈종으로 취급되던 이들을 형제자매로 받아들이는 변화를 보여주었다. 항구 도시 욥바에 와서도 그는 시몬이라는 무두장이의 대접에 응했는데(9:43), 이 역시 그로서는 변화된 면모였다. 무두장이는 직업상 죽은 동물의 가죽을 다루어야 했으므로 유대인들이 부정하게 여겼던 것이다. 그러나 사마리아인과 '부정한' 유대인을 이렇게 열린 마음으로 대한 것이 대단하기는 했지만, 그런 베드로도 북쪽으로 50킬로미터 떨어진 가이사랴까지 갈 생각은 못했을 것이다. 그래서 누가가 가이사랴에 산다고 소개한 로마 장교 고넬료는 독자들의 호기심을 자극한다.

모든 충실한 유대인에게 가이사랴는 종교적으로나 민족적으로 경멸의 대상이었다. 헤롯 대제는 이 황폐한 무역의 전초지를 전혀 새로운 최신식 항구로 재건한 뒤 가이사 아구스도를 기념하여 지명을 붙였다. 토건 사업으로 거둔 쾌거였고 금세 상선과 군함이 선호하는 항구가 되었다.[26] 이방인은 유대인이 가이사랴를 혐오하는 것과 똑같은 이유로 그곳을 좋아했다. 헤롯이 그리스의 도시들에 필적하게 건설한 그곳에는 정교한 대저택들, 공공건물, 큰 원형극장, 가이사와 로마에 바쳐진 신전 등이 완비되어 있었고, 항구 입구에 황제의 동상이 빙 둘려 있었다. 그래서 가이사랴는 이스라엘에 주둔한 로마 점령군의 수도가 되었다. 행정장관과 총독의 관저가 거기에 있었고, 이방인들도 그곳으로 모여들었다.

충실한 유대인에게 이 도시는 이스라엘의 온갖 문제가 집약된 곳이었다. 로마의 지배와 이방인의 점유로도 모자라 타협적인 헬라파 유대인들까지 한몫 거들었다.

고넬료는 아주 흔한 로마식 이름이었다. 보다시피 이 사람은 이탈리아 부대의 백부장이었다. 로마의 한 부대는 최소 6백 명의 전투원 외에 지원 병력으로 구성된 군대 단위였고, 때로 240명의 기병대가 증원되기도 했다.[27] 백부장은 그중 백 명을 관장했다. "이탈리

Barry Beitzel

헤롯 대제가 건설한 가이사랴 항구의 유적. 항구를 에워싸고 있는 고대 도시 가이사랴의 모습이다. 원형극장과 마차 경주장의 잔해가 지금도 남아 있다.

야 부대"라는 명칭으로 보아 이들 지원군은 점령 지역에서 징집된 게 아니라 로마 태생의 병력이었을 것이다.[28] 누가의 단서를 모두 종합해보면 고넬료는 로마 바깥에 있었지만 속속들이 로마인이었다. 그런데도 이 로마 지휘관은 하나님을 예배했고 유대 민족에게 후히 베풀었다. 주님이 갈릴리에서 사역하실 때 그와 아주 비슷한 사람이 있었는데, 베드로도 아마 그를 만났을 것이다(눅 7:1-10).

누가는 고넬료가 "기도하더니"[*deomai*(1189)]라고 했는데 이는 '빌다, 간청하다, 요청하다'는 뜻을 가진 잘 쓰이지 않는 단어다. 이 사람은 구체적으로 무언가를 하나님께 "항상" 구했는데 그것이 무엇인지는 나와 있지 않다(행 10:2).

—10:3-8—

"제 구 시"(10:3)는 성전에서 오후 기도 시간으로 정해져 있던 낮 3시였다(참고 3:1). 이로써 누가는 천사가 들어왔을 때 고넬료가 골방에서 이 규례에 따라 기도하고 있었음을 암시한다. 이 지휘관은 하늘의 사자를 "주여"라고 불렀는데 이는 "선생님"과 같은 의미의 경어다. 천사는 군인에게 그의 행동이 히브리 예배자들의 제사와 똑같이 하나님께 귀하게 받아들여졌다고 확언했다. "상달되어"에서 풍겨나는 이미지는 제단에서 위로 올라가는 연기를 암시한다(10:4, 참고 창 8:21, 출 29:18, 25, 레 8:28).

천사는 백부장에게 군대처럼 정확한 명령을 내려 그가 청해야 할 사람의 이름과 위치를 알려주었다(행 10:5-6). 고넬료는 즉시 그 명령에 정확히 순종하여 집안의 하인 둘과 하나님을 경외하는 믿을 만한 부하 하나를 보냈다(10:7-8).

—10:9—

고넬료가 보낸 사자들은 신속히 움직여 50킬로미터나 되는 길을 하루 반도 훨씬 못 걸려 주파했다. 저녁에 떠나 욥바에 거의 이르렀을 때는 이튿날 "제 육시", 즉 우리 시간으로 정오였다. 고넬료가 그들에게 말을 내주었거나 아니면 그들이 즉시 떠나 밤새 부지런히 걸었을 것이다. 어쨌든 이 로마 지휘관에게 이것은 시급한 문제였다.

한편 주님은 뜻밖의 손님을 맞도록 베드로를 준비시키셨다. 경건한 유대인인 베드로를 준비시키시는 주님의 일이 얼마나 어려웠는지 21세기 서구의 이방인으로서는 가히 이해할 수 없다. 일찍이 아브라함을 택하시고 그를 통해 히브리 자손을 택하신 하나님은 이스라엘 민족을 사랑하셨다. 그들이 다른 민족보다 수가 많아서도 아니고, 더 의로워서도 아니며, 그분의 사랑을 받을 자격이 있어서도 아니라—역시—그분의 은혜 때문이었다. 이 주권적 선택의 행위로 그분은 히브리 민족을 독특한 도구로 삼아 세상을 그분과의 관계 속으로 불러들이기로 하셨다.

그렇게 이스라엘 민족은 하나님의 선민이 되었다. 그런데 1세기경에는 많은 유대인이 교만해져, 자신들이 선민이므로 다른 모든 민족보다 우월하다는 확신에 빠졌다. 자신들이 선택된 이유가 어떤 민족 집단도 하나님의 율법을 지키는 짐을 질 수 없기 때문이라고까지 생각했을 것이다. 세월이 흐르고 많은 전통이 쌓이면서 유대인의 마음속에 편견이 뿌리를 내렸다. 점차 유대인은 이방인을 부정한 개처럼 여겼고, 경건한 유대인은 이방인과의 접촉을 일체 피했다. 마치 우리가 길 잃은 개의 무리와 마주칠 때 저만치 거리를 두는 것과 같았다. 이 모두를 염두에 두고서 주님이 베드로의 마음속에 하시는 일을 보기 바란다.

고넬료가 환상을 본 그다음 날 "제 육시", 즉 정오에 베드로는 아무도 없는 데서 혼자

기도하고 있었다.

—10:10-14—

베드로는 배가 고팠고 주님은 이를 그의 신학적 관점을 바꾸어주실 기회로 쓰셨다. 기도 중에 그는 의식을 벗어난 상태[*ekstasis*(1611)]에 들어갔는데, 주님은 이를 화폭으로 삼아 생생한 그림을 그리셨다. 비몽사몽간에 "큰 보자기 같은 그릇"(직역)이 하늘에서 내려오는 게 보였다. 이 은유 덕분에 그는 그 출처가 천국이며 하나님이 이 물체를 땅에 보내셨음을 알았다. 이 물체는 동물계의 축소판과 같아서 파충류와 조류 등 다수의 종이 그 안에 망라되어 있었다(10:10-12).

하늘에서 기원한 음성—하나님의 음성 또는 천사의 음성—이 베드로에게 시킨 일은 경건한 유대인에게 완전히 혐오감을 불러일으키는 행동이었다. 이런 부정한 동물을 "잡아 먹어라"(10:13)는 것이었다. 옛 언약 아래서 하나님은 이스라엘 백성에게 그런 동물을 먹지 못하도록 금하셨다(레 11장). 그러나 예수님은 이 땅에서 사역하실 때 모든 음식이 "깨끗하다"고 선언하셨다. 특정한 음식에 대한 구약의 금령은 의식(儀式)과 교육의 목적을 다해 이제 더는 필요가 없어졌다(막 7:14-19, 눅 11:39-41, 참고 롬 14:14). 그래도 교육받은 유대교의 뿌리가 워낙 깊다보니 베드로는 완강히 거부했다.

은혜가 넘쳐도 편견은 여간해서 쉽게 사라지지 않는다.

공정하게 말해서 이는 평생 충실하게 절대 금주를 실천해온 사람에게 맥주를 권하는 것과 같다. 당연히 베드로의 반론은 개인적 취향을 벗어나 이 선택에 도덕적 가치가 걸려 있음을 암시했다. 그의 말은 이런 것이나 같다. "선생이여, 그럴 수 없나이다. 모세가 모든 히브리인에게 정해준 높은 도덕 기준을 나는 늘 지키나이다! 무엇이든 '속되고[*koinos*(2839)] 깨끗하지 아니한[*akathartos*(169)]' 것에는 손을 대지 않겠나이다"(행 10:14). 율법주의자들은 늘 부정적인 일, 자신이 결코 하지 않을 일을 자랑하는 것 같다. 알렉산더 화이트(Alexander Whyte)는 베드로—와 우리—의 편견을 이렇게 예리하게 분석했다.

> 베드로와 그의 몇몇 친구만 제외하고는 그야말로 온 인류가 이 하나의 가증한 보자

> 기에 다함께 싸여 있었다. 베드로는 그들 위에 서서 비웃으며 침을 뱉고 있었다. 우리와 너무도 닮은 모습이다. 우리도 인간의 나라들을 도매금으로 묶어 그 부정한 보자기 속에 내던진다. 교회들도 통째로 우리의 제명(除名)의 보자기 안에 있다. 우리는 그 교회들에 대해 아무것도 모르면서 악평을 해댄다. 이 나라에 있는 다른 모든 교단의 그리스도인들도 우리에게는 속되고 깨끗하지 못하다. 자신이 속하지 않은 모든 정당도 마찬가지다. 그들의 악한 행실과 이기적 계략을 더 경멸할 언어가 우리에게 모자라다. 그들은 네 발 달린 짐승이고 기어 다니는 파충류다. 사실 살아 있는 인간치고 가끔씩 우리의 조소의 보자기 안에 들지 않는 사람은 거의 없으며, 특히 우리와 가까이 사는 이들일수록 더하다. 우리가 속한 가정이나 학교나 정당에 한두 명 예외가 있을까 말까 한 정도다. 심지어 그들조차도 독자적 사고와 이해관계, 독자적 애정과 야망을 품는 순간 우리가 조소하고 경멸하는 대상이 된다.[29]

—10:15-16—

하늘의 음성이 베드로에게 가르쳤듯이 사람의 견해나 취향은 결코 하나님의 선언을 대체할 수 없다(10:15).[30] 그 음성은 그에게 "하나님께서 깨끗하게[*katharizō*(2511)] 하신 것을 네가 속되다[*koinos* (2839)] 하지 말라"고 명했다. 두 번째 단어는 평범하거나 속되거나 더럽혀진 무엇을 꾸미는 형용사로, 의식(儀式)상의 의미로는 순전하고 성스러우며 거룩한 것의 반대를 가리킨다. 조만간 교회는 코이노니아[*koinōnia*(2842)]라는 동족 명사를 사랑하게 된다. 이는 교제, 친밀한 관계, 친교, 서로 나눔 등 그리스도 안에서 맺어진 그들의 독특한 결속을 지칭하는 말이다. 이로써 유대인 신자와 이방인 신자 사이의 교제가 시작된다. 한 주석가의 말대로 "이방인의 음식이 정결하다는 인식으로부터 이방인 자체도 '정결하다'는 깨달음까지는 불과 한 치 건너였다."[31]

그러나 막상 교훈을 수용하기는 쉽지 않아서 그 음성은 베드로에게 세 번이나 명령해야 했다! 보다시피 꿈속에서 그는 끝내 "잡아 먹지" 않았다. 하지만 꿈의 취지에 순종하는 반응을 보였다(10:23).

—10:17-20—

베드로는 음성이 하는 말을 알아들었으나 그 의의나 적용은 긴가민가했다. 이제 정결한 음식을 선호해서는 안 된다는 말인가? 그가 속뜻을 곰곰 생각하고 있는데 마침 의문의 답이 문간에 도착했다(10:17-18). 성령이 베드로에게 육성으로 혹은 속으로 말씀하여 그가 본 환상을 가이사랴에서 온 사자들과 연결해주셨다. 그분의 지시대로 사도는 의심이나 망설임 없이 이 이방인들을 따라가야 했다. 그들이 하자는 대로 하되 의식상 부정해질까 봐 주저하지 말고 단호한 확신을 보여야 했다(10:19-20).

—10:21-22—

사자들은 모든 면에서 겸손하고 정중했다. 그들은 유대인이 이방인을 부정하게 여기는 것을 알았기에 문 밖에서 불렀다. 분명히 무두장이 시몬은 그들을 안으로 들이지 않았다. 세 사람은 자신들이 올 것에 대비해 주께서 이미 베드로를 준비시키셨음을 몰랐다. 그래서 요청에 앞서 긴 서론으로 이방인 백부장의 훌륭한 자격을 칭송했다(10:22). "의인이요 하나님을 경외하는 사람"이라는 표현은 그를 대부분의 로마인과 구별해주었다. 그래서 베드로는 동료 유대인들의 비난을 듣더라도 이 초청을 수락해야 함을 알았다. 게다가 손님들은 말씀을 들려달라는 이 부탁이 고넬료의 생각만이 아니라 하나님의 지시였음을 분명히 밝혔다.

—10:23—

여정은 걸어서 이틀 길이었다. 사자들은 당연히 피곤했고 이미 느지막한 오후였다. 그래서 베드로는 이튿날 아침에 떠나기로 했다. 본래 유대인은 이방인에게 음식과 숙소를 제공하지 않았으나 주님의 생생한 예화와 직접적인 명령이 베드로에게 영향을 미쳤다. 그는 상대가 동족 유대인인 것처럼 똑같이 대접했다. 그것이 그에게 얼마나 힘든 일이었을지 우리로서는 가히 짐작이 안 된다. 평생 굳어진 편견이 하루아침에 사라지는 것은 아니다.

이번 단락을 마칠 즈음 누가는 몇 가지 목표를 이루었다. 첫째, 이방인 신자를 처음 받아들이던 첫 그리스도인들의 힘겨운 문화적 적응을 짚어냈다. 둘째, 이방인이 회심한 원인을 주님의 거룩한 목적에서 찾음으로써 교회가 이방인을 2등급 그리스도인으로 취급하지 못하게 했다. 셋째, 누가는 바울이 이방인 세계의 복음화에 착수하기 전부터 교회가 이미 이방인 전도를 하나님의 뜻으로 받아들였음을 보여주었다.

적용: 사도행전 10:1-23

잡초 뽑기

모든 정원에 잡초가 있듯이 사람도 누구나 마음속에 모종의 편견을 품고 있다. 따라서 문제는 당신에게 편견이 있는지 여부가 아니라 편견을 어떻게 의지적으로 처리할 것이냐에 있다. 정원사가 쑥대밭을 모면하려면 부지런히 잡초를 뽑아야 하듯이 우리도 모든 종류의 편협한 마음과 우월 의식을 찾아내 제거해야 한다.

편견을 제거하려면 편견이 무엇인지부터 알아야 한다. 내가 정의하는 '편견'은 개인이나 집단을 선입견에 기초하여 비판하거나 불합리하게 적대시하는 모든 태도를 말한다. 편견은 상대를 미리 판단하는 것, 즉 순전히 선입견과 가정에 근거하여 예단하는 것이다. 그래서 나는 편견과 씨름한 베드로를 보며 수시로 나 자신의 마음을 살핀다. 그러면 세 가지 원리가 작용하는 게 보인다.

원리 1: 편견의 뿌리는 교만이다. 교만은 자신에 대한 정직한 평가로 만족하지 못하고 꼭 남과 비교해야 직성이 풀린다. 자신의 실패를 책임지기보다 희생양을 찾는 게 인간의 뿌리 깊은 본성이다. 또한 자신의 결점이 불편해지면 자기보다 못난 사람을 찾아내어 쾌감을 맛본다. 이 두 가지 전략이 통하지 않을 때 우리가 교만을 고집하는 방식은 실제로든 상상의 위력을 통해서든 한 집단과 어울리면서 다른 집단을 열등하다고 비난하는 것이다.

교만이 이른바 7대 죄악에 속하는 것은 그것이 다른 죄를 너무 많이 낳기 때문이다. 편견도 교만에서 자라난다.

원리 2: 편견은 전통으로 합리화된다. 편견은 전통을 먹고산다. 사실 대부분 사람은 대대로 내려온 제도화된 교만으로부터 편협한 태도를 물려받았다. 사람이 특정한 방식으로 행동하고 특정한 태도를 품는 것은 '여태까지 늘 그랬기' 때문이다.

1930년대에 내가 텍사스의 시골에서 자랄 때 외할아버지인 '판사' 런디는 '늘 그랬던 방식'에 별로 신경 쓰지 않았다. 백인 남자의 실업률이 25퍼센트를 웃돌 때도 그는 코츠 씨라는 흑인 남자를 채용하여 장기간 재직하게 했다. 코츠 부인이 출산할 때가 되자 할아버지는 자신의 영향력을 행사하여 아기를 병원에서 낳게 해주었다. 아마 그 산부인과 최초의 흑인 환자이자 필시 한동안은 마지막이었을 것이다. 할아버지가 보이신 모범을 통해 나는 권위를 존중하되 전통에 항거하는 법을 배웠다. 알고 보니 병원 의료진도 대부분은 흑인의 입원을 문제 삼지 않았다. 단지 굳어진 전통을 바꿀 생각을 하지 못했을 뿐이었다.

편견을 버릴 마음이 있다 해도 대개는 전통의 관성과 자신의 문화에 맞서 싸워야 한다. 이는 힘든 싸움이며 그 무엇으로도 더 쉬워지지 않는다. 그러므로 옳은 길을 가려면 힘든 일을 하는 수밖에 없다.

원리 3: 편견에서 회복되려면 고통이 따른다. 자신을 정직하게 성찰하는 일은 불편한 과정이다. 하지만 피해서는 안 된다. 죄를 인정하기가 고통스러운 것은 나 말고는 탓할 대상이 없기 때문이다. 그러므로 편견이라는 죄에 직면하면 한없이 괴로울 수 있다. 당신 삶 속에서 편견이 발견될 때쯤이면 이미 아득히 오래전부터 그 편견이 당신의 사고로 굳어졌다는 뜻이다. 자신의 우월 의식이 써내려온 이력을 더듬노라면 걷잡을 수 없는 수치심이 밀려올 수 있다. 많은 결정과 행동이 편견의 촉수에 휘감겨 있으니 말이다.

진리는 아프지만 예수님은 진리가 자유를 낳는다고 단언하셨다. 여태까지 내가 직면해야 했던 모든 변화에는 고통이 따랐다. 과장이 아니라 하나하나가 다 그랬다. 게다가 나이가 들수록 변화는 더 어려워진다. 그래도 나는 자유를 그 무엇과도 바꿀 마음이 없다. 고통을 이겨내며 옳은 길을 택하면 그 자유를 누린다.

차별이 없으신 하나님(사도행전 10:24-48)

24이튿날 가이사랴에 들어가니 고넬료가 그의 친척과 가까운 친구들을 모아 기다리더니 25마침 베드
로가 들어올 때에 고넬료가 맞아 발 앞에 엎드리어 절하니 26베드로가 일으켜 이르되 일어서라 나도
사람이라 하고 27더불어 말하며 들어가 여러 사람이 모인 것을 보고 28이르되 유대인으로서 이방인과
교제하며 가까이 하는 것이 위법인 줄은 너희도 알거니와 하나님께서 내게 지시하사 아무도 속되다
하거나 깨끗하지 않다 하지 말라 하시기로 29부름을 사양하지 아니하고 왔노라 묻노니 무슨 일로 나

를 불렀느냐
30고넬료가 이르되 내가 나흘 전 이맘때까지 내 집에서 제 구 시 기도를 하는데 갑자기 한 사람이
빛난 옷을 입고 내 앞에 서서 31말하되 고넬료야 하나님이 네 기도를 들으시고 네 구제를 기억하셨으
니 32사람을 욥바에 보내어 베드로라 하는 시몬을 청하라 그가 바닷가 무두장이 시몬의 집에 유숙하
느니라 하시기로 33내가 곧 당신에게 사람을 보내었는데 오셨으니 잘하였나이다 이제 우리는 주께서
당신에게 명하신 모든 것을 듣고자 하여 다 하나님 앞에 있나이다
34베드로가 입을 열어 말하되 내가 참으로 하나님은 사람의 외모를 보지 아니하시고 35각 나라 중
하나님을 경외하며 의를 행하는 사람은 다 받으시는 줄 깨달았도다 36만유의 주 되신 예수 그리스도
로 말미암아 화평의 복음을 전하사 이스라엘 자손들에게 보내신 말씀 37곧 요한이 그 세례를 반포한
후에 갈릴리에서 시작하여 온 유대에 두루 전파된 그것을 너희도 알거니와 38하나님이 나사렛 예수
에게 성령과 능력을 기름 붓듯 하셨으매 그가 두루 다니시며 선한 일을 행하시고 마귀에게 눌린 모든
사람을 고치셨으니 이는 하나님이 함께 하셨음이라 39우리는 유대인의 땅과 예루살렘에서 그가 행하
신 모든 일에 증인이라 그를 그들이 나무에 달아 죽였으나 40하나님이 사흘 만에 다시 살리사 나타내
시되 41모든 백성에게 하신 것이 아니요 오직 미리 택하신 증인 곧 죽은 자 가운데서 부활하신 후 그
를 모시고 음식을 먹은 우리에게 하신 것이라 42우리에게 명하사 백성에게 전도하되 하나님이 살아
있는 자와 죽은 자의 재판장으로 정하신 자가 곧 이 사람인 것을 증언하게 하셨고 43그에 대하여 모
든 선지자도 증언하되 그를 믿는 사람들이 다 그의 이름을 힘입어 죄 사함을 받는다 하였느니라
44베드로가 이 말을 할 때에 성령이 말씀 듣는 모든 사람에게 내려오시니 45베드로와 함께 온 할
례 받은 신자들이 이방인들에게도 성령 부어 주심으로 말미암아 놀라니 46이는 방언을 말하며 하나님
높임을 들음이러라 47이에 베드로가 이르되 이 사람들이 우리와 같이 성령을 받았으니 누가 능히 물
로 세례 베풂을 금하리요 하고 48명하여 예수 그리스도의 이름으로 세례를 베풀라 하니라 그들이 베
드로에게 며칠 더 머물기를 청하니라

1970년대에 로날드 사이더(Ronald Sider)가 쓴 한 권의 책이 처음부터 끝까지 나를 괴롭혔다. 모두 정당한 이유에서였다. 『가난한 시대를 사는 부유한 그리스도인』(*Rich Christians in an Age of Hunger*, IVP 역간)은 많은 사람에게, 그리스도인의 책임이라는 주제로 그때까지 나온 가장 영향력 있는 책으로 꼽힌다. 나는 그 책을 읽으며 어떤 부분에서는 울었고 어떤 부분에서는 분해서 이를 갈았다. 저자가 편견의 문제를 파헤치고 노골적 편파성의 사례를 폭로하는 동안 내 몸이 뒤틀렸다. 결국 나는 실상을 직면하고 그리스도인으로서 내 책임을 받아들일 수밖에 없었다. 나는 미국의 기준으로 보면 중산층이었지만 십억 이상의 인구가

계속 굶주림으로 죽어가는 세상에 비추어보면 풍족한 사람이었다.

3장 서두에서 사이더의 예리한 질문이 나온다. "하나님은 편견이 있으신가?" 우리가 받아들이는 성경적 신학은 아니라고 말한다. 그러나 우리의 행동을 보면 그 반대로 믿고 있는 것 같다. 믿음은 말로 선포하는 내용보다 행동으로 선포하는 내용이 더 중요하다.

주님이 베드로의 편견을 지적하신 방식도 비슷했다. 다만 이 경우는 뒤숭숭한 환상을 통해 된 일이라 사도는 "속으로 의아해" 했다(10:17). A. T. 로버트슨(A. T. Robertson)은 이 헬라어 문구를 "어찌할 바를 전혀 몰랐다"고 풀어썼다.[32] 베드로는 생각할 시간이 별로 없었다. 한두 시간도 채 못 되어 이방인 셋이 문간에 서서 그를 초청했다. 가이사랴의 고넬료를 방문하여 그 집에서 복음을 전해달라는 것이었다. 복음을 널리 퍼뜨리기에 얼마나 좋은 기회인가! 하지만 이 요청은 유대인과 이방인에 대해 그리고 메시아가 지상에 하나님 나라를 세우실 방식에 대해 여태 베드로가 알고 있던 모든 내용에 어긋났다. 그의 제한된 이해대로라면 이방인이 하나님 나라에 들어오려면, 먼저 개혁되고 소생된 유대교의 문으로 들어온 다음 예수님을 대제사장과 왕으로 받아들여야 했다. 다시 말해 이방인이 먼저 유대교로 개종하지 않고서 유대인 메시아가 세우신 새 언약 공동체에 연합한다는 것은 아마 생각할 수 없는 일이었을 것이다!

이방인 셋이 무두장이 시몬의 집 문간에 서 있는 상태에서 베드로는 마음을 정해야 했다. 하나님 나라에 대한 누구의 비전을 따를 것인가? 주님의 비전인가, 자신의 비전인가? 베드로는 평생 굳어진 편견을 몇 시간 만에 떨쳐낼 수 없었다. 그러니 이 시험 앞에서 그는 어찌할 것인가?

히브리인의 사고방식에서 사람의 참 믿음은 감정과 무관하게 행동을 통해 드러났다. 10장 23절에 나오는 베드로의 반응을 보면 그는 두 가지 중대한 문화적 과오를 저질렀다. 우선 이방인을 대접했고, 또 멸시받는 도시 가이사랴에서 이방인의 대접을 받기로 수락했다.

—10:24-25—

베드로와 유대인 형제들이 50킬로미터에 이르는 길을 걸어가는 데 최소한 하루 하고도 한나절이 걸렸다. 웬만한 사람처럼 그들도 낮 시간에 24-32킬로미터를 주파할 수 있었다.

이튿날 아침에 욥바를 떠난 일행이 이스라엘에 주둔한 로마 점령군의 본부인 가이사랴에 들어간 것은 그다음 날 오후쯤이었다.

경건한 유대인의 관점에서 보면 베드로는 적과 교제하러 적진에 들어갔다. 그러나 고넬료의 관점에서 보면 오랜 세월 기도해온 그의 집에 하나님이 복을 주기로 하신 것이다. 그래서 하나님의 최고 대리인이 자기 집에 들어오자 이 지휘관은 엎드려 베드로에게 절했다(10:25). "절하니"[*proskyneō*(4352)]로 번역된 헬라어 단어는 예배하는 마음으로 그랬다는 뜻까지는 없고 단지 몸의 자세만 묘사하는 말이다. 즉 '부복하다, 절하다'는 뜻이다. 이방 종교에서 신을 대리하는 남녀는 반신반인으로 숭배되었으며, 특히 기적을 행할 수 있는 사람이면 더했다(14:11, 28:6).[33] 이교의 예배자들은 신에게 경의를 표할 때 사제의 발 앞에 엎드렸다. 고넬료는 "하나님을 경외하며 [유대인] 백성을 많이 구제하고 하나님께 항상 기도"했지만(10:2) 그래도 무지했다. 자기가 보기에 거룩한 사람 앞에 서자 이 로마인은 어려서부터 배운 대로 행동했다.

—10:26-27—

그런 몸동작 앞에서 베드로는 당황했을 것이 분명하다. 경건한 유대인은 누구를 대할 때든 하나님께만 합당한 숭배를 바치거나 받는 일을 용의주도하게 삼갔다. 그들은 사람의 형상을 넣어 동전을 주조하지 않았고, 어떤 식으로든 인간을 가시적으로 기념하거나 동상을 세우거나 초상을 그리지 않았다. 인간 숭배의 근처에라도 가는 일이면 무조건 다 피했다. 그러니 자기 앞에 엎드린 고넬료를 보았을 때 베드로는 아마 이방인 복음화라는 도전에 부딪혀 몸서리를 쳤을 것이다. 히브리인과 심지어 사마리아인에게 복음을 전할 때만 해도 성경적이고 신학적인 지식의 기초가 비교적 탄탄했다. 하지만 비유대인은 달랐다. 여기 교훈이 하나 있다. 오직 하나님만을 예배하라.

베드로가 백부장을 일으켜 세우면서 보니 집 안에 이방인이 가득했다. 그들은 무지했으나 하나님의 아들 예수님에 대해 듣고자 하는 열의에 차 있었다.

묵상의 서재

"중간으로 행세할 것"(사도행전 10:26)

베드로는 자기에게 절하며 예배하는 백부장을 보고 "일어서라, 나도 사람이라"고 말했다. 아름다운 반응이 아닌가? 그는 "여봐라, 이 위대한 어부의 반지에 입을 맞추어라"고 하지 않았다.

타락한 피조물인 우리는 깊이 존경하는 사람들을 숭배하는 경향이 있다. 당신이 권위의 자리나 존경받는 지위에 있다면 남들의 과도한 칭송과 지나친 공경을 일체 말려야 할 의무가 있다. 무슨 수를 써서라도 그들을 막아 당신을 우상화하지 못하게 해야 한다. 거기는 위험한 자리이며 넘어지면 결국 바닥으로 추락하고 만다. 당신 때문에 하나님이 가려져서는 안 된다. 결국 당신의 한계가 드러나 사람들이 하나님께 환멸을 느낄 때 당신이 책임질 것인가?

하나님이 특정한 영향권에서 당신을 크게 쓰신다면 당신은 사람들의 시선을 주님께로 돌릴 책임이 있다. 동시에 당신의 삶에 숨겨진 흠을 보여주라. 당신도 그들과 하나이고, 여러 똑같은 문제로 씨름하고 있으며, 영적 진리를 혼자만 독점한 것이 아님을 알게 하라.

여름철 뒷마당에 판지로 오두막을 짓고 세 가지 행동 규칙을 정한 아이들처럼 되라.

1. 아무도 큰 척하지 말 것.
2. 아무도 작은 척하지 말 것.
3. 누구나 중간으로 행세할 것.

—10:28-29—

나는 베드로의 솔직함이 늘 대단해 보인다. 그는 이방인의 집에 들어갔다. 그것만으로도 어려운 일인데 자기를 예배하는 사람을 말리기까지 해야 했다. 줄잡아 말해도 어색한 일이었다. 게다가 그의 앞에 이방인의 무리가 모여 히브리의 하나님이 어떻게 자기들을 구원할 수 있는지 알고자 했다. 베드로는 양쪽 사이에 가로놓인 거대한 문화적, 신학적 간극을 무시하지 않고 솔직히 인정했다. 유대인이 이방인과 교제하지 못하게 되어 있다는 것은 그 자리에 모인 무리가 다 아는 사실이었다.

"위법인"[10:28, *athemitos*(111)]으로 번역된 말은 '금지된, 인정되지 않는'으로 옮기는 게 더 좋다. 본래 구약 율법은 히브리인이 이방인과 교제하는 것을 금하지 않았다. 언약 공동체를 벗어나서는 결혼할 수 없었지만 개종한 이방인은 배우자로 용납되었다. 오히려 이스라엘 백성은 나그네를 집에 들여 대접하고 이방인과 거리낌 없이 친화해야 했다. 그 과정에서 도덕 기준을 타협하지만 않으면 되었다. 그런데 포로 생활에서 귀환한 뒤로 랍비들은 율법을 해석할 때 점점 더 외국인 혐오증을 보였다.

베드로는 고백하기를 자신이 가이사랴에 온 일이 동족 유대인의 정서에 어긋나지만 사실은 하나님께 순종하는 행위라고 했다(10:28). 1세기의 일부 유대인들의 생각과는 반대로 하나님은 이방인을 구원받을 자격이 없다고 보지 않으신다. 그렇게 보신 적이 없다. 처음부터 하나님의 의도는 이스라엘을 도구로 삼아 모든 나라를 자신과의 관계 속으로 불러들이시는 것이었다(사 43:10, 44:8). 히브리 민족이 실패한 일에 예수님은 성공하실 것이다. 이스라엘은 하나님의 제사장 나라의 역할을 저버렸지만(출 19:6, 사 61:6) 교회는 그 사명을 다할 것이다. 베드로는 교회의 가시적 지도자로서 고넬료의 집에 서 있었다. 그가 대표하는 교회는 세상 만민에게 "내 증인이 되리라"(행 1:8)고 하신 하나님의 부르심에 순종하고 있었다.

양쪽을 갈라놓는 거대한 문화적 간극과 신학적 괴리를 인정하고 난 베드로는 좌중의 이방인들에게 자기를 부른 이유를 설명해줄 것을 청했다(10:29). 물론 그는 이미 답을 알고 있었다(10:22). 그의 말은 "이제 내가 왔으니 도울 일이 무엇이오"라는 정중한 물음이나 같았다.

—10:30-33—

고넬료가 밝혔듯이 베드로가 그의 집에 온 날은 고넬료가 환상을 받은 때로부터 정확히 나흘 후였다(10:30, 참고 10:9). (동양 문화는 지나간 날을 세는 방식이 서구와 달라서 서구는 어제부터 세지만 동양은 오늘까지 총수에 포함한다.) 그는 천사가 전해준 메시지와 자기가 즉각적으로 순종한 것을 간략히 설명한 뒤, 자신의 부탁을 들어준 베드로에게 감사를 표했다. 고넬료의 짤막한 말에 그들의 만남을 성사시키신 주님의 핵심 역할이 부각되어 있다.

—10:34-36—

베드로의 메시지는 두 부분으로 나뉠 수 있다.

1. 하나님은 모든 나라의 하나님이시다(10:34-36).
2. 예수 그리스도는 모든 사람에게 구원을 베푸신다(10:37-43).

베드로가 첫마디에 고백한 진리는 주님이 개입하실 때까지 그 자신도 미처 다는 몰랐던 것이었다. 신미표준역(NASB)에 "이제야"(*now*, 10:34)가 이탤릭체로 삽입된 것("깨달았도다"를 한정하여-역주)은 헬라어 원문에는 없으나 문맥상 그렇게 뒷받침되기 때문이다. 그래도 그 단어는 없는 게 나아 보인다. 베드로는 하나님이 사람을 차별하지 않으신다는 성경의 교리를 틀림없이 이미 받아들인 사람이었다(참고 신 10:17, 대하 19:7). 다만 그 교리를 이론으로만 알다가 최근에 와서야 진지하게 대하여 행동으로 옮겼다. 어느 경우든 이 말은 솔직한 고백이다. 이방인의 집에 들어온 것부터가 그 자신이 변화되었기 때문이다.

"하나님을 경외하며 의를 행하는"(행 10:35)이라는 문구는 사람이 자력으로 하나님의 은총이나 구원을 얻어낼 만큼 착해질 수 있다는 뜻이 아니다. 하나님과의 관계를 원하는 사람이면 누구나 받아주시는 그분을 베드로가 그렇게 고백한 것뿐이다. "하나님을 경외하며"는 믿음의 자세를 가리키고, "의를 행하는"은 진정한 믿음의 외적 증거를 가리킨다.

예수님은 과연 유대인으로서 이스라엘로 보냄 받으신 메시아이지만, 온 세상을 구속하여 누구나 "하나님과 화평을 누리"게(롬 5:1) 하고자 오셨다. "만유의 주"(행 10:36)라는 호칭은 각기 다른 이유에서 그 자리에 있던 모든 사람에게 의미심장했다. 로마인은 때로 황제를 국경 밖 세상까지도 통치하는 자로 보고 그에게 신성을 부여했다. 이교를 예배하는 자들은 자기네 신화 속의 신들을 이 호칭으로 불렀다. 베드로는 베드로대로 최근 경험한 바를 통해 "만유의 주"—유대인만의 주가 아니라—라는 호칭을 새삼 인식하게 되었다.

—10:37-43—

하나님은 만유의 하나님이시고 예수 그리스도는 만유의 구주이시다. 이 주장을 뒷받침하고자 베드로는 예수님에 대한 몇 가지 사실을 열거했는데, 이미 그 지역에 널리 알려져 있던 내용이었다. 누가가 요약한 예수님의 생애는 마가가 그의 복음서에 제시한 개요와 대략 비슷하다.

- 요한에게 세례를 받으심(10:37)
- 갈릴리에서 사역하심(10:37-38)
- 유대에서 사역하심(10:39)
- 예루살렘에서 사역하심(10:39)
- 십자가에 못 박히심(10:39)
- 부활하심(10:40-41)
- 제자들에게 사명을 맡기심(10:42)

베드로는 자신을 비롯한 사도들이 이 사실들을 뒷받침하는 증인임을 선포한 뒤, 그리스도가 이루신 일이 모든 사람에게 적용됨을 강조했다. 예수님의 사역은 온 세상에 영향을 미쳐 모든 사람을 두 가지 운명 중 하나로 이끈다. 바로 심판(10:42) 아니면 죄 사함(10:43)이다. 구약의 선지자들이 약속한 구원은 이스라엘에만 아니라 온 세상에 두루 미쳐 "그를 믿는 사람들이 다"(10:43) 구원을 받는다.

—10:44-46—

많은 설교자처럼 베드로도 설교를 미처 끝내지 못했다. "베드로가 이 말을 할 때에" 그들은 믿었다(10:44)! 예수 그리스도를 믿으라고 청중에게 촉구할 겨를조차 없었다. 그들은 이스라엘의 대다수 유대인만큼 성경 지식과 신학적 지식은 없었지만 그들의 전 존재로 믿었다. 사람의 마음을 훤히 아시는 하나님께는 그것으로 충분했다. 믿음의 결과로 그들은 즉시 성령을 선물로 받았다. 그러자 이 이방인 신자들도 예수님을 따르는 최초의 유대인들이 오순절 날에 했던 것과 똑같이 행동했다. 유대인들도 그때 다른 언어들로 하나님을 높였었다(2:4, 11).

누가는 베드로 일행을 민족에 기준하여 부르지 않고 "할례 받은 신자들"이라 칭했다(10:45). 그들 모두가 히브리인은 아니었기 때문이다. 더러는 먼저 유대인으로 귀화했다가 하나님 나라에 들어온 그리스도인이었다. 히브리인은 "언약의 자손"으로 태어나 8일 만에 할례를 받고 성전에서 양육되었다. 이방인 개종자는 "하나님을 경외하는 자"가 되어 히브리어와 율법을 공부하고 시험에 통과한 후 물 세례와 할례를 받은 뒤에야 "언약의 자손"이라는 호칭을 얻었다.

하나님은 무지하고 할례받지 못한 이방인 새 신자들에게 자신의 영을 보내셨고, 오순절 날 첫 그리스도인들에게 주셨던 것과 똑같은 능력을 주셨다. 이로써 그분은 이 사건을 목격한 모든 이들에게 구원이란 오직 그리스도를, 오직 믿음으로 말미암아, 오직 은혜로 주어진다는 명확한 메시지를 보내셨다. 온전하고 진정한 믿음 외에는 그 무엇도 요구되지 않는다. 율법을 아는 지식, 할례, 성경적이고 신학적인 지식도 다 좋지만 필수는 아니다. 오직 그리스도를 믿음으로만 죄 사함을 받는다.

—10:47-48—

베드로는 요지를 알아듣고 당연한 사실을 인정했다. 성령의 능력이 이방인 신자들을 통해 흘러나와 그들도 유대인 신자들과 대등하다는 것을 확증해주었다. 그래서 그는 그들을 그리스도 안의 형제자매로 인정했다. 즉시 그들에게 물 세례를 주고 며칠 더 함께 머물렀다.

틀림없이 그들의 질문에 답하고, 은혜 안에 살아가는 기본을 가르치며, 증인이 되도록 권면했을 것이다. 베드로에게 얼마나 잊지 못할 경험인가!

적용: 사도행전 10:24-48

행동하는 신학

주님은 베드로의 잘못된 신학이나 그 신학에서 조장된 편견의 태도에 대해 그를 탓하지 않으셨다. 이 유대인 어부의 편협한 사고는 조상에게서 물려받은 것이었다. 즉 우월 의식이라는 오랜 전통은 그의 부모와 또 잘못된 랍비들이 대대로 남긴 유산이었다. 그러나 베드로는 교회에서 가장 눈에 띄는 지도자이니만큼 계속 구태의연하게 남아 있을 수 없었다. 철저한 영적인 심장 수술이 필요했다.

사도행전 10장 1-23절에서 주님은 베드로의 마음을 준비시키시고자 그의 신학을 바로잡아주셨다. 하나님이 모세와 이스라엘 백성에게 주셨던 식생활의 율법은 이미 그 소임을 다했다. 그런 규정은 하나님이 히브리 민족을 모든 나라를 향한 그분의 대변자요 제사장 나라로 성별하셨음을 가르쳐주었다. 그러나 이제 변화의 때가 왔고 새 시대가 밝았다. 새로운 세대, 즉 교회 시대다. 유대인이든 이방인이든 신자들은 더는 하나님을 만나러 성전으로 갈 필요가 없다. 이제 그들에게 그리스도가 계시다. 신자들은 더는 제사장의 도움으로 제사를 통해 믿음을 표현할 필요가 없다. 이제 하나님의 아들이신 궁극의 대제사장께로 직접 나아가면 된다. 구원받으려면 누구나 똑같이 전심으로 그리스도를 믿어야 한다. 그러면 뭇 사람의 마음을 아시는 그분이 받아주신다.

베드로는 주님의 메시지를 신학적으로 이해했을 뿐 그것이 회심 과정에 어떻게 적용되는지는 몰랐다. 그래서 하나님은 그에게 방금 새로 배운 대로 실천할 기회를 주셨다. 그는 주님의 명령에 순종하여 이방인들과 함께 가서 복음을 전했고, 그 과정에서 이해가 더욱 깊어졌다. 다시 말해 하나님은 지붕 위의 환상을 통해 베드로의 생각을 바꾸어주셨고, 그가 고넬료의 집에서 순종한 것을 통해 그의 마음을 변화시켜주셨다. 여기서 건질 수 있는 원리와 명령이 하나씩 있다.

원리: 당신의 행동이 감정보다 중요하다. 주님은 은혜가 많으셔서 우리에게 변화가 얼마나

어려운 일인지 아신다. 그렇다고 우리를 해로운 사고방식에 짓눌리고 습관적 죄에 얽매인 채로 그냥 두실 수는 없다. 편견은 우리가 가진 많은 문제 중 하나일 뿐이다! 그래서 그분은 우리에게 진리를 보이신 뒤 그 가르침을 적용하도록 도전하신다. 이 새로운 천국의 사고방식과 행동 양식에 적응할 시간을 주신다면 좋겠지만 그분은 그러지 않으신다. 그분은 순종을 기대하시며 우리가 명령에 믿음으로 반응하기를 바라신다. 우리에게는 이것이 성급하고 불편하며 때로는 아예 불가능하게 느껴진다. 그러나 주님의 관심은 그분의 명령에 대한 우리의 감정이 아니라 오직 그 명령을 따르는 우리의 행동에 있다.

명령: 마음의 변화는 하나님께 맡기고 일단 옳은 길을 가라. 베드로는 마땅히 행할 바를 알았을 때, 그 순종이 편하게 느껴지지 않았음에도 옳은 길을 갔다. 그 결과 사도는 성장했고, 이방인들은 구원받았으며, 교회는 확장의 새로운 전기를 맞이했다. 사실 베드로의 순종은 향후 바울이 사역할 수 있는 토대를 다져주었다.

우리를 지으신 분은 우리가 겪는 불편함이 일시적일 뿐임을 아신다. 불편을 감수하고 그분의 명령대로 행하면, 그 경험을 통해 그분의 일이 이루어지고 우리가 변화될 것을 그분은 아신다. 하나님이 옳다 하시기에 분명히 당신이 해야 할 일이 있다면, 감정에서 전진 신호가 올 때까지 기다리지 마라. 그분을 신뢰하고 믿음으로 반응하라. 옳은 길을 가면 감정은 순종에 뒤따라올 것이다.

하나님을 막지 말고 비켜나라(사도행전 11:1-18)

1유대에 있는 사도들과 형제들이 이방인들도 하나님의 말씀을 받았다 함을 들었더니 2베드로가 예루
살렘에 올라갔을 때에 할례자들이 비난하여 3이르되 네가 무할례자의 집에 들어가 함께 먹었다 하니
4베드로가 그들에게 이 일을 차례로 설명하여 5이르되 내가 욥바 시에서 기도할 때에 황홀한 중에 환
상을 보니 큰 보자기 같은 그릇이 네 귀에 매어 하늘로부터 내리어 내 앞에까지 드리워지거늘 6이것
을 주목하여 보니 땅에 네 발 가진 것과 들짐승과 기는 것과 공중에 나는 것들이 보이더라 7또 들으니
소리 있어 내게 이르되 베드로야 일어나 잡아 먹으라 하거늘 8내가 이르되 주님 그럴 수 없나이다 속
되거나 깨끗하지 아니한 것은 결코 내 입에 들어간 일이 없나이다 하니 9또 하늘로부터 두 번째 소리
있어 내게 이르되 하나님이 깨끗하게 하신 것을 네가 속되다고 하지 말라 하더라 10이런 일이 세 번
있은 후에 모든 것이 다시 하늘로 끌려 올라가더라 11마침 세 사람이 내가 유숙한 집 앞에 서 있으니
가이사랴에서 내게로 보낸 사람이라 12성령이 내게 명하사 아무 의심 말고 함께 가라 하시매 이 여섯

형제도 나와 함께 가서 그 사람의 집에 들어가니 [13]그가 우리에게 말하기를 천사가 내 집에 서서 말하
되 네가 사람을 욥바에 보내어 베드로라 하는 시몬을 청하라 [14]그가 너와 네 온 집이 구원 받을 말씀
을 네게 이르리라 함을 보았다 하거늘 [15]내가 말을 시작할 때에 성령이 그들에게 임하시기를 처음 우
리에게 하신 것과 같이 하는지라 [16]내가 주의 말씀에 요한은 물로 세례를 베풀었으나 너희는 성령으
로 세례를 받으리라 하신 것이 생각났노라 [17]그런즉 하나님이 우리가 주 예수 그리스도를 믿을 때에
주신 것과 같은 선물을 그들에게도 주셨으니 내가 누구이기에 하나님을 능히 막겠느냐 하더라 [18]그들
이 이 말을 듣고 잠잠하여 하나님께 영광을 돌려 이르되 그러면 하나님께서 이방인에게도 생명 얻는
회개를 주셨도다 하니라

훌륭한 지도자는 변화에 나서야 할 때와 끝까지 버텨야 할 때를 알아야 한다. 그다음에는 사람들과 소통하여 자신을 따르도록 설득해야 한다. 이는 리더십 개론의 기본으로, 당신이 어느 기관을 이끌고 있든 똑같이 적용된다. 그러나 영적 리더십에는 적어도 한 가지 자질이 더 필요하다. 하나님을 막지 말고 비켜날 때를 알아야 한다.

영적 지도자라면 누구나 명심해야 할 사실은 우리가 이끄는 교회가 하나님의 기관이라는 것이다. 자칫 이를 망각하기 쉽다. 변화하는 시류와 지배적인 풍조 속에서 교회의 본궤도를 수호하려는 마음에, 우리는 변화라면 무조건 다 부정적으로 보는 경향이 있다. 물론 목사와 교사와 장로와 지도자는 하나님의 진리를 타협하라며 여론을 내세우는 세상의 끊임없는 압력에 단호히 맞서야 한다. 그러다보니 주님이 궤도를 수정하시거나 교회를 적응시켜 새로운 도전에 부응하게 하실 때면 우리야말로 가장 나중까지 이를 알아차리지 못할 때가 많다.

안타까운 일이다. 영적 지도자인 우리는 그분의 지도를 가장 먼저 감지해야 하고, 그분의 인도하심이라는 확신이 선다면 언제라도 변화될 수 있어야 한다. 우리가 섬기는 분은 늘 현시대의 하나님이시다! 그분은 결코 앞일에 놀라지 않으시고, 시대에 뒤지지 않으시며, 기술의 발전이나 문화의 진화에 위협을 느끼지도 않으신다. 우리가 전하는 메시지는 영원불변하지만 방법은 자주 변한다. 그래서 그분은 2천 년이 넘도록 교회를 늘 최첨단이자 시의성 있게 유지해오셨다. 늘 똑같기만을 고집하셨다면 그렇게 될 수 없었다. 이 말을 믿기 어려운 이들도 있겠지만 변화는 언제나 하나님이 사역을 위해 구사하시는 전략의 일부였다.

베드로는 그 사실을 곧 직접 체득하게 된다. 욥바의 친구 집에서 기도하러 지붕에 올라갈 때만 해도 그는 그토록 극적인 변화가 임박했음을 전혀 몰랐다. 그때까지 교회가 꾸준히 성장한 것은 유대인 사회에 복음이 전파된 결과였다. 사마리아에서 전도에 큰 성과가 나타나면서 교회 지도자들이 사역에 대한 비전을 약간 넓혀야 했지만—대다수 유대인은 사마리아인을 못마땅하게 여겼다—양쪽 다 동일한 하나님을 예배했고, 동일한 율법을 믿고 공부했으며, 동일한 메시아를 고대했다(참고 요 4:25). 그만큼 공통점이 많았던 것이다. 몇 가지 중대한 도전에도 불구하고 모든 일이 원활하게 진행되고 있었다. 그런데 그때 주님이 베드로의 편견을 지적하시면서 일대 변화가 예고되었다.

다행히 베드로는 메시지를 알아듣고 순종했다. 이는 영적인 지도자만 아니라 모든 지도자에게 중요한 첫걸음이다. 그다음이 리더십의 더 큰 과제였다. 베드로는 이 새로운 인도하심을 사람들에게 소통하고 설득하여 그들도 따르게 할 책임이 있었다. 다행히 주님이 사도에게 필요한 것을 다 무장시켜주셔서 그는 다음과 같은 단순명료한 메시지를 전했다. 주님을 막지 말고 비켜나라!

—11:1-3—

고넬료 일가가 회심했다는 소식은 유대 전역으로 신속히 퍼졌다. 가이사랴가 정치와 상업의 요충지였다는 점과 소식의 내용이 논란거리였다는 점을 생각하면 놀랄 일이 아니다. 그래서 베드로가 예루살렘에 도착하자—처음 먹어본 햄이나 갑각류의 맛이 어쩌면 아직 입에서 가시지 않은 채로—일부 동료들은 썩 달가워하지 않았다. 누가는 비판의 주체를 "할례자들"(11:2, 참고 10:45)이라고 밝혔는데, 이런 표현을 쓴 데는 두 가지 이유가 있다. 첫째, 유대인 신자의 두 부류, 즉 히브리인으로 태어난 이들과 먼저 유대교로 개종했다가 그리스도를 믿은 이방인들을 총칭하기 위해서였다. 둘째, 그들이 제기할 반론의 근거를 염두에 두기 위해서였다. 유대인은 대개 이방인을 부정하고 무지한 존재로 얕보았으나 율법을 배우고 따르면 이방인도 받아들여질 수 있다고 믿었다. 남자의 경우 구약의 제반 규례를 알고 따르는 사람으로 인정받는 장치가 바로 할례 의식이었다.

"비난하여"(11:2)라는 역어는 의미가 좀 약해 보인다. 헬라어 원어인 *diakrinō*(1252)라는 동사는 직역하면 '갈라놓다'는 뜻이며, '심판하다, 판결하다'로 번역될 때가 가장 많다. 바로 뒤의 "그를"[34]이라는 문구와 합해져, 그들이 이의를 제기한 대상이 베드로임을 보여준다(개역개정에는 "그를"이 생략되었다-역주). 문맥상 그들은 베드로가 이제 막 떨쳐낸 의심을 아직 품고 있었다(참고 10:20과 11:12의 *diakrinō*). 그래서 "네가 할례 받지 않은 사람들의 집에 들어가 그들과 사귀며 함께 먹었다"(11:3, 나의 번역)고 말했다. "들어가"로 번역된 헬라어 동사는 직역하면 '안에 들어가다'이지만 뜻은 '교제하다, 대접을 받다, 사귀다'이다. 그들의 말은 단지 사실을 진술한 것이 아니라 규탄이었다. "어떻게 그럴 수 있느냐!"고 힐문한 셈이다.

많은 주석가에 따르면, 유대인 신자들이 이의를 제기한 것은 베드로가 이방인에게 복음을 전하거나 세례를 베풀었다는 점이 아니라 그들과 어울리며 그들의 음식을 먹었다는 점뿐이다. 그러나 내 생각에 이는 핵심을 놓친 주해다. 할례받은 그리스도인들은 베드로가 전도를 포함하여 어떤 식으로든 이방인과 관계한 것을 문제 삼았다. 신약 시대의 전도에 대한 그들의 인식이 아직 구약의 틀에 매여 있었음을 잊지 마라. 그 틀대로라면 개종자는 성전에서 하나님을 구해야 했다. 아무래도 그들은 1장 8절에 주님이 맡기신 사명의 전체 범위를 이해하지 못했던 것 같다. 나아가 어떻게 사람이 성경과 신학을 다만 얼마라도 교육받지 않고서 메시아께로 나아갈 수 있는지도 그들은 이해할 수 없었다.

공정하게 말해 불과 며칠 전까지는 베드로의 생각도 똑같았을 것이다. 예루살렘의 신자들은 환상을 받지 못했고, 가이사랴로 가라는 하나님의 직접적 명령도 듣지 못했다. 베드로에게 주어진 그런 경험이 그들에게는 전혀 없었다.

—11:4-6—

수석 사도는 즉각 문제를 알아차렸다. 그는 동료들을 호되게 책망하거나 편견과 퇴보라며 면박을 주지 않았다. 그렇다고 자신의 진보적 태도를 이제 와서 경멸한 것도 아니다. 그는 그들을 있는 모습 그대로 받아들여 자신이 겪은 변화의 과정을 그들도 간접적으로 겪게 해주었다. 그가 한 말은 이런 것이나 같다. "얼마 전까지는 나도 관점이 당신들과 똑같았다. 내 생각이 달라진 경위를 말해주겠다."

하나님이 교회나 기독교 기관 내에 변화를 이루려 하실 때 이를 전체 대중에게 소통하시는 경우는 드물다. 대개 그분은 한 개인—지도자일 때가 가장 많다—을 감화하여 변화의 주역으로 삼으신다. 기관이 건강한 정도에 따라 그 사람은 존중이나 비웃음을 받으며, 그 중간일 때는 거의 없다. 솔직히 변화란 늘 도전이다. 변화의 비전이 하나님에게서 왔다면 새로운 제안은 성경과 모순되지 않는다. 오히려 새로운 방향 덕분에 하나님 말씀에 더 순종하는 기관이 된다. 사람들이 알든 모르든, 기관의 미래는 하나님이 세우신 변화의 주역에 기관이 어떻게 반응하느냐에 달려 있다.

베드로는 욥바의 지붕에서 경험한 일을 "차례로"(11:4) 말했다. 회고(11:5–11)와 실제로 일어난 사건(10:9–20)을 비교해보면 알겠지만 그는 세부 사항을 하나도 빠뜨리지 않았다.

—11:7–17—

말하는 내내 베드로는 주님의 감화를 강조했다.

"베드로야, 일어나 잡아 먹으라"(11:7).
"하나님이 깨끗하게 하신 것을 네가 속되다고 하지 말라"(11:9).
"성령이 내게 명하사 아무 의심 말고 함께 가라 하시매"(11:12).
"성령이 그들에게 임하시기를 처음 우리에게 하신 것과 같이 하는지라"(11:15).
"하나님이 우리[에게]…주신 것과 같은 선물을 그들에게도 주셨으니"(11:17).

베드로가 덧붙인 세부 사항을 보면, 그가 가이사랴로 갈 때 그 방에 있던 여섯 명이 동행하여 모든 일을 목격했다. 다른 사람들도 있었을 수 있지만(10:23) 이 여섯은 욥바에서 간 일행이었다. 베드로가 그들에게 동행을 청한 것은 정신적 지지를 받으려는 뜻도 물론 있었으나 또한 하나님이 이방인들에게 행하실 일을 함께 목격하기 위해서였다. 무슨 일이 벌어질지는 베드로도 몰랐지만 환상으로 미루어 무언가 큰일일 듯싶었다.

자신이 설교했던 내용은 그도 굳이 자세히 말하지 않았다. 그의 구체적 능변이나 탄탄한 논리는 중요하지 않았다. 사실 그는 자신의 말이 예정보다 비교적 짧았다고 고백했다. 10장 34–43절에 보면 그는 짧은 시간에 많은 것을 말했다. 그래서 "말을 시작할 때에"

(11:15)라는 표현에서는 그가 긴 설교를 겨우 시작했을 때 성령이 중단시키셨다는 어감이 풍겨난다. 베드로는 가이사랴에 성령이 임하신 일을 오순절의 사건과 명확히 연계시켰다. "처음"은 교회의 처음(2:4)을 가리킨다. 그는 또 주님이 약속하신 성령 세례도 상기시켰다(11:16, 참고 1:5). 요컨대 그의 설명은 조리가 정연했다.

세례 요한이 성령 세례의 약속을 처음 언급한 것은 유대인들에게 회개를 촉구하면서였다(마 3:11, 막 1:8, 눅 3:16, 요 1:33). 당연히 그들은 이 약속을 자신들에게 적용했고, 다른 누구에 대해서도 별 생각이 없었다. 예수님은 승천하시기 직전에 이 약속을 확언하셨는데, 그때 모여서 약속의 성취를 기다리던 120여 명의 제자(행 1:15)도 이 말씀을 자신들에게 적용했을 뿐, 그것이 자기네 공동체 너머의 다른 이들에게 적용될 수 있다고는 생각하지 못했다. 그러다 그들은 베드로의 첫 설교와 두 번째 설교 후 각각 3천 명과 5천 명의 회심자가 성령으로 충만해지는 것을 보았다(2:37-41, 4:4). 나중에 몇몇 사도는 성령이 사마리아의 회심자들에게 임하시는 광경도 보았다(8:14-17). 성장의 각 단계마다 주님의 약속이 적용되는 대상이 점점 더 넓어졌다.

행여 그들이 요지를 놓쳤을까 봐 베드로는 재차 쐐기를 박았다(11:17). 하나님은 이방인에게도 성령을 부어주심으로써 그들도 그 전에 믿고 세례를 받았던 모든 사람과 똑같이 진정한 그리스도인임을 확증해주셨다. 베드로는 사실상 이렇게 말했다. "당신들이나 내가 어떻게 생각하는지는 중요하지 않다. 하나님이 말씀하셨으니 그것으로 논쟁은 끝이다." 이방인들을 충만하게 하시는 성령의 능력을 본 것만으로 베드로는 주님을 막지 말고 비켜나야 함을 충분히 알았다.

—11:18—

누가는 비판자들이 "잠잠하여"라고 했는데 이는 분명히 그들이 벌인 쟁론을 두고 한 말이다. 주님이 말씀하셨으니 무슨 말이 더 필요하겠는가? 그들은 침묵을 깨고 하나님을 찬송했을 뿐이다.

교회사의 이즈음에 "회개"[*metanoia*(3341)]라는 말은 기술적 의미를 띠었다. 복음에 대한 고넬료 일가의 반응이 '회개'로 압축된다. 단어의 문자적 의미는 '생각의 변화'이지만 새 신자에게 쓰일 때는 분명히 그런 뜻 이상이다. '신앙' 내지 '믿음'[*pistis*(4102)]은 사람이 구원받고자 오직 그리스도만을 신뢰하는 태도를 말한다. '회개'란 자신의 힘으로 충분히 착해져서 구원을 얻어내려던 사람이 믿음의 태도를 취하여 그리스도께로 돌아서는 과정이다. '생각의 변화' 중에서도 이 특별한 경우가 온전히 표현된 것이 곧 생명에 이르는 회개다.

이 사건은 교회의 발달사에 중대한 전기가 된다. 베드로가 욥바의 지붕에서 본 환상의 속뜻을 처음에 다 이해하지 못했듯이, 이 유대인 그리스도인들도 그것이 교회라는 운동이나 자기네 각자에게 미치는 의미를 아직 다 몰랐다. 이방인 회심자들을 받아들임으로써 그들은 이방인과는 한결 가까워졌으나—교회의 연합에 바람직한 일이다—성전과의 사이는 영영 갈라지게 된다. 이때까지만 해도 예루살렘에서 예수님을 따르는 무리는 유대교의 특이한 분파로 간주되었다. 그러나 성전에서 그들이 일반 유대인들로부터 받던 호의는 이방인을 형제자매로 맞이함과 더불어 종말을 고한다.

적용: 사도행전 11:1–18

변화에 직면할 때

베드로가 기도 중에 주님을 만나고 그분의 명령에 순종하여 이방인들과 함께 경험한 일을 말하는 동안, 듣는 이들은 임박한 변화와 씨름했을 것이 분명하다. 결국 그들은 이 변화가 하나님께로부터 난 것임을 인정했다. 이 과정을 통해 초대 교회의 지도자들은 적어도 세 가지 교훈을 배웠는데, 우리도 이를 명심해야 한다.

첫째, 어떤 변화는 불가피하다. 역시 뻔한 말처럼 들릴 수 있다. 변화만이 유일한 상수인 요즘의 첨단기술 문화에서는 특히 더하다. 주님이 베드로에게 가르쳐주셨듯이 교회는 문화와 더불어 변화하면서도 문화에 물들지 않을 수 있다. 무수히 많은 세대 동안—지금도 계속하여—주님은 인간 지도자들을 세워, 교회를 각 지역과 민족과 언어와 철학의 보편적 양식에 부응하도록 적응시키되 복음의 핵심 메시지만은 수정하지 않게 하셨다. 방법은 변해야 하지만 메시지는 변해서는 안 된다.

둘째, 모든 변화는 조정이 필요하다. 왠지 우리는 가장 최근에 배운 영적 교훈을 신앙 여정의 최종 구간으로 늘 생각한다. 의식적으로야 그렇지 않지만, 누군가가 불편한 변화를 제안하면 "나는 이미 원리를 확실히 터득했다"며 자신의 생각을 고집한다. 그러면 적응력과 수용력을 잃고 굳어져서 저항하게 된다. 현 상태로 아쉬울 게 없는 한 큰 변화가 달갑지 않기 때문이다. 그래서 우리는 필요한 온갖 수단을 동원하여 현상 유지를 정당화한다. 성경을 오용하고 터무니없는 신학까지도 들먹이면서 말이다.

주님은 자신의 교회를 계속 변화시켜 시의성과 유연성을 갖춘 최첨단의 상태로 유지하신다. 베드로가 훌륭한 모범을 보여주었듯이 우리도 하나님의 프로그램에 보조를 맞추어 적응해야 한다.

셋째, 모든 변화는 성경에 비추어 검토되어야 한다. 변화의 가능성을 평가할 때는 절대적 요소와 융통성 있는 요소를 잘 가려야 한다. 진부한 상식처럼 들릴 수 있지만, 교회에 영향을 미칠 만한 변화라면 새삼 그 점을 상기할 필요가 있다. 사업할 때는 더없이 성공적인 모험가들도 자신의 지역교회에서 사역을 어떻게 수행해야 할지를 결정할 때는 갑자기 전통과 향수로 돌아선다. 반대로 교회에 미칠 장기적 영향이나 성경의 진리가 타협되는지 여부를 따져보지도 않고, 사회의 변화에 충동적으로 반응하는 이들도 있다. 그러므로 교회마다 신앙의 근본 같은 절대 기준을 정해두면 유익하다. 내 경우 어느 교회에서 섬기든 반드시 아래 사항들에 대한 믿음을 고수한다.

- 성경은 무오하다.
- 예수 그리스도는 하나님이시다.
- 예수님은 동정녀에게서 태어나셨다.
- 예수님은 죄가 없으시다.
- 예수님은 십자가에서 인류의 죄를 대속하셨다.
- 예수님은 무덤에서 몸으로 부활하셨다.
- 예수님은 이 땅에 물리적으로 다시 오신다.
- 예수님의 약속은 모두 성취된다.
- 그리스도가 없는 이들과 그리스도 안에 있는 이들은 각각 지옥과 천국에 가도록 정해져 있다.

이상은 우리가 어느 결정을 내릴 때도 타협해서는 안 될 신앙의 근본이다. 반면에 이런 진리를 어떻게 표현하고 사역을 어떻게 수행할 것인지에 대해서는 우리에게 창의력을 발휘하여 늘 현시대에 부응할 의무가 있다. 정통이 아닌 것처럼 들린다면 나를 용서하라. 하지만 내 생각에 예수 그리스도가 이 시대에 이 땅에 오신다면 그분의 메시지는 조금도 달라지지 않겠지만, 사람들이 가장 잘 들을 수 있는 방식으로 현 상태에 맞게 다가가실 것이다. 따라서 그분의 백성인 우리도 그 정도로 융통성이 있어야 한다.

복귀 작전(사도행전 11:19-30)

19그 때에 스데반의 일로 일어난 환난으로 말미암아 흩어진 자들이 베니게와 구브로와 안디옥까지 이
르러 유대인에게만 말씀을 전하는데 20그 중에 구브로와 구레네 몇 사람이 안디옥에 이르러 헬라인에
게도 말하여 주 예수를 전파하니 21주의 손이 그들과 함께 하시매 수많은 사람들이 믿고 주께 돌아오
더라 22예루살렘 교회가 이 사람들의 소문을 듣고 바나바를 안디옥까지 보내니 23그가 이르러 하나님
의 은혜를 보고 기뻐하여 모든 사람에게 굳건한 마음으로 주와 함께 머물러 있으라 권하니 24바나바
는 착한 사람이요 성령과 믿음이 충만한 사람이라 이에 큰 무리가 주께 더하여지더라 25바나바가 사
울을 찾으러 다소에 가서 26만나매 안디옥에 데리고 와서 둘이 교회에 일 년간 모여 있어 큰 무리를
가르쳤고 제자들이 안디옥에서 비로소 그리스도인이라 일컬음을 받게 되었더라

27그 때에 선지자들이 예루살렘에서 안디옥에 이르니 28그 중에 아가보라 하는 한 사람이 일어나
성령으로 말하되 천하에 큰 흉년이 들리라 하더니 글라우디오 때에 그렇게 되니라 29제자들이 각각
그 힘대로 유대에 사는 형제들에게 부조를 보내기로 작정하고 30이를 실행하여 바나바와 사울의 손으
로 장로들에게 보내니라

벤치로 밀려나 유보된 상태. 발탁되지 못해 출전이 중단된 상태. 사도행전 10장에 베드로의 역사적인 이방인 전도가 이루어지는 동안, 누가가 밝힌 만큼만 바울의 활동을 본다면 그는 극적인 회심 이후로 10년 동안 활동을 접은 듯한 인상을 풍길 수 있다. 그러나 사실 그는 활동하지 않은 적이 없다. 물론 사람들의 각광을 받거나 일을 이끄는 주축이 된 것은 아니지만, 고금을 통틀어 하나님의 충실한 종 절대다수가 그랬듯이 그도 눈에 띄지 않게 뒤에서 사역했다. 그 이유가 무엇일까? 하나님은 그런 격정적 회심을 겪은 그를 왜 10년 동안 다소의 '비중 없는' 사역으로 보내셨을까?

생각해보라. 유대인을 상대로 사역하기에 이보다 더 눈부신 이력을 갖춘 그리스도인은 없었다. 그러나 하나님은 지혜로운 섭리 가운데 뜻하신 바 있어, 이런 사람들을 한동안 소규모의 보잘것없는 사역에 두실 때가 많다. 그동안 그분은 그들의 신학을 연마하시고, 성품을 다듬으시며, 우선순위를 조정하신다. 육신으로 행하지 않고 성령으로 행하는 법도 가르치신다. 하나님이 바울을 이렇게 옆으로 제쳐두신 것은 그를 버리신 게 아니라 연단이었다.

역시 인간의 관점에서 보면 사울은 동족 히브리인을 상대로 사역에 곧장 뛰어들기에 이상적인 후보 같았다. 하지만 주님은 사람을 기업체의 인재 모집책처럼 발굴하시는 분이 아니다. 그분은 전지하신 통찰에 기초하여 사람을 택하시고, 전능하신 주권을 통해 준비시키신다. 하나님은 이방인을 향한 자신의 증인으로 사울을 택하셨고, 새로 회심한 이 바리새인에게 처음부터 그 사실을 분명히 밝히셨다.

> 내가 네게 나타난 것은 곧 네가 나를 본 일과 장차 내가 네게 나타날 일에 너로 종과 증인을 삼으려 함이니 이스라엘과 이방인들에게서 내가 너를 구원하여 그들에게 보내어 그 눈을 뜨게 하여 어둠에서 빛으로, 사탄의 권세에서 하나님께로 돌아오게 하고 죄 사함과 나를 믿어 거룩하게 된 무리 가운데서 기업을 얻게 하리라(26:16-18).

이유야 어찌되었든 사울은 즉시 이방인 사역에 착수한 게 아니라 여러 회당으로 직행했다. 다메섹 도상에서 부활하신 메시아를 만난 지 얼마 되지 않아, 그는 예수님의 정체가 메시아임을 능숙하게 변호하며 복음의 진리를 솜씨 좋게 예증했다. 그러나 동족 유대인 사이에서 거둔 성과는 별로 없었다. 다메섹에서 암살을 피해 예루살렘으로 벗어난 그가 나라 잃은 사람처럼 살고 있을 때, "위로의 아들" 바나바가 그의 옹호자가 되었다. 바나바의 강권으로 베드로를 비롯한 교회 지도자들도 사울을 받아들여, 그는 신자들과의 교제를 누렸다. 한동안은 그랬다.

그때는 베드로가 아직 고넬료의 집을 방문하기 전이었다. 그 일이 왜 사울에게 맡겨지지 않았는지 의아할 수 있다. 사울이야말로 이방인의 사도가 될 사람이었으니 말이다. 인간의 관점에서 보면 적임자가 바뀐 것 같지만, 알다시피 하나님께는 그분의 이유가 있다. 어쨌든 사울은 다시 여러 회당으로 직행했으나 성과가 없기는 다메섹에서와 다를 바 없었다. 결국 두 곳의 주요 도시에서 종교 지도자들의 적대감을 자극하여 두 번의 암살 음모를 벗어난 뒤에야 그는 다소로 귀향했다. 다소는 멀리 떨어진 이방인의 도시였다. 솔직히 사울이 고향으로 사라지니 모두가 더 안전해졌다. 누가의 기록처럼 "그리하여 온 유대와 갈릴리와 사마리아 교회가 평안하여 든든히 서 가고 주를 경외함과 성령의 위로로 진행하여 수가 더 많아지니라"(9:31).

벤치로 밀려나 유보된 상태. 발탁되지 못해 출전이 중단된 상태. 그러나 망각된 것은 아니었다. 결코 아니었다. 하나님이 다메섹에서 사울에게 주셨던 사역의 비전은 잊히지 않았다. 복음이 온 세상에 전파되는 것이 언제나 주님의 뜻이었다. 다만 교회가 아직 이방인 회심자를 받아들일 준비가 되지 않았고, 사울도 하나님의 대변자가 될 준비가 되지 않았다. 이 골수 유대인은 이방인 문화를 더 알 필요가 있었다. 또 사역을 자기 방식대로 하지 않고 성령 안에서 행할 줄도 알아야 했다. 다소에서 10년간 소규모로 사역하면서 그는 요긴한 교육과 영적 연단을 받았다.

누가의 내러티브가 재개될 즈음, 사울은 활동과는 멀리 동떨어진 길리기아 지역에 파묻혀 적시의 때를 기다리고 있었다.

바울의 자서전(사도행전 11:25)

바울이 자서전을 쓴다면 아래와 같을 것이다.

"나는 유대인이라 소읍이 아닌 길리기아 다소 시의 시민이니"(행 21:39). "나는 나면서부터 [로마 시민이라]"(행 22:28). "나도 이스라엘인이요 아브라함의 씨에서 난 자요"(롬 11:1). "팔일 만에 할례를 받고 이스라엘 족속이요 베냐민 지파요 히브리인 중의 히브리인이요 율법으로는 바리새인이요 열심으로는 교회를 박해하고 율법의 의로는 흠이 없는 자라"(빌 3:5-6). "나는 유대인으로 길리기아 다소에서 났고 이 성[예루살렘]에서 자라 가말리엘의 문하에서 우리 조상들의 율법의 엄한 교훈을 받았고…하나님께 대하여 열심이 있는 자라"(행 22:3).

"내가…하나님의 교회를 심히 박해하여 멸하고 내가 내 동족 중 여러 연갑자보다 유대교를 지나치게 믿어 내 조상의 전통에 대하여 더욱 열심이 있었으나 그러나 내 어머니의 태로부터 나를 택정하시고 그의 은혜로 나를 부르신 이가 그의 아들을 이방에 전하기 위하여 그를 내 속에 나타내시기를 기뻐하셨을 때에 내가 곧 혈육과 의논하지 아니하고 또 나보다 먼저 사도 된 자들을 만나려고 예루살렘으로 가지 아니하고 아라비아로 갔다가 다시 다메섹으로 돌아갔노라…그 후 삼 년 만에 내가 게바를 방문하려고 예루살렘에 올라가서 그와 함께 십오 일을 머무는 동안 주의 형제 야고보 외에 다른 사도들을 보지 못하였노라 보라 내가 너희에게 쓰는 것은 하나님 앞에서 거짓말이 아니로다 그 후에 내가 수리아와 길리기아 지방에 이르렀으나 그리스도 안에 있는 유대의 교회들이 나를 얼굴로는 알지 못하고 다만 우리를 박해하던 자가 전에 멸하려던 그 믿음을 지금 전한다 함을 듣고 나로 말미암아 하나님께 영광을 돌리니라"(갈 1:13-24).

"나를 능하게 하신 그리스도 예수 우리 주께 내가 감사함은 나를 충성되이 여겨 내게 직분을 맡기심이니 내가 전에는 비방자요 박해자요 폭행자였으나 도리어 긍휼을 입은 것은 내가 믿지 아니할 때에 알지 못하고 행하였음이라"(딤전 1:12-13). "나는 사도 중에 가장 작은 자라 나는 하나님의 교회를 박해하였으므로 사도라 칭함 받기를 감당하지 못할 자니라 그러나 내가 나 된 것은 하나님의 은혜로 된 것이니 내게 주신 그의 은혜가 헛되지 아니하여 내가 모든 사도보다 더 많이 수고하였으나 내가 한 것이 아니요 오직 나와 함께 하신 하나님의 은혜로라"(고전 15:9-10). "내가 복음을 전할지라도 자랑할 것이 없음은 내가 부득불 할 일임이라 만일 복음을 전하지 아니하면 내게 화가 있을 것이로다 내가 내 자의로 이것을 행하면 상을 얻으려니와 내가 자의로 아니한다 할지라도 나는 사명을 받았노라 그런즉 내 상이 무엇이냐 내가 복음을 전할 때에 값없이 전하고 복음으로 말미암아 내게 있는 권리를 다 쓰지 아니하는 이것이로다"(고전 9:16-18).

"내가 모든 사람에게서 자유로우나 스스로 모든 사람에게 종이 된 것은 더 많은 사람을 얻고자 함이라 유대인들에게 내가 유대인과 같이 된 것은 유대인들을 얻고자 함이요 율법 아래에 있는 자들에게는 내가 율법 아래에 있지 아니하나 율법 아래에 있는 자 같이 된 것은 율법 아래에 있는 자들을 얻고자 함이요 율법 없는 자에게는 내가 하나님께는 율법 없는 자가 아니요 도리어 그리스도의 율법 아래에 있는 자이나 율법 없는 자와 같이 된 것은 율법 없는 자들을 얻고자 함이라 약한 자들에게 내가 약한 자와 같이 된 것은 약한 자들을 얻고자 함이요 내가 여러 사람에게 여러 모습이 된 것은 아무쪼록 몇 사람이라도 구원하고자 함이니 내가 복음을 위하여 모든 것을 행함은 복음에 참여하고자 함이라"(고전 9:19-23). "나는 비천에 처할 줄도 알고 풍부에 처할 줄도 알아 모든 일 곧 배부름과 배고픔과 풍부와 궁핍에도 처할 줄 아는 일체의 비결을 배웠노라 내게 능력 주시는 자 안에서 내가 모든 것을 할 수 있느니라"(빌 4:12-13).

"전제와 같이 내가 벌써 부어지고 나의 떠날 시각이 가까웠도다 나는 선한 싸움을 싸우고 나의 달려갈 길을 마치고 믿음을 지켰으니 이제 후로는 나를 위하여 의의 면류관이 예비되었으므로 주 곧 의로우신 재판장이 그 날에 내게 주실 것이며 내게만 아니라 주의 나타나심을 사모하는 모든 자에게도니라"(딤후 4:6-8). "주께서 내 곁에 서서 나에게 힘을 주심은 나로 말미암아 선포된 말씀이 온전히 전파되어 모든 이방인이 듣게 하려 하심이니 내가 사자의 입에서 건짐을 받았느니라 주께서 나를 모든 악한 일에서 건져내시고 또 그의 천국에 들어가도록 구원하시리니 그에게 영광이 세세무궁토록 있을지어다 아멘"(딤후 4:17-18).

—11:19-21—

스데반이 순교한 후 신자들은 교회를 박해하던 사울 때문에 사방으로 흩어졌다. 이들 유대인 그리스도인들은 대체로 동족 히브리인에게만 복음을 전했다. 그러나 일부는 누구든지 듣기만 한다면 이방인에게도 별 차별 없이 복음을 전했다. 누가는 마음이 더 넓은 이 유대인들을 "구브로와 구레네 몇 사람"(11:20)이라고 밝혀놓았다. 바나바의 고향인 구브로(키프로스)는 시리아 해안에서 지중해상으로 떨어져 있는 꽤 큰 섬이다. 구레네는 알렉산드리아에서 서쪽으로 거의 800킬로미터 지점의 북아프리카 해안에 있었다.

당시에 수리아(시리아) 안디옥은 로마와 알렉산드리아에 이어 로마 제국에서 세 번째로 큰 대도시로서 유대인, 유대교로 개종한 이방인, "하나님을 경외하는" 이방인 등의 거주 인구가 심히 많았다. 그래서 복음을 경청하는 청중이 있었다. 유대교의 영향이 워낙 크다 보니 이방인들도 유대 민족의 신기한 유일신론에 이미 익숙해져 있었다. 단기간 내에 수많은 이방인이 그리스도인이 되었다(11:21).

—11:22-24—

이방인들이 회심한 소식이 유대를 거쳐 예루살렘 언덕에까지 이르렀을 때는 이미 교회가 가이사랴에서 있었던 베드로의 사역을 받아들인 후였다. 그래서 그들은 심사단을 보내 수리아 안디옥의 일을 철저히 조사한 게 아니라 "위로의 아들" 바나바를 파송했다(11:22). 이 일의 적임자인 그는 그곳의 많은 유대인 전도자들처럼 구브로 출신인데다, 기질상으로도 이방인들을 형제로 반겨 맞이할 사람이었다. 누가는 "바나바는 착한 사람이요 성령과 믿음이 충만한 사람이라"(11:24)고 썼다. 도착해보니 그들은 진짜 그리스도인이기는 한데 조직과 훈련이 절실히 필요한 상태였다. 안디옥은 쾌락을 좇는 이들의 소굴로 이름나 있었다. 8킬로미터밖에 떨어져 있지 않은 유명한 "다프네의 낙원" 때문이었는데,[35] 방문객들은 거기서 도덕적 타락을 마치 미덕인 양 탐닉했다.

바나바는 그 도시에 퍼져나가는 하나님의 은혜를 보며 기뻐했고 새 신자들을 격려했다(11:23). 새로 믿은 그리스도인들에게는 많은 격려가 필요하다. 바나바는 해야 할 일과 해서는 안 될 일의 목록을 작성하거나 그곳 지도에 안디옥 주변의 피해야 할 곳들을 표시한 게

다소(사도행전 11:25)

훗날 바울로 알려진 사울은 "유대인…소읍이 아닌 길리기아 다소 시의 시민"(21:39)으로 자랑스럽게 자처했다. 그가 예루살렘의 가말리엘 문하에서 수학한 유대교 교육의 산물이기는 했지만(22:3), 틀림없이 다소는 그의 젊고 뜨거운 지성을 풍요롭게 해준 곳이었다.

한창때의 다소는 항해가 가능한 키드누스 강의 전략적 요충지에 자리했고, 유명한 길리기아 관문의 길목에 있었다.[36] 이 관문은 산의 고갯길에 닦인 요로로서, 소아시아와 동방 지역—시리아, 메소포타미아, 유대, 이집트 등—사이를 오가는 사람은 누구나 그 길로 타우루스 산맥을 넘어야 했다. 그래서 이 전략적 위치는 자연스럽게 물품의 교역과 사상의 교류가 이루어지는 곳이 되었다.

인구도 많고 자원도 풍부하다 보니 다소는 학문의 중심지가 되었다. 다소의 학술원은 유명한 아테네 학파와 알렉산드리아 학파의 명성에 도달하려 애썼다.[37] 그러나 이 학파가 몰락한 결정적 원인이 있었다. "향토에서 공부한 다소 사람들은 유학으로 교육을 마친 뒤 다소로 돌아오지 않고 로마나 다른 곳에 정착하기로 유명했다. 다소 출신의 저명한 학자들이 스트라보(Strabo)의 저작에 많이 열거되어 있다."[38] 사울이 고향에서 수학한 뒤 예루살렘으로 갔다고 보는 견해도 있으나 그보다는 열두 살쯤에 다소를 떠나 가말리엘에게 사사했을 가능성이 더 높다.[39]

사울 같은 학자라면 회심한 후 다소에 거주하던 10년 동안 틀림없이 다소의 학술원에 비치된 자료를 애용했을 터이고, 이로써 향후의 이방인 사역을 위해 더 잘 준비되었을 것이다. 사실 그레데의 에피메니데스(Epimenides)와 솔리의 아라토스(Aratus, 길리기아 동향 사람) 같은 시인들의 말을 인용한 것으로 보아(딛 1:12, 행 17:28) 그가 헬라 교육을 상당히 받았음을 엿볼 수 있다.

다소는 사울이 이방인의 사역자로 준비되기에 얼마나 적합한 곳인가. 어느 학자가 주해했듯이 "다소는 '그리스-로마 세계의 심장부'이자 '동서양의 합류점'으로 불렸다. 헬라 문화와 로마 문화에 익숙하고 가말리엘 문하에서 수학한 사울 같은 사람은 이러한 다소의 환경 속에서 남다르게 무장되어, 먼저 유대인에게 그리고 헬라인에게 복음을 전할 사람이 되었다."[40]

아니라 주로 "권"했다. 의미의 폭이 넓은 이 동사 *parakaleō*(3870)에는 남의 곁에서 조언과 용기와 위로와 희망과 긍정적 시각을 베풀어준다는 개념이 담겨 있다. 격려하는 사람은 운동 코치처럼 상대가 탁월해지도록 돕는다. 도전하되 비난하지 않고, 가르치되 잔소리하지 않으며, 감화를 끼치되 고자세를 취하지 않는다. 소정의 목표에 도달하도록 운동선수를 격려하고 도전하는 코치처럼, 바나바도 안디옥의 새 신자들에게 은혜 안에서 자라가고 구주께 계속 충실할 것을 권고했다.

—11:25-26—

바나바는 성숙하고 박식하여 혼자 힘으로도 능히 해내고도 남을 사람이었다. 그럼에도 그는 자신에게 도움이 필요함을 알았다. 11장 24절은 25절과 연결되어 설명을 제시한다. 나라면 이 문장을 이렇게 번역하겠다. "어찌나 큰 무리가 주께 더하여졌던지 바나바가 사울을 찾으러 다소에 가서." 바나바는 겸손하고 지혜로웠다. 자신의 한계를 인정할 만큼 겸손했고, 이 일에 맞는 최고의 조력자를 찾을 만큼 지혜로웠다. 보다시피 그는 예루살렘으로 사람을 보내 히브리 학자들을 찾은 게 아니라 반대쪽으로 160킬로미터를 가서 하나님이 이방인 사역자로 예비해두신 사람을 찾았다. 사울도 가기로 승낙했다.

두 사람은 안디옥에서 조화롭게 동역하여 전도에서만 아니라 신자들을 교회로 세우는 부분에서도 큰 성과를 거두었다(11:26). 바로 여기서 사울은 교회의 형성과 조직과 안정에 대한 기본을 익혔다. 그들이 세운 목표는 독립된 공동체였다. 즉 외부의 도움 없이 현지 장로들이 이끌고, 자체적인 전도 활동을 통해 지속되는 공동체였다. 교회가 살아 있는 유기체이기에 바나바와 사울은 안디옥의 회중이 스스로 호흡하고 섭취하며 성장하고 살아가기를 원했다.

누가가 곁가지로 덧붙였듯이 수리아 안디옥은 "그리스도인"[*Christianos*(5546)]이라는 명칭의 발상지였다. 물론 핵심 개념은 "그리스도"이며, 접미사 *-ianos*는 어떤 운동이나 공동체의 지도자와 한패를 이루었거나 동화했다는 의미다. 예컨대 복음서 저자들은 헤롯 대제의 왕조를 지지했거나 그 밑에서 일한 사람을 "헤롯 당원"(Herodian)이라는 말로 표현했다(예: 마 22:16).

—11:27-28—

"그 때에"(11:27)는 "그즈음에"로 직역된다. 바나바와 사울은 1년간 사역했는데 그 기간 중에 예루살렘에서 "선지자들"이 왔다(원문에 나오는 "내려오니"라는 말은 고도가 달라졌음을 뜻한다. 고대인들은 북쪽과 남쪽을 '위'와 '아래'의 개념으로 생각하지 않았다). 그 사람들은 예언을 말하는 신기하고 초자연적인 은사가 있었다. 구약의 선지자들과 비슷하게 그들도 하나님의 대언자가 되어 새로운 계시를 공표했다(고전 12:10, 28, 14:3). 하나님이 할 말을 주시면 그들은 그대로 말했다. 신약이 기록되기 전인 사도 시대에는 교회가 선지자들을 통해 하나님의 말씀을 직통으로 들을 필요가 있었다.

그 선지자들 중 아가보라는 사람(참고 행 21:10-11)이 세상에 "큰 흉년"이 들 것을 예언했다(11:28). "천하에"라는 말은 '우주의 모든 곳'이 아니라 '많은 중요한 곳'을 뜻한다. 다른 헬라어 작가들처럼 누가도 "천하"[*oikoumenē*(3625)]라는 말을 로마 제국의 알려진 세계라는 의미로 썼다. 누가는 아가보의 예언이 글라우디오 재위 기간에 성취되었다고 확언했다. 그는 칼리굴라 다음이자 네로 이전에 14년 가까이(AD 41-54) 통치했던 황제다.[41] 일반 역사가들에 따르면 그는 제국의 몇몇 지역에 닥친 기근 때문에 로마에서 적어도 두 차례에 걸쳐 극심한 식량 부족에 대처해야 했다.[42]

—11:29–30—

로마가 그 두 번의 식량 부족에 시달린 때는 각각 AD 42년과 51년이다. 그 시기를 기록한 이집트의 사료와 요세푸스(Josephus)가 쓴 『유대 고대사』(*Antiquities*)로 미루어볼 때, 그 영향이 유대에까지 미친 때는 AD 46년경이다.[43] 그해에 수리아 안디옥의 교회는 헌금을 거두어 바나바와 사울 편으로 예루살렘에 보냈다. 이는 두 가지 이유에서 주목할 만한 일이었다. 첫째, 안디옥의 독립된 신자 공동체는 더 큰 전체의 일부로 자처하여 예루살렘의 어려운 형제자매들을 도울 책임을 느꼈다(참고 4:34–37). 둘째, 안디옥 교회는 지원이 필요한 것이 아니라 오히려 예루살렘에 가시적 도움을 보낼 만큼 강해져 있었다. 이는 미묘한 전환의 신호였다. 앞으로 예루살렘 교회는 중요도가 덜해지는 반면 안디옥은 더 중요해진다.

그들은 헌금을 예루살렘의 "장로들에게" 보냈다(11:30). 누가가 교회와 관련하여 "장로"[*presbyteros*(4245)]라는 단어를 쓰기는 이번이 처음이다. 사도들은 예루살렘에 남아 있지 않았다. 전승에 따르면—성경만큼 권위는 없지만 역사적 단서를 찾기에 유익하다—열두 사도의 대부분은 세상의 다른 지역을 다니며 '증인'이 되었다. 리더십의 공백을 채우고자 예루살렘 교회는 '장로들'을 세웠다. 이 헬라어 단어는 본래 '나이든 사람'을 뜻하지만 직분을 지칭하는 기술적 의미로 쓰인다. 예루살렘 교회는 회당의 본을 따랐는데, 회당들은 몇몇 성숙한 사람을 뽑아 각 지역의 회중에게 영적이고도 실제적인 리더십을 행사하게 했다.

다소의 사울이 우리가 서신서를 통해 알고 있는 바울이 되기까지는 아직도 더 배울 것이 있었다. 그 과정은 이미 잘 진척되고 있었다. 그는 벤치에서 내려와 경기에 복귀한 상태였다. 그럼에도 그는 계속 훈련을 받게 될 것이다. 앞으로 배울 몇 가지 핵심 교훈을 통해 그는 하나님이 예비하신 일에 적합하게 무장된다.

적용: 사도행전 11:19–30

선한 일을 위해 따로 준비되는 기간

뒷전으로 밀려난 기분을 좋아할 사람은 아무도 없다. 다메섹 도상에서 극적으로 회심한 사울이 다소에서 펼친 사역은 '휴가'와도 같았다. 낙향하여 보낸 그 '침묵의' 세월에 그는 틀림없이 당혹감과 환멸을 느꼈을 것이다. 다행히 그는 그 10년 동안 순순히 낮아져 교회의 영향 아래 영혼이 빚어지고 준비되었다. 그때 인내한 덕분에 그는 나중에 신약 시대의 교회사에서 가장 영향력 있는 인물이 되었다.

주께서 사울을 준비시키시는 과정을 잘 보면 두 가지 원리가 드러난다.

첫째, 주님만이 사람을 사역에 맞게 준비시키실 수 있다. 주께서 사울을 직접 대면하시고(9:4-6) 앞으로 그가 맡을 사역을 알려주신 뒤(26:15-18), 사울은 곧바로 여러 회당에서 동족 유대인을 상대로 사역에 착수했다. 그것이 실패로 돌아가자 그는 지혜롭게 거의 3년 동안 아라비아로 물러났다. 이 경험을 통해 자신이 충분히 갖추어지고 사역에 복귀할 준비가 되었다고 생각했던지, 그는 다시 다메섹으로 갔다. 그러나 거기서는 물론 이후의 예루살렘에서도 결과는 비참했다. 분명히 그는 준비되어 있지 못했다. 다소 출신의 천재 사울은 출전이 유보된 채로 이교로 융성한 학문의 도시에서 10년을 보냈다. 한때 자신의 주무대였던 예루살렘과는 멀리 떨어진 곳이었다. 드디어 사울과 타이밍, 타이밍과 사울이 서로 딱 맞아들었을 때 주님은 이 겸손해진 바리새인을 스포트라이트 안으로 들어서게 하셨다. 다시 등장한 그는 더 지혜로운 사람, 자신의 삶과 사역 속에 역사하시는 성령을 더 분명히 아는 사람이 되어 있었다.

경륜이 제법 된 사역자라면 누구나 공감할 것이다. 나도 사역으로 소명을 받았을 때 내게 준비가 필요함을 즉시 알았다. 하지만 달라스 신학대학원의 4년 과정에 입학할 때만 해도 그 준비 중 높은 비율이 강의실 밖에서 이루어진다는 사실을 전혀 몰랐다! 물론 교수님들도 내게 중요한 지식과 통찰을 주었으나 나를 준비시키신 분은 주님이었다. 그 기간에 그분은 나의 성품을 갈고닦고 깎아내 합당한 그릇으로 빚으셨다. 정식 학업을 마친 뒤에는 어느 선배 목사를 보좌하며 2년을 보냈고, 내 분야와 성향에 맞지 않는 사역으로 2년을 더 고생했다. 그때를 돌아보며 새삼 깨닫는 것은 알아주는 이 없던 그 힘든 시기에 주님이 직접 만지시는 손길처럼 나를 미래의 사역에 맞게 준비시켜줄 수 있는 것은 없었다. 그때는 주님이 왜 그러시는지 알 수 없었지만 지금 돌아보면 다 이해가 된다.

둘째, 사람에게 맞는 사역도 주님이 준비해주셔야 한다. 주님을 대면하여 만나고 사흘간 금식하면서 사울은 자신이 장차 이방인을 위한 사역자가 될 것을 들어서 알았다. 주님이 그에게 이렇게 말씀하셨다.

> 내가 네게 나타난 것은 곧 네가 나를 본 일과 장차 내가 네게 나타날 일에 너로 종과 증인을 삼으려 함이니 이스라엘과 이방인들에게서 내가 너를 구원하여 그들에게 보내어 그 눈을 뜨게 하여 어둠에서 빛으로, 사탄의 권세에서 하나님께로 돌아오게 하고 죄 사함과 나를 믿어 거룩하게 된 무리 가운데서 기업을 얻게 하리라(26:16-18).

그러나 그때는 베드로가 아직 고넬료를 방문하기 전이었다. 이방인들은 예루살렘의 유대인들에게서 시작된 이 낯선 가르침에 겨우 관심이 생겼을 뿐이었고, 교회 지도자들은 유대인 사회를 벗어난 전도를 생각조차 하지 못하던 상태였다. 요컨대 아직 세상은 은혜를 그토록 힘주어 강조하는 사울의 사역을 받을 준비가 되어 있지 못했다.

주님은 이방인 전도와 교회 개척을 위해 사울을 준비시키심과 동시에, 사울을 받아들일 수 있도록 이방인들과 교회를 또한 준비시키셨다. 많은 일이 그렇듯 사역에서도 타이밍은 아주 중요하다.

감옥보다 강한 능력(사도행전 12:1-17)

1그 때에 헤롯 왕이 손을 들어 교회 중에서 몇 사람을 해하려 하여 2요한의 형제 야고보를 칼로 죽이
니 3유대인들이 이 일을 기뻐하는 것을 보고 베드로도 잡으려 할새 때는 무교절 기간이라 4잡으매 옥
에 가두어 군인 넷씩인 네 패에게 맡겨 지키고 유월절 후에 백성 앞에 끌어 내고자 하더라 5이에 베
드로는 옥에 갇혔고 교회는 그를 위하여 간절히 하나님께 기도하더라

6헤롯이 잡아 내려고 하는 그 전날 밤에 베드로가 두 군인 틈에서 두 쇠사슬에 매여 누워 자는데
파수꾼들이 문 밖에서 옥을 지키더니 7홀연히 주의 사자가 나타나매 옥중에 광채가 빛나며 또 베드로
의 옆구리를 쳐 깨워 이르되 급히 일어나라 하니 쇠사슬이 그 손에서 벗어지더라 8천사가 이르되 띠를
띠고 신을 신으라 하거늘 베드로가 그대로 하니 천사가 또 이르되 겉옷을 입고 따라오라 한 대 9베드로
가 나와서 따라갈새 천사가 하는 것이 생시인 줄 알지 못하고 환상을 보는가 하니라 10이에 첫째와 둘
째 파수를 지나 시내로 통한 쇠문에 이르니 문이 저절로 열리는지라 나와서 한 거리를 지나매 천사가
곧 떠나더라 11이에 베드로가 정신이 들어 이르되 내가 이제야 참으로 주께서 그의 천사를 보내어 나
를 헤롯의 손과 유대 백성의 모든 기대에서 벗어나게 하신 줄 알겠노라 하여 12깨닫고 마가라 하는 요
한의 어머니 마리아의 집에 가니 여러 사람이 거기에 모여 기도하고 있더라 13베드로가 대문을 두드
린대 로데라 하는 여자 아이가 영접하러 나왔다가 14베드로의 음성인 줄 알고 기뻐하여 문을 미처 열
지 못하고 달려 들어가 말하되 베드로가 대문 밖에 섰더라 하니 15그들이 말하되 네가 미쳤다 하나 여

자 아이는 힘써 말하되 참말이라 하니 그들이 말하되 그러면 그의 천사라 하더라 [16]베드로가 문 두드
리기를 그치지 아니하니 그들이 문을 열어 베드로를 보고 놀라는지라 [17]베드로가 그들에게 손짓하여
조용하게 하고 주께서 자기를 이끌어 옥에서 나오게 하던 일을 말하고 또 야고보와 형제들에게 이 말
을 전하라 하고 떠나 다른 곳으로 가니라

메시아를 따르는 사람은 누구나 절묘한 균형을 유지해야 한다. 우리는 자연법의 지배를 받는 자연계에 살고 있으나, 우리가 섬기는 하나님은 자연법을 능히 초월하실 수 있는—때로는 정말 초월하시는—분이다. 대체로 우리는 상황을 액면 그대로 받아들여야 한다. 선한 사람도 병들어 죽는다. 열심히 일하는 사람도 파산한다. 정직한 사업도 망한다. 무죄한 사람도 부당하게 유죄가 선고되어 형벌을 받는다. 많은 상황에서 하나님은 초자연적 개입으로 불운을 막아주시지 않는다. 그렇다고 삶을 인간의 관점에서만 보아서는 안 된다. 기적은 흔하지 않다. 그러나 주님이 일부러 기적적으로 개입하시든 그렇지 않든 간에 그분은 여전히 모든 것을 주관하시며, 약속대로 모든 사건과 환경을 합력하여 우리의 선과 그분의 영광을 이루신다(롬 8:28).

기적이 가뭄에 콩 나듯 하는 시대이다 보니 자연적 관점과 초자연적 관점의 균형을 유지하기가 어려울 수 있다. 기적이 더 흔하기만 하다면 영원한 영적 관점을 품기가 더 쉬울 것처럼 생각될 수도 있다. 그러나 누가가 내러티브의 이 단락에 예증하듯이 사람들은 늘 한시적 반경 너머를 볼 줄 몰라 쩔쩔맸고, 심지어 하나님이 세상 속에서 더 가시적으로 활동하실 때조차도 그랬다. 예루살렘의 그리스도인들은 주님의 능력이 한없이 놀라운 기적으로 표출되는 광경을 여러 번 보았으면서도 이차원적 관점에서 헤어나지 못해 고전했다. 잘 알려진 이번의 사례에서 그들은 자신들에게 무언가를 해주실 수 있는 하나님의 능력이나 의지를 제한했다.

—12:1-2—

본문의 시간적 배경인 "헤롯"—헤롯 아그립바 1세—의 박해 기간은 바나바와 바울이 "흉년"의 여파로 예루살렘을 방문하기 이전이다(11:19-30). 다시 말해 누가는 시간을 되돌려 본래의 연대기로 돌아간다. 내러티브가 수리아 안디옥으로 우회하기 이전이니 곧 베드로가 가이사

랴를 방문한 직후가 된다. 시간 순서대로 하자면 12장 1절은 11장 18절에 이어진다.[44]

그때까지만 해도 교회를 대적한 주적(主敵)은 정치적, 종교적 실세인 산헤드린이었다. 그들은 성전—대제사장, 귀족층, 바리새파 그리고 전직 대제사장이자 범죄의 수뇌인 안나스 등—과 결탁되어 있었다. 이들의 종교적 박해가 극에 달한 것은 다소의 사울이 공격을 주도하던 때였다. 그러나 이제 그가 예수님을 따르며 예루살렘과는 먼 곳에서 조용히 살게 되면서 성전의 외압도 잦아들었다. 적어도 몇 년 동안은 그랬다. 그동안 교회는 몰라보게 확장되어 유대와 사마리아를 휩쓸었다. 그래도 대체로 유대교 내의 종교적 분파로 그쳤으므로, 경건한 부류의 히브리인들 외에는 교회가 끼치는 영향력에 주시하는 사람이 거의 없었다. 그러다 베드로가 가이사랴를 방문했다. 그때부터 헤롯 아그립바 1세가 정치적 이유로 간여하고 나섰다.

'헤롯'이란 인명은 이미 호칭이 되어 있었다. 율리우스 카이사르의 생애와 영향력으로 인해 나중에 '가이사'가 황제의 호칭으로 발전한 것과 같다.[45] 이 특정한 헤롯은 아그립바 1세였다. 그는 때맞추어 정치판에 줄을 잘 서서 땅과 직위를 쟁취했고, 방해되는 사람은 자신의 가족까지 다 제거했다. 두 삼촌인 분봉왕 빌립과 헤롯 안디바 치하의 땅을 전부 장악한 그는 조부인 헤롯 대제의 권력을 능가하려는 야심에 불탔다. 그러려면 유대 땅까지 손에 넣어야 했는데, 유대는 로마가 총독을 통해 직접 통치하고 있었다.[46]

유대를 손에 넣으려면 그는 총독이 다스리는 것보다 자신이 다스리는 게 로마에 더 득이 됨을 로마의 권력층에 납득시켜야 했다. 이방인인 총독은 어차피 늘 유대인의 화를 돋우었고, 유대인의 노기야말로 늘 로마를 맥 빠지게 했다. 지방의 통치자에게 가장 중요한 두 가지 주된 책임은 백성의 반란을 막는 것과 로마로 계속 돈이 흘러들게 하는 것이었다. 아그립바는 얼마든지 최고의 후보자로 나설 수 있었다. 유대인에다[47] 헤롯 대제의 자손이며 황제의 충직한 친구인 그보다 더 나은 사람이 누가 있겠는가? 자신이 총독보다 나은 대안임을 유대인들에게 납득시킬 수만 있다면 성공은 떼어 놓은 당상이었다. 그런데 유대인들의 환심을 사려면 그들과 한편이 되어, 죽은 메시아를 추종하는 하찮은 신흥 파벌 집단을 대적하는 것보다 더 좋은 방법이 무엇이겠는가?

그의 계산은 먹혀들었고 타이밍도 그에게 유리했다. AD 41년에 칼리굴라가 죽었을 때 아그립바는 로마에 있었다. 그는 유년기의 친구인 글라우디오에게 요긴한 조언을 베푸는 한편, 원로원에 글라우디오를 잘 중재하여 결국 그가 칼리굴라의 후임 황제가 되는 데 일조했다. 이에 대한 답례로 글라우디오는 아그립바에게 유대와 사마리아를 주었고, 덕분에 그는 권력과 영토 면에서 헤롯 대제를 능가하게 되었다.[48] 그는 즉시 수도를 예루살렘으로 옮긴 뒤, 대중에게 영합하던 바리새인부터 귀족층의 사두개인까지 전방위적으로 유대인들과의 관계를 공고히 했다. 그가 요한의 형제 야고보를 죽임으로써 유대인들과의 사이가 더 돈독해졌음은 말할 것도 없다. 처형 방법도 로마식을 따라 칼로 목을 벴다(12:2).

—12:3–5—

누가의 저작 대부분에서 "유대인들"이라는 호칭은 이스라엘의 종교적, 정치적 지도층을 가

헤롯 왕조의 난맥상(사도행전 12:1–4)

BC 4년에 헤롯 대제가 죽은 뒤로 오랫동안 헤롯 왕조는 유대와 사마리아와 갈릴리와 그 너머 지역에까지 큰 영향을 미쳤다. 그의 후손들은 통치 구역을 분할하여 아켈라오는 유대와 사마리아를 취했고, 안디바는 갈릴리와 베레아를 취했으며, 빌립은 북동부의 여러 성(省)에 이어 나중에 수리아의 일부를 장악했다.[49]

몇 년이 못 되어 아켈라오는 자멸했다. 그가 수많은 유대인 신민을 살해하는 바람에(마 2:20–23) 그를 없애려는 대대적인 음모가 촉발되었다. 유대와 사마리아—평소에는 철천지 원수지간이던—의 대표단은 물론 그의 형제들인 안디바와 빌립의 파견단까지 그를 제거하려고 우르르 로마로 몰려갔다. 아우구스투스는 아켈라오를 이구동성으로 규탄하는 소리를 귀담아듣고 그를 퇴위시켜 현재의 프랑스 영토인 골로 추방했고, 그의 영토를 로마의 통치 아래 두었다. 그때부터 유대는 로마의 총독과 지방 행정관이 다스렸다.

안디바는 아켈라오보다 성공했으나 결국 농탕질을 하다 파멸을 자초했다. 그는 나바테아 왕 아레다 4세의 딸인 자신의 아내를 귀양 보내고 자신의 조카이자 동생의 아내인 헤로디아와 결혼했다. 그로 인한 정치적, 종교적 소요까지는 잘 견뎌냈다. 디베료(티베리우스)와 친구로 지내는 한편 부유한 헬라파 유대인들의 비위를 맞춘 결과였다. 그러나 결국 그의 정치적 계산은 빗나갔다. 아레다가 공격하여 다메섹을 포함한 그의 영토 일부를 점령했다(고후 11:32–33). 게다가 디베료의 죽음은 안비다의 통치권에 치명적 역할을 했다. 그 경위는 이렇다.

헤롯 대제가 죽은 뒤로 빌립은 자신의 조카이자 헤로디아의 딸인 살로메와 결혼했다. 살로메가 안비다 앞에서 선정적인 춤을 춘 일이 도화선이 되어 세례 요한이 처형되었다(마 14:6–11, 막 6:21–28). 로마와 긴밀한 관계를 유지하며 조용히 살던 빌립이 AD 34년에 죽자 그의 영토는 수리아의 관할로 되돌아갔다. 하지만 단기간에 그쳤다. 디베료 사후에 황제가 된 칼리굴라는 빌립의 영토를 헤로디아와 남매간인 아그립바 1세에게 주었다. 아울러 그가 탐내던 '왕'이라는 호칭도 그에게 하사했다. 안디바와 헤로디아가 로마에 가서 동일한 명예를 구하자 아그립바가 안디바를 규탄하는 서한을 보내 결국 안디바는 골로 추방되었다. 그리하여 안디바가 통치하던 땅은 아그립바의 수하에 들어갔다.

헤롯 대제 이후의 이스라엘. 헤롯 대제가 죽은 후 그의 가족이 그가 다스리던 왕국을 분할 통치했다.

리키는 기술적 용어이며, 대개 그들과 성전의 연관성을 언급할 때 쓰였다. 대제사장, 그의 귀족층 동지들, 산헤드린 공회원 등이 거기에 포함된다. 누가복음 전체와 사도행전 초반부에서 그가 말하는 "유대인들"은 민족적 의미가 아니다. 당시에는 교회 교인들도 절대다수가 유대 민족으로 구성되어 있었고, 유대 지방의 인구도 상당 비율이 동족이었다. 그러나 유대인 통치 세력은 갈수록 더 많은 유대인으로 하여금 메시아를 따르는 무리를 대적하게 만들었다. 그리스도인이라는 분파에 수많은 이방인이 합류하는 것을 일반 유대인들도 보았으므로, 그런 선전 활동이 훨씬 쉬워졌을 것이다. 그러므로 누가가 쓴 "유대인들"이라는 말이 어느 시점부터는 고위층의 통치 집단만이 아니라 그 이상을 지칭한다고 볼 수 있다. 상이한 종교 집단으로서 유대교와 기독교, 회당과 교회가 점점 갈라지고 있었다. 베드로가 가이사랴의 이방인 회심자들 사이에서 벌인 활동이 너무 과한 것으로 비쳤을 것이다.

아그립바는 로마의 대리자로서 유대를 직접 통치했으므로 굳이 누구의 승낙 없이도 사람에게 사형을 선고할 권한이 있었다. 그 권력을 행사하여 야고보를 죽인 그는 베드로도 처형하려고 체포했다(12:3). 그러나 먼저 그를 "백성 앞에 끌어 내고자"(12:4) 했다. 아그립바가 왜 그러려고 했는지는 누가가 밝히지 않았지만 이유는 분명해 보인다. 그는 로마의 집정관과 지방 행정관의 신분까지 부여받은 유대의 절대 군주였으므로 사형 집행을 정당화할 필요가 없었다. 산헤드린의 재판을 통해 베드로에게 유죄를 선고하는 거야 어렵지 않았겠지만 굳이 그럴 필요조차 없었다. 그가 베드로를 "백성 앞에 끌어내고자" 한 것은 유대인의 전통을 어겼다고 그를 공개적으로 비난함으로써 그리스도인들을 향한 백성의 적대감을 자극하기 위해서였다. 베드로는 열심히 이방인과 교제했고, 그들의 음식을 먹었으며, 감히 그들을 형제라 불렀다.

아그립바가 베드로를 일단 옥에 가둔 것은 연달아 8일 동안 지켜지던 유월절과 무교절(신 16:1-12) 때문에 재판을 할 수 없었기 때문이다.[50] 당연히 왕은 탈옥을 막고자 감시병을 세웠다. "넷씩"에 해당하는 헬라어의 *tetradion*(5069)은 말 그대로 숫자 4에 기초한 단어다. 대개 한 *tetradion*이면 군인 1인당 밤의 한 경(更)씩을 맡아 3시간 단위로 교대하기에 충분했다. 그런데 아그립바는 인력을 네 배로 늘려 4인조로 된 네 패에게 베드로를 감시하게 했다. 그 정도로 세간의 이목을 끄는 인물이라면 충분히 외부의 도움으로 탈옥을 시도할 법하다고 우려한 것이 분명하다. 게다가 베드로는 이미 적어도 한 차례 탈옥한 전력이 있었다(행 5:17-25).

누가는 서로 대치하고 있는 두 세력에 주의를 환기시킨다. 한쪽에는 베드로를 옥에 가두고 네 배의 감시병을 세우는 아그립바가 있고(12:4), 다른 쪽에는 사도를 위해 간절히 기도하는 교회가 있다(12:5)

—12:6-10—

유월절 마지막 밤에 하나님이 개입하셨다(12:7-8). 누가는 4인 1조인 군인들의 자리가 어떻게 배치되어 있었는지를 밝혀놓았다. 둘은 각각 베드로의 오른팔과 왼팔에 사슬로 묶여 있었고, 나머지 둘은 감방 입구에서 보초를 서고 있었다(12:6). 네 명으로 이루어진 네 패가 하루를 꼬박 지켰다면 6시간 단위로 교대가 이루어졌을 것이다. 이런 순번제에다 철통 경계까지 감안한다면 당번이던 감시병들이 6시간 중 잠을 잤다고 보기는 어렵다. 반면 베드로는 건강한 아기처럼 잤다!

누가가 잠시 부연했듯이 베드로는 웬만한 사람들이 안절부절못했을 상황 속에서도 수면을 취했다. 그 전에도 그는 비슷한 처지에 놓인 적이 있었다(4:1-3, 21, 5:17-25).

누가는 베드로가 풀려난 일을 묘사하면서 초자연적 기적의 요소가 개입되었음을 부각시킨다. 천사가 나타나 베드로의 감방을 환히 비추었다. 분명히 이는 그의 머릿속에나 벌어지는 꿈 같은 환상이 아니었다. 그런데도, 근무 중인 6시간 동안 틀림없이 모두가 깨어 있었을 베드로의 감시병들은 아무것도 보거나 듣지 못했다. 베드로조차 천사의 존재를 알아차리지 못하자 천사가 "베드로의 옆구리를 쳐 깨"웠다(12:7). 사슬이 풀리면서 그에게 천사의 말소리가 들렸다. 군인들도 그 소리에 놀랐어야 하련만 그런 일은 없었다. 일어나 옷을 입고 조용히 감방을 빠져나온 베드로는 걸어서 바깥의 두 감시병과 감옥 정문을 차례로 지나 거리로 나왔다(12:8-10). 그 일이 생시가 아닌 듯싶었으나 엄연히 그는 바깥에 서 있었다(12:9, 11). 군인들에게는 모든 것이 정상으로 보였다. 베드로는 눈앞에 벌어지는 일을 다 보았지만 그들은 눈과 귀가 닫혀 있었다.

—12:11-12—

누가는 베드로가 환상에서 깨어나 의식이 완전히 돌아왔다고 말했는데(12:11), 그만큼 이 모든 일이 그에게 현실처럼 느껴지지 않고 아주 비범했기 때문일 것이다. 그러나 그는 눈앞에서 벌어지는 일을 똑똑히 보았다. 이전에 천사가 베드로와 요한을 풀어줄 때는(5:19-20) 감시병이 언급되지 않았다. 아마도 사도들은 열린 옥문과 비교적 감시가 허술한 감옥

시설을 그냥 걸어 나왔을 것이다. 하지만 이번은 아주 달랐다. 바깥의 거리에 서고 나서야 초현실적으로 보이던 일이 현실로 확증되었다.

베드로는 곧 신자들을 찾아 떠났다. 그들은 "마가라 하는 요한의 어머니 마리아의 집"(12:12)에서 기도하고 있었다. 마가는 헬라 이름이고 히브리 이름은 요한이었다. 그는 마리아라는 여자의 아들이었는데, 유대인 여자들 중에는 이렇게 모세의 누나 미리암의 이름을 딴 사람이 많았다. 그녀는 재력이 상당한 과부였을 수 있다. 남편이 언급된 적이 없으나 교회 모임을 수용할 만큼 큰 집을 가지고 있었다. 요한 마가가 바나바의 사촌이었으니(골 4:10, 개역개정에는 생질로 되어 있다-역주) 바나바는 마리아의 조카가 된다.

베드로가 곧장 마리아의 집으로 간 것으로 보아 신자 공동체는 아마 거기서 자주 모였을 것이다.

—12:13-15—

당시 전형적 가옥은 담장에 둘러싸여 있었고 큰 집은 특히 더했다. "대문"(12:13)은 단단한 재질로 만들어졌고 달구지를 끄는 동물이 마당으로 들어갈 수 있을 만큼 컸다. 그 대문에 사람이 드나들기 쉽도록 작은 쪽문도 딸려 있었다. 새벽 3시에 걸려오는 전화가 그렇듯이 한밤중에 작은 '문'을 두드리는 소리도 희소식을 가져오는 경우는 드물었다. 회중이 베드로를 위해 간절히 기도하는 동안 마리아 집안의 종인 로데가 문간으로 나갔다. "여자 아이" [*paidiskē*(3814)]로 번역된 헬라어 단어로 보아 그 소녀는 꽤 어렸을 수 있다.[51] 오늘날과 달리 그 당시 사람들은 밤중에 문을 두드리는 이에게는 대개 문을 열어주지 않았을 것이다. 자칫 강도를 당할 큰 위험이 있었으므로 상대의 신원을 확인한 후에야 문을 열었다. 로데는 베드로의 목소리를 알아들었으나 너무 기쁜 나머지 그를 집 안으로 들여놓는 것을 잊어버렸다! 어서 소식을 전하고 싶었던 것이다. 그동안 베드로는 참을성 있게 기다렸다.

기도하던 회중의 반응을 너무 매정하게 비난하고 싶지는 않다. 그들은 이제 막 야고보의 죽음을 애도한 터였다. 하나님은 야고보를 사형 집행자의 칼에서 건져주지 않으셨다. 그렇더라도 그들은 그렇게까지 놀라지는 말았어야 한다. 베드로가 감옥에서 기적적으로 풀려난 것이 이번이 처음도 아니지 않은가.

그런데 그들은 "네가 미쳤다"[12:15, *mainomai*(3105)]라며 어린 로데를 꾸짖었다. '아주 실성하다, 감각의 통제를 잃다, 현실과 동떨어져 있다'는 뜻이다. 이 단어는 신약에 등장할 때마다 "미쳐도 단단히 미쳤다"라는 식의 과장법으로 쓰였다(참고 요 10:20, 행 26:24, 25, 고전 14:23). 그래도 로데가 우기자 회중은 더 그럴듯한 설명으로 아이를 설득하려 했다. "그의 천사라"는 말은 현대의 해석자들을 곤경에 빠뜨린다. 주석가들이 제시하는 몇 가지 가능한 의미는 이렇다.

- "그의 유령이라."[52] 유대인들이 믿던 미신에 따르면 사람이 죽으면 이틀 동안 그의 망령이 주위를 떠돈다. 이 해석은 두 가지 이유에서 설득력을 잃는다. 첫째, 그들은 한 주간의 절기가 끝나기 전에는 베드로가 처형될 것으로 예상하지 않았다. 둘째, 단어 *angelos*(32)에는 아예 '유령'이나 '망령'이라는 의미가 없다.
- "그의 수호천사라."[53] 시편 91편 11절과 다니엘 10장 21절(과 외경의 토비트 5장 4-22절)에 기초한 탈무드의 가르침에 따르면,[54] 수호천사는 자기가 보호하는 사람의 외모를 취하고 그 사람을 대신하여 행동할 수 있다. 이러한 성경 외적인 전승을 받아들이는 그리스도인들이 만일 그곳에 있었다면 이 결론으로 비약했을 수 있다. 그들이 강하게 부정한 것으로 보아 가능성이 있는 해석이다.
- "그의 (인간) 사자라." 단어 *angelos*는 문자적으로 '심부름꾼, 사자'를 뜻한다. 회중은 로데가 베드로의 조수의 목소리를 들은 거라고 우겼을 수 있다. 이 경우 조수는 베드로의 유언이나 마지막 교훈이 담긴 서한을 가져왔을 수 있다.

두 번째와 세 번째 해석이 다 가능하지만 나는 후자를 선호한다. 그동안 사도들에게서 받은 양질의 가르침과 성령의 적극적 활동을 감안해볼 때, 이 신자들의 신학이 전자에 해당될 정도로까지 빈약했을 것 같지는 않다. 어쨌든 두 가지만은 분명하다. 첫째, 그들은 베드로가 문간에 무사히 서 있다는 사실을 믿을 수 없었다. 각각 "여자 아이는 힘써 말하되"와 "그들이 말하되"로 번역된 두 동사는 행동의 지속 내지 반복을 나타내는 미완료 시제로 되어 있다. 로데와 회중이 계속 공방을 벌였다는 뜻이다. 둘째, 아무도 합리적으로 행동하지 않았다. 로데는 베드로를 안으로 들이지 않고 밖에 세워두었고, 회중은 도움이 될 만한 방안을 전혀 내놓지 못했다. 문간에 나가 확인해보면 될 것을 아무도 그 뻔한 일을 서두르지 않았다!

—12:16–17—

베드로도 참 딱하게 되었다. 감옥에서 기적적으로 풀려나 불가피해 보였던 죽음을 피한 그가 친구들을 빨리 보고 싶은데도 추운 바깥에 서서 계속 대문만 두드리고 있었다(12:16). 경비가 삼엄한 감옥에서는 초자연적으로 걸어 나왔으나 친구 집의 문턱은 넘어갈 수 없었다. 왕의 감시병들을 우습게 따돌리고 처형을 면했으나 어린 여종이 안으로 들여주지 않아 자기를 위한 기도회에 합류할 수 없었다.

모여 있던 신자들은 결국 문을 열어 베드로를 보고는 정신을 잃었다[*existēmi*(1839)]. 마침내 안에 들어간 베드로는 이 일의 전말을 알리며 모든 공로를 주님께 돌렸고, 주님의 동생 야고보와 "형제들", 즉 예루살렘 교회의 장로들에게도 말을 전하게 했다. 그러고는 다른 곳으로 떠났다. 기도하러 모여 있던 다른 사람들을 방문하거나 아니면 대중의 눈에 띄지 않기 위해서였다.

적용: 사도행전 12:1–17
하나님이 주관하신다

이 본문의 적용이 단순하다면 얼마나 좋으랴. "열심히 기도하기만 하면 하나님이 불가능한 일도 가능하게 하신다." 그게 길이 남는 교훈이라고 말할 수 있다면 얼마나 좋으랴. 그러나 알다시피 현실은 그보다 복잡하다. 성령이 일으키시는 기적이 자주 나타나던 그 신기하고 이례적인 시절에도 교회는 베드로가 이튿날 해지기 전까지 필시 칼에 죽을 줄로만 알았다. 그들은 하나님을 믿었지만, 친구 스데반이 돌에 맞아 죽는 것을 보았고, 얼마 전에는 열두 사도 중 하나요 요한의 형제인 야고보까지 잃었다.

그렇다면 우리가 이 의심 많은 신자들에게서 배울 것은 무엇인가? 그들은 기도해놓고도 막상 가장 간절한 소원이 기적적으로 이루어지자 충격에 휩싸였다. 그런가 하면 우리는 하나님의 능력을 신뢰하며 불가능한 일을 위해 기도했다가 비통하게 실망한 적이 얼마나 많던가? 그들과는 살아가는 시대도 다르고 경험한 바도 똑같지는 않겠지만, 우리가 적용해야 할 두 가지 명령이 있다.

첫째, 하나님께 원하는 바를 담대히 구하라! 우리는 요청의 수위를 낮출 때가 너무 많다. 친구의 치유나 부부관계의 회복처럼 선하고 경건한 요청조차도 말이다. 어쩌면 실망을 예방하거나, 책임감 있게 기도하거나, 하나님께 주제넘게 굴지 않거나, 내 생각에 주님의 뜻일 것 같은 그 테두리 안에서 기도하기 위해서일 것이다. "주님, 주님의 뜻이라면 이 위태로운 부부관계를 회복시켜주소서."

"주님의 뜻이라면"이라니? 정말인가? 선한 일이라면 담대히 기도하라. 뒤로 빼거나 당신의 요청을 한정하지 마라. 당신이 선의 승리를 위해 간절히 빌고 뻔뻔스럽게 간구해도 하나님의 주권이 위협받거나 그분의 선하심에 누가 되지 않는다. 물론 그분은 일부러 상황을 그대로 두실 수도 있다. 스데반 같은 사람의 억울한 죽음을 허용하실 수 있다. 악한 권력자가 교회의 경건한 지도자를 빼앗아가도 내버려두실 수 있다. 그럼에도 그분은 당신의 간절한 소원을 존중해주신다. 당신이 바라는 방식대로는 아닐지라도 당신이 내다볼 수 없는 뜻밖의 방식으로 그렇게 하신다.

둘째, 하나님의 주권과 선하심이 승리할 것을 신뢰하라. 마리아의 집에 모인 사람들은 베드로를 위해 기도했다. 기도의 내용은 나와 있지 않지만, 이전에 풀려났던 것처럼 하나님께 기적적인 석방을 구한 이들도 반드시 있었을 것이다. 하지만 살아 있는 베드로를 다시 보리라고 정말 기대한 사람은 분명히 아무도 없었다. 그렇지 않고서야 그가 문을 두드렸을 때 그토록 의심하지는 않았을 것이다. 그래도 그들은 하나님을 신뢰했다.

주님이 항상 우리가 구하는 대로 하시거나 원하는 대로 주실 것이라 바라서는 안 된다(나도 기도할 때 하나님께 내 요청을 들어주실 방법을 일러드리는 일을 오래전에 그만두었다). 그래도 그분이 늘 옳은 일을 하실 것과 모든 관련자에게 장기적으로 가장 유익이 되도록 행하실 것만은 확실하다. 간절히 기도한 뒤에 상황이 어떻게 전개되든 이 말씀을 확신하기 바란다. 주님은 매사에 의로우시다(참고 신 32:4, 단 4:37). 필요하다면 얼마든지 반복해서 말해도 좋다.

도전, 승리, 확장(사도행전 12:18-25)

18날이 새매 군인들은 베드로가 어떻게 되었는지 알지 못하여 적지 않게 소동하니 19헤롯이 그를 찾아
도 보지 못하매 파수꾼들을 심문하고 죽이라 명하니라 헤롯이 유대를 떠나 가이사랴로 내려가서 머
무니라
20헤롯이 두로와 시돈 사람들을 대단히 노여워하니 그들의 지방이 왕국에서 나는 양식을 먹는 까
닭에 한마음으로 그에게 나아와 왕의 침소 맡은 신하 블라스도를 설득하여 화목하기를 청한지라 21헤
롯이 날을 택하여 왕복을 입고 단상에 앉아 백성에게 연설하니 22백성들이 크게 부르되 이것은 신의
소리요 사람의 소리가 아니라 하거늘 23헤롯이 영광을 하나님께로 돌리지 아니하므로 주의 사자가 곧
치니 벌레에게 먹혀 죽으니라
24하나님의 말씀은 흥왕하여 더하더라
25바나바와 사울이 부조하는 일을 마치고 마가라 하는 요한을 데리고 예루살렘에서 돌아오니라

사도행전에는 도전, 승리, 확장의 주기가 반복된다. 도전의 단계에서는 어떤 난관이 교회에 위기를 부른다. 그래서 많은 사람이 의아해한다. 교회는 살아남을 것인가? 하나님 나라는 지속될 것인가? 그분이 계획하신 구속은 성공할 것인가? 그때 승리를 통해 주님은 모두가 깜짝 놀랄 방식으로 위기를 타개하신다. 의인을 신원하시고, 교회를 대적하는 이들을 때로 심판하신다('때로'라고 말하는 이유는 그분이 베푸시는 은혜가 모든 사람에게 열려 있어 그들도 더러는 구원받기 때문이다). 확장에 이르면 복음은 더 멀리 퍼지고 교회는 더 강건해진다. 위기가 없었더라면 불가능했을 기회가 생겨난다. 그러나 결국은 다시 새로운 위기가 교회에 도전을 가한다.

이러한 주기가 전개될 때마다 우리는 관련된 개개인의 삶을 고찰하고, 그들이 하나님의 역사하심에 반응하는 방식을 숙고해볼 수 있다.

사도행전 4장에서 베드로와 요한은 메시아 예수께서 죽음에서 부활하셨음을 전했다는 이유로 체포되었다. 감옥에서 하룻밤을 보낸 그들은 산헤드린 앞에 서서 "너희가 무슨 권세와 누구의 이름으로 이 일을 행하였느냐"(4:7)는 물음에 답변했다. 그 "권세"와 "이름"의 부인할 수 없는 증거가 그들 가운데 서 있었음을 잊지 마라. 장애인으로 태어나 모두에게 걸인으로 알려져 있던 사람이 불과 몇 시간 전에 성전에서 춤을 추었다(3:8-10). 재판 중에 그는 완전히 성한 몸으로 법정에 섰다. 그런데도 산헤드린은 하나님의 명백한 역사하심에

순복하여 그분이 명하신 대로 회개하기는커녕, "서로 의논하여 이르되 이 사람들을 어떻게 할까 그들로 말미암아 유명한 표적 나타난 것이 예루살렘에 사는 모든 사람에게 알려졌으니 우리도 부인할 수 없는지라 이것이 민간에 더 퍼지지 못하게 그들을 위협하여 이 후에는 이 이름으로 아무에게도 말하지 말게 하자'"(4:15–17)고 했다.

사도행전 5장에 베드로를 비롯한 사도들은 메시아 예수께서 무덤에서 살아나셨음을 계속 전했다. 기적적으로 병을 고치시는 하나님의 능력이 계속 교회의 사역을 확증해주었다. "심지어 병든 사람을 메고 거리에 나가 침대와 요 위에 누이고 베드로가 지날 때에 혹 그의 그림자라도 누구에게 덮일까 바라고 예루살렘 부근의 수많은 사람들도 모여 병든 사람과 더러운 귀신에게 괴로움 받는 사람을 데리고 와서 다 나음을 얻으니라"(5:15–16). 이스라엘의 종교 지도자들은 어떻게 반응했던가? 믿었던가? 부인할 수 없이 명백한 하나님의 역사하심을 통해 그분의 메시지가 확증되자 그들은 거기에 순복했던가? 아니다. "대제사장과 그와 함께 있는 사람 즉 사두개인의 당파가 다 마음에 시기가 가득하여 일어나서 사도들을 잡아다가 옥에 가두었더니"(5:17–18).

감옥에서 기적적으로 풀려난 사도들은(5:19) 성전에서 더 설교하다가(5:20–21) 산헤드린 앞에서 또 재판을 받았다(5:25–40). 비신자들 사이에서 성숙한 이성의 목소리였던 비신자 가말리엘이 이스라엘 종교 지도자들에게 핵심을 짚어주었다. "이제 내가 너희에게 말하노니 이 사람들을 상관하지 말고 버려 두라 이 사상과 이 소행이 사람으로부터 났으면 무너질 것이요 만일 하나님께로부터 났으면 너희가 그들을 무너뜨릴 수 없겠고 도리어 하나님을 대적하는 자가 될까 하노라"(5:38–39). 지혜로운 조언이었다. 잊지 말아야 할 것은, 하나님의 능력을 보여주는 증거가 워낙 압도적이어서 분별 있는 사람치고 "이 사상과 이 소행이 사람으로부터 났"는지 여부에 의문을 제기할 여지가 전혀 없었다는 것이다. 예루살렘에서 벌어지던 수많은 기적만으로도 그 사실이 입증되었다. 성전 지도자들이 교회의 메시지를 인정하지 않은 것은 믿어지지 않아서가 아니라 진리를 부인할 수 없음에도 거기에 복종할 마음이 없어서였다.

더 많은 위협, 더 많은 설교, 더 많은 박해가 있었다. 그리고 더 많은 그리스도인이 교회로 쏟아져 들어왔다.

사도행전 12장에 이스라엘 대 교회의 세 번째이자 마지막 대결이 기록되어 있다. 5장과

12장 사이의 몇 년 동안 많은 변화가 있었다. 유대 지방은 더 강성해졌다. 아그립바가 왕이 되면서 이제 로마가 성전 통치자들의 뒤를 받쳐주었다. 그들은 사실상 무제한의 정치 권력을 휘둘러 교회를 억압하려 했다. 한편 베드로가 주요 지도자 역할을 하던 교회는 예루살렘을 벗어나 온 유대와 사마리아로 확장되었다. 더욱이 유대인과 이방인은 이제 공히 서로를 형제자매라 불렀다. 동일한 왕을 따르는 동료 시민으로서 하나님 나라에 충성을 다짐했기 때문이다. 12장에 이르러 이스라엘과 교회라는 두 세력은 충돌이 불가피한 지경에 이르렀다. 아브라함과 그의 히브리 후손에게 주어진 땅은 이제 더는 두 집단을 다 수용할 수 없었다.

베드로가 세 번 체포되었다가 세 번 승리하는 이야기를 통해 누가는 복음을 신원하시고 교회를 돌보시는 주님을 증언한다. 그러나 주님이 이스라엘 지도자들의 잘못을 세 번이나 지적해주신 점도 놓쳐서는 안 된다. 그분은 이스라엘이 회개하고 믿고 복종하여 구원받도록 세 번이나 호소하시고, 부인할 수 없는 신적인 기적들로 이를 확증하셨다. 메시아를 받아들일 수 있는 이 세 번째이자 마지막 기회에 이스라엘 지도자들이 어떻게 반응하느냐에 따라 앞으로 하나님 나라가 퍼져나갈 방식이 정해질 것이다. 분명히 주님은 자신의 선민인 사랑하는 이스라엘을 통해 자신의 나라가 세상에 편만해지기를 원하셨다. 그러나 이스라엘의 종교적, 정치적 지도자들이 복종하지 않으면 하나님은 그분의 구속 계획을 다른 통로로 완수하실 것이다.

도전: 아그립바가 베드로를 체포했다(12:1-6). 승리: 하나님이 베드로를 기적적으로 해방시키셨다(12:7-17). 그다음은 어떻게 될 것인가?

—12:18-19—

기적처럼 풀려나 교회를 방문한 베드로는 이렇게 말하지 않았다. "믿어지지 않겠지만 지난밤에 내 운수가 대통했다! 우연히 양쪽 사슬이 풀어졌고, 때마침 감시병들은 다른 쪽을 보고 있었으며, 누군가 깜빡 잊고 문도 잠그지 않았다. 그래서 경비가 삼엄한 감옥을 누구 눈에도 띄지 않게 감쪽같이 빠져나올 수 있었다. 얼마나 기막힌 우연의 일치인가!" 아니다. 베드로는 자신이 풀려난 공로를 전부 하나님께 돌렸다. 워낙 놀라운 일이라 신자들도 처음에는 선뜻 받아들이지 못했지만 눈앞에 서 있는 엄연한 진실 앞에서 기적을 부인할 수는 없었다. 어떤 논리적 설명으로도 부족했고, 오직 하나님의 초자연적 행위로 볼 수밖에 없었다. 그래서 교회는 자연스럽게 주님을 예배했다.

그러나 도시의 반대편에서 이스라엘 지도자들은 이 상황을 순전히 물리적 관점에서 보았다. 날이 밝자 실종된 죄수 때문에 "군인들은…적지 않게 소동"했다(12:18). "소동"으로 번역된 헬라어 단어[*tarachos*(5017)]는 '극심한 고뇌나 당황이나 혼란이나 소란한 상태'를 뜻한다. 정신을 차린 군인들은 아연실색했다. 창문으로 아침 햇살이 비쳐드는데 감방이 텅 비어 있었던 것이다. 그들은 어찌할 바를 몰랐다. 베드로가 실종되었다는 보고를 받은 헤롯은 집중 수색에 나섰다.

그 일이 수포로 돌아가자 왕은 하나님의 기적적 권능이라는 설명을 받아들이기 싫어 자연적 답을 찾으려 했다. 감시병들을 "심문"한 것이다(12:19). 여기에 쓰인 헬라어 단어 *anakrinō*(350)의 어근 *krinō*(2919)는 체질하고 갈라내서 답에 도달한다는 개념이다. 그 과정을 인간에게 적용하는 *anakrinō*는 '사실 관계와 증인의 증언에 관해 심문하다'는 뜻을 가진 사법 용어다. 헤롯은 감시병들에게 물어본 정도가 아니라 로마인이자 왕으로서 자신의 모든 권력을 동원하여 정식으로 심문했다. 심문 끝에 그들의 허튼수작에 혐의를 두었다. 넷이서 짜고 베드로를 풀어주었다는 것이다. 그것만이 말이 통하는 자연스러운 설명이었다. 분명히 헤롯이 조사하는 과정에서 베드로가 이전에 체포되었던 전력이 드러났을 것이고, 그가 그때 탈옥했던 사연의 전말도 반드시 누군가가 헤롯에게 말했을 것이다. 그런데도 헤롯은 자연적 설명을 받아들였다. 그래서 그들을 "끌어내라"(직역)고 명했다. 일부 역본에 "죽이라"고 의역되어 있듯이 이는 거의 확실히 처형을 암시하는 단어다. "끌어내라"는 원어는 끌어다가 재판하거나 투옥하거나 처벌한다는 의미의 관용구였고, 간수의 근무 태만에 대한 통상적 벌은 사형이었다. 감옥의 간수들은 죄수를 다 죽이거나 자결할지언정 누구를 탈옥시키는 일만은 절대로 하지 않았다(참고 16:27, 27:42).

심문을 종결하여 그럴듯한 설명으로 확정지은 왕은 디베랴로 가서 로마인 친구들과 함께 즐긴 뒤,[55] 가이사랴로 이동하여 축제에 참석하고 대외 정책을 수행했다.[56] 사도행전을 일반 역사가들의 연대 표기와 종합해보면 헤롯이 가이사랴를 방문한 때는 AD 44년이 된다.

—12:20-23—

최종 권위는 성령의 감화로 기록된 누가의 글에 있지만, 요세푸스의 정보는 이미 생생한 이야기에 색채를 더 입혀준다. 신앙이 없던 이 유대인 역사가에 따르면 헤롯은 자신이 글라우디오를 기념하여 기획한 운동 시합에 참석하러 가이사랴에 갔다. 누가가 기록했듯이 그가 그곳에 있는 동안 두로와 시돈에서 파견단이 그를 찾아왔다. 이 두 곳은 로마의 수리아 성에 있던 큰 해안 도시로 이 왕이 호시탐탐 노리던 지역이었다. 누가는 아그립바가 이 두 도시를 "대단히 노여워"했다고만 했을 뿐 자세히 설명하지는 않았는데(12:20), 요세푸스의 책에 유익한 배경이 나온다.

몇 년 전에 이 왕은 예루살렘 둘레에 성벽을 재건하여 방비를 강화하려 했다. 그런데 수리아의 로마 총독인 그나이우스 비비우스 마르쿠스가 글라우디오 황제에게 반대하는 상소를 올려 황제가 아그립바에게 건축을 중단할 것을 지시했다. 노여움의 씨앗은 그때 뿌려졌다. 아울러 아그립바는 가이사랴로 가기 직전 갈릴리 바닷가에 위치한 헬라화된 도시인 디베랴에서 시간을 보내며 수리아 안팎에 있는 여러 도시의 왕들을 대접했다. 마르쿠스가 디베랴 도시에 거의 도착할 무렵, 아그립바는 말을 타고 모든 왕과 함께 마중을 나갔다. 당연히 마르쿠스는 최악의 사태를 의심했다. 글라우디오의 친구요 로마의 집정관인 막강한 왕 아그립바가 수리아 여러 도시의 왕들과 몰래 결탁했다고 여긴 것이다. 마르쿠스는 은밀히 각 왕을 재촉하여 본국으로 돌려보냈고, 이에 아그립바는 분노하여 수리아 총독을 원수로 지목했다.

아그립바가 가이사랴에 이르자 수리아의 두 도시인 두로와 시돈에서 대표단이 찾아와 식량 부족에 대해 도움을 청했다. 아그립바가 수리아의 도시들에는 식량 수출을 금했던 모양이다(참고 12:20). 축제 이틀째 날에 왕은 은실로 짜서 햇빛에 반짝이는 겉옷을 입고 재판정에 앉아 그들에게 연설했다(12:21). 아마 운동 시합에 가기 전이었을 것이다. 누가에 따르면 백성은 아그립바를 신에 빗대었다. 그는 그들의 아첨을 "이것은 신의 소리요 사람의 소리가 아니라"는 말로 요약했다. 게다가 "크게 부르되"라는 표현은 행동의 지속 내지 반복을 나타내는 미완료 시제로 되어 있다(12:22). 요세푸스에 따르면 극장까지 포함해 아그립바가 가는 곳마다 그런 일이 벌어졌다.

산헤드린이 메시아로 대망했던 아그립바(사도행전 12:22)

어떤 면에서 아그립바는 이스라엘의 메시아 자리를 노렸던 것 같다. 그가 차지한 권력과 보유한 영토는 헤롯 대제를 능가했다. 사실 그는 영토와 권력 면에서 다윗과 솔로몬에 필적했다. 급부상한 권력과 로마의 인맥으로 보아 그를 글라우디오의 후계자로 점친 사람도 있었을 것이다. "유대인의 왕"이 로마 제국은 물론 알려진 세상의 대부분을 다스린다고 생각해보라. 아그립바는 많은 유대인이 배우고 고대하던 메시아상(像)에 부합했다. 애석하게도 그는 주변의 찬사를 그대로 믿었다.

이미 갈릴리와 베레아와 사마리아를 보유한 아그립바에게 AD 41년에 로마가 다스리던 유대 성(省)까지 주어졌다. 이로써 한때 다윗과 솔로몬이 보유했던 영토는 천 년 전에 왕국이 분열된 이후 처음으로 단일한 왕 아래로 통일된 셈이다. 게다가 아그립바는 로마의 집정관이라는 직함도 있었고 칼리굴라와 글라우디오 두 황제와의 친분도 두터웠다.[57] 자원을 지혜롭게 관리하고 다른 지방 통치자들과의 관계를 계속 공고히 세워나간다면 그는 어느 날 황제가 될 수도 있었다.

아그립바 1세의 민족적 혈통

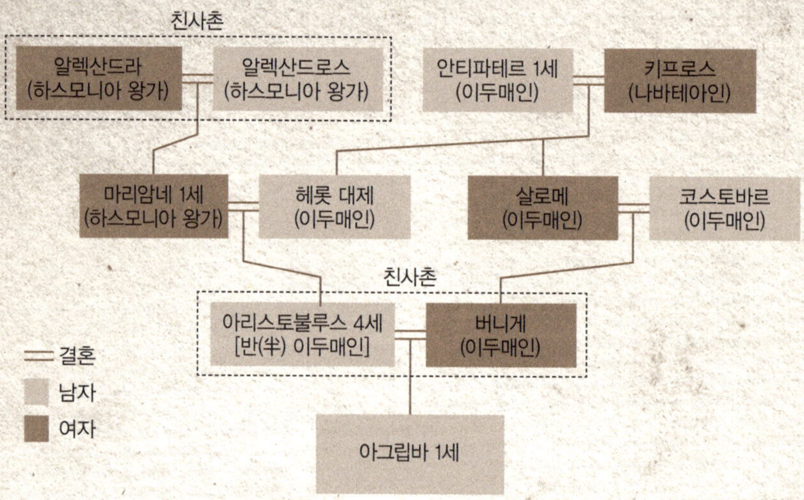

아그립바는 예루살렘의 종교적, 정치적 고위층에게 영웅이었다. 귀족층인 사두개인이나 대중에 영합하던 바리새인이나 그가 순혈 유대인이 아니라는 사실에 개의치 않았던 것 같다. 그의 가장 가까운 히브리인 친척은 헤롯 대제의 두 번째 부인이었던 친조모 마리암네 1세였다. 사실 그가 가진 혈통의 4분의 3은 에서의 후손인 이두매 민족이었다. 그런데도 아그립바가 예루살렘으로 천도하여 통일 왕국을 다스리자 성전 관리들은 그를 왕이라 칭하며 대단한 경의를 표했다. 희년의 초막절에 그는 아래와 같은 모세의 지시에 따라 율법을 낭독했다.

> 매 칠 년 끝 해 곧 면제년의 초막절에 온 이스라엘이 네 하나님 여호와 앞 그가 택하신 곳에 모일 때에 이 율법을 낭독하여 온 이스라엘에게 듣게 할지니 곧 백성의 남녀와 어린이와 네 성읍 안에 거류하는 타국인을 모으고 그들에게 듣고 배우고 네 하나님 여호와를 경외하며 이 율법의 모든 말씀을 지켜 행하게 하고 또 너희가 요단을 건너가서 차지할 땅에 거주할 동안에 이 말씀을 알지 못하는 그들의 자녀에게 듣

> 고 네 하나님 여호와 경외하기를 배우게 할지니라(신 31:10-13).

유대교 학자들은 이 명령을 이스라엘 왕이 대제사장의 후원 아래 율법을 낭독해야 한다는 뜻으로 해석했다. 그래서 아그립바가 왕위에 올랐을 때 성전 관리들은 조치를 취하여 자신들이 그를 정통성 있는 왕으로 받아들인다고 공표했다. 그 행사가 바빌론 탈무드에 이렇게 기록되어 있다.

> 7년 끝의 8년째 [초막]절 첫날을 마치면서 그들은 성전 뜰에 나무 연단을 세우고 그는 거기에 앉는다. 기록된 대로 매 칠년 끝의 정해진 때에 그렇게 한다. 회당의 사환이 두루마리 토라를 가져다 회당장에게 주면 회당장은 [대제사장의] 보좌관에게, 보좌관은 대제사장에게, 대제사장은 왕에게 건넨다. 왕은 율법을 받을 때는 일어서지만 낭독할 때는 앉아서 읽는다. 그런데 아그립바 왕은 일어서서 받고 계속 선 채로 낭독하여 현인(賢人)들의 칭찬을 받았다. "타국인을 네 위에 세우지 말 것이며"라는 대목에 이르자 그의 눈에 눈물이 흘렀다.[58]

아그립바를 그토록 눈물겹게 했던 본문은 낭독할 율법의 중간쯤에 나온다.

> 네가 네 하나님 여호와께서 네게 주시는 땅에 이르러 그 땅을 차지하고 거주할 때에 만일 우리도 우리 주위의 모든 민족들 같이 우리 위에 왕을 세워야겠다는 생각이 나거든 반드시 네 하나님 여호와께서 택하신 자를 네 위에 왕으로 세울 것이며 네 위에 왕을 세우려면 네 형제 중에서 한 사람을 할 것이요 네 형제 아닌 타국인을 네 위에 세우지 말 것이며(신 17:14-15).

아그립바는 자신의 민족적 혈통을 알았고 남들도 다 알았다. 그래도 성전 당국자들은 이렇게 왕을 안심시켰다. "아그립바 왕이여, 왕은 우리의 형제이오니 두려워하지 마소서. 왕은 우리의 형제이니이다!"[59]

> 행사 둘째 날 이른 아침에 그는 정말 기이하게 통째로 은으로 직조된 의복을 입고 극장에 들어섰다. 마침 의복의 은이 햇빛에 반사되어 영롱한 빛을 발했는데, 그 반짝이는 모양이 어찌나 신기하고 찬란하던지 그를 골몰히 바라보던 이들은 일순 겁에 질렸다. 그때부터 이 아첨꾼들은 여기저기서 (그를 위해서는 아니지만) 그가 신이라고 외치며 이렇게 덧붙였다. "우리에게 자비를 베푸소서. 지금까지는 우리가 왕을 인간으로만 공경했으나 이제부터는 불멸의 신으로 우러르겠나이다." 그런데도 왕은 그들을 책망하거나 그러한 불경한 아첨을 거부하지 않았다.[60]

이 반응을 베드로가 자기에게 절하며 예배하던 고넬료에게 보인 반응과 비교해보라. "일어서라 나도 사람이라"(10:26).

아그립바가 그들의 숭배를 받아들여 자신을 신으로 대하도록 내버려두자 "주의 사자가 곧 [그를] 치"었다(12:23). "치니"로 번역된 표현이 이런 식으로 쓰일 때에는 히브리의 어법으로 알려져 있다. 의인을 보호하고자 악인에게 임하는 하나님의 진노가 구약에 그런 식으로 기술되곤 했는데(출 9:15, 12:12-13, 삼하 24:16-17, 왕하 19:35), 누가는 의도적으로 독자들에게 이를 연상시켰다. 이렇게 하나님이 "치시면" 그 결과는 언제나 죽음이다.

흥미롭게도 요세푸스에 따르면 아그립바는 자신이 곤경에 빠진 것을 알았다. "얼마 후에 그가 올려다보니 자기 머리 위의 무슨 밧줄에 올빼미가 앉아 있었다. 그는 한때 자신에게 희소식의 전령이었던 이 새가 이번에는 흉한 기별의 전령임을 즉시 알아차리고 한없이 깊은 시름에 잠겼다."[61] 혹시 그는 주의 사자가 현현한 것을 보았던 것일까? 만일 그렇다면 그 경고는 아무 효과도 없었다. 아직 회개할 시간이 있었지만 그는 "벌레에게 먹혀" 고통스럽게 급사했다(행 12:23).

아그립바는 갑자기 벌레가 꼬인 게 아니라 벌레 때문에 갑자기 죽었다. 벌레들이 그를 속에서부터 아귀아귀 갉아먹은 지 얼마나 오래되었을까? 오만하게 권좌에 앉아 야고보에게 사형을 선고하던 때도 그랬을까? 베드로를 체포하도록 명한 뒤 유월절에 경건한 왕처럼 행세하던 때도 그랬을까? 수리아로 영토를 확장할 궁리를 하던 때도 그랬을까? 그건 중요하지 않다. 그가 죽은 방식은 그가 살아온 방식을 그대로 보여준다. 그는 감히 하나님의 사람들에게 재판을 일삼다가 벌레에게 먹혀 죽었다. 부상할 때만큼이나 빠른 추락이었다.

—12:24—

누가는 이 일화를 아주 적절한 말로 끝맺는다. "주의 사자가 곧 치니 벌레에게 먹혀 죽으니라 하나님의 말씀은 흥왕하여 더하더라"(12:23-24). 그 후로 2천 년 동안 주의 말씀은 계속 흥왕하여 더해왔다. 아그립바가 행한 한심한 3년 통치는 교회사의 두루마리에서 먼지 한 점에 지나지 않는다.

비참하게도 이스라엘 나라가 하나님의 구속 계획에 동참할 수 있는 가망도 이로써 막을 내렸다. 적어도 지금까지는 그렇다. 물론 자신의 언약 백성에 대한 그분의 계획은 아직 끝나지 않았고, 구약에 주신 모든 약속을 미래에 문자적으로 완전히 이루실 것이다(롬 9-11장). 그러나 아그립바의 죽음(AD 44) 이후로 이 나라는 새 언약에서 더 멀어졌고 교회를 점점 더 대적했다. 그러다 재앙이 닥쳐 성전이 소실되고(AD 70) 백성은 뿔뿔이 흩어졌다.

—12:25—

사도행전 11장 19-30절은 내러티브의 시간을 되돌려 바나바와 사울이 안디옥에서 동역했던 때를 요약했다. 그런데 12장 25절은 다시 앞으로 건너뛰어, 진행 중인 그들의 사역에 우리를 합류시킨다. 아그립바가 죽은 때는 AD 44년이었고 기근이 발생한 때는 2년 후인 AD 46년이었다.

누가는 내러티브의 이 단락을 과도적 문장으로 마무리한다. 이제 초점이 예루살렘으로부터 옮겨가 안디옥이 기독교의 새로운 중심지로 부각될 것이다. 하나님의 나라는 유대인이 아니라 이방인에게 주로 확장될 것이다. 베드로의 효과적인 사역이 앞으로도 오랫동안 계속되겠지만 하나님의 말씀은 바울을 통해 더욱 광범위하게 퍼질 것이다. 이제 배턴은 새로운 손으로 넘어갔다. 계획의 2단계인 "유대와 사마리아"는 저물고 3단계인 "땅 끝"이 떠오른다(1:8).

적용: 사도행전 12:18–25

대조적인 삶과 뿌리칠 수 없는 교훈

대부분 교향곡에는 중심 선율이 있다. 핵심 주제를 구성하는 귀에 익은 곡조다. 그 부분은 누구나 흥얼거리거나 휘파람을 불 수 있고, 베토벤의 교향곡 9번이라면 독일어로 우렁차게 노래를 부를 수도 있다. 해당 악곡을 생각하면 저절로 떠오르는 중심 선율이다.

하지만 그 선율의 배후에는 아무도 생전 흥얼거리지 않는 다른 음들이 있다.

예전에 나는 휴스턴 청소년 교향악단에서 활동한 적이 있다. 내가 연주한 악기는 오보에였는데 그 악단에 오보에 주자는 나 혼자였다. "바그다드의 칼리프"라는 곡을 연주하던 때의 일이다. 그 곡에는 오보에의 화음이 주 선율을 받쳐주는 부분이 나온다. 쿵쾅거리는 타악기, 날카로운 현악기, 울려대는 관악기 등 악기가 60개나 되는 관현악단이다 보니 솔직히 내 작은 오보에 소리가 들리지 않을까 봐 걱정되었다. 그러나 지휘자는 "학생, 그냥 그 부분을 조용히 연주하면 돼. 오보에 소리는 멀리 뚫고 나가니까"라며 나를 안심시켜주었다.

이를 입증해 보이고자 그는 우리의 연주를 녹음했다. 곡을 다 마친 뒤 다시 틀어보니 아니나 다를까 주 선율의 배후에 오보에의 화음이 은은하게 깔리는데, 들으려고만 하면 더할 나위 없이 똑똑히 들렸다. 누구나 흥얼거릴 만한 서정적 선율은 아니었지만 들을 귀가 있는 사람은 그게 내 오보에 소리임을 알 수 있었다.

사도행전 12장 24–25절이 바로 그렇다. 전지하신 성령은 친히 감화하신 내러티브를 어떻게 배열하여 우리에게 심오한 진리를 가르치셔야 할지를 아신다. 이번 단락의 끝에 그분은 누가를 감화하여, 백화점 안의 노새만큼이나 튀어 보이는 짤막한 두 구절을 첨가하게 하셨다. 인간의 관점에서 보면 누가가 이 두 구절을 달리 어디에 두어야 할지 몰랐다고 생각될 수도 있지만, 하나님의 관점에서 보면 대비를 통한 교훈이 보인다.

아그립바 1세는 정치적 근육과 달변을 과시하여 맹목적 지지 세력을 구름 떼처럼 끌어들였다. 이 '예비 메시아'의 말이 그들에게는 신의 말처럼 들렸다! 아마 본인도 그렇게 생각했을 것이다. 그러다 주의 사자가 그를 아주 역겨운 병에 걸리게 했다. 확신컨대 유대 전역의 모든 사람이 이 비참한 반전을 듣고 심란해졌을 것이다.

그러나 세상이 벌레 때문에 안달할 때 하나님은 그분 말씀에 집중하셨다. "하나님의 말씀은 흥왕하여 더하더라"(12:24). 세상이 거짓 메시아의 운명에 한눈을 팔 때 하나님은 그분의 충실한 선교사들을 우리에게 가리켜 보이신다. "바나바와 사울이 부조하는 일을 마치고 마가라 하는 요한을 데리고 예루살렘에서 돌아오니라"(12:25).

얼마나 대조적인 삶이며 얼마나 상반되는 우선순위인가!

당시 그 유명인사와 무명했던 사람들의 큰 차이에서 한 가지 뿌리칠 수 없는 교훈이 도출된다.

삶에서도 헤드라인을 장식하는 것은 늘 중심 선율이다. 누구나 다 흥얼거리는 부분이다. 우리 중에 '오보에를 연주하도록' 부름 받은 이들도 조심하지 않으면 그 대목을 연주하고 싶어진다. 눈에 띄고 싶어진다. 하지만 그래서는 안 된다! 당신이 맡은 부분을 연주하라. 거기가 하나님이 당신에게 연주하라고 주신 부분이다. 당신이 눈에 띄지 않게 파묻히는 것 같더라도 그런 데 신경 쓸 것 없다. 하나님이 당신을 오보에 주자로 삼으셨으면 오보에를 연주하면 된다. 거의 주목받지 못하는 당신의 조용하고 겸손한 공헌으로 하나님이 무엇을 하실지 아무도 모른다. 당신의 수고는 대개 보이지 않지만 이를 통해 하나님은 그분의 일을 하고 계신다. 어차피 이 교향악단은 그분의 것이다.

주

1. Thomas Kuhn, *The Structure of Scientific Revolutions*, 제3판(Chicago:University of Chicago Press, 1996).(『과학혁명의 구조』 까치)
2. J. Goetzmann, "Conversion, Penitence, Repentance, Proselyte", *The New International Dictionary of New Testament Theology*, Colin Brown 편집(Grand Rapids:Zondervan, 1986), 1,357.
3. Josephus, *Antiquities* 13.254–256.
4. 같은 책.
5. Fritz Graf, *Magic in the Ancient World*, Franklin Philip 번역, Revealing Antiquity 10(Cambridge, MA:Harvard University Press, 1999), 1.
6. 같은 책, 2.
7. 성령이 인간의 중재를 통해서 임하신다는 암시는 신약성경 어디에도 없다.
8. Irenaeus, *Against Heresies* 1.23.2, 출전:*The Ante-Nicene Fathers*, Roberts, Donaldson, & Coxe 편집, 1:348.

9. 같은 책, 1.27.1-2, 1:352.
10. Bromiley, *International Standard Bible Encyclopedia*, 1:591.
11. AD 6세기경에 일부 사본에 다음 구절이 추가되었다. “빌립이 이르되 네가 마음을 온전히 하여 믿으면 가하니라 대답하여 이르되 내가 예수 그리스도께서 하나님의 아들인 줄 믿노라”(행 8:37, 난하주).
12. 이런 해석을 증명해주는 가장 이른 신약 사본은 AD 6세기의 것이지만, 초대 교회도 이 신앙 고백의 전통을 알았던 것만은 분명하다. 이레니우스(AD 130-202)는 이렇게 썼다. “그 내시는 신자가 되어…‘나는 예수 그리스도가 하나님의 아들임을 믿노라’고 말했다”(*Against Heresies* 3.12.8).
13. “이끌어간지라”[*harpazō*(726)]라는 단어는 약탈하여 달아나다(마 12:29, 13:19), 강탈하다(요 10:12, 28, 29), 포로로 잡다(요 6:15, 행 23:10), 환상 속으로 “이끌려가다”(고후 12:2), 천국으로 끌어올려지다(살전 4:17, 계 12:5) 등에 쓰였다.
14. D. James Kennedy, *Evangelism Explosion*, 제4판(Carol Stream, IL: Tyndale, 1996), 56. (『현대전도』 생명의 말씀사)
15. Everard Meynell, *The Life of Francis Thompson*(New York:Charles Scribner's Sons, 1913), 58.
16. Francis Thompson, *The Hound of Heaven*(New York: Dodd, Mead, 1934), 43-44.
17. Johannes P. Louw & Eugene Albert Nida 편집, *Greek-English Lexicon of the New Testament: Based on Semantic Domains*, 제2판의 전자판(New York:United Bible Societies, 1996), 1:360.
18. John F. Walvoord, Roy B. Zuck, & Dallas Theological Seminary, *The Bible Knowledge Commentary:An Exposition of the Scriptures*(Wheaton, IL:Victor Books, 1983), 377-378.
19. 물론 가룟 유다가 아니다. 그는 이미 자살했다. 유다는 족장의 이름인데다 유다 지파의 명칭도 거기서 따왔기 때문에 1세기에 아주 선호도가 높은 이름이었다. 창세기 29장 35절에 보듯이 찬송이라는 뜻이 들어 있다(참고 창 49:8).
20. Kenneth S. Wuest, *Wuest's Word Studies from the Greek New Testament:For the English Reader*(Grand Rapids: Eerdmans, 1997), 갈라디아서 1:18.
21. A. W. Tozer, *The Root of the Righteous*(Camp Hill, PA: Christian Publications, 1986), 137. (『신앙의 기초를 세워라』 생명의 말씀사)
22. 1959년에 달라스 신학대학원의 체이퍼 채플(Chafer Chapel)에서 한 그의 미간행 설교.
23. I. Howard Marshall, *The Acts of the Apostles:An Introduction and Commentary*, 재판, Tyndale New Testament Commentaries 5(Grand Rapids:Eerdmans, 1980), 179.(『사도행전: 틴데일 신약주석 시리즈 5』 기독교문서선교회)
24. 열왕기하 4장 18-37절이 세 번째 예가 될 수 있다. 본문에 나오는 여인은 죽은 아들을 가정집의 다락방이자 손님방인 선지자 엘리사의 침상에 두었다. 그녀는 하나님이 자신에게 아들을 약속하셨기 때문에 아들이 다시 살아날 것을 전적으로 믿었다. 그래서 사람을 보내 엘리사를 불렀고 엘리사는 기도로 아이를 다시 살렸다.
25. John Walvoord, *The Holy Spirit*(Grand Rapids:Zondervan, 1991), 174.(『성령』 생명의 말씀사)
26. Walter A. Elwell & Philip W. Comfort, *Tyndale Bible Dictionary*, Tyndale Reference Library (Wheaton, IL:Tyndale, 2001), 243-244.
27. 다음 책을 참고하라. Darrell L. Bock, Acts, Baker Exegetical Commentary on the New Testament(Grand Rapids:Baker, 2007), 385-387.

28. 다음 책의 논의를 참고하라. Alexander Kyrychenko, *The Roman Army and the Expansion of the Gospel*(Berlin:Walter de Gruyter, 2014), 38-39.
29. Alexander Whyte, *Bible Characters*, 제5권, *Stephen to Timothy*(Edinburgh:Oliphant, Anderson & Ferrier, 1901), 36-37.
30. 정결하고 부정한 음식에 대한 바울의 관점을 로마서 14:14, 고린도전서 10:19, 에베소서 2:11-22, 디모데전서 4:3-4 등에서 참고하라.
31. I. Howard Marshall, *Acts*, 186.
32. Robertson, *Word Pictures*, 사도행전 10:17.
33. 큰돈을 주고 기술자들을 고용하여 환영(幻影)을 꾸며낸 이교 신전들이 많았다.
34. 전치사 pros(4314) 뒤에 대격(對格) 목적어가 쓰여 곧 비난의 대상을 가리킨다.
35. 다음 책을 참고하라. Edward Gibbon, *The History of the Decline and Fall of the Roman Empire* (New York: Harper & Brothers, 1898), 2:638-639.(『로마제국 쇠망사』 민음사)
36. Jack Finegan, *The Archaeology of the New Testament:The Mediterranean World of the Early Christian Apostles*(New York:Routledge, 1981), 52.
37. Richard Wallace & Wynne Williams, *The Three Worlds of Paul of Tarsus*(New York:Routledge, 1998), 181-182.
38. C. J. Hemer, "Tarsus", *International Standard Bible Encyclopedia*, Bromiley 편집, 4:736.
39. 다음 책을 참고하라. Finegan, *Archaeology of the New Testament*, 51-52.
40. Walter A. Elwell & Barry J. Beitzel, *Baker Encyclopedia of the Bible*(Grand Rapids:Baker, 1988), 2038.
41. 실제로 그는 AD 54년 10월에 암살되었다. "글라우디오 가이사는 재위 13년 8개월 20일 만에 죽었다. 그의 부인 아그리피나에게 독살되었다는 소문이 퍼졌다"(Josephus, *Antiquities*, 20.148).
42. Cassius Dio, *Roman History* 11.11. Suetonius, *Divus Claudius* 18.2. Tacitus, *Annals* 12.43(『타키투스의 연대기』 범우).
43. Josephus, *Antiquities*, 20.51-53.
44. 헤롯 아그립바 1세(BC 9-AD 44)는 AD 39년에 갈릴리에서 권좌에 올라 이듬해 유다와 사마리아까지 장악했고, AD 44년에 죽을 때까지 통치했다. 글라우디오는 AD 41-54년에 로마 황제로 재위했다. 그의 재임 중에 이 두 사람은 일련의 기근에 대처해야 했는데, 이로 보아 누가가 말한 "그 때에"는 헤롯과 글라우디오 두 사람 모두의 통치 기간과 관계된 사건들을 가리킨다.
45. 같은 책, 105-109.
46. 다음 책을 참고하라. Harold W. Hoehner, "Herodian Dynasty", Bruce M. Metzger & Michael D. Coogan 편집, *The Oxford Companion to the Bible*(Oxford:Oxford University Press, 1993), 283.
47. 사실 아그립바 1세에게는 조금이마나 유대인의 피가 흘렀다. 그의 친조부와 외조부모는 다 에서의 후손인 이두매인이었지만 친조모만은 유대인이었다.
48. Hoehner, "Herodian Dynasty", 283.
49. Mishnah *Sanhedrin* 4:1. 다음 책도 참고하라. Berg, "Illegalities", 330-342.
50. 헤롯 안디바의 생애와 유산 및 헤롯 왕조에 대한 자세한 내용은 다음의 권위 있는 책을 참고하라. Harold W. Hoehner, *Herod Antipas*, Society for New Testament Studies Monograph Series

17(Cambridge:Cambridge University Press, 1972).

51. 부유한 가정에서 고아를 받아들여 거처를 제공하는 대가로 집안일을 맡기는 경우가 아주 많았다. 엄밀히 말하면 "종"이지만 실제로는 비공식 가족이었다.

52. Tremper Longman III 편집, *The Baker Illustrated Bible Dictionary*(Grand Rapids:Baker, 2013), 69.

53. Bock, *Acts*, 428-429.

54. 탈무드의 해당 부분이 완성된 때는 일러야 AD 500년이었다. 그럼에도 꽤 확고한 일군의 전통적 가르침이 반영되어 있다.

55. Josephus, *Antiquities*, 19.8.1(338).

56. 같은 책, 19.8.2(343).

57. Robyn Tracy, "Syria", *Graeco-Roman Setting*, David W. J. Gill & Conrad Gempf 편집, The Book of Acts in Its First Century Setting 2(Grand Rapids:Eerdmans, 1994), 246.

58. Babylonian Talmud, Tractate *Sotah*, Folio 41a, Rev. A. Cohen 번역, Rabbi Dr. I. Epstein 편집.

59. 같은 책.

60. Josephus, *Antiquities*, 19.8.2(343-346).

61. 같은 책, 19.8.2(346).

교회의 확장

사도행전 13:1-20:2

이전 단락에서 보았듯이 교회는 그들 속에 내재하던 편견이라는 도전에 처음 직면하면서 사마리아와 그 너머로 퍼져나갔다. 사도 베드로는 성령이 이방인 그리스도인들을 충만하게 하시는 것을 직접 보았고, 안디옥 교회는 쾌히 복음을 이방인에게도 전했다. 할례받지 못한 이방인들도 메시아를 믿음으로 말미암아 하나님 나라에 들어갈 수 있음이 분명해졌다(11:3, 18).

부활하신 메시아가 이 시기에 다소의 사울을 직접 다루셨다. 그는 유대인 그리스도인들을 박해한 일로 그분께 책망을 들었고, 이방인에게 전도할 사명을 위임받았다. 그러나 바울이 본격적으로 사역을 시작할 수 있었던 것은 이방인의 회심에 대한 교회의 태도가 변화되고 나서부터였다. 바나바가 바울을 지지해주었고 나중에 안디옥 교회로 데려왔다. 거기서 성령은 교회에 명하여 이 두 사람을 선교여행으로 예루살렘에서 한참 더 먼 곳에까지 파송하게 하신다. 그 뒤로도 바울은 비슷한 여행을 몇 번 더 한다. 사도행전의 이번 단락은 바울의 사역을 통해 놀랍도록 빠르게 확장되는 교회를 보여준다.

사도행전에서 바울의 선교여행을 공부할 때 우리는 단지 한 사람의 여행 일지를 읽는 게 아니라 하나님의 약속대로 전개되는 그분의 구속 계획을 목격한다. 창조 세계를 죄악과 죽음의 손아귀에서 되찾으신다는 하나님의 사명은 다소의 사울이 펼친 사역을 통해 다음 단계로 넘어간다. 주께서 승천하실 때 주신 아래의 약속에 그 사명의 계획이 개괄되어 있다.

> 오직 성령이 너희에게 임하시면 너희가 권능을 받고
> 예루살렘과(1단계: 행 2-7장)
> 온 유대와 사마리아와(2단계: 행 8-12장)
> 땅 끝까지 이르러(3단계: 행 13-28장)
> 내 증인이 되리라(1:8).

하나님은 자신의 언약 백성인 히브리 민족을 잊거나 버리지 않으셨으며, 한 유대인의 사역을 통해 자신의 계획을 진척시키신다. 그분은 자격 없는 그를 자비로 구별하셨고, 주권적 계획에 따라 예비하셨다. "히브리인 중의 히브리인"(빌 3:5)인 바울이 복음을 이방인에게 전한 결과로, 2천 년이 지난 지금까지도 이방인들이 하나님 나라의 주역이 되었다. 주께서 바울의 사역을 통해 유대교의 국지적 분파를 범세계적 현상으로 변모시키셨으나 성공은 쉽거나 값싸게 오지 않았다. 사실 하나님은 새로 회심한 이 박해자에게 그가 당할 고난을 예고하셨다(행 9:16). 과연 사도는 이후 10-15년간 하나님 나라의 국경을 예루살렘에서 로마까지 로마 제국의 동쪽 절반으로 확장하면서 고생이라는 고생은 다 겪었다. 이번 단계의 확장은 세 번의 잇따른 여행을 통해 이루어지며, 그래서 학자들은 이를 "바울의 선교여행"이라 부른다. 회차를 더할수록 가는 곳도 멀어지고 기간도 길어진다. 특이하게도 누가가 다소의 사울을 처음 "바울"이라 칭한 시점은 바로 이방인 세계로 나아가는 1차 선교여행 때부터였다(13:9).

이번 단락의 주요 사건은 1차 선교여행(13:1-14:28), 예루살렘 공의회(15:1-35), 2차 선교여행(15:36-18:22), 3차 선교여행(18:23-20:2)이다. 하나씩 간략히 살펴보면 다음과 같다.

바울의 1차 선교여행(13:1-14:28)

아그립바 1세는 AD 44년 유월절이 지난 얼마 후에 죽었다(참고 12:20-24). 그 후 바울과 바나바는 예루살렘에서 안디옥으로 돌아와(12:25, 참고 11:28-30) 한동안 거기서 사역했다. 얼마 후 성령이 특별한 선교 사역을 위해 바울과 바나바를 택하셨다. 그래서 둘은 수리아 안디옥을 떠나 바나바의 고향인 구브로를 거쳐(13:2-4) 로마의 밤빌리아 성(省)으로 건너가 비시디아 안디옥으로 북향했다(13:13-14, 284페이지의 지도를 참고하라). 그들은 계속 순회하여 바울의 고향인 다소를 거쳐 수리아 안디옥으로 돌아올 수도 있었으나 두 가지 사정이 있었다. 첫째, 겨울이 다가와 타우루스 산맥을 넘기가 힘들었을 것이다. 둘째, 그렇다고 더베에서 겨울을 나는 것은 최선의 시간 활용이 아니었을 것이다. 그래서 그들은 역순으로 돌아오며 이미 방문했던 공동체들을 굳건하게 한 뒤, 앗달리아에서 배를 타고 안디옥에서 가장 가까운 항구 도시인 실루기아로 곧장 갔다(14:25-26).

이들 팀이 1차 선교여행을 마치는 데 걸린 시간은 AD 47년 봄에서 48년 가을 사이의 18개월이었을 것이다.

예루살렘 공의회(15:1–35)

수리아 안디옥의 교회가 흥왕하고 이방인들 사이에 복음이 계속 퍼지는 동안 할례 문제로 논란이 벌어졌다. 예루살렘 교회에서 온 일단의 유대인 그리스도인들은 사람이 먼저 유대교로 개종하지 않고도 그리스도인이 될 수 있는가의 문제를 다시 들고 나왔다(15:1, 5, 참고 11:2–3). 어차피 메시아 예수님은 유대인이며 결국 세상을 신정(神政)으로 다스리실 것이다. 처음부터 그것이 이스라엘을 향한 하나님의 비전이었다. 그런데 어떻게 히브리의 하나님, 그분의 구약성경, 최소한의 유대교 신학도 모르고 예수님을 메시아로 받아들일 수 있다는 말인가? 지금은 '하나님'을 아브라함의 하나님으로 아는 사람—유대교인, 기독교인, 이슬람교인—이 세계 인구의 거의 3분의 2에 달하지만, 1세기의 이방인들은 이교의 잡다한 신화적인 신들 외에는 사실상 아무것도 몰랐다.

사안의 반대편에는 베드로와 야고보와 바나바와 바울과—물론—모든 이방인 신자가 있었다. 그들이 보기에 이는 가이사랴에서 있었던 베드로의 경험을 통해 이미 정리된 문제였다. 고넬료의 집에서 하나님은 할례받지 않은 이방인들에게 그분의 영을 주셨다. 사도들과 장로들은 이를 구원이란 오직 그리스도를, 오직 믿음으로 말미암아, 오직 은혜로 주어진다는 하나님의 선언으로 받아들였다. 그런데도 이 논란은 예루살렘 교회를 괴롭혔다. 결국 교회 지도자들을 모두 소집하기로 결정되었다. 사도들과 장로들이 모여 의논한 뒤 교회의 공식 입장을 천명하기로 한 것이다. 대부분 학자는 그 시기를 AD 49년이나 50년으로 본다.

바울의 2차 선교여행(15:36–18:22)

누가는 2차 여행의 시점을 예루살렘 공의회로부터 "며칠 후에"(15:36)라고 밝혔는데, 이는 몇 주나 몇 달을 가리킬 수 있으나 1년이 넘지는 않았을 것이다. 본래 바나바와 바울은 1차 여행 때 갔던 도시들을 다시 방문할 작정이었다. 그러나 1차 여행 때 도중하차했던 요한 마가를 데리고 갈지를 두고 의견이 갈렸다. 결국 심하게 다툰 끝에 바나바는 요한 마가를 데리고 구브로로 갔는데 틀림없이 다른 곳들도 다녔을 것이다. 바울은 실라를 동역자로 택하여 길리기아의 다소로 북향한 뒤(15:40–41) 타우루스 산맥을 넘어 갈라디아 남부로 갔다(16:1–2, 339페이지의 지도를 참고하라). 계속 서쪽의 소아시아로 가려 했으나 성령이 막으셨다(16:6). 대신 북쪽의 비두니아로 방향을 틀었으나 역시 성령이 막으셨다(16:7). 다시 서쪽으로 돌았으나 무시아로 들어갈 수 없어 에게 해안에 위치한 항구 도시인 드로아까지 내쳐 갔다(16:8).

현재의 터키가 완전히 닫힌 상황에서 그들은 드로아에 머물렀다. 그러다 바울이 밤중에 환상을 받았는데, 한 사람이 에게 해의 서부와 북서부 연안에 맞닿아 있는 광활한 성 마게도냐로 그들을 불렀다(16:9). 바울 팀은 해안을 따라 쭉 돌면서 각 주요 도시를 방문한 뒤(16:10-17:14) 아테네로 내려갔고, 거기서 사도는 헬라 철학의 유수한 지성들에게 설교했다(17:15-34). 그다음은 서쪽의 고린도로 이동하여 거기서 최소한 18개월 동안 사역했다(18:1-11). 그곳의 유대인들이 바울을 대적하여 일어났다. 그들은 그를 재판에 세우려고 갈리오 앞으로 데려갔으나 갈리오는 이것이 유대인 사이의 논쟁일 뿐 로마가 관여할 바가 아니라며 거부했다(18:12-17). 아가야 총독 갈리오가 언급된 것으로 보아 바울이 고린도에서 사역한 후반부는 AD 51년이 된다. 법정 사건이 일어난 때는 아마 그해 봄이나 여름이었을 것이다.

바울이 떠날 때가 되자 새로 친구가 된 아굴라와 브리스길라 부부가 동행했다(18:2-3,18). 그가 소아시아의 중심 도시인 에베소에 상륙하여 회당에서 설교했는데 반응이 너무나 좋아 지도자들이 그에게 더 머물 것을 청했다. 그러나 그는 고린도에서 만난 유대인 부부를 대신 남겨두고 자기는 곧 다시 올 뜻을 밝혔다(18:19-21). 거기서 가이사랴로 항해한 뒤 수리아 안디옥으로 돌아갔다(18:22).

바울의 3차 선교여행(18:23-20:2)

누가의 내러티브에 따르면 바울은 안디옥에 있은 지 그리 오래지 않아서 다시 길을 떠났다. 그리고 자신의 도움으로 세워진 교회들을 재차 방문했다(396페이지의 지도를 참고하라). 본문에 언급된 "갈라디아와 브루기아 땅"(18:23)에는 더베, 루스드라, 이고니온 등 2차 여행 중에 순회했던 도시들과 아시아 북부가 포함된다. 아마 비시디아 안디옥과 빌라델비아에도 들렀을 것이다. "윗지방"(19:1)으로 번역된 헬라어 표현은 '고지'를 뜻하는데, 아마도 트몰루스 산맥을 넘어 카이스터 계곡으로 내려가 에베소로 이어지던 노정을 가리킬 것이다. 바울이 이 경로를 택한 것은 분명히 2차 여행 때 갔던 도시들을 최대한 많이 방문하면서 에베소에 최대한 일찍 닿기 위해서였다.

바울은 에베소를 아시아 사역을 위한 작전 기지로 삼아 거기서 2년을 보냈다(참고 19:1-41, 특히 19:10). 계획상으로는 빌립보, 데살로니가, 베뢰아 등 마게도냐의 도시들을 거쳐 고린도를 다시 방문한 다음 곧장 예루살렘으로 항해할 참이었다. 그곳의 성전에서 마지막 예배를 드린 뒤 로마로 갔다가(19:21) 거기서 스페인 쪽으로 서부 여행에 오를 예정이었다(롬 15:24, 28).

마게도냐와 그리스까지는 그대로 진행되어 그리스에서 3개월을 지냈다(행 20:1-3). 이로써 3차 선교여행은 예정대로 사실상 종료되었다. 그런데 일부 유대인 지도자들이 바울을 대적하며 살해 음모를 꾸몄다. 그래서 귀로(歸路)는 약간 우회로로 변했다. 아마도 암살자들을 따돌리려는 그의 지시로 여행 동료들은 예정대로 그리스에서 배를 탔고, 본인은 오던 길을 되밟아 마게도냐의 빌립보에까지 갔다. 유월절 직후 드로아에서 재회한 일행은 도중에 몇몇 항구를 들러 가이사랴로 돌아갔다(20:1-8).

핵심 용어

διαλέγομαι [*dialegomai*, 디알레고마이] *(1256)* '토론하다, 논쟁하다, 변론하다'

헬라 철학자들은 이 단어를 기술적 의미로 썼고, 논리와 이성의 구사를 로고스—신의 지성, 순수 이데아의 세계—와 통할 수 있는 방편이라 믿었다. 예컨대 "소크라테스와 플라톤과 아리스토텔레스를 통해 설득과 논증의 기술이 발달했는데, 그 형태는 문답식 토론(소크라테스), 순수 사유를 통한 이데아의 정립(플라톤), 논증과 지식의 궁극적 기초를 탐색함(아리스토텔레스) 등이었다."[1] 고대 유대인들은 이런 기술적 의미로 '논쟁'하지는 않았지만 토론을 신학의 유서 깊은 방법으로 인정했다. 그러나 1세기에는 이방인이 주를 이루던 도시들의 회당에 헬라의 영향력이 스며들 수밖에 없었다. 바울은 비신자들을 만나 전도할 때 변증하며 대화하곤 했는데, 사도행전에는 이 단어가 그런 관행을 지칭하는 말로 쓰였다.[2]

καταγγέλλω [*katangellō*, 카탕겔로] *(2605)* '선포하다, 발표하다, 널리 알리다'

이 동사의 어근은 단순히 '발표한다'는 뜻이다. 접두사 kata(2596)는 모종의 강조를 더해주는 강조어다. 신약 이외의 일반 작가들은 공식 통보를 유포한다든가 운동 시합이나 종교 축전을 발표한다고 할 때 이 단어를 썼다. 누가와 바울의 저작에서는 이 단어가 특수한 신학적 의미로 쓰여, 변명의 여지를 없애고 변화를 낳는 '선포'를 가리킨다. 설교와 가르침이 널리 퍼져 있다면 아무도 무지를 불신의 구실로 내세울 수 없다.

παρακαλέω [*parakaleō*, 파라칼레오] *(3870)* '권면하다, 강권하다, 격려하다, 위로하다'

이 동사의 주된 개념은 '위로하다'이며, 대개 슬퍼하는 사람이나 죽어가는 사람과 연관되어 쓰인다. 신약에서는 이 단어가 특수한 의미를 띤다. 특히 누가와 바울의 저작에서, 의미의 폭이 넓은 이 단어에는 다른 사람 곁에서 조언과 용기와 위로와 희망과 긍정적 시각을 베풀어준다는 개념이 담겨 있다. 운동 코치가 하는 역할이 이런 확대된 의미를 잘 예시해준다. 훌륭한 코치는 상대가 탁월해지도록 돕고 도전하며 가르치고 감화를 끼쳐 소정의 목표에 도달하게 한다.

παραχρῆμα [*parachrēma*, 파라크레마] *(3916)* '갑자기, 즉시, 당장'

한 번의 확연한 예외를 제외하고는(마 21:19–20) 이 부사는 누가복음(10회)과 사도행전(6회)에만 나온다. 누가는 대개 초자연적 사건의 문맥에 이 단어를 써서 이 일과 저 일 사이의 명백한 인과관계를 밝혔다. 예수님이나 사도들이나 성부 하나님이 행동하시면 "즉시" 결과가 나타났다(참고 행 3:7, 12:23).

πίστις [*pistis*, 피스티스] *(4102)* '믿음, 신뢰, 확신, 의지'

사람이나 일의 신빙성에 대한 확신을 뜻하며 사람의 말, 계약이나 조약, 신(들) 등에 대한 신뢰를 지칭할 수도 있다. 이 단어에는 지식과 행동이 둘 다 함축되어 있다. 아무리 일정한 진리에 대한 지식을 받아들이고 말로 동의한다 해도, 그 진리가 행동으로 나타나지 않는 한 '신뢰'나 '확신'이 있다고 말할 수 없다. 헬레니즘 시대에는 이 단어에 신들이 존재하여 활동하고 있음을 믿는다는 어감이 생겨났다. 헬라인은 신들을 숭배하며 두려워했을 뿐 신과의 관계는 없었다. 반면 누가의 독자들은 이 단어를 칠십인역(구약의 헬라어 역본)을 통해서도 알고 있었을 텐데, 거기서는 이 말에 언약을 지키시는 이스라엘 하나님과의 관계가 내포되어 있다. '믿다, 진리로 받아들이다, 신뢰하다'는 뜻의 피스테우오[*pisteuō*(4100)] 등 파생어들도 마찬가지다. 유대인에게—그리하여 그리스도인에게도—pistis는 하나님과 관계를 맺는 방편을 지칭하는데, 오죽하면 분사 형태는 '신자'인 교인을 뜻하게 되었다(예: 2:44, 4:32, 5:14).

상황이 어려워질 때(사도행전 13:1–13)

1안디옥 교회에 선지자들과 교사들이 있으니 곧 바나바와 니게르라 하는 시므온과 구레네 사람 루기
오와 분봉 왕 헤롯의 젖동생 마나엔과 및 사울이라 2주를 섬겨 금식할 때에 성령이 이르시되 내가 불
러 시키는 일을 위하여 바나바와 사울을 따로 세우라 하시니 3이에 금식하며 기도하고 두 사람에게
안수하여 보내니라

4두 사람이 성령의 보내심을 받아 실루기아에 내려가 거기서 배 타고 구브로에 가서 5살라미에
이르러 하나님의 말씀을 유대인의 여러 회당에서 전할새 요한을 수행원으로 두었더라 6온 섬 가운데
로 지나서 바보에 이르러 바예수라 하는 유대인 거짓 선지자인 마술사를 만나니 7그가 총독 서기오

바울과 함께 있으니 서기오 바울은 지혜 있는 사람이라 바나바와 사울을 불러 하나님의 말씀을 듣고
자 하더라 8이 마술사 엘루마는 (이 이름을 번역하면 마술사라) 그들을 대적하여 총독으로 믿지 못하
게 힘쓰니 9바울이라고 하는 사울이 성령이 충만하여 그를 주목하고 10이르되 모든 거짓과 악행이 가
득한 자요 마귀의 자식이요 모든 의의 원수여 주의 바른 길을 굽게 하기를 그치지 아니하겠느냐 11보
라 이제 주의 손이 네 위에 있으니 네가 맹인이 되어 얼마 동안 해를 보지 못하리라 하니 즉시 안개와
어둠이 그를 덮어 인도할 사람을 두루 구하는지라 12이에 총독이 그렇게 된 것을 보고 믿으며 주의 가
르치심을 놀랍게 여기니라

13바울과 및 동행하는 사람들이 바보에서 배 타고 밤빌리아에 있는 버가에 이르니 요한은 그들에
게서 떠나 예루살렘으로 돌아가고

낙관주의와 현실주의 사이에서 균형을 유지하는 일은 어디서나 힘들 수 있지만 사역에서는 특히 더하다. 고생과 난관과 실망으로 점철된 세상에서 이상주의는 오래 살아남을 수 없다. 현실을 부정하며 살아가지 않는 한 그렇다. 그리스도인이 되는 순간 힘든 시절도 끝이라는 개념일랑 우리 머릿속에서 깨끗이 지워야 한다. 하지만 그렇다고 "하는 일마다 꼬인다"는 머피의 법칙대로 살 수도 없다. 그리스도인은 건강한 이상주의를 유지해야 하며 전임 사역자는 더 말할 것도 없다.

결혼식을 앞둔 신랑신부에게서 건강하지 못한 이상주의를 흔히 볼 수 있다. 그들은 결혼생활, 배우자, 가정에 대해 크고 높고 아름답고 이상적인 희망을 품고 결혼하지만 첫 번째 중대한 도전 앞에 녹아내리고 만다. 대가족을 이끌고 캠핑 여행을 가려는 남자도 터무니없이 이상적인 경향이 있다. 대학을 갓 졸업한 사람도 건강하지 못한 이상주의를 품고 취업의 문을 두드릴 때가 많다. 학위증을 받아들고 연단을 내려올 때는 야망으로 가슴이 부풀어 있지만 처음에 몇 번만 입사에 탈락해도 절망에 휩싸인다.

반면 건강한 이상주의는 난관과 도전과 실패가 예상될 때조차도 목표를 이루리라는 기대를 품는다. 이는 맹목적이고 공상적인 낙관주의가 아니라 모든 것을 이기시는 하나님의 능력과 주권에 대한 확신이다. 예수님이 단언하셨듯이 그분을 따르는 이들이 영광에 이르는 길에는 상처와 고난과 박해와 불의가 산재해 있다. 그래서 건강한 이상주의는 지금 걷는 이 길 끝에 승리가 있다는 확증으로 난관을 해석한다. 존경받는 F. B. 마이어(F. B. Meyer)는 이렇게 썼다.

> 하나님의 자녀여, 당신을 시험하는 불 시험을 마치 무슨 이상한 일이라도 벌어진 것처럼 이상히 여기지 마라. 오히려 기뻐하라! 그것은 당신이 바른 길로 가고 있다는 확실한 증거이기 때문이다. 내가 어느 낯선 지역에 갔는데 내가 목적하는 처소에 도착하기 위해서는 어두운 골짜기나 돌밭 길을 지나야 한다고 하자. 막상 그 구간에 이르러 사방이 어두워지고 마차가 덜컹거리면 그것은 내가 바른 길로 가고 있다는 증거다. 그러므로 하나님의 자녀는 고난을 통과할 때 놀라지 않는다.[3]

주님은 우리에게 고난을 당하지 않게 해주겠다고 약속하신 것이 아니라(요 16:33) 고난 속에서 우리를 붙들어주겠다고 약속하셨다(롬 8:28-39). 그래서 모든 경험은 하나님이 우리 안에 날마다 기뻐하는 능력을 더 크게 빚어주시는 수단이 된다. 고난에 대한 주님의 초자연적 용도를 당신이 아직 발견하지 못했다면 당신은 계속 환멸과 싸우게 될 것이고, 어쩌면 누구의 잘못인지, 즉 당신의 잘못인지 하나님의 잘못인지 의문이 들 것이다.

사울과 바나바 일행은 안디옥을 떠날 때 그들 앞길에 무슨 일이 닥칠지 잘 몰랐다. 이 일을 위해 성령이 자신들을 구별하셨다는 것만 알았다. 그래서 다들 다분히 낙관적인 마음

수리아 안디옥(사도행전 13:1)

수리아 안디옥(비시디아 안디옥과 혼동해서는 안 된다)은 로마와 알렉산드리아에 이어 로마 제국에서 세 번째로 큰 도시로, 절정기에는 주민이 1백만 명에 육박했다. 셀레우코스 1세인 니카토르는 BC 300년경에 이 도시를 건설하여 셀레우코스 제국의 서부 수도로 삼았다.[4] 셀레우코스의 장군들은 외부의 이주민을 유치하고자 유대인 용병들에게 토지와 작위와 시민권을 보상으로 부여했다. 바울과 바나바 당시의 안디옥은 유대인의 예배와 문화의 중심지로 부상해 있었다.[5] 그 결과 수많은 이방인이 아주 대규모의 유대인 사회에 마음이 끌려 유대교로 개종했는데, 니골라(6:5)도 그런 개종자 중 하나였다.

그 지방이 로마에 정복된 후 가이사 아구스도와 디베료는 헤롯 대제의 도움으로 이 도시에 투자하여, 그곳을 신설된 수리아 성의 수도로 정했다. 다소처럼 이곳도 동서양 문명의 교차로가 되었으나 교육보다는 무역 쪽이 강했다.[6] 안타깝게도 선악의 영향력이 뒤섞여 때로 이 도시에 혼란을 야기하기도 했다. 순수 예술이 잔인한 운동 시합과 공존했고, 유일신 유대교가 수많은 신비 종교와 각축을 벌였다. 현지 주민들은 히브리의 하나님께 끌려 그분을 예배했으나, 관광객들은 수려한 인근 교외의 아폴로 신전 자리인 다프네에 와서 난교 의식에 참여했다.[7]

이렇게 동양과 서양, 선과 악, 도덕과 타락이 퇴비처럼 섞인 토양 속에 복음이 발아하여 뿌리를 내리고, 쓰레기더미 속의 장미처럼 활짝 피어났다. 하나님의 계획에서 특권적 역할을 부여받은 이스라엘이 그 역할을 포기하면서 수리아 안디옥은 예루살렘을 대신하여 교회 활동의 중심지가 되었다. 예루살렘이 아닌 안디옥에서 하나님은 선교사들을 일으켜 그분 나라의 국경을 서쪽의 로마 제국으로 넓혀나가셨다.

으로 본부를 떠났다. 그러나 각 사람의 낙관주의가 어떤 종류의 것이었는지 여정의 첫 구간에서 다 드러난다.

—13:1-3—

이번 단락의 내러티브를 시작하면서 누가는 안디옥 교회의 지도자들을 먼저 소개한다. 위대한 회중이 주님을 위해 위대한 일을 이룰 수 있으나, 그러려면 경건한 지도자들이 그들을 결집시켜 일의 초점을 잡아주어야 한다. 누가는 다섯 명의 "선지자들과 교사들"(13:1)을 거명했다. 이 둘은 서로 다른 은사이자 구별되는 직분으로서, 서로 협력하여 사람들에게 하나님의 말씀을 전해주고 또 말씀을 적용하는 방법을 가르친다. 하나님은 선지자들을 '앞에 나가서 말하는' 사역으로 부르신다. 아직 신약성경이 기록되어 회람되기 이전인 1세기에는 '미리 말하는' 일도 거기에 포함되었다. 미래에 대한 예언까지 포함하여 하나님의 새로운 계시를 알리는 일이었다(11:28). 교사의 경우 하나님은 그들을 개개인에게 진리를 실천하도록 돕는 일로 부르신다.

안디옥에서 충실하게 사역하던 다섯 명의 선지자와 교사는 다음과 같다(13:1).

- 전직이 성전의 제사장이던 구브로 출신의 바나바
- '검다'는 뜻의 흥미로운 별명을 지닌 유대인 시므온
- 북아프리카의 해안 도시인 구레네 출신의 헬라인 개종자 루기오
- 헤롯 안디바와 함께 자란 헬라파 유대인(사두개인)이자 귀족인 마나엔
- 이름난 랍비 가말리엘 밑에서 교육받은 바리새인 다소의 사울

다양하면서도 연합된 이 일단의 기독교 지도자들은 한동안 금식하던 중에, 흥미진진한 새로운 사역에 착수하라는 주님의 지시를 받았다(13:2). 성령은 구체적으로 바나바와 사울을 부르셨으나 그들이 할 일이 무엇인지는 나중에 밝혀질 것이었다. 주님이 아브라함을 부르실 때와 비슷하다. "너는 너의 고향[을]…떠나 내가 네게 보여 줄 땅으로 가라"(창 12:1). 그분은 그들에게 첫발을 내딛기에 충분한 정보를 주셨다. 거기에 순종으로 반응하면 다음

바울의 1차 선교여행. 안디옥에서 여정에 오른 바울은 바나바와 함께 구브로 섬으로 출발했다. 두 사람은 비시디아 안디옥, 이고니온, 루스드라, 더베 등 갈라디아 지방을 두루 다닌 뒤 더베에서 오던 길을 되밟아 안디옥으로 돌아갔다.

에 필요한 정보는 하나님이 그때 가서 보여주실 것이다.

예루살렘 교회가 일곱 사람에게 안수했던 것처럼(행 6:1-6) 이 교회의 장로들도 두 사람에게 "안수"했다(13:3). "안수"는 지도자들이 이렇게 말하는 것과 같았다. "우리가 공인하고 지지하니 당신들은 우리를 대표하여 이 사명을 수행하라. 우리도 본부에 남아 기도하면서 영으로 함께 갈 것이다."

—13:4-5—

누가는 안수식이라는 교회의 활동을 일부러 성령의 위임하심과 하나로 묶는다. 사실 둘은 보완 관계로 늘 함께 다닌다.

사울과 바나바는 오론테스 강을 따라 22킬로미터를 내려가 실루기아에서 구브로로 가

"바울과 같이 다니는 사람"(사도행전 13:1)

바울은 혼자 다니거나 혼자 사역한 적이 거의 없다. 사실 거의 언제나 동료 사역자와 오늘날 인턴에 해당하는 다수의 후배 조력자들이 동행했다. 그가 이렇게 한 데는 두 가지 중요한 이유가 있다. 첫째, 도시와 도시 사이를 혼자 다니는 사람은 아무도 없었다. 노상강도가 어찌나 흔했던지 삼삼오오 무리를 지은 길손들도 일정을 연기하여 더 큰 대상(隊商) 행렬에 합류하곤 했다. 그렇게 하는 것이 산적에 맞서는 가장 안전한 방법이었다. 둘째, 당시 모든 교사처럼 바울도 제자들을 선발하고 훈련하여 자신의 전도 및 교육 사역을 뒤잇게 했다.

누가의 문체상 사도행전에는 동료 여행자들의 존재가 명확히 드러나지 않는다. 대개 그는 이야기에 꼭 필요할 때에만 따로 이름을 밝힌다. 예컨대 바울의 2차 선교여행이 시작되는 15장 40절에 그는 "바울은 실라를 택한 후에…떠나"라고 기록했다. 그 뒤로는 내러티브의 초점이 바울이다 보니 마치 바울 혼자인 양 3인칭 단수로 지칭된다. "**[그가]** 수리아와 길리기아로 다니며 교회들을 견고하게 하니라"(15:41, 강조 추가). 틀림없이 실라가 여정 내내 바울 곁에 있었음에도 불구하고 누가는 두 사람이 빌립보에서 감옥에 갇힐 때에야 실라를 다시 언급한다(16:19). 디모데의 경우도 마찬가지다. 그는 바울의 2차 여행 중에 갈라디아에서 팀에 합류했으나 이후 내러티브에는 거의 나오지 않는다.

무엇보다 신기한 것은 디도가 사도행전 어디에도 나오지 않는다는 사실이다. 하지만 이 이방인 그리스도인은 맨 처음부터 바울의 조수였던 것으로 보인다. 바울과 바나바는 1차 선교여행에서 돌아온 뒤 "그중의 몇 사람"(15:2)과 함께 예루살렘 공의회에 갔다. 할례받은 신자와 할례받지 않은 신자로 함께 꾸려진 파견단이었다. 나중에 갈라디아 교인들에게 예루살렘 공의회에 대해 말할 때 바울은 디도를 특별히 언급했다(갈 2:1, 3). 이로 보아 그 교인들이 디도를 알았을 가능성이 높으며, 아마도 그는 예루살렘에 동행했던 이름 없는 조력자 중 하나였을 것이다. 바울은 2차 여행 중에 이 제자를 고린도에 전령으로 보내기도 했다. 바울과 재회하러 마게도냐의 어딘가로 가던 때에(고후 2:13, 7:6, 13) 디도는 아마 에베소에서 출발했을 것이다(고후 12:18). 누가가 왜 디도를 한 번도 언급하지 않았는지는 수수께끼로 남아 있다.

어쨌든 신약의 도처에 흩어져 있는 단서들로 미루어 디모데와 디도 외에도 수행하는 제자들은 점점 많아졌다. 고린도의 에라스도는 바울의 3차 여행에 갑자기 등장한 것으로 보아(19:22) 2차 여행 때 합류했다가 그 뒤로 계속 사도와 함께했을 것이다. 함성으로 요란했던 같은 본문의 내러티브 속에 가이오와 아리스다고도 간략히 언급된다. "바울과 같이 다니는…사람"(19:29)이라는 문구는 헌신적으로 조력자 역할을 하던 일단의 사람들을 암시한다. 아무래도 바울은 이 두 사람을 2차 여행 때 마게도냐를 지나다가 발굴하여 그 뒤로 계속 "자기를 돕는" 사람으로 삼았던 것 같다. 누가는 또 3차 여행 말미에 바울과 함께 예루살렘으로 돌아간 꽤 큰 규모의 수행단도 거명했다. "함께 가는 자는 베뢰아 사람 부로의 아들 소바더와 데살로니가 사람 아리스다고와 세군도와 더베 사람 가이오와 및 디모데와 아시아 사람 두기고와 드로비모라"(20:4).

이 다른 사람들이 언제 바울에게 합류했는지는 모른다. 2차와 3차 여행 중에 그가 위의 각 도시에서 그들을 영입했을 수 있다. 확실한 것은 그들이 길동무가 된 것이 고린도를 떠나기 전이었다는 사실이다. 아마도 그들은 예루살렘을 방문한 후 서부 변방의 스페인까지 복음화하는 일(롬 15:24, 28)을 돕도록 충원되었을 것이다.

1차 로마 투옥 중 바울은 자신과 한동안 함께했던 다른 조력자들을 언급하곤 했다. 그중 에바브로디도(빌 2:25, 골 4:12, 몬 1:23), 요한 마가(골 4:10), 데마(골 4:14, 딤후 4:10, 몬 1:24) 등이 있다. 물론 바울이 3차 선교여행에서 돌아올 때 추가로 영입한 누가도 있다. 이 의사는 약 8-9년 후에 사도가 로마에서 죽을 때까지 필시 그의 곁을 지켰을 것이다(행 27:1-28:16, 골 4:14, 딤후 4:11, 몬 1:24).

는 배에 올랐다(13:4). 물론 바나바는 고향인 이 섬을 손바닥처럼 훤히 알았다. 농작물이 무성하고 광물과 귀금속이 풍부한 그곳은 지중해를 항해하는 상선들의 단골 경유지였고, 수리아의 해안에서 100킬로미터도 떨어져 있지 않아 그리스도가 탄생하시기 수백 년 전부터 유대인들의 피난처가 되었다. 외경에 보면 마카비 혁명 때도 그곳에 유대인 거류지가 있었다(마카베오상 15:23). 가이사가 구리 광산을 헤롯 대제에게 하사한 뒤로는 틀림없이 더 많은 사람이 거기서 일자리를 구했을 것이다.[8] 그러니 섬 곳곳에 회당이 여럿 있었던 것도 놀랄 일은 아니다. 스데반의 순교에 뒤이은 박해 때에도 일부 그리스도인이 구브로로 피했다(행 11:19).

바나바와 사울은 둘이서만 간 것이 아니라 몇 명인지 모를 수행원과 동행했다. 누가는 그 무리 중 바나바의 생질이자(골 4:10) 마리아의 아들인 요한 마가도 있었음을 '사족'처럼 밝힌다. 마리아의 집은 예루살렘 회중이 모여 베드로를 위해 기도했던 곳이다(행 12:12).

—13:6-8—

일행은 섬 동단에 위치한 중요한 항구 도시인 살라미에서 서단의 바보까지 약 145킬로미터에 이르는 길을 가면서 신자들의 모임들을 격려하고 도중의 여러 회당에서 설교했다. 바보가 처음 유명해진 것은 신화에 이 도시가 바다의 거품에서 태어났다는 사랑의 여신 아프로디테가 거한 첫 집으로 등장하면서부터였다.[9] 구브로 섬이 BC 58년에 로마에 합병되었다가 나중에 성(省)으로 승격된 뒤로 바보는 군사 정부의 본거지가 되었다.[10] 사울과 바나바가 방문했을 당시에는 서기오 바울이라는 총독이 그곳을 다스렸다(13:7).

총독은 대개 원로원에 직접 보고했으며 원로원은 그에게 한 성을 다스릴 군사적, 사법적 절대 권력을 부여했다. 총독직은 대개 정치적 신분 상승의 일환으로 임기제였고, 그다음 계급은 집정관이었다.[11] 다시 말해 서기오 바울은 로마 정부의 고위 관리였다.

이 총독은 "지혜 있는 사람"이었으나 유대인 마술사를 고문으로 두었다(13:7-8). "마술사"[*magos*(3097)]라 해서 반드시 마법에 손을 댔거나 사자(死者)와 소통했다는 뜻은 아니다. 헬라어로 *magos*는 마태가 아기 그리스도를 예배하러 온 동방 박사들(*magi*)을 지칭한 단어와 똑같으며(마 2:1-12), 바빌론을 학문의 중심지로 삼았던 페르시아의 사제 계층을 가리켰다. 그들이 받은 교육에는 정통 과학과 이교의 미신이 섞여 있었다. 그래서 천문학에 능통한 그들이 점성술도 일삼았으니 곧 중세의 연금술사와 다르지 않았다.

"마술[*mageuō*(3096)]을 행하여 사마리아 백성을 놀라게 하"던(행 8:9) 사마리아의 시몬과 달리 바예수는 고등교육을 받은데다 비술(秘術)을 이용한 점복, 점성술, 해몽에도 전문가였던 것으로 보인다. 그렇다고 사마리아의 시몬보다 별로 나을 것은 없었다. 사실 누가는 그를 거짓 선지자[*pseudoprophētēs*(5578)]라 칭했다. 하나님과 상관도 없으면서 그분을 대언한다고 주장하는 사람이라는 뜻이다.

그의 이름에는 여러 영향력이 뒤섞여 있다. 바예수[*Bariēsous*(919)]의 *bar*(H1247)는 '아무개의 아들'을 뜻하는 아람어 접두사이고, *Iesus*(2424)는 히브리어 이름 여호수아(H3091)의 헬라어 형태다. 또 엘루마[*Elymas*(1681)]라는 호칭은 '현자, 선견자'를 뜻하는 아랍어 명칭으로 보인다. 종합해보면 그는 세상을 주유하며 다분히 비술 공부에 인생을 바쳤을 것이다.

총독은 사울과 바나바를 불러 설교를 청했는데 필시 그들의 메시지에 대해 아는 바가 있었을 것이다. 이런 부류를 가까이한 것으로 보아 그는 요즘 말로 '구도자', 즉 영적 진리를 추구하는 사람이었을 수 있다. 그러나 두 사람이 총독에게 말씀을 전하자 바예수가 그들의 가르침을 논박했다.

—13:9–12—

이 내러티브에서 처음으로 누가는 다소의 사울을 우리 모두가 아는 바울이라는 이름으로 칭한다. 헬라어로는 *Paulos*(3972)이며, 기본적으로 '작다'는 뜻을 가진 로마인들이 쓰던 성(姓)이다. 이때부터 누가가 그를 바울이라고 불렀다는 것은 악의 화신과 대결한 이 사건을 통해 사도의 진가가 발휘되었음을 암시한다. 이 장면은 앞으로 바울이 해나갈 사역에 꼭 맞는 은유다. 히브리인 중의 히브리인이 영적 진리를 간절히 알고자 하는 전형적 이방인에게 복음을 전하는데, 그 이방인의 반대쪽 귀로는 말 그대로 거짓의 목소리가 흘러들고 있다.

바울은 토론을 중단하고 거짓 선지자를 직접 상대했다(13:10). "거짓"으로 번역된 말은 엉큼한 수법으로 남을 이용하는 사기꾼의 소행을 가리키는 헬라어 단어에서 왔다. "악행"

에 해당하는 헬라어 원어는 사실 역어보다 의미가 약하다. 어느 사전에는 이 단어가 "책임을 심각하게 받아들이지 않고 매사에 건성으로 임하는 '경박성'(노예들의 속임수는 헬라와 로마의 희극에 사용된 흔한 주제다)"이라 풀이되어 있다.[12] 이 모든 모욕을 종합해보면 바울이 속을 간파해낸 이 사람은 저질 희극을 벌이는 악질 광대였다. 그러나 "마귀의 자식이요 모든 의의 원수"라는 고발은 그보다 훨씬 엄혹하다. 바예수는 '구원의 아들'로 번역될 수 있기에 "마귀의 자식"이라는 고약한 별명은 이 사람의 정체를 신랄하게 비꼰 풍자였다. 성품 면에서 그는 '구원의 아들'을 본뜬 한심하고 서투른 모조품이었고, 도덕성 면에서는 그보다 더 철두철미하게 악의 표본이 될 만한 인물은 없었을 것이다.

"주의 바른 길을 굽게 하기를 그치지 아니하겠느냐"는 바울의 질문은 옛 히브리어 표현에서 온 것으로 이중의 의미가 담겨 있다. 주의 길을 곧게 한다는 개념은 메시아를 영접하라고 한 이사야의 권고를 연상시킨다(사 40:3, 참고 말 3:1). 총독은 이사야의 말씀까지는 몰랐겠지만 이 문화적 은유를 이해했을 것이다. 고대 도시에서 왕이나 고관의 행차를 맞이할 때는 성읍으로 진입하는 길을 돋우었다. 걸림돌과 파편을 치우고 구멍이 파인 곳을 메우며 조경을 미화했다. 세례 요한은 메시아를 맞이하도록 예언으로 사람들을 준비키셨으나(눅 3:4) 바예수는 오히려 걸림돌을 만들어냈다.

이 표현에는 은유적 요소도 있다. 히브리 백성은 흔히 '곧거나 굽다'는 말을 '의와 불의', '도덕 대 부도덕'의 의미로 썼다. 하나님은 바울과 바나바를 보내 이방인의 구원을 위해 그리스도의 길을 깨끗이 치우게 하셨다. 그런데 이 유대인 거짓 선지자가 기만과 불의로 그분의 길을 어지럽혔다.

바예수를 규탄한 바울은 그에게 하나님의 심판을 선고했다. 속임수로 사람들을 눈멀게 하던 그는 물리적 시력을 잃었다(행 13:11). 믿기 어려울지 모르지만 두 가지 면에서 이는 주님이 그에게 베푸신 은혜였다. 첫째, 이 거짓 선지자는 죽어 마땅했다. 그는 유대인이므로 알 만큼은 다 알았다. 그런데도 성경을 통해 접할 수 있던 하나님의 진리를 거부하고 이교의 비술을 택했다. 둘째, 그는 "얼마 동안"만 맹인이 되었다. 빗나간 히브리 선견자의 죄를 지적하시고자 하나님은 이전에 다메섹 도상에서 다소의 사울에게 엄습했던 동일한 고통으로 그를 치셨다. 사울은 바울로 변했는데 바예수는 어떻게 반응할 것인가?

거짓 선지자의 반응과 무관하게 서기오 바울은 믿었다! 맹인이 된 바예수를 보자 그는 막혀 있던 사고가 뚫리면서 복음을 받아들였다. 주목해야 할 것은 그가 "놀랍게" 여긴 것이 그 초자연적 사건이라기보다 바울과 바나바가 전한 가르침이었다는 점이다(13:12). 그 뒤로 이 로마인 관리는 성경에 다시 언급되지 않는다.

—13:13—

바울 일행은 바보를 떠나 다시 여정에 올랐다. 북쪽으로 항해하여 밤빌리아라는 해안 지역으로 갔는데, 예로부터 그곳은 수리아와 베니게로 향하는 상선들을 노리던 해적의 소굴이었다.[13] BC 67년에 폼페이가 마침내 그곳을 지배하기 전까지만 해도 버가의 해적 행위는 영세 산업과도 같아서, 사회 부적응자와 악당이 우후죽순처럼 들끓었다. 다행히 이제 더는 밤빌리아도 해상의 안전을 심각하게 위협하지 않았지만, 육로 여행은 또 다른 문제였다. 밤빌리아의 해안 평지는 빙 둘린 높은 산맥에 막혀 내륙으로부터 격리되어 있었다. 바울과 바나바의 계획대로 비시디아 안디옥까지 가려면 강도를 당하거나 험한 지형에서 큰 사고를 만날 위험이 있었다.[14] 게다가 밤빌리아는 초여름부터 무덥고 습도가 높아 날씨마저 악조건이었을 것이다.

요컨대 밀월기는 끝났다! 그때까지 일행은 바나바가 속속들이 아는 아주 쾌적한 섬에서 큰 성공을 누렸다. 가는 곳마다 큰 유대인 사회에서 환대를 아끼지 않았고, 막판에는 고위급 이방인의 극적인 회심까지 있었다. 그러나 버가부터는 상황이 어려워졌다. 누가가 이유를 밝히지 않았지만 요한 마가는 갑자기 일행을 버리고 귀국행 배에 올랐다(13:13). 여행이 너무 힘들거나 위험했는지도 모른다. 병에 걸렸거나 부상을 입었을 수도 있다. 그는 바울의 사역 방식에 동의하지 않았을까? 향수가 도져 예루살렘이 그리웠을까? 요한 마가가 떠난 이유를 찾아내려면 순전히 추측하는 수밖에 없다. 어쨌든 누가는 이 문제를 자세히 다루지 않았다. 비시디아 안디옥에서 이루어진 일행의 사역을 기술하기에 앞서 마가의 도중하차를 언급했을 뿐이다. 내러티브가 더 뒷부분으로 가면 요한 마가가 내린 이 결정이 바울과 바나바의 사역에 중대한 사건으로 작용하게 된다(15:36-40).

적용: 사도행전 13:1-13

강한 사람이 전진한다

진부한 표현을 써서 미안하지만 "상황이 어려워질수록 강한 사람이 전진한다"는 말은 사실이다. 이는 경기의 하프 타임에 단골로 등장하는 격려의 말일 뿐 아니라, 왜 누구는 사역의 도전을 이겨내지 못하는데 누구는 승승장구하는지를 설명해준다. 내가 관찰한 바울의 사역과 지난 50여 년 동안 경험한 내 강단 사역에 기초하여 우리가 적용할 수 있는 두 가지 원리가 있다.

첫째, 굳은 결의가 없이는 성취도 있을 수 없다. 이는 삶의 기본이며 사역은 더 말할 것도 없다. 당신과 당신의 목표 사이에 장애물, 난관, 위험, 낙심 등의 산맥이 가로놓여 있다. 비판하는 세력은 당신의 열정을 앗아가려고 위험 지대의 구덩이에 숨어 노리고 있다. 건강하지 못한 이상주의는 당신을 극도의 환멸로 몰아갈 것이다. 그러면 당신은 이렇게 위험을 무릅써보아야 결국 손해라는 생각이 들 것이다. 그러나 건강한 이상주의는 불가피한 난관을 직시하면서도 결코 목표를 놓치지 않는다. 건강한 이상주의자는 고난이 아무리 많아도 목표 자체에서 보람을 얻는다.

건강한 이상주의자의 전형인 데이비드 리빙스턴(David Livingston)은 이런 유명한 말을 남겼다. "나는 목적을 이루기 전에는 죽을 때까지 결코 중단하지 않기로 결심했다."[15]

둘째, 너무 무거워 그리스도께서 지실 수 없는 짐은 없다. 그래서 그리스도인은 남들에게 없는 유리한 점이 있다. 짐을 지거나 시련에 맞서거나 고난을 견딜 때 우리는 혼자가 아니다. 하나님의 영이 우리 안에 계시고, 하나님의 초자연적 능력이 모든 상황 속에서 역사한다. 하나님이 당신을 불러 밤빌리아의 불길한 산봉우리와 위험이 들끓는 골짜기를 지나게 하시거든 뒤돌아서지 마라. 그분은 당신을 혼자 보내지 않으신다. 예수님은 고난당하시기 전날 밤에 우리를 위해 이렇게 기도하셨다.

> 지금 내가 아버지께로 가오니 내가 세상에서 이 말을 하옵는 것은 그들로 내 기쁨을 그들 안에 충만히 가지게 하려 함이니이다 내가 아버지의 말씀을 그들에게 주었사오매 세상이 그들을 미워하였사오니 이는 내가 세상에 속하지 아니함 같이 그들도 세

상에 속하지 아니함으로 인함이니이다 내가 비옵는 것은 그들을 세상에서 데려가시
기를 위함이 아니요 다만 악에 빠지지 않게 보전하시기를 위함이니이다 내가 세상
에 속하지 아니함 같이 그들도 세상에 속하지 아니하였사옵나이다 그들을 진리로 거
룩하게 하옵소서 아버지의 말씀은 진리니이다 아버지께서 나를 세상에 보내신 것 같
이 나도 그들을 세상에 보내었고 또 그들을 위하여 내가 나를 거룩하게 하오니 이는
그들도 진리로 거룩함을 얻게 하려 함이니이다 내가 비옵는 것은 이 사람들만 위함
이 아니요 또 그들의 말로 말미암아 나를 믿는 사람들도 위함이니 아버지여, 아버지
께서 내 안에, 내가 아버지 안에 있는 것 같이 그들도 다 하나가 되어 우리 안에 있게
하사 세상으로 아버지께서 나를 보내신 것을 믿게 하옵소서(요 17:13-21).

진리에 갈급한 심령(사도행전 13:14-52)

[14]그들은 버가에서 더 나아가 비시디아 안디옥에 이르러 안식일에 회당에 들어가 앉으니라 [15]율법과
선지자의 글을 읽은 후에 회당장들이 사람을 보내어 물어 이르되 형제들아 만일 백성을 권할 말이 있
거든 말하라 하니 [16]바울이 일어나 손짓하며 말하되

이스라엘 사람들과 및 하나님을 경외하는 사람들아 들으라 [17]이 이스라엘 백성의 하나님이 우리
조상들을 택하시고 애굽 땅에서 나그네 된 그 백성을 높여 큰 권능으로 인도하여 내사 [18]광야에서 약
사십 년간 그들의 소행을 참으시고 [19]가나안 땅 일곱 족속을 멸하사 그 땅을 기업으로 주시기까지 약
사백오십 년간이라 [20]그 후에 선지자 사무엘 때까지 사사를 주셨더니 [21]그 후에 그들이 왕을 구하거
늘 하나님이 베냐민 지파 사람 기스의 아들 사울을 사십 년간 주셨다가 [22]폐하시고 다윗을 왕으로 세
우시고 증언하여 이르시되 내가 이새의 아들 다윗을 만나니 내 마음에 맞는 사람이라 내 뜻을 다 이
루리라 하시더니 [23]하나님이 약속하신 대로 이 사람의 후손에서 이스라엘을 위하여 구주를 세우셨으
니 곧 예수라 [24]그가 오시기에 앞서 요한이 먼저 회개의 세례를 이스라엘 모든 백성에게 전파하니
라 [25]요한이 그 달려갈 길을 마칠 때에 말하되 너희가 나를 누구로 생각하느냐 나는 그리스도가 아니
라 내 뒤에 오시는 이가 있으니 나는 그 발의 신발끈을 풀기도 감당하지 못하리라 하였으니

[26]형제들아 아브라함의 후손과 너희 중 하나님을 경외하는 사람들아 이 구원의 말씀을 우리에게
보내셨거늘 [27]예루살렘에 사는 자들과 그들 관리들이 예수와 및 안식일마다 외우는 바 선지자들의 말
을 알지 못하므로 예수를 정죄하여 선지자들의 말을 응하게 하였도다 [28]죽일 죄를 하나도 찾지 못하
였으나 빌라도에게 죽여 달라 하였으니 [29]성경에 그를 가리켜 기록한 말씀을 다 응하게 한 것이라 후
에 나무에서 내려다가 무덤에 두었으나 [30]하나님이 죽은 자 가운데서 그를 살리신지라 [31]갈릴리로부

터 예루살렘에 함께 올라간 사람들에게 여러 날 보이셨으니 그들이 이제 백성 앞에서 그의 증인이라
32우리도 조상들에게 주신 약속을 너희에게 전파하노니 33곧 하나님이 예수를 일으키사 우리 자녀들
에게 이 약속을 이루게 하셨다 함이라 시편 둘째 편에 기록한 바와 같이 너는 내 아들이라 오늘 너를
낳았다 하셨고 34또 하나님께서 죽은 자 가운데서 그를 일으키사 다시 썩음을 당하지 않게 하실 것을
가르쳐 이르시되 내가 다윗의 거룩하고 미쁜 은사를 너희에게 주리라 하셨으며 35또 다른 시편에 일
렀으되 주의 거룩한 자로 썩음을 당하지 않게 하시리라 하셨느니라 36다윗은 당시에 하나님의 뜻을
따라 섬기다가 잠들어 그 조상들과 함께 묻혀 썩음을 당하였으되 37하나님께서 살리신 이는 썩음을
당하지 아니하였나니 38그러므로 형제들아 너희가 알 것은 이 사람을 힘입어 죄 사함을 너희에게 전
하는 이것이며 39또 모세의 율법으로 너희가 의롭다 하심을 얻지 못하던 모든 일에도 이 사람을 힘입
어 믿는 자마다 의롭다 하심을 얻는 이것이라 40그런즉 너희는 선지자들을 통하여 말씀하신 것이 너
희에게 미칠까 삼가라
41일렀으되 보라
멸시하는 사람들아 너희는 놀라고 멸망하라
내가 너희 때를 당하여 한 일을 행할 것이니
사람이 너희에게 일러줄지라도 도무지 믿지 못할 일이라 하였느니라 하니라

42그들이 나갈새 사람들이 청하되 다음 안식일에도 이 말씀을 하라 하더라 43회당의 모임이 끝난
후에 유대인과 유대교에 입교한 경건한 사람들이 많이 바울과 바나바를 따르니 두 사도가 더불어 말
하고 항상 하나님의 은혜 가운데 있으라 권하니라

44그 다음 안식일에는 온 시민이 거의 다 하나님의 말씀을 듣고자 하여 모이니 45유대인들이 그
무리를 보고 시기가 가득하여 바울이 말한 것을 반박하고 비방하거늘 46바울과 바나바가 담대히 말하
여 이르되 하나님의 말씀을 마땅히 먼저 너희에게 전할 것이로되 너희가 그것을 버리고 영생을 얻기에
합당하지 않은 자로 자처하기로 우리가 이방인에게로 향하노라 47주께서 이같이 우리에게 명하시되
내가 너를 이방의 빛으로 삼아
너로 땅 끝까지 구원하게 하리라 하셨느니라 하니

48이방인들이 듣고 기뻐하여 하나님의 말씀을 찬송하며 영생을 주시기로 작정된 자는 다 믿더라
49주의 말씀이 그 지방에 두루 퍼지니라 50이에 유대인들이 경건한 귀부인들과 그 시내 유력자들을
선동하여 바울과 바나바를 박해하게 하여 그 지역에서 쫓아내니 51두 사람이 그들을 향하여 발의 티
끌을 떨어 버리고 이고니온으로 가거늘 52제자들은 기쁨과 성령이 충만하니라

구약에 아모스라는 선지자의 전언이 숨어 있다. 그는 인습에 어긋난 뜻밖의 선지자로서 세련된 사람과는 거리가 멀었다. 비바람에 시달리고 햇볕에 그을려 다부진 이 하나님의 사람

은 왕족 출신도 아니고 귀족층을 위한 정식 교육도 받지 못했다. 모든 히브리 소년처럼 읽고 쓰는 법은 배웠지만 철학자나 신학자로 자처한 적은 없다. 사실 화려한 경력의 한 배교자 제사장이 그에게 도전했을 때 그는 이렇게만 말했다. "나는 선지자가 아니며 선지자의 아들도 아니라 나는 목자요 뽕나무를 재배하는 자로서 양 떼를 따를 때에 여호와께서 나를 데려다가 여호와께서 내게 이르시기를 가서 내 백성 이스라엘에게 예언하라 하셨나니"(암 7:14-15).

이 아모스를 통해 주님은 이스라엘에 기근을 경고하셨다.

> 양식이 없어 주림이 아니며 물이 없어 갈함이 아니요
> 여호와의 말씀을 듣지 못한 기갈이라
> 사람이 이 바다에서 저 바다까지,
> 북쪽에서 동쪽까지 비틀거리며
> 여호와의 말씀을 구하려고 돌아다녀도
> 얻지 못하리니(암 8:11-12).

결국 주님의 예언은 성취되었고, 포로기 이후의 선지자 말라기가 그리스도의 탄생 400년 전에 붓을 내려놓은 뒤로 그 성취는 절정에 이르렀다. 그 후 하나님의 말씀은 예수님을 통해 육신이 되었다. 그분이 승천하신 뒤(행 1:9) 하나님의 말씀은 성령의 능력으로 임했다(2:4). 그러나 처음에는 유대와 사마리아와 갈릴리에 국한된 다분히 국지적 사건이었다. 박해를 피해 흩어진 그리스도인들이 제국의 몇몇 도시에 복음을 전하기는 했으나, 대체로 이스라엘 바깥의 세상은 어둠 속에 남아 있었다. 광활하게 뻗은 영토가 극심한 기근 속에 있었다. "양식이 없어 주림이 아니며 물이 없어 갈함이 아니요 여호와의 말씀을 듣지 못한 기갈"이었다. 바울과 바나바가 소규모의 지원팀과 함께 밤빌리아 본토에 상륙하여 산맥을 넘고 내륙으로 들어갈 즈음, 각 유대인 사회는 모여서 예배를 드리고 있었다. 다들 하나님의 말씀을 듣고자 갈급해 있었다. 이들 궁벽한 회당의 온 사방에는 이방인들이 목자 없는 양처럼 살고 있었다.

—13:14-15—

귀국행 배에 오른 요한 마가와 작별한 후 바울과 바나바는 일행을 이끌고 북쪽으로 160킬로미터를 가서 고도 1,100미터인 타우루스 산맥의 남쪽 자락을 넘어 비시디아라는 지역으로 들어갔다. 그곳은 로마의 갈라디아 성(省) 남반부에 펼쳐진 험지였다. 나중에 바울이 갈라디아에 보낸 편지에 보면(갈 4:13) 그는 이 노정을 지난 후 건강이 좋지 않았다(말라리아에 걸렸을지도 모른다). 아울러 무방비 상태의 일행은 그 지역을 통행하던 길손들을 약탈하기로 유명한 산적 떼에게 피해를 입었을 수도 있다.

비시디아 안디옥—바울을 파송한 수리아 안디옥의 교회와 혼동해서는 안 된다—은 1세기에 꽤 큰 도시로 변모해 있었다. 아구스도는 그 지역을 로마화하고자 여러 이민 도시를 건설하고 세바스테 길이라는 도로로 연결시켰다. 이 동서 간선도로는 에베소를 기점으로 현대의 터키를 관통한 뒤 길리기아 관문을 지나 유프라테스 강에까지 이르렀다.[16] 안디옥은 아구스도 이전에도 이미 존재했으나 그때부터 식민지로 이름을 떨치면서 그 노선에서 가장 중요한 도시로 급성장했다.

요세푸스에 따르면 BC 200년경에 유대인 2천 가구가 이 지역으로 이주했고, 안디옥에 회당이 존재했던 것으로 보아 바울 당시에도 다수가 그곳에 남아 있었을 것이다. 그들은 헬라화되어 헬라어로 말했고, 거리도 멀고 지세도 험해 예루살렘과는 단절되어 있었다. 가장 열성파 유대인들만이 절기 때 예루살렘에까지 다녔을 것이며, 이곳을 찾아오는 랍비도 별로 없었을 것이다. 그래도 "하나님을 경외하는" 이방인들이 이 지역에 상당수 생겨났다.[17]

안디옥에 도착한 바울과 바나바 일행은 논리적 출발점인 회당으로 갔다. 유대인인 그들을 더 잘 받아들이는 공동체는 으레 회당이었고, 이를 통해 나머지 사회에 접근하기도 더 쉬워졌다. 게다가 첫 회심자는 유일신 세계관을 공유한 동족 유대인에게서 나올 수밖에 없었다. 하나님이 누구이며 메시아가 행한 사역이 개개인에게 어떤 영향을 미치는가에 대한 공통된 이해야말로 바울과 바나나의 사역에 기초가 되었다.

먼저 유대인을 상대로 일하는 데는 또 다른 목적도 있었다. 현지 회당과의 관계를 통해 그들의 신원이 다른 미지의 신이 아닌 히브리의 하나님을 대변하는 자들로 확인되었다. 이방인들은 이교의 잡다한 신을 숭배했으나, 회당에서 예배하는 유일신 창조주에 대해서도 주변의 유대인들을 통해 알고 있었다. 바울과 바나바는 이 땅에 인간의 몸으로 오신 예수 그리스도가 바로 그 신, 즉 히브리의 하나님임을 만인에게 알리려 했다.

이 모든 이유로 인해 그들은 어느 지역에 새로 가든, 먼저 유대인을 상대로 일하는 것을 일차적 접촉의 틀로 삼았다.

일행은 회당에 들어가 동료 예배자로 회중석에 앉았다. 그 전에 이미 자신들을 소개했고 틀림없이 예루살렘 성전과의 관계도 설명했을 것이다. 바울은 훌륭한 바리새인 랍비인 가말리엘에게 사사한 사람으로서 자신이 봉사할 것을 제의했을 수 있다. 그래서 통상적인 성경 낭독이 있은 뒤 회당장들은 바울에게 설교를 청했다(행 13:15). 회중 가운데는 유대인으로 태어난 사람, 개종자, 유대 사상에 관심이 있는 "하나님을 경외하는" 이방인 등이 섞여 있었다.

—13:16-18—

이것은 누가가 사도행전에 기술한 바울의 여러 설교 가운데 하나다(참고 14:15-17, 17:22-31, 20:18-35). 설교 전문(全文)은 아니고 주요 요지를 요약하며 주석을 단 것이다. 그럼에도 가장 자세한 강론이어서 논리를 전개하는 사도의 방법을 제법 온전히 볼 수 있다. 으레 그는 서로의 일치점부터 밝혀 청중과의 사이에 지식적, 신학적 교감을 이루었다. 이 경우에는 구약의 책을 자그마치 열두 권이나 언급하며, 주님과 이스라엘의 관계에 대한 이야기를 족장 시대로부터 쭉 되짚었다. 유대인의 관습대로 그는 힘든 시절마다 이스라엘에 신실하셨던 하나님을 회고했다.

설교의 첫 단락(13:16-22)에 바울은 유대 역사를 간추리면서, 유대인의 신앙 고백에 으레 강조되던 사항을 적어도 네 가지로 짚어냈다.

- 하나님은 은혜로 족장들을 택하셨다.
- 하나님은 이스라엘 백성을 이집트에서 해방시키셨다.
- 하나님은 이스라엘에 땅을 주셨다.
- 하나님은 이 백성에게 왕을 주셨다.

바울은 불충한 이스라엘 때문에 하나님의 징계가 임했음을 강조했다. 그 백성은 원주민을 두려워하고 하나님의 약속을 불신한 나머지 가나안에 들어가지 않으려 해서 40년간 광야에 체류했다(민 14:34). "광야에서…그들의 소행을 참으시고"(행 13:18)라는 표현은 모세의 이런 탄식을 연상시킨다. "광야에서도 너희가 당하였거니와 사람이 자기의 아들을 안는 것 같이 너희의 하나님 여호와께서 너희가 걸어온 길에서 너희를 안으사 이 곳까지 이르게 하셨느니라 하나 이 일에 너희가 너희의 하나님 여호와를 믿지 아니하였도다"(신 1:31-32).

—13:19-22—

이어 바울은 가나안 정복부터 다윗의 통치까지 이스라엘의 정부 시대를 요약했다. 그는 그 땅의 적들을 멸하신 공로를 하나님께 돌렸다. 일곱 나라를 물리치시고 약속대로 이스라엘의 열두 지파에게 그 땅을 주신 분은 여호수아나 그의 군대가 아니라 하나님이었다(13:19). 정복에 이어진 사사 시대는 히브리 역사에서 특히 수치스러운 시대였다. 그 기간에 이스라엘 백성은 다음과 같은 악순환을 되풀이했다. 불순종은 환난을 불렀고, 환난은 회개를 촉발했으며, 회개는 구원을 이루었고, 구원은 부흥을 고취했으며, 부흥은 더 깊은 불순종으로 귀착되었다. 결국 도덕적 부패상이 어찌나 극심했던지 하나님은 선지자 사무엘을 세워 나라를 이끌게 하셨다(13:20).

마침내 백성은 선지자를 통한 주님의 통치를 거부한 채 주변 나라들처럼 왕이 있기를 원했다. 그래서 하나님이 사울을 주셨는데(13:21) 그는 시작은 좋았으나 나중에 과대망상증 환자가 되었다. 그의 40년 통치가 실패와 자살로 끝나자 주님은 다윗을 왕위에 올리셨고, 그는 주님을 사랑하며 의롭게 다스렸다. 바울은 통치자로서 다윗의 특징으로 그가 하나님의 마음에 맞는 사람이었음을 지적했다(13:22, 참고 시 89:20, 삼상 13:14).

바울이 약술한 이스라엘 역사에는 세 가지 사실이 강조되며, 각각 중요한 의미가 함축되어 있다.

- 사실 1: 이스라엘의 불순종에도 불구하고 주님은 그 백성에게 늘 충실하셨다.
- 함축된 의미: 그분은 불순종하는 유대 민족에게 계속 충실하실 것이다.

- 사실 2: 이스라엘을 향한 하나님의 통치 형태는 시간을 두고 발전해왔는데, 대개 이스라엘의 불순종에 대한 대응책이었다.
- 함축된 의미: 이 나라를 향한 그분의 통치는 계속 발전할 것이며, 지금 다시 변화의 전기를 맞이했다.
- 사실 3: 주님은 악한 왕 사울 대신 선한 왕 다윗을 왕으로 세우셨다.
- 함축된 의미: 지금 다시 주님은 새로운 지도자를 세우셨다.

—13:23-25—

바울은 즉시 모든 유대인이 알고 있던 사실을 환기시켰다. 다윗은 선한 왕이요 이스라엘 역사상 최고의 왕이었지만 완전하지 못했다. 그는 하나님이 그분의 나라를 통치하도록 맡기실 만한 왕에는 미치지 못했다. 다윗의 후손인 다른 왕들도 다 마찬가지였다. 그래도 하나님은 다윗의 후손에서 왕다운 왕이 나와 이스라엘 왕위에 오르실 것을 그 나라에 약속하셨다(13:23). 이 약속된 왕을 유대인들은 메시아라 불렀는데, 그분은 단지 기름부음 받은 자들 중 하나가 아니라 궁극의 기름부음 받으신 분이었다.

바울은 예수님이 그 메시아이자 세상의 구주이심을 담대히 선포했다. 비시디아 안디옥의 사람들은 틀림없이 세례 요한에 대해 들었을 것이다. 바울이 그를 언급한 것으로 보아 그들도 요한의 사역을 알았을 것이다(13:24-25). 모든 사람이 요한을 4백 년 전 말라기의 글 이후 처음 등장한 하나님의 진정한 선지자로 공경했다. 그럼에도 바울은 오실 메시아가 모든 면에서 자기를 훨씬 능가한다고 한 요한의 말을 인용했다. "나는 그리스도가 아니라 내 뒤에 오시는 이가 있으니 나는 그 발의 신발끈을 풀기도 감당하지 못하리라"(13:25)는 말은 사복음서에 모두 증언되어 있다(참고 마 3:11, 막 1:7, 눅 3:16, 요 1:27). 따라서 요한이 그리스도의 전조임을 모두가 알았다.

—13:26-31—

드디어 바울은 메시지의 정점에 이르렀다. 바로 예수님의 삶과 희생적 죽음과 부활이다.

청중을 "형제들아 아브라함의 후손[들아]"(13:26)라고 불러 그는 같은 유대인으로서 그들의 관심사가 곧 자신의 관심사임을 밝힌다. 이런 말이나 같다. "나도 당신들 중 하나로서 우리 모두가 고대해온 메시아에 대한 놀라운 소식을 가져왔노라." 그러나 그는 자신을 예루살렘의 종교 지도자들과는 구별하며 그들의 잘못을 지적했다. 그들은 방금 회당에서 낭독했던 바로 그 성경에 무지하여 메시아를 죽였다(13:27-28). 그는 설명하기를 예수님을 죽인 그들의 행위를 통해 메시아에 대한 예언이 성취되어(13:29) 그분이 곧 그리스도이심이 더욱 확증되었다고 했다. 나아가 그는 예수님의 죽음과 장례와 부활을 목격한 이들의 증언도 언급했는데, 당연히 바울 자신도 여기에 포함된다(13:30-31).

—13:32-37—

바울은 예언이 성취되었다는 자신의 주장을 입증하고자 메시아에 관한 구약의 여러 본문을 인용했다.

> 내가 여호와의 명령을 전하노라
> 여호와께서 내게 이르시되 너는 내 아들이라
> 오늘 내가 너를 낳았도다(시 2:7, 참고 행 13:33).

> 너희는 귀를 기울이고 내게로 나아와
> 들으라 그리하면 너희의 영혼이 살리라
> 내가 너희를 위하여 영원한 언약을 맺으리니
> 곧 다윗에게 허락한 확실한 은혜이니라(사 55:3, 참고 행 13:34).

> 이는 주께서 내 영혼을 스올에 버리지 아니하시며
> 주의 거룩한 자를 멸망시키지 않으실 것임이니이다(시 16:10, 참고 행 13:35).

아무리 누가 메시아로 자처해도 죽으면 그것으로 무효가 된다는 것이 그리스도를 정치적, 군사적 지도자로 기대하던 이들의 당연한 생각이었다. 바울은 이에 대한 반론을 편다. 메시아와 관련하여 그가 인용한 모든 예언은 메시아의 부활로 완결된다. 이런 논리로 보건대 죽었다가 무덤에서 살아난 자만이 그리스도로 자처할 수 있다. 요점을 명확히 밝히고자 그는 다윗 왕을 예수님과 비교한다. 모두에게 위대한 왕으로 인정받는 다윗은 하나님께 순종하며 장수하다가 죽어 그 몸이 무덤에서 썩었다. 물론 죽었다고 그의 생애까지 무효가 된 것은 아니다. 반면에 예수님은 아버지를 통해 기적처럼 몸으로 부활하여 지금도 살아 계신다. 그러므로 그분은 다윗보다 크실 수밖에 없다.

보다시피 바울은 예수님이 이스라엘을 물리적 왕으로서 다스리신다고 주장하지는 않았다. 당시 이스라엘에는 왕이 없었다. 예수님을 거부한 성전 관리들과 유대인 귀족층은 메시아에게 고대하던 모든 것을 헤롯 아그립바 1세에게서 찾았다. 그러나 그는 즉위 3년 만에 속에서부터 벌레에게 먹혀 죽었다(12:23). 그럼에도 예수님은 유대인의 왕으로 등극하지 않으셨다. 현재 그분의 상태는 하나님께 버림받은 사울이 왕위를 찬탈하고 있던 동안 다윗이 광야에서 오랜 시간 견디며 고난당하던 과정을 연상시킨다. 예수님은 적통 왕이지만 아직 물리적 왕으로서 이스라엘을 다스리지는 않으신다.

—13:38-41—

바울은 한 가지 적용으로 설교를 마무리한다. 앞서 자신이 제시했던 세 가지 사실과 거기에 함축된 의미(13:19-22)에 기초한 것이다.

첫째, 이스라엘의 불순종에도 불구하고 주님은 그들에게 계속 충실하실 것이다. 그분은 메시아를 보내 죄 사함을 주신다. 둘째, 이스라엘을 향한 하나님의 통치 형태는 발전해 왔다. 이스라엘의 통치 규정인 율법은 예수님으로 대체되었다. 셋째, 주님은 악한 왕 사울을 선한 왕 다윗으로 바꾸셨다. 이제 그들은 예수님을 궁극의 왕으로 받아들여야 한다. 하박국은 이스라엘이 바벨론에 포로로 끌려가기 전 마지막 시대에 예언했는데, 그의 말을 인용하여 바울은 유대인들에게 그리스도이신 예수님을 거부하지 말라고 경고했다(13:41, 인용. 합 1:5). 아울러 율법에 완전히 순종할 능력이 없음에도 불구하고 예수님을 믿어 온전한 죄 사함—의롭다 하심—을 받으라고 권했다(행 13:38-39).

—13:42-43—

바울의 설교는 청중이 소화하기에 벅찬 내용이었다. 비시디아 안디옥의 유대인들에게 그는 예루살렘의 종교 지도자들에게서 떨어져 나와 예수님을 메시아로 영접할 것을 촉구했다. 그뿐 아니라 메시아를 믿으면 죄 사함을 받는다고 설교했다. 그래도 긍정적 반응이 압도적이었다. 회당의 교인들은 바울과 바나바에게 다음 안식일에도 와줄 것을 청했고(13:42), 그중 일부는 당장 들으려고 그날 그들을 따라나섰다(13:43).

—13:44-47—

"온 시민이 거의 다…모이니"(13:44)라는 누가의 표현은 과장일 것이다. 그만큼 거대한 군중이 바울의 말을 들으러 모였다는 뜻이다. 당시 그 도시와 주변 인구는 5만 명쯤 되었을 것이다.[18] 약 5천 명을 수용할 수 있는 큰 극장이 발굴되기도 했는데[19] 그 정도면 상당한 인파였을 것이다. 어쨌든 "유대인들"을 노하게 할 만큼 큰 무리가 모였다(13:45).

이번에도 누가가 쓴 "유대인들"이라는 말은 기술적 의미로, 바울이 선포한 복음을 대적하던 종교 지도자들을 가리킨다. "시기"로 번역된 단어는 이 사건을, 베드로가 성전에서 성공적으로 설교한 뒤 대제사장과 산헤드린이 품었던 "시기"(5:17)와 연결해준다. 이곳 현지의 유대인 지도자들은 바울의 논증에 반론을 폈다. 단순히 신학적 변론으로 바울을 "반박"한[*antilegō*(483)] 정도가 아니라 그를 "비방"하기까지[*blasphēmeō*(987)] 했다. 흔히 우리는 두 번째 단어를 신성모독이라는 종교적 문맥에서만 생각하지만, 이 단어는 남을 저주하거나 중상하거나 경멸한다는 뜻이다. 비방이란 상대의 가치를 무시하거나 업신여기는 모든 언사를 가리킨다.

바울과 바나바는 장황한 말다툼에 말려들지 않았다. 믿지 않으려는 이들에게 시간을 허비하느니 그들은 뜨끔한 책망으로 대꾸했고, 대신 간절히 믿으려는 이들에게 기쁜 소식을 전하기로 다짐했다. 바울의 말처럼 안디옥의 유대인들은 보란 듯이 복음을 "버"렸는데[*apōtheō*(683)] 이는 의지를 담고 있는 반응을 표현하는 단어다. 이로써 그들은 "영생을 얻기에 합당하지 않은 자로 자처"했다(13:46). 하나님은 그들을 "언약의 자손"으로서만 아니라 은혜가 필요한 개개인으로서도 합당하게 여기셨건만, 그들은 스스로 구원을 저버렸다.

바울과 바나바는 이사야의 말을 인용하며 이제부터 "이방인에게로 향하노라"고 선언했다(13:46-47, 참고 사 42:6, 49:6). 메시아를 비유대인에게 전하겠다는 뜻이다. 하나님의 뜻은 늘 이스라엘을 "이방의 빛"으로 삼아, 그들을 통해 이방인들이 듣고 주께 돌아오는 것이었다. 바울과 바나바의 말은 이런 것이었다. "너희는 불충한 불순종의 전통을 이어가지만 우리는 충실한 유대인으로서 하나님의 언약 백성의 소임을 다할 것이다."

—13:48—

이방인들의 반응은 유대인 지도자들의 반응과 극명한 대조를 이룬다. 그들은 "기뻐하여 하나님의 말씀을 찬송"했다! 마치 왕의 두 아들이 낭독되는 아버지의 유언을 듣고 나서 맏이는 왕위 계승권을 거부하는데, 둘째는 아버지가 자신을 무엇 하나라도 물려받기에 합당한 자로 여겨주어 기뻐하는 것과 같다. 이방인들은 주님의 이 말씀에 갈급해 있다가 그것을 받고 기뻐했다. 누가는 복음에 대한 이방인의 반응을 기술할 때 하나님의 선택과 주권적 예정을 명백히 강조했다(참고 롬 8:28-30, 엡 1:4-5, 11). "작정된"으로 번역된 동사는 완료시제로 되어 있는데, 헬라어의 이 시제는 과거에 완료되어 그 결과가 지속되는 행동을 기술할 때 쓰인다. 또 이 동사는 수동태로 되어 있는데, 이런 경우를 가리켜 학자들은 그 주체가 하나님이라 하여 '신적 수동태'라 부른다. 작정된 이들은 믿었다. 그중 절대다수가 이방인이었으니 아이러니다. 하나님의 선민인 유대인은 자신들이 하나님께 선택되어 당연히 구원받을 혈통이라 믿었으나 정작 메시아를 거부했다. 그들—대부분 이방인이었다—이 믿을 수 있었던 것은 미리 작정되었기 때문이다.

—13:49-52—

누가는 또 한 번의 요약된 서술로 이 일화를 마무리한다. 바울과 바나바가 그곳에서 사역한 결과로 복음이 "그 지방에 두루 퍼"졌다(13:49). 그들은 다짐한 대로 메시아 예수님을 이방인에게 계속 전했고, 그러자 유대인 종교 지도자들은 이방인들이 보인 긍정적 반응이 못

마땅해 박해 운동에 돌입했다. 그들은 귀족층 여자들—대부분 유대교로 개종한 이방인이었다—을 부추겨, 각자 남편에게 압력을 넣어 바울과 바나바를 추방하도록 했다. 이들 유대인들이 도시의 남자 지도층을 설득하려면, 그리스도인 전도자들을 없애는 것이 도시에 가장 큰 득이 됨을 입증해야 했을 것이다. 작전이 먹혀들어가 그들은 바울과 바나바를 "그 지역에서 쫓아"냈다(13:50).

그래서 둘은 "발의 티끌을 떨어 버리고" 이고니온으로 떠났다(13:51). 발의 티끌을 떨어 내는 행위는 예수님의 지시(눅 9:5)와 아울러 경건한 유대인들의 전통을 연상시킨다. 경건한 유대인들은 이런 몸짓으로 자신이 비신자들과는 구별된 존재임을 나타냈다. 흔히들 이교의 도시에 갔다가 유대로 돌아올 때 그렇게 했는데, 부정한 흙이 고국의 땅에 섞이거나 행여 이교의 흙이 성전 안에 묻는 것이 싫었던 것이다. 한편 비시디아 안디옥의 "제자들은 기쁨과 성령이 충만"했다(행 13:52)!

적용: 사도행전 13:14-52

기근을 당한 곳에 잔치를 벌여주는 법

바울과 바나바가 비시디아 안디옥에 들어가 보니 그 도시는 하나님의 말씀에 굶주려 있었다. 그곳에 적어도 하나의 회당이 있었고, 유대인 인구가 많았던 것으로 보아 아마 몇 개가 더 흩어져 있었을 것이다. 이런 예배 처소들에 상당수의 이방인 개종자와 "하나님을 경외하는 사람들"이 모여들었던 것 같다. 하지만 종교는 무성한데 정작 온 도시에 가장 필요한 죄 사함은 없었다.

바울은 안디옥 사람들에게 금시초문의 말을 들려주었다. "또 모세의 율법으로 너희가 의롭다 하심을 얻지 못하던 모든 일에도 이 사람을 [예수 그리스도를] 힘입어 믿는 자마다 의롭다 하심을 얻는 이것이라"(13:39). 믿음으로 말미암아 은혜로 받는 칭의는 새로운 가르침이 아니었다. 언제나 그것이 구원의 메시지였다. 믿음으로 죄 사함을 받으라는 주님의 초청을 선지자 이사야는 이렇게 예시했다.

오호라 너희 모든 목마른 자들아 물로 나아오라

돈 없는 자도 오라 너희는 와서 사먹되
돈 없이, 값없이 와서
포도주와 젖을 사라
너희가 어찌하여 양식이 아닌 것을 위하여 은을 달아주며
배부르게 하지 못할 것을 위하여 수고하느냐
내게 듣고 들을지어다 그리하면 너희가 좋은 것을 먹을 것이며
너희 자신들이 기름진 것으로 즐거움을 얻으리라…
너희는 여호와를 만날 만한 때에 찾으라
가까이 계실 때에 그를 부르라
악인은 그의 길을, 불의한 자는 그의 생각을 버리고
여호와께로 돌아오라
그리하면 그가 긍휼히 여기시리라
우리 하나님께로 돌아오라
그가 너그럽게 용서하시리라(사 55:1-2, 6-7).

안디옥의 굶주린 사람들에게 바울과 바나바는 잔치를 열어주었다! 그런데 이상하게도 그들은 양분이 풍부한 영의 양식에 엇갈린 반응을 보였다. 더러는 기쁘게 먹었지만 다수는 거부하고 굶었다. 이에 대해 사도들이 보인 반응에서 전도의 두 가지 원리를 엿볼 수 있다.

첫째, 사방에 기근이 있을 때는 배고픈 이들에게 먹이고 나머지는 무시하라. 매정한 말처럼 들릴 수 있지만, 해야 할 일이 있을 때는 계속 거기에 집중해야 한다. 바울과 바나바는 진리에 갈급한 이들에게 설교하는 데 시간을 바쳤다. 회당 지도자들에게 쫓겨나자 이방인에게 말씀을 전했고, 성읍이 푸대접하자 발의 티끌을 떨어버리고 다음 장소로 더 갈급한 이들을 찾아 나섰다.

둘째, 먹지 않으려는 이들에게는 먹일 수 없다. 바울과 바나바는 바보들을 설득하여 바보짓을 말리려 하지 않았다. 사도들은 반항을 말 그대로 반항으로 보았고, 대신 지혜에 갈급한 이들을 찾았다. 하나님의 말씀을 들으려는 이들에게만 설교했다. 이렇게 먹으려는 이들에게만 먹임으로써 그들은 갈급한 사람들에게 하나님의 부르심에 반응할 기회를 주었다.

이 두 가지 단순한 지침을 따름으로써 바울과 바나바는 짧은 기간에 넓은 지역을 답파했다. 그들은 복음을 들어보지 못한 곳에 복음을 전하는 중책을 맡았으나 사람들이 반응하는 방식에 대해서는 책임지지 않았다. 덕분에 미지의 상황에 부딪혀서도 용감할 수 있었고, 박해를 당할 때도 복원력 있게 대응할 수 있었다.

오뚝이 작전(사도행전 14:1–20)

1이에 이고니온에서 두 사도가 함께 유대인의 회당에 들어가 말하니 유대와 헬라의 허다한 무리가 믿더라 2그러나 순종하지 아니하는 유대인들이 이방인들의 마음을 선동하여 형제들에게 악감을 품게 하거늘 3두 사도가 오래 있어 주를 힘입어 담대히 말하니 주께서 그들의 손으로 표적과 기사를 행하게 하여 주사 자기 은혜의 말씀을 증언하시니 4그 시내의 무리가 나뉘어 유대인을 따르는 자도 있고 두 사도를 따르는 자도 있는지라 5이방인과 유대인과 그 관리들이 두 사도를 모욕하며 돌로 치려고 달려드니 6그들이 알고 도망하여 루가오니아의 두 성 루스드라와 더베와 그 근방으로 가서 7거기서 복음을 전하니라

8루스드라에 발을 쓰지 못하는 한 사람이 앉아 있는데 나면서 걷지 못하게 되어 걸어 본 적이 없는 자라 9바울이 말하는 것을 듣거늘 바울이 주목하여 구원 받을 만한 믿음이 그에게 있는 것을 보고 10큰 소리로 이르되 네 발로 바로 일어서라 하니 그 사람이 일어나 걷는지라 11무리가 바울이 한 일을 보고 루가오니아 방언으로 소리 질러 이르되 신들이 사람의 형상으로 우리 가운데 내려오셨다 하여 12바나바는 제우스라 하고 바울은 그 중에 말하는 자이므로 헤르메스라 하더라 13시외 제우스 신당의 제사장이 소와 화환들을 가지고 대문 앞에 와서 무리와 함께 제사하고자 하니 14두 사도 바나바와 바울이 듣고 옷을 찢고 무리 가운데 뛰어 들어가서 소리 질러 15이르되 여러분이여 어찌하여 이러한 일을 하느냐 우리도 여러분과 같은 성정을 가진 사람이라 여러분에게 복음을 전하는 것은 이런 헛된 일을 버리고 천지와 바다와 그 가운데 만물을 지으시고 살아 계신 하나님께로 돌아오게 함이라 16하나님이 지나간 세대에는 모든 민족으로 자기들의 길들을 가게 방임하셨으나 17그러나 자기를 증언하지 아니하신 것이 아니니 곧 여러분에게 하늘로부터 비를 내리시며 결실기를 주시는 선한 일을 하사 음식과 기쁨으로 여러분의 마음에 만족하게 하셨느니라 하고 18이렇게 말하여 겨우 무리를 말려 자기들에게 제사를 못하게 하니라

19유대인들이 안디옥과 이고니온에서 와서 무리를 충동하니 그들이 돌로 바울을 쳐서 죽은 줄로 알고 시외로 끌어 내치니라 20제자들이 둘러섰을 때에 바울이 일어나 그 성에 들어갔다가 이튿날 바나바와 함께 더베로 가서

1970년대에 워싱턴 레드스킨스 프로풋볼 팀에 소니 저긴슨(Sonny Jurgensen)이라는 반백의 쿼터백이 있었다. 경기장 안에서나 밖에서나 강인하기가 무쇠 같은 사람이었다. 사실 그는 팀이 오랜 슬럼프로 고전하는 동안 비난의 봉이 되면서도 전혀 근심하는 기색이 없었다. 한번은 누군가가 저긴슨에게 언론의 비난 세례 때문에 괴롭지 않느냐고 물었다. 그는 씩 웃으며 이렇게 대답했다. "아니, 별로 그렇지 않습니다. 나는 그만둘 마음이 없습니다. 풋볼을 오래 해봐서 알지만 모든 쿼터백은 시즌 내내 매주 천국과 지옥을 오갑니다."[20]

현장에 오래 있어본 목사로서 말하는데 기독교 사역에 몸담고 있는 사람도 누구나 마찬가지다! 비시디아 안디옥에서 바울과 바나바는 안식일에 설교하여 호평을 들었고, 다시 와서 사람들에게 더 말해달라는 열렬한 초청까지 받았다. 그런데 다음 안식일에는 회당 지도자들이 작정하고 그들을 도시 밖으로 쫓아냈다. 일행을 이끌고 이고니온과 그 너머로 이동한 두 사람은 기복(起伏)의 주기가 사역에 흔한 정도가 아니라 규범임을 깨닫게 된다. 이고니온에서 많은 사람이 믿었으나 어떤 이들이 돌을 드는 바람에 결국 그들은 떠날 수밖에 없었다. 루스드라에서도 그들은 어이없게 숭배 대상으로까지 떠받들어지다가 한순간 바닥으로 내동댕이쳐진다.

청중의 수용이나 거부로 인한 기복 외에도 바울과 바나바 일행은 실수하고 좌절하면서 새로운 상황에 대처하는 법을 배워나간다. 루스드라에서 만난 주민들은 세계관이 유대의 사고와 어찌나 달랐던지 바울과 바나바를 신으로 착각했을 정도다. 그래도 바울 일행은 하나님이 어떤 상황에서도 신실한 분임을 경험한다. 무슨 일이 있어도 그분은 약속을 지키시고 계획을 이루실 분이다.

—14:1-4—

이고니온은 세바스테 길을 따라 안디옥에서 동쪽으로 130킬로미터쯤 떨어져 있었다. 서쪽의 코마마부터 이고니온 남쪽의 루스드라까지 로마의 식민지들이 그 대단한 간선도로로 모두 연결되어 있었다. 이 도시의 기원은 희미한 역사 속으로 한참 거슬러 올라간다. 하도 희미해서 고대의 헬라인들도 누가 언제 거류지를 세웠는지 알아내지 못했다.[21] AD 1세기에 이고니온은 농업과 상업의 중심지였다. 최신 도로였던 세바스테 길을 비롯하여 다섯 개의

도로가 방사선처럼 퍼져나간 이 도시는 로마 제국의 주요 지역들을 잇는 중요한 거점이 되었다.[22]

바울과 바나바는 그곳에 도착하자마자 회당으로 갔다. 동족에게 대망의 메시아에 대한 기쁜 소식을 어서 빨리 전하고 싶었고, 하나님을 경외하는 이방인에게도 그분이 베푸시는 은혜의 넓은 품을 알리고 싶었다. 안디옥에서처럼 수많은 사람이 메시지를 믿었는데, 그중에는 하나님을 경외하여 회당 예배에 참석했던 이방인들도 있었다(14:1). 그러나 역시 안디옥에서처럼 복음을 거부한 유대인들이 성읍을 선동하여 전도자들을 대적하게 했다(14:2).

박해가 있었는데도 균형 잡힌 반응이 나온 것으로 보인다. 사람들이 둘로 나뉘었다(14:4). 그래서 일행은 이전처럼 계속 말씀을 전했다. 비시디아 안디옥의 경우에는 누가가 기적을 전혀 언급하지 않았으나 이고니온에서는 하나님이 그들에게 "표적과 기사"를 행하는 능력을 주셨다(14:3). 늘 그렇듯이 기적은 그들의 메시지가 하나님에게서 왔음을 확증해 주는 역할을 했다. 이로 보건대 필시 기적은 그들의 사역에 항상 뒤따른 것이 아니라, 불신의 이유가 반항이 아닐 때에만 병행되었을 것이다.

—14:5-7—

결국 회당의 믿지 않는 지도자들이 용케 적대 세력을 충분히 끌어모아, 폭도들이 바울과 바나바를 불철주야 노리게 되었다. 그때 일행은 지혜롭게 이동하기로 결정했다. 기적에 설득되지 않는 비신자들에게는 순교도 소용없을 터였다.

자신들을 향한 적대감이 너무 고조되자 바울과 바나바는 남쪽으로 32킬로미터쯤 떨어진 그림같이 아름다운 루스드라로 갔다. 두 개의 작은 강이 합쳐지는 외딴 골짜기에 있던 성읍이었다. 이곳은 안디옥이나 이고니온과 달리 본래 이렇다 할 큰길이 없었는데, 아구스도가 식민지로 지정하고 퇴역 군인들을 입주시키면서 루스드라에도 세바스테 길이 지나도록 했다. 그럼에도 루스드라는 늘 오지의 소읍으로 남았다.[23] 고고학자들이 발굴한 증거에 따르면 이 성읍은 제우스와 헤르메스를 수호신으로 숭배했다. "헤르메스의 한 동상에는 제우스에게 바친다는 문구가 새겨져 있다. '성읍 앞의 제우스'에게 바치는 다른 비문도 있다."[24]

—14:8-10—

누가가 회당을 언급하지 않은 것은 아마 유대인이 부족하여 회당을 세울 요건에 미달했기 때문일 것이다(전통에 따르면 지역에 예배당이 생겨나려면 유대인 남자가 최소한 열 명은 되어야 했다). 디모데가 루스드라 출신인데, 그의 어머니 유니게와 외조모 로이스는 유대인이었지만 아버지는 헬라인이었다(16:1-2, 참고 딤후 1:5). 바울은 회당이 없을 때는 대개 장터[*agora*(58)]로 갔다. 장터는 헬라인들이 모여 교제하는 곳이자 순회 철학자들이나 예능인들이 대중의 주목을 끌던 곳이었다. 바울이 선천적 장애인을 본 것도 장터에서 말하던 도중이었을 수 있다.

그 사람의 상태는 사도행전 3장 1-10절에 나오는 성전 문 옆의 걸인과 놀랍도록 비슷했다. 출산 때 부상을 입었던 모양인지 두 다리가 오그라들어 한 번도 걸어본 적이 없었다(14:8). 루스드라 사람들은 틀림없이 누구나 그를 알았을 것이다. 그러나 성전 문밖의 걸인과 달리 이번에는 믿음이 치유에 선행했다. 베드로는 순전히 성령의 감화로만 걸인에게 말을 걸었으나 바울은 이 사람의 얼굴에서 믿음의 증거를 보고서 마음이 움직여 그를 치유했다(14:9). 독자들로 하여금 이번에 일어난 치유를 베드로가 역할을 했던 치유와 관련짓도록 하는 게 누가의 의도였음이 분명하다. 양쪽의 단어와 문구와 은유가 비슷하여 그런 연상을 피하려야 피할 수 없다.

바울은 장애인에게 일어설 것을 명했다(14:10). 그런데 잘 보면 베드로와 달리(3:6) 그는 예수 그리스도의 이름을 부르지 않았다. 누가가 이 사건을 굳이 기록에 포함한 것은 분명히 바울의 사도권이 베드로와 대등함을 보이기 위해서였다. 그런데 바울이 그 사람의 발을 회복시키면서 그리스도의 이름을 생략하는 바람에 예상치 못한 문제가 발생했다. 이 도시에 회당이 없다 보니 시민들은 바울 일행을 이스라엘의 유일신을 예배하는 유대인들로 즉시 알아보지 못했다. 선교라는 새로운 정황 속에서 바울은 문화적 괴리를 미처 생각하지 못했던 것이다.

—14:11-13—

그 결과 바울과 바나바는 루스드라의 두 수호신인 제우스와 헤르메스와 관련된 지역 신화에 어느새 말려들어 있었다(14:11-12). 성읍 주민들은 『오비드 신화집』(*Ovid's Metamorphoses*)[25]에 수록되어 있는 고대 민속의 한 이야기에서 영향을 받았을 수 있다. 그 신화에 따르면 옛날에 제우스와 헤르메스(즉 주피터와 머큐리)가 브루기아에서 자신들을 영접해줄 사람을 찾지 못하여 결국 빌레몬과 바우기스라는 노부부의 집에 이르렀는데, 그들이 살던 곳이 루스드라에서 멀지 않았다. 아낌없이 후히 베푼 데 대한 보상으로 이 부부는 두 가지 청을 올렸다. 하나는 성전의 관리인이 되는 것이었고, 또 하나는 피차 사별을 슬퍼할 일이 없도록 부부가 한날한시에 같이 죽는 것이었다. 소원은 다 이루어져 두 사람은 성전의 계단을 장식하는 한 쌍의 나무로 변했다.

루스드라 사람들도 빌레몬과 바우기스처럼 후히 베풀고 싶어, 자신들에게 신인(神人)으로 보이는 바울과 바나바를 기리는 제사를 급히 준비했다(14:13). 안타깝게도 그들이 갑자기 현지의 루가오니아 방언을 쓰는 바람에 바울과 바나바는 무엇 때문에 모두들 이토록 부산을 떠는지 알 길이 없었다. 이 언어의 기원은 수수께끼로 남아 있다. 언어학자에 따라 루가오니아 언어를 아나톨리아와 히타이트 언어의 한 갈래로 보는 이들도 있고, 헬라어가 특수 방언으로 지역화했다고 보는 이들도 있다. 어쨌든 사람들은 현지 방언으로 바울과 바나바를 신격화했고, 그래서 현지 이교의 제사장이 그들을 기리는 제사를 준비하는 동안 두 사람은 놀라서 어리둥절하게 지켜보는 수밖에 없었다.

—14:14-18—

나의 동료인 토머스 컨스터블(Thomas Constable) 박사는 이렇게 썼다. "사탄은 박해로 그리스도인의 증언을 무산시키지 못할 것 같으면 칭찬을 시도한다. 과도한 박해가 많은 설교자를 무너뜨렸듯이 과도한 칭찬도 많은 사역자를 파멸에 빠뜨렸다. 기적이 초래하는 부작용은 대개 하나님보다 기적을 행한 사람이 더 주목을 받는다는 것이다."[26]

그러나 마침내 상황을 파악한 바울과 바나바는 기겁하여 "옷을 찢고" 군중 속으로 뛰어들었다(14:14). 루스드라의 누구도 눈앞에 임한 신들이 자신들의 모국어를 할 줄 모르리라고는 생각하지 못했던 것 같다! 옷을 찢는 행위는 대개 슬픔과 비탄 등 주체할 수 없는 감정을 표출하는 방법이었다.[27] 바울은 그리스도의 능력으로 사람을 치유하여 복음이 하나님의 계시임을 확증했으나, 루스드라 사람들의 이토록 심한 무지에는 준비되어 있지 못했다. 그래서 오해를 바로잡고자 사도들은 루스드라의 이교도들에게 구약에 계시된 창조주 하나님을 소개해야 했다(14:15). 우선 왕이라는 제우스신과 하나님을 구별했고, 인류를 창조했다는 프로메테우스와 아테나와도 구별했다.

"천지와 바다"라는 관용구는 헬라의 우주론 중에서 세 가지 영역에 상응한다. 헬라 신화의 우주는 평평한 땅, 위의 공중, 사방의 물, 밑의 하데스로 이루어져 있었다. 바울의 말은 히브리의 우주 개념에서 온 것이다(참고 4:24, 시 146:6). 그는 유일하신 하나님이 우주의 모든 영역과 그 안의 모든 피조물을 창조하셨음을 이교도들에게 깨우쳐주고 싶었다. 그러나 그의 말이 그들에게는 여전히 낯선 세계관이었다. 그러는 동안에도 제사장들은 계속 제사용 짐승을 잡았고, 사람들은 제단에 불을 피웠다(행 14:18).

"이 하나님이 유일하신 창조주라면 어째서 우리는 여태 그분에 대해 들어본 적이 없는가?" 바울과 바나바는 이 당연한 의문에 계속 답했다. 그동안은 민족들에게 "자기들의 길들을 가"는 것이 허용되었으나, 그래도 히브리의 하나님이 풍부한 자연을 통해 자신을 계시하셨다고 그들은 말했다(14:16-17).

결국 무리는 황소들—농부가 소유할 수 있던 가장 생산적인 동물—을 바치려던 큰 제사를 중단하기는 했으나, 그들이 성경적 우주론에 대한 바울의 즉석 강의에 설득되었을지는 의문이다. 그들이 제사를 그만둔 것은 아마 "제우스"와 "헤르메스"가 중단을 고집했기 때문일 것이다.

—14:19-20—

머지않아 안디옥과 이고니온의 회당 지도자들이 바울과 바나바 일행을 쫓아왔다. 그들은 자기네 도시에서 민간 지도자들의 마음을 휘어잡았던 것처럼 루스드라 사람들에게도 똑같이 했다. 며칠 전까지만 해도 바울과 바나바를 신으로 숭배하던 이들이 갑자기 분노하며 폭동을 일으켜 그들을 이단자로 몰아 돌로 쳤다(14:19). 돌로 치는 사형은 동방 셈족의 형벌이기에 헬라 사회에서는 보기 힘든 일이었다. 루스드라 사람들은 유대인 선동자들의 주도에 따라 폭도로 행동했던 것이 분명하다.

폭도들은 바울만 돌로 치고 바나바는 해치지 않았는데 누가는 그 이유를 설명하지 않는다. 두 사람을 다 찾다가 바울만 눈에 띄자 즉석에서 돌로 친 뒤 그의 몸을 시외로 끌어낸 것일 수 있다. 언급된 "제자들"은 아마 바울과 바나바가 데려온 조력자들일 것이다(14:20, 참고 13:5). 하지만 그들은 바울과 바나바가 양육 중이던 루스드라의 새 신자들일 수도 있으며, 그렇다면 디모데도 틀림없이 그중에 있었을 것이다. 어느 경우든 돌로 치는 사건을 "제자들"이 목격했다는 누가의 기록으로 보아, 바나바는 다른 데 있느라 그 일을 보지 못했던 것 같다.

누가는 바울이 실제로 죽었는지는 말하지 않고 폭도들이 그를 죽은 줄로 "알"았다고만 [*nomizō*(3543)] 했다. 어쨌든 그는 기적처럼 벌떡 일어나 직접 걸어서 루스드라에 다시 들어갔다(14:20). 폭도들은 틀림없이 바나바를 찾으러 가고 없었겠지만, 나머지 성읍 사람들은 이를테면 죽었던 바울이 멍든 몸으로 피를 흘리며 다시 걸어오는 모습을 똑똑히 보았을 것이다. 훗날 바울은 루스드라를 세 번 더 방문한다(14:21, 16:1, 18:23). 이때 그가 당했던 고초에 대한 기억 덕분에, 틀림없이 신자들 사이에서 진정한 사도로서의 그의 권위가 확실히 섰을 것이다.

이번 일화에서 예증되듯이, 하나님은 현지인들과 사도들이 양쪽 모두 부족했음에도 불구하고 능히 그분의 계획을 이루셨다. 루스드라의 유대인 사회에 회당 하나 변변히 없다 보니 그곳 이방인들은 큰 도시의 이방인들보다 더 무지했다. 그 결과 그들은 보다 도시화된 다른 헬라인들보다 미신이 강했다. 후자의 경우는 최소한 과학과 철학 교육의 혜택이라도 입었다. 게다가 알고 보니 루스드라 사람들은 변덕도 아주 심했는데, 그들의 이런 특성 때문에 훗날 바울은 심히 대로하게 된다(갈 3:1-4).

그러나 공정하게 말해서 이때는 아직 바울과 바나바의 전성기가 아니었다. 물론 그들은 최선을 다했지만, 그래도 루스드라에 만연한 극심한 미신과 깊은 무지에 대해서는 준비되지 못한 상태였다. 바울은 사람들이 치유의 기적을 유일하신 창조주 하나님의 공로로 돌리며 이 사건을 자신들이 전한 메시지에 대한 확증으로 해석할 줄로 전제했다. 이런 전제 때문에, 현지인들의 인식을 빚어낸 원시적 세계관의 위력을 과소평가했다. 이후 그는 다시는 이런 실수를 하지 않는다.

적용: 사도행전 14:1-20

복음을 전하지 않는 법

내러티브의 이번 단락에 예증되어 있듯이 최고의 사역자들도 실수할 때가 있다. 사실 이것은 사역에서 삼가야 할 일을 바울의 사례에서 배울 수 있는 드문 경우다. 사도의 1차 선교 여행 중 벌어진 이 어두운 일화에서 두 가지 명백한 금기 사항이 눈에 띈다.

첫째, 청중이 성경이 증거하는 하나님에 대해 많이 알 거라고 단정하지 마라. 바울과 바나바가 찾아간 한 이방의 성읍에는 회당이 없었다. 히브리의 하나님에 대한 기본 지식이 없다 보니 미신에 사로잡힌 루스드라 사람들은 자신들이 보고 듣는 바를 오해할 소지가 충분히 있었다. 전도자들은 우선 구약에 계시된 유일신부터 루스드라에 소개했어야 한다. 그래야만 예수 그리스도가 베푸시는 선물이 자신들에게도 필요함을 그들이 깨달을 것이었다. 상대가 성경의 진리를 많이 알 거라고 전제하지 마라. 질문을 던지라. 잘 경청하여 그들이 모르거나 혹시 오해하고 있는 부분을 찾아내라. 당신이 쓰는 용어들을 잘 설명해주라. 당신의 말뜻이 상대에게 제대로 전달되었는지 확인하라.

둘째, 상대가 가진 세계관의 위력을 과소평가하지 마라. 세계관이란 사람이 우주를 보는 관점이다. 우주는 어떻게 생겨났고 어떻게 돌아가며 목적이 있다면 무엇인가? 고대의 헬라인들이 신봉한 옛 신화들에 따르면 우주란 평평한 땅, 땅을 에워싼 물, 그 위의 창공, 맨 아래의 하데스로 이루어져 있었다. 하나님이 "천지와 바다"(14:15)를 지으셨다는 바울의 설명은 오해의 소지가 있었고, 심지어 하데스가 주님의 통제권 밖이라는 인상까지 줄 수 있었다. 게다가 다신교를 믿는 헬라인들에게 "하나님"이라는 단어는 이름이 아니라 수십 가지 존재에 적용될 수 있던 보통명사였다. 그중 일부가 다른 존재들보다 더 힘이 셌을 뿐이다.

오늘날에도 마찬가지다. '신'이란 단어의 의미는 사람마다 다르다. 무슬림이 신으로 생각하는 존재는 불교도가 생각하는 개념과는 전혀 다르다. 아프리카의 범신론자와 유일신을 믿는 유태인에게 '신'이라는 호칭은 똑같게 들리지 않는다. 힌두교 내에는 신의 개념과 연관된 상이한 철학이 수십 가지나 된다. 심지어 유대-기독교의 유산이 4백 년간 이어져 온 미국에서도 하나님을 성경에 기록된 대로 보는 사람이 점점 줄어들고 있다. 그래서 "하나님은 당신을 사랑하시며 당신을 위한 놀라운 계획을 가지고 계십니다"(『사영리』의 제1원리–역주)라는 표현이 한때는 효과적이었지만, 이제는 그것이 문제를 해결하기보다 오히려 더 문제를 불러일으킬 수 있다.

당신이 전도하려는 지역의 사람들이 품고 있는 상이한 세계관을 공부하라. 그러면 더 효과적으로 소통할 수 있고 오해의 소지도 줄일 수 있다.

그렇다고 주님이 수습하실 수 없을 정도로 당신이 큰 실수를 저지를까 봐 두려워할 것은 없다. 루스드라 사람들의 무지와 사도들의 작은 결점에도 불구하고, 많은 사람이 믿고 굳건한 제자가 되었다. 바울은 그 지역에서 계속 효과적으로 사역했다. 하나님이 계속 주관하셨기 때문이다. 그분은 지금도 주관하신다. 그분은 우리의 성실하지만 가장 서투른 노력까지도 쓰셔서 자신의 계획을 이루신다. 중요한 것은 가서 증언하는 일이다.

잊지 못할 여행의 마무리(사도행전 14:21–28)

[21]복음을 그 성에서 전하여 많은 사람을 제자로 삼고 루스드라와 이고니온과 안디옥으로 돌아가서 [22]제
자들의 마음을 굳게 하여 이 믿음에 머물러 있으라 권하고 또 우리가 하나님의 나라에 들어가려면 많
은 환난을 겪어야 할 것이라 하고 [23]각 교회에서 장로들을 택하여 금식 기도 하며 그들이 믿는 주께
그들을 위탁하고

[24]비시디아 가운데로 지나서 밤빌리아에 이르러 [25]말씀을 버가에서 전하고 앗달리아로 내려가서
[26]거기서 배 타고 안디옥에 이르니 이 곳은 두 사도가 이룬 그 일을 위하여 전에 하나님의 은혜에 부
탁하던 곳이라 [27]그들이 이르러 교회를 모아 하나님이 함께 행하신 모든 일과 이방인들에게 믿음의
문을 여신 것을 보고하고 [28]제자들과 함께 오래 있으니라

1940년대에 노먼 록웰(Norman Rockwell)이라는 이름을 모르는 미국인은 거의 없었다. 그가 〈새터데이 이브닝 포스트〉(*Saturday Evening Post*)에 그리던 삽화는 국가적으로 아주 힘들던 그 시대에 미국 정신의 진수를 보여주었다. 그의 작품을 보노라면 "가슴을 뭉클하게 하고 향수를 불러일으킨다"는 표현이 절로 떠오른다. 같은 잡지의 1945년 5월 26일자 표지에 그의 가장 사랑받는 그림 중 하나인 "군인의 귀향"이 실렸다. 이 상징적 장면 속의 군인은 빛바랜 국방색 군복 차림으로 벽돌집 아파트 앞에 서 있고, 가족과 친구들은 반갑게 골목으로 쏟아져 나와 전쟁터에서 돌아오는 영웅의 귀향을 반긴다. 그림 속 어딘가에 우리 모두

의 모습이 들어 있다. 지친 몸으로 돌아온 군인. 기뻐 어쩔 줄 모르는 부모. 신나는 동생들. 즐거운 이웃들. 수줍게 숨어서 기다리는 여자 친구.

여행자가 오랫동안 집을 떠나 있다 돌아올 때는 만감이 교차한다. 특히 여행길에 시련과 고생과 씨름과 투쟁이 있었다면 더하다. 바울과 바나바는 1년도 더 전에 수리아 안디옥의 집을 떠나 특별한 전투를 수행했다. 구브로에서 초자연적 세력과 싸웠고, 비시디아와 루가오니아의 회당에서 영적인 적들과 대결했다. 루스드라에서 죽을 뻔했던 바울은 몸에 남은 후유증으로 평생 고생했을 수도 있다. 그들이 전쟁터에 다녀왔으며 앞으로도 적들과 또 부딪히리라는 것을 모든 흉터가 그와 그의 동지들에게 일깨워주었을 것이다. 의심의 여지없이 바울과 바나바 일행은 여행 일정이 집에 가까워질수록 사기가 고조되었다. 그러나 아직도 갈 길은 멀었고 도중에 해야 할 일도 많았다.

—14:21-23—

루스드라에서 폭도의 공격을 이겨낸 일행은 동쪽으로 55킬로미터 거리에 있는 더베로 갔다. 비교적 오지였던 이 성읍은 훗날 역사의 뒤편으로 사라졌다. 이 소읍은 포장도로인 세바스테 길을 통해 루스드라와 연결되어 있지 않았기 때문에, 일행은 95킬로미터에 이르는 험한 비포장도로로 빙 돌아서 더베에 닿았을 것이다.[28]

바울과 바나바는 거기서 설교하여 누가가 밝힌 것 이상으로 큰 성과를 거두었다. 사도행전 뒷부분에 보면 꽤 큰 신자 공동체가 그곳에 안정된 교회를 이루었고, 바울의 조력자인 가이오를 배출하기까지 했다(20:4).

더베에서 일을 마친 그들은 직행 노선으로 산맥을 넘어 다소를 거쳐 귀환하지 않고 오던 길로 되돌아갔다. 누가는 그 이유를 설명하지 않고 그들이 돌아가는 길에 했던 활동만 기술했다. 그러한 결정에 겨울이 요인이 되었을 수 있다. 그들이 3월 초에 본부를 떠나 9개월 동안 사역했다면 더베에 갔을 때는 11월경이었을 것이다. 오늘날에도 이 지역은 혹한과 폭설로 유명하다. 결국 그들은 무모하게 지금 산맥을 넘거나, 더베에서 겨울을 난 뒤에 넘거나, 오던 길로 돌아가거나 셋 중 하나를 택해야 했다. 물론 세 번째 방안에는 위험이 도사리고 있었다. 이전에 그들을 죽이려 했던 사람들과 또 마주칠 소지가 있었다. 하지만 위험하기는 해도 그 길로 가면 새 신자들을 더 강하게 무장시켜, 스스로 살아남고 흥왕하게 해줄 기회를 살릴 수 있었다.

바울과 바나바는 전도와 설교와 제자 삼는 일을 마친 후(14:21) 교회 개척을 위한 세 가지 주요 목표를 완수했다.

1. "제자들의 마음을 굳게 하여 이 믿음에 머물러 있으라 권하고"(14:22). 잃어진 영혼에게 전도하여 그들이 믿고 나면, 이제 우리는 새로운 삶에 걸맞게 그들을 무장시켜줄 의무가 있다. 본문에 나오는 신자들은 계속 어려운 환경 속에서 모였다. 바울과 바나바를 향해 표출되었던 적대감이 이 제자들에게도 따라다녔을 것이다. 그래서 이 박해받는 그리스도인들을 다독여줄 필요가 있었다. 돌에 맞고도 포기하지 않던 바울의 모습이 새 신자들에게 감화를 끼쳐 인내하게 했을 것이다. 그들에게 훈련이 필요했는데 그때는 기록된 신약이 없었으므로 훈련은 구두로 하는 가르침, 암기, 개인 지도에 의존해 있었다.

새 그리스도인들에게는 격려도 필요했다. 그중 다수는 다신교를 믿던 이방인이었다. 그리스도인으로 살아가려면 이전의 생활방식에서 철저히 벗어나야 했고, 이교도인 가족이나 친구와 관계를 유지하는 방식도 달라져야 했다. 새 믿음은 지역사회에 참여하는 일에도 변화를 가져왔다. '세상에 살되 세상에 속하지 않는' 법을 배우는 일은 워낙 엄청나서 많은 정신적 지원이 필요했다.

2. "장로들을 택하여"(14:23). 장로를 뽑는 관습은 유구한 전통에서 온 것으로, 이스라엘의 광야 시절로 아득히 거슬러 올라간다. 그러나 특히 그것은 유대교 회당의 지도 체제로서 두각을 드러냈다. 초대 교회에 장로직이 확립된 직접적 배경도 회당이었다. 장로는 늘 다른 성숙한 지도자들을 통해, 즉 리더십에 필요한 필수 자질을 식별할 자격을 갖춘 이들을 통해 엄선되었다. 장로라는 지도자는 영적 성숙, 강직한 성품, 지역사회 내의 좋은 평판을 겸비한 남자라야 했고, 나이나 재력이나 경험이나 권력이나 지위와는 무관했다. 나중에 바울은 장로의 엄격한 자격 요건을 정리했는데, 아마 초기인 이때에 어렵게 배운 교훈의 산물이었을 것이다(참고 딛 1:5-16).

장로직은 영적 직분이다. 따라서 장로는 자신이 성령의 통치 아래 살아감을 증명해야 한다. 성령께 지속적으로 순복하는 자질이야말로 빼놓을 수 없다. 장로는 자기 집에서 자애로운 리더십의 귀감을 보여야 한다. 겸손히 통회하는 마음으로 늘 죄에 깨어 있고, 교만하거나 고집스럽거나 이기적인 행위에 일체 민감해야 한다. 자신의 잘못을 기꺼이 고백해야 한다. 지극히 헌신적으로 성경의 가르침에 따라 행동하고, 주님 앞에 겸손히 연약한 자로 있어야 한다.

3. "주께 그들을 위탁하고"(14:23). 여기가 교회 개척 사역에서 가장 어려운 부분일 것이다. 새 신자들의 출생을 목격하고, 갓난아기인 그들을 양육하여 스스로 서도록 도와주며, 다른 사람을 이끌도록 훈련한 후에는—그러는 내내 깊은 인격적 관계를 가꾸면서—반드시 떠나야 할 때가 온다. "위탁하고"로 번역된 단어는 '앞에 놓는다'는 뜻이다. 문자적으로는 음식을 차려낸다는 의미였는데, 헬라 작가들은 이 단어를 은유적으로 교육에 적용했다. 새로 배우거나 검토해야 할 개념을 교사가 학생들 앞에 놓는다는 뜻이다. 그 두 의미가 합해져 무언가를 다른 사람의 보호에 맡긴다는 개념이 나왔다. 본문에도 바로 그런 뜻으로 쓰였다. 사도들은 사람들을 하나님의 보호에 맡겼다.

물론 바울과 바나바가 제자들을 하나님께 위탁한 것은 자신들의 마음이 평안하기 위해서였지, 영적으로 무언가 변경되었다는 의미는 아니다. 천국에는 아무것도 달라진 것이 없다. 주님은 "알았다, 이 교회들을 개척해주어 고맙다. 이제부터는 내가 맡겠다"고 말씀하지 않으셨다. 이미 창세 전부터 그분은 그들을 보호해오셨다!

—14:24-26—

전도 팀은 안디옥에서 남쪽으로 약 140킬로미터를 이동했다. 비시디아와 밤빌리아를 가르는 산자락을 넘고 체스트루스 골짜기를 내려가 버가에 이르렀다. 처음에 구브로에서 와서 상륙했던 곳이었다(13:13). 다른 데서 다 그랬듯이 거기서도 복음을 전했으나 오래 머물지는 않았다. 앗달리아는 에베소와 수리아 사이를 통과하는 교통량의 태반을 감당하던 아주 분주한 신식 도시였다. 실루기아까지 가서 배에서 내린 일행은 오론테스 강을 따라 22킬로미터를 걸어 올라가 본부에 도착했다. 길을 떠난 지 약 18개월 만이었다.

누가는 이 사명 전체를 중요한 두 단어로 요약했다.

1. "이룬"[*plēroō*(4137)]. 그들은 맡겨진 일을 다 '이루고' 돌아왔다. 이 단어는 '가득 채우

다, 완수하다'는 뜻이다. 사명 설명서가 유리잔이었다면 그들은 그 잔을 흘러넘치도록 채웠다.

2. "부탁하던"[*paradidōmi*(3860)]. 그들은 사명을 마친 후 자신들이 떠날 때 수리아 안디옥의 교회가 "그 일을 위하여 전에 하나님의 은혜에 [자신들을] 부탁하던" 때를 떠올렸다(14:26, 참고 13:1-4). 이 단어는 바울과 바나바가 제자들을 주님께 위탁했다고 할 때와 똑같은 단어다.

—14:27-28—

교회는 바울과 바나바에게 책임을 위임하고 필요한 물자를 공급한 뒤 권위를 부여하여 파송했다. 당연히 선교사들은 교회에 보고할 책임이 있었다. 그들은 회중을 모아놓고 그동안 있었던 일을 전부 보고했다(14:27). 자세한 내용 하나하나가 다 교회의 흥미를 끌었지만 특히 그들을 전율하게 한 핵심이 되는 결과가 있었다. 이방인에게 "믿음의 문을 여신" 일이었다. 회당조차 없는 지역의 이방인에게 예수 그리스도의 복음이 체계적이고 조직적으로 전해지기는 이번이 처음이었다. 바울과 바나바의 사역은 흑암에 처한 이교도들의 삶에 빛을 비추어주었고, 이방인들은 믿음으로 반응했다. 이제 믿음의 문이 열렸으니 무수히 많은 이방인이 교회에 쏟아져 들어오리라는 희망이 생겼다.

누가에 따르면 바울과 바나바는 자신들을 파송했던 수리아 안디옥의 교회에 "오래" 있었다(14:28). 그 기간이 수개월은 되었을 게 분명하며, 아마 AD 48-49년의 늦가을과 겨울이었을 것이다. 많은 학자는 바울이 예루살렘 공의회(15:1-30)에 참석하기 직전인 이 기간에 갈라디아서를 썼다고 본다. 몇 가지 의문점이 남는 견해이기는 하지만, 바울의 활동과 관련하여 현존하는 모든 자료는 그것으로 가장 잘 설명된다.

적용: 사도행전 14:21-28

조심할 것!

어느 지역을 떠날 때든 바울과 바나바는 새로 생겨난 회중을 주님께 맡겼다. 물론 자신들의 마음이 평안하기 위해서였다. 사람들을 하나님께 정식으로 의탁함으로써 그들은 자신들의 한계를 의식적으로 인정했다. 이런 습관이 낳은 결과로 똑같이 중요한 것이 하나 더 있다. 덕분에 새 그리스도인들은 지원과 위로와 격려와 지혜를 인간에게 바라지 않고 하나님께 의지했다는 것이다.

내 경험상 새 그리스도인들은 아주 명확한 세 단계를 거친다. 첫째로 사람을 바라보고, 둘째로 자아를 바라보며, 마침내 주님을 바라본다.

사람을 바라보는 첫 단계는 위험하다. 당신을 그리스도께 인도한 사람은 쉽게 당신의 우상과 모델이 된다. 이는 불행한 일이다. 누군가의 모델이나 우상인 목사가 많이 있다. 사실상 숭배의 대상인 경우도 있다. 그러므로 목사는 자신을 칭송하는 이들에게 자신도 하나님께 쓰임 받는 많은 사람 중 하나에 불과함을 한결같이 보여주어야 한다. 아무에게도 사람을 떠받들거나 숭배하게 해서는 안 된다.

자아를 바라보는 두 번째 단계는 그리스도인의 사춘기라 할 수 있다. 이때는 아는 게 어설퍼서 위험하다. 매사가 자기를 중심으로 돌아간다. 우리는 충동적이며 물불을 가리지 않고 자기만 믿는다. 무적의 존재인 양 삶에 뛰어든다. 난관이 닥쳐와도 자기 힘으로 극복하려 한다.

주님을 바라보는 세 번째 단계로 그리스도인들을 무사히 데려가는 것이 사역자의 본분이다. 감사하게도 바울과 바나바는 각 회중에게 사실상 이렇게 말했다. "형제자매 여러분, 우리는 이곳의 사역을 주님께 넘겨드립니다. 여러분이 책임을 다해야 할 대상은 그분입니다. 우리가 아니라 그분께 마음을 쏟고 소망을 두십시오." 그곳이 어디이든 당신이 기독교 사역 단체에서 섬기는 영적 지도자라면, 최선을 다하여 신자들을 도와 그리스도께 애정을 쏟고 시선을 하늘에 두도록 도우라.

시험대에 놓인 은혜(사도행전 15:1-12)

1어떤 사람들이 유대로부터 내려와서 형제들을 가르치되 너희가 모세의 법대로 할례를 받지 아니하
면 능히 구원을 받지 못하리라 하니 2바울 및 바나바와 그들 사이에 적지 아니한 다툼과 변론이 일어
난지라 형제들이 이 문제에 대하여 바울과 바나바와 및 그 중의 몇 사람을 예루살렘에 있는 사도와
장로들에게 보내기로 작정하니라 3그들이 교회의 전송을 받고 베니게와 사마리아로 다니며 이방인들

이 주께 돌아온 일을 말하여 형제들을 다 크게 기쁘게 하더라 4예루살렘에 이르러 교회와 사도와 장
로들에게 영접을 받고 하나님이 자기들과 함께 계셔 행하신 모든 일을 말하매 5바리새파 중에 어떤
믿는 사람들이 일어나 말하되 이방인에게 할례를 행하고 모세의 율법을 지키라 명하는 것이 마땅하
다 하니라

6사도와 장로들이 이 일을 의논하러 모여 7많은 변론이 있은 후에 베드로가 일어나 말하되 형제
들아 너희도 알거니와 하나님이 이방인들로 내 입에서 복음의 말씀을 들어 믿게 하시려고 오래 전부
터 너희 가운데서 나를 택하시고 8또 마음을 아시는 하나님이 우리에게와 같이 그들에게도 성령을 주
어 증언하시고 9믿음으로 그들의 마음을 깨끗이 하사 그들이나 우리나 차별하지 아니하셨느니라 10그
런데 지금 너희가 어찌하여 하나님을 시험하여 우리 조상과 우리도 능히 메지 못하던 멍에를 제자들
의 목에 두려느냐 11그러나 우리는 그들이 우리와 동일하게 주 예수의 은혜로 구원 받는 줄을 믿노라
하니라

12온 무리가 가만히 있어 바나바와 바울이 하나님께서 자기들로 말미암아 이방인 중에서 행하신
표적과 기사에 관하여 말하는 것을 듣더니

사람이 모인 곳에는 반드시 충돌이 있다. 교회도 예외가 아니다. 교회라서 특히 더 그렇다고 말할 사람도 있을 것이다. 지식이 부실한 낭만주의자들은 입만 열면 초대 교회의 황금기를 말한다. 오늘날 우리에게 닥쳐오는 문제들이 사도 시대에는 없었다는 듯 말이다. 그러나 교회사의 초상화는 사실 멍투성이다. 우리가 이상화해온 지역들—안디옥, 고린도, 빌립보, 데살로니가, 에베소 등 고대의 성지로 순례하는 곳들—도 실제로 당대에는 논쟁의 온상이었다. 문제는 교회에 충돌이 있을지 여부가 아니라 내부의 갈등을 어떻게 풀어나갈 것이냐다.

바울과 바나바는 이방인이 그리스도를 믿게 된 놀라운 사연들을 안고 이제 막 1차 선교 여행에서 돌아왔다. 이 담대한 선구적 시도로 교회는 새로운 땅을 개척했고 급속한 팽창을 목전에 두었다. 그런데 겨우 탄력이 붙기 시작한 그때에 누군가가 딴죽을 걸고 나섰다. 해묵은 논쟁이 다시 불거져 갑자기 전진을 중단시켰고, 교회의 단연 가장 중요한 교리인 은혜로 말미암는 구원을 무너뜨리려 위협했다.

첫 세대의 신자들은 이 갈등을 어떻게 해결할 것인가? 그 의결된 내용 자체도 대대로 그리스도인들에게 영향을 미쳤지만, 이는 진실한 신자들이 각자 속한 공동체 안에서 충돌을 풀어나가는 방식에도 선례가 된다.

—15:1-2—

수리아 안디옥은 기독교가 팽창하는 측면에서 그 중요도가 더해갔지만 교회의 권위는 그 구심점이 여전히 예루살렘에 있었다. 신약성경이 기록되어 유포되기 이전에는 교회가 하나님의 계시를 받던 주된 출처가 예루살렘의 지도자들이었고, 정통 가르침에 대한 궁극적 권위도 그들에게 있었다. 따라서 유대에서 가르치러 온 신자는 그 권위로 말미암아 존중을 한 몸에 받았다. 특히 이방인 교회들은 '본부'에서 온 사람이면 누구나 권위를 인정했다.

그런 교사 중 일부가 누구든지 구원받으려면 할례를 받아야 한다고 가르쳤다(15:1). 이는 단순히 할례의 시술 절차를 밟는 것보다 더 깊은 문제였다. 교회에서 할례의 자리를 어떻게 보느냐에 따라 이스라엘과 모세 율법이 새 언약과 어떤 관계인가에 대한 그 사람의 시각이 결정되었다. 사실 히브리인들에게 '하나님의 나라'의 의미를 대대로 규정해준 것은 그분이 아브라함(창 12:1-3, 15:1-21), 이스라엘(신 28:1-68), 다윗(삼하 7:8-16)과 맺으신 언약이었다.

할례를 통해 남자는 참된 '언약의 자손', 하나님이 아브라함의 후손에게 주신 약속의 상속자, 이스라엘의 시민이 되었다. 유대인으로 태어나지 못해 생후 8일째에 할례를 받지 못한 사람은 히브리 역사를 배우고 모세 율법을 충분히 숙지해야 했다. 지식을 철저히 검증받은 후 그는 세례에 이어 할례를 받았고,[29] 그제야 참된 '언약의 자손'이자 하나님 나라의 진정한 시민으로 간주되었다. 이런 풍부한 히브리 배경을 지닌 그리스도인들은 두어 가지 정당한 우려가 있었다. 옛 언약을 조금이라도 알지 못하는 사람이 어떻게 새 언약의 의미를 제대로 알 수 있을까? 하나님 나라의 시민이 되는 일이 어쩌면 이렇게 쉬울 수 있는가? 진실성을 다만 얼마라도 증명하지 않은 사람도 정말 명실상부한 시민이 될까? 또 이스라엘은 어떻게 되는가? 장구한 역사 동안 이어져 내려온 하나님의 계획에 이방인은 어떤 변수가 되는가?

바울과 바나바는 당연히 이런 가르침을 논박했다(행 15:2). '할례파'가 제기한 의문은 정당했으나 그들의 가르침은 예수 그리스도의 본질적 가르침에서 어긋났다. 게다가 이 문제는 몇 년 전 고넬료 일가가 회심하고 성령이 이를 인증하셨을 때 이미 충분히 다루어지지 않았던가(10:34-48, 11:17-18)? 그때 예루살렘의 모든 사람이 납득했었다. 베드로가 그 이방인들에게 할례를 행하지 않았음은 물론이다.

신자들 사이에 벌어질 수 있는 충돌에 대응하고자 수리아 안디옥의 지도자들은 자신들에게 하나님 권위의 유일한 출처였던 예루살렘의 사도들에게 호소했다. 바울과 바나바와 할례파 교사들로 이루어진 대표단을 구성하여 사도들과 장로들에게 보내 신학적 판결을 받게 한 것이다. 출교(黜敎)의 위협은 없었다. 폭력이나 폭력의 위협도 없었다. 교회를 분열시키려는 비밀공작도 없었다. 그들은 함께 진리를 찾으러 갔다. 역사가들과 신학자들은 이 일을 가리켜 예루살렘 공의회라 한다.

—15:3-5—

"다니며"(15:3)라는 말로 보아 일행은 해상으로 가지 않고 육로로 갔다. 당연히 배편이 더 빠르고 덜 힘들었을 것이다. 그런데도 그들은 굳이 육로로 여행하며 베니게와 사마리아를 통과했다. 그러려면 아마 오론테스 강의 계곡을 따라 남하하여 베니게를 통과한 뒤, 해안도로로 시돈과 두로와 악고를 지났을 것이다. 거기서 내륙으로 접어들어 국제해안도로 또는 '간선대로'로 알려진 옛 장삿길[비아 마리스(Via Maris)로 잘못 불릴 때도 있다]을 탔을 것이다. 그 길은 이스르엘 골짜기를 동서로 가로질러 다시 해안 쪽으로 향하다가[30] 욥바에서 예루살렘으로 가는 큰길과 만난다. 480킬로미터가 넘는 꽤 먼 길이었다!

누가가 기록한 내용으로 미루어 대표단의 두 분파는 함께 여행하지 않았던 것 같다. 물론 이는 할례파가 갔을 경우에 해당한다. 어쨌든 바울과 바나바는 이방인이 주를 이루는 여러 교회를 힘을 다해 방문하며, 복음이 한 번도 들어가지 않았던 이방인 교회들에서 자신들이 거두었던 성과를 들려주었다(15:3). 이를 통해 풀뿌리 운동을 전개하려 했는지는 몰라도, 그들은 유대 바깥의 교회들에게서 할례에 반대하는 전폭적 지원을 얻어냈다. 마침내 예루살렘에 도착하여 "영접을 받"았는데(15:4) 이 단어는 '환영받는다'는 뜻이다. 사도들과 장로들은 대표단을 형제로 받아들여 교제하고 대접을 베풀었다.

공의회에서 양측 다 사도들과 장로들에게 입장을 진술했다. 누가의 내러티브에는 이방인들이 그리스도인이 되었다는 소식을 도처의 교회마다 기뻐했다는 사실이 강조되어 있다. 우려를 표명한 신자들은 비교적 소수에 그쳤다. 불행히도 소수 의견도 목소리가 커지면 실제보다 더 중요해 보일 수 있다. 누가는 반대파를 "바리새파 중에 어떤 믿는 사람들"

(15:5, 참고 요 19:38-39)이라 표현했는데, 이는 그들이 진정한 신자였다는 뜻이다. 일각에서는 그들의 신학이 잘못되었으므로 그리스도를 믿는 믿음도 무효라고 말할 수 있다. 행위를 구원의 조건으로 끼워 넣었으니 말이다. 이 지적이 흥미로운 이유는 구원받으려면 신학도 옳아야 한다고 전제하기 때문인데, 그거야말로 할례파가 내세우는 주장과 똑같다. 그러나 다른 한편으로 만일 어떤 사람이 행위도 구원에 한몫한다고 믿는다면, 그가 이해하는 복음은 무엇이며 그리스도를 믿는 그의 믿음은 순전한 것인가? 신학을 보면 그들이 구원받았는지 의심스러워 보일 수 있으나, 누가의 글을 있는 그대로 읽으면 그리스도 안의 형제라는 그들의 신분이 뒷받침된다.

—15:6—

신학적 분쟁은 "사도와 장로들" 앞에 제출되었다. 이때쯤에는 열두 사도 중 다수가 이미 저마다 선교여행을 다니고 있었다. 전승이 다 정확한 것은 아니지만, 열두 사도의 대다수가 세상의 여러 지역으로 떠나 거기서 섬기다 죽었다는 부분은 옳을 것이다. 베드로는 예루살렘에 남아 신학적 지도를 베풀었고, 예수님의 어머니를 봉양하는 일이 맡겨진 요한도 아마 남아 있었을 것이다. 많은 사도가 공석이다 보니 실제로 지도하고 가르치는 책임은 예수님의 의붓동생 야고보가 이끄는 다수의 장로들에게 이관되었다. 요한의 형제인 사도 야고보는 이미 순교한 뒤였다(12:2).

—15:7-9—

사실 이 문제는 이미 충분히 논의되어 예루살렘 교회의 지도자들이 할례받지 않은 이방인들의 회심을 진즉 받아들였다(11:17-18). 그럼에도 사도들과 장로들은 성심껏 문제를 재검토했다. 산헤드린과 얼마나 다른 모습인가! 영적으로 민감하고 지혜로운 이 하나님의 사람들은 경직되고 권위주의적인 입장—"우리가 이미 결정한 사안이니 잔말 말고 따르지 않으면 혼날 줄 아시오"—을 취한 게 아니라 아주 겸손히 자신들의 입장을 재고했다. 또한 바리새파 그리스도인 형제들을 존중하여 그들이 하는 말을 들어주었다. 사도들과 장로들은 바

묵상의 서재

분열을 부르는 문명의 이기(사도행전 15:5)

현 상태로 자신의 필요가 채워지면 우리는 무슨 수를 써서라도 변화에 저항한다. 정말 못할 일이 없다.

내가 좋아하는 한 교수에게서 들은 이야기인데 오래전 미국 중서부의 어느 교회에 이런 일이 있었다. 그 지역의 문화는 전통을 중시하기로 유명하다. 어느 창의적인 주일학교 교사가 성경 이야기를 융판으로 보여주기 시작했다. 당시에 그녀를 혁신가로 생각하는 이들도 있었으나 과격파로 보는 시선도 있었다. 그때는 기업체만이 융판을 발표 도구로 사용하던 때였다. 대개 손익 동향이나 향후 계획을 도식화하는 용도였다. 많은 사람이 보기에 그녀는 세속 문명의 이기를 신성한 하나님의 집에 도입한 사람이었다. 물론 내 세대에는 융판을 정겹게 기억하며 유년의 향수를 느끼는 이들이 많다.

세월이 흘러 내 친한 친구가 어느 진보적인 목사의 이야기를 들려주었다. 목사가 강단 옆에 오버헤드 프로젝터를 설치하자 일부 기성 교인들이 물었다. "성경으로 직접 가르치면 안 됩니까? 왜 그런 '세상적인 물건'을 사용하는 겁니까?"

고향 교회에서 인기가 좋았던 중고등부 전도사를 기억하는 친구도 있었다. 전도사는 청소년들의 주의를 끌고자 영화를 활용하기로 했다. 그래서 어느 저녁 교회에 한가득 모인 십대 아이들에게 영화를 상영했다. 굳이 말하자면 선교지에서 벌어지는 이야기를 담은 기독교 영화였다. 그런데도 교회 지도자들은 그를 따로 불러 잘못을 지적했다.

그는 이렇게 반문했다. "어째서 못마땅해하십니까? 기독교 영화를 보여주는 게 무엇이 잘못입니까? 우리 교회는 늘 선교 슬라이드를 보여주지 않나요? 건물 벽마다 사진도 가득하고요."

그러자 한 직분자가 이렇게 답했다. "정지된 사진은 괜찮지만 움직이는 화면은 죄입니다."

리새파 동료들의 말을 딱 잘라 일축한 게 아니라 신중한 경청과 진지한 숙고와 철저한 논의 끝에 최종 결론에 도달했다. 그들이 문제를 처리하는 방식은 바울에게 깊은 영향을 미쳤다. 생애 말년에 그는 후배 동역자 디모데에게 이렇게 썼다.

> 주의 종은 마땅히 다투지 아니하고 모든 사람에 대하여 온유하며 가르치기를 잘하며 참으며 거역하는 자를 온유함으로 훈계할지니 혹 하나님이 그들에게 회개함을 주사 진리를 알게 하실까 하며 그들로 깨어 마귀의 올무에서 벗어나 하나님께 사로잡힌 바 되어 그 뜻을 따르게 하실까 함이라(딤후 2:24-26).

바울은 사도들과 장로들이 신학적으로 어긋난 형제들을 어떻게 대하는지 잘 보아두었다가 사역하는 내내 그 본을 따랐다.

서로 의논을 벌이던 막바지에 베드로가 일어나 좌중을 향해 발언했다. 누가는 양측에서 제기한 신학적 논지를 밝히지 않았다. 그런 것은 하나도 중요하지 않았다. 그는 베드로의 말만 기록했는데, 이 변호의 근거는 논의 전체를 아우르는 단 한 가지 중요한 요인에 있었다. 하나님은 이방인에 대해 무어라고 말씀하시는가? 베드로는 동료들에게 몇 년 전 자신이 욥바에서 경험했던 일을 상기시켰다. 그때 주님이 직접 그에게 "하나님께서 깨끗하게 하신 것을 네가 속되다 하지 말라"(행 10:15)고 명하셨다. 그는 또 하나님이 할례받지 않은 이방인들에게 그분의 영을 주신 것도 일깨워주었다. "그런즉 하나님이 우리가 주 예수 그리스도를 믿을 때에 주신 것과 같은 선물을 그들에게도 주셨으니 내가 누구이기에 하나님을 능히 막겠느냐"(11:17). 요컨대 하나님은 할례를 요구하지 않으시고 자신의 영을 주심으로써 이미 답을 확언하신 셈이다.

베드로의 발언에서 핵심 문구는 "믿음으로 그들의 마음을 깨끗이 하사"(15:9, 참고 10:43)이다. 믿음으로 말미암아 은혜로 구원받는다는 개념은 새로운 게 아니었다. 하나님은 늘 자기 백성이 "마음에 할례를 받기를" 원하셨고(참고 신 10:16, 30:6), 그들에게 "마음을 다하고 뜻을 다하고 힘을 다하여 네 하나님 여호와를 사랑하라"(신 6:5)고 명하셨다. 믿음으로 구원받는다는 개념은 그들의 족장 아브라함에게도 적용되었다. 성경에 "아브람이 여호와를 믿으니 여호와께서 이를 그의 의로 여기시고"(창 15:6)라고 되어 있다. 게다가 아브라함과 그의 후손에게 적용된 할례라는 외적 상징은 특수한 언약의 일부였다. 반면 본문에 나오는 새 언약은 조건도 다르고 적용 대상도 더 넓어져 "차별하지 아니하셨"다(행 15:9).

—15:10-11—

이어 베드로는 할례파에게 그들의 요구에 함축된 의미를 생각해보도록 도전한다. 유대교 개종자의 할례가 그렇듯이(15:1-2의 주해를 참고하라) 할례라는 외적 상징은 율법의 모든 조항에 순종하겠다는 내적 헌신의 표출이어야 했다(갈 5:3). 물론 율법에는 제사와 정결 의식, 금지된 음식, 지정된 절기 등이 다 포함된다. 솔직한 사람은 누구나 인정할 수밖에 없듯이 성경 교육과 신학적 지식과 문화적 지원 등의 이점을 안고 있는 히브리인조차도 그 헌신을 지키지 못했고, 그리하여 어떤 의미에서 할례라는 상징 자체의 가치마저 무효로 만들었다(참고 롬 2:25-26). 베드로의 지적에 더 중요하게 암시되어 있듯이 율법을 지키는 것은 구원의 근거가 못 된다.

오히려 그가 거듭 말했듯이 구원의 근거는 오직 하나님의 은혜이며, 이 은혜는 오직 예수 그리스도를 통해 가능해졌고 오직 믿음으로만 받을 수 있다(행 15:11). 은혜에 행위를 더하면 은혜가 아니다!

—15:12—

누가는 토의를 마칠 무렵 "온 무리가" 바울과 바나바의 말을 들었다고 기록했다. 이 2인조가 귀환한 뒤로 늘 말하던 사연들이었다. 그들은 또 안디옥과 예루살렘 사이의 여러 교회에서 이방인들이 구원받은 이야기와 신자들이 기쁨으로 반응했던 일도 전했다. 그런데 이번에는 "온 무리가" 들었다. 하나님이 이방인 신자들에게 그분의 영을 주심으로써 이미 선포하신 사실이 "표적과 기사"를 통해 확증되었다. 그러므로 아무도 결론을 부정할 수 없었다. 아무것도 하나님의 은혜를 능가할 수 없으며 할례라고 다를 바 없다. 그분은 아들 예수님을 신뢰하는 것 외에 아무것도 요구하지 않으신다.

적용: 사도행전 15:1-12

의견 충돌도 복이 될 수 있다

교회사에 남은 이 즐겁지 못한 일화를 보며 나는 세 가지 불후의 교훈을 얻는다. 내가 이 본문을 처음으로 깊이 고찰했던 때는 캘리포니아 주 풀러튼에서 담임목사가 된 직후인 1970년대였다. 그 뒤로 이 교훈들은 내가 교역자를 선발하는 기준에 영향을 미쳤고, 회의를 진행하는 방식에 길잡이가 되었다.

교훈 1: 의견 충돌은 불가피하니 예상하라. 진작 해결되었어야 할 이슈가 다시 표면에 떠오를 것이다. 잘 지내야 할 사람들이 이따금씩 입씨름을 벌일 것이다. 마음씨 좋고 유능한 이들이 서로 전혀 다른 결론에 도달할 것이다. 이는 당신의 기관이 무언가 잘못되었다는 징후가 아니다. 그게 정상이다. 물론 불화가 당신 단체의 특징이 되어서는 안 된다. 조화는 예외가 아니라 규범이어야 한다. 그러나 의견 차이가 전혀 없다면 무언가가 잘못된 것이다. 소통이 막혔거나 사람들이 정직하지 않은 것이다. 충돌이 속으로 숨어들었거나 사람들이 무관심해진 것이다.

교훈 2: 어떤 충돌도 쉽지 않으니 견디라. 의견 충돌은 늘 불쾌하고 어렵다. 불화는 모든 사람에게 있는 최악의 모습을 들추어낸다. 그래서 많은 지도자가 건설적 갈등을 끝까지 잘 풀어나가지 않고 무슨 수를 써서라도 이견을 무마하려 한다. 물론 질서를 유지하고 모든 불화를 상호 존중과 무조건적 사랑의 테두리 안에 두어야 한다. 그러나 어렵더라도 사람들을 충분히 신뢰하여 그들이 난국을 헤쳐나가게 해야 한다.

교훈 3: 모든 충돌은 관련자에게 유익을 끼칠 수 있으니 그렇게 되게 하라. 시카고의 언론인 시드니 J. 해리스(Sydney J. Harris)는 이런 글을 남겼다. "의견 일치는 우리를 유약하게 하고 안일에 빠뜨리지만, 의견 차이는 우리의 강점을 이끌어낸다. 우리를 아주 기분 좋게 해서 서서히 속수무책으로 교만과 자기만족이라는 유사(流砂)에 빠져들게 하는 이들이야말로 진짜 적이다." 맹종하는 이들로만 간부직을 채운다면 당신의 기관은 실패할 수밖에 없고, 당신은 영영 무지에서 헤어날 길이 없다. 머지않아 당신은 안일과 교만에 빠져 퇴물이 될 것이다. 사고하고 이의를 제기하며 도전하고 평가하는 사람들이 당신의 은인이다. 그들의 정중한 솔직성을 독려하고 칭찬하며 인정하고 보상해주라. 의견 충돌은 쉽지 않다. 올바른 동기로 다투려면 정직한 평가가 요구된다. 좀처럼 기분 좋은 일은 아니지만 거기서 늘 발전의 기회가 생겨난다.

본질에 충실하다(사도행전 15:13-35)

13말을 마치매 야고보가 대답하여 이르되 형제들아 내 말을 들으라 14하나님이 처음으로 이방인 중에
서 자기 이름을 위할 백성을 취하시려고 그들을 돌보신 것을 시므온이 말하였으니 15선지자들의 말씀
이 이와 일치하도다 기록된 바

16이 후에 내가 돌아와서
다윗의 무너진 장막을 다시 지으며
또 그 허물어진 것을 다시 지어
일으키리니
17이는 그 남은 사람들과
내 이름으로 일컬음을 받는 모든 이방인들로
주를 찾게 하려 함이라 하셨으니
18즉 예로부터 이것을 알게 하시는
주의 말씀이라 함과 같으니라

19그러므로 내 의견에는 이방인 중에서 하나님께로 돌아오는 자들을 괴롭게 하지 말고 20다만 우상의
더러운 것과 음행과 목매어 죽인 것과 피를 멀리하라고 편지하는 것이 옳으니 21이는 예로부터 각 성
에서 모세를 전하는 자가 있어 안식일마다 회당에서 그 글을 읽음이라 하더라

22이에 사도와 장로와 온 교회가 그 중에서 사람들을 택하여 바울과 바나바와 함께 안디옥으로
보내기를 결정하니 곧 형제 중에 인도자인 바사바라 하는 유다와 실라더라 23그 편에 편지를 부
쳐 이르되
사도와 장로 된 형제들은 안디옥과 수리아와 길리기아에 있는 이방인 형제들에게 문안하노라
24들은즉 우리 가운데서 어떤 사람들이 우리의 지시도 없이 나가서 말로 너희를 괴롭게 하고 마
음을 혼란하게 한다 하기로
25-26사람을 택하여 우리 주 예수 그리스도의 이름을 위하여 생명을 아끼지 아니하는 자인 우리
가 사랑하는 바나바와 바울과 함께 너희에게 보내기를 만장일치로 결정하였노라

27그리하여 유다와 실라를 보내니 그들도 이 일을 말로 전하리라

28성령과 우리는 이 요긴한 것들 외에는 아무 짐도 너희에게 지우지 아니하는 것이 옳은 줄 알았
노니
29우상의 제물과 피와 목매어 죽인 것과 음행을 멀리할지니라 이에 스스로 삼가면 잘되리라 평안
함을 원하노라 하였더라
30그들이 작별하고 안디옥에 내려가 무리를 모은 후에 편지를 전하니 31읽고 그 위로한 말을 기뻐
하더라 32유다와 실라도 선지자라 여러 말로 형제를 권면하여 굳게 하고 33얼마 있다가 평안히 가라
는 전송을 형제들에게 받고 자기를 보내던 사람들에게로 돌아가되 34(없음) 35바울과 바나바는 안디옥
에서 유하며 수다한 다른 사람들과 함께 주의 말씀을 가르치며 전파하니라

2003년에 유서 깊은 스포츠인 야구의 최신 혁신을 담은 책이 출간되었다. 오클랜드 애슬레틱스 팀의 이야기인 『머니볼』(*Moneyball: The Art of Winning an Unfair Game*)에 보면 그들이 선수를 선발하여 기용하는 혁신적 접근법이 나온다.[31] 다른 팀들이 자신감, 신체적 잠재력, 리더십, 지능 등의 무형의 자질을 기준으로 선수를 평가할 때, 이 팀의 수뇌부는 모든 주관적 요인을 무시한 채 객관적 통계 수치로 선수를 평가하기로 했다. 야구팀이 승리하려면 선수가 출루하여 홈을 밟아야 한다. 그래서 스카우트 담당자들은 선수를 뽑을 때 근본적인 핵심 질문을 던졌다. "이 선수는 출루 능력이 있는가?" 이렇게 본질적 실력에 초점을 맞춘 결과 그 팀은 경기에 이기기 시작하여 승률이 획기적으로 높아졌다.

순전히 출루 능력을 기준으로 선수를 뽑는 게 혁신으로 통하다니 참 이상하다. 프로 야구의 역사가 백 년이 넘다보니 스카우트 전문가들의 평가 기준이 너무 복잡해져 승리의 가장 기본적인 요건을 놓치고 말았던 것이다. 하지만 그들을 너무 혹평할 것도 없다. 누구나 그렇게 될 수 있다. 사실 첫 세대의 지도자들이 죽기도 전에 교회도 그렇게 되었다. 예루살렘 공의회가 비록 즐거운 사건은 아니었으나, 이를 계기로 사도들과 장로들은 교회의 초점을 그리스도인의 삶의 본질로 되돌렸다.

많은 논의 끝에 베드로가 냉엄한 사실을 상기시키며 결론을 내렸다. 신학은 필요한 학문이다. 우리가 하는 모든 영적 토론은 성경적이고 논리적이어야 한다. 그러나 하나님이 사안에 대해 직접 말씀하시면 모든 변론은 거기서 끝난다. 그분은 할례받지 않은 이방인들에게 자신의 영을 주셨고, 그들을 진정한 신자이자 그분 나라의 시민으로 인증하셨다. 이로써 문제를 종결지으셨다. 분명히 영원한 구원은 오직 그리스도를, 오직 믿음으로 말미암

아, 오직 은혜로 주어진다. 만장일치에 이른 지도자들은 교회들에 이 사실을 알려야 했다. 모두의 심중에 자리한 이 의문에 답해주어야 했다. 하나님이 새 언약 아래 있는 그리스도인들에게 바라시는 것은 무엇인가?

—15:13—

이즈음 예수님의 의붓동생 야고보가 예루살렘 교회의 실무적 지도자가 되어 있었다(12:17, 21:18, 갈 2:9). 성경에서 그는 넓은 의미의 사도로 간주된다(갈 1:19, 참고 고전 15:5-7). 교회 전승에 따르면 열두 사도의 대부분은 세상의 여러 지역으로 복음을 전하러 떠났다. 베드로도 그 지역을 두루 다녔으나 예루살렘에서 멀리 가지는 않았다. 그는 (아마 요한도) 가까이 남아 영적 지도와 가르침을 베풀었다. 그는 처음부터 예수님과 함께 있었고, 꼬박 3년 동안 주님께 개인 지도를 받았으며, "내 양을 먹이라"(요 21:17)는 위임도 그분께 직접 받았다. 신약성경이 완성되어 유포되기 전까지는 주님이 구두로 남기신 가르침이 그를 비롯한 사도들에게 있었다. 야고보는 실제적 문제들을 처리하는 일에서 교회를 이끈 것으로 보인다.

논의가 끝나자 야고보는 베드로가 변호한 은혜를 언급한 뒤에 이를 토대로 행동 지침을 제안한다.

—15:14-18—

야고보는 교회의 실무 지도자로서 논의를 결론짓고 이 사안에 대해 공의회가 내린 공식 결의안을 공표했다. 우선 구약성경을 인용하여 시므온(베드로)의 결론을 확증하면서, 이방인들을 하나님 나라에 들이는 것이 늘 그분의 계획이었음을 증명했다. 그가 제시한 근거는 아모스 9장 11-12절인데, 누가가 기록한 실제 표현은 이 예언적 본문의 히브리어 원문과 약간 다르다.

야고보는 공의회에서 구어(口語)인 히브리어나 아람어로 말했을 것이고, 누가는 그 말을 헬라어로 번역하여 기록했으며, 우리는 그 기록을 다시 각자의 역어로 읽는다. 이런 겹겹의 번역 외에도 아모스 9장 11-12절을 BC 200년경에 히브리어에서 헬라어로 번역한 칠십

사도행전 15:16-18에 인용된 아모스 9:11-12의 비교

히브리어 원문	칠십인역	사도행전(야고보의 인용)
"그날에	"그날에	"이 후에 내가 돌아와서
내가 다윗의 무너진 장막을 일으키고 그것들의 틈을 막으며	내가 다윗의 무너진 장막을 일으키고	다윗의 무너진 장막을 다시 지으며
그 허물어진 것을 일으켜서 옛적과 같이 세우고	그 허물어진 것을 다시 짓고 그 파괴된 것을 일으켜 옛날처럼 다시 지으리니	또 그 허물어진 것을 다시 지어 일으키리니
그들이 에돔의 남은 자와 내 이름으로 일컫는 만국을 기업으로 얻게 하리라	이는 그 남은 사람들과 내 이름으로 불리는 모든 나라로 나를 찾게 하려 함이라	이는 그 남은 사람들과 내 이름으로 일컬음을 받는 모든 이방인들로 주를 찾게 하려 함이라 하셨으니…
이 일을 행하시는 여호와의 말씀이니라."	이 일을 행하시는 주의 말씀이니라."[32]	주의 말씀이라."

인역까지 있다.

현대 역본들에서 야고보가 인용한 표현을 보면 구약의 히브리어와는 대부분 비슷하면서도 밑줄 친 부분이 약간 다른 반면, 고대의 헬라어역인 칠십인역과는 일치한다. 역어 "사람들"(역본에 따라 "인류")은 히브리어 원어를 *'adam*(H120)으로 전제한 것이고, 현대 역본들에서 아모스 9장 12절에 쓰인 "에돔"은 같은 원어를 *'Edom*(H123)으로 전제한 것이다. 칠십인역의 시대와 1세기에는 히브리어 문자에 모음이 항상 표기된 것이 아니다. 그래서 히브리어 단어로는 "에돔"과 "사람"이 똑같아 보였을 것이다. 원저자의 의도가 에돔이라는 지역인지 아니면 인류 전반인지는 독자가 판단하기 나름이었다. 고대의 서기관들이 전통적 히브리어 원문에 모음을 보충해 넣을 때, 더러는 원어를 "에돔의 남은 자"로 이해한 반면—현대의 아모스 역본들은 그것을 번역한 것이다—칠십인역의 번역진과 야고보를 비롯한 일부 사람들은 "남은 사람들"로 보았다.

야고보가 인용한 표현에 칠십인역과는 일치하지만 전통적 히브리어 원문과는 다른 표현이 하나 더 있다. "기업으로 얻게" 대신 "찾게"로 해석된 것은 히브리어의 자음 하나가 달라서 그렇다[칠십인역은 그 글자를 '요드'(*yod*) 대신 '달레트'(*daleth*)로 보았다]. 요컨대 나머지 인류도 주를 "찾는다"는 것이다.

칠십인역의 번역진은 본문을 "그들이 에돔의 남은 자[를]…기업으로 얻게 하리라"보다 "그 남은 사람들[로]…주를 찾게 하려 함이라"로 해석해야 한다고 보았고, 야고보도 그들의 학자적 견해에 공감했다. 따라서 본문은 하나님의 뜻이 이스라엘을 통로로 삼아 이방인에게 다가가시는 것임을 보여준다. 그러나 야고보는 아모스의 예언이 교회를 통해 다 성취되고 있다고 말한 것은 아니다. 아모스는 이스라엘의 회복을 예언했는데 그 일은 아직 일어나지 않았다. 다만 야고보는 택하신 이방인들을 그분의 나라로 들어오게 하시는 것이 늘 주님의 뜻이었음을 이 예언으로 예증했을 뿐이다.

—15:19-21—

야고보는 공의회가 공식 성명을 발표하여 은혜(행위가 배제된 오직 하나님의 호의)만이 구원의 유일한 방편임을 천명하자고 제의했다. "하나님께로 돌아오는 자들을 괴롭게 하지 말고"(15:19)라는 표현이 결정적이다. 이 문구에 따르면 무엇이든 행위(할례, 세례, 율법 준수 등 단순한 믿음이나 어린아이 같은 신뢰나 진정한 신앙 이외의 모든 인간적 활동)를 추가하면 이는 하나님의 계획을 막는 인위적 장애물로 규정된다. 다만 야고보가 추가한 몇 가지 실제적 원리가 있다. 교회 안에서 유대인과 이방인의 관계를 더 원활하게 하고, 아직 신앙이 없는 유대인들에게 불필요한 걸림돌을 두지 않기 위해서였다. 특정한 역사적 정황 속에서 주어진 이 특별한 계명에는 반드시 우리가 영구적으로 그 규정대로 해야 한다는 암시는 없다. 이것은 그 시대에 한정되는 특수한 문제를 위한 해법이었다.

야고보의 지적대로 로마 제국 전역의 회당에서 모세 율법이 널리 읽혔다(15:21). 그런 지역에 장차 그리스도인이 될 유대인들이 많이 있었다. 그들은 더는 하나님의 은총을 얻어낼 수단으로 율법에 순종하려 애쓰지 않겠지만, 그래도 무엇이든 우상숭배나 성적 부도덕과 관련된 것에는 거부감을 느낄 것이다. 유대인 신자들은 피를 제대로 빼지 않고 목매어 죽인 동물의 고기를 먹는다는 개념에도 몸서리를 칠 것이다(15:20). 그래서 연합을 위해 이방인 신자들은 유대인 형제자매들이 갖고 있는 식생활 정서에 자발적으로 따라주어야 한다.

그러면 믿지 않는 유대인에게 복음을 전할 때 식생활로 인한 가책이 걸림돌로 작용할 일도 없어질 것이다.

—15:22-27—

"사도와 장로와 온 교회"(15:22)는 만장일치로 가결했다. 공의회는 "오직 은혜"의 교리를 고수하면서도 바리새인 신자들이 제기한 몇 가지 정당한 우려를 수용했다. 그날 신학적 진리가 이겼으나 사랑이 희생된 것은 아니다. 사실 은혜는 신자에게 공동체의 연합을 위해 개인의 자유를 양보할 수 있는 자유를 안겨준다. "본질에는 일치를, 비본질에는 자유를, 범사에 사랑을"이라는 개신교의 위대한 모토와 같다. 한 몸으로 연합된 예루살렘 교회는 편지를 작성하여 바울, 바나바, 유다(일명 바사바), 실라 등 네 사람에게 맡겼다.

물론 바울과 바나바는 이 문제에서 은혜를 수호하는 공공연한 투사였다. 그래서 공의회는 두 증인을 그들과 함께 보내 이번 결의안이 진짜이며 만장일치였음을 확증하게 했다. 유다와 바사바라는 두 이름은 '안식의 아들 유다'라는 명백한 유대 이름의 헬라식 표현이다. 그는 열두 번째 사도의 두 후보 중 하나로 천거되었던 요셉(역시 일명 바사바 또는 유스도)의 형제였을 수 있다(참고 1:23). 로마 시민인 실라(참고 16:37)는 헬라파의 관점을 대변할 수 있는 사람이었다.

모든 교회에 적용되는 편지였지만 공의회는 결의안의 수신자를 지중해 북서부의 교회들로 명시했다. 안디옥 교회를 필두로 하여 인근 수리아의 교회들과 바울의 고향 다소가 있는 길리기아 지역의 교회들이었다. 바울과 바나바가 1차 선교여행 때 사역했던 갈라디아의 교회들도 이즈음 같은 문제로 고전하고 있었던 듯 보이지만(참고 갈 1:6, 2:3-4), 거기에는 바울이 이미 강력한 편지를 보내 은혜의 교리를 옹호했다. 게다가 적어도 가까운 미래에는 누구든 갈라디아를 방문할 계획이 없었다.

—15:28-29—

공의회는 믿음으로 말미암아 은혜로 구원받는다는 교리를 장황히 변호하지 않았고, 할례 문제에 대한 논의도 상술하지 않았으며, 은혜의 원초적 메시지를 떠받칠 신경(信經)을 채택하지도 않았다. 그들은 이방인이 은혜의 참 복음을 통해 기독교로 귀의함을 명시했고, 이와 다르게 가르치는 비공인 교사들은 그런 신자들을 괴롭게 하고 혼란하게 하는 것이라 규정했다(15:24). 다시 말해 공의회는 복음의 원초적 메시지를 효과적으로 살려냈다.

다만 교회 지도자들은 성령의 강권으로 이방인 신자들에게 두 가지 요긴한 '짐'을 지웠다. 유대인의 정서—우상과 피 묻은 고기를 특히 혐오하는—를 거스르지 말 것과 성적 부도덕을 멀리하라는 것이었다(15:28-29). "음행"[*porneia*(4202)]이라는 단어는 간음만 아니라 성적 죄를 총칭하는 포괄적 용어다. 본래는 매매춘과 연관된 단어였으나 나중에는 간음, 동성애, 근친상간, 수간, 아동 성추행 등 부도덕한 성생활을 폭넓게 아우르게 되었다.

보다시피 교회 지도자들은 이 요청을 "요긴한…짐"이라 표현했다. "짐"[*baros* (922)]에 해당하는 헬라어 단어는 과중한 무엇을 늘 지고 다니는 사람을 형상화한 것이다. 모두에게 더 큰 유익이 되도록 자유를 포기하겠다는 모든 결심은 짐이다. 그럼에도 공의회는 성령의 감화에 이끌려 이 짐을 "요긴한"[*epanagkes*(1876)] 것으로, 즉 필수적 본질로 보았다. 그들은 성령의 강권하심과 인도하심에 따라 자신들도 권위를 행사하여 이방인 신자들에게 강권했다. 하지만 이 규정은 연합을 위한 필수였지 구원을 위한 필수는 아니었다. 그 지시대로 따르면 "잘되리라"(15:29)고 했지 "구원받으리라"고 한 것이 아니다. 과연 은혜란 구원과 관련하여 율법의 요구 사항에서 해방되는 것이다. 그러나 은혜 때문에 도덕 기준이 오류로 변하거나 열등해지는 것은 아니다. 티모시 켈러(Timothy Keller)는 이렇게 썼다. "루터가 끈질기게 설명했듯이 '우리는 오직 믿음으로 구원받지만 믿음이란 홀로 동떨어져 있는 것이 아니다.' 즉 우리를 구원하는 것은 그 어떤 행위도 아니고 은혜다. 하지만 복음을 참으로 이해하고 믿었다면 복음이 우리 행실과 생활방식을 변화시키게 되어 있다."[33] 특히 그런 변화로 우상이 점점 싫어지고 남을 더 깊이 사랑하게 된다.

—15:30-35—

"작별하고"[15:30, *apolyō*(630)]로 번역된 헬라어 표현은 일부 역본과 달리 부정적 어감이 없으며, 여기서는 '위임받다, 권한과 축복을 받고 파송되다'는 뜻이다. 공의회는 대표단을 보내 그동안 피해를 입은 교회들에 공의회의 결의안을 보고하게 했다. 기독교의 소통과 활동의 중심지였던 수리아 안디옥의 교회는 편지를 읽고 기뻐했다. 특히 은혜의 수호만큼이나 "짐"까지도 열렬하게 받아들여 아예 "위로"(15:31)로 여겼다. 편지의 진정성과 공의회의 만장일치를 증언할 증인들로 파송된 유다와 실라도 메시지를 전해 회중을 "권면하고"[*parakaleō*(3870)] "굳게 하"였다[*epistērizō*(1991)](15:32). 일찍이 주님은 신자들을 훈련하고 격려하며 바로잡고 위로하며 응원하고 도전하는 사역을 하실 성령을 이 권면의 파생어인 "보혜사"[*paraklētos*(3875)]로 지칭하셨다(요 14:16,26, 15:26, 16:7, 참고 요일 2:1). 단어 *epistērizō*는 누가가 새 회심자들을 굳게 하고 개척 교회를 굳게 하는 사도들의 일을 기술할 때 여러 번 썼다(행 14:22, 15:32, 18:23).

안디옥에서 편지를 낭독한 후 대표단은 성명서의 수신자인 수리아와 길리기아의 다른 교회들로 보냄 받았다(15:33).[34] 사도행전 15장 35절은 누가의 또 다른 요약된 구절로, 이 경우 바울과 바나바가 사신의 임무를 완수하고 나서 안디옥의 사역으로 복귀했음을 말해준다. "유하며"[*diatribō*(1304]로 번역된 헬라어 단어는 '문질러 뚫다'는 뜻의 생생한 표현이다. 사람이 한곳에 충분히 오래 있어 흔적이나 영향을 남긴다는 개념이다. 그냥 눌러앉는 것 이상으로 활동이 내포된 단어다.

바울과 바나바는 "가르치며 전파"하는 사역을 계속했다. 후자의 단어는 '기쁜 소식을 알리다'는 뜻의 *euangelizō*(2097)로 기독교의 정황에서는 '복음을 진하다'가 된다. 이 일을 둘이서만 한 것이 아니라 "수다한 다른 사람들"도 곁에서 함께 일했다.

적용: 사도행전 15:13-35

자유와 사랑

반대 입장에 있는 두 분파가 할례 문제를 논의하러 예루살렘에서 만났을 때 단언컨대 은혜가 시험대에 놓였다. 할례는 율법을 지킨다는 상징에 불과했다. 할례라는 행위 자체는 하나님께 순종한다는 내적 헌신의 외적 증표였다. 할례를 주창하는 쪽에서 제기한 의문은 온당한 것이었다. "이방인에게도 헌신적 순종을 요구해야 하지 않겠는가?" 누가가 그들을 신자라고 부른 것으로 보아 분명히 그들도 은혜의 교리를 알았을 것이다. 그럼에도 그들은 온당한 두려움에 빠졌다. 진정한 은혜는 그것이 남용될 수 있는 소지가 있다. 율법의 요구에서 해방되면 자유가 죄에 대한 방종으로 전락할 수 있다. 그러면 윤리적 양심을 더욱 고취시키기는커녕, 도덕성의 저하를 무슨 수로 막겠는가?

하나님이 새 언약 아래 있는 그리스도인들에게 바라시는 것은 무엇인가? 이 물음에 답하고자 작성한 편지에 공의회는 은혜와 관련된 세 가지 원리를 적용했다.

첫째, 율법주의는 행위를 강조하는 결과를 낳는다. 공의회가 인식했듯이 아무리 작거나 사소해 보이는 것일지라도 은혜에 무언가를 덧붙이면, 복음이 변질될 뿐 아니라 성전의 바리새인들과 똑같이 율법주의의 문이 열린다. 오늘날 "세례를 받지 않으면 구원받을 수 없다"고 주장하는 교단들에서 그런 예를 볼 수 있다(참고 15:1). 단순한 믿음에 이 사소한 조건 하나를 덧붙이면 외적 행위에 과도히 집착하게 되고, 그리하여 '하라, 하지 말라'는 조항이 공동체 전체를 규정하게 된다.

율법에 집중하면 항상 죄책감에 빠진다. 죄책감의 역할은 죄를 회개하고 그리스도를 믿도록 우리를 이끌어주는 데 있다. 거기까지 갔으면 죄책감은 소임을 다한 것이고, 그때부터 새로운 역동이 배턴을 넘겨받는다. 성령이 변화의 과정에 착수하신다. 율법주의는 죄책감에 기생하여 우리 안에 두려움과 절망을 조장하지만, 은혜는 풍성한 사랑으로 두려움을 몰아내고 희망을 심어준다. 희망이란 죄와 사망을 끝내 이긴다는 확신에 찬 기대다.

둘째, 방종은 자아를 강조하는 결과를 낳는다. 방종은 '내 마음대로 행동해도 은혜 덕분에 결과를 면할 수 있다'는 태도다. 방종하는 태도는 자신이 사랑하는 대상이 진짜 누구인지를 드러내준다. 은혜의 의미를 참으로 아는 사람은 자신을 구원하신 하나님을 사랑할 수밖에 없다(눅 7:41–47). 은혜를 방종의 구실로 삼는 사람은 자신이 깊이 사랑하는 대상이 하나님과 이웃이 아니라 죄임을 드러낼 뿐이다. 주님은 "집 하인이 두 주인을 섬길 수 없나니 혹 이를 미워하고 저를 사랑하거나 혹 이를 중히 여기고 저를 경히 여길 것임이니라 너희는 하나님과 재물을 겸하여 섬길 수 없느니라"(눅 16:13)고 말씀하셨다. 재물만 아니라 죄도 마찬가지다.

방종에 빠지면 하나님께만 아니라 사람에게도 죄를 짓게 된다. 방종의 불가피한 결과는 분열이다. 대인관계의 상처다. 방종을 저지른 쪽에서 죄를 회개하고 상대에게 은혜를 구하지 않는 한 관계가 회복될 수 없다.

셋째, 은혜는 그리스도를 강조하는 결과를 낳는다. 방종이 죄와 자아를 사랑한다는 증거인데 반해, 은혜를 제대로 알면 주님을 사랑하는 마음과 그분의 길을 따르려는 헌신이 점점 깊어진다. 은혜의 필연적 결과는 이웃 사랑이다. 다행히 은혜는 우리 힘으로 사랑하고 순종하도록 우리를 혼자 두지 않는다. 하나님의 은혜는 구원의 순간 이후에도 계속 우리를 무장시켜 초자연적 사랑과 순종을 하게 한다. 우리는 그리스도와 타인을 위해 자신의 자유를 제한하는 '짐'을 지지만, 성령 없이 혼자 지는 것은 아니다.

동역자들이 충돌할 때(사도행전 15:36-41)

36며칠 후에 바울이 바나바더러 말하되 우리가 주의 말씀을 전한 각 성으로 다시 가서 형제들이 어떠
한가 방문하자 하고 37바나바는 마가라 하는 요한도 데리고 가고자 하나 38바울은 밤빌리아에서 자기
들을 떠나 함께 일하러 가지 아니한 자를 데리고 가는 것이 옳지 않다 하여 39서로 심히 다투어 피차
갈라서니 바나바는 마가를 데리고 배 타고 구브로로 가고 40바울은 실라를 택한 후에 형제들에게 주
의 은혜에 부탁함을 받고 떠나 41수리아와 길리기아로 다니며 교회들을 견고하게 하니라

불화란 개성이 강한 두 사람이 같은 문제를 반대 방향으로 몰아갈 때 발생하는 대립이자 이념적 충돌이다. 그렇다고 모든 불화가 한 사람은 옳고 한 사람은 틀려서 생긴다는 말은 아니다. 갈등하고 있는 양측이 다 옳은데도 합의에 이를 수 없는 경우도 있다. 그럴 때일수록 해결이 어려워진다. 관점만 다를 뿐 둘 다 문제를 올바로 보고 있기 때문이다.

해법을 찾으려면 명확하고 객관적이며 정중하고 끈질긴 소통이 필요하고, 결과는 타협이나 우호적 결별이 될 수도 있다. 하지만 우리 그리스도인들도 타락한 피조물인지라 불화의 와중에 서로를 잘못 대하고 상처를 입힐 수 있다. 심지어 바울과 바나바 같은 기독교 신앙의 기둥들도 그랬다. 두 선교사가 나중에 화해했다는 증거도 있고 양쪽의 목표와 방법도 교회사를 통해 정당한 것으로 드러났지만, 그래도 누가는 둘의 충돌이 당시에는 고통스러웠음을 암시한다.

—15:36—

이 구절은 바로 앞 구절과 밀접하게 연관해 읽어야 한다. 바울과 바나바는 예루살렘 공의회에서 큰 승리를 거두고 수리아와 길리기아 일대에 은혜의 승리를 선포한 후 안디옥으로 돌아와 교육과 전도의 사역을 재개했다. 두 사람은 단순한 동역자 이상으로, 1차 선교여행에서 함께 고생하기 이전부터 여러 해 동안 친한 친구였다. 박해자 출신의 바울을 안전하게 여기는 그리스도인이 하나도 없던 때에 바나바가 그를 옹호해주었다. 그는 바울을 믿음 안의 참 형제로 보고 예루살렘 교회의 지도자들 앞에서 그를 지지했다(9:26-27). 바나바 덕분에 신자들은 바울을 받아들였고, 바울의 이전 동료들에게서 그를 보호해주기까지 했다.

바울은 자신을 죽이려는 위협과 시도 때문에 부득이 유년기의 고향인 다소로 돌아가 10년 가까이 머물렀다. 한편 바나바는 수리아 안디옥의 교회를 조직화하고 굳게 하는 데 조력자가 필요했고, 그래서 다소에 가서 바울을 영입했다. 여러 해 동안 다소에 있던 바울도 더 넓어진 이방인 사역의 범위로 인하여 열의를 보였을 것이다. "위로의 아들" 바나바는 바울이 초기에 고전했음에도 불구하고 그의 가치를 보았고, 이방인을 교육하고 지도하는 어려운 일에 그를 가담시켰다(11:25-26). 바울이 사도로서 입지를 굳힌 것은 적어도 일부는 바나바 덕분이었다. 바나바는 무명의 바울을 밖으로 끌어내 일찍이 하나님이 하셨던 말씀을 이루도록 도와주었다. "이 사람은 내 이름을 이방인과 임금들과 이스라엘 자손들에게 전하기 위하여 택한 나의 그릇이라"(9:15).

바나바와 함께 안디옥에서 사역하던 중에, 바울은 1차 여행 때 개척했던 교회들을 다시 방문하여 진척 상황을 알아보자고 제안했다.

—15:37-38—

팀을 꾸릴 때가 되자 바나바는 자신의 생질인 요한 마가도 데려가자고 했다(15:37, 골 4:10). 그는 1차 여행 때 "수행원"으로 함께 갔다가(행 13:5) 상황이 어려워지자 곧 바울과 바나바를 등진 청년이었다. 그가 도중하차한 때는 일행이 해적의 아성으로 유서 깊던 밤빌리아의 버가에 상륙한 직후였다(13:13). 그때 일행은 산적이 들끓는 산맥을 넘어 미지의 내륙으로 들어갈 채비를 하던 중이었다. 날씨마저 찌는 듯이 덥고 습하여 바울이 거기서 말라리아에 걸렸다고 보는 역사가들도 있다(참고 갈 4:13).

바울은 그 뒤로 더 큰 시련을 겪었다. 두 성읍에서 쫓겨났고(행 13:50, 14:5-6), 다음 성읍에서는 돌에 맞아 죽은 줄 알고 내버려졌으며(14:19), 오늘 신으로 숭배되다가 다음 날 이단자로 단죄되었다(14:12-19). 강도를 만난 일도 필시 한두 번이 아니었을 것이다. 그래서 그는 모든 팀원이 단결해야만 생존하고 성공할 수 있음을 이전 어느 때보다도 잘 알았다(15:38). 루가오니아와 비시디아의 교회들을 거쳐 귀환할 때도 그들은 이전에 가까스로 피했던 적대적인 무리와 또 맞닥뜨렸을 것이다. 그만큼 성숙과 지조가 꼭 필요한 일이었다.

바울과 바나바가 고심한 질문은 동일했다. 상황이 어려워질 조짐이 보이자마자 사명을 저버린 사람에게 재기할 기회를 주어야 하는가? 안타깝게도 그들이 도달한 답은 상호 배타적이었다. 바울은 이탈한 전력이 있는 사람을 또 믿어보기에는 위험이 너무 크다고 본 반면, 바나바는 요한 마가에게 재기의 기회를 주자고 했다. 결국 그들이 돌아다니며 전하는 것도 은혜의 복음이 아니던가. 재기의 기회를 주시는 하나님 앞에 회개하도록 사람들에게 촉구하는 일이 아니던가. 바울 자신도 이전에 유대인을 상대로 사역하다 두 번이나 실패한 사람이었다. 그는 사람들을 믿음으로 이끌기는커녕 오히려 살의를 불러일으켰다(9:23-24, 29). 그런데도 바나바는 그를 찾아내 안디옥에서 자신의 동역자로 삼았다.

바울은 사명이 중차대하니 믿을 수 없는 사람으로 모험할 수 없다고 했고, 바나바는 실패한 사람을 구속하는 거야말로 사명의 관건이라 했다. 바울은 "사명이 중요하다!"고 했고, 바나바는 "사람이 중요하다!"고 했다. 둘 다 정당한 우려였으나 우선순위와 방법은 서로 달랐다.

—15:39-41—

사도행전 15장 37-38절에 나오는 "데리고 가고자 하나"와 "옳지 않다 하여"라는 문구의 두 동사는 행동의 지속 내지 반복을 나타내는 미완료 시제로 되어 있다. 바나바는 요한 마가를 데려갈 뜻을 굽히지 않았고, 바울도 똑같이 단호하여 물러서지 않았다. 피차 양보하지 않고 논쟁을 벌이다 결국 "심히 다투"는[*paroxysmos*(3948)] 지경에 이르렀다. 영어의 '발작'

(paroxysm)이라는 단어가 이 헬라어 단어에서 유래했다. 칠십인역에는 이 단어가 하나님의 진노(신 29:27)와 "큰 분노"(렘 32:37)라는 맥락에서 쓰였다. 고대 그리스에서 의술서를 펴낸 저자들은 온 몸이 들썩거리는 기침이나 간질 발작 등 돌연하고 격렬한 경련을 이 단어로 표현했다. 두 사람 모두 격한 감정으로 부르르 떨며 서로를 대하다 보니 사방에 팽팽한 긴장감이 감돌았다.

둘 다 옳았다. 둘 다 성경 구절로 자신의 입장을 뒷받침할 수 있었다. 그러나 누구도 교회의 기둥답게 행동하지 못했다. 그들은 완전히 교착 상태에 빠졌다.

결국 두 사람은 각기 따로 팀을 꾸려 다른 방향으로 떠났다. 바나바는 요한 마가를 데리고 "배 타고 구브로로" 갔다(행 15:39). 고향인 그곳이 최종 행선지였을 수도 있고, 1차 선교여행 때와 똑같은 노정을 밟으려 했을 수도 있다. 둘 중 어느 쪽인지 확실히 알 수 없다. 이후 바나바나 그의 여행에 대한 내용은 누가의 기록에서 자취를 감춘다. 나중에 바울은 바나바에 대해 현재 시제를 사용해 긍정적으로 썼다. 이로 미루어 바나바는 바울이 고린도 교회에 그를 사례로 제시할 만큼 잘 알려진 사역을 계속했을 것이다(고전 9:6).

바울이 택한 실라는 예루살렘 공의회 때 처음 본문에 등장했다(행 15:40).[35] 실라는 예루살렘에서 "형제 중에 인도자"에 속했고(15:22), 헬라계 유대인으로서 회심했으며, 바울처럼 로마 시민이었다(16:37). 누가는 바울과 실라가 "형제들에게 주의 은혜에 부탁함[*paradidōmi*(3860)]을 받고"(15:40) 떠났다고 했다. 이전에 교회가 그들을 주께 부탁하던 때에도 똑같은 단어가 쓰였다(14:26). 성령의 감화로 된 기록에 언급되지는 않았지만 장로들이 바나바에게도 똑같이 하지 않았다고 생각할 이유는 없다. 그래도 두 친구의 결별은 분명히 각자에게 실망을 안겨주었고, 교회에 이루 말할 수 없는 아픔을 주었다.

바울은 더베와 루스드라와 이고니온과 비시디아 안디옥의 교회들을 다시 방문하고 싶었고, 특히 할례에 대한 논란이 휩쓸고 지나간 후이기에 더 그랬다. 그는 우선 북쪽으로 수리아와 길리기아를 지나 다소까지 가면서 도중의 교회들을 "견고하게" 했다(15:41). 거기서 길리기아 관문을 통해 타우루스 산맥을 넘었는데, 그 닦인 고갯길 너머는 바로 아나톨리아 고원에 자리한 더베였다.

바울 일행이 안디옥에서 바나바와 반대 방향으로 떠난 것은 순전히 실제적인 이유에서였다. 그럼에도 그것은 더없이 생생한 은유가 되었다. A. T. 로버트슨은 이렇게 썼다.

> 요한 마가에게 재기할 기회를 준 바나바를 아무도 정당하게 탓할 수 없으며, 다시 마가에게 모험하기를 꺼렸던 바울에 대해서도 마찬가지다. 우리는 바울의 판단에 동의가 되면서도 심정은 바나바 쪽으로 기운다…바울과 바나바는 홧김에 갈라섰고 둘 다 비통했다. 바울은 다른 누구에게보다도 바나바에게 큰 빚을 진 사람이었다. 바나바는 바나바대로 당대만 아니라 모든 시대를 통틀어 가장 위대한 인물을 잃었다.[36]

논쟁을 벌이다 화해하지 못하고 갈등을 풀지 못하면 이런 비극이 벌어진다. 설령 양쪽 다 옳아도 양쪽 다 패자다! 물론 바울은 탁월한 선교 팀을 결성하여 심도 깊은 사역으로 세상을 변화시켰다. 그의 서신이 신약성경의 3분의 1을 차지한다. 그러나 요한 마가에 대해서는 바나바가 옳았다. 이 청년은 결국 베드로의 신임을 얻어(벧전 5:13) 마가복음을 기록했다. 바울도 나중에 마가를 자신의 전도 팀에 받아들였고(골 4:10), "나의 일에 유익"하다며 그를 인정하기까지 했다(딤후 4:11). 기준이 까다로운 사도치고는 후한 칭찬이다.

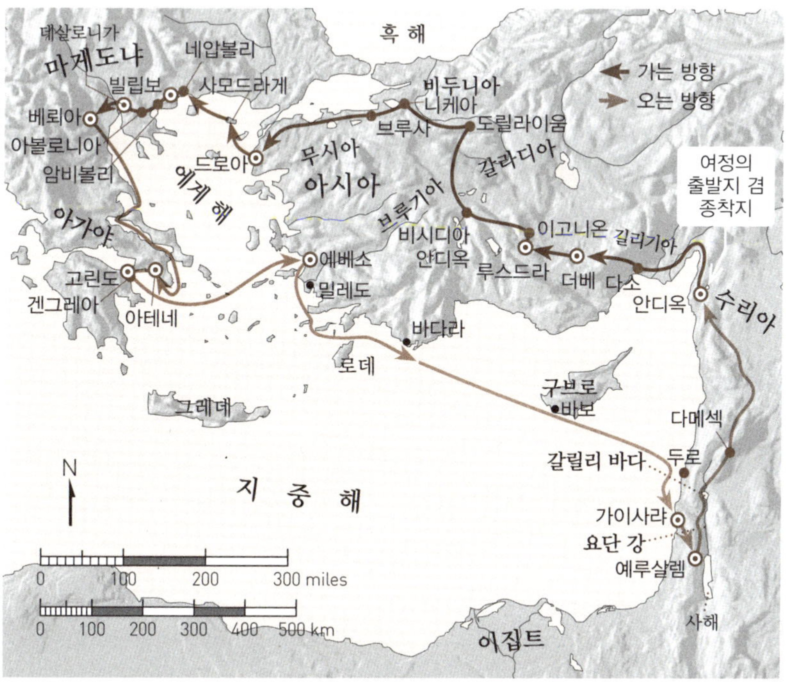

바울의 2차 선교여행. 바울과 실라는 안디옥을 떠나 바울이 1차 선교여행 때 교회를 개척했던 도시들 가운데 몇 군데에 다시 갔다. 거기서 아시아를 통과해 그리스의 고린도에까지 이르렀다. 돌아올 때는 에베소에 들른 뒤 바다를 건너 유대로 갔다가 마침내 안디옥으로 귀환했다.

적용: 사도행전 15:36-41

관계를 구출하라

바울과 바나바의 우정과 동역을 종식시킨 분쟁을 잘 보면 비슷한 운명을 피할 수 있는 세 가지 지침을 얻을 수 있다.

첫째, 분쟁에 연루되었을 때는 자신의 입장만 아니라 양쪽 모두의 입장을 볼 수 있게 해달라고 기도하라. 상식적인 말이지만 분쟁 중에 상대의 관점을 알면 엄청난 도움이 된다. 불행히도 싸움이 한창일 때는 상식조차 희귀해진다. 내 욕구가 옳은 길을 압도한다. 내 권리를 침해당했으니 억울함을 풀어야 하고, 내 관점이 무시되었으니 발언권을 빼앗아야 하며, 내 기준이 타협되었으니 우위를 점해야 한다. 자신의 행복이 위협받을 때 타인—특히 나의 적—의 행복을 배려하는 일은 자멸로 느껴진다. 우리의 본능적 반응은 자신을 보호하는 것이므로, "정말 당신의 관점을 알고 싶다"고 말하려면 초자연적 도움이 필요하다. 그러므로 이런 능력을 달라고 기도하고 다른 사람들에게도 기도를 부탁하라.

바나바와의 동역이 끝난 지 오랜 후에 바울은 빌립보 교회에 이렇게 썼다. "아무 일에든지 다툼이나 허영으로 하지 말고 오직 겸손한 마음으로 각각 자기보다 남을 낫게 여기고 각각 자기 일을 돌볼 뿐더러 또한 각각 다른 사람들의 일을 돌보아"(빌 2:3-4). 이 말씀을 보노라면 나는 바울이 지난날 의견 충돌에 대처하던 자신을 돌아보며 행실을 뉘우쳤으리라는 생각을 떨칠 수 없다.

둘째, 양쪽 모두 정당한 근거가 있다면 지혜로운 타협을 모색하라. 나의 사역에서 한때 '타협'이란 말은 이단과 거의 맞먹었다. 그러나 나이가 들고 더 지혜로워지면서 차차 내 눈은 칠흑과 순백 사이에 있는 여러 색조를 볼 수 있게 되었다. 본질과 비본질을 구분할 줄도 알게 되었다. 본질을 위해서는 내 목숨이라도 버릴 수 있지만 비본질에는 협상의 여지가 남는다. 오늘 이 본문을 보는 나의 관점은 젊었을 때와는 아주 다르다. 바울과 바나바의 분쟁을 잘 보면 교리적 요소는 전혀 개입되어 있지 않다. 그들은 합리적 타협에 도달할 수도 있었다. 원한이나 악감정이 전혀 없이 결별을 택할 수도 있었다. 그러나 어느 쪽도 뜻을 굽히지 않았다.

셋째, 갈등이 지속되어도 포기하지 말고 끝까지 견디라. 우리는 공격 아니면 도피의 세상에 살고 있다. 선택의 폭이 넓어지고 기동성이 좋아지며 관계가 평가절하되면서 우리 사회는 '네 뜻대로 안 되거든 떠나라'는 쪽으로 변했다. 다른 사람의 입장을 알고자 애써 노력하거나, 타협에 이르는 불편을 감수하거나, 모두를 위해 더 큰 유익을 구하려는 마음은 없다. 내가 원하는 것이 다른 데에 있기를 바라며 떠나면 그만이다. 교회가 돌아가는 방식이 마음에 들지 않는가? 다른 교회로 가면 된다. 결혼생활이 뜻대로 풀리지 않는가? 이혼하고 다시 시작하면 된다. 비참하게도 우리가 떠나기로 작정하는 시점은 하나님이 예비하신 해법이 나타나기 직전일 때가 많다.

끝까지 견디라. 갈등이 생각보다 오래가도 해결을 포기하지 마라. 대안이 바닥났다 해서 관계를 희생하지 마라. 그때야말로 문제를 대신 해결해주실 주님을 신뢰해야 할 때다. 결국 난관 속에서 관계를 유지하는 일은 신앙의 문제다. 당신의 힘으로 안 되는 일도 그분이 이루어주실 줄로 믿고 끝까지 견디라. 그분은 신실하신 분이다. 설령 상대방 때문에 화해가 불가능한 경우라도 하나님은 충실한 당신을 높여주실 것이다.

그래도 솔직히 갈등이 끝내 풀리지 않을 때가 있다. 가능한 해법을 전혀 찾거나 합의할 수 없다. 드물지만 그런 경우에는 우호적 결별이 최선의 방법이다.

닫힌 문, 열린 문(사도행전 16:1-10)

1바울이 더베와 루스드라에도 이르매 거기 디모데라 하는 제자가 있으니 그 어머니는 믿는 유대 여자
요 아버지는 헬라인이라 2디모데는 루스드라와 이고니온에 있는 형제들에게 칭찬 받는 자니 3바울이
그를 데리고 떠나고자 할새 그 지역에 있는 유대인으로 말미암아 그를 데려다가 할례를 행하니 이는
그 사람들이 그의 아버지는 헬라인인 줄 다 앎이러라 4여러 성으로 다녀 갈 때에 예루살렘에 있는 사
도와 장로들이 작정한 규례를 그들에게 주어 지키게 하니 5이에 여러 교회가 믿음이 더 굳건해지고
수가 날마다 늘어가니라

6성령이 아시아에서 말씀을 전하지 못하게 하시거늘 그들이 브루기아와 갈라디아 땅으로 다녀가
7무시아 앞에 이르러 비두니아로 가고자 애쓰되 예수의 영이 허락하지 아니하시는지라 8무시아를 지
나 드로아로 내려갔는데 9밤에 환상이 바울에게 보이니 마게도냐 사람 하나가 서서 그에게 청하여
이르되 마게도냐로 건너와서 우리를 도우라 하거늘 10바울이 그 환상을 보았을 때 우리가 곧 마게
도냐로 떠나기를 힘쓰니 이는 하나님이 저 사람들에게 복음을 전하라고 우리를 부르신 줄로 인정
함이러라

상상이 잘 되지 않지만 닫힌 문도 하나님의 선물일 수 있다. 내가 말하려는 것은 파산, 이혼, 사랑하는 이를 사별하는 것, 불치병 같은 비극적 사건이나 그 밖의 악이 아니다. 당신이 하나님께 속해 있다면 그분이 이런 사건까지도 당신에게 이롭게 쓰시겠지만(롬 8:28) 내가 말하려는 '닫힌 문'은 그런 게 아니다. 하나님은 결코 악을 유발하지 않으신다. 그러나 그분은 개인의 삶과 역사의 큰 물줄기에 그분의 목적을 이루시고자 기회를 열고 닫으신다. 예수님은 자신을 "거룩하고 진실하사 다윗의 열쇠를 가지신 이 곧 열면 닫을 사람이 없고 닫으면 열 사람이 없는"(계 3:7) 분으로 표현하셨다. 기회가 닫히면 우리가 바라는 바를 얻을 수 없기에, 주님의 행동이 저주처럼 느껴질 수 있다. 삶이 황량하고 부질없으며 절망스러워 보인다. 뒷전으로 밀려나 버림받고 무시되다 못해 능멸당하는 기분마저 든다. 그래도 닫힌 문은 하나님이 우리를 사랑하시는 놀라운 표현일 수 있다.

바울의 2차 선교여행의 초반은 줄곧 문이 열린 이야기였다. 그 전에 몇 달간 그는 주님이 1차 여행 때 "이방인들에게 믿음의 문을 여신"(행 14:27, 참고 15:3) 사연을 사마리아와 베니게와 수리아의 교회들에 전했다. 예루살렘 공의회는 그의 사역을 인정하며 은혜의 복음에 대한 확인서까지 써주었다. 수리아 안디옥의 모교회는 그를 또다시 파송하는 열의를 보였다. 마침내 이번 여정의 첫 구간에서 그가 통과해온 수리아와 길리기아는 사람들이 그를 알고 그의 가르침을 환영하는 친숙한 지역이었다. 타우루스 산맥을 넘은 뒤로도 그는 이전에 바나바로 더불어 더베와 루스드라와 이고니온에 개척했던 교회들과 즐겁게 재회했다. 사역을 열심히 배우려 하는 전도유망한 젊은 후학인 디모데까지 만났다. 그런데 거기서 문이 쾅 닫혔다.

그동안 바울은 강도, 대적, 질병, 거부, 돌에 맞음, 우상숭배 등 많은 도전을 극복했지만 이번의 닫힌 문이야말로 여태까지 만난 가장 큰 고난이었다.

—16:1-3—

바울의 노정에는 낯익은 고장이 포함되었다. 더베와 루스드라는 이전에 바나바와 함께 팀으로 다녀간 곳이다. 그는 특히 루스드라에서 고초를 겪었었다. 성난 유대인 무리가 이고니온에서 와서 폭도를 선동하여 길에서 그를 돌로 친 뒤 죽은 줄 알고 시외로 끌어다 버렸다(14:19). 그런데도 그때 바울과 바나바는 그곳으로 되돌아가 충격에 휩싸인 신자들을 격려했다.

여기서 누가는 장차 바울에게 사역을 배울 한 인물을 소개한다. 사도 바울은 처음부터 줄곧 많은 사람을 발굴하고 훈련했지만 특히 디모데를 아들로 여겼다(딤전 1:2). 이 청년은 바울과 바나바의 사역을 통해 신앙에 입문했을 수 있으며, 그렇지 않다 해도 그들이 개척한 교회가 맺은 열매인 것만은 분명하다. 그는 바울이 돌에 맞은 상처와 후유증을 목격했거나 필시 이야기로라도 들었을 것이다. 누가는 디모데의 아버지가 헬라인이라고 밝혔는데(행 16:1), 다른 곳에서는 전혀 언급이 없는 것으로 보아 그는 이미 세상을 떠났을 것이다. 로마의 식민지였던 루스드라에는 퇴역 군인이 상당히 많이 살았다. 이 도시는 병력의 주둔지이기도 해서 사방의 산지 부족들로부터 갈라디아를 수호했다. 그러므로 디모데의 아버지가 로마 군인으로 복무하면서 유대인 여자와 결혼하여 루스드라에 거주하다가 죽었다고 추측해도 무리는 아니다.

디모데는 어머니 덕분에 혈관에 유대인의 피가 흘렀지만 회당에서 히브리식 양육을 받지는 못했다. 어려서부터 성경과 신학을 배우기는 했으나(딤후 3:14-15) 할례를 통해 참된 '언약의 자손'이 된 적은 없었다. 아마 아버지가 그 의식을 반대했기 때문일 것이다. 바울은 디모데가 어머니 유니게와 할머니 로이스의 손에서 경건하게 자랐음을 언급했는데(딤후 1:5), 그들이 끼친 영향 덕분에 이 청년은 복음을 들은 후 영적으로 빠르게 성장할 준비가 되어 있었다. 바울과 실라가 당도했을 즈음 루스드라와 이고니온의 교회에는 디모데에 대한 좋은 평판이 자자했다(행 16:2).

바울은 디모데를 사역에 영입할 때 이 청년에게 할례를 행했다(16:3). 율법을 지키기 위해서나 디모데가 유대인이기 때문이 아니었다. 바울과 실라가 가까운 미래에 여러 회당을 방문할 계획이었으므로 아마 디모데도 회당에 더 쉽게 드나들게 하기 위해서였을 것이다.

—16:4-5—

누가의 요약된 서술에 따르면 바울은 더베를 방문한 직후 디모데를 발굴했고, 그 전후로도 그 지역에서 사역했다. 그는 예루살렘의 사도들과 장로들의 공식 성명서를 낭독하여 앞으로 할례파 교사가 생겨나지 못하게 즉각 봉쇄했다(16:4). 교회들이 받은 이 확실한 교리는 처음부터 예수님을 알고 그분께 훈련받았던 사람들에게서 온 것이었다. 이 편지와 바울의 가르침 덕분에 교회들은 "더 굳건해"졌다[16:5, *stepeoō*(4732)]. 이 단어의 어감을 실감하려면 젖살이 근육으로 바뀌면서 몸집이 커지는 소년을 떠올리면 된다. 교회들은 더 굳건해지면서 또한 더 커졌다.

누가가 되풀이해 쓴 미완료 시제—"다녀 갈", "주어", "굳건해지고", "늘어가니라"—는 본문이 요약된 서술임을 말해줄 뿐 아니라, 바울이 떠난 후에도 그가 행한 사역의 영향이 지속되었음을 암시한다. 이제 디모데까지 포함된 바울 일행은 갈라디아와 브루기아 남부의 기독교를 견고히 다져주면서 전도유망한 새로운 땅인 로마의 아시아 성(省)을 향해 서진했다.

아시아로 속행하려던 계획은 충분히 일리가 있었다. BC 6세기에 로마는 현재의 터키를 가로질러 줄줄이 식민지를 세우고 시원한 간선도로로 연결했다. 바울은 이고니온과 비시디아 안디옥에서부터 세바스테 길을 따라 코마마까지 가서 거기서 "공도"(公道)를 따라 에베소로 가면 되었다. 이 두 도로는 넓고(너비가 거의 4미터였다) 통행량이 많아 비교적 안전했다.[37] 무엇보다 중요하게 그 노선은 내륙에 거주하고 있는 최다 인구에 접근할 수 있는 최고의 길이었다.

그러나 바울과 실라를 향한 주님의 계획은 달랐다. 아시아로 가려면 더 기다려야 했다.

—16:6-8—

바울 일행은 브루기아와 갈라디아의 북부로 더 이동했다. 주님이 서쪽의 아시아로 가지 못하게 막으셨기 때문이다. 닫힌 문은 그게 다가 아니었다. 북쪽에서 그들은 계속 흑해 남안의 비두니아로 들어가려 했으나 이번에도 주님이 막으셨다. 그래서 그들은 비두니아 남단과 아시아 북단 사이에 낀 채로 서쪽으로 돌아 무시아의 북부를 통과했다. 누가가 쓴 동사들의 시제로 보아 그들은 비두니아에 입성하려고 시종 반복해서 문을 두드렸다. 시도하고 또 시도하는 사이에 서쪽으로 향하는 길은 끝나고 말았다. 결국 땅 끝인 해안 도시 드로아에 다다른 것이다.

누가의 표현을 보면 그들이 아시아로 가려 할 때는 "성령이…못하게 하"셨고(16:6), 비두니아로 북향하려 할 때는 "예수의 영이 허락하지 아니하"셨다(16:7). "못하게 하시거늘"의 헬라어 단어[*kōlyō*(2967)]는 '잘라내다, 싹둑 베다, 끊다'는 뜻이다. 은유적으로 '저지하다, 막다'를 의미하는 그림 언어다. 누가는 하나님이 막으신다는 사실을 그들이 어떻게 분간했는지는 설명하지 않았다. 아직 사도 시대였던 만큼 육성으로 지시 사항이 들려왔을 수도 있으나 본문에 밝혀져 있지 않다. 그보다 바울과 실라는 하나님의 주권적 주관 아래 아마 특정한 환경에 막혀 해당 지역에 들어가지 못했을 것이다. 그들은 이런 불운한 처지를 우연으로 일축한 것이 아니라, 자신들을 그분의 뜻대로 인도하시는 그리스도의 주권적 손길로 인식했다.

그런 시각을 유지하려면 주님의 인도하심에 심령이 민감해야 한다. 그런데 우리는 본능적으로 자신이 무엇을 잘못했는지 따져보거나, 잘못한 것이 없을 경우 피해 의식에 빠지는 경향이 있다. 또 사방에 문이 열려 있는 듯한 다른 사람들과 자신을 비교하거나, 주님이 막으시는 쪽으로 가려고 더 열심히 애쓰거나, 몇 번 문이 쾅 닫히면 포기하고 돌아가 버린다. 바울과 실라는 그러지 않았다. 자신들의 소명을 의심하지 않고 견뎠다. 간단히 말해 그들은 하나님의 주권적 인도하심에 순복했다. 그들은 주님께 기회를 열고 닫으실 권리, 주시고 거두실 권리가 얼마든지 있음을 알았다. 이 모든 와중에도 그들은 주님의 선하심이나 자비하심을 의심하지 않았다.

—16:9-10—

드로아는 마게도냐에서 아시아로 넘어오는 관문 역할을 했을 뿐 주목할 만한 도시는 아니었다. 바울과 실라 일행이 거기까지 흘러든 것은 달리 갈 데가 없었기 때문이다. 브루기아에서 열려 있는 유일한 노선으로 가다 보니 아시아 북단과 비두니아 남단 사이로 서향하여 에게 해에서 멈추었을 뿐이다. 도착한 지 얼마 후에—며칠인지 몇 주인지 몇 달인지 누가는 명시하지 않았다—바울은 꿈속에서 환상을 받고 그것이 하나님에게서 온 것임을 즉각 인정했다(16:9). 환상 속에 마게도냐인으로 인식되는 어떤 사람이 바울에게 "우리를 도우라"[*boētheō*(997)]고 "청"했다[*parakaleō*(3870)]. 바울은 갑자기 지난 몇 주가 이해되었다. 그가 생각하기에 복음이 확장되어나갈 다음번 선택지가 아시아인 것이 논리적으로 보였으나 하나님의 마음은 유럽에 있었다. 주님은 결국 아시아도 그분의 나라에 들이실 것이지만 그 타이밍이 바울과는 달랐다.

하나님의 계획대로 따르는 사람에게 막다른 골목은 결코 착오가 아니다. 주님이 세심하게 바울과 실라를 특정한 때에 그분이 원하시는 곳으로 이끄셨다. 바울은 드로아에서 누가를 만났는데 누가는 빌립보의 주민이었던 것 같다. 세 번 나오는 "우리" 본문 중 첫 번째가 여기서 시작되어 저자의 3인칭 대명사가 1인칭으로 바뀐다. 다시 말해 이제부터 누가도 일행에 합류하여 이야기의 일부를 장식한다.

곧 보겠지만 빌립보는 로마의 큰 식민지였으나 회당은 없었다. 시 당국에서 유대인의 예배당을 원하지 않았을 수도 있지만, 그보다는 현지에 거주하던 유대인 남자의 수가 회당 설립의 최소 요건인 열 명에 못 미쳤을 것이다. 바울은 새 도시에 갈 때마다 현지의 회당에서 설교하기를 선호했다. 신학적인 이유에서만 아니라 이방인과의 접촉점을 찾기 위해서였다. 이전에 바울과 바나바는 루스드라에 회당이 없어 장터에서 이교도들에게 설교했다가 최악의 결과를 당한 적이 있었다. 그 경험을 통해 입증되었듯이 지역사회 내부에 접촉점이 있으면 확실히 유익했다. 하나님의 섭리로 누가가 그 역할을 하게 된다.

여태 닫혔던 모든 문이 이제 이해가 되었다. 한동안 오리무중 같던 상황에 갑자기 초점이 잡히면서 주님이 그들을 탁 트인 궤도로 이끄셨음이 밝혀졌다. 사역이 좌절되었던 긴 몇 주간을 통해 바울과 실라와 디모데 일행은 새로운 진군 명령을 받을 준비가 되어 있었다. 그들은 지체 없이 마게도냐로 떠났다(16:10).

적용: 사도행전 16:1-10
문이 닫힐 때

바른 시각만 있으면 닫힌 문도 결코 마냥 좌절로 느껴지지 않는다. 하나님은 주관자이시며 늘 옳은 일을 행하신다. 이를 알고 그분의 계획을 신뢰하면 불안이 녹아 평온한 확신이 되고, 짜증은 순복에 밀려나며, 두려움도 신뢰에 자리를 내준다. 바울이 경험한 닫힌 문은 우리가 막다른 골목에 이르렀을 때 명심해야 할 몇 가지 중요한 진리를 가르쳐준다.

첫째, 주님은 우리를 보내시기 전에 막으셔야 할 때가 많다. 물론 우리 삶이 전에 없이 빠르게 진행될 때도 있다. 그러나 저지당하여 막다른 골목에 이를 때 어떤 심정인지도 우리는 안다. 모든 문이 닫혀 있다. 북쪽으로 가려 해도 열리지 않고 남쪽도 나을 바가 없다. 동쪽이나 서쪽도 똑같이 막혀 있다. 그분이 당신을 진퇴양난으로 막으셨다. 이럴 때는 허둥댈 게 아니라 일단 멈추어야 한다. 혼자 있는 시간을 내서 당신 내면과 주위에서 벌어지는 일에 주목하라. 당신이 이동하기 전에 하나님이 보여주실 것이 있다. 당신에게 필요한 관점이나 결여된 중요한 정보가 있다.

둘째, 하나님이 어느 한 문을 닫으실 때는 반드시 다른 문을 여실 계획이 있다. 낙관론을 고취하려는 진부한 말처럼 들리지만, 이 진리에는 "다 잘될 것이다"라는 뜻 이상이 담겨 있다. 이는 하나님의 주권을 담대히 고백하는 말이다. 그리스도인은 누구도 절망할 권리가 없다. 오히려 정반대로 그리스도인에게 절망적 사건이란 존재하지 않는다. 비신자는 실수나 오판 때문에 교착 상태에 빠졌다고 염려하지만, 하나님의 자녀는 교착 상태조차도 그분이 세우신 계획의 일환임을 안다. 바울의 경우 주님은 물을 홈통으로 빼듯이 환경을 통해 사도 일행을 드로아로 인도하셨다. 막다른 골목의 끝에서 그들은 주님의 인도하심을 기다리는 수밖에 없었다. 그래도 그들은 절망하기는커녕 자신들의 사명을 확신하는 가운데 그분의 인도하심을 기다렸다.

당신도 비슷한 상황에 부딪히거든 막다른 골목에서 악착같이 벗어나려는 충동을 물리치라. 잠자코 뒤로 물러나서 기다리라. 도피할 구멍을 찾지 말고 주님의 인도하심을 구하라.

셋째, 문은 하나님의 완벽한 타이밍에 맞추어 열리고 닫힌다. 주님은 아시아의 문을 닫고 유럽의 문을 여셨을 뿐 아니라 타이밍도 조절하신 것 같다. 덕분에 바울은 빌립보에서 도움이 될 의사 누가를 미리 만날 수 있었다. 누가가 과연 그 도시의 주민이라면 그의 개인적 인맥은 회당이 없던 그곳에서 아주 귀한 자산이 되었을 것이다. 우리는 성공을 목적지와 진척도의 관점에서 생각하는 경향이 있지만, 지혜로운 사람들은 타이밍도 관건임을 배워서 안다. 바울은 분명한 인도하심이 있을 때까지 억지로 진행하지 않고 주님을 기다렸다. 때로는 기다림이 최선의 전진임을 알았던 것이다.

유럽의 교두보(사도행전 16:11-40)

11우리가 드로아에서 배로 떠나 사모드라게로 직행하여 이튿날 네압볼리로 가고 12거기서 빌립보에 이
르니 이는 마게도냐 지방의 첫 성이요 또 로마의 식민지라 이 성에서 수일을 유하다가 13안식일에 우
리가 기도할 곳이 있을까 하여 문 밖 강가에 나가 거기 앉아서 모인 여자들에게 말하는데

14두아디라 시에 있는 자색 옷감 장사로서 하나님을 섬기는 루디아라 하는 한 여자가 말을 듣고
있을 때 주께서 그 마음을 열어 바울의 말을 따르게 하신지라 15그와 그 집이 다 세례를 받고 우리에게
청하여 이르되 만일 나를 주 믿는 자로 알거든 내 집에 들어와 유하라 하고 강권하여 머물게 하니라

16우리가 기도하는 곳에 가다가 점치는 귀신 들린 여종 하나를 만나니 점으로 그 주인들에게 큰
이익을 주는 자라 17그가 바울과 우리를 따라와 소리 질러 이르되 이 사람들은 지극히 높은 하나님의
종으로서 구원의 길을 너희에게 전하는 자라 하며 18이같이 여러 날을 하는지라 바울이 심히 괴로워
하여 돌이켜 그 귀신에게 이르되 예수 그리스도의 이름으로 내가 네게 명하노니 그에게서 나오라 하
니 귀신이 즉시 나오니라

19여종의 주인들은 자기 수익의 소망이 끊어진 것을 보고 바울과 실라를 붙잡아 장터로 관리들에
게 끌어 갔다가 20상관들 앞에 데리고 가서 말하되 이 사람들이 유대인인데 우리 성을 심히 요란하게
하여 21로마 사람인 우리가 받지도 못하고 행하지도 못할 풍속을 전한다 하거늘

22무리가 일제히 일어나 고발하니 상관들이 옷을 찢어 벗기고 매로 치라 하여 23많이 친 후에 옥
에 가두고 간수에게 명하여 든든히 지키라 하니 24그가 이러한 명령을 받아 그들을 깊은 옥에 가두고
그 발을 차꼬에 든든히 채웠더니

25한밤중에 바울과 실라가 기도하고 하나님을 찬송하매 죄수들이 듣더라 26이에 갑자기 큰 지진
이 나서 옥터가 움직이고 문이 곧 다 열리며 모든 사람의 매인 것이 다 벗어진지라 27간수가 자다가
깨어 옥문들이 열린 것을 보고 죄수들이 도망한 줄 생각하고 칼을 빼어 자결하려 하거늘 28바울이 크
게 소리 질러 이르되 네 몸을 상하지 말라 우리가 다 여기 있노라 하니 29간수가 등불을 달라고 하며
뛰어 들어가 무서워 떨며 바울과 실라 앞에 엎드리고 30그들을 데리고 나가 이르되 선생들이여 내가
어떻게 하여야 구원을 받으리이까 하거늘

31이르되 주 예수를 믿으라 그리하면 너와 네 집이 구원을 받으리라 하고 32주의 말씀을 그 사람
과 그 집에 있는 모든 사람에게 전하더라 33그 밤 그 시각에 간수가 그들을 데려다가 그 맞은 자리를
씻어 주고 자기와 그 온 가족이 다 세례를 받은 후 34그들을 데리고 자기 집에 올라가서 음식을 차려
주고 그와 온 집안이 하나님을 믿으므로 크게 기뻐하니라

35날이 새매 상관들이 부하를 보내어 이 사람들을 놓으라 하니 36간수가 그 말대로 바울에게 말하
되 상관들이 사람을 보내어 너희를 놓으라 하였으니 이제는 나가서 평안히 가라 하거늘 37바울이 이
르되 로마 사람인 우리를 죄도 정하지 아니하고 공중 앞에서 때리고 옥에 가두었다가 이제는 가만히

내보내고자 하느냐 아니라 그들이 친히 와서 우리를 데리고 나가야 하리라 한대 [38]부하들이 이 말을
상관들에게 보고하니 그들이 로마 사람이라 하는 말을 듣고 두려워하여 [39]와서 권하여 데리고 나가
그 성에서 떠나기를 청하니 [40]두 사람이 옥에서 나와 루디아의 집에 들어가서 형제들을 만나 보고 위
로하고 가니라

켈트족의 옛 축복 기도에 "바람은 언제나 당신의 등 뒤에서 불기를"이라는 반가운 대목이 나온다. 풍력으로 여행하던 시절에 항해자들이 바라던 최고의 행운은 돛을 지긋이 밀어주는 산들바람이었다. 다른 게 잘못되어도 순풍만 제대로 불면 늘 신의 은총처럼 느껴졌다. 항해를 즐기는 사람이라면 누구나 이 은유에 공감할 것이다. 돛을 활짝 편 배를 항상풍이 뒤에서 힘껏 밀어줄 때보다 더 신나는 일은 없다. 물결이 잔잔하므로 뱃머리는 소음이나 저항 없이 물 위를 미끄러져 나간다. 바울 일행은 기대감에 가슴이 두근거렸을 것이다. 은유를 섞어 써서 미안하지만 등 뒤에서 부는 바람은 걸음을 기어이 멈추게 만드는 닫힌 문과는 정반대다.

결국 바울과 실라와 디모데와 누가와 기타 무명의 조력자들은 드로아에서 네압볼리로 향하는 배에 올랐는데, 네압볼리는 마게도냐의 중요한 도시인 빌립보의 해상 수송을 맡은 주요 항구였다(16:10-12). 몇 주 동안 이동하려다 막혀 좌절과 혼동을 겪은 뒤였으니 그들의 심정이 어떠했을지 상상해보라. 누가는 이 항해를 "직행"(16:11)이라 표현했는데 이는 바닷길에 순풍이 불었다는 뜻이다. 배가 바람에 떠밀려 항로를 벗어나지도 않았고, 선원들이 맞바람을 거슬러 갈지자로 나아갈 필요도 없었다. 요컨대 그들은 바람을 등지고 항해했다. 전방에는 잠재력이 풍부한 미답의 선교지인 유럽이 펼쳐져 있었다. 하지만 이런 신선한 탄력에도 불구하고 유럽에 교회를 세우려면 새로운 역경 앞에서 끈기와 희생이 필요했다.

—16:11-12—

바울 일행은 드로아를 떠나 사모드라게 섬을 거쳐 네압볼리로 "직행"했다(16:11). 드로아에서 네압볼리까지 지도상에 줄을 그어보면 사모드라게는 일직선상에 있지 않다. "직행"이란 표현은 항해 용어로 배가 바람을 거슬러 갈지자로 나아갈 필요 없이 예정된 목적지로 항해

했다는 뜻이다. 누가는 이 구간에 이틀이 소요되었다고 했는데, 훗날 3차 여행 때 돌아오는 길의 닷새와 대비된다(참고 20:6). 밤에는 배가 다니지 않았으므로 선장은 사모드라게에서 닻을 내렸다.

네압볼리는 '신도시'라는 뜻이지만 창건된 시기는 바울이 찾아간 AD 50년경보다 5백년도 더 전이었다. 지금은 카발라라는 현대 도시가 그 지역에 해당한다. 이 아름다운 항구에 해상 수송을 의지하고 있던 빌립보는 포구를 에워싼 작은 산맥 너머의 북서쪽으로 불과 15킬로미터 거리에 있었다.[38] 네압볼리에서 내린 일행은 곧장 빌립보로 갔다. 누가는 빌립보를 "마게도냐 지방의 첫[또는 첫째가는] 성이요 또 로마의 식민지"(16:12)라고 소개했다.

빌립보는 본래 작은 마을이었는데 BC 357년경에 마케도니아의 필립 2세(알렉산더 대제의 부왕)가 군사 요새로 변모시켰다. 그는 이곳을 통해 인근의 많은 금광도 관리했다. 나중에 로마에서 이곳을 식민지로 지정했는데, 로마 시민과 퇴역 군인을 유치할 목적으로 로마의 문화와 경제를 본떴다는 뜻이다. 로마 정부의 소재지는 남서쪽으로 55킬로미터 조금 넘게 떨어진 암비볼리였으므로, 빌립보가 첫째가는 도시로 알려진 것은 경제와 영향력 때문이었다.[39] 빌립보는 육상 무역과 해상 무역 둘 다를 위한 전략적 요충지였다. 활성화된 농업과 금광업 외에도 유명한 의학교가 이 도시에 있었다.[40]

—16:13—

회당이 없는 지역의 유대인들은 대개 안식일에 비공식으로 모여 공부하고 기도했다. 빌립보에 회당이 없었던 것은 유대인을 향한 적대감 때문일 수도 있고,[41] 그 지역에 사는 유대인 남자가 거의 없었기 때문일 수도 있다. 어쨌든 일행은 성문 밖으로 나가 강기슭의 어느 지점으로 갔다. 강기슭은 통상적으로 "기도할 곳", 즉 비공식 회당으로 쓰였다.

"있을까 하여"에서 "하여"에 해당하는 동사 *nomizō*(3543)는 바울 일행이 마치 어떤 전제에 근거하여 그 장소를 경험적으로 추측했다는 인상을 풍긴다. 기본적으로 '생각하다, 믿다, 여기다'는 뜻을 가진 이 단어는 어느 정도 확실성을 내포할 수도 있으나, 흔히 '상식'의 의미로 쓰였다. 예컨대 극장에서 팝콘을 판다는 것은 상식이다. 법칙은 아니지만 누구나 안다. 마찬가지로 빌립보의 유대인들이 안식일마다 모여 기도했다는 것도 누구나 알았다.

물론 '누구나'에는 그 도시를 잘 알던 누가도 포함되었다.

일행은 모임에 끼어 앉아, "모인 여자들에게" 말을 걸었다. 남자들이 전반적으로 부재했음을 암시하는 표현이다. 바울처럼 수준 높은 랍비가 왔으니 그들도 환영했을 것이다. 디모데는 신자 남편이 없는 경건한 유대인 여자들의 면면 속에서 언뜻 자기 어머니의 모습을 보았을 것이다.

—16:14-15—

빌립보 사람들이 알던 이 걸출한 여인의 이름은 본명이 아니라 별명이었을 수 있다. 그녀가 태어난 두아디라는 루디아 왕국이 창건한 도시였는데, 그 지역이 당시에도 루디아로 알려져 있었기 때문이다. 만일 그렇다면 그녀는 고향의 특산품인 자색 옷감을 수입하는 사업가로서 그 지명을 자신에게 유리하게 활용한 셈이다. 흥미롭게도 두아디라는 로마의 아시아 성 한복판에 있었다. 절정기의 루디아 왕국은 바울이 들어갈 수 없었던 바로 그 땅을 지배했다.

"그[녀의] 집"(16:15)이라는 내러티브의 한 단서로 보아 루디아는 독신이거나 과부였고, 빌립보의 부호였다. 해당 교역품의 역사를 조금만 보아도 그녀가 똑똑하고 수완 좋은 사업가였음을 알 수 있다. 로마인들은 계급을 표시하는 상징으로 의복과 융단에 자색 옷감을 넣었다. 따라서 제품의 수요가 많아 그녀의 장사는 호황이었다. 본래 이 옷감을 만드는 데 필요한 염료는 베니게의 두로에서 났다. 그곳 사람들이 다량의 패류 껍데기에서 소량의 자주색 염료를 공들여 채취했다.[42] 완성된 옷감은 같은 무게의 금만큼이나 가치가 있었다. 루디아는 염료나 옷감을 수입하여 베니게의 경쟁업자들보다 훨씬 싼 값에 팔았다.

누가의 말대로 그녀는 "하나님을 섬기는[예배하는]"(16:14) 사람이었는데 이는 유대교를 정식으로 받아들인 이방인을 일컫던 통상적 표현이다. 그녀의 온 집은 바울의 가르침을 통해 그리스도를 믿고 세례를 받았다. 그녀의 반응에는 흘러넘치는 후한 인심도 수반되어, 자신이 바울 일행을 대접할 것을 고집했다. "청하여"[*parakaleō*(3870)]로 번역된 단어 하나만으로도 어감이 강하여 '권고하다, 호소하다, 독려하다'는 뜻이 있는데, 여기에 누가는 무력 사용을 암시하는 거의 폭력적인 헬라어 단어 "강권하여"[*parabiazomai*(3849)]를 덧붙였다.

더욱이 그녀의 논리적 근거—"만일 나를 주 믿는 자로 알거든"(16:15)—까지 고려하면, 루디아가 왜 부유한 상인이 되었는지 알 수 있다. 루디아의 말을 물리칠 수 있는 사람은 아무도 없었다!

—16:16–18—

바울과 동지들은 빌립보에서 계속 사역하며 성문 밖 강가의 "기도할 곳"에 자주 다녔다(16:13). 그런데 귀신들린 여종[*paidiskē*(3814)] 하나가 무슨 이유에서인지 바울의 사역을 지지했다. 이 단어는 하녀나 여아 종이라는 뜻인데 주인들은 그녀를 점쟁이로 부려 큰돈을 벌고 있었다(16:16).

누가는 그녀가 "점"[*manteuomai*(3132)]에 능한 원인이 "점치는 귀신"[*pythōn*(4436)의 *pneuma*(4151)] 때문이라고 밝혔다. 본래 이 귀신은 델포이의 신탁을 수호한 신비의 뱀 또는 용(龍)인 피톤을 가리켰으나, 나중에는 앞일을 내다보는 초자연적 능력이 있다고 여겨지는 사람이면 누구에게나 쓰였다. 델포이는 비몽사몽 중에 예언을 발했다는 여사제들로 유명한 신전이었다. 역사상 이교의 장군들은 무당과 점쟁이에 크게 의존하여, 전투하기에 가장 좋은 날을 받고 우호적 예언으로 병력의 사기를 돋우었다. 이 여종이 지닌 능력 정도면 미신을 좋아하던 빌립보의 로마인들 사이에 고객층이 아주 넓었을 것이다.

명칭이야 어찌되었든 본문에 그녀가 귀신들렸다고 분명히 밝혀져 있다. 사업을 더 잘 해보려는 심산이었던지 귀신은 아첨을 늘어놓으며(참고 눅 4:34, 8:28) 바울 일행을 선지자들로 인정했다. 자기가 이길 수 없는 라이벌을 만난 귀신은 영악하게도 소녀의 위상을 지역사회의 고문 역할로 높였다. "너희의 신임을 받는 선견자로서 내가 이 사람들을 인정하노라." 아마 귀신은 충분한 호의를 얻어내고 싶었을 것이다. 대결을 피하거나 아예 기독교에 편승하여 덕을 보려고 말이다. "그들도 구원의 길을 알리고 나도 구원의 길을 알리니 우리는 함께 구원 사업에 몸담고 있도다."

그렇게 며칠이 지나자 바울도 한계에 이르렀다. 그는 전혀 움츠러들지 않고 상황을 장악했다. 소녀에게 말한 것이 아니라 귀신에게 나갈 것을 명했다(행 16:18). 자신의 권위에 의지하지 않고 "예수 그리스도의 이름으로", 즉 그분의 권세로 귀신에게 명령했다. 귀신은 소녀에 대한 통제권을 내려놓고 즉시 떠났고, 점을 쳐서 돈을 버는 능력도 함께 가져갔다. 당연히 주인들은 수입이 끊겨 노발대발했다(16:19). 집에 돈만 들어온다면 다른 사람이 악령에 들린 것쯤이야 문제로 보지 않았던 게 분명하다.

—16:19-24—

대부분 고대 도시에서 장터[*agora*(58)]는 벼룩시장과 다르지 않은 공적 공간이었다. 일부 붙박이 점포와 살림집에 접해 있던 이 널따란 야외 광장에는 어떤 상인이든 돈만 내면 좌판을 벌일 수 있었다. 자연스럽게 장터는 공무를 수행하고 분쟁을 해결하는 곳도 되었다. 로마 식민지의 장터에는 대개 '법정'[*bēma*(968)]이라는 곳이 있었다. 정부 관리들이 사건을 재판하고 공지사항을 발표하던 돌로 돋운 연단이었다.

여종의 주인들은 바울과 실라를 붙잡아 도시의 관리들 앞으로 끌어다가 그럴듯한 죄목으로 고소했다. 물론 "이 사람들이 귀신을 명하여 쫓아내는 바람에 이제 우리가 생활비를 벌어야 한다"고 사실대로 말할 수는 없었다. 그랬다가는 자기들만 옹졸하고 미련해 보일 뿐더러 범죄가 성립될 리도 없었다. 그 귀신이 만일 악한 귀신이라면 오히려 바울이 칭찬받을 일이었고, 여종의 주인들이 주장한 대로 선한 귀신이라면 이런 고소는 귀신과 신에 대한 그들 자신의 신념에 어긋났다. 그리스 로마의 종교에서 귀신은 대개 명령하는 존재이지 복종하는 존재가 아니었다. 귀신을 막거나 달래거나 조종하려고 마술과 비술(秘術)이 시행되기는 했으나, 그런 행위가 늘 효과를 내지는 못하는 것을 누구나 알았다. 결국 어느 정도의 권위로 귀신에게 명령할 수 있는 존재는 신뿐이었다. 바울과 실라를 액면 그대로 고소하면 이들 둘의 사역은 공적으로 인정되는 반면 로마 종교의 신념은 신빙성을 잃게 된다.

유대교가 법적으로 용인되는 종교이기는 했으나 로마인은 대체로 유대인이 반사회적이라며 분개했고, 그들의 유일신 신앙과 행위를 로마의 가치관에 적대적인 '미신'과 '불경'으로 간주했다.[43] 따라서 자신들의 민원을 사실대로 진정할 수 없던 여종의 주인들은 바울과 실라에게 빌립보의 도덕 질서를 무너뜨리려는 지독한 과격파 유대인이라는 낙인을 찍었다(16:20-21). 결정적 주장으로 그들은 이 두 사람이 "우리 성을 심히 요란하게 하여"[*ektarassō*(1613)]라고 고소했는데, 이 동사는 폭동이나 소요나 교란이나 무질서를 야기한다는 뜻이다. 그런 죄목이라면 제국을 사랑하는 모든 로마인에게 영향을 미칠 현실적 사안이었다. 폭력적인 방법을 쓰면서도 자신들이 정복한 땅에 질서를 부여한다고 떠벌이는 것이 로마였으니 말이다.

물론 그것은 무고일 뿐 아니라 위선이었다. 여종의 주인들은 시 관리들과 법정의 구경꾼들을 폭도로 둔갑시키는 데 성공했다. 근래에 로마에서 있었던 일 덕분에 그것은 아주 식은 죽 먹기였다. 글라우디오 황제는 AD 49-50년에 칙령을 발표하여 모든 유대인을 로마에서 추방했다(18:2). 그 이유는 확실하지 않다. 일각의 견해에 따르면 로마의 유대인 사회에 기독교가 유입되면서 유대인, 그리스도인, 하나님을 경외하여 기독교로 개종하는 이방인 가운데 불온을 조장했다.[44] 어쨌든 로마인은 아직 주류 유대교를 기독교라는 분파와 구분하지 않았으므로 유대인을 향한 당시 로마의 부정적 태도는 빌립보에서 벌어진 이 사건에도 불에 기름을 끼얹은 꼴이었다.

물론 판사는 사건의 판결에 폭넓은 재량을 행사할 수 있었으나 정의를 추구할 의무가 있었다. 정의는 로마에서 떠받드는 덕목이었다. 그런데 이 경우는 피고에게 죄목을 반박할 기회가 주어지지 않았고, 고소 사유를 입증할 증인도 채택되지 않았으며, 반대 심문을 할 시간도 허용되지 않았다. 심지어 관리들은 바울과 실라가 둘 다 로마 시민이라는 사실조차 알아내지 못했다. 그 사실만 밝혀졌어도 모든 게 달라졌을 것이다.

대신 상관들은 즉결로 명령하기를 바울과 실라의 옷을 벗겨 매질한 뒤 투옥하게 했다(16:22-24). 그들이 명한 형벌에서 격한 분노와 두려움이 묻어난다. 태장을 가한 뒤 차꼬에 채워 가장 삼엄한 감방에 가두는 것은 로마의 기준으로 보더라도 극단적 반응이었다. 분명히 바울과 실라는 빌립보에 점증하던 반유대주의의 배출구가 되었다. 그들을 든든히 지키라는 지시에서도 역시 이 성읍에 편만한 편집증이 드러난다.

—16:25-28—

한밤중에 바울과 실라는 피 묻고 멍든 몸으로 발에 차꼬가 채워진 채, 감옥의 가장 깊숙한 부위인 "깊은 옥"(16:24)의 벽에 사슬로 묶여 있었다. 이 정도면 웬만한 사람은 혼비백산했겠지만 바울과 실라는 하나님께 기도하고 찬송을 불렀다.

누가는 이 상황이 전도의 기회가 되었음을 강조한다. 바울과 실라는 매를 맞을 때도 로마 시민이라는 신분을 밝히지 않았다(참고 22:25). 다른 죄수들에게 자신들의 무죄를 내세울 수도 있었으나 대신 예배를 드렸다(16:25). 그들은 억울하다며 하나님을 저주하지 않았고, 그분께 버림받은 것은 아닌가 하며 안달하지도 않았다. 그저 기도하고 찬송했을 뿐이다. 다른 죄수들이 이 모든 것을 목격했고 두 사람의 행동을 지켜보았다. 그때 주님이 다른 죄수들을 위해 감옥을 터까지 흔들어 모두를 풀어주셨다(16:26). 바울과 실라만 아니라 모든 죄수였다. 그들은 전원 탈출할 수도 있었고, 그랬다면 빌립보 도시에 딱 맞는 복수가 되었을 것이다! 하지만 전도자들은 일부러 감방에 남았고, 모든 죄수에게도 남아 있도록 권한 것으로 보인다. 로마의 질서를 무너뜨린다던 고소가 실로 무색한 광경이다!

이어 바울은 자결하려는 간수를 말려야 했다(16:27-28). 죄수가 탈출하면 졸속 재판에 이어 심히 고통스러운 죽음이 자신을 기다리고 있음을 간수는 알았다.

—16:29-34—

간수는 허물어진 교도소에 불을 밝히고 두 죄수에게 물었다. "내가 어떻게 하여야 구원을 받으리이까"(16:29-30). 그가 말한 구원[*sōzō*(4982)]의 의미는 논란의 여지가 있다. 우선 그는 바울과 실라가 전한 메시지에 대해 조금이나마 사전 지식을 얻었을 수 있고, 그것만으로도 자신의 영혼이 보송의 위험에 처해 있음을 알았을 수 있다. 반면 일부 주석가들에 따르면, 그의 말은 "내가 권세 있는 두 마법사의 심기를 건드렸으니 어떻게 하여야 구원을 받으리이까" 내지는 그와 비슷한 뜻이었다. 후자가 진실에 더 가까울 것이다. 어쨌든 바울과 실라는 그에게 간명한 답을 주었다. 상대가 하나님과 그분의 아들을 전혀 모르고 죄와 천국과 지옥과 속죄의 개념도 모르는 사람이었던 점을 감안하면, 답의 내용이 충분하지는 못했다. 그래도 그들은 간수에게 그가 예수 그리스도에 대해 들을 필요가 있다는 것만은 명확히 알려주었다.

간수는 바울과 실라를 *kyrios*(2962)라고 불렀는데 이는 흔히 '선생'이라는 뜻의 경칭이다. 그러나 대문자로 쓴 *Kyrios*는 구약의 헬라어 역본에 하나님을 지칭하는 말로도 쓰였으며, 예수 그리스도를 가리키는 통상적 호칭으로 그분의 절대 주권을 나타낸다. 간수가 바울과 실라를 하나님의 대변자로 알아보았는지는 모르지만, 두 사람의 답변은 그가 마땅히 두려워하고 존중해야 할 대상에게 주의를 돌릴 수 있게 했다. "주—참된 *Kyrios*이신—예수를 믿으라."

때로 누가는 며칠이나 몇 주 동안 일어난 사건을 짤막한 서술에 압축한다. 미완료 시제 같은 미묘한 단서들을 보면 그가 장기간의 사건을 요약하거나 압축하고 있음을 알 수 있다. 그런데 이 경우에는 그런 단서가 전혀 없다. 실제로 짧은 몇 시간 안에 많은 일이 일어났다! "주 예수를 믿으라 그리하면 너와 네 집이 구원을 받으리라"(16:31)는 그들의 간명한 답을 기점으로 하여 일련의 놀라운 사건들이 이어졌다. 바울과 실라는—여전히 피 묻고 멍들고 감옥의 악취를 풍기는 상태로—간수의 일가족에게 말씀을 전했다(16:32). 설교가 끝나자 간수는 그들의 상처를 씻고 치료해주었다. 간수와 그의 가족이 다 믿었으므로 바울과 실라는 이 새 신자들에게 세례를 베풀었다(16:33). 그러고 나서 온 무리가 형제자매로서 함께 둘러앉아 식사했다(16:34)!

—16:35-39—

도시의 관리들에게 해가 서쪽에서 떴던 모양이다. 누가는 그들의 마음이 돌변한 이유를 설명하지 않았으나 그들은 "이 사람들을 놓으라"(16:35)고 말했다. 정보가 더 들어왔을 수도 있다. 루디아가 바울과 실라를 위해 탄원했을 수도 있다. 호되게 매를 맞고 옥에서 하룻밤을 지냈으니 선교사들이 민중 선동을 그만둘 것이라고 관리들이 판단했을 수도 있다. 누가 알겠는가?

"부하들"[16:38, *rhabdouchos*(4465)]로 번역된 헬라어 단어는 문자적으로 "몽둥이 인간", 즉 곤봉을 휘두르는 사람이라는 뜻이다. 그들은 재판 때 바울과 사울을 곤장으로 쳤던 바로 그 사람들이었을 것이다. 그들이 와서 석방하라는 명령을 전하자 바울은 이 상황을 계기로 두 가지 목표를 이루었다(16:37). 첫째, 가해자 측의 잘못을 지적했다. 그는 조용히 떠날 수도 있었다. 사실 많은 그리스도인이 불의를 당할 때 그렇게 반응한다. 수동적 자세를 용서로 착각하는 것이다. 그러나 바울은 가해자 측에서 자기네 법을 뻔뻔스럽게 어겨가며 사람을 터무니없이 학대했음을 굳이 지적했다. 또 그는 그 부하들이 직접 와서 풀어주어야 한다고 요구함으로써 그들이 저지른 위법 행위를 인정하게 했다. 이로써 상관들에게도 분명한 메시지가 전달되었다. 그들 역시 최소한 자기들 선에서라도 과오를 인정해야 한다는 것이었다.

두 번째 목표로 바울은 자신을 위해서나 교회를 위해서나 빌립보에 정치적 연줄을 충분히 확보해두어 이다음에 일어날 수 있는 부당한 대우를 막고자 했다. 빌립보는 로마의 식민지였고, 상관들은 로마법의 집행관들이었다. 자신들이 두 로마 시민의 권리와 특권을 침해했다는 말을 듣고 그들은 당연히 로마에서 내려올 문책을 두려워했다(16:38). 또 그들은 바울과 실라가 계속 그곳에 남아 있으면 자신들이 학대한 행위가 퍼지면서 심각한 역풍이 닥칠 것도 우려했다(16:39). 그 일은 이 도시의 상관들이 저지른 정치적 스캔들로, 그들은 그것을 어떻게든 은폐하고 싶어했다. 바울은 로마에 진정하지 않음으로써 그들이 문책당하는 것을 면하게 해주었다. 다만 그 전에 먼저 상관들에게 자신이 만만한 상대이 아님을 주지시켰다.

바울이 의도한 세 번째 목표가 있었을 수 있다. 그가 보여준 힘은 시정부 요원들 사이에 의심의 여지없이 존중심을 자아냈을 것이다. 게다가 그는 그들의 잘못을 용서했다. 감사하는 마음은 완고한 심령을 누그러뜨리는 법이다. 가까스로 위기를 모면한 상관들은 복음에 마음이 더 열렸을 것이다.

—16:40—

누가는 이 일화를 간결하게 마무리한다. 바울과 실라가 루디아의 집으로 돌아가 신자들—틀림없이 모여서 기도하고 있었을—을 격려한 일은 베드로가 감옥에서 풀려나던 때를 연상시킨다(12:10-17). 이번에도 누가는 바울의 이방인 사역이 베드로의 유대인 사역보다 결코 열등하지 않음을 예증했다.

적용: 사도행전 16:11-40

성공의 원리

바울 일행은 복음을 들고 아시아로 침투하려 했으나 계속 문이 닫히는 바람에 오랫동안 좌절했다. 그러다 마침내 유럽의 문이 열려 일행은 주저 없이 마게도냐로 가는 배에 올랐다. 그들은 새로운 지역에서 사고방식이 아주 다른 사람들을 상대로 획기적인 사역을 수행했다. 여기서 사역을 위한 세 가지 실제적 원리가 부각되는데, 그것은 사역에만 아니라 모든 가치 있는 일에 똑같이 적용된다.

원리 1: 가치 있는 일을 시작하려면 융통성이 필요하다(16:11–15). 엄격한 규정과 법칙의 목록으로 굳어져 있는 사람은 실패를 자초할 수밖에 없다. 성령은 우리를 늘 융통성 있게 하신다는 점에서 아름다우신 분이다. 바울의 환상에 등장하여 도움을 청한 사람은 마게도냐의 남자였다. 그런데 정작 첫 회심자는 누구였던가? 바울이 들어갈 수 없었던 지역인 아시아 출신의 여자였다. 바울이 마게도냐의 남자들에게만 집중했다고 생각해보라! 유대인들이 통상적으로 모여 기도하던 장소에서 그는 일단의 여자들을 만났고, 그래서 그들에게 사역의 초점을 맞추었다.

융통성을 유지하는 것은 성숙의 한 표지다. 성장하는 그리스도인으로서 최선을 다하여 주어진 상황에 맞추라. 메시지는 결코 변하지 않지만 우리는 가지각색의 방법으로 무수히 많은 기회에 대처할 수 있다. 이 사람에게 증언할 때 통하는 방식이 저 사람에게는 오히려 반감을 줄 수 있다. 그러니 늘 민감하게 융통성을 잃지 마라.

원리 2: 큰 돌파구가 열릴 때마다 그만한 저항이 뒤따른다(16:16–18). 당신이 특이한 사역이나 새로운 일에 임하고 있으면 마귀가 어떻게든 특이한 방식으로 저항해온다. 당신이 성실히 노력한 결과로 갑자기 돌파구가 열리면 마귀는 중간이나 그 이상에서 타협하려 한다. 당신이 어떤 전략을 시도하면 마귀는 역공으로 맞선다. 당신이 접근을 바꾸면 마귀도 득달같이 다른 것을 내놓는다. 게다가 저항은 진척의 기쁨에 비해 늘 엄두가 안 나게 느껴진다.

그게 정상이다. 사탄의 역공이 있을 것을 언제나 예상하라. 이는 원수가 보내오는 간접적 칭찬이며 당신이 제대로 하고 있다는 뜻이다. 악의 저항을 그런 관점에서 볼 줄 알면 인내하기가 한결 쉬워진다. 이 시점에서 포기는 금물이다. 당신이 항복하지 않는 한 사탄은 이긴 게 아니다. 윈스턴 처칠은 그의 조국 영국을 규합하여 나치 독일에 맞서 싸웠는데, 이때 그가 남긴 유명한 말이 있다. "교훈은 이것입니다. 절대로 굴복하지 마십시오. 무슨 일이 있어도 굴복만은 절대로 금물입니다. 큰일이든 작은 일이든, 중요한 일이든 사소한 일이든 그 무엇에도 굴복해서는 안 됩니다. 명예롭고 가치 있는 소신에만 굴복할 뿐 그 밖에는 무엇에도 굴복하지 마십시오. 절대로 무력 앞에 굴복하지 마십시오. 적이 아무리 난공불락처럼 보여도 절대로 굴하지 마십시오."[45]

원리 3: 힘들 때 찬송을 뿌리면 기쁨을 열매로 거둔다(16:19-34). 돈이 흘러들어오고, 기관이 순탄하게 질주하며, 바람이 등 뒤에서 불고, 결정하는 일이 쉬울 때는 하나님을 찬송하기가 아주 쉽다. 지진이 일어나 감옥 문이 열리면 찬송이 저절로 나온다. 그러나 아직 감방에 꼼짝없이 갇힌 채로 전혀 희망의 싹다운 싹이 보이지 않을 때는 하나님을 찬송하기가 심히 어렵다. 최선을 다하고도 부당한 대우나 오해를 받으면 '이렇게까지 고생할 가치가 있는가?'라는 의문이 들기 쉽다.

삶의 연륜이 더할수록 기쁨이 의지적 선택이라는 내 확신도 깊어진다. 나아가 하나님은 그분의 종들이 느끼는 기쁨을 통해 계획을 이루신다. 그분이 선을 이루시는 데 우리의 긍정적 사고력이 꼭 필요해서가 아니라, 의지적으로 환경이 아닌 그분에게서 만족을 얻도록 우리를 독려하시기 위해서다. 결국 그분은 영원하시지만 환경은 조변석개한다. 힘들 때 그분을 찬송하면 미래에만 아니라 현재 자신이 처한 자리에서도 기쁨을 열매로 거둔다.

그리스도로 더 깊숙이(사도행전 17:1-15)

1그들이 암비볼리와 아볼로니아로 다녀가 데살로니가에 이르니 거기 유대인의 회당이 있는지라 2바
울이 자기의 관례대로 그들에게로 들어가서 세 안식일에 성경을 가지고 강론하며 3뜻을 풀어 그리스
도가 해를 받고 죽은 자 가운데서 다시 살아나야 할 것을 증언하고 이르되 내가 너희에게 전하는 이
예수가 곧 그리스도라 하니 4그 중의 어떤 사람 곧 경건한 헬라인의 큰 무리와 적지 않은 귀부인도 권
함을 받고 바울과 실라를 따르나 5그러나 유대인들은 시기하여 저자의 어떤 불량한 사람들을 데리고
떼를 지어 성을 소동하게 하여 야손의 집에 침입하여 그들을 백성에게 끌어내려고 찾았으나 6발견하
지 못하매 야손과 몇 형제들을 끌고 읍장들 앞에 가서 소리 질러 이르되 천하를 어지럽게 하던 이 사
람들이 여기도 이르매 7야손이 그들을 맞아 들였도다 이 사람들이 다 가이사의 명을 거역하여 말하되
다른 임금 곧 예수라 하는 이가 있다 하더이다 하니 8무리와 읍장들이 이 말을 듣고 소동하여 9야손
과 그 나머지 사람들에게 보석금을 받고 놓아 주니라

10밤에 형제들이 곧 바울과 실라를 베뢰아로 보내니 그들이 이르러 유대인의 회당에 들어가니라
11베뢰아에 있는 사람들은 데살로니가에 있는 사람들보다 더 너그러워서 간절한 마음으로 말씀을 받
고 이것이 그러한가 하여 날마다 성경을 상고하므로 12그 중에 믿는 사람이 많고 또 헬라의 귀부인과

남자가 적지 아니하나 [13]데살로니가에 있는 유대인들은 바울이 하나님의 말씀을 베뢰아에서도 전하는 줄을 알고 거기도 가서 무리를 움직여 소동하게 하거늘 [14]형제들이 곧 바울을 내보내어 바다까지 가게 하되 실라와 디모데는 아직 거기 머물더라 [15]바울을 인도하는 사람들이 그를 데리고 아덴까지 이르러 그에게서 실라와 디모데를 자기에게로 속히 오게 하라는 명령을 받고 떠나니라

온전히 살아 있지 않고도 목숨을 부지할 수는 있다. 온전한 인간이 되지 않고도 인간으로 존재할 수는 있다. 우리도 다 가끔씩 죽음의 계절을 통과한다. 사실 이런 겨울은 건강한 성장에 꼭 필요한 일부다. 그러나 우리는 단지 존재하라고 지음 받은 것이 아니다. 하나님이 인간을 빚으신 것은 살게 하시기 위해서다(요 10:10). 존 파월(John Powell)은 이렇게 온전히 살아 있는 사람을 자신이 쓴『충만한 인간, 충만한 삶』(*Fully Human, Fully Alive*)에 이렇게 묘사했다.

> 온전히 살아 있는 사람은 대체로 말해서 인간의 능력과 재능을 다 쓰는 사람이다. 자기가 가진 역량을 십분 발휘한다. 이런 사람은 외적, 내적 감각이 제 기능을 다한다…사고와 마음과 의지가 팔팔하게 살아 있다.
> 온전히 살아 있는 사람은 외적, 내적 감각이 살아 있다. 아름다운 세상을 본다. 세상의 음악과 시를 듣는다. 매일 새 하루의 냄새를 맡고 매순간의 맛을 음미한다.
> 온전히 살아 있는 사람은 사고(思考)도 살아 있다. "성찰하지 않는 삶은 가치가 없다"던 소크라테스의 말에 담긴 지혜를 깊이 통감한다. 온전히 살아 있는 사람은 늘 생각하고 성찰한다. 생(生)에 대해 올바른 질문을 던질 줄 알며, 유연하게 생으로부터 질문을 받기도 한다. 세상을 시험하지 않은 채 성찰 없이 살아가지 않는다. 무엇보다도 이런 사람은 의지와 마음이 살아 있다. 많이 사랑한다. 자신을 참으로 사랑하고 진심으로 존중한다. 모든 사랑은 거기서 시작되어 그 위에 쌓여간다. 온전히 살아 있는 사람은 살아 있는 것이 기쁘고 자기 자신이어서 기쁘다.[46]

일찍이 초대 교회의 교부 이레니우스가 썼듯이 "하나님의 영광은 살아 있는 인간이며, 인간의 생명은 하나님을 보는 데 있다."[47] 2차 선교여행 중의 바울은 온전히 살아 있는 인

간이었다. 자신의 강점과 약점을 다 받아들였고, 하나님의 계획에서 자신이 차지하는 자리를 알았으며, 눈앞의 필요를 파악했고, 하나님이 자신을 준비시켜 이루게 하신 사명에 혼신을 다해 뛰어들었다. 그는 '하나님을 바라보며' 그분의 목적을 실천했다. 그래서 빌립보를 떠날 즈음 그는 사역에 더 깊숙이 들어가 있었다. 여태 도전과 시련을 당했으면서도, 결의와 확신이 약해지거나 열정이 시들지 않았다. 한 도시를 등진 그의 앞에 그리스의 나머지 지역들이 추수철을 맞은 밭처럼 펼쳐져 있었다.

—17:1—

로마는 BC 2세기에 아드리아 해의 디라키움에서 흑해 근처의 비잔티움(현재의 콘스탄티노플)까지 거의 1,120킬로미터 구간에 에그나티아 길이라는 간선도로를 건설했다. 손으로 돌판을 깔아 포장한 너비 6미터의 이 길로 로마 병력은 전투지로, 세금은 수도로, 교역품은 사방으로 이동했다.[48] 바로 그 길로 이제 복음이 그리스로 들어간다. 바울은 빌립보에서 에그나티아 길로 56킬로미터를 조금 더 가서, 마게도냐의 공무를 집행하던 로마 정부의 소재지 암비볼리에 이르렀다. 거기서 아볼로니아까지 48킬로미터를 더 이동한 다음 다시 53킬로미터를 가니 데살로니가였다. 각 구간마다 꼬박 하루를 걸어야 했지만 해질 녘이면 큰 도시에 닿았다.

이렇게 세세히 말하는 데는 이유가 있다. 바울은 불과 얼마 전에 공개적으로 매를 맞고 감옥에서 하룻밤을 보내는 등 호된 시련을 겪었는데도, 사흘 만에 거의 160킬로미터를 걸었다! 에머슨(Emerson)은 "자고로 열정 없이 큰 일이 이루어진 예는 없다"고 썼다.[49] 스코틀랜드의 물리학자로 노벨상을 수상한 에드워드 애플턴(Edward Appleton) 경은 "나는 열정을 전문 기술보다 더 높게 친다"고 말했다. 바울도 열정에 이끌려 육체적 한계마저 뛰어넘어 하나님이 맡기신 일을 이루어나갔다. 이것은 응원단의 열정을 말하는 게 아니다. 이는 충족되기 전에는 가라앉을 줄 모르고 고동치는 불가항력의 긍정적 추진력이다.

보다시피 누가의 대명사는 다시 3인칭으로 돌아간다. 그는 드로아에서 바울에게 합류하여 빌립보까지 동행했다(행 16장). 거기서 일행이 이동할 때 그는 잔류했는데 아마 그곳이 자신의 거주지여서 그랬을 것이다. 사도가 3차 여행으로 다시 돌아올 때에야 그는 바울과 재회한다(20:2, 6).

데살로니가는 정치적으로 특이한 도시였다. 알렉산더 대제 휘하의 카산드로스 장군이 BC 315년에 테르마라는 성읍 위에 이 도시를 건설했는데, 테르마는 인근의 온천에서 딴 이름이었다. 훗날 BC 42년에 안토니우스와 옥타비아누스가 로마를 장악하려고 브루투스와 카시우스(율리우스 카이사르에 맞서 음모를 주도한 세력 중 2인)를 상대로 싸울 때, 데살로니가는 옥타비아누스 편에 섰다. 이에 대한 보상으로 도시에 면세와 자치가 선포되었다. 면세란 말 그대로 세금이 면제된다는 뜻이었고, 자치란 지방 행정관을 직접 뽑을 권리가 있다는 뜻이었다. 그렇게 임명된 이 도시의 통치자 5인은 시민들이 민주적으로 직접 선출했다고 해서 '폴리타르크'(*politarch*)라는 특이한 직함으로 불렸다. 마게도냐 성이 네 구역으로 분할될 때 데살로니가는 제2구역의 수도가 되었다.[50]

—17:2-4—

평소에 일하던 절차대로 바울은 회당에 들어가 동족 형제들에게 "강론"했다[17:2, *dialegomai*(1256)]. 누가가 이 단어를 쓴 것은 이번이 처음이지만 마지막은 아니다. 바울은 데살로니가(17:2)와 아테네(17:17)와 고린도(18:4)와 에베소(18:19, 19:8, 9)와 드로아(20:7, 9)에서 "강론"했고, 끝으로 가이사랴의 로마 총독 벨릭스 앞에서도 했다(24:25). 고전 헬라어에서 이 단어는 '대화하다, 토론하다, 논쟁하다'는 뜻이었고, 강의할 때는 '가르치다'는 뜻도 있었다. 바울은 헬라 철학자들이 말하던 그런 기술적 의미에서 "강론한" 것은 아니지만, 이를 자신이 통달해야 할 소통 방식으로 인식했다. 그는 다른 문화에 들어와 있었고, 다소의 학술원에서 공부했던 그 문화를 알아보고 거기에 적절히 적응했다.

세 안식일에 그는 구약성경으로 "강론"하면서 메시아가 예언을 성취하시려면 죽었다가 다시 살아나셔야 함을 입증했다. 그리스도가 이 땅에 오시기 직전의 시대와 바울 당대의 유대교 신학자들은 어떻게 메시아가 자기 백성을 위해 죽는데(사 53장) 왕으로서 영원히 다스릴 수 있는지(단 7:13-14) 도무지 납득되지 않았다. 참 메시아가 적들의 손에 죽는다는 것이 그들로서는 상상도 못할 일이었다. 그래서 그들은 메시아가 실제로 두 사람일 거라고 가정했다. 하나가 고난당하는 종으로서 죽으면 다른 하나가 그를 살린 뒤 최고의 왕으로서

묵상의 서재

명료성을 사수하라(사도행전 17:2-3)

바울은 데살로니가 회당의 유대인들에게 강론할 때 구약성경의 "뜻을 풀어"주었다[*dianoigō*(1272)]. 이 헬라어 단어는 '여태 닫혀 있던 것을 완전히 열다'는 뜻이다. 물론 회당의 유대인들에게는 성경이 있었으나 성경의 참된 의미는 닫혀 있었다. 그런데 바울이 예수님을 그리스도로 소개하고 그 익숙한 본문들을 '열어'주었다. 그것을 받아들일 마음이 있는 이들에게 갑자기 난생처음으로 의미가 명료해졌다.

나는 바울의 모범을 심각하게 받아들인다. 그래서 내 가르침을 명료하게 하는 것을 아주 높은 우선순위로 여긴다. 길 가던 사람 누구라도 예배나 기타 모임에 들어와 앉는다면 반드시 내 말을 전부까지는 몰라도 대부분 다 알아들을 수 있어야 한다. 사실 명료성은 정확성, 실제성과 더불어 내가 늘 우선으로 삼고자 애쓰는 3대 요소 중 하나다.

오래전 사역의 초창기 때 여름성경학교에서 아이들한테 배운 값진 교훈 하나를 나는 잊은 적이 없다. 그리스도의 죽음에 대해 가르치다가 내가 이렇게 말했다. "이제 알겠지, 얘들아. 예수님이 십자가에서 죽으실 때 바로 너희 죄를 위해 피를 흘리신(shed) 거야." 뒤쪽에서 한 어린 소녀가 천진난만하게 물었다. "shed가 뭐예요?" 그 아이는 이 단어를 조랑말을 두는 헛간으로만 알고 있었다. 그때 나는 퍼뜩 깨달았다. 교회 이외의 어떤 정황에서도 나는 "피를 흘린다"고 말할 때 이 동사를 쓰지 않는다. 이것은 많은 사람과 동떨어져 있는 특수 용어인 것이었다.

잃어진 영혼들에게 '칭의'라는 단어를 던지면 그들이 당신을 따라올 수 없다. '구속'(redeem)을 말하면 그들은 쿠폰을 써먹는다는 생각이 들 것이다. '대속' 같은 말은 아예 꺼내지도 말지! 그들에게는 그런 어휘가 없다. 따라서 명료하게 소통하고 싶다면 우리 쪽에서 그들이 아는 단어를 쓸 책임이 있다. 그렇지 않으면 아무리 말해도 효과가 없다. 그런데 어렵게 말하는 사람일수록 대개 아무도 그리스도에 대해 관심이 없다고 불평한다. 특수 용어를 피해가며 쉽게 말하려고 열심히 노력하는 사람은 기꺼이 들으려는 사람들을 어렵지 않게 만날 수 있다.

실생활에서 쓰는 말로 명료하게 말하라.

통치한다는 것이었다. 그러나 바울의 논리에 따르면 그리스도는 사실 한 사람이자 또한 하나님으로서 우리의 죄를 속하려고 죽으셨고, 그분의 나라를 완성하려고 무덤에서 살아나셨다. 이는 예수님이 엠마오로 가던 두 제자에게 제시하셨던 논리의 흐름과 아마 똑같을 것이다(눅 24장). 바울은 최후 진술로 시간을 들여 "증언"하되 자신이 부활하신 예수님을 직접 만난 이야기를 통해 이 신학의 논리성을 입증했다(행 17:3).

대부분 도시에서와 마찬가지로 많은 유대인과 이방인 개종자들이 기쁜 소식을 믿고 데살로니가 교회의 중심 역할을 했다(17:4).

—17:5—

늘 그렇듯이 바울의 메시지를 모두가 좋아한 것은 아니다. 누가가 유대인들의 박해를 표현한 헬라어 단어는 긍정적으로든 부정적으로든 '무언가에 열심히 관심을 두다'[*zēloō*(2206)]는 뜻이다. '열정적'이라는 뜻의 영어 단어(*zealous*)가 이 동사에서 파생되었다. 본문에 나오는 적대적인 유대인들도 열정적이었으나 강론된 성경에 대한 열정은 아니었다. 회당에 자신들의 지지 세력이 별로 없자 그들은 장터에서 불량배들을 끌어모아 온 도시를 광란 속으로 몰아넣어 바울을 대적하게 했다. 빌립보의 폭도가 반유대주의에 자극받았던 것과 달리 데살로니가에서는 유대인들이 공격에 앞장섰다.

—17:6-9—

폭도는 야손의 집을 에워쌌다. 빌립보의 루디아처럼 야손도 바울 일행을 자기 집에 묵게 했다. 전도자들은 다른 데서 바빴던 모양이다. 그래서 폭도는 자기네 이웃인 야손을 민주적으로 선출된 지방 행정관인 "읍장들"[17:6, *politarchēs*(4173)] 앞으로 끌고 갔다. 폭도들은 "이 사람들이 우리에게 거슬리는 신학을 가르치니 곤장을 치시고 너무 번거롭지 않거든 죽이시오"라고 사실대로 불만을 제기할 수 없었다. 대신 그들은 그리스도인들을 도시의 질서를 위협하는 반역자로 몰아세우려 했다.

누가는 그들이 터무니없이 부풀린 죄목의 아이러니를 부각시킨다. 정작 폭동을 일으킨

쪽은 그들인데 오히려 바울과 실라와 디모데 일행을 비난하여 이르기를, 이들이 이미 세상을 교란시켰다고 한 것이다. 이것을 과거에 사회 안정을 심각하게 위협했던 스파르타쿠스의 봉기와 대조해보라. 그는 약 7만 명의 무장 세력으로 "천하를 어지럽게" 하려다 실패하여 BC 71년에 궤멸되었다.[51] 바울을 비난한 유대인들은 뜻밖에도 로마에 대한 정치적 관심으로 고발을 마무리했다. 바울 일행이 가이사의 칙령을 어기고 라이벌 관계에 있는 왕을 지지한다는 것이었다(17:7). 물론 그 죄목은 엄격한 의미에서 지극히 옳았다. 봉기를 선동한다는 의미는 아니더라도 바울 일행은 분명히 천하를 어지럽게 하고 있었고, 왕이신 예수님께 충성을 다짐한 것도 사실이었다.

이번에도 행정관들은 직무를 유기했다. 그들이 "예수라는 라이벌 왕이 누구냐?"라고 묻기만 했어도 사건은 완전히 풀렸을 것이다. 로마는 죽은 왕을 지지하는 이들에게 관심이 없었고, 그렇다고 로마가 예수님이 살아 있다고 주장한다면 그분의 부활을 인정하는 꼴이 될 터였다. 그런데도 도시 당국은 일부러 유권자들의 구미에 맞추어 판결했고, 이로써 논의는 끝났다.

피고가 재판에 결석이었으므로 행정관들은 피고를 집에 들인 야손에게 보석금을 부과했다(17:9). 아마 이 보석금은 바울이 그 도시에 아무런 문제도 일으키지 않으리라는 보증이었을 것이다. 다시 문제가 발생하면 그들은 야손에게 벌금을 물릴 것이었다.

—17:10-12—

바울이 데살로니가에서 할 일은 끝났다. 그가 보기에 계속 남아 있어 보아야 얻을 것은 없고 잃을 것만 많았다. 적대가 더 심해지면 교회만 더 힘들어질 터였다. 게다가 신자들이 이미 교회를 결성했고 자체적으로 일을 이어나갈 만했다. 그래서 바울은 그 밤에 일행을 이끌고 성읍을 떠나 72킬로미터를 걸어 베뢰아로 갔다. 다만 이번에는 간선도로의 혜택을 누릴 수 없었다. 한때 데살로니가에 유배되었던 키케로는 베뢰아를 가리켜 "길에서 멀리 떨어져 있는" 성읍이라 했다.[52]

누가의 내러티브는 데살로니가와 베뢰아를 세심히 비교한다. 데살로니가에서처럼 바울은 "유대인의 회당"에서 가르쳤는데(17:10) 베뢰아의 청중은 더 "너그러"웠다[17:11,

eugenēs(2104)]. 이 단어는 '태생이 좋다, 교양 있다, 고급이다'는 뜻이다. 귀족층이 그들 자신을 이 단어로 수식하면서, 자신들이 보기에 무지하고 정신적으로 우둔한 하층민과 비교했다. 누가는 베뢰아 사람들을 칭찬하는 뜻으로 이 말을 썼다. 그들은 바울이 제시하는 증거를 성경과 꼼꼼히 대조했다. 이전과 같이 많은 유대인과 이방인 개종자들이 믿고 꽤 큰 교회를 결성했다(17:12).

—17:13-15—

불행히도 데살로니가에서 바울을 대적하던 유대인들이 쫓아와 베뢰아에서도 소동을 일으켰다(17:13). 아마 그를 체포하여 도로 재판정에 세우려 했을 것이다. 이번에도 사도는 자신이 머물러 있어 보아야 별로 얻을 게 없어 보였다. 신생 교회는 바울 없이도 잘해낼 수 있을 만큼 충분히 무장되어 있었다. 새 신자들이 스승을 보호하려고 기발한 구상을 내놓았다. 바울이 떠나지 않은 것처럼 보이게 하려고 그랬던지, 그들은 실라와 디모데를 성읍에 남겨두고 사도만 "바다까지"(17:14) 보냈다. 그가 동쪽 해안으로 간 것을 추적자들이 알아낸다 해도, 남쪽의 아테네까지 배를 탔는지 아니면 해안의 육로를 택했는지는 알 길이 없었다. 안타깝게도 누가도 우리에게 그 부분을 말해주지 않는다!

"까지"로 번역된 전치사는 무언가의 끝을 가리킨다. 안내자들이 바울을 데리고 "아덴까지"(17:15) 갔다고 할 때도 누가는 똑같은 전치사를 썼다. 알다시피 그는 실제로 아테네에 들어가(17:16) 거기에서 머물렀다. 이런 이유에서 그리고 바울을 신속히 몰래 데려가야 했던 실제적 필요성에 근거하여, 나는 그가 배를 탔다는 쪽으로 기운다. 베뢰아의 신자들이 베푼 도움으로 아테네에 도착한 바울은 안내자들을 돌려보내면서 실라와 디모데를 (또한 다른 일행도?) 최대한 일찍 자기에게 보내달라고 지시했다(17:15).

적용: 사도행전 17:1-15

충만한 삶을 위한 냉철한 자가 진단

데살로니가에 도착할 즈음(17:1) 바울은 전도자와 교회 개척자로서 본궤도에 올라 진가를 발휘하고 있었다. 고난은 그저 풍경의 일부일 뿐이었다. 처음 몇 달 동안 그가 그리스에서 겪었던 일에서 적어도 세 가지 원리를 볼 수 있는데, 사역하는 사람이라면 누구나 기억해 두면 좋다.

첫째, 불굴의 의지는 위대한 성취를 위한 필수 요건이다. 바울이나 기타 성경 인물에게 마술적 요소란 없다. 그들은 자신들의 소명을 알았고, 불굴의 의지로 하나님의 목적을 추구했다. 바울은 빌립보에서 매 맞은 채로 옥에 갇혔고, 데살로니가에서 폭도에게 쫓겨났으며, 베뢰아에서 급히 성읍을 빠져나오며 미행당했고, 결국 아테네에 혼자 남았다. 그런데도 그는 줄곧 강인했다. 그는 매번 당하는 고난을 자신이 각 도시에 영향을 미치기 위해 치르는 작은 대가로 여겼다. 사람들은 계속 바울을 내쫓았지만 그는 가는 곳마다 교회를 남겼다. 그리스도인을 재생산하는 건강한 공동체들이었다.

둘째, 진리를 전할 때는 거부당할 것을 예상해야 한다. 진리를 거부하는 이들을 보며 놀라지 마라. 물론 말이 안 된다. 왜 진리를 거부한다는 말인가? 하지만 사람들은 으레 그렇게 한다. 그들은 당신에 대해 거짓말하고 오히려 당신을 거짓말쟁이라 부를 것이다. 많은 사람이 진실에 끌리는 경우는 불행히도 드물다. 선포된 진리에 이끌려 주님을 위해 목숨을 바칠 사람은 소수의 남은 자에 불과하다. 반면 적들은 성난 개의 무리처럼 몰려든다. 그래서 경건한 리더십은 용기와 끈기와 복원력 그리고 무엇보다 겸손을 요한다. 하나님의 진리를 선포하는 사람은 정치가가 아니며, 이미지나 박수갈채나 지지도나 인기를 걱정해서는 안 된다. 오히려 진리를 제시하는 것만으로 만족하고, 당연히 거부당할 것을 예상해야 한다.

바울이 진리를 전하다가 거부당했을진대 분명히 당신이라고 다를 바 없다. 사역에 내포된 이 엄연한 사실을 받아들이면 거부당할지라도 무던해진다.

셋째, 감사가 제때에 표현되는 일은 거의 없다. 데살로니가나 빌립보나 베뢰아에서 일단의 사람들이 바울을 한쪽으로 불러 이렇게 말하는 장면은 없다. "사도님, 고맙습니다. 아까 주신 말씀 정말 좋았습니다. 매를 맞아주셔서 감사합니다. 복음을 사수해주시니 감사합니다. 남들이 다 떠날 때도 꿋꿋이 버텨주시니 감사합니다." 당신이 만일 이런 것을 기다린다면 훌륭한 지도자가 될 생각일랑 아예 하지 마라. 그러다가 무너지고 말 것이다. 보상이 감사의 형태로 오는 경우는 드물다. 대신 당신은 주님과 더욱 친밀해질 것이다. 그분은 친히 고난당하셨기에 당신이 당하는 고난을 훤히 아신다. 또 당신의 삶이 더욱 충만해질 것이다. 목적대로 살고 있으니 말이다. 그렇게 끝까지 인내하고 창조주 앞에 설 때, 당신의 충성에 대해 큰 보상이 있을 것이다.

아레오바고의 식자층 대 "말쟁이"(사도행전 17:16-34)

16바울이 아덴에서 그들을 기다리다가 그 성에 우상이 가득한 것을 보고 마음에 격분하여 17회당에서
는 유대인과 경건한 사람들과 또 장터에서는 날마다 만나는 사람들과 변론하니 18어떤 에피쿠로스와
스토아 철학자들도 바울과 쟁론할새 어떤 사람은 이르되 이 말쟁이가 무슨 말을 하고자 하느냐 하고
어떤 사람은 이르되 이방 신들을 전하는 사람인가보다 하니 이는 바울이 예수와 부활을 전하기 때문
이러라 19그를 붙들어 아레오바고로 가며 말하기를 네가 말하는 이 새로운 가르침이 무엇인지 우리가
알 수 있겠느냐 20네가 어떤 이상한 것을 우리 귀에 들려 주니 그 무슨 뜻인지 알고자 하노라 하니 21모
든 아덴 사람과 거기서 나그네 된 외국인들이 가장 새로운 것을 말하고 듣는 것 이외에는 달리 시간
을 쓰지 않음이더라

22바울이 아레오바고 가운데 서서 말하되 아덴 사람들아 너희를 보니 범사에 종교심이 많도다 23내
가 두루 다니며 너희가 위하는 것들을 보다가 알지 못하는 신에게라고 새긴 단도 보았으니 그런즉 너
희가 알지 못하고 위하는 그것을 내가 너희에게 알게 하리라 24우주와 그 가운데 있는 만물을 지으신
하나님께서는 천지의 주재시니 손으로 지은 전에 계시지 아니하시고 25또 무엇이 부족한 것처럼 사람
의 손으로 섬김을 받으시는 것이 아니니 이는 만민에게 생명과 호흡과 만물을 친히 주시는 이심이라
26인류의 모든 족속을 한 혈통으로 만드사 온 땅에 살게 하시고 그들의 연대를 정하시며 거주의 경계
를 한정하셨으니 27이는 사람으로 혹 하나님을 더듬어 찾아 발견하게 하려 하심이로되 그는 우리 각
사람에게서 멀리 계시지 아니하도다 28우리가 그를 힘입어 살며 기동하며 존재하느니라 너희 시인 중
어떤 사람들의 말과 같이 우리가 그의 소생이라 하니 29이와 같이 하나님의 소생이 되었은즉 하나님
을 금이나 은이나 돌에다 사람의 기술과 고안으로 새긴 것들과 같이 여길 것이 아니니라 30알지 못하
던 시대에는 하나님이 간과하셨거니와 이제는 어디든지 사람에게 다 명하사 회개하라 하셨으니 31이
는 정하신 사람으로 하여금 천하를 공의로 심판할 날을 작정하시고 이에 그를 죽은 자 가운데서 다시
살리신 것으로 모든 사람에게 믿을 만한 증거를 주셨음이니라 하니라

32그들이 죽은 자의 부활을 듣고 어떤 사람은 조롱도 하고 어떤 사람은 이 일에 대하여 네 말을
다시 듣겠다 하니 33이에 바울이 그들 가운데서 떠나매 34몇 사람이 그를 가까이하여 믿으니 그 중에
는 아레오바고 관리 디오누시오와 다마리라 하는 여자와 또 다른 사람들도 있었더라

1995년에 달라스 신학대학원의 당시 이사장 잭 터핀(Jack Turpin)과 총장 돈 캠벨(Don Campbell) 박사에게서 처음 청빙을 받았을 때보다 더 거절이 쉬웠던 일은 내게 없었다. 그들은 내게 그 학교의 차기 총장직을 제의했는데, 나 자신이 그처럼 부적격자로 느껴진 직위는 처음이었다. 사역이라면 나도 좀 알았고 교회를 목양하는 일도 늘 하던 바였다. 반면 세계적 수준의 신학 교수들을 이끄는 일은 내 장래 계획에 없었다. 그러나 용기를 북돋워 주는 일련의 사건들도 있었고 가족과 믿을 만한 조언자들이 많이 긍정해주기도 해서, 혹시 내가 그 똑똑한 신학자들에게 기여할 것이 있을지도 모른다는 가능성을 받아들이기 시작했다. 그들 대부분은 이름 뒤에 학위가 따라다녔다. 달라스로 옮길 때 내 목표는 단순했다. 내 본연의 모습으로 최선을 다하며 선한 결과는 모두 하나님께 맡기는 것이었다. 익숙한 분야에서 벗어나자 처음 며칠 동안은 내 자리가 아닌 것만 같았다!

그래서 나는 바울이 아티카 분지 위로 뻗어나간 아테네를 처음 보았을 때 그 심정이 어땠을지 쉽게 상상이 된다. 까마득한 옛날부터 이 도시는 문화의 진원지였다. 그 문화는 알려진 세상의 태반을 지배하며 사상을 형성했다. 로마 제국의 대다수 국민은 최소한 두 개의 언어를 구사했는데 하나는 각자의 모국어였고, 또 하나는 코이네 헬라어였다. 그들은 헬라의 신들을 숭배하고, 헬라의 예술을 감상했으며, 헬라의 문학을 읽고, 헬라의 연극을 보았다. 이 비범한 도시 때문에 우주를 보는 그들의 관점까지 바뀌었다. 서구 사상의 중심지인 그곳에는 아크로폴리스가 우뚝 솟아 있었다. 그 분지 위에 세워진 건물들은 바울이 훑어보던 그 당시에도 이미 5백 년이 넘었었고, 온 세상에 사고하는 법을 가르쳐준 한 민족의 천재성을 증명해주었다. 여기서 바울은 복음을 전혀 타협하지 않으면서도 메시지를 새로운 청중에 맞추었다. 그 결과 거부와 수용과 잠정적 고려라는 세 가지 보편적 반응이 나왔다.

아크로폴리스에서 북서쪽으로 불과 90미터 거리에 거대한 암반이 있는데, 그 암반의 작은 노두(露頭)인 아레오바고에 철학자들이 모여 논쟁과 토론을 통해 진리를 터득했다. 웅변과 토론의 역사가 오래된 곳이었다. BC 500년 이래로—더 이전일 수도 있다—아레오바고는 정치 행정과 사법 소송이 이루어지는 현장이었다. 아테네의 민주주의가 거기서 태동하고 성장했다. 그리스 역사상 가장 존경받는 인물들 가운데 일부가 바울보다 수세기 전에 바로 그곳에 서서 발언했을 수 있다. 테미스토클레스, 아리스티데스, 페리클레스, 소크

Barry Beitzel

아테네의 아크로폴리스는 이 고대 도시에서 가장 높은 지점에 있다. 현재까지 남아 있는 가장 유명한 건물은 사진의 한가운데에 보이는 파르테논이다.

라테스는 물론이고 어쩌면 아리스토텔레스와 플라톤도 그 바위에서 당대의 정치 권력자들을 상대로 연설했을지 모른다. 얼마나 많은 연설이 있었을까? 얼마나 많은 역사가 이루어졌을까? 얼마나 많은 선각자가 유서 깊은 아레오바고 공회 앞에서 발언하는 특권을 누렸을까? 수없이 많았을 것이다. 그중 일부는 우리도 서구 역사의 가장 위대한 인물들로 알고 있다. 그러나 오늘날 "마즈힐"(아레오바고의 다른 이름)이라는 단어를 들을 때 우리에게 즉각 떠오르는 것은 다소 출신의 랍비가 전한 말이다. 그는 동방에서 기쁜 소식을 가져온 예루살렘의 유대인이었다.

—17:16-17—

누가는 바울이 육로로 왔는지 해상으로 왔는지 밝히지 않았다. 배로 왔다면 8킬로미터쯤 떨어진 인근의 피레우스 항구에 내렸을 것이다. 그보다 더 옛날에 아테네 사람들은 피레우스를 요새화하고 거기서 아테네까지 가는 길의 양옆에 15미터 높이의 육중한 벽을 쌓았다. 바울은 통행량이 많던 그 길을 걸어 서쪽의 디필론 문으로 들어가 곧장 장터[*agora*(58)]까지 갔을 것이다.[53] 안내자들의 도움을 받아서든 스스로 그랬든 우선 숙소부터 구했음은 물론이다. 당연히 바울도 이 고대 도시를 둘러보았겠지만 감탄하는 관광객의 눈으로 보지는 않았다. 오히려 눈앞의 광경에 속이 메스꺼워졌다. 지금 우리가 말하는 유적이 그 시대에는 실제로 우상숭배에 쓰였다. 오늘날 관광객들은 예술품을 감상하러 아테네에 가지만 1세기에는 그 건물들이 우상숭배의 도구였다. 그래서 아테네의 문화는 상반되는 두 세력 사이에 끼여 있었다.

한편으로 "아테네의 신상들은 그리스 전국의 신상들을 합한 것보다 더 많았고, 아테네에서는 사람보다 신을 만나기가 더 쉬웠다고 한다."[54] 헬라의 신들은 로마를 비롯한 수많은 문화에서 주신(主神)이 되었다. 미신이 백성을 어둠 속에 가두어, 두려움으로 그들의 삶을 지배했다. 로마 전반에서 이런 숭배가 시민의 미덕이자 국가에 대한 충성으로 간주되었다.

다른 한편으로 그리스의 위대한 철학자들은 오랜 세월 신의 존재를 부정하면서, 다른 지배 세력이 다스리는 우주를 선호했다. 그 초월적 존재의 정확한 본질—인격체인지 비인격체인지, 단수인지 복수인지, 물질인지 영인지, 선한지 양면적인지 등—에 대해서는 이견이 분분했으나, 그 존재가 세상에 일련의 법칙과 원리를 설정해두었고, 그 내용을 인간이 공부하고 터득하고 예측하고 활용할 수 있다는 개념에는 견해가 일치했다. 그들은 미신과 신화와 공감 주술(呪術)을 배격하고 합리적 과학 모델을 옹호했다. 다만 박해를 피해고자 입으로는 신을 인정했다. 즉 그들은 신들이 존재하고 마땅히 공경할 대상이지만 인간사에 개입하지는 않는다고 말했다.

전통적 이교도들과 사상이 자유로운 학자들 사이의 이런 긴장은 바울 당대에도 지속되었다. 대중적 차원에서 그들이 조우한 곳은 평민들이 물건을 사고팔고 생각을 교환하던 장터였다. 바울도 실라와 디모데의 합류를 기다리는 동안 거기서 많은 날을 보냈다. 그 외의 시간에는 회당에서 유대인들과 이방인 개종자들을 상대로 변론했다.

—17:18—

그리스 철학의 양대 산맥인 에피쿠로스학파와 스토아학파는 비슷한 어휘를 썼으나 우주를 보는 관점이 아주 달랐다. 그들은 각각 아리스토텔레스와 플라톤을 시조로 하는 헬라 사상의 두 주요 분파에서 파생되었다. 우선 아리스토텔레스의 사상을 따르는 편인 에피쿠로스학파는 우주가 원자로 구성되어 있으며, 소위 영적 세계까지 포함해 모든 실재는 본질상 물질이라고 믿었다. 생명은 원자가 결합될 때 시작되어 원자가 분해될 때 끝난다. 그러므로 내세는 존재하지 않는다. 삶이란 원자의 임의적이고 무질서하며 혼돈스러운 충돌이므로, 인간은 자유 의지를 구사하여 세상을 자신에게 적합하게 만들어야 한다. 에피쿠로스학파는 방종한 삶을 주창하지는 않았으나 인간의 실존이 무덤에서 끝나기 때문에 고통을 쾌락으로 대체해야 한다고 믿었다.

플라톤의 사상을 따르는 편인 스토아학파도 우주가 원자로 구성되어 있다고 믿었으나 그것을 실재의 전부로 보지는 않았다. 플라톤처럼 그들도 무언가 원자와 별도로 존재하며 아예 물질 세계를 초월하는 것들이 있다고 보고 사랑, 논리, 진리, 아름다움 등의 실재를 그 증거로 꼽았다. 스토아학파에게는 논리의 존재 자체가 우주에 질서를 부여하는 궁극적 논리가 존재한다는 증거였다. 이 로고스는 우주를 예측 가능한 법칙대로 운행되게 하는 우주적이고 초자연적이며 비인격적인 정신이었다. 인간의 영은 그 신적 정신이 물리적 몸 안에 갇혀 있는 파편 같은 것이며, 사람이 죽으면 각자의 정신이 우주적 로고스와 다시 합해진다. 그때까지 인간은 논리와 명상을 통해 그리고 어지러운 욕망과 산만한 감정을 버림으로써 그 신적 정신과 교감할 수 있다.

두 분파는 끝없이 논쟁하며 철학적 교착 상태에서 헤어나지 못했다. 양쪽 다 새로운 추종 세력이 계속 생겨났으나 어느 쪽도 상대를 앞지르지 못했다. 그들은 장터[*agora*(58)]에서 바울의 설교를 듣고 그를 토론에 끌어들였다. 그와의 쟁론은 그렇게 시작되었다. "쟁론할새"[*symballō*(4820)]로 번역된 헬라어 단어에는 주고받는다는 개념이 들어 있다. 딱히 말다툼은 아니지만 그렇다고 시선을 마주하는 것도 아니다. 그들은 자신들이 익숙해 있던 소크라테스의 문답식 대화를 통해 바울의 신학에 어느 정도 호기심을 보였다. 어떤 이들은 그를 "말쟁이"[*spermologos*(4691)]라 칭했는데, 이는 헬라어의 두 단어 *sperma*(4690, '씨앗')와 *logos*(3056, '말, 이치, 사상')가 결합된 복합어다. 이곳저곳 다니며 씨앗을 주워다가 다른 곳에 심는 사람을 표현한 그림 언어다. 은유적으로는 세상을 주유하며 다양한 출처의 사상을 모아, 대충 섞어서 새로운 사상을 주창하는 학파를 만드는 사람을 가리킨다.

어떤 이들은 바울의 가르침이 사회 질서를 해칠 위험이 있다고 보았다. 그가 "이방 신들"을 가르쳤기 때문이다. 대부분 철학자는 신을 인간의 입씨름으로 더럽히기에는 너무 거

Barry Beitzel

아테네의 아레오바고는 아테네의 시인들과 철학자들이 공회로 함께 모여 중요한 쟁점을 토론하던 곳이었다.

룩하다고 보고 이 주제를 일축했다. 신의 존재를 애써 부정하지 않으면서도 보기 좋게 논외로 제쳐둔 것이다. 그런데 바울은 "이방"[*xenos*(3581)]의 새로운 교리를 가르쳤으니 곧 "예수와 부활"에 대한 생소한 내용이었다. 이 가르침은 그리스와 로마의 신들을 부정하면서 성부와 성자와 성령 하나님을 유일하신 참 하나님으로 내세웠다.

– 17:19-21 –

그래서 그들은 바울을 헬라의 전쟁 신인 '아레스의 언덕'[*pagos*(697)] 곧 아레오바고로 데려갔다. 아레스에 상응하는 로마의 신이 마르스라서 아레오바고를 마즈힐(Mars Hill)이라고도 한다.

아레오바고 공회 앞에서 연설해달라는 초청은 선의의 호기심에서 비롯된 것만은 아니었다. 물론 누가가 주해했듯이 아테네 사람들은 새로운 화젯거리를 찾는 데 많은 시간을 들였다(17:21). 그러나 고대의 이 공회에는 국가의 미덕과 안전에 해가 되지 않도록 새로운 가르침을 평가하는 기능도 있었다. 로마 치하에서 공회가 공식적으로 그 기능을 수행하지는 않았을 것이다. 그보다 공회는 종교와 철학 전반에 대한 공인된 전문가들의 대변자로서 대중적 영향력을 행사했다.

—17:22-23—

철학자가 하는 일은 단순한 개념을 불가해하게 제시한 뒤 상대가 이해하지 못하면 상대의 잘못이라고 우기는 것이다. 바울은 그런 위압적인 철학자들의 집단 앞에서 철학자 행세를 하지 않았다. 유대 기독교의 세계관을 단순명료하고 논리정연하게 제시한 뒤 그들을 곧장 최후의 심판으로 이끌어가면서, 부활하신 그리스도를 통해 구원받아야 함을 말했을 뿐이다. 그래도 이것을 그가 실제로 전한 메시지의 전문으로 보아서는 안 된다. 누가가 기록한 내용은 열 구절에 불과하며 읽는 데 3분도 안 걸린다. 연극처럼 한참씩 쉬어가며 천천히 읽어도 5분이면 된다.

본문에 압축된 바울의 연설은 네 가지 중대한 특징을 보인다. 상대가 어느 집단이든 우리도 복음을 제시할 때 이를 공부하고 기억하여 똑같이 해야 한다.

첫째, 바울은 청중의 관점에서 주제에 접근했다. 그의 첫마디(17:22)는 칭찬이 아니라 사실을 진술한 것이다. 그는 아첨이나 시도할 만큼 어리석은 사람이 아니었다. 특히 논리성이 강한 스토아학파에게 아첨이 통할 리가 만무했다. 바울은 "너희 아테네 사람들은 영적 지식을 추구하는 데 아주 헌신적이다"고 말한 셈이다. "종교심이 많도다" [*deisidaimōnia*(1175)]는 단어는 좋은 뜻인지 나쁜 뜻인지 애매하다. 문맥에 따라 '경건하다'는 뜻일 수도 있고, '미신적이다'는 뜻일 수도 있다.

둘째, 바울은 친숙한 내용을 통해 생소한 내용을 소개했다. 그의 첫마디를 뒷받침한 말 역시 사실에 입각한 것이었다. "너희가 위[숭배]하는 것들"(대명사에 주목하라) 가운데 그는 "알지 못하는 신에게"(*agnōstō theō*)라고 새겨진 제단도 보았다(17:23). 물론 이 문구는 *agnōstos*(57, "알지 못하는")와 *theos*(2316, "신")라는 두 단어에서 왔다. 아테네 문화는 포괄적이어서 모든 신을 받아들였다. 행여 어느 하나의 신이라도 간과했다가 진노를 살까 두려워, 모든 신을 다 품는 다목적 신전까지 지은 그들이다. 바울은 이 점을 연결 고리로 삼아 이런 식으로 말했다. "너희가 영적 진리를 추구하다가 간과한 신이 하나 있어 내가 알려주려 한다."

—17:24-29—

셋째, 바울은 주제를 신중하면서도 담대하고 명확하게 전개했다. 성경의 창조주 하나님을 드러내되 차례로 네 가지 요지를 확립해나갔다.

1. 하나님은 창조주이시므로 어디에도 가두어질 수 없다(17:24). 많은 헬라인과 로마인은 신을 눈으로 볼 수 없거나 최소한 그려낼 수 없다는 개념을 힘들어했다. 히브리의 하나님은 피조물을 초월하여 계시므로 어떤 물리적인 것으로도 대변될 수 없다. 나아가 대중 신화에 나오는 헬라의 모든 신은 유한하지만 하나님은 무한하시다. 헬라의 신들은 초인(超人)에 가깝다. 힘만 막강할 뿐 지상의 피조물과 똑같은 제약을 안고 있다. 바울은 헬라의 모든 신을 다 합한 것보다도 하나님이 절대적으로 우월하심을 밝혔다.

2. 하나님은 창시자이시므로 아무것도 필요하지 않으시다(17:25). 헬라의 신들은 옹졸하고 허영심이 많아 충분한 아첨이나 푸짐한 제사로 신을 매수하는 것이 가능했다. 예배란 신이 원하는 것을 신에게 충분히 바쳐서 특수하고 구체적인 복을 얻어내는 것이었다. 그래서 신은 인간에게 고용된 존재 내지 장사꾼이었다. 숭배자는 신의 물질적 약점을 찾아내 이를 자신에게 유리하게 이용하는 요령을 부릴 수 있었다. 하지만 하나님은 아무것도 필요하지 않으시다. 그분을 매수하거나 조종할 수 없다. 오히려 그분 쪽에서 자유자재로 사람들의 필요를 채워주신다.

3. 하나님은 우주의 주권자이시므로 목적이 있으시며 우리가 다가갈 수 있는 분이다(17:26-27). 그분의 절대 권력과 완전한 초월성 때문에 아첨이나 뇌물이나 조종이 통하지 않지만, 그렇다고 하나님이 멀리 계시거나 냉담한 분은 아니다. 복잡한 에피쿠로스학파와 스토아학파에게 신이란 너무 거룩하고 존엄해서, 인간사로 자신의 손을 더럽힐 수 없는 존재였다. 그러나 히브리의 하나님은 자신의 피조물에 친밀하게 개입하시며 날마다 세상의 운영에 참여하신다. 어떤 면에서 이 인격신은 자연법과 정해진 계획에 따라 세상을 특정한 운명 쪽으로 이끌어간다는 스토아학파의 로고스 개념과 비슷하다. 그러나 그 비인격적 세력과 달리 하나님은 자신이 우리에게 알려지기를 원하신다. 그분이 우주를 이끌어가시는 목표점은 바로 그분 자신이다. 기독교에서 우주의 궁극적 운명이란 곧 하나님을 왕으로 인정하는 것이다.

4. 하나님은 생명의 근원이시므로 우리에게 의존하지 않으시며 우리가 그분께 의존한다(17:28-29). 에피쿠로스학파는 로고스나 그 어떤 절대자가 인간을 창조한 게 아니므로 당연히 우리에게 아무런 목적도 없다고 믿었다. 모든 생명은 아마도 우연히 원자가 결합된 결과이며, 만약 우리에게 목적이 있다면 스스로 만들어낸 것이다.[55] 이런 개념과 반대로 바울은 우리의 존재가 하나님의 존재에서 비롯된다고 역설했다. 우리가 존재함은 그분이 그래야 한다고 말씀하셨기 때문이다. 그러므로 모든 생명은 존엄과 목적과 가치를 지닌다. 물리적 삶이 끝나도 우리의 존재는 끝나지 않는다. 우리가 원자 이상이며 창조주가 한낱 물질보다 강하시기 때문이다. 사후에도 우리가 계속 존재함은 창조주가 그것을 원하시기 때문이다.

이 마지막 요지의 논리성을 뒷받침하고자 바울은 그야말로 전설적인 시인 겸 철학자의 말을 인용했다. 에피메니데스는 히브리 민족이 모세를 공경하듯 아테네 사람들이 존경하던 인물이었다. 예언의 재능을 받았다는 그는 그 후 제우스에 대한 시를 썼다. 비평가들이 제우스도 죽음을 면할 수 없다고 주장하자 그는 시를 통해 "우리가 그를 힘입어 살며 기동하며 존재하느니라"고 선포했다.[56] 바울이 이 시구를 인용한 것은 제우스의 존재를 인정하거나 하나님을 제우스와 대등하게 여겨서가 아니라, 인격신을 믿는 일의 논리성을 예증하기 위해서였다. 반면 스토아학파와 에피쿠로스학파의 논리에 따르면, 헬라의 신들은 멀리 동떨어진 존재라는 결론이 불가피했다. 바울은 또 BC 3세기의 시인인 솔리(바울의 고향인 길리기아 성의 한 지역)의 아라토스가 한 말도 인용했다. 그는 제우스에 대해 "우리가 그의 소생이라"고 썼다.[57]

—17:30—

넷째, 바울은 자신의 원리를 청중의 필요에 맞게 적용했다. 아테네의 이교 신들은 이기적으로 섬김을 받으며 아첨이나 뇌물의 대가로 복을 주려 했다. 반면 구약의 하나님은 받을 자격이 없는 은총을 베푸시려고 사람들에게 회개를 원하신다. 그분은 최후의 심판이라는 혹독한 시련에서 모든 사람을 구원하기 원하신다. 물론 이 개념은 에피쿠로스학파에도 스토아학파에도 없는 것이었다. 에피쿠로스학파는 내세를 믿지 않았으므로 심판의 문제는 무의미했다. 스토아학파는 사후에 로고스와 재결합하는 것 자체를 보상이라 믿었다. 인간을 기다리고 있는 심판이란 없다는 것이다.

—17:31—

바울이 말한 다음 요지는 헬라 철학의 세계관을 벗어난 정도가 아니라 그것을 산산이 부수어버렸다. 그들의 우주관에 부활이라는 폭탄을 투하한 것이다. 에피쿠로스학파와 스토아학파는 많은 부분에서 견해가 갈렸으나 부활의 개념만은 양쪽 다 불합리하게 여겼다.

에피쿠로스학파는 사람이 죽으면 원자가 분해되고 흩어져 수십억에 이르는 다른 것의 일부가 된다고 믿었다. 그런데 부활하려면 원자가 다시 모여야 하므로 그 다른 것들은 파괴되어야 했다. 스토아학파에게 죽음이란 사람이 로고스와 재결합하는 일이니만큼, 부활은 오히려 죽음으로 해결된 문제를 원상 복귀시킨다. 바울은 더 말하지 않았다.

—17:32-34—

부활의 개념이 언급되자 무리가 갈라지면서 모임은 갑자기 저절로 종결되었다. 바울의 설교에 대다수가 설득된 것은 아니지만, 그래도 누가는 두 번째의 "어떤 사람"들(17:32) 중에서 당일에 제자가 된 두 회심자를 거명했다. "아레오바고 관리"(17:34)로 지칭된 남자는 아레오바고 공회의 회원이었다. 이 공회는 마즈힐을 관장하고 종교적 사상의 평가를 책임지던 관리부였다. 회의에 동석하여 아마도 적극적으로 참여했을 것으로 보이는 다마리라는 여자도 신자가 되었다. 누가가 이 일화를 간략히 마무리한 것으로 보아 바울은 아테네에 충분히 오랫동안 머물며 새 신자들을 굳건하게 했고, 장기적으로 지속될 공동체를 결성했다. 어디를 가든 바울은 그런 식으로 진행했다.

적용: 사도행전 17:16-34

여러 부류가 뒤섞여 있는 청중

바울의 메시지는 소임을 다했다. 6백 년 역사를 가진 철학을 한 번의 연설로 바꿀 생각은 그에게 애초에 없었다. 그의 목표는 설교 한 번으로 그 오래된 세계관을 복음으로 대체하는 것이 아니었다. 대신 그는 멈출 수 없는 이 변화에 첫 시동을 걸면서 그 과정에서 하나님이 택하신 소수의 열매를 수확했다. 바울의 설교에 대한 반응은 전형적이므로 우리도 눈여겨보아야 한다. 그가 제시한 복음은 세 가지 보편적 반응을 유발했다(17:18, 32-34).

첫째, 단박에 거부했다(17:18). 바울은 자신을 즉시 괴짜 취급하는 이들에게 놀라지 않았다. 그들의 세계관에는 진리가 들어설 자리가 없었다. 이런 반응을 그는 이전에도 많이 보았다. 회당에서도 흔히 있던 일이었다. 바울이 유대인들과 이방인 개종자들에게 구약성경으로 강론하며 복음을 전하면, 비교적 소수의 신경질적인 무리는 반박할 수 없는 그의 논리에 오히려 과격한 반응을 보이곤 했다. 예배당이나 강의실에 나와 있다고 해서 누구나 다 진리를 갈망하는 것은 아니다. 명석한 지성과 흠 없는 언변을 갖춘 성령 충만한 사도에게 벌어질 수 있는 일이라면 우리에게도 벌어질 수 있다.

둘째, 즉시 받아들였다(17:34). 누가의 말대로 몇 사람은 바울을 가까이하여 믿었다. 내 생각에 그들은 추가로 질문하며 복음을 마저 듣고 그리스도를 믿어 구원받았을 것이다. 저항도 없고 망설임도 없었다. 마른 스펀지처럼 그들은 바울이 전한 진리를 쏙쏙 빨아들였고, 거의 혹은 전혀 저항 없이 믿었다. 이 또한 사도들이 많이 접한 반응이었다. 처음에 안디옥에서 이방인 사역을 할 때 바울은 복음 전파가 선별의 과정임을 배웠다. 그래서 그의 설교는 회의론자들을 설득하기 위해서라기보다, 군중을 체질하여 하나님이 택하신 이들을 가려내 자립 공동체를 세우기 위한 것이었다.

셋째, 잠정적으로 고려했다(17:32). 바울이 전한 부활이라는 철저한 신개념에 일단 마음을 열어둔 이들도 있었다. 그들은 즉시 수용하거나 단박에 거부한 게 아니라 더 깊이 파고들어 더 잘 알아볼 생각이었다. 아마 이게 가장 흔한 반응일 것이다. 물론 고려해보겠다는 말로 정중히 거부하는 이들도 있지만, 이런저런 의문이 잘 풀리지 않아 진지하게 더 알기 원하는 이들도 많이 있다. 시력을 서서히 되찾은 사람처럼(막 8:23-25) 진리도 서서히 시야에 뚜렷이 들어온다. 그 전에 복음을 반복해서 접해야 할 때도 있다.

달라스 신학대학원의 마크 베일리(Mark Bailey) 박사는 많은 학생을 상대로 비공식 실험을 하곤 했다. 그는 교실의 모든 학생에게 손을 들게 한 뒤 "복음을 처음 듣고 응답한 사람만 손을 내리십시오"라고 말했다. 손을 내리는 사람이 거의 없었다. "두 번 듣고 복음에 응답한 사람은 손을 내리십시오"라고 하면 몇 명의 손이 더 내려갔다. 그런 식으로 그는 계속 횟수를 늘려나갔다.

대개 대여섯 번까지 가야 절반 정도가 손을 내렸다. 그만큼 잠정적 고려가 복음에 대한 가장 보편적인 반응이라는 뜻이다.

예수님은 우리에게 "내 증인이 되"라고 명하셨다(행 1:8). 이는 그냥 아는 대로 증언하라는 부르심이지 성공적 결과를 이끌어내라는 게 아니다. 후자는 우리의 소관이 아니다. 우리의 본분은 최선을 다해 청중을 파악하고 최대한 잘 준비해서, 기쁜 소식을 확신 있게 전달하고 명확히 소통하는 것이다. 성공은 하나님의 책임이다. 우리가 충실하면 성공은 주님이 알아서 하신다.

고린도에 미친 영향(사도행전 18:1-22)

1그 후에 바울이 아덴을 떠나 고린도에 이르러 2아굴라라 하는 본도에서 난 유대인 한 사람을 만나니
글라우디오가 모든 유대인을 명하여 로마에서 떠나라 한 고로 그가 그 아내 브리스길라와 함께 이달
리야로부터 새로 온지라 바울이 그들에게 가매 3생업이 같으므로 함께 살며 일을 하니 그 생업은 천
막을 만드는 것이더라 4안식일마다 바울이 회당에서 강론하고 유대인과 헬라인을 권면하니라
5실라와 디모데가 마게도냐로부터 내려오매 바울이 하나님의 말씀에 붙잡혀 유대인들에게 예수
는 그리스도라 밝히 증언하니 6그들이 대적하여 비방하거늘 바울이 옷을 털면서 이르되 너희 피가 너
희 머리로 돌아갈 것이요 나는 깨끗하니라 이 후에는 이방인에게로 가리라 하고 7거기서 옮겨 하나님
을 경외하는 디도 유스도라 하는 사람의 집에 들어가니 그 집은 회당 옆이라 8또 회당장 그리스보가
온 집안과 더불어 주를 믿으며 수많은 고린도 사람도 듣고 믿어 세례를 받더라 9밤에 주께서 환상 가
운데 바울에게 말씀하시되 두려워하지 말며 침묵하지 말고 말하라 10내가 너와 함께 있으매 어떤 사
람도 너를 대적하여 해롭게 할 자가 없을 것이니 이는 이 성중에 내 백성이 많음이라 하시더라 11일
년 육 개월을 머물며 그들 가운데서 하나님의 말씀을 가르치니라
12갈리오가 아가야 총독 되었을 때에 유대인이 일제히 일어나 바울을 대적하여 법정으로 데리고
가서 13말하되 이 사람이 율법을 어기면서 하나님을 경외하라고 사람들을 권한다 하거늘 14바울이 입
을 열고자 할 때에 갈리오가 유대인들에게 이르되 너희 유대인들아 만일 이것이 무슨 부정한 일이
나 불량한 행동이었으면 내가 너희 말을 들어 주는 것이 옳거니와 15만일 문제가 언어와 명칭과 너
희 법에 관한 것이면 너희가 스스로 처리하라 나는 이러한 일에 재판장 되기를 원하지 아니하노라
하고 16그들을 법정에서 쫓아내니 17모든 사람이 회당장 소스데네를 잡아 법정 앞에서 때리되 갈리

오가 이 일을 상관하지 아니하니라
[18]바울은 더 여러 날 머물다가 형제들과 작별하고 배 타고 수리아로 떠나갈새 브리스길라와 아굴
라도 함께 하더라 바울이 일찍이 서원이 있었으므로 겐그레아에서 머리를 깎았더라 [19]에베소에 와서
그들을 거기 머물게 하고 자기는 회당에 들어가서 유대인들과 변론하니 [20]여러 사람이 더 오래 있기
를 청하되 허락하지 아니하고 [21]작별하여 이르되 만일 하나님의 뜻이면 너희에게 돌아오리라 하고 배
를 타고 에베소를 떠나
[22]가이사랴에 상륙하여 올라가 교회의 안부를 물은 후에 안디옥으로 내려가서

새로운 환경 속으로 들어설 때면 문화 충격 때문에 적응이 어려워질 수 있다. 여태 당연시 하던 모든 것을 재검토하고 재평가해야 한다. 모든 것이 다 다르다보니 지극히 단순한 일마저도 힘들어진다. 전자 제품을 콘센트에 꽂으면 지지직 타버린다. 표지판의 문양은 해독이 안 된다. 자동차는 반대 방향으로 다닌다. 식사 때마다 "이것은 무엇인가요?" 하고 물어야 한다.

1958년 1월에 나는 문화 충격에 맞설 각오를 단단히 했다. 우리가 탄 해병대 수송선이 일본 요코하마로 향하고 있었다. 17일 동안 항해한 우리에게 이틀 동안의 자유 시간이 주어졌다. 나는 낯선 세계를 볼 기대에 부풀었다. 당시에는 그곳에 가본 사람이 거의 없었다. 책에서 읽고 남들에게 들은 게 있어 나도 대충 예상은 했다. 언어와 문자는 영어와 털끝만큼도 닮은 데가 없고, 음식은 거의 전부가 생선과 밥이며, 법률은 전혀 다른 전통에서 유래했고, 오락물도 텍사스 주 엘캄포 출신의 촌놈이 상상조차 못할 가부키 연극과 가가쿠 음악 등이라 했다.

그러나 수송선에서 내려 해군 영내를 벗어나자 내게 닥쳐온 문화 충격은 예상을 뛰어넘는 도덕적 차원의 충격이었다. 포르노와 공공연한 매매춘이 사방에 널려 있었다. 해군 영내 바깥의 사방 500미터 반경은 젊은 군인들을 삼키려고 쳐놓은 부도덕의 거미줄이었다. 그토록 천박하고 색정적이며 매몰차게 전시된 타락상을 나는 일본의 그 항구 안팎에서 처음 보았다. 나는 아내에게 확고히 헌신되어 있었고 기독교 가치관으로 탄탄한 양육을 받았기에 그 광경을 나보다 젊은 다수의 독신 군인들보다 좀더 객관적으로 볼 수 있었다. 선박으로 복귀할 즈음에는 그 이틀 동안 10년 세월을 산 것처럼 느껴졌다.

아테네를 떠나 고린도에 도착한 바울도 문화 충격을 넘어 욕지기가 절로 나는 도덕적

충격에 휩싸였을 것이다. 그가 머물다 온 아테네는 종교적 경건과 철학 공부가 극에 달한 곳이었다. 다 헛된 것이었지만 그래도 그곳의 장터[*agora*(58)]와 아레오바고의 사람들은 고상한 사고와 품행을 동경했다. 그러나 고린도는 상업이 도시 생활의 동력이었고 관능이 종교를 지배했다. 유일신을 믿는 유대인이자 성전에서 훈련받은 바리새인으로서 바울은 눈앞의 상황에 준비되어 있지 못했을 수 있다. 그런데도 그는 그곳에 장기간 머물며, 들을 귀가 있는 한 설교하고 가르쳤다.

—18:1—

로마의 식민지였던 고린도는 코린토스 만과 사로니코스 만 사이의 지협에 위치한 천혜의 전략적 요충지였다. 선주들은 아가야 최남단의 말레아 곶을 빙 도는 험로에 용감히 맞서느니 차라리·배를 끌어 이 좁고 잘록한 땅을 넘어갔다. 그리스 본토와 그 밑에 달린 펠로폰네소스 반도 사이의 육상 교통도 이 도시가 관할했다. 그래서 고대의 길손들은 이 지협을 '그리스의 다리'라고 불렀다.[58] 요컨대 고린도를 지배하는 사람은 동서를 잇는 해상 교역량과 남북 간의 모든 통행량도 지배했다. 로마가 천하를 휩쓸어 제국으로 편입할 때 한 장군이 이 도시를 멸하여 남자들을 다 죽이고 여자들과 아이들은 노예로 팔았다. 그렇게 한 세기 가까이 폐허로 남아 있던 고린도를 BC 46년에 율리우스 카이사르가 재건하여, 노예였다가 해방된 로마의 자유민들의 식민지로 삼았고, 또 이를 빌판으로 지협을 보호하여 로마의 이익을 꾀했다.[59]

바울 당시 고린도는 약 8만 인구를 가진 식민지로 수도 로마를 쏙 빼닮아 로마의 심장이 박동했다. 황제를 숭배했고, 로마법을 떠받들었으며, 국제 무역으로 생동했고, 운동 시합을 주최했으며, 이교의 예배자들을 매혹했고, 노예 제도로 융성했다. 이 도시는 AD 49년에 글라우디오의 추방령을 피해 나온 유대인들에게 피난처로도 인기가 좋았다. 그래서 당장 누릴 행운과 무제한의 쾌락을 찾아 퍼져나간 이교의 이주민들 사이에, 크기를 알 수 없는 회당이 형성되어 있었다.[60]

이 도시는 또 아프로디테 신전의 영향 아래 있었다. 아크로코린토스 정상의 580미터 높이에 우뚝 선 신전에서는 수없이 많은 성전 매춘부들이 로마 제국의 원방 구석구석에서

Eric Dugdale / Wikimedia

고린도의 아크로코린토스는 도시의 가장 높은 지점으로 아프로디테에게 바친 신전이 그곳에 있었다.

온 예배자들을 유혹했다. 고린도가 방탕하기로 어찌나 악명을 떨쳤던지 아리스토파네스(Aristophanes)는 '부도덕을 행하다'는 뜻으로 '고린도화하다'라는 단어까지 지어냈다.[61] 라스베이거스를 닮은 고린도보다 바울에게 더 큰 도전을 안겨준 도시는 아마 지상에 없었을 것이다.

—18:2–4—

바울이 아테네에서 사역하던 중에 실라와 디모데가 한동안 그에게 합류했으나, 그들은 갓 생겨난 데살로니가 교회가 박해를 받고 있다는 불안한 소식을 들었던 것 같다. 그쪽의 경과를 확인하고 지원을 베풀고자 바울과 실라는 디모데를 보냈다(살전 3:1–2, 5). 그가 없는 동안 바울은 고린도로 이동하기로 했고, 실라를 아테네에 남겨 일을 마무리하고 디모데를 기다리게 했다. 바울이 그 두 사람을 다시 본 것은 한참이 지나서였다.

우리는 바울을 신앙의 영웅으로 보기 때문에 그가 너무도 당당히 고린도에 들어가 상황을 파악한 뒤 곧바로 일에 착수했다고 생각할 수 있다. 그러나 본인의 고백을 들어보면 그는 고린도 사람들을 처음 만날 때 그런 모습이 아니었다.

> 여러분도 기억하시겠지만, 내가 처음으로 여러분에게 가서 하나님이 행하신 놀라운 일을 전할 때, 나는 번지르르한 말이나 최신 철학으로 여러분을 감동시키려고 하지 않았습니다. 오히려 나는 쉽고 분명하게 전하려고 노력했습니다. 처음에는 예수가 누구이신지를 전했고, 그 다음에는 십자가에 달리신 예수가 어떤 일을 하셨는지를 전했습니다. 나는 그 일을 어떻게 해야 하는지 자신이 없었고, 내가 그 일에 적합하지 않다는 것을 절실히 느꼈습니다. 더 솔직히 말씀드리면, 나는 몹시도 두려웠습니다. 내가 메시지를 전할 때 여러분이나 다른 누구에게 감동을 주지 못한 것은 그 때문입니다. 그러나 메시지는 결국 전해졌습니다. 하나님의 영과 하나님의 능력이 그렇게 한 것입니다. 여러분의 믿음의 삶이, 나나 다른 누구의 지적이고 감정적인 화려한 말솜씨에서 비롯된 반응이 아니라, 하나님의 능력에서 비롯된 반응인 것이 분명해졌습니다[고전 2:1-5, 『메시지』(복있는 사람 역간)].

처음 도착했을 때 바울은 아는 사람이 아무도 없었다. 여태껏 마게도냐는 그에게 우호적이지 않았다. 빌립보와 데살로니가와 베뢰아에 교회를 개척하는 과정에서 그는 육체적, 정신적으로 엄청난 대가를 치러야 했다. 아가야로 넘어와 아테네에서 탁월하게 사역했으나 열매는 거의 없었다. 그곳에 머문 기간에 비해 신자는 소수에 그쳤다. 마게도냐에 문제가 있다는 소식도 그의 마음을 무겁게 짓눌렀다. 그런 상태에서 또 다른 문화적 곡예 현장에 들어가 처음부터 도덕적 차원의 충격을 느꼈으니, 그 스트레스가 그에게 부담이 되었을 수밖에 없다. 그는 지원이 필요했다. 다행히 주님은 한 부부를 예비해두셨다. 바울의 가장 시급한 필요를 채워줄 수 있는 독특한 조건을 갖춘 이들이었다. 우선 바울은 자신을 감시해주며 교제할 사람이 필요했는데, 아굴라와 브리스길라는 유대인인데다 로마에서 추방되어 바울처럼 고린도에 새로 온 상태였다. 바울은 또 재정적 수입이 필요했는데, 그들과 생업이 같은 바울에게 일감을 떼어주고 거처도 내주었다. 누가는 이 부부가 언제 어디서 어떻게 처음 믿었는지 밝히지 않았다. 이미 그리스도인이었을 수도 있고, 바울의 설교를 통해 그리스도께 나아왔을 수도 있다. 어쨌든 바울은 실라와 디모데가 도착하기를 기다리는 동안 새 친구들의 돌봄과 애정에 힘입어 다시 기운을 추슬렀다.

바울은 생활비를 버는 데 시간을 다 쓰지 않았다. 그는 안식일을 지켰고, 그때마다 평소에 늘 하던 대로 회당에서 현지의 유대인들에게 "강론"했다(행 18:4, 17:2–4의 주해를 참고하라).

—18:5–6—

실라와 디모데가 마게도냐에서 돌아와 바울은 크게 한시름 놓았을 것이다. 그들은 동역자로서 위안이 되었을 뿐 아니라 데살로니가의 신자들에게서 기쁜 소식을 가져왔다. 바울은 그 신자들에게 고린도에서 이렇게 썼다.

> 지금은 디모데가 너희에게로부터 와서 너희 믿음과 사랑의 기쁜 소식을 우리에게 전하고 또 너희가 항상 우리를 잘 생각하여 우리가 너희를 간절히 보고자 함과 같이 너희도 우리를 간절히 보고자 한다 하니 이러므로 형제들아 우리가 모든 궁핍과 환난 가운데서 너희 믿음으로 말미암아 너희에게 위로를 받았노라 그러므로 너희가 주 안에 굳게 선즉 우리가 이제는 살리라(살전 3:6–8).

디모데는 빌립보 신자들의 후원금도 가져왔다. 나중에 바울은 이 일을 편지에 이렇게 회고했다. "빌립보 사람들아 너희도 알거니와 복음의 시초에 내가 마게도냐를 떠날 때에 주고 받는 내 일에 참여한 교회가 너희 외에 아무도 없었느니라 데살로니가에 있을 때에도 너희가 한 번뿐 아니라 두 번이나 나의 쓸 것을 보내었도다"(빌 4:15–16). 이제 바울은 생업을 중단하고 회당 사역에만 전념하며 유대인들과 이방인 개종자들을 힘써 설득했다. 누가는 그들이 "대적하여 비방"했다고 했는데(행 18:6), 이는 수동적 방식과 공격적 방식 둘 다로 그의 메시지를 거부했다는 뜻이다. "비방하거늘"(*blaspheme*)로 번역된 단어를 지금 우리는 '신성을 모독하다'로 해석하여 하나님을 욕하는 이들에게 국한해서 쓰지만, 본래의 헬라어 단어는 누군가를 중상 모략하는 모든 말을 총칭한다. 사실 그들은 (적어도 직접적으로는)

하나님을 모독한 게 아니라 바울을 비방했다. 앞서 13장에서 배웠듯이 이 단어는 남을 저주하거나 중상하거나 경멸한다는 뜻이다. 비방이란 상대의 가치를 무시하거나 업신여기는 모든 언사를 가리킨다.

바울이 옷을 턴 것은 아주 상징적이고 심히 모욕적인 몸짓이다. 사람들은 식후에 부스러기를 떨어내거나 한동안 앉아 있다 일어나서 먼지를 떨어낼 때 옷을 털었다. 이 몸짓은 다음과 같은 무언의 메시지였다. "이제 당신은 내게 부스러기와 같다. 그래서 나는 당신을 털어내고 떠난다." 느헤미야는 사람들에게 약속을 지키라고 도전할 때 옷을 털었다. "내가 옷자락을 털며 이르기를 이 말대로 행하지 아니하는 자는 모두 하나님이 또한 이와 같이 그 집과 산업에서 털어 버리실지니 그는 곧 이렇게 털려서 빈손이 될지로다 하매"(느 5:13). 바울은 이 행동에 곁들여 복음을 거부한 그들에게 심판이 임할 거라고 경고했다. 그러면서 이제부터 하나님의 말씀을 이방인에게 가져가겠다고 공언했다(참고 행 13:46).

—18:7-11—

바울은 유대인을 떠나 이방인에게 설교했으나 아주 멀리 간 것은 아니었다! 디도 유스도는 회당의 이방인 개종자였다가 신자가 되었는데 아마 바울의 사역을 통해서였을 것이다(18:7). 그를 다른 곳에 언급된 가이오(롬 16:23, 고전 1:14)와 동일 인물로 보는 학자들도 있다. 가이오는 이름이고 디도 유스도는 성이라는 것이다. 그러나 증거가 너무 박약하여 확실히 결론짓기는 어렵다. 어쨌든 그는 바울에게 자기 집을 사용하게 했는데, 마침 그 집은 회당 옆인데다 사역 본부로 쓸 만큼 넓었다. 누가는 수많은 고린도 사람이 듣고 믿어 세례를 받았다고 했는데, 그중에 유대인도 다수 있었을 것이다. 회당은 텅 비어 조용한데 바로 옆집에 사람들이 바글바글 모여 예배했으니 틀림없이 난감한 광경이었을 것이다. 게다가 회당장 그리스보까지 일가족을 데리고 옆집으로 갔으니 더 난감해졌다(행 18:8)!

어느새 바울은 빌립보와 데살로니가와 베뢰아에서 당했던 고통스러운 경험이 또 되풀이될까 봐 염려되었던 것이 분명하다. 어디까지나 그도 평범한 인간이었다. 많은 면에서 비범한 사람이었으나 잔인한 거짓 고소에 영향을 입기는 다른 사람과 다를 바 없었다. 매질과 투옥으로 인한 신체적, 정서적 외상도 마찬가지였다. 웬만한 사람은 누구나 고난이 더 예상되면 진저리가 나는 법이다. 그런데 주께서 그를 안심시켜주시며 이번에는 복음을 담대히 전해도 고난이 뒤따르지 않을 것이라고 약속하셨다. 무엇이 달랐던 것일까? "이 성중에 내 백성이 많음이라"(18:9-10).

"백성이 많음"이라는 문구는 두 가지 의미가 가능하다. 하나는 "높은 자리에 너를 보호해줄 내 사람들이 충분함이라"이고, 또 하나는 "이 성중에 내가 택한 사람이 많아 그 다수의 회심이 너를 보호해줄 것임이라"이다. 후자일 소지가 높다. 나중에 고위층 로마인인 갈리오가 바울의 편에 서기는 했지만 그는 신자가 아니었다. 그보다 고린도 교회는 아주 빠르게 성장했고, 그중의 몇몇 그리스도인은 힘 있는 지위에 있었다.

누가는 바울이 고린도에서 총 18개월 동안 사역했다고 밝혔는데, 이는 여태까지 어느 지역에서보다도 훨씬 긴 기간이었다(18:11). 아마 도시가 워낙 커서 그만큼의 시간이 필요했을 것이고, 박해도 비교적 적었기 때문일 것이다.

—18:12-13—

갈리오는 수사학자인 세네카 1세의 아들로 태어났으나 마르쿠스 안네우스 노바토스라는 본명 대신 양부 루키우스 유니우스 갈리오의 이름을 취했다. 갈리오의 동생은 철학자인 세네카 2세였다. 갈리오는 AD 51-53년에 아가야의 총독으로 재직했다. 총독직은 원로원에 직접 보고했으며 한 성을 다스릴 군사적, 사법적 절대 권력을 부여받았다. 결국 그는 네로 시대에 로마로 돌아가 집정관이 되었으나 그 실성한 황제를 살해하려는 음모에 가담했다가 AD 65년에 목숨을 잃었다.[62]

성전을 관할하던 믿지 않는 유대인들은 마게도냐와 비시디아와 갈라디아의 배교자 형제들과 아주 비슷한 반응을 보였다. 그들이 바울을 멸하려고 이교도인 정부 관리들에게 호소한 것은 복음을 반박할 수 없었기 때문이다. 그들은 말로는 회당에 헌신했다지만 유대교의 유산에 대한 충절이 부족했다. 로마인의 개입을 청했다는 사실이 그 증거였다. 그들은 바울을 장터[*agora*(58)]의 법정[*bēma*(968)]으로 끌고 가 총독에게 고발했다(18:12). 그들이 제출한 바울의 죄목을 잘 보라. "이 사람이 (율)법을 어기면서 하나님을 경외하라고 사람들을 권한다"(18:13, 참고 16:21, 17:6-7, 13).

바울이 무슨 법을 어겼다는 것일까? 유대교 지도자들이 총독에게 호소할 때 염두에 둔 것은 로마법이었음이 분명하다. 로마인들이 보기에 기독교라는 신생 운동은 유대교의 한 분파로서 로마법으로 허용되는 합법적 종교였을 것이다. 그런데 유대교 지도자들은 예수님을 따르는 무리를 회당에서 축출하려고 이미 조치를 취하고 있었다. 그리스도인들이 법을 어기면서 하나님을 경외한다는 그들의 주장은 사실상 바울과 첫 신자들이 로마에 허용된 정통 유대교의 일원이 아니라는 말이었다. 로마의 총독을 설득하여 기독교와 유대교의 차이, 교회와 회당의 차이를 인정하게 할 수만 있다면, 어쩌면 유대교의 지도자들은 로마의 칙령을 통해 예수님의 제자들을 근절할 수 있을지도 몰랐다.

—18:14-17—

바울은 법정에 처음 서는 게 아니라 전에도 이런 상황에 처한 적이 있었다. 그러나 과정이 잘 풀린 적은 거의 없었다. 변호인을 세우거나 증인을 소환하거나 하다못해 자기 입장을 진술할 기회조차 한 번도 주어지지 않았었다. 그러니 입을 열어 말하려는 그를 갈리오가

Barry Beitzel

고린도의 법정(*bēma*)

저지했을 때 분명히 그는 약간 답답했을 것이다. 그런데 다행히 갈리오가 어이없는 상황을 간파하고 유대인의 법을 상기시키며 좌중의 주의를 돌렸다(18:14-16). "로마법은 내가 알아서 할 테니 걱정하지 말고 너희 법에나 신경 쓰라. 나는 그런 데 관심 없다"는 말이나 같았다. 총독이 내린 판결은 후임자들에게도 구속력이 있었으므로 갈리오의 이 결정은 고린도에 중요한 법적 판례를 남겼다.

이 냉정하고 굴욕적인 푸대접은 믿지 않는 유대인 분파를 궁지에 빠뜨렸다. 그리스보가 "회당장"(18:8)의 직위를 비운 뒤에 소스데네라는 사람이 그를 대신했던 모양인데, 이번에 바울을 고발한 일도 그가 주도했을 수 있다. 갈리오가 유대인들의 고소를 사뭇 경멸조로 일축하자, 이방인이 주를 이루던 청중은 그 유대인 지도자를 때리기 시작했다(18:17).

바울이 고린도에 보낸 편지의 안부 인사에서 소스데네가 등장한다(고전 1:1). 본문의 이 사람과 동일 인물일 수 있는데, 만일 그렇다면 이 사건으로 그가 회심하게 되었을 수도 있다.

—18:18—

마침내 귀국할 때가 되었다. 바울은 돌아와 보고하고 휴식을 취한 뒤 앞으로의 거취를 결정할 것이었다. "수리아"는 그를 파송한 수리아의 안디옥 교회를 가리킨다. 그는 고린도의 번화한 도시권을 떠나 남동쪽으로 불과 11킬로미터 떨어진 겐그레아로 갔다. 동쪽 방면으로 가는 여행객들이 이용하던 항구였다. 이유는 확실하지 않지만 바울의 충실한 새 친구들인 아굴라와 브리스길라도 동행했다. 개인적 사유로든 아니면 복음을 들고 아시아 성에 침투하려는 바울의 궁극적 계획의 일환으로든, 그들은 에베소로 이주할 작정이었던 것 같다.

바울이 머리를 깎았다는 누가의 언급은 그가 나실인의 서원을 했음을 보여준다(민 6:1-21). 이는 남녀 유대인이 특정한 목표를 이루기 위해 자신을 주님께 온전히 바치기로 서약하는 특별한 서원이었다. 서원한 사람은 규정대로 그 기간 동안 포도나무의 소산—포도주, 독주, 포도, 건포도, 주스 등—을 일체 삼가고, 죽은 자와의 접촉을 피하며, 머리를 깎지 않았다. 유대인들은 장발의 동족 유대인, 특히 남자를 보면 서원의 표시임을 즉시 알아보았다. 바울은 관습에 따라 서원이 종료될 때 성전에서 특별한 제사를 드려야 했다(민 6:13-21). 제단에 동물을 불사르는 정성스런 의식이었다. 그가 머리털을 잘라 제사장에게 주면

제사장은 머리털을 제단에 화목 제물로 태우도록 되어 있었다. 이 의식이 끝나면 나실인도 다시 포도 열매를 즐길 수 있었다.

—18:19-21—

수리아로 가는 길에 바울의 배는 에베소 인근에 상륙했고, 아굴라와 브리스길라는 거기서 내렸다. 이 기회에 그는 회당을 방문하여 유대인들과 이방인 개종자들로 더불어 "변론"했다(18:19, 참고 17:2-4). 여타 지역들과 달리 에베소 회당의 사람들은 그의 메시지를 거리낌 없이 받아들였고, 그에게 더 오래 있어 달라고 청하기까지 했다(18:20). 바울은 우선 처리해야 할 여러 용무 때문에 틀림없이 괴로웠을 것이다. 복음에 이렇게 거리낌 없이 반응하는 동족 유대인들을 그는 얼마나 보고 싶었던가. 그래서 그는 "만일 하나님의 뜻이면"(18:21) 다시 오겠다고 약속하고 그곳을 떠났다.

—18:22—

누가는 나머지 구간의 노정을 간단히 약술하는 것으로 바울의 2차 선교여행에 대한 기록을 마무리한다. 바울은 예루살렘으로 연결되는 주요 항구인 가이사랴에 상륙했다. "올라가"라는 표현은 목적지인 예루살렘이 산 위에 있는 도시라는 뜻이다. 거기서 그는 사도들과 장로들을 만났고, 아마 성전에서 나실인의 의식도 이행했을 것이다. 마침내 그는 자신을 파송한 수리아 안디옥의 교회로 다시 "내려"갔다.

적용: 사도행전 18:1-22
불경한 세상에서 선하게 살아가려면

그동안 바울은 고대 세계의 심히 다양하고 극단적인 문화들 속에서 사역했다. 그중 다수는 그의 고향인 다소와 비슷하여, 교육과 문화는 최고였지만 탐욕과 관능이 최악으로 성행했다. 고국에서 멀어져 로마에 가까워질수록 이교의 방탕함 쪽으로 저울추가 확 기울었고,

유대인 사회는 인구의 극소수에 그쳤다. 아테네의 경우 바울은 유대교가 끼치는 영향을 사실상 전혀 보지 못했다. 고린도에서는 어떠했던가? 암스테르담의 홍등가에서 교회를 찾는 것과 비슷했다.

누가는 바울이 나실인의 서원을 한 이유를 밝히지 않았다. 젊은 해병대원 시절에 요코하마에서 하선했던 나로서는 그 이유가 상상이 된다. 그는 고린도에 혼자 도착했고 혈기왕성한 남자였다. 사도들도 유혹에서 자유롭지 못했으며, 오히려 일의 특수성 때문에 틀림없이 유혹이 더 많았을 것이다. 나는 그때 처음으로 혼자 집을 떠나 있었는데, 청년인 내 주위에 남몰래 죄를 지을 기회가 넘쳐났다. 결단이 필요했다. 결혼반지를 내려다보니 선택이 쉬워졌다. 나는 이미 서약한 사람이었다. 집에 나를 믿는 아내가 있었다. 훗날 아내의 눈을 보며 내가 어디에 가서 무엇을 했는지 사실대로 말할 수 있어야 했다. 죄악의 소굴인 고린도에서 자신을 감시해주는 사림이 아무도 없이 혼자였던 바울도 아마 그래서 서원했을 것이다.

고린도의 바울처럼 우리도 날로 더 도덕을 외면하는 세상 속에서 그리스도인의 높은 기준을 유지하려고 분투한다. 바울의 경험에서 돋보이는 세 가지 원리에 힘입어 우리도 도덕의 쇠퇴라는 악조건 속에서도 승리하고 형통할 수 있다.

첫째, 현장이 어두울수록 도전은 커진다. 당신이 처한 자리에 비기독교인이 주를 이룬다면 그것이 오히려 당신에게 이롭게 작용할 수 있다. 순전히 기독교적인 환경에서는 무기력과 안일에 빠지기 쉽다. 그러므로 어두운 상황이 가하는 도전 때문에 낙심할 것이 아니라 오히려 분발하라. 그러려면 일찍부터 당신의 정체를 공표해야 한다. 당신이 대학생이라면 기독교 색채가 드러나는 세련된 디자인의 티셔츠를 입어 자신이 신자임을 알리라. 새로 취직했다면 신중하게 책상 위에 작은 성경책을 놓아두라. 그냥 손 닿는 곳에 잘 보이게 두면 된다. 사무실에 성소를 꾸미거나 깃발을 흔들 것까지는 없다. 당신이 그리스도인이라는 정체를 일찍부터 밝혀두면 남몰래 죄지을 기회가 생길 때 그것이 당신을 붙들어준다.

둘째, 대언자가 약할수록 메시지는 강해진다. 바울이 두렵고 자신이 없어 불안과 씨름했다는 사실이 내게 격려가 된다. 그는 자신의 한계를 복음에 불리하게 여기지 않고 오히려 자신의 약점을 부각시켜 복음의 메시지가 하나님에게서 난 것임을 입증했다(고전 2:1-

5). 그가 하나님의 도구로서 성공한 것은 죄를 멀리하며 끝까지 충실했기 때문이다.

우리도 그렇게 될 수 있다. 온갖 잘못된 영향력에 둘러싸여 있는 우리는 자신이 부족해서 거기에 맞설 수 없다고 느낀다. 사실 부족한 게 맞다! 다행히 하나님이 우리를 부르신 것은 혼자 힘으로 세상을 바로잡으라는 뜻이 아니라 다만 끝까지 그분께 충실하라는 것이다. 그분이 주시는 감화에 따라 우리가 할 수 있는 바를 하면 된다. 우리가 순종하면 그분이 우리를 통해 말씀하신다. 연약한 우리를 통해 강하신 그분이 드러난다.

셋째, 저항이 클수록 두려움은 줄어든다. 약한 적과는 누구라도 싸울 수 있다. 상황이 순탄할 때는 누구나 계속 전진할 수 있다. 거기에는 굳은 결의나 믿음이 필요 없으며 성장의 열매도 없다. 그러나 당신 주변의 사람들과 영향력이 그리스도를 배척할 때는, 주님과 가까워질 수 있는 기회가 기하급수적으로 늘어난다. 바로 그때 당신은 성령의 엄청난 능력을 경험하게 된다. 자신의 연약함을 인정하고 견고히 서기로 결단하면 그분이 주시는 용기가 당신을 지배한다. 조롱당하고 거부당할 것에 대한 당신의 두려움은 서서히 그러나 초자연적으로 사라진다. 당신 안에 계신 성령이 주저함이나 두려움 없이 당신을 통해 말씀하시는 것을 보게 된다.

온전한 복음(사도행전 18:23-19:7)

23얼마 있다가 떠나 갈라디아와 브루기아 땅을 차례로 다니며 모든 제자를 굳건하게 하니라

24알렉산드리아에서 난 아볼로라 하는 유대인이 에베소에 이르니 이 사람은 언변이 좋고 성경에
능통한 자라 25그가 일찍이 주의 도를 배워 열심으로 예수에 관한 것을 자세히 말하며 가르치나 요한
의 세례만 알 따름이라 26그가 회당에서 담대히 말하기 시작하거늘 브리스길라와 아굴라가 듣고 데려
다가 하나님의 도를 더 정확하게 풀어 이르더라 27아볼로가 아가야로 건너가고자 함으로 형제들이 그
를 격려하며 제자들에게 편지를 써 영접하라 하였더니 그가 가매 은혜로 말미암아 믿은 자들에게 많
은 유익을 주니 28이는 성경으로써 예수는 그리스도라고 증언하여 공중 앞에서 힘있게 유대인의 말을
이김이러라

19:1아볼로가 고린도에 있을 때에 바울이 윗지방으로 다녀 에베소에 와서 어떤 제자들을 만나 2이
르되 너희가 믿을 때에 성령을 받았느냐 이르되 아니라 우리는 성령이 계심도 듣지 못하였노라 3바울
이 이르되 그러면 너희가 무슨 세례를 받았느냐 대답하되 요한의 세례니라 4바울이 이르되 요한이 회
개의 세례를 베풀며 백성에게 말하되 내 뒤에 오시는 이를 믿으라 하였으니 이는 곧 예수라 하거늘

[5]그들이 듣고 주 예수의 이름으로 세례를 받으니 [6]바울이 그들에게 안수하매 성령이 그들에게 임하시므로 방언도 하고 예언도 하니 [7]모두 열두 사람쯤 되니라

1970년대에 일부 카리스마계 그리스도인들 사이에 "순복음"이란 용어—분열과 비웃음을 부른 용어—가 유행했다. 이 특정한 부류의 카리스마계에 따르면 성령을 선물로 받지 않고도 오랜 세월 신자가 되어 살아가는 것이 가능했다. 어떤 이들은 이 이단적 신학을 수정하여, 그리스도인이 되어 성령을 받더라도 신유와 예언과 방언과 축사 같은 초자연적 능력을 보일 정도로 '충만하지는' 못할 수도 있다고 말했다. 카리스마계가 아닌 많은 그리스도인은 당연히 발끈했다. '순복음'이라는 말 속에 그런 초자연적 능력을 보이지 못하는 사람은 온전하지 못하거나, '되다 만 그리스도인'이라는 뜻이 암시되어 있기 때문이다.

'순복음' 신학자들은 사도행전 19장 1-7절로 자기네 가르침을 뒷받침했다. 그러나 곧 보겠지만 그들은 누가의 요지를 편리하게 간과했다. 18장 23절부터 시작되는 바로 앞의 문맥만 잘 보아도 알 수 있듯이, 누가가 바울의 2차 선교여행과 3차 선교여행 사이의 막간에 이 일화를 삽입한 것은 여인이 '임신하다 말' 수 없는 것만큼이나 사람이 '신자가 되다 말' 수도 없음을 보이기 위해서다. 여인의 태내에 아기가 있거나 없거나 둘 중 하나다. 이 진리를 보여주는 예화로 누가는 두 장의 초상화를 제시하되 각각 전과 후를 대비하여 보여준다. 둘 다 에베소나 그 근처에서 있었던 일이다.

—18:23—

2차 선교여행을 마친 바울은 수리아 안디옥으로 돌아가 아마 AD 51년에서 52년으로 넘어가는 겨울을 지냈을 것이다. 봄에 해동하자마자 그는 다시 떠나 2차 여행 때와 같은 경로로 수리아를 통과하여 길리기아에 들어섰다. 아마 자신의 고향인 다소에 들러 잠시 머물렀을 것이다. 날씨가 허락되는 대로 그는 길리기아 관문을 통해 타우루스 산맥을 넘어 갈라디아와 브루기아로 이동했다. 더베와 루스드라와 이고니온과 비시디아 안디옥에 그가 개척했던 교회들은 분명히 그를 만나 감격했을 것이다. 누가의 말대로 그는 가면서 신자들을 굳건하게 했다. 아마 각 지역에 오래 머물지는 않았을 것이다. 바울은 속히 에베소에 다시

갈 날을 고대해왔다. 약속을 지키고 싶기도 했지만, 이전에 하나님이 닫으셔서 발길을 돌렸던 그 지역에서 하루라도 빨리 사역하고 싶었다.

—18:24-26—

여기서 누가는 바울이 도착하기 이전의 에베소로 장면을 전환한다. 두 일화의 중심인물들은 기쁜 소식을 일부만 들었을 뿐 신앙을 더 온전히 이해하려면 아직 교육이 필요했다.

아볼로는 이집트 알렉산드리아 출신의 유대인으로 세례 요한의 사역에 영향을 입었다(요한을 직접 보았을 수도 있지만 그보다는 전해 들었을 소지가 크다). 요한의 사역은 메시아가 오시기 전에도 그 자체만으로 심오하고 광범위한 영향을 미쳤다. 그는 유대교 의식인 물 세례를 새롭게 응용하여 유명해졌다. 통상적으로 이방인 개종자는 유대교로 개종하는 최종 단계로 세례를 받았다. 그 전에 히브리어와 모세 율법을 집중적으로 공부하여 엄격한 시험에 통과한 뒤 할례까지 받아야 했다.

많은 사람이 하나님과 바른 관계를 맺고 싶어 요한에게 와서 세례를 받았다. 그런데 요한은 메시아가 오셔서 더 큰 세례를 베푸실 것이라고 그들에게 가르치며 이렇게 단언했다. "나는 물로 너희에게 세례를 베풀거니와 나보다 능력이 많으신 이가 오시나니 나는 그의 신발끈을 풀기도 감당하지 못하겠노라 그는 성령과 불로 너희에게 세례를 베푸실 것이요"(눅 3:16).

바울의 동료인 브리스길라와 아굴라는 에베소에서 아볼로를 우연히 만났다. 성실한 유대인인 그는 요한의 사역을 퍼뜨리면서 메시아를 선포했다. 누가는 그를 "언변이 좋고 성경에 능통한 자"(행 18:24)로 묘사했다. 이 경우 "성경"에는 현재 칠십인역으로 알려져 있는 구약의 헬라어 역본도 포함되었을 것이다. "언변이 좋고"[*logios*(3052)]로 번역된 단어는 '학식이나 교양이 있다, 배운 바를 명확히 설명할 수 있다'는 뜻이다. 이는 세상이 알렉산드리아를 향해 의당 기대하던 자질이었다. 그곳은 이집트의 정치적, 지성적 수도였으며, 고대 세계에서 로마 다음으로 가장 중요한 도시였다. 다른 뛰어난 특징들 외에도 알렉산드리아는 학문의 중심지요 세상에서 가장 큰 도서관이 있던 곳이었다. 율리우스 카이사르에게 일부 파손되기 전까지 그 도서관에 7십만 권의 헬라어 원전들이 소장되어 있었다. BC 3세기에 칠십인역의 창세기부터 신명기까지가 번역된 곳도 바로 알렉산드리아였다. 따라서 그 곳 출신의 교사에게는 하버드나 예일이나 스탠퍼드나 옥스퍼드의 박사 학위와 다르지 않게 상당한 영향력이 따라다녔을 것이다.

아볼로는 오순절을 쇠고 돌아온 유대인들에게서 예수님과 새로 임하신 성령에 대해 듣기는 했으나 이야기의 전말은 아직 몰랐다. "주의 도"에 대해 배웠으나 "요한의 세례만 알 따름"이었다(18:25). 그의 가르침은 예수님이 메시아이심을 구약으로 증명한 데까지는 선하고 옳았으나 몇 가지 핵심 요소가 빠져 있었다. 그리스도인의 세례는 신자들이 그리스도의 죽음과 장례와 부활에 연합하여 새 생명을 얻고, 하나님 나라에서 한 몸을 이룸을 상징한다는 점에서 요한의 세례와 달랐다(롬 6:3-10, 고전 12:13, 갈 3:27, 골 2:12). 이 부분이 아볼로에게 결핍되어 있었기에 아굴라와 브리스길라는 그를 따로 가르치며 "하나님의 도"를 더 충분하고 정확하게 설명해주었다(행 18:26).

—18:27-28—

보다시피 누가는 아볼로가 회심한 경험을 기술하지 않았다(참고 9:1-7). 필시 그가 이미 믿고 성령을 받았기 때문일 것이다. 그는 기적을 행하는 능력이 없었을 뿐이다. 그는 바울의 친구들에게서 기독교 신학에 대한 설명을 더 충분히 받고 더 효과적인 교사와 전도자가 되었으나, 극적인 변화는 경험하지 못했다. 에베소의 형제들은 진정한 신자이자 해박한 교사의 자격을 갖춘 그에게 감동하여, 자신들의 추천으로 그가 고린도에서도 효과적으로 사역할 수 있도록 소개장을 써주었다.

세례 요한(사도행전 18:25, 19:1-7)

많은 그리스도인에게 세례 요한은 별로 알려진 것이 없는 인물이다. 그에 대하여 아는 내용을 작은 카드 한 장에 다 쓴다고 해도 여백을 많이 남길 사람들이 대부분이다. 그가 사람들에게 세례를 준 것은 분명하다. 그가 광야에서 이상하게 메뚜기와 꿀을 먹으며 살았다는 것을 아는 사람들도 있다. 신학에 관심이 있는 사람들은 그가 메시아의 선구자라는 것도 안다. 하지만 대부분 사람이 아는 것은 거기까지다. 그런데 예수님은 그에 대하여, "여자가 낳은 자 중에 세례 요한보다 큰 이가 일어남이 없도다"(마 11:11)고 말씀하셨다.

교육받은 의사인 누가 박사는 예수님 주변에 있는 사람들의 인간적인 면에 관심이 많았다. 세례 요한이 연로한 제사장 사가랴와 폐경기를 넘긴 아내 엘리사벳 사이에 하나뿐인 자식으로 태어났음을 우리는 누가를 통하여 알게 된다. 그의 출생은 유대 산지에 사는 모든 사람의 눈길을 끌었는데, 이는 그 출생이 기적적인 사건들에 둘러싸여 있었기 때문만이 아니라 그가 나면서부터 나실인과 비슷하게 금욕적 생활방식대로 살도록 구별되었기 때문이다. 그는 머리를 깎거나 시체에 손을 대서는 안 되었고, 포도나무에서 난 것은 포도, 포도주, 건포도 할 것 없이 아무것도 먹어서는 안 되었다(눅 1:15, 민 6:2-6). 그가 잉태되기도 전부터 하나님은 구약에 예언된 대로 그를 메시아의 선구자로 선택하셨다(사 40:3-5, 눅 1:76).

그가 자라서 성년이 된 곳은 왕궁이 아니었다. 누가는 "아이가 자라며 심령이 강하여지며 이스라엘에게 나타나는 날까지 빈 들에 있으니라"(눅 1:80)고 했다. 오해하지 마라. 여기서 말하는 빈들이란 사막의 휴양지 같은 곳이 아니다. 요한은 흙과 돌과 관목 덤불과 지독한 열기 속에서 자랐고, 그곳에는 음식과 물은 물론 모든 것이 부족했다. 그러나 그 힘겹고 빈핍한 시절, 침묵과 고독 속에서 요한은 진리의 창시자이신 분과 교제했다. 그는 어려서부터 성령으로 충만했고(눅 1:15), 하나님 나라의 기본 원칙대로 살았다. 일찍이 이스라엘이 지키지 못했던 그 기준이란 바로 "사람이 떡으로만 사는 것이 아니요 여호와의 입에서 나오는 모든 말씀으로 사는"(신 8:3) 것이었다.

이윽고 광야에서 나와 이스라엘을 대면하여 죄를 지적할 때 그는 백성들이 그때까지 보았던 종교 지도자들과 얼마나 달랐던가! 마가복음에 보면 그는 "낙타털 옷을 입고 허리에 가죽 띠를 띠고 메뚜기와 석청을 먹"었다(막 1:6). 화려한 옷을 입고 고기와 과도한 포도주를 즐기던 사두개인들, 바리새인들, 대제사장들, 서기관들, 헤롯 당원들과 달리 요한은 금욕적인 생활 때문에 몸이 수척해 있었고, 햇볕에 그을려 살갗이 가죽 같았다. 그의 메시지도 용모만큼이나 꾸밈이 없고 굽힐 줄 몰랐다. 위선적인 종교 생활을 일삼던 사두개인들과 바리새인들이 알맹이 없이 가짜로 회개하고 겉치레로 세례를 받으러 오자, 요한은 추호도 용납하지 않고 그들에게 똑똑히 말해주었다! "독사의 자식들아 누가 너희를 가르쳐 임박한 진노를 피하라 하더냐 그러므로 회개에 합당한 열매를 맺고 속으로 아브라함이 우리 조상이라고 생각하지 말라 내가 너희에게 이르노니 하나님이 능히 이 돌들로도 아브라함의 자손이 되게 하시리라"(마 3:7-9). 그래서 종교 고위층은 그를 지독히 미워했다! 그가 광야의 보호를 받고 있지 않았다면 그리고 진심으로 죄를 회개한 수많은 무리가 그를 에워싸고 있지 않았다면 그들은 요한을 죽였을 것이다.

말라기 선지자는 엘리야 같은 인물이 와서 메시아의 임박한 도래를 알릴 것을 예언했다(말 3:1, 4:5-6). 많은 사람이 말라기의 말을 글자 그대로 받아들여 실제로 엘리야가 다시 올 것을 기대했다. 그가 죽지 않고 하늘로 들려 올라갔기 때문에 특히 더했다(왕하 2:9-12). 세례 요한이 말라기의 예언을 성취한 것은 사실이지만, 요한은 옛날의 추앙받던 그 선견자는 아니었다.

요한은 광야에서 회개를 전파하며 사람들에게 세례를 베풀었다. 당시에 유대교로 새로 개종한 사람은 물속에 들어가는 의식을 행했는데, 유대교의 이 세례는 히브리의 언약 공동체에 들어가기 전에 죄를 단번에 씻음받는 상징적 행위였다. 이 의식의 대상은 이방인 개종자들이지, 이미 하나님이 아브라함과 맺으신 언약 가운데 태어난 유대인들이 아니었다. 그래서 요한은 개종자들을 대상으로 한 세례 의식을 새롭게 적용했다. 그는 유대인들을 회개의 세례로 부르며 사실상 이렇게 말했다. "너희 죄 때문에 너희도 하나님이 아브라함과 맺으신 언약 바깥에 있다. 너희도 이방인처럼 회개하고 마치 처음인 것처럼 하나님께 와야 한다." 그러자 진실한 유대인들이 떼를 지어 몰려왔다. 그럼에도 불구하고 요한은 자신이 베푸는 세례가 상징일 뿐임을 고백했고, 물 세례—그 자체로 메시아를 가리키는 것이다—에 대한 논쟁이 나려 하자 재빨리 자기가 알리러 온 분께로 초점을 돌렸다. 어디까지나 그는 진리의 근원이 아니라 진리의 증인일 뿐이었고, 빛이 아니라 등잔일 뿐이었다.[63]

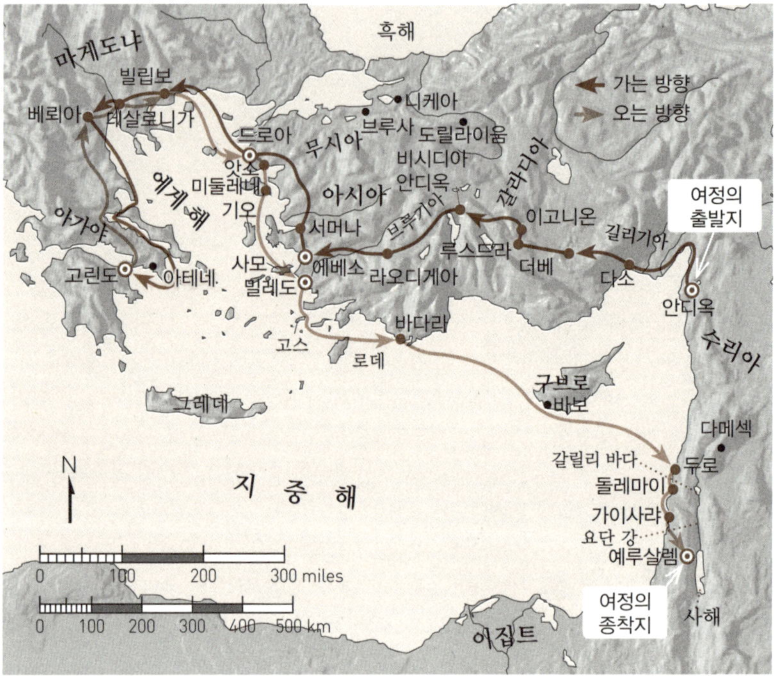

바울의 3차 선교여행. 바울 일행은 다시 안디옥을 떠나 아시아와 그리스를 가로질러 고린도에까지 갔다. 돌아올 때도 바울은 그리스의 같은 도시들을 지났다. 그 후 배를 타고 아시아의 서해안을 돌아 지중해를 건너서 예루살렘으로 돌아왔다.

—19:1-2—

누가는 아볼로의 경험과 에베소 인근에서 만난 열두 사람의 경험을 병치했다.

바울은 이전에 바나바와 함께 갈라디아와 비시디아의 도시들인 더베, 루스드라, 이고니온, 안디옥에 세웠던 교회들에서 사역하며 세바스테 길을 따라 서쪽으로 이동했다. 안디옥에서부터 "윗지방"을 통과했는데 이는 헬라어에서 고지를 가리키는 표현이다. 고대인들에게 '위'와 '아래'는 북쪽과 남쪽의 개념이 아니라 고도를 뜻했다. 예루살렘은 산 위에 있는 도시이므로 그리로 갈 때는 '올라간다'고 하고, 떠날 때는 '내려온다'고 했다. 요컨대 바울은 아마 골로새와 라오디게아를 방문하지 않고(참고 골 2:1) 더 직선로로 빌라델비아와 어쩌면 사데를 지나고 카이스터 강의 골짜기를 넘어서 에베소로 들어갔을 것이다.

누가가 사용한 문법을 보면 바울이 "어떤 제자들을 만"난 곳은 에베소일 수도 있고, 에베소로 가던 길이었을 수도 있다. 본문을 직역하면 "바울이 에베소에 오려고 윗지방으로 다니다가 어떤 제자들을 만나"가 된다. 그렇게 보면 아볼로와 아굴라와 브리스길라가 에베소 회당에서 했던 사역이 미처 그 제자들에게까지 영향을 미치지 못했던 이유가 설명될 수도 있다. 그러나 장면이 전환되는 사도행전 19장 8절을 보면 바울이 이 제자들을 에베소에 도착해서 만났다는 해석 쪽에 무게가 실린다. 제자들을 만난 후 회당에 들어갔다는 말 속에 그가 이미 이 도시에 와 있었음이 암시되어 있다.

누가가 "제자"[*mathētēs*(3101)]라는 헬라어 단어를 쓸 때는 대개 신자를 지칭하는데, 이번 경우에는 예비 그리스도인—세례 요한의 사역에 긍정적으로 반응했으나 아직 예수님의 인격과 사역에 대한 설명을 충분히 받지 못한 유대인—을 가리킨다. 이 제자들은 부분적으로 알고 있었을 뿐 아직 성령을 받지 못한 상태였다. 바울은 그들의 필요를 진단하고자 이해도를 점검했다. 문제가 무지인지 아니면 반항심인지 분간해야 했던 것이다. 그는 그들의 진실성을 의심하거나 부인하지 않았다. 신학이나 행실이나 경건한 정도를 평가하지도 않았다. 다만 성령을 받았는지 물었다. 성부 하나님은 예수 그리스도를 진정으로 믿는 사람에게 자신의 영을 선물로 주신다. 예외 없이 매번 주신다. 이 경우 그분이 선물을 늦추신 이유는 오직 예루살렘의 사도들에게 이 사건을 목격할 기회를 주시기 위해서였다. 그분은 자신이 사마리아인과 이방인 신자들도 온전히 받아주심을 유대인 그리스도인들에게 확신시켜주려 하셨다(8:14-17).

—19:3-7—

알고 보니 제자들은 성령에 대해 무지했고 오순절에 일어난 사건을 들어본 적조차 없었다(19:2, 참고 2:1-12). 아볼로처럼 그들도 세례 요한의 초청에 응하여 회개했고(19:3), 요한이 말한 대로 메시아를 고대했다. 그러나 아볼로는 "도"를 배운 반면에(18:25, 참고 9:2) 이들은 예수 그리스도를 전혀 몰랐다. 아볼로는 "예수에 관한 것을 자세히 말하며 가르"쳤고(18:25) "더 정확하게" 배우기도 했으나(18:26), 이 제자들에게는 바울이 그리스도를 처음으로 소개해야 했다. 바울은 우선 메시아를 가리켜 보이는 세례 요한의 가르침으로 시작한 뒤 예수님이 곧 그리스도이심을 선포했다(19:4). 그러자 제자들은 믿고 그리스도인의 세례를 받았다(19:5).

바울이 평소와 달리 새 신자들에게 안수하자 그들은 성령을 받았다. 일찍이 베드로와 요한(세례자가 아니라 사도)도 비슷한 일을 한 적이 있었다. 그때 그들은 유대인에게 혼혈종이자 타협한 이방인이라고 멸시받던 사마리아 사람들이 복음을 받아들였다는 소식을 들었다. 유대인 신자들은 사마리아인도 진정한 신자가 될 수 있다는 가능성이 선뜻 믿어지지 않았다. 그래서 두 사도가 사마리아에 가서 직접 보았다. 그들이 도착하여 새 신자들에게 안수하자 성령이 사마리아인들 안에 충만히 임하셨다(8:14-17). 이로써 하나님이 이 새 신자들도 그분 나라의 정식 시민으로 받아주셨음이 유대인과 사마리아인 모두에게 결정적으로 입증되었다. 바울의 안수도 비슷한 목적을 이루었다(19:6). 하나님은 성령의 초자연적 증거를 주심으로써 그들도 진짜 제자임을 확증하셨다.

성령의 기적적 증거는 또한 오순절 때와 동일한 결과를 낳았다. 그때 하나님은 새 신자들에게 방언과 예언의 능력을 주셔서 자신의 영에 대한 구약의 약속(욜 2:28-29)을 성취하셨다. 비슷하게 에베소의 새 신자들도 기적적 능력을 받아 여태 금시초문이던 성령의 실체를 입증했고, 유대인 사회에 복음을 확증했다(참고 고전 14:22). "방언도 하고 예언도 하니"에 연달아 쓰인 미완료 시제를 문법학자들은 "기동(起動)"의 용법이라 칭한다. 새 신자들의 기적적 능력이 이때부터 나타나기 시작하여 계속되었다는 뜻이다. 열둘이라는 숫자(행 19:7)는 이스라엘의 열두 지파에 상응하므로 유대인들에게 아주 의미심장했을 것이다.

성령의 기적적 증거가 나타난 사례들

본문	대상	목격자	목적
2:1-4	유대인 신자들	유대인 비신자들	성령에 대한 구약의 예언(욜 2:28-32)이 성취되었음을 확증해주었다.
8:14-17	사마리아인 신자들	유대인 신자들	하나님이 사마리아인을 그리스도인으로 받아들이셨음을 확증해주었다.
10:44-47	이방인 신자들	유대인 신자들	하나님이 이방인을 그리스도인으로 받아들이셨음을 확증해주었다.
19:1-7	세례 요한의 유대인 제자들	유대인 신자들	에베소의 유대인들에게 복음을 확증해주었다.

하나님이 신자들에게 성령의 기적적 능력을 허락하신 이유는 하나다. 곧 그들이 그분의 대리자로 받아들여졌음을 확증하시기 위함이었다. 스탠리 투세인트(Stanley Toussaint) 박사가 지적했듯이 구원의 사건 때마다 기적이 늘 수반되는 것은 아니며, "사도행전에서 성령을 받는 절차에 무슨 정해진 틀은 없었다. 그분은 세례 이전에(10:44), 세례 때나 세례 이후에(8:12-16, 19:6), 사도들의 안수를 통해(8:17, 19:6) 신자들 안에 임하셨다."[64]

적용: 사도행전 18:23-19:7
구원의 성령

아볼로와 아직 다 갖추지 못했던 제자들은 한 가지 비슷한 점이 있었다. 그들은 세례 요한의 사역과 연관된 세례만 알았다. 예수님이 메시아로 등장하시기 전에 요한은 회개의 세례를 전하여 이스라엘을 준비시켰다. 그리스도인의 세례는 요한의 세례를 바탕으로 하지만 상징하는 바가 훨씬 많다. 그리스도인의 세례는 신자가 그리스도의 죽음과 장례와 부활에 연합하여(롬 6:3-5) 새 생명을 얻고, 다른 모든 신자와 한 몸을 이루는 것을 상징한다(고전 12:13). 아볼로나 아직 미완성이었던 제자들은 그리스도인의 세례를 몰랐다.

그러나 이런 유사점 외에 아볼로와 제자들은 몇 가지 유익한 대조를 보여준다.

- 아볼로는 예수님에 대해 들어보았지만(행 18:25) 제자들은 들어보지 못했다.
- 아볼로는 틀림없이 오순절과 성령의 강림에 대해 들어보았으나 제자들은 "성령이 계심도 듣지 못하였"다(19:2).
- 아볼로의 사역은 개선되었으나 달라지지는 않았다. 반면 제자들은 극적인 변화를 경험했다.

아볼로의 경우에 누가는 성령의 기적적 증거를 언급하지 않았다. 그러나 제자들은 성령에 대해 들어보지 못했는데도 일단 믿고 나자 방언과 예언을 했다. 이런 중요한 차이에서 네 가지 중요한 결론이 부각된다.

첫째, 그리스도를 신뢰하지 않으면 회개로 부족하다. 회개는 꼭 필요한 출발점이지만 회개 자체가 사람을 죄의 영원한 결과에서 구원하지는 못한다. 예수 그리스도의 속죄의 희생을 믿고, 선행과 무관하게 하나님의 용서를 값없는 선물로 받아들여야 한다.

둘째, 성령의 임재는 진정한 믿음, 즉 '구원하는 믿음'이 있다는 증거다. 그리스도인은 구원의 순간 성령을 선물로 받는다. 성령이 없는 사람은 구원받지 못한 것이다.

셋째, 성령은 기적적 능력을 통해 자신을 나타내실 수도 있고 그렇지 않을 수도 있다. 그분이 신자들을 통해 방언이나 예언을 하시는 것은 그때그때 필요에 따라 그분이 임의로 하시는 일이다. 신자들은 그 일에 결정권이 없다. 기적적 능력은 학습되거나 습득되는 게 아니라 전적으로 하나님의 역사하심이다.

넷째, 기적적 능력이 성령의 임재를 확증해주지만 기적의 부재를 성령의 부재로 해석할 수는 없다. 성령이 하나님 사람들의 삶 속에 역사하신 결과가 신구약에 다양한 형태로 나와 있다. 예컨대 성령의 임재는 지혜와 총명과 힘과 여호와를 경외함을 낳는다(참고 사 11:2). 그분이 신자를 성화(聖化)하시면 사랑, 희락, 화평, 오래 참음, 자비, 양선, 충성, 온유, 절제의 열매가 맺힌다(갈 5:22-23).

하나님의 비범한 능력(사도행전 19:8-20)

8바울이 회당에 들어가 석 달 동안 담대히 하나님 나라에 관하여 강론하며 권면하되 9어떤 사람들은
마음이 굳어 순종하지 않고 무리 앞에서 이 도를 비방하거늘 바울이 그들을 떠나 제자들을 따로 세우
고 두란노 서원에서 날마다 강론하니라 10두 해 동안 이같이 하니 아시아에 사는 자는 유대인이나 헬
라인이나 다 주의 말씀을 듣더라

11하나님이 바울의 손으로 놀라운 능력을 행하게 하시니 12심지어 사람들이 바울의 몸에서 손수
건이나 앞치마를 가져다가 병든 사람에게 얹으면 그 병이 떠나고 악귀도 나가더라 13이에 돌아다니며
마술하는 어떤 유대인들이 시험삼아 악귀 들린 자들에게 주 예수의 이름을 불러 말하되 내가 바울이
전파하는 예수를 의지하여 너희에게 명하노라 하더라 14유대의 한 제사장 스게와의 일곱 아들도 이
일을 행하더니 15악귀가 대답하여 이르되 내가 예수도 알고 바울도 알거니와 너희는 누구냐 하며 16악
귀 들린 사람이 그들에게 뛰어올라 눌러 이기니 그들이 상하여 벗은 몸으로 그 집에서 도망하는지라
17에베소에 사는 유대인과 헬라인들이 다 이 일을 알고 두려워하며 주 예수의 이름을 높이고 18믿은
사람들이 많이 와서 자복하여 행한 일을 알리며 19또 마술을 행하던 많은 사람이 그 책을 모아 가지고

와서 모든 사람 앞에서 불사르니 그 책 값을 계산한즉 은 오만이나 되더라 [20]이와 같이 주의 말씀이 힘이 있어 흥왕하여 세력을 얻으니라

애리조나 주와 네바다 주의 접경에 1조 갤런[65] 이상의 물을 말없이 품고 있는 거대한 콘크리트 벽이 있다. 후버댐의 담수량은 펜실베이니아 주 전체를 30센티미터 깊이의 물웅덩이로 만들기에 충분하다. 70층 높이에 상층부의 전체 길이가 320미터에 달하는 이 거대한 콘크리트 벽의 내부에는 17개의 터빈이 있어 미드 호수에서 유출되는 고압수를 2,080메가와트의 전기로 전환시킨다. 꼭대기에 서면 어마어마하게 잠재된 전력이 눈에 들어온다. 물의 유출을 에너지로 뒤바꾸는 기계 장치가 보기에도 놀랍기만 하다. 하지만 그 정도로는 이 불가사의한 토건이 어떤 위력을 가졌는지를 알 수 없다. 후버댐의 위력을 십분 실감하려면 네바다와 애리조나와 남부 캘리포니아에 점점이 흩어진 2백만 개 이상의 작은 불빛을 한밤중에 우주 정거장의 위성에서 내려다보아야 할 것이다. 각 불빛은 조명을 환하게 밝힌 한 가구를 나타낸다. 그러나 후버댐의 의미는 단지 전등을 밝히고 전자 제품을 작동시키는 에너지에서 끝나지 않는다. 댐의 진짜 위력을 더 잘 가늠하려면 변화의 관점에서 보아야 한다. 광활하게 뻗어나간 그 지역의 땅은 본래 사람이 거주할 수 없던 곳이었는데, 1936년에 이 댐이 완공된 이래로 8백만 인구에게 전력과 물이 공급되었다.[66]

물론 후버댐의 위력도 전능하신 하나님의 능력에 비하면 아무것도 아니다. '못하실 일이 없는' 그분의 권능을 우리로서는 헤아릴 수 없다. 언제 어디서든 원하시는 대로 변화를 이루시는 그분의 능력에 감탄할 따름이다. 한없이 광대하고 복잡한 우주가 창조주의 엄청난 능력을 증언해주기는 하지만 우주는 너무 커서 다 알 수 없다. 그분의 전능하심을 더 잘 실감하려면 그분이 절망적인 인생들에 가져다주시는 변화를 보면 된다.

바울이 에베소에 이르렀을 즈음, 알려진 세상의 많은 지역은 급속도로 확산된 성령의 능력으로 말미암아 이미 변화를 경험했다. 오순절 이후로 복음이 방사선처럼 퍼져나간 결과였다. 그러나 많은 지역이 아시아 성(省)처럼 아직 지독한 악의 손아귀에서 해방되어야 했다. 바울이 에베소에 머물던 2년 동안 주님의 권능이 복음에 아주 명백히 수반되어, 초자연적 표적으로 나타났고 귀신의 활동과 대결하여 승리했다. 그리하여 아시아 전역의 굳어 있던 심령들이 변화되기 시작했다.

—19:8-10—

누가는 우선 미완료 시제(활동의 지속이나 반복이나 관행을 나타낸다)를 써서 전체를 개략적으로 약술하여 바울의 에베소 사역을 소개한다. 늘 그렇듯이 여기서도 바울의 일은 회당에서 강연하는 것으로 시작되었다(19:8). 도시의 인구가 25만 명이 넘었으니 분명히 회당도 꽤 컸을 것이다.[67] 석 달 동안 그는 아볼로의 견고한 가르침(18:24-26)을 바탕으로 하여 유대인들에게 "강론"했고, 현지의 새로운 제자 열둘(19:1-7)의 간증도 곁들여졌다. 이전에 바울이 에베소에 처음 왔을 때, 시작부터 성과가 좋았고 더 오래 있어 달라는 열렬한 부탁까지 받았었다(18:19-21). 그러나 이제 다른 도시들에서 벌어졌던 행태가 똑같이 나타나기 시작했다. 회당의 일부 유대인 지도자들과 많은 사람이 믿었지만 대다수는 바울과 그의 메시지를 단호히 대적하며 비방까지 서슴지 않았다. 그래서 다른 도시들에서와 마찬가지로 사도는 유대인을 떠나 이방인에게 초점을 맞추었다.

바울은 제자들을 데리고 회당에서 철수하여 "두란노 서원"(19:9)으로 옮겼다. '학교'나 '강당'에 해당하는 이 헬라어 단어[*scholē*(4981)]는 본래 '여가'를 지칭했다. 그곳이 토론과 연구와 사색 등의 학문에 힘쓰는 데 필요한 사치품으로 간주되었기 때문이다. 대개 시내에 위치했던 이런 서원의 건물은 교육적 기능에 충실하여, 강의와 소크라테스식 문답을 둘 다 십분 활용하도록 설계되었다. 본문에 나오는 시설은 두란노라는 사람의 소유였다. 불행히도 이 이름의 의미는 역사 속에 유실되었다. 두란노는 로마인에게는 아주 흔한 이름이었다. 따라서 그는 바울에게 자신의 시설을 쓰도록 내준 부유한 제자였을 수도 있고, 바울에게 공간을 세내준 어느 철학파의 수장이었을 수도 있으며, 아무나 돈을 내는 고객에게 공간을 대여해주던 사업가였을 수도 있다. 어쨌든 바울은 2년 동안 이 서원을 잘 활용했다(19:10). 그에게 에베소는 사역의 본거지였고 두란노 서원은 본부였다. 아시아의 내륙으로 돌아다니지 않을 때면 그는 날마다 이 서원에서 가르쳤다.

—19:11-12—

사도행전 전체에서 누가는 하나님이 베드로와 바울을 통해 비슷한 일들을 이루셨음을 강

아시아 무역의 본산 에베소(사도행전 19:1-41)

에베소는 대리석으로 건축된 도시였다. 도로에도 대리석을 깔았고, 건물의 기초도 대리석으로 놓았으며, 기념물을 떠받치는 기둥도 대리석이었고, 빗물을 바다로 빼내는 수로도 대리석이었다. 심지어 공중 화장실도 윤이 반들반들 나는 대리석으로 지었다. 에베소는 마치 세상을 향하여 "이 도시는 영원히 빛날 것이다"라고 말하는 듯 흰빛으로 눈부시게 반짝거렸다. 로마 제국 내의 모든 도시를 통틀어 에베소는 단정한 교회를 세우기가 가장 어려운 곳 가운데 하나였다. 고린도 시는 만연한 부도덕으로 고심했으나 그 적(敵)은 쉽게 눈에 띄었다. 하지만 에베소 교회도 회중을 무너뜨리려는 두 가지 음흉한 적을 경계해야 했다. 하나는 매혹적 번영이었고, 또 하나는 산만한 철학이었다.

에게 해 연안에 자리잡은 이 항구 도시는 두 개의 중요한 고갯길이 교차하는 카이스터 강어귀에 자리하고 있었다. 따라서 에베소는 바닷길로 모든 방향에서 접근할 수 있는 전략적 요충지였고, 로마 제국의 한 성(省)인 아시아의 중심권으로 매우 번화하고 경제적으로 풍요로운 도시였다. 재화와 지식이 온 세상에서 이 도시로 흘러들어 더 많은 부와 새로운 사상들을 탐하는 시민들의 왕성한 욕구를 채워주었다.

에베소는 이교 신앙으로 유명하여 거기서 숭배된 신과 여신이 50여 가지나 된다.[68] 하지만 고대의 7대 불가사의 중 하나인 웅장한 아데미(아르테미스) 신전의 경제력과 신비한 권력에 도전을 가한 신은 하나도 없었다. '대지의 여신'인 아데미를 숭배하는 일은 관광업과 감각적 우상숭배가 잘 어우러져 그 도시의 일대 명물로 자리를 굳혔다. 이미 번창하고 있던 수출입 무역이 아니더라도 신전이 도시를 먹여 살리는 주 수입원이 될 정도로 대단한 성공을 거두고 있었다. 시 관리들은 해마다 한 달 동안 성대한 축제를 벌여 여신에게 예의를 표했고, 그 기간 중에는 모든 노동이 중단되었다. 경기장에서는 각종 운동 시합이 벌어졌고, 극장에서는 연극이 상연되었으며, 대극장에서는 음악회가 열렸다. 아시아의 구석구석과 그 너머에서까지 사람들이 몰려들어 아데미의 신비로운 출생지인 신성한 숲에서 제사를 드렸다. 여신을 숭배하는 일로 신전에 엄청난 양의 돈이 쏟아져 들어와 신전은 아예 중요한 금융 기관이 되었다. 그런 기관으로는 아마 아시아 최초였을 것이다. 그뿐 아니라 에베소는 채무자들의 성역이 되었다.[69] 채권자의 독촉에서 벗어나고 싶은 사람은 누구나 이 곳으로 도피했던 것이다.

돈과 마술의 매혹으로도 혼란이 부족하다는 듯 에베소에는 많은 철학의 학파들이 모여들었다. BC 5백 년 경에 에베소의 귀족인 헤라클리투스라는 헬라인은 우주가 통일된 지배 원리에 따라 운행된다고 가르쳤다. 그러면서 이 원리를 그는 로고스(logos), 즉 "말씀"이라 불렀다.[70] 이후 철학자들이 이 이론을 발전시켜 물리학과 수학과 이성과 나아가 도덕의 많은 법칙이 이 하나의 비인격체인 신적 지성으로 거슬러 올라갈 수 있다고 주장했다. 바울 시대에 이미 에베소는 여러 철학이 서로 겨루는 명실상부한 용광로가 되어 있었고, 헬라 철학의 원전들을 소유한 유명한 보고가 되어 있었다.

이 모든 유혹과 도전에도 불구하고 에베소는 바울이 아시아 사역의 본거지로 삼기에 완벽한 위치에 있었다. "에베소는 해안을 따라 그리고 성 내륙으로 사방팔방으로 길이 뻗어 나갔기" 때문이다.[71] 에베소 교회를 도덕적으로 부패하지 않고, 교리적으로 순수하며, 영적으로 활기차게 유지시키기 위해 그는 이방의 다른 어느 도시보다도 에베소에서 가장 많은 시간을 보냈다. 그뿐 아니라 그는 멀리서도 이 교회를 양육하며 사신들을 보내 교인들의 상태를 살폈고, 적어도 한 통 이상의 편지를 보냈다. 무엇보다도 중요한 것은 그가 에베소 교회를 자신이 가장 아끼는 제자인 디모데에게 맡겼다는 사실일 것이다.

조한다. 두 사람 다 장애인을 치유했고(3:2-12, 14:8-18), 귀신을 쫓아냈으며(5:16, 16:16-18), 마술사와 대결했고(8:18-24, 13:6-11), 죽은 사람을 살렸으며(9:36-40, 20:9-10), 감옥에서 기적처럼 풀려났다(12:7-10, 16:25-26). 누가가 그렇게 쓴 취지는 파벌을 조장하려는 것이 아니라—복음 사역은 경쟁이 아니다—자신이 서술하고 있는 이 내러티브가 의도하는 적어도 한 가지 암시적 목적을 이루기 위해서였다. 그것은 바로 유대인 그리스도인의 수가 비교적 적었던 데 비해 이방인 세계에 교회가 확장된 사실을 입증하는 것이었다. 이 부분에서 누가는 자료를 제공했고 바울은 신학을 설명했다(참고 롬 9-11장).

바울은 에베소에 있는 동안 베드로가 예루살렘에서 그랬던 것처럼(행 5:15-16) 하나님의 능력이 드러나는 도관으로 쓰였다. "놀라운 능력을 행하게"(19:11)로 번역된 헬라어 문구가 특히 흥미롭다. 직역하면 '평범하지 않은 능력의 행위'가 된다. 모든 기적은 당연히 평범함 이상이다. 기적이 벌어진다는 사실 자체가 비범하다. 누가의 말은 하나님이 "행하게 하"신 기적들이 디모데를 비롯한 제자들이 여태 보았던 것과는 달랐다는 뜻이다. A. T. 로버트슨의 표현으로 "빌립은 사마리아에서 기적을 행하여 사람들을 마술사 시몬의 영향력에서 구해냈다. 이곳 에베소에는 구마사들과 기타 마술사들이 행하는 거짓된 강신술이 대유행이었으므로 바울은 보이지 않는 악의 세력과 대치했다."[72] G. 캠벨 모건(G. Campbell Morgan)은 에베소를 이렇게 설명했다. "이 도시의 분위기는 마술과 주술, 구마사, 마술을 이용하는 온갖 사기꾼 등으로 푹 절어 있었다."[73] 요컨대 악이 에베소와 아시아 지역을 어찌나 꽉 틀어쥐고 있었던지 주님이 더 큰 신적 능력을 더 특단으로 구사하여 그 장악력을 깨뜨리셔야 했다.

이제 와서 돌아보면 주님이 바울을 유럽에 먼저 보내셨던 이유가 분명해진다. 그분은 그곳에 복음의 시동을 거신 후 바울을 에베소로 돌려보내, 어둠의 세력에 맞선 길고 고된 전투에 돌입하게 하셨다. 바울은 지리적 관점에서 생각했으나 하나님은 성공이 타이밍에 달려 있음을 아셨다. 사도가 도착하여 본격적으로 일에 착수하기 전에 아굴라와 브리스길라가 사역의 기초를 다졌고, 아볼로가 회당에서 능숙하게 가르치며 예수님이 그리스도이심을 구약성경으로 입증했다.

하나님의 능력이 어찌나 자주 비범하게 역사했던지 누가의 말대로 사람들은 그 능력을 점차 바울에게 귀속시켰다. 그래서 그에게 닿았던 옷가지를 부적처럼 써서 악귀를 떨치거나 병을 고쳤다(19:12). 누가의 기록에 바울이 그들의 이런 행동을 용인했다는 말은 없다. 아마 바울은 오히려 말렸을 것이다. 그럼에도 주님은 사람들의 미신까지도 사용하여 그의 메시지를 확증해주셨다(참고 눅 8:44, 행 5:15). 이것은 주님의 전권이지 어느 누구의 권한도 아니다. 현대의 돌팔이들은 자신이 벌이는 사기 행각이 초래하는 결과에 수치를 느껴야 한다.

—19:13-16—

정말 그것을 돈벌이로 삼던 이들이 바울 시대에도 있었다. 누가가 이 사건을 기록한 것은 내러티브의 세 가지 목적에 도움이 되기 때문이다. 첫째, 아무리 진지한 노력일지라도 하나님의 영을 떠나 악과 싸우는 것은 위험한 일임을 예증한다. 둘째, 바울을 통해 흘러나오는 능력이 하나님에게서 직접 왔음을 보여준다. 기적의 활동은 바울이 통제하거나 지휘한 것이 아니다. 셋째, 막간에 벌어지는 코미디다. 아주 심각한 사안을 다루는 일화이기는 하지만 그래도 우습지 않은가!

누가는 축사를 시도한 제사장의 아들이 일곱이라고 밝혔다. 숫자 일곱(19:14)은 선한 징조였을 것이다. 히브리의 숫자 관념에서 7은 하나님의 완전하심과 연관되었다. 제사장의 아들이었다는 점(그게 사실인지 여부는 논란의 여지가 있다)도 영의 세계에서 그들에게 어느 정도 힘을 실어주었을 것이다. 게다가 그들은 악귀를 물리치는 아주 확실한 주문까지 갖추었다. 옛날 사람들은 더 높은 신의 권세에 호소하여 하급의 영적 존재를 호령했다. 본문에 언급되는 이 일당은 예수님이 기적을 행하시는 분임을 알고 그분의 이름에 호소했고, 덤으로 바울의 이름까지 갖다 붙였다(19:13).

그들은 이 고을 저 고을 돌아다니며 겁에 질려 돈을 쓸 만한 이들을 만나면 어디서든 사기극을 벌였다. 그러다 에베소에 왔는데 여기서는 악귀가 쉽게 넘어가지 않았다. 일곱 명의 협잡꾼에 맞서 귀신은 예수님을 인정했다(19:15). "알거니와"[*epistamai*(1987)]로 번역된 두 번째 동사는 첫 번째의 "알고"[*ginōskō*(1097)]보다 의미가 더 약해, 피상적으로 안다는 뜻이다. 어쨌든 귀신은 답을 기다리지 않고 그들을 덮쳐 거의 찢어발기다시피 했다(19:16). (일곱 명의 사기꾼이 벌거벗은 채로 문밖으로 줄행랑치는 모습은 실로 가관이었을 것이다.) 누가는 "상하여"라는 말로 그들의 상태를 더 부연했는데, 영어로 '트라우마'의 동사형은 이 헬라어 단어를 음역한 것이다.

—19:17-19—

하나님을 거짓으로 대변하던 7인조가 무너지자 온 지역이 충격에 빠져, 사람들은 주님을 공경했고 예수 그리스도의 이름이 더 멀리까지 더 속히 퍼져나갔다. 그동안 마술을 행하거나 영의 세계에 집적거리던 사람들은 자백하고 회개했다.

이렇게 비술을 버리고 불사른 책자를 값으로 계산해보니 "은 오만"(19:19)에 달했다. 여기서 은의 단위가 드라크마라면 동전 하나당 평범한 노동자의 하루 치 임금에 해당되었다(참고 눅 15:8). 5만 드라크마는 하루도 쉬지 않고 136년 동안 계속 노동해서 번 것보다 더 많은 돈이었다! 현재의 가치로 대략 환산해보려면 아래의 공식대로 하면 된다.

5만 일×하루 8시간=4십만 근무 시간
4십만 시간×(시급)=______________

누가가 구체적 숫자를 제시한 것은 성령이 에베소, 인근 지역, 로마의 아시아 성 전반에 미치신 영향을 독자들이 가늠해보게 하기 위해서였다. 사람들의 가치관이 극적으로 바뀌었음을 이 숫자가 대변해준다. 여태까지 그들은 각종 주술 서적에 큰돈을 투자했는데, 마술사들과 무당들이 자진해서 수입원을 버렸다. 그만큼 사람들이 어둠의 세력에게 도움을 구하는 데 돈과 시간을 덜 쓰고 대신 빛을 향하여 돌아섰다는 뜻이다. 금전적 숫자는 에베소의 특성과도 잘 들어맞았다. 에베소야말로 세상 어느 곳보다도 더 돈과 어둠의 세력이 공생 관계를 누리며, 아시아를 사탄의 손아귀에 묶어둔 곳일 것이다.

—19:20—

2년에 걸친 사역은 점점 더 큰 성과를 냈다. 사람들이 두려움과 속박에서 해방되자 에베소의 경제까지도 점차 변했다. 누가가 바울의 일을 결론지어 요약한 이 헬라어 문장은 이렇게 직역될 수 있다. "이와 같이 주의 능하신 행적에 따라 말씀이 계속 성장하여 널리 퍼지니라." 형세가 일변하기 시작했다. 이는 교회에도 반가운 소식이요 에베소 사람들을 위해서도 다행한 일이었다. 그러나 아직 쉴 때는 아니었다. 권력의 저울추가 어둠에서 빛 쪽으로 옮겨가면 사탄은 더 거센 역공으로 맞선다.

적용: 사도행전 19:8-20

당신도 해방될 수 있다

바울이 에베소에 당도했을 때 아시아 성은 난제가 되어 있었다. 다른 곳들에 교회를 개척할 때도 고난의 대가가 따랐지만 늘 반응이 비교적 빨랐다. 매번 몇 주만 가르치고 조직하면 작지만 성장하는 공동체가 세워졌고, 그 공동체는 바울이 떠난 뒤로도 여러 해 동안 필연적으로 흥왕했다. 그러나 에베소는 달랐다. 비술에 예속되고 귀신 숭배에 짓눌려 있어 사람들이 영적으로 어찌나 완고한지, 기쁜 소식을 듣고도 반응할 수 있는 이가 거의 없었다. 그래서 다른 어느 곳보다도 더 강도 높은 기적, 더 꾸준한 가르침, 더 한결같은 끈기, 더 참을성 있는 낙관론이 필요했다. 2년 만에 바울에게 드디어 희망의 징조가 보였다.

에베소에 닥친 일이 개인에게도 벌어질 수 있으며, 꼭 비술이 개입될 필요도 없다. 사람의 심령은 소리 없이 서서히 굳어지며, 대개 미세하여 눈에 띄지 않는다. 때로는 어렸을 때부터 시작된다. 신앙 지도가 없는 상태라면 우리는 죄책감과 수치심에 대응하는 방법을 하나님과 멀어지는 쪽으로 개발한다. 이런 대응의 틀이 사춘기를 지나 청년기에까지 계속되면 그것이 생활방식으로 굳어져, 심령이 더 완고해지고 파괴적 습관까지 몸에 밸 수 있다. 그동안 하나님의 영은 계속 은밀한 허물을 지적하시지만 우리는 한사코 저항한다. 그 결과 마음이 완고해지고 생활방식이 온통 허망해진다. 진리가 매일 우리의 잘못을 일깨워 줄 수 있으나, 부싯돌이 서로 스치듯 진리도 우리의 심령에 맞고 튀어나간다. 반짝 불꽃만 낼 뿐 속으로 파고들지 못한다.

유연해지려면 기꺼이 항복해야 한다. 지금까지 예수 그리스도와의 진정한 인격적 관계를 대신하는 것으로 삼아온 모든 것을 선뜻 내려놓아야 한다. 그것이 무엇인지는 사람마다 다르다. 돈, 재물, 자만심, 권력, 관계, 술, 마약, 섹스, 성취, 종교, 인정(認定) 등 일일이 꼽자면 한이 없다. 당신의 것은 당신이 안다. 주님이 당신을 앉혀놓고 흉금 없는 대화를 나누실 경우, 당신이 잃을까 봐 가장 두려운 것이 바로 그것이다. 그 대용품 신(神)으로부터 안전과 만족과 행복과 위안을 얻으려 하는 한 당신은 계속 완고해질 것이다. 당신이 탐하는 대상이 무엇이든 관계없다. 해방의 첫걸음은 항복이다. 그다음에는 빈손을 활짝 벌리고 창조주께로 돌아서라.

대립의 한복판에 선 지도자(사도행전 19:21-20:2)

21이 일이 있은 후에 바울이 마게도냐와 아가야를 거쳐 예루살렘에 가기로 작정하여 이르되 내가 거
기 갔다가 후에 로마도 보아야 하리라 하고 22자기를 돕는 사람 중에서 디모데와 에라스도 두 사람을
마게도냐로 보내고 자기는 아시아에 얼마 동안 더 있으니라

23그 때쯤 되어 이 도로 말미암아 적지 않은 소동이 있었으니 24즉 데메드리오라 하는 어떤 은장
색이 은으로 아데미의 신상 모형을 만들어 직공들에게 적지 않은 벌이를 하게 하더니 25그가 그 직공
들과 그러한 영업하는 자들을 모아 이르되 여러분도 알거니와 우리의 풍족한 생활이 이 생업에 있는
데 26이 바울이 에베소뿐 아니라 거의 전 아시아를 통하여 수많은 사람을 권유하여 말하되 사람의 손
으로 만든 것들은 신이 아니라 하니 이는 그대들도 보고 들은 것이라 27우리의 이 영업이 천하여질 위
험이 있을 뿐 아니라 큰 여신 아데미의 신전도 무시 당하게 되고 온 아시아와 천하가 위하는 그의 위
엄도 떨어질까 하노라 하더라

28그들이 이 말을 듣고 분노가 가득하여 외쳐 이르되 크다 에베소 사람의 아데미여 하니 29온 시
내가 요란하여 바울과 같이 다니는 마게도냐 사람 가이오와 아리스다고를 붙들어 일제히 연극장으로
달려 들어가는지라 30바울이 백성 가운데로 들어가고자 하나 제자들이 말리고 31또 아시아 관리 중에
바울의 친구된 어떤 이들이 그에게 통지하여 연극장에 들어가지 말라 권하더라 32사람들이 외쳐 어떤
이는 이런 말을, 어떤 이는 저런 말을 하니 모인 무리가 분란하여 태반이나 어찌하여 모였는지 알지
못하더라 33유대인들이 무리 가운데서 알렉산더를 권하여 앞으로 밀어내니 알렉산더가 손짓하며 백
성에게 변명하려 하나 34그들은 그가 유대인인 줄 알고 다 한 소리로 외쳐 이르되 크다 에베소 사람
의 아데미여 하기를 두 시간이나 하더니 35서기장이 무리를 진정시키고 이르되 에베소 사람들아 에베
소 시가 큰 아데미와 제우스에게서 내려온 우상의 신전지기가 된 줄을 누가 알지 못하겠느냐 36이 일
이 그렇지 않다 할 수 없으니 너희가 가만히 있어서 무엇이든지 경솔히 아니하여야 하리라 37신전의
물건을 도둑질하지도 아니하였고 우리 여신을 비방하지도 아니한 이 사람들을 너희가 붙잡아 왔으니
38만일 데메드리오와 그와 함께 있는 직공들이 누구에게 고발할 것이 있으면 재판 날도 있고 총독들
도 있으니 피차 고소할 것이요 39만일 그 외에 무엇을 원하면 정식으로 민회에서 결정할지라 40오늘

아무 까닭도 없는 이 일에 우리가 소요 사건으로 책망 받을 위험이 있고 우리는 이 불법 집회에 관하
여 보고할 자료가 없다 하고 [41]이에 그 모임을 흩어지게 하니라

[20:1]소요가 그치매 바울은 제자들을 불러 권한 후에 작별하고 떠나 마게도냐로 가니라 [2]그 지방으
로 다녀가며 여러 말로 제자들에게 권하고 헬라에 이르러

훌륭한 지도자들은 미래를 위한 구상을 멈추지 않는다. 그들은 원대한 꿈을 꾸고, 미래를 동료들보다 더 멀리 내다보며, 남들이 무리하다고 여기는 가능성을 상상한다. 그들은 자신의 계획을 남들이 과도한 현실론으로 훼손하도록 그냥 두지 않는다. 형편이 어렵다고 목표를 축소하는 일도 없다. 어차피 상황은 날마다 변하지만, 위대한 꿈은 지도자를 수십 년 동안 지탱해줄 수 있다. 그래도 비전의 지도자는 자신이 장기적으로 품고 있는 사고를 대부분 속으로만 간직하는 법을 배운다. 눈에 보이지 않는 것을 설명하느라 지치기 때문이다. 그래서 그들은 측근이 아닌 이들에게는 객관적으로 정당한 내용만 알리고, 반대론자들에게 시비의 빌미를 줄 만큼 다 공개하지는 않는다.

바울은 꿈이 있었다. 워낙 원대한 비전이라서 동지들 대부분도 엄두를 내지 못했을 것이다. 여태 그는 로마 제국의 동쪽 절반에 많은 교회를 개척했고, 장기간 지속될 수 있는 토대를 다져주었다. 이제 그의 꿈은 복음을 들고 로마의 서쪽 변경으로 광활하게 뻗어나간 스페인에까지 가는 것이었다(롬 15:24). 그야말로 끝을 모르는 야망이었다. 그동안 그는 현재의 터키와 그리스를 복음화하느라 굶주림과 목마름, 더위와 추위, 비방과 거부, 매질과 투옥과 돌팔매질을 겪었다. 그러나 그가 꿈꾸는 서부의 땅덩이는 그동안 답파했던 면적보다 세 배도 더 넓었다. 그래서 그는 이 계획을 지혜롭게 속으로만 간직한 채 임박한 몇 달간의 계획만 알렸다.

훌륭한 지도자는 앞길을 멀리까지 미리 내다볼 뿐 아니라 바로 앞의 지형도 예의주시한다. 바울이 보기에 에베소의 일은 끝나가고 있었다. 머지않아 그는 유능하고 믿을 만한 사람에게 사역을 넘길 것이었고, 그래서 다음 여정에 오르려고 선발대를 보냈다. 누가는 바울이 뒤에 남은 이유를 밝히지 않았지만 내 생각에 그가 아시아에 좀더 머물기로 한 것은 성령의 인도하심이었다. 결과적으로 그는 위기에 부닥친 신생 교회를 끝까지 도와주어야 했다. 그 위기는 몇 달째 누적되어온 것이었다.

—19:21-22—

바울은 일행에게 과중한 부담이 될 장기 계획까지는 몰라도 당장의 계획은 털어놓을 수 있었다. 그는 2차 여행 때 밟았던 노선을 따라 빌립보와 데살로니가와 베뢰아(마게도냐 성)의 교회들을 굳건하게 한 뒤 남쪽의 고린도(아가야 지방)로 향할 작정이었다. 또 예루살렘에도 아마 평생 마지막으로 방문했다가 그 후 로마로 떠나고 싶었다.

마게도냐 사역의 순탄한 출발을 위해 바울은 신뢰하는 두 조력자인 디모데와 에라스도를 그리로 미리 보냈다. 물론 디모데는 2차 여행 초기에 바울에게 합류한 사람이다. 에라스도는 해방된 노예들 사이에 아주 흔한 별명이었다. 그들은 더는 숫자로 불리기를 원하지 않았다(예: '셋째'인 더디오, '넷째'인 구아도 등). 에라스도는 '사랑받는다'는 뜻이다. 고린도 성의 재무관(롬 16:23)과 동일 인물일 수 있으나 그렇지 않을 가능성도 똑같이 높다. 어쨌든 바울은 이 두 사람을 택해 자신보다 앞서 보냈다.

무슨 이유에서인지 누가는 바울의 또 다른 핵심 조력자인 디도를 한 번도 언급하지 않았다. 바울의 고린도후서에 보면 그는 문제가 많던 그 교회에 디도—틀림없이 처음부터 사도와 함께했던—를 보내 섬기게 했다. 디도는 아마 에베소에서 떠났을 것이고(고후 12:18), 사명을 마친 뒤 마게도냐의 어딘가에서 바울과 재회했다(고후 2:13, 7:6, 13).

—19:23-27—

바울의 사역은 비술에 의존하던 에베소의 경제에 타격을 입혀 "적지 않은 소동"(19:23)을 야기했다. 그 결과 도시의 외부(19:40)와 어쩌면 멀리 로마에서까지 끼어들 만한 큰 소요가 발생했다. 로마의 개입이야말로 누구도 결코 원치 않던 바였다. 로마는 대개 적지 않은 무력으로 소동을 진압했다! 이번 소란은 1세기의 신자들이 "도"(19:23)라 칭하던 기독교 운동과 관계된 것이었다. 에베소 사람들이 대규모로 비술을 등지자 그 영향이 지역 경제에까지 미쳤다. 누가가 앞서 지적했듯이 불사른 문서들의 값어치만도 은 오만이 넘었다(19:19). 아울러 사람들은 이제 부적 가게에서 자질구레한 물건을 사지 않았고, 무당이나 아데미 신전의 사제에게 도움을 청하지 않았으며, 신들에게 뇌물로 바칠 돈도 가져오지

commons.wikimedia.org

에베소 사람들은 모성의 여신인 **아데미**(아르테미스 또는 다이아나)를 숭배했는데, 사진에서 보듯이 아데미는 다산을 상징하는 유방이 많았다. 에베소라는 도시에서 이 여신의 가치는 단지 종교적인 차원에 머물지 않았다. 그 도시의 경제가 이 여신을 숭배하는 사람들에게서 흘러드는 돈에 다분히 의존하고 있었던 것이다.

않았다. 그뿐 아니라 이웃들과 관광객들에게 아데미가 아무런 능력도 없으며 아예 존재하지 않는다고 말하기까지 했다.

바울이 이곳에 온 뒤로 현지의 장인(匠人) 데메드리오의 생계가 위축되었다. 그래서 그는 상인들을 규합해 새로운 종교에 대항했다(19:24). 그가 내세운 이론적 근거를 조금만 보아도 알겠지만 이런 규탄은 지극히 정당한 것이었다(19:25-27). 관건은 무엇보다도 돈이었다. 그는 종교적 이유로 "도"를 반대한 게 아니다. 하나님의 존재를 부정하거나 아데미의 실존을 옹호하지도 않았다. 오히려 그는 어떤 종교든 에베소로 본부를 옮기는 것을 반대하지 않았을 것이다. 철학의 학파가 많을수록 경제가 성장했으니 말이다. 유능한 사업가인 그가 매상고를 예측해보니 업계에만 아니라 도시 자체에 재앙이 닥쳐오고 있었다. 자질구레한 물건과 부적을 사다가 그만둔 사람들은 아데미도 더는 숭배하지 않았다. 고대의 7대 불가사의 가운데 하나인 웅장한 아데미 신전은 제국 전역으로부터 무수히 많은 순례자를 끌어들였고, 순례자들은 에베소로 큰돈을 들여왔다. 사실 현금이 어찌나 많았던지 신전은 세상 최대의 금융 기관이 되었다.[74]

데메드리오가 조장한 것은 종교적 폭동이 아니라 경제적 공포감이었다.

—19:28-31—

"크다, 에베소 사람의 아데미여!"가 폭동의 구호가 되었다(19:28). "크다, 관광 수입이여!"보다 그 말이 고상하게 들린다. "요란하여"[*synchysis*(4799)]로 번역된 단어는 그냥 '몹시 어수선하여'라는 뜻이다. 다시 말해 데메드리오는 격노에 찬 대소동을 유발했다. 쟁점 자체나 폭동의 주모자들이 바라던 바는 혼란스러울 게 없었다. 그들은 한마음으로 행동했다. 그들이 바울을 찾으러 두란노 서원에 가보니 그의 길동무인 가이오와 아리스다고 두 사람밖에 없었다(19:29). 그들은 그 둘을 극장으로 끌고 갔는데 목적은 분명하지 않다. 재판에 세우려 했을 수 있다.

선동자들이 가이오와 아리스다고를 끌고 거리를 지나가자 큰 무리가 따라붙었다. 머지않아 극장은 시위하는 에베소 사람들로 가득 찼다. 바울은 군중에게 발언하고 싶었다. 틀림없이 그는 이런 일이 닥칠 것을 오래전부터 예견했을 것이다. 그런데 두 집단이 그의 개입을 말렸다(19:30-31). "제자들"은 자신들의 지도자가 찢어발겨지기를 원하지 않았다. "아시아 관리"들(Asiarchs)도 바울에게 말을 전했는데, 그들은 소아시아에서 로마의 이익을 도모

Barry Beitzel

에베소의 극장은 25,000명을 불편 없이 수용할 수 있었다.

하던 성(省)의 당국자들이었다. 누가는 이들을 "바울의 친구"라 칭했는데 이는 중요한 세부 사항이다. 만일 이번 폭동에 대한 민원이 로마에까지 들어간다면, 아시아 관리들이 사건의 진상을 알았고 소요가 누구의 책임인지도 알았다.

—19:32-34—

첫 선동자들은 소요의 목적을 알았으나 군중의 태반은 "어찌하여 모였는지 알지 못하"였다(19:32). 누가는 폭도가 극장을 시위에 이용한 아이러니를 부각시킨다. 한 주석가가 주해했듯이 "헬라의 희극은 인간의 어리석음을 패러디할 때가 많았다. 누가의 독자들은 목적조차 모르고 폭동에 나선 군중을 보며 웃었을 것이다."[75] "어찌하여"로 옮겨진 문구는 "누구를 위하여"로 번역될 수도 있다. 그들이 모인 것은 데메드리오를 위해서일 수도 있고, 알렉산더를 위해서일 수도 있었다. 에베소의 유대인들은 알렉산더를 앞으로 내세워 자기네를 "변명하려" 했는데(19:33), 아마도 회당을 바울과 분리시키기 위해서였을 것이다. 그러나 군중은 유대교와 기독교의 차이를 몰랐고 두 집단 모두 우상숭배에 반대한다는 것만 알았다. 그래서 알렉산더는 아무런 성과도 없이 오히려 폭도를 오랜 광란에 몰아넣었을 뿐이다. 군중은 두 시간 동안이나 큰 소리로 "크다, 에베소 사람의 아데미여!"를 연호했다(19:34). 물론 대다수는 자기네 신의 이름을 외치는 이유조차 몰랐다. 그저 흥분한 폭도에 휩쓸려 부화뇌동했을 뿐이다.

—19:35-40—

결국 "서기장"[*grammateus*(1122)]이 무리를 진정시켰다(19:35). 직함은 소소해 보이지만 에베소의 정치계에서 그가 차지한 진짜 위상은 그렇지 않았다. 그는 지방 선출직인 사실상의 시장으로서 사업 문제를 포함하여 시의 운영을 관할했다. 그가 그리스도인이라거나 바울에게 동정적이었다는 낌새는 전혀 없다. 다만 그는 로마에 자신이 시정(市政)을 잘 단속하고 있음을 보고하고 싶었을 뿐이다. 그래서 냉정하고 합리적인 자세로 사태를 분석했고, 시민들에게도 똑같이 할 것을 촉구했다. 그가 조용히 해산하자는 쪽으로 발언한 데는 네

가지 근거가 있었다.

첫째, 그는 아데미가 "손으로 만든 것"(19:26)이라는 주장을 반박했다. 이 표현은 무언가의 기원이 초자연적이지 않고 인간이 지어냈다는 뜻이다. 서기장은 아데미 동상의 기원이 실제로 초자연적이라고 역설했다. "제우스에게서 내려온 우상"이라는 문구는 한 단어를 번역한 것으로, 직역하면 "제우스로부터 떨어진 것"[*diopetēs*(1356)]이 된다.

둘째, 로마는 에베소를 인정하여 "신전지기"라는 공식 칭호를 내렸다. 이는 제국의 수도로부터 주어진 큰 명예였다. 웅장한 신전을 유지하고 보호하는 특전을 로마가 에베소에 맡기는 한, 사람들은 계속 신전을 보러 와서 돈을 쓸 것이었다. 그러나 무모한 폭동으로 로마의 노여움을 샀다가는 경제가 힘들어질 게 뻔했다(19:40).

셋째, 자신의 신념이 진리라고 확신하는 사람은 굳이 폭력을 쓰지 않고도 그것을 변호할 수 있다(19:36). 지혜롭게도 서기장은 폭력적 분노야말로 한심한 부류가 사용하는 마지막 수단임을 알았다.

넷째, 가이오와 아리스다고는 범죄 혐의가 없었다(19:37). 어차피 군중이 정말 원한 것은 바울이었는데 어쩌다 그들이 쉽게 걸려들었을 뿐이다. 그들은 강도짓을 하거나 신성을 모독하거나 상해를 입히거나 비방하지 않았다. 설령 죄를 범했다 해도 재판은 폭도의 몫이 아니었다. 바로 이런 사건을 처리하도록 로마의 총독이 그 도시에 배치되어 있었다(19:38-39).

—19:41—

누가는 이 일화를 간결한 말로 적절히 끝맺는다. 극장의 열기가 확 식어버리는 게 거의 느껴질 듯하다. 서기장이 지혜로운 말로 진정시키자 광란에 휩싸여 있던 군중은 이성과 질서를 되찾았다. 그는 무리의 관심사를 조목조목 짚어가며, 그들의 두려움이 근거 없는 것이고 이런 폭력적 반응이 오히려 역효과만 낼 뿐임을 입증했다. 그가 "그 모임을 흩어지게 하"자 군중의 감정이 달뜬 격분에서 멋쩍은 만족으로 뒤바뀌는 것이 거의 피부에 와닿을 정도다. 막무가내로 떼를 쓰기보다 공손히 청하는 쪽이 더 잘 통함을 퍼뜩 깨달은 아이처럼 말이다.

—20:1-2—

폭력과 박해의 위기와 위협은 지나갔다. 이제 교회는 큰 방해 없이 안전할 것이다. 물론 에베소를 둘러싼 흑암 속에 다른 위험들이 도사리고 있었고, 그것이 여러 모양으로 찾아올 것이다. 그러나 교인들이 체계적이거나 광범위한 박해에 부딪힐 일은 이제 없었다. 그래서 바울은 처음에 계획한 대로 그들을 두고 떠나도 될 만큼 교회가 잘 존속될 것을 충분히 확신했던 것 같다. 그는 에베소의 신자들을 불러 늘 충실할 것을 "권"하면서[*parakaleō*(3870)] 성령이 양육해주실 것을 확언했다. 그러고나서 마게도냐로 가는 배에 올랐다.

마게도냐에서 바울은 중간에 어디선가 디모데와 에라스도를 다시 만나기를 바라며 2차 선교여행 때의 노정을 그대로 따라갔다. 시간을 들여 빌립보와 데살로니가와 베뢰아의 교회들에게 "권하고"(*parakaleō*) 남쪽의 고린도로 향했다. 2차 여행 중 베뢰아의 폭도를 피할 때는 해상으로 이동했을 소지가 높지만, 이번에는 가면서 공동체들을 방문하고자 육로를 택했을 수 있다. 어쨌든 그는 고린도에서 여정을 마친 후 이전처럼 거기서 배를 타고 귀국할 예정이었다.

바울의 3차 선교여행에 대한 누가의 기록은 이로써 사실상 종결된다. 사도는 계획했던 일을 다 마쳤다. 이제 고린도에서 아마도 봄을 기다려 석 달을 보낸 뒤 귀국길에 오를 것이다. 이후의 계획은 예루살렘과 어쩌면 수리아 안디옥의 모교회를 방문한 뒤 로마에 들렀다가 거기서 제국의 서쪽 변경으로 가는 것이었다.

적용: 사도행전 19:21-20:2

혼란 중에 누리는 평안

"주의 말씀이 힘이 있어 흥왕하여 세력을 얻"는 동안(19:20) 바울은 에베소에 장기간 머물며 풍성한 열매를 맺었다. 그런데 그 후에 소요가 발생하여 그의 사역을 망쳐놓으려 위협했다(19:23). 이 소란한 아수라장 속에서도 바울은 시종 침착했고, 당혹스럽고 난감한 상황에도 불구하고 평정심을 유지할 수 있었다. 당황스러운 혼란 속에서 그가 보여준 평안하고 침착한 태도와 행동은 곰곰 숙고해볼 가치가 있다. 삶의 어수선한 사건들이 우리를 망쳐놓으려 위협할 때 우리도 잘 생각해서 반응해야 한다.

지금 당신이 불확실한 미래나 통제 불능의 상황에 직면해 있다면, 하나님이 미래를 아시며 늘 주관하고 계심을 잊지 마라. 바울은 세상이 행여 하나님의 주권적 손에서 벗어난 게 아닌지 단 한시도 의심하지 않았다. 그는 인파로 북적대는 극장에 들어가 동지들을 돕고 싶었고 어쩌면 그런 대군중에게 복음까지 전하고 싶었지만, 그것이 가장 지혜로운 행동 방침이 아님이 분명해졌다(19:30-31). 이때 바울은 당황하여 자기 뜻을 밀어붙이기보다 뒤로 물러나 상황이 어떻게 전개되는지를 지켜보았다.

분명히 소수의 사람들은 바울이 무엇이 잘못되어 저러느냐고 의아해했을 것이다. 그는 왜 실성하지 않았는가? 왜 막후에서 상황을 조종하려 하지 않았는가? 어떻게 그런 혼란 중에 평안을 누릴 수 있는가? 그러나 어쩌면 우리는 바울이 무엇이 잘못되어 상황을 내려놓았는가를 묻기 전에, 그가 무엇이 제대로 되어 그 와중에도 평안을 얻을 수 있었는가를 물어야 할 것이다.

사실 바울은 반석이신 그리스도 위에 영적인 발을 굳게 딛고 있었다. 이런 상황에서 주님이 무어라고 말씀하실지를 그는 알았다. 에베소 시에 논쟁의 폭풍우가 맹위를 떨치고 있었고, 바울의 가까운 친구들은 시기하는 우상 숭배자들에게 그리스도를 위해 혹독한 고난을 당하기 직전이었다. 이때 주님이 하실 말씀은 이런 것이었다. "네 힘으로 설 수 없느냐? 내게 기대어 서라. 상황이 통제되지 않느냐? 나를 의지하라. 일을 조종할 수 없느냐? 나를 믿고 기다려라. 평안을 누려라. 이 일 또한 내가 주관하고 있느니라."

과연 그분은 주관하셨다. 하나님은 바울이 끼어들어 용케 해결하도록 길을 열어주신 게 아니라, 친히 상황을 지휘하셔서 이름을 알 수 없는 한 서기장이 단신으로 군중을 진정시키고 해산하게 하셨다(19:35-41). 분명히 하나님은 허다한 군중보다 크시고, 부유한 우상 숭배자보다 위대하시다. 사람과 상황을 하나님의 눈으로 보는 법을 배우라. 어떤 폭도도 그분의 통제를 벗어나 있지 못하다. 당신이 감당할 수 없는 상황도 그분은 능히 감당하신다.

그래서 바울은 혼란 중에도 평안을 누릴 수 있었다.

당신도 그럴 수 있다.

주

1. Gerhard Kittel, Geoffrey W. Bromiley, & Gerhard Friedrich 편집, *Theological Dictionary of the New Testament*(Grand Rapids: Eerdmans, 1964), 2:93.
2. 사도행전 17:2,17, 18:4,19, 19:8,9, 20:7,9, 24:12,25 등을 참고하라.
3. F. B. Meyer, *Christ in Isaiah*(London: Morgan & Scott, 1917), 9.
4. Magnus Zetterholm, *The Formation of Christianity in Antioch:A Social-Scientific Approach to the Separation between Judaism and Christianity*, Routledge Early Church Monographs(New York:Routledge, 2003), 41.
5. 같은 책, 42.
6. Glanville Downey, *A History of Antioch in Syria:From Seleucus to the Arab Conquest* (Princeton:Princeton University Press, 1961), 61.
7. 같은 책, 19,105.
8. Adam Kolman Marshak, *The Many Faces of Herod the Great*(Grand Rapids:Eerdmans, 2015), 145-146.
9. Trevor Bryce, *The Routledge Handbook of the Peoples and Places of Ancient Western Asia*(New York:Routledge, 2009), 524.
10. Vassos Karageorghis, *Cyprus:From the Stone Age to the Romans*, Ancient Peoples and Places 101(New York:Thames & Hudson, 1982), 172.
11. William Smith, *A Concise Dictionary of Greek and Roman Antiquities*, F. Warre Cornish 편집 (London:John Murray, 1898), 517.
12. Arndt, Danker, & Bauer 편집, *Lexicon*, 902,
13. Philip de Souza, *Piracy in the Graeco-Roman World*(Cambridge:Cambridge University Press, 1999), 97.
14. Mal Couch 편집, *A Bible Handbook to the Acts of the Apostles*(Grand Rapids:Kregel Publications, 1999), 307.
15. 다음 책에 인용된 말이다. Newell Dwight Hillis, *The Contagion of Character*(New York:Fleming H. Revell, 1911), 229.
16. G. Walter Hansen, "Galatia", *Graeco-Roman Setting*, Gill & Gempf 편집, 384.
17. John P. Polhill, *Paul and His Letters*(Nashville:Broadman & Holman, 1999), 88.
18. Stephen Mitchell & Marc Waelkens, *Pisidian Antioch:The Site and Its Monuments*(London: Duckworth, 1998), 3,15.
19. Alfred Hoerth & John McRay, *Bible Archaeology:An Exploration of the History and Culture of Early Civilizations*(Grand Rapids:Baker, 2005), 243.
20. 다음 책을 참고하라. Charles R. Swindoll, *Hand Me Another Brick*(New York:Random House, 1983), 93. (『함께 일하는 지도자』 생명의 말씀사)
21. Clyde E. Fant & Mitchell G. Reddish, *A Guide to Biblical Sites in Greece and Turkey*(Oxford: Oxford University Press, 2003), 228-229.
22. William J. Larkin Jr., *Acts*, The IVP New Testament Commentary Series, Grant R.

Osborne 편집, 제5권(Downers Grove, IL: InterVarsity Press, 1995), 208.

23. Paul A. Hartog, "Lystra", *Eerdmans Dictionary of the Bible*, David Noel Freedman 편집(Grand Rapids:Eerdmans, 2000), 834.
24. Elwell & Beitzel, *Encyclopedia*, 1370.
25. Ovid, *Metamorphoses* 8.970-1122.[『오비드 신화집(변신 이야기)』 솔]
26. Tom Constable, *Tom Constable's Expository Notes on the Bible*(Galaxie Software, 2003), 사도행전 14:11.
27. 창세기 37:29,34, 민수기 14:6, 여호수아 7:6, 사사기 11:35, 사무엘하 1:2,11 등을 참고하라. 제2성전 시대의 유대교에서는 신성모독을 배격하는 표시로 그런 행동을 취했다(마 26:65, 막 14:63-64, 미쉬나 산헤드린 7.5, 마카베오상 2:14, 3:47).
28. Craig S. Keener, *The IVP Bible Background Commentary:New Testament*, 제2판(Downers Grove, IL: InterVarsity Press, 2014), 364.(『IVP 성경배경주석: 신약』 IVP)
29. 유대교에서 시행하던 개종자의 세례에 대한 논의는 다음 책을 참고하라. Ferguson, *Baptism in the Early Church*, 76-82.
30. 다음 책을 참고하라. Yohanan Aharoni, *The Land of the Bible:A Historical Geography*, 개정증보판, A. F. Rainey 번역(Philadelphia: Westminster John Knox Press, 1979), 45-54.
31. Michael Lewis, *Moneyball: The Art of Winning an Unfair Game*(New York: W. W. Norton, 2003).(『머니볼』 비즈니스맵)
32. Albert Pietersma & Benjamin Wright 편집, *A New English Translation of The Spetuagint*, Geroge E. Howard 번역(New York:Oxford University Press, 2009), 아모스 9:11-12.
33. 그가 다음 책의 서문에 쓴 말이다. Eric Metaxas, *Bonhoeffer: Pastor, Martyr, Prophet, Spy*(Nashville: Thomas Nelson, 2010), xv-xvi.(『디트리히 본회퍼:목사, 순교자, 예언자, 스파이』 포이에마)
34. 초기의 사본들에는 "실라는 그들과 함께 유하기를 작정하고"(15:34)라는 말이 없다. 아마 후대의 필사자들이 실라가 나중에 안디옥에 있었음(15:40)을 설명하려고 첨가했을 것이다.
35. 실라는 실루아노로도 알려져 있다(고후 1:19, 살전 1:1, 살후 1:1).
36. Robertson, *Word Pictures*, 사도행전 15:39.
37. Jerome Murphy-O'Connor, *St. Paul's Ephesus:Texts and Archaeology*(Collegeville, MN: Liturgical Press, 2008), 36-37. David French, "Acts and the Roman Roads of Asia Minor", *Graeco-Roman Setting*, Gill & Gempf 편집, 52.
38. Konstantinos P. Moustakas, "Kavalla", *Encyclopedia of Ancient Greece*, Nigel Wilson 편집(New York:Routledge, 2006), 403-404.
39. James S. Jeffers, *The Greco-Roman World of the New Testament Era:Exploring the Background of Early Christianity*(Downers Grove, IL: InterVarsity Press, 1999), 281-282.
40. Robert B. Hughes & J. Carl Laney, *Tyndale Concise Bible Commentary*(Wheaton, IL:Tyndale, 1990), 599.
41. 이는 그 즈음(AD 49년경)에 글라우디오가 유대인의 로마 추방령을 공포한 결과였을 소지가 높다(참고 행 18:2).
42. 다음 사전을 참고하라. Mark J. Olson, "Lydia", *Mercer Dictionary of the Bible*, Watson E. Mills 외 편집(Macon, GA:Mercer University Press, 1990), 531-532.

43. Leonard Victor Rutgers, "Roman Policy toward the Jews: Expulsions from the City of Rome during the First Century C.E.", *Judaism and Christianity in First-Century Rome*, Karl P. Donfried & Peter Richardson 편집(Grand Rapids:Eerdmans, 1998), 94,107-108.
44. 같은 책, 105-107.
45. 1941년 10월 29일에 해로우 학교(Harrow School)에서 한 처칠의 연설.
46. John Powell, Fully Human, *Fully Alive:A New Life through a New Vision*(Thomas More Association, 1989), 11-12.
47. Roberts, Donaldson, & Coxe 편집, *The Ante-Nicene Fathers*, 1:490.
48. Yannis Lolos, "Via Egnatia after Egnatius: Imperial Policy and Inter-regional Contacts", *Greek and Roman Networks in the Mediterranean*, Irad Malkin, Christy Constantakopoulou, & Katerina Panagopoulou 편집(New York:Routledge, 2009), 267-269.
49. Ralph Waldo Emerson, "Circles", *Essays:First Series*(1841).
50. 다음 책을 참고하라. Leon Morris, *The First and Second Epistles to the Thessalonians*, 개정판(Grand Rapids:Eerdmans, 1991), 2.
51. William E. Dunstan, *Ancient Rome*(Lanham, MD:Rowman & Littlefield, 2011), 159.
52. Cicero, *In Pisonem* 89.
53. David H. Conwell, *Connecting a City to the Sea: The History of the Athenian Long Walls*(Leiden: Brill, 2008), 13.
54. Barclay, *Acts*, 152.
55. Richard Wallace, "Epicurus 341-270 BC", *Encyclopedia of Ancient Greece*, Wilson 편집, 263.
56. 이 문구는 스토아학파의 창시자 제논(Zeno)의 제자인 클레안테스(Cleanthes)가 쓴 "제우스 찬가"라는 시를 암시하기도 한다. 아테네의 스토아학파는 신과 피조물의 교류를 믿는다는 게 비논리적이라고 주장함으로써 자신들의 창시자에게서 떨어져나갔는데, 바울은 그 점을 지적한 것이다.
57. Aratus, *Phaenomena* 5.
58. William Barclay, *A Beginner's Guide to the New Testament*(Louisville:Westminster John Knox Press, 1995), 30.
59. William Smith 편집, *Dictionary of Greek and Roman Geography*(Boston:Little, Brown, 1854), 1:678.
60. 1세기의 고린도에 대한 자세한 내용은 다음 책을 참고하라. "The Scholarly Quest for Paul's Church at Corinth: A Critical Survey", *Christianity at Corinth:The Quest for the Pauline Church*, Edward Adams & David G. Horrell 편집(Louisville: Westminster John Knox Press, 2004), 2-8.
61. Bromiley, *International Standard Bible Encyclopedia*, 1:773.
62. 다음 책을 참고하라. Bruce, *The Book of the Acts*, 352.
63. 다음 책에 나오는 내용을 다듬었다. Charles R. Swindoll, *Insights on John*(Carol Stream, IL: Tyndale, 2014), 32-34.(『찰스 스윈돌의 신약 인사이트:요한복음』 디모데)
64. Stanley D. Toussaint, "Acts", *Bible Knowledge Commentary*, Walvoord, Zuck, & Dallas 편집, 409.
65. 4,267,418,861,100리터.

66. 후버댐에 대한 자세한 내용은 다음 책을 참고하라. Joseph E. Stevens, *Hoover Dam:An American Adventure*(Norman, OK:University of Oklahoma Press, 1988).
67. Craig S. Keener, *Acts: An Exegetical Commentary*(Grand Rapids:Baker Academic, 2014), 3:597.
68. Ralph P. Martin & Peter H. Davids 편집, *Dictionary of the Later New Testament and Its Developments*, The IVP Bible Dictionary Series 7(Downers Grove, IL:InterVarsity Press, 1997), "Ephesus" 항목.
69. Plutarch, *Plutarch's Morals*, William W. Goodwin 번역(Boston:Little, Brown, 1878), 5:414.
70. Daniel W. Graham, "Heraclitus", *Encyclopedia of Ancient Greece*, Wilson 편집, 346-347.
71. Martin & Davids, *Dictionary*, "Ephesus" 항목.
72. Robertson, *Word Pictures*, 사도행전 19:11.
73. G. Campbell Morgan, *The Acts of the Apostles*, 재판(London:Pickering & Inglis, 1965), 350.
74. Everett Ferguson, *Background of Early Christianity*, 제3판(Grand Rapids:Eerdmans, 2003), 198.(『초대 교회 배경사』 은성)
75. Keener, *IVP Bible Background Commentary*, 사도행전 19:32.

교회의 도전

사도행전 20:3–28:31

그동안 교회는 난관과 방해를 너무도 많이 겪었으나 모든 일은 하나님의 계획대로 되었다. 그 계획의 3단계는 복음을 "땅 끝까지"(1:8) 전하는 것으로, 바로 앞 단원에 기록된 선교여행들을 통해 시작되어 사도행전의 이번 단원에도 계속된다. 그러나 새로운 장애물과 스트레스가 주님의 증인들에게 여러 달갑지 않으면서도 값진 기회를 가져다준다. 사실 이미 입증되었듯이 여러 가지 도전은 교회에 오히려 유리하게 작용했고 이후로도 다를 바 없다. 주님은 부활하신 얼마 후에 120명이나 되는 제자들에게 엄숙히 약속하셨다. "오직 성령이 너희에게 임하시면 너희가 권능을 받고 예루살렘과 온 유대와 사마리아와 땅 끝까지 이르러 내 증인이 되리라"(1:8). 권능만 약속하신 게 아니라 승리도 예고하셨다. 이 땅에서 사역하실 때 예수님은 열두 제자에게 "내가…내 교회를 세우리니 음부의 권세가 이기지 못하리라"(마 16:18)고 말씀하셨다. 그분이 승천하신 지 며칠 만에 신자들은 그분이 약속하신 것의 첫 부분을 받았다. 성령이 모든 신자 안에 충만하시자 그들은 능력을 입어 하나님의 구속 계획에서 저마다의 역할을 수행했다. 초기에 일어난 박해는 교회의 성장을 거의 막지 못하다가 스데반의 순교가 신자 공동체에 처음으로 큰 타격을 입혔다.

그 도전은 교회의 확장을 억제하기는커녕 오히려 주님의 능력에 힘입어 교회가 폭발적으로 성장하는 데 촉매제가 되었다. 신자들은 인근 사방으로 흩어져 사마리아인과 이방인에게도 복음을 전했다. "너희가…예루살렘과 온 유대와 사마리아[에서]…내 증인이 되리라"(행 1:8)고 하신 예수님의 말씀대로 되었다.

박해라는 도전 대신 이번에는 편견이라는 도전이 불거졌다. 바울은 이방인에게 복음을 전하도록 이미 부름 받고 하나님이 계획하신 호된 시련의 장에서 사역을 준비하고 있었으나, 교회가 우월 의식을 떨치기 전에는 그도 진도를 나갈 수 없었다. 그런 와중에 베드로가 주님께 대표로 뽑혀 편견을 타파하게 된다.

베드로는 심오한 환상을 보았고, 성령이 전형적인 '부정한' 집에서 이방인 신자들 안에 충만히 임하시는 광경도 목격했다. 그 뒤로 예루살렘 교회는 이방인도 하나님 나라 안에서 형제임을 부인할 수 없었다.

이렇게 시각이 바뀌면서 로마 제국 전역을 향한 바울의 이방인 사역에 본격적으로 막이 올랐다. 편견이라는 도전은 은혜를 확증해주었고(참고 15:11), 교회를 새 시대로 떠밀었다. 이로써 예수님의 말씀 중에서 "너희가…땅 끝까지 이르러 내 증인이 되리라"(1:8)고 하신 부분도 이루어졌다.

바울의 3차 선교여행이 고린도에서 마무리될 때까지 하나님의 계획은 놀랍도록 신속하게 진행되었다. 그래도 사도는 쉬거나 속도를 늦출 까닭이 거의 없었다. 제국의 동부에 위치한 교회들이 군데군데 흥왕하고 있었고 필연적으로 더 많아질 터였지만, 현재의 프랑스와 스페인에 해당하는 갈리아 성과 히스파니아 변경에는 아직 이루어진 일이 거의 없었다. 동쪽에서 감히 거기까지 가려는 이들이 거의 없었으나 바울의 꿈은 복음을 들고 그리로 나아가는 것이었다. 그래서 그는 예루살렘을 방문하여(20:22) 이방인 교회들의 헌금을 전한 다음(롬 15:25-28, 참고 행 24:17) 혹 안디옥에서 작별한 뒤, 로마로 항해하여 거기서 4차 선교여행에 오를 참이었다. 하나님의 계획이 또 다른 도전을 딛고 비상하리라는 것을 물론 그는 알 턱이 없었다. 인간적으로 말해서 바울의 여생은 좌절된 꿈의 연속인 듯 보인다. 그러나 지금 우리는 전말을 알고 있다. 하나님은 따로 생각이 있으시고 언제나 옳으시며, 장애물은 그분께 성공의 촉매제로 쓰인다.

바울은 비록 머나먼 서쪽의 여러 회당과 장터에서 사람들에게 복음을 전하지는 못했으나, 대신 하나님이 정하신 일정에 따라 사회 지도자들과 정치 권력자들 앞에서 증언하게 된다. 이번에도 예루살렘에서 시작된 이 일은 제국의 수도인 로마에까지 이르렀다. 바울과 그 주변 사람들은 소용돌이치는 변화와 예기치 못한 도전에 부딪히면서 적응하는 법을 익혔다. 하나님의 계획을 받아들이고 그분을 전보다 더 신뢰했다. 복음이 거침없이 성장하는 이야기는 지금도 계속되고 있다. 오늘을 살아가는 신자들도 그 속에서 도전에 부딪힐 때 하나님을 신뢰해야 한다.

핵심 용어

διώκω [*diōkō*, 디오코] *(1377)* '박해하다, 추구하다, 재촉하다, 힘쓰다'

헬라어 원어에는 대개 특정한 대의를 위해 '강행하다, 밀어붙이다, 다그치다, 추구하다, 열심히 애쓰다'는 개념이 들어 있다. '박해하다'는 역어와 달리 어감이 늘 부정적인 것은 아니며 반드시 인권의 침해를 내포하지도 않는다. 예컨대 칠십인역의 호세아 6장 3절에 이 단어가 쓰였다. "우리가…힘써[히브리어 *radap*(H7291)이 *diōkō*로 번역되었다] 여호와를 알자." 사도행전에서는 대부분의 경우 교회를 향한 박해를 가리키지만, 몇 군데 중요한 부분에서 누가는 헬라어 원어에 담긴 중립적 어감을 살려낸다. 그런 부분은 내가 따로 강조할 것이다.

διαμαρτύρομαι [*diamartyromai*, 디아마르튀로마이] *(1263)* '엄숙히 증언하다, 증언하다, 역설하다'

'증언하다'는 뜻의 동사 *martyreō*(3140)에서 파생된 강조형 동사로, 무언가를 단호하게 또는 절대적 확신을 품고 진술한다는 개념이 들어 있다. 성경 바깥에서 이런 식의 증언에는 대개 선서의 말이나 신의 저주를 비는 말이 동반되었다. 위증할 경우 엄벌에 처해질 것을 알고서 법정에 서서 진실을 제시하는 행위도 이 동사로 표현되었다.

εὐθέως [*eutheōs*, 유테오스] *(2112)* '곧바로, 즉시, 하자마자, 뒤이어'

형용사 *euthys*['곧은' (2117)]가 그 형태 그대로 부사적 용법으로도 쓰이다가 나중에는 규칙 부사형 *eutheōs*와 혼용되었다. 후자를 쓰는 누가의 헬라어 문체는 예컨대 전자를 쓰는 마가와 구별된다. 나아가 고대의 저자들은 이 부사로 여러 논지와 사건을 다양하게 연결했다. 요한이 쓴 이 단어는 사건과 사건 사이의 짤막한 시간 경과를 나타낸다. 반면에 누가는 이 단어로 특정한 사건의 순서를 표시하기도 하고, 이야기와 무관하거나 부수적인 다른 사건을 알리기도 한다.

κατμγορέω [*katēgoreō*, 카테고레오] *(2723)* '고소하다, 고발하다, 비난하다'

이 단어는 거의 언제나 법적 정황에서 등장한다. 즉 재판을 통해 배상이나 징계나 처벌을 이루어낼 목적으로 원고가 피고를 공인된 당국자 앞에 세우는 경우다. 사도행전에 쓰인 이 단어는 아이러니를 자아낸다. 바울이 체포될 때로부터 시작하여 복음의 적들은 계속 그를 고발하여 로마를 법적 딜레마에 빠뜨린다. 로마는 사도를 풀어줄 수도 없고 그렇다고 죄목을 찾아낼 수도 없다. 결국 바울은 하나님의 진리로 인하여 양심수가 된다.

κελεύω [*keleuō*, 켈레우오] *(2753)* '명령하다, 법령을 발하다'

로마 제국에서 공인된 당국자의 발언은 큰 무게를 지녔다. 명령을 내려 세상을 복종시키는 능력이야말로 권력과 지위의 정의(定義)였다. 진실, 공정성, 친절, 지성 따위의 다른 문제는 후세에 인물을 평가하는 역사가들의 관심거리에 불과했다. 권력이 없이는 그런 게 하나도 중요하지 않았다. 권력의 문제 역시 사도행전에 아이러니를 자아낸다. 바울의 첫 여행 때부터 세상 통치자들의 명령과 지시가 사도를 지배하는 듯 보인다. 그러나 누가는 주님이 시종 지휘하고 계심을 보여준다.

도전에 순응하다(사도행전 20:3-12)

3거기 석 달 동안 있다가 배 타고 수리아로 가고자 할 그 때에 유대인들이 자기를 해하려고 공모하므
로 마게도냐를 거쳐 돌아가기로 작정하니 4아시아까지 함께 가는 자는 베뢰아 사람 부로의 아들 소바
더와 데살로니가 사람 아리스다고와 세군도와 더베 사람 가이오와 및 디모데와 아시아 사람 두기고
와 드로비모라 5그들은 먼저 가서 드로아에서 우리를 기다리더라 6우리는 무교절 후에 빌립보에서 배
로 떠나 닷새 만에 드로아에 있는 그들에게 가서 이레를 머무니라

7그 주간의 첫날에 우리가 떡을 떼려 하여 모였더니 바울이 이튿날 떠나고자 하여 그들에게 강론
할새 말을 밤중까지 계속하매 8우리가 모인 윗다락에 등불을 많이 켰는데 9유두고라 하는 청년이 창
에 걸터 앉아 있다가 깊이 졸더니 바울이 강론하기를 더 오래 하매 졸음을 이기지 못하여 삼 층에서
떨어지거늘 일으켜보니 죽었는지라 10바울이 내려가서 그 위에 엎드려 그 몸을 안고 말하되 떠들지
말라 생명이 그에게 있다 하고 11올라가 떡을 떼어 먹고 오랫동안 곧 날이 새기까지 이야기하고 떠나
니라 12사람들이 살아난 청년을 데리고 가서 적지 않게 위로를 받았더라

누가가 바울의 전기를 쓰려 했던 것은 아니지만, 성령이 그를 인도하여 이 사도의 경험을 통해 교회사의 이 부분을 말하게 하셨다. 세 번에 걸친 바울의 선교여행을 보면 교회의 비범한 확장기를 알게 된다. 그는 복음을 선포하고, 새 신자들을 공동체로 세우며, 그 교회들을 굳건하게 했다. 이 과정에서 우리는 세상이 어떻게 그토록 소수의 사람들을 통해 풀뿌리 차원에서 빠르게 변화했는지 알 수 있다. 3차 여행이 끝날 즈음 바울은 사역 방법이 숙련되어 있었고, 이를 서방에 적용할 계획이었다. 그런데 아가야 지역의 고린도에서 그는 전환기를 맞이한다. 처음에는 잘 보이지 않지만, 그가 고린도를 떠나면서 교회사는 새로운 국면에 접어든다. 주님이 새로운 전략에 착수하신 것이다.

바울은 제국의 대로와 샛길을 더는 돌아다니지 않을 것이다. 그 일이라면 이제 주님이 다른 사람들을 예비하셨다. 대신 사도는 권력의 상층부로 올라가 왕들과 황제들 앞에서 그리스도를 전할 것이다. 누가는 이 변화를 내러티브에 반영하여 바울의 일보다 바울이라는 사람에 더 초점을 맞춘다.

지금까지 누가는 대부분의 사건을 기록할 때 전형적 역사가와 비슷한 역할을 했다. 자료를 조사하고, 사실을 취재하며, 증인을 인터뷰하고, 출처를 재확인했다. 그리하여 교회가 생겨나서 성장하고 생존하고 확장해나가는 과정을 정확히 기록하고 편집했다. 그런데

이제 주께서 이 이야기꾼을 이야기 속으로 점점 더 끌어들이셔서, 의사이자 전도자이자 역사가인 그는 바울의 한결같은 동지가 된다. 사도행전 16장 11-17절의 경우처럼, 누가는 바울을 통해 이루어지는 역사적 사건들은 물론이고 더 중요하게 바울이라는 인물의 사상과 여러 선택을 직접 목격한다. 그 결과 이제부터 사도행전은 여행담이나 일기처럼 읽히며, 특히 20장 5절부터 21장 18절까지와 27장 1절부터 28장 16절까지의 "우리" 본문에서는 더욱 그렇다. 자질구레해 보이는 일상사도 우리를 누가와 더불어 이야기 속으로 끌어들이는 중요한 역할을 한다. 덕분에 우리는 하나님이 어떻게 정계의 최상층부에서 세상을 변화시키기 시작하시는지를 내부에서 볼 수 있다.

—20:3-5—

바울은 고린도에서 석 달을 보냈는데 아마 AD 56년에서 57년으로 넘어가던 겨울이었을 것이다. 그동안 그는 가이오라는 사람의 집에 살면서(롬 16:23) 로마 교회에 편지를 썼다(참고 롬 15:23-16:2). 가이오는 디도 유스도(행 18:7)와 동일인일 수 있는데, 만일 그렇다면 바울은 회당 바로 옆집에 살면서 거기서 교회 예배를 계속 인도한 셈이다. 이전에 바울이 고린도에서 사역할 때 회당장 그리스보가 회당의 상당수 교인들과 더불어 회심했었고, 그의 후임인 소스데네라는 사람도 나중에 회심한 것으로 보인다(참고 18:17, 고전 1:1). 그 결과 고린도의 일부 믿지 않는 유대인들이 지금껏 바울을 미워했다. 그들은 바울과 교회를 정치적으로 무너뜨릴 수 없자 폭력을 써서 그를 죽일 음모를 꾸몄다. 본래 그는 배를 타고 수리아로 가서 유월절 전에 성전을 방문할 예정이었다(행 20:6). 그맘때쯤 많은 유대인이 오르던 여정이었다. 따라서 그의 적들이 다른 순례자들 사이에 쉽게 섞여들어 지중해상 어디쯤에서 사도를 확실히 제거할 수 있을 터였다.

적들의 악한 의도 때문에 어려운 결정을 내려야만 했다. 바울은 늦지 않게 예루살렘에 도착하여 마지막으로 한 번 더 성전에서 유월절을 보내고 싶었다. 그러나 고린도나 인근의 어느 항구에서든 배를 타다가는 발각될 게 뻔했다. 육로로 다다를 수 있는 큰 항구가 하나 더 있었으나 걸어서 최소한 일주일은 걸리는 거리였다. 사도는 하나님을 신뢰하는 것과 만용을 부리는 것의 중요한 차이를 이미 배워서 알고 있었다. 그래서 달라진 상황에 맞추어 계획을 수정했다. 이런 조정은 이후로도 계속된다.

누가는 꽤 큰 규모의 수행단을 기술하면서 그중 몇 사람을 처음으로 언급한다. 사실 그는 내러티브에 직접적 역할을 하지 않는 한 바울의 여타 길동무들을 한 번도 거명한 적이 없다. 바울의 여행이 거듭되면서 일행의 인원수도 꾸준히 늘었던 것 같다. 디모데는 2차 여행 때 루스드라에서 바울에게 합류했다. 더베 사람 가이오는 디모데와 동향 출신으로 아마 3차 여행 초기에 가세했을 것이다. 두기고와 드로비모는 바울이 아시아의 에베소에서 사역할 때 발굴한 이들이다. 데살로니가를 지날 때는 아리스다고와 세군도가 따랐고, 거기서 조금 남쪽인 베뢰아의 소바더도 마찬가지였을 것이다.

일행의 출신지를 보면 갈라디아, 아시아, 마게도냐 등 바울의 사역을 통해 복음의 영향을 입은 로마의 각 성(省)이 고루 들어 있다. 이 여러 성의 교회들은 빈곤해진 유대의 신자들을 돕고자 꽤 큰 액수의 헌금을 모았다. 이는 바울이 3차 여행을 하는 중요한 목적이기도 했다. 물론 바울은 유월절에 늦지 않게 예루살렘에 닿고 싶었고, 서쪽 변경의 복음화에 나서기 전에 이번 마지막 방문을 고대했다. 그러나 주목적은 이 돈을 전달하는 것이었다. 이 헌금은 실제적 도움 못지않게 상징성도 있었다. 유대인이면서 이방인의 사도인 그는 교회의 연합을 간절히 원했고, 그리스도의 사람들을 하나로 이어주는 접합제가 은혜임을 알았다. 유대인과 이방인의 유대 관계를 보여주는 방법으로, 이방인 교회의 대표들이 예루살렘에 사랑의 증표를 건네는 일보다 더 좋은 것이 무엇이겠는가?

그러나 그들이 바울과 동행한 것은 헌금을 직접 전달하기 위해서만은 아니었음이 분명하다. 이번에 고린도를 떠난 후로도 여러 해 동안 전원이 그의 곁에 남았다. 아리스다고는 로마까지 바울을 수행하여 함께 투옥되기까지 했고(27:2, 골 4:10), 소바더(소시바더라고도 했다)도 로마에서 바울의 시중을 들었다(롬 16:21). 두기고는 수시로 바울의 사신 역할을 했을 뿐 아니라 그레데 교회들이 디도를 통해 조직된 후에 디도의 후임이 되었을 수도 있다(엡 6:21, 골 4:7, 딤후 4:12, 딛 3:12). 드로비모는 바울이 로마에서 석방된 후 함께 여행하다가(행 21:29) 병들어 밀레도에 남아 요양했다(딤후 4:20).

바울이 수리아행 배에 오를 시점이 되자, 이들 수행단이 위장 전술을 썼던 것 같다. 바울의 적들이 만일 이 일곱 사람을 겐그레아 선착장에서 보았다면, 그 적들은 아무런 눈치도 채지 못했을 것이다. 그 사이에 바울은 육로로 마게도냐를 거슬러 올라갔다. 나머지 일행도 곧장 귀국한 게 아니라 드로아로 건너가 재회를 기다렸다가(행 20:5) 항해를 재개하여 수리아로 향했다.

바울은 지혜롭게 베뢰아, 데살로니가, 아볼로니아, 암비볼리를 되밟아 빌립보에서 유월절을 지켰다. "무교절"(20:6)은 유월절 식사 이후의 한 주간을 가리키며 대개 3월 말이나 4월 초에 해당한다. 바울은 빌립보에서 누가를 영입했고, 이때부터 누가는 "우리"라는 대명사를 쓴다.

바울이 원래 일정대로 고린도에서 수리아로 곧장 갔더라면 교회사는 어떻게 다르게 전개되었을까? 바울은 빌립보에서 누가와 마주치지 않았을 것이다. 누가가 예루살렘까지 그와 동행하여 베드로, 요한, 마리아, 요한 마가, 기타 증인들을 인터뷰한 일도 없었을 것이다. 어쩌면 그는 누가복음과 사도행전을 아예 기록하지 않았을지도 모른다. 물론 하나님은 다른 방법을 섭리하여 여전히 우리에게 그런 보배들을 주셨겠지만, 그 다른 방법을 추측해 보는 일은 무의미하다. 그분의 계획은 언제나 그분의 뜻대로 전개되었다! 바울의 적들이 품은 악한 의도는 오히려 주님의 계획을 더 진척시켰을 뿐이다.

바울은 순응했고 하나님은 승리하셨다.

—20:6-7—

2차 선교여행 때는 바울 일행이 바람을 등지고 항해하여 드로아에서 네압볼리까지 이틀 만에 갔으나(16:11) 역방향인 이번 항해로는 닷새가 걸렸다(20:6). (여러 의미에서 바울의 노정에 맞바람이 불어오기 시작한다.) 일행은 드로아에서 재회하여 일주일을 더 머물렀다. 적당한 교통편이 없었을 수도 있고, 떠나기 전에 교회를 굳건하게 해주어야 했을 수도 있다. 누가의 기록에 그들이 드로아에 교회를 세웠다는 말은 없지만, 바울과 실라와 디모데가 주님의 인도하심을 기다리는 동안 그 도시를 복음화했을 만도 하다(16:8-11).

드로아의 교회는 "그 주간의 첫날에"(20:7) 모였다. 일요일이 기독교 예배의 요일로 관행화된 것이 성경에 언급되기는 이번이 처음이다. 이런 실천은 아마 예루살렘의 첫 신자들에게로 거슬러 올라갈 것이다. 그들은 안식일을 지킨 뒤 이튿날 모여서 교제하고 기독교의 가르침을 받았는데, 유대인에게 그날은 토요일 해질 무렵에 시작되었다. 예루살렘의 전통을 다른 공동체들에 보급하는 일에 바울도 가담했을 수 있다. 큰 회당이 있는 지역일수록 특히 그런 경우가 많았다. 새로운 전통에 따라 드로아의 신자들은 모여서 "떡을 떼"었다. 이 관용구는 '함께 식사했다'는 뜻일 수도 있고, '성찬식을 했다'는 뜻일 수도 있다. 초기에는 두 가지 의미가 병존했다. 그리스도인들은 매주 "애찬"(유 1:12)이라는 잔치로 모여 빵과 포도주로 주의 만찬도 함께 기념했다.

식사와 성찬이 끝나면 교회들은 찬송을 부르고 성경을 낭독하며 가르침을 들었다(엡 5:19, 골 3:16, 참고 마 26:30). 바울이 다시는 드로아에 오지 못할 것 같았으므로 가르침은 밤중까지 길어졌다.

—20:8-9—

바울이 흡인력 있는 강사였음에도 청중이 졸았던 데는 몇 가지 요인이 함께 작용했다. 배가 부른데다 실내가 더워지고 시간까지 늦었으니 꾸벅꾸벅 졸 만도 했다. 게다가 등불을 많이 켜서 산소량까지 감소했으니 "깊이 졸" 수밖에 없었다. "청년"으로 번역된 헬라어 단어는 10-17세가량의 남자아이를 가리킨다. 작가들이 흔히 이 단어로 묘사한 인물들은 행동이 성급하고 활동적이며 팔팔하고 고집이 센 사춘기 아이의 특성을 보인다.

모인 장소가 3층짜리 가정집의 다락방이었으니 청년은 약 6미터나 혹 그 이상을 추락했다는 뜻이다. 의사인 누가는 그가 즉사했다고 판정했으나 청년의 이름이 결국 예언처럼 되었다. 유두고는 '운이 좋다, 행운이다'는 뜻이다.

—20:10-11—

바울이 나서서 청년 "위에 엎드"렸다(20:10). 누가는 바울의 행동을 일부러 엘리야와 엘리사의 행동과 비슷하게 묘사했다(왕상 17:21-22, 왕하 4:34-35). 엘리야는 안주인의 아들의 몸 위에 세 번을 엎드리며 주님께 아이를 살려주실 것을 간구했다. 아이의 생명이 돌아오자 선지자는 그를 어머니에게 주며 "보라 네 아들이 살아났느니라"(왕상 17:23)고 말했다. 그러자 그녀는 "내가 이제야 당신은 하나님의 사람이시요 당신의 입에 있는 여호와의 말씀이 진실한 줄 아노라"(왕상 17:24)고 대답했다. 비슷하게 엘리사도 자신을 아주 후히 대접해준 수넴 여인의 죽은 아들 위에 엎드렸다. 아이가 눈을 뜨자 선지자는 그를 어머니에게 돌려주었다(왕하 4:36). 두 경우 모두 기적을 통해 그들이 진정한 선지자라는 사실과 또 그들의 입에서 나온 하나님의 말씀이 확증되었다.

유두고 사건은 바울의 권위를 이스라엘에서 가장 존경받는 선지자 가운데 두 사람인 엘리야나 엘리사와 같은 반열에 올려놓았다. 신학적으로 이 일은 구약과 신약의 연속성을 입증하여, 교회도 이스라엘과 똑같이 하나님의 강력한 도구임을 여실히 보여주었다. 그런데 내러티브 자체를 보면, 하나님의 능력이 바울을 통해 이런 기적으로 나타났는데도 그는 얼마 후 성전을 방문했을 때 모세 율법에 반대되게 설교한다는 비난에 부딪히게 된다(행 21:20-21).

죽었던 청년이 살아나자 바울과 신자들은 다락방으로 돌아가 모임을 재개했다. 이때 그들은 "떡을 떼어 먹"(20:11)었는데 이것은 일반적인 식사를 가리킨다. 그들은 먼동이 틀 무렵 함께 조반을 나누며 더 대화를 즐겼고, 그 후 바울은 그들을 다시는 보지 못할 줄로 예상하고 떠났다.

—20:12—

누가가 이야기를 맺으며 재차 확언했듯이 청년은 이 참사로 인한 후유증을 전혀 겪지 않았다. 그는 '운이 좋아' 살아난 정도가 아니라 하나님의 능력으로 건강이 완전히 회복되었다. 드로아 교회의 회중 가운데에는 하나님의 자비를 환기시켜주는 산 증거가 있었다. 또한 누구든지 바울이 하나님의 진정한 대언자인지 의심이 들거든 교회에서 졸았던 그 청년과 대화만 나누어보면 되었다.

적용: 사도행전 20:3-12

복안(腹案)은 없다

바울은 여행에 차질이 생겨 드로아로 갔고 유두고의 목숨을 기적처럼 살렸다. 누가의 이 기록은 문학적, 신학적 목적에 부합한다. 바울의 여생은 역경이 가하는 도전에 매번 순응해나가는 과정이다. 바울의 융통성을 통해 하나님은 그분의 계획을 진척시키신다. 바울이 비록 예루살렘에서 유월절을 지내지는 못했으나, 지금 우리에게 누가복음과 사도행전이 있음은 그가 위험을 피하느라 일정을 수정하고 빌립보에서 누가를 영입한 덕분이다. 바울이 드로아에서 가르치던 중 한 청년이 떨어져 죽었으나, 주님은 긍휼에 찬 사도의 반응을 통해 그의 권위와 사역을 기적으로 확증해주셨다.

주님의 역사하심은 1세기에 끝난 게 아니다. 그분은 지금도 계획이 있으시며 끝까지 그대로 이루실 것이다. 그러므로 바울의 경험을 관찰하여 오늘의 우리에게 적용할 원리를 찾는 것은 지혜로운 일이다.

첫째, 자신의 모든 계획을 너무 꽉 움켜쥐지 마라. 천국과 직통한다고 주장할 수 있는 사람이 세상에 있다면 바로 바울이었다. 그는 자신의 소명을 다하며 하나님의 목적을 이루어가고 있었다. 하나님은 이 사도를 대변자로 쓰셨고, 이 종에게 능력을 흘려보내 병자를 고치고 귀신을 쫓아내며 죽은 자까지 살리게 하셨다. 그런데도 바울은 어찌할 수 없는 환경에 부딪혔다. 그는 철저히 이타적으로 사명을 수행할 고상한 계획을 세웠으나 적들 때문에 부득이 수정해야 했다. 바울이 융통성을 잃지 않고 늘 순응해야 했다면 우리도 계획이 틀어질 때 놀라서는 안 된다. 세부적인 계획을 세우고 가능한 한 그대로 따르라. 그러나 그 계획에 너무 집착하지는 마라. 변화를 예상하라.

둘째, 망가진 계획을 한탄하느라 시간을 허비하지 마라. 사역한 지 제법 오래되다 보니 무산된 계획이 결국 위장된 선물이었던 경우가 내 기억에 아주 많다. 그런 사건들을 이제 와서 돌아보면, 내 계획이 아무리 선하고 용의주도해 보였어도 그때 만일 예기치 못한 난관에 막히지 않았더라면 어떻게 되었을지 생각만 해도 등골이 오싹해진다. 계획이 수포로 돌아가 분통을 터뜨리던 일도 기억난다. 한번은 내 인생이 완전히 끝장난 것처럼 느껴진 적도 있었다. 그러나 지난날을 돌아보면 내 상상을 초월하는 미래 쪽으로 나를 이끌어가시던 하나님의 자애롭고 은혜로운 손길이 보인다. 좌절된 계획 덕분에 그런 선물을 하도 많이 받다 보니 지금은 부득이한 상황도 훨씬 가벼운 마음으로 받아들인다.

셋째, 상황이 변하거든 언제라도 계획을 수정하라. 해병대는 분명한 목표와 세부적인 계획이 없이는 결코 적과 교전하지 않는다. 그러나 235년도 더 된 전투 역사라는 경험을 통해 배웠듯이, 전투의 첫 순간에 목표만 빼고 모든 게 달라질 수 있다. 그래서 그들은 신병부터 지휘관까지 임전 태세가 된 모든 전사의 머릿속에 이런 모토를 주입시킨다. "순발력을 발휘하고 적응하며 극복하라."

목표에서 눈을 떼지 마라. 그러나 변화에 맞추어 융통성 있게 일을 이루어내는 법을 익히라.

넷째, 당신이 순응하는 것이 늘 하나님의 원안(原案)이었음을 잊지 마라. 바울의 관점에서 보면 살해 음모 때문에 부득이 원래 계획을 변경해야 했다. 그러나 하나님의 섭리와 은혜로 우리에게 주어진 관점에서 보면, 바울이 빌립보에서 누가를 영입하는 게 처음부터 하나님이 원하시던 바였음을 알 수 있다. 교회가 난관에 순응해야 했던 다른 모든 경우도 마찬가지다. 결국 세월이 흘러 밝혀졌듯이, 매번 '순응한' 결과로 그들은 하나님이 이미 예비해두신 길로 갔다.

하나님께 복안이란 없다. 계획이 무산되거든 주님이 어떻게 이 상황을 통해 그분의 구속 계획을 진척시키실지 생각해보라. 그리고 그분 편에 서라.

감동의 작별(사도행전 20:13-38)

13우리는 앞서 배를 타고 앗소에서 바울을 태우려고 그리로 가니 이는 바울이 걸어서 가고자 하여 그
렇게 정하여 준 것이라 14바울이 앗소에서 우리를 만나니 우리가 배에 태우고 미둘레네로 가서 15거기
서 떠나 이튿날 기오 앞에 오고 그 이튿날 사모에 들르고 또 그 다음 날 밀레도에 이르니라 16바울이
아시아에서 지체하지 않기 위하여 에베소를 지나 배 타고 가기로 작정하였으니 이는 될 수 있는 대로
오순절 안에 예루살렘에 이르려고 급히 감이러라

17바울이 밀레도에서 사람을 에베소로 보내어 교회 장로들을 청하니 18오매 그들에게 말하되

아시아에 들어온 첫날부터 지금까지 내가 항상 여러분 가운데서 어떻게 행하였는지를 여러분
도 아는 바니 19곧 모든 겸손과 눈물이며 유대인의 간계로 말미암아 당한 시험을 참고 주를 섬긴
것과 20유익한 것은 무엇이든지 공중 앞에서나 각 집에서나 거리낌이 없이 여러분에게 전하여 가
르치고 21유대인과 헬라인들에게 하나님께 대한 회개와 우리 주 예수 그리스도께 대한 믿음을 증언한
것이라 22보라 이제 나는 성령에 매여 예루살렘으로 가는데 거기서 무슨 일을 당할는지 알지 못하노
라 23오직 성령이 각 성에서 내게 증언하여 결박과 환난이 나를 기다린다 하시나 24내가 달려갈 길과
주 예수께 받은 사명 곧 하나님의 은혜의 복음을 증언하는 일을 마치려 함에는 나의 생명조차 조금도

귀한 것으로 여기지 아니하노라
25보라 내가 여러분 중에 왕래하며 하나님의 나라를 전파하였으나 이제는 여러분이 다 내 얼굴을
다시 보지 못할 줄 아노라 26그러므로 오늘 여러분에게 증언하거니와 모든 사람의 피에 대하여 내가
깨끗하니 27이는 내가 꺼리지 않고 하나님의 뜻을 다 여러분에게 전하였음이라 28여러분은 자기를 위
하여 또는 온 양 떼를 위하여 삼가라 성령이 그들 가운데 여러분을 감독자로 삼고 하나님이 자기 피
로 사신 교회를 보살피게 하셨느니라 29내가 떠난 후에 사나운 이리가 여러분에게 들어와서 그 양 떼
를 아끼지 아니하며 30또한 여러분 중에서도 제자들을 끌어 자기를 따르게 하려고 어그러진 말을 하
는 사람들이 일어날 줄을 내가 아노라 31그러므로 여러분이 일깨어 내가 삼 년이나 밤낮 쉬지 않고 눈
물로 각 사람을 훈계하던 것을 기억하라 32지금 내가 여러분을 주와 및 그 은혜의 말씀에 부탁하노니
그 말씀이 여러분을 능히 든든히 세우사 거룩하게 하심을 입은 모든 자 가운데 기업이 있게 하시리라
33내가 아무의 은이나 금이나 의복을 탐하지 아니하였고 34여러분이 아는 바와 같이 이 손으로 나와
내 동행들이 쓰는 것을 충당하여 35범사에 여러분에게 모본을 보여준 바와 같이 수고하여 약한 사람
들을 돕고 또 주 예수께서 친히 말씀하신 바 주는 것이 받는 것보다 복이 있다 하심을 기억하여야 할
지니라
36이 말을 한 후 무릎을 꿇고 그 모든 사람들과 함께 기도하니 37다 크게 울며 바울의 목을 안고
입을 맞추고 38다시 그 얼굴을 보지 못하리라 한 말로 말미암아 더욱 근심하고 배에까지 그를 전송하
니라

1942년 3월 11일에 일본 황군은 필리핀의 코레히도르 섬에 압박을 가했다. 그러나 루스벨트 대통령은 더글러스 맥아더(Douglas MacArthur) 장군의 출중한 실력을 보고 그에게 태평양 지역 전쟁 사령관을 맡겨야 할 절대적 필요성을 느꼈다. 그래서 그는 맥아더에게 코레히도르의 지휘권을 내려놓고 병력을 둔 채 호주로 이동할 것을 명령했다. 『맥아더 회고록』(*Reminiscences*)에 그 힘겨운 작별이 이렇게 기술되어 있다.

> 3월 11일 저녁 7시 15분에 나는 현관을 가로질러 아내에게 가서 조용히 말했다. "여보, 떠날 때가 되었소." 우리가 말없이 차를 몰아 사우스 부두로 가니 벌클리 대위와 PT-41 어뢰정이 대기 중이었고 나머지 인원은 이미 승선해 있었다. 그날 온종일 해안에 간헐적 포격이 계속되었다. 아내와 [우리 아들] 아서와 시종(侍從) 아추를 승선시킨 뒤에 천천히 뒤를 돌아보았다.

> 부두에서 부하들이 나를 바라보고 있었다. 그동안 사병들과 똑같이 자고 먹으면서 체중이 11킬로그램이나 빠졌기 때문에, 전쟁에 찌든 낡은 군복 차림의 내 모습은 수척하고 창백했을 것이다. 훈장을 주렁주렁 단 사령관의 위엄 있는 자태와는 거리가 멀었다….
>
> 어느새 어둠이 깔리고 밤의 산들바람이 수면에 잔물결을 일으켰다. 적의 포격도 멎고 침묵만 도란거렸다. 마치 사자(死者)들이 살육의 악취를 풍기며 떠도는 듯 썩는 냄새가 밤하늘에 진동했다. 모자를 들어 작별 인사를 하는데 머리가 띵해지면서 갑자기 안면 근육이 씰룩 경련을 일으켰다. 그때 어느 두 사람의 대화 소리가 들렸다. "하사, 장군님이 무사히 이동하실 확률이 얼마나 되겠나?" 그러자 무뚝뚝한 대답이 돌아왔다. "모르지, 장군님은 운이 좋으시니 20퍼센트는 될는지."
>
> 나는 어뢰정에 올라서며 말했다. "대위, 준비됐으면 출발하게."[1]

기자들이 논평을 요구하자 그는 대통령의 논리를 설명한 뒤 이렇게 다짐했다. "지금까지도 이겨냈듯이 나는 다시 돌아올 것입니다."[2]

작별은 늘 쉽지 않으며 상황이 어려울 때는 특히 더하다. 이번이 마지막이다 싶을 때는 더 힘들다. 수리아로 돌아가는 길에 바울은 마지막 작별 없이 에베소를 그냥 지나칠 수 없었다. 그러나 맥아더 장군과 달리 그는 다시 돌아올 계획이 없었다. 수리아 안디옥의 파송 교회에 잠시 보고하고 예루살렘 성전을 마지막으로 방문한 뒤, 서부의 변방으로 가서 여생이 다하도록 거기서 섬길 작정이었다.

—20:13-15—

드로아 교회에서 철야 집회를 마친 후 바울 일행은 그 도시를 떠났다. 그 당시 배들은 항로를 이탈하지 않으려고 대개 뭍이 시야에서 벗어나지 않게 했고, 대체로 낮에만 항해하고 밤에는 안전한 항구에 정박했다. 누가가 이유를 밝히지 않았지만 바울은 앗소까지 반도를 가로지르는 32킬로미터 길을 걸어가기로 했고, 나머지 일행은 수리아 쪽으로 가는 배를 탔다. 당일 저녁에 바울도 배에 합류하여 모두 미둘레네로 갔다(20:13-14). 레스보스 섬의 바

람이 불어가는 쪽에 있는 도시였다

이후 사흘 동안 배는 아시아 서해안의 여러 섬 사이를 요리조리 빠져나가 밀레도에 도착했다(20:15). 메안데르 강어귀에 자리한, 한때 중요했던 이 항구는 바울 당시에도 대단하기는 했으나 전성기는 왕년의 일이었다. 이곳은 바울이 에베소 교회의 장로들과 회동하기에 이상적인 장소였다. 충분히 커서 쾌적하고 편리하면서도, 부산하고 번잡한 큰 도시와는 격리되어 있었다.

—20:16-17—

유월절 전에 예루살렘에 닿으려던 바울의 바람은 이미 무산되었다(20:6). 그러나 지체하지 않는다면 유대인의 또 다른 큰 명절인 오순절까지는 가능했다. 밀레도에서 회동하면 자칫 현지에서 벌어질 수 있는 불상사에 말려들 위험이 덜했다. 누가가 기술한 일정을 보면 바울이 노선과 기항지를 정할 수 있었던 것으로 보인다. 상선의 승선표를 구입했다면 그렇게 하는 것은 어려웠을 테니 아마도 그들은 전용 배를 대절했던 것 같다.

밀레도에 도착한 바울은 인턴 하나를 에베소로 보내 교회 장로들을 불렀다. 장로들이 도착하자 그는 그들을 모아놓고 이를테면 일일 '목회자 수련회'를 열었다. 그가 쓴 모든 편지와 누가가 기록한 발언을 통틀어, 이 마지막 고별사보다 더 친밀하거나 감정이 풍부한 것은 없다. 그는 깊이 정든 친구들의 얼굴을 마주대했다. 자신이 더는 곁에서 도울 수 없었기에 그들이 서든 넘어지든 본인들에게 맡겨두어야 함을 알았다.

바울은 자신의 메시지를 하루 종일 이어진 여러 번의 강론을 통해 전했을 것이다. 물론 누가는 전문(全文)을 싣지 않았다. 대신 그는 사도의 고별사를 요약했는데 이를 크게 세 부분으로 나눌 수 있다.

1. 바울의 에베소 사역(20:18-21)
2. 바울이 당면한 미래(20:22-27)
3. 에베소 교회의 미래(20:28-35)

—20:18-21—

바울은 우선 에베소 사람들을 대해온 자신의 개인적 이력부터 되짚었다. 특히 자신이 여러 가지 시험에 충실하게 대처해왔음을 언급했는데, 이 말에서 그가 피했던 다섯 가지 함정을 볼 수 있다.

1. 그는 게으름의 시험을 이겼다. "아시아에 들어온 첫날부터 지금까지 내가 항상 여러분 가운데서…"(20:18). 그는 헌신적으로 복음을 전했고, 믿는 사람들을 양육했다. 스스로 알아서 하도록 그들을 방치하지 않았다. 두란노 서원(*scholē*)이라는 모임 장소에서 날마다 부지런히 그들을 가르쳤다.

2. 그는 교만의 시험을 이겼다. "모든 겸손과 눈물[로]…주를 섬긴 것과"(20:19). 이것은 자랑이 아니라 회고였다. 그가 이 말을 한 것은 자화자찬을 하려는 게 아니라 장로들에게 감화를 끼치기 위해서였다. "겸손"[*tapeinophrosunē*(5012a)]으로 번역된 헬라어 단어에는 마음을 낮춘다는 개념이 들어 있다. 마치 에베소 사람들이 무지하거나 미련하다는 듯 그들을 깔보는 투로 말하지 않았다는 뜻이다. 그는 동료 대 동료로 말하며 그들에게 없는 정보를 나누었다.

3. 그는 낙심의 시험을 이겼다. "유대인의 간계로 말미암아 당한 시험을 참고"(20:19). 성적 부도덕과 탐욕과 교만을 삼가는 사역자들도 여전히 부당한 비난과 싸워야 한다. 에베소 사람들은 바울의 설교를 들은 다른 집단들만큼 복음에 신속하게 반응하지 않았다. 아시아를 덮고 있던 영적 어둠을 뚫고 들어가는 데 오랜 시간이 걸렸다. 그런 어려움만으로 부족하다는 듯 바울은 인격적으로 아주 지독한 거부까지 당했다. 적들이 그가 죽기를 바랐을 정도였다. 감정이 상할 수밖에 없는 상황에서도 그는 낙심에 굴하지 않았다.

4. 그는 두려움의 시험을 이겼다. "거리낌이 없이 여러분에게 전하여"(20:20). "거리낌"[*hypostellō*(5288)]으로 번역된 헬라어 단어는 '몸을 사리다, 물러나다'는 뜻이다. 사역자들은 다른 사람들이 가하는 위협과 싸울 때가 많다. 모든 것을 버리고 전임(專任)으로 하나님을 섬기는 그분의 종들을 쉽게 위협할 수 있는 부류가 있다. 대개 세상에서 성공했다는 사람들이다. 어떻게 그럴 수가 있나 싶어 솔직히 우리는 거의 언제나 허를 찔린다. 위협은 시간과 에너지를 낭비하는 어이없고 도발적인 행동이며, 그리스도인의 사역에 들어설 자리가

없다. 훌륭한 사역자는 물러서지 않는 법을 배운다.

5. 그는 비효율성의 시험을 이겼다. “유익한 것은 무엇이든지 공중 앞에서나 각 집에서나…가르치고”(20:20). “유익한”[*sympherō*(4851)]으로 옮겨진 원어는 무엇이든 도움이 되거나 유익을 끼치거나 혜택을 주는 것을 가리킨다. 바울이 내린 모든 결정과 행동의 기준은 그것이 에베소 사람들에게 어떻게 도움이 되겠는가였다. 그들이 배우고 자라는 데 도움만 된다면 그는 무엇이든 시도할 의향이 있었다. 그룹으로 가르치고, 가정에서 가르치며, 일대일로 가르치고, 공적으로 가르치며, 사적으로 가르치는 등 통하겠다 싶은 방법이면 그는 무엇도 배제하지 않았다.

바울은 일말의 편애도 삼가면서 효과적이고 능률적으로 사역했으나 늘 최고의 우선순위는 건전한 교리 교육에 두었다. “하나님께 대한 회개와 우리 주 예수 그리스도께 대한 믿음”(20:21)이라는 기본 신조야말로 메시지의 근간이며, 나머지 기독교 신학과 실천은 다 그 위에 세워진다.

—20:22-27—

자신이 에베소 교인들에게 혼신을 다했다며 이 교회와 관계된 개인적 이력을 되짚은 바울은 이제 당면한 계획으로 넘어간다. 그는 장로들에게 아주 솔직해졌다. 더는 사제간처럼 말하지 않고 그들을 대등한 동역자로 대했다. 그들을 섬겨온 바울은 자신의 약한 모습을 내보이며 그들의 위로와 격려를 기꺼이 받고자 했다.

앞서 보았듯이 바울은 본래 예루살렘에서 유월절을 보내고 싶었는데 계획이 변경되면서 오순절 전에 그 도시에 닿기를 바랐다. 여정 중에 그는 자신의 갈망이 사실은 성령의 감화임을 알게 되었다(20:22). 갈망은 필요로 변했고, 필요는 열정으로 자랐으며, 열정은 어느새 집착이 되어 있었다(가장 좋은 의미의 ‘집착’이다. 성령의 명확한 부르심을 받은 이들에게는 그분의 인도하심이, 반드시 그대로 해야만 한다는 일편단심의 강박으로 경험된다). 바울은 주님의 인도하심에서 비롯된 딜레마를 공공연히 털어놓았다. 지금까지 지나온 각 도시에서 그에게 주어진 메시지는 똑같이 “결박과 환난이…기다린다”(20:23)는 것이었다. 바울은 대개 위험을 비켜 가던 사람이다. 물론 위협에 움츠러들지 않았지만 가능하면 고난을 지혜롭게 피했다. 그런데 이번에는 성령이 그에게 환난을 외면하지 말고 환난을 향해 뚜벅뚜벅 걸어가라고 지시하셨다.

처음부터 바울은 자신의 사역에 고난이 따르리라는 말씀을 들었다. 예수께서 "이 사람은 내 이름을 이방인과 임금들과 이스라엘 자손들에게 전하기 위하여 택한 나의 그릇이라 그가 내 이름을 위하여 얼마나 고난을 받아야 할 것을 내가 그에게 보이리라"(9:15-16)고 말씀하셨다. 어쩌면 그는 세 번의 선교여행에서 고난을 받을 만큼 받았다고 생각했는지도 모른다! 그런데 예루살렘에 가까워져 갈수록 더 많은 환난이 그를 기다리고 있음이 분명해졌다. 정확히 무슨 일이 벌어질지 예측할 수 없을 뿐이었다. 그래도 그는 자신의 본분을 외면한 채 물러설 수 없었다.

예루살렘에서 무슨 일이 닥칠지 몰랐지만 바울은 처음부터 품고 살았던 두 가지 소신에 따랐다. 첫째, 그는 다메섹 도상에서 죽어 마땅했으나 주님이 자비를 베푸셨다. 그 후의 삶은 하루하루가 은혜로 받는 선물이었다. 둘째, 삶이 허락되는 한 그는 날마다 그리스도를 전해야 했다. 이 두 가지 확신 외에는 그에게 중요한 것이 거의 없었다. 앞길에 죽음이 놓여 있다 해도 그는 똑같이 열정적으로 따를 수 있었다.

그는 그들에게 십중팔구 자신을 다시 보지 못할 거라고 말했다. 그가 죽을 수도 있었기 때문이고, 갈리아나 히스파니아의 어딘가에 가 있을지도 모르기 때문이었다.

자신이 무죄하다는 바울의 선언은 죽어가는 사람의 고백만큼이나 뜻밖이다(20:26). 물론 그는 그리스도를 만나기 전에 무죄한 그리스도인들을 박해하여 체포하고, 더러는 처형에 이르게 한 죄가 있었다(7:58, 8:1,3, 9:1, 고전 15:9). 그럼에도 두 가지 측면에서 그는 "모든 사람의 피에 대하여…깨끗"했다. 첫째, 그의 범죄는 예수 그리스도의 희생적 죽음을 통해 장부에서 지워졌다. 둘째, 어디를 가든 그는 들릴 만한 거리에 있는 모든 이에게 동일한 기회를 알렸다. 자신의 죄 가운데 죽는 사람은 누구도 바울을 탓할 수 없었다. 에베소를 포함하여 그가 방문한 도시들에 사는 그 누구도 무지를 핑계 댈 수 없었다. 피할 수 없는 위험에 직면해서도 바울은 "꺼리지" 않았다.

—20:28-30—

강론의 마지막 부분(20:28-35)에서 바울은 먼저 에베소 교회의 미래를 내다보며 그들에게 세 가지 위험을 경고한 뒤(20:28-30), 이를 바탕으로 그들에게 마지막 권면을 남긴다(20:31-35).

첫째, 그는 그들에게 개인적 타협의 위험을 경고했다(20:28). 바울은 지도자들에게 "삼가라"고 권면했다. 이 헬라어 단어[*prosechō*(4337)]는 비슷한 명령을 군인이나 파수꾼에게 내릴 때도 쓰일 수 있다. 그들의 가장 중요한 임무는 깨어 있는 것이다. 그 일에 실패하면 모두가 패배한다. 깨어 있을 뿐 아니라 침입자가 없는지 계속 주위를 살펴 자신과 모두를 보호해야 한다. 침입자가 보초를 제압하면 진지 전체가 위태로워진다. 바울이 그들에게 상기시켰듯이 하나님은 지도자인 그들에게 한없이 소중한 보물을 맡기셨고, 따라서 그들은 초소의 경계병처럼 빈틈없고 부지런해야 한다.

"감독자"[*episkopos*(1985)]로 번역된 헬라어 단어는 문자적으로 '위에서 보는 사람', 즉 보호하는 '감시자'라는 뜻이다. 아테네 사람들은 기관이나 영지를 돌보는 공직자를 이 단어로 지칭했다. 즉 아테네의 국가 관리들이 이 단어의 복수형으로 불렸다. 칠십인역(구약의 헬라어 역본)에는 재판관이나 재무 관리자에게 또는 성전에서 섬기던 제사장들과 레위인들의 감독자에게 이 단어가 쓰였다. 신약의 다른 곳에서는 베드로가 예수님을 우리 영혼의 감독(*episkopos*)이라 칭했다(벧전 2:25). 이런 의미에서, 이 단어로 지칭되는 교회 직분자는 하나님이 교회를 "보살피게"[*poimainō*(4165), 목양하게] 하신 사람이다. 그에게 맡겨진 일은 주님의 보조 목자로 섬기면서, 그분을 위해 그분의 권위 아래서 그분의 양 떼를 이끄는 것이다. 나중에 바울은 디모데에게 보낸 편지에 "감독"의 자질을 열거했는데, 그때 디모데는 에베소에서 섬기고 있었다(딤전 3:2-7).

둘째, 바울은 그들을 거짓 교사들이 외부에서 공격해올 위험에 대비시켰다(20:29). 그는 양 떼 속의 이리라는 생생한 은유로 장로들에게 경고했다. 에베소는 여러 철학 학파로 유명했는데, 그중 일부가 결국 자기네 사상을 기독교에 혼합시킬 것이었다. 심지어 기독교 어휘까지 차용하여 정통인 척하면서 복음을 변질시킬 것이었다. 다른 도시들에서 소위 교사들이 에베소에 와서, 사도들의 사신으로 자처하며 교인들에게 발언할 기회를 노릴 것이었다. 바울이 보기에 그들은 양 떼 속에 숨어 어슬렁거리는 이리 떼였다. 기회를 엿보다가 약자들을 후려 사망으로 이끌 자들이었다.

셋째, 그는 에베소 교회에 배교로 인한 내부적 변질의 위험을 경고했다(20:30). 신학적 변질은 거짓 교사들을 통해 외부에서 스며들 수도 있지만, 지도자들이 사도들과 성경의 가르침에서 벗어나면 내부에서도 발생할 수 있다. "어그러진"[*diastrephō*(1294)]으로 번역된 단어는 '기형이다, 왜곡되다, 빗나가다, 변질되다'는 뜻이다. 교회 지도자들은 늘 서로를 감시해주어야 한다. 그래야 누군가가 성경에 어긋나는 교리를 가르치기 시작할 때 친구들이 온유하게 오류를 바로잡아줄 수 있다(참고 갈 6:1-2).

—20:31-35—

이 부분은 "그러므로"라는 말로 도입되는데, 이로써 "일깨어"라는 바울의 권면은 앞서 그가 강조한 세 가지 위험에 대한 필연적 반응이 된다. 개념을 더 구체화하고자 그는 자신을 본보기로 제시하여 장로들이 어떻게 개인적 타협, 거짓 교사들, 배교로부터 교회를 지켜야 하는지를 보여준다. 자신의 말대로 그는 에베소의 그리스도인들을 성숙한 신자로 키우고자 3년 동안 모든 기회—"밤낮"—를 활용하여 지칠 줄 모르고 헌신적으로 가르쳤다(20:31). 그 짐을 충실하게 졌던 그가 이제 리더십의 책임을 장로들에게 이양한다(20:32).

바울은 또 자신의 봉사가 이타적 성격이었음을 강조했다. 이를 깨어 있기 위한 중요한 요인으로 본 것이다. 그가 에베소에서 일할 때 주위에 부자들이 많았다. 그중 고위 관리들은 바울에게 돈과 옷과 큰 집 등 그가 원하는 것이면 무엇이든 즐거이 주려 했을 것이다. 그러나 그는 뇌물이나 특전을 하나도 받지 않았다(20:33). "이 손으로"라는 말은 그가 자신의 생업이나 기타 돈벌이 수단을 통해 자비(自費)로 일했다는 뜻이다(20:34). 이번에도 바울은 자신의 본보기를 엄숙한 도전으로 바꾸어, 그들에게 양 떼의 후원을 바랄 것이 아니라 목자로서 양 떼를 돌보라고 했다(20:35).

바울은 논지를 요약하고자 예수님의 말씀을 인용했다. 이 말씀이 복음서에 나오지는 않는다. 처음부터 예수님을 따랐던 사도들이 그분과 함께 지내며 보고 들은 내용은 당연히 복음서에 다 기록될 수 없을 정도로 훨씬 많았다(요 21:25). 바울도 여러 사도와 함께 시간을 보냈으므로 이 말씀을 기억했고 다음과 같이 적용했다. 사역의 복을 결코 양 떼로부터 취해서는 안 된다. 베푸는 사람에게는 주께서 그가 바친 것보다 더 풍성한 복으로 갚아주실 것이다.

—20:36-38—

틀림없이 바울은 각각의 요지를 밝혀서 적용하고, 질문에 답하며, 구체적 상황을 논의하고, 미래를 예측하는 시나리오와 그에 대처하는 법을 내다보느라 에베소의 장로들과 꼬박 하루를 함께 보냈을 것이다. 마침내 떠날 시간이 되자 그는 무릎을 꿇고 그들을 위해 기도했다(20:36). 이 충실한 사도가 마지막으로 떠나기 직전에 당신을 위해 중보한다고 생각하고 그 기도를 듣는 감격을 상상해보라. "다 크게 울며 바울의 목을 안고 입을 맞추고"(20:37). 그들은 스승을 생각하며 "근심"했다[20:38, *odunaō*(3600)]. 정신적으로 고통스럽고 괴로웠다는 뜻이다. 어둠 속에 있던 자신들을 자유와 희망의 빛 가운데로 이끌어준 그가 이제 피할 수 없는 고난과 어쩌면 죽음을 향해 떠나가고 있었기 때문이다. 그래서 그들은 고뇌가 깊었고 굳이 이를 감추지 않았다.

그 장면이 배에까지 이어지다가 결국 바울 일행은 배에 올랐다.

적용: 사도행전 20:13-38

전진하기 전에 되돌아보는 법

밀레도에 들렀을 때 바울은 그 시간에 쉬면서 생각을 정리하고 요긴한 고독을 즐길 수도 있었다. 그곳에는 교회가 없었으니 이참에 앞날을 준비할 수도 있었다. 그러나 그는 굳이 에베소 교회의 지도자들을 한데 모아 하나의 연습을 하게 했다. 중요한 과도기를 앞둔 사람이라면 누구에게나 유익할 수 있는 연습이다. 바울은 전진하기 전에 충분히 되돌아보는 일이 종종 유익함을 알았다. 이를 통해 그들은 과도기에 준비되어, 그의 도움 없이도 사역을 수행해나갈 수 있을 것이었다.

바울의 일일 강연에 나오는 두 가지 원리는 우리가 기존의 사역을 떠나 다른 사역을 시작하려고 준비할 때 상기할 만하다.

첫째, 과거를 돌아볼 때는 정직해야 한다. 자신을 속이는 거짓말보다 더 해로운 거짓말은 없다. 과거의 실패를 무시한다고 해서 조금이라도 덜 창피해지는 게 아니라 오히려 반복될 소지만 높아진다. 그러므로 실패를 되풀이할 위험을 없애려면 실패를 스승으로 받아들여 배울 것을 배워야 한다. 실패를 친구 삼아 늘 가까이 두어야 한다. 그렇다고 오직 잘못과 결점만 반추해서는 안 된다. 과거를 정직하게 평가하려면 후회스러운 일만 기억할 것이 아니라 성공하고 잘한 일도 경축하고 분석해야 한다. 그래야 승리를 생활화하는 길을 찾아낼 수 있다.

둘째, 성공을 누리려면 늘 위험을 인식해야 한다. 오늘의 성공이 내일의 성공을 보장하지 않음을 누구나 기억하면 좋을 것이다. 지금 누리는 복이 지속될 수 있으려면 늘 잠재적 위협을 인식하고 미리 대응책을 준비해야만 한다. 그렇다고 편집증에 걸려 기쁨을 빼앗겨야 한다는 말은 아니다. 사실 우리는 발생하지 않을지도 모르는 위험에 너무 집착하지 않도록 조심해야 한다. 우리의 초점은 늘 그리스도와 그분의 약속에 있어야 한다. 그분은 지옥의 무서운 권세를 비롯해서 그 무엇도 자신의 교회를 무너뜨릴 수 없다고 약속하셨다. 그래도 어둠 속에 도사리고 있는 위험을 늘 현실적으로 인식하고 있으면 양 떼를 보호하는 데 도움이 된다.

인간의 조언 대 하나님의 지시(사도행전 21:1-17)

1우리가 그들을 작별하고 배를 타고 바로 고스로 가서 이튿날 로도에 이르러 거기서부터 바다라로 가
서 2베니게로 건너가는 배를 만나서 타고 가다가 3구브로를 바라보고 이를 왼편에 두고 수리아로 항
해하여 두로에서 상륙하니 거기서 배의 짐을 풀려 함이러라 4제자들을 찾아 거기서 이레를 머물더니
그 제자들이 성령의 감동으로 바울더러 예루살렘에 들어가지 말라 하더라 5이 여러 날을 지낸 후 우
리가 떠나갈새 그들이 다 그 처자와 함께 성문 밖까지 전송하거늘 우리가 바닷가에서 무릎을 꿇어 기
도하고 6서로 작별한 후 우리는 배에 오르고 그들은 집으로 돌아가니라

7두로를 떠나 항해를 다 마치고 돌레마이에 이르러 형제들에게 안부를 묻고 그들과 함께 하루를
있다가 8이튿날 떠나 가이사랴에 이르러 일곱 집사 중 하나인 전도자 빌립의 집에 들어가서 머무르
니라 9그에게 딸 넷이 있으니 처녀로 예언하는 자라 10여러 날 머물러 있더니 아가보라 하는 한 선지
자가 유대로부터 내려와 11우리에게 와서 바울의 띠를 가져다가 자기 수족을 잡아매고 말하기를 성령

이 말씀하시되 예루살렘에서 유대인들이 이같이 이 띠 임자를 결박하여 이방인의 손에 넘겨 주리라
하거늘 [12]우리가 그 말을 듣고 그 곳 사람들과 더불어 바울에게 예루살렘으로 올라가지 말라 권하니
[13]바울이 대답하되 여러분이 어찌하여 울어 내 마음을 상하게 하느냐 나는 주 예수의 이름을 위하여
결박 당할 뿐 아니라 예루살렘에서 죽을 것도 각오하였노라 하니 [14]그가 권함을 받지 아니하므로 우
리가 주의 뜻대로 이루어지이다 하고 그쳤노라

[15]이 여러 날 후에 여장을 꾸려 예루살렘으로 올라갈새 [16]가이사랴의 몇 제자가 함께 가며 한 오
랜 제자 구브로 사람 나손을 데리고 가니 이는 우리가 그의 집에 머물려 함이라

[17]예루살렘에 이르니 형제들이 우리를 기꺼이 영접하거늘

삶의 연륜이 더할수록 나는 하나님의 뜻을 분별하기가 더 쉬워졌으면 좋겠다. 대체로 나는 하나님의 지시대로 따르는 일보다 그분이 정확히 무엇을 원하시는지 분별하는 일이 더 어렵다. 솔직히 사람들의 조언 때문에 명료해지기는커녕 더 혼란스러워진 적도 많다. 바울도 성령의 지시에 따르는 과정에서 이런 긴장에 부딪혔다.

성경이 완성되기 전처럼 지금도 하나님이 직접 말씀해주셨으면 싶을 때가 있다. 여호수아는 여리고 성벽 앞에 섰을 때, 자신이 쳐들어가기만 하면 하나님이 성공을 보장하신다는 사실을 알았다. 자신이 정확히 어떻게 해야 하는지도 알았다. 역사의 기록에 "여호와께서 여호수아에게 이르시되…"(수 6:2)라고 명시되어 있다. 여호수아는 주저 없이 주님의 지시대로 따랐고 결과는 당연히 성공이었다!

엘리야는 아합 왕 앞에 섰는데, 그는 성급하고 과격한 칙령을 남발하던 이스라엘의 의지박약한 겁쟁이 통치자였다. 선지자는 주님이 정죄하신다는 메시지를 전달한 후 이런 명백한 지시를 받았다. "너는 여기서 떠나 동쪽으로 가서 요단 앞 그릿 시냇가에 숨고"(왕상 17:3). 이 정도면 구체적이지 않은가? 향후의 거취에 대해 고민할 필요가 없었다. 엘리야는 주님이 명하신 곳으로 가서 그대로 행했고, 그리하여 그의 사역은 하나님의 뜻대로 지속되었다.

오늘날까지 계속되고 있는 신약 시대에는 하나님은 대개 그런 방식으로 소통하시지 않는다. 사도들과 선지자들을 통해 기적적으로 말씀하시던 사도 시대에도 그분이 구체적으로 지시를 발하신 적은 드물다. 오순절 때부터 하나님이 그분의 나라를 운영하시는 방식이 달라졌다. 예수께서 십자가에 달리시기 전날 밤 다락방에서 이미 암시하신 바와 같다. "이

제부터는 너희를 종이라 하지 아니하리니 종은 주인이 하는 것을 알지 못함이라 너희를 친구라 하였노니 내가 내 아버지께 들은 것을 다 너희에게 알게 하였음이라"(요 15:15). 그분의 말씀은 잠시 후에 이렇게 이어졌다. "그러나 진리의 성령이 오시면 그가 너희를 모든 진리 가운데로 인도하시리니 그가 스스로 말하지 않고 오직 들은 것을 말하며 장래 일을 너희에게 알리시리라 그가 내 영광을 나타내리니 내 것을 가지고 너희에게 알리시겠음이라 무릇 아버지께 있는 것은 다 내 것이라 그러므로 내가 말하기를 그가 내 것을 가지고 너희에게 알리시리라 하였노라"(요 16:13-15).

구약 시대에 하나님이 그분의 나라를 운영하신 방식은 육성으로 지시하시고 계명을 판에 새겨주시는 것이었다. 그러나 불행히도 이를 통해 우리의 뿌리 깊은 타락성만 드러났을 뿐이다. 인간은 하나님의 뜻을 확실히 알아도 제대로 순종하지 못한다. 주님이 옛 언약을 통해 입증하셨듯이 우리의 주된 문제는 하나님의 말씀을 듣는 데 있지 않고, 그분의 말씀대로 사는 데 있다. 그것이 우리가 부딪히는 끝없는 도전이다. 새 언약의 도래를 기점으로(렘 31:31-34, 행 1:8) 우리 주님은 다른 접근을 취하셨다. 그분은 우리 앞에 서서 명령을 발하시는 게 아니라 우리 안에 사시며 마음을 변화시켜(롬 12:1-2) 그분처럼 생각하게 해주신다. 성령이 점차 지배하시면서 우리의 낡고 이기적이며 헛되고 어리석은 생활방식을 무너뜨리신다. 그리하여 우리는 점차 하나님이 중시하시는 것을 중시하고, 그분의 가치관에 따라 결정하며, 삶을 그분의 영원한 관점으로 보게 된다.

바울의 여정이 계속되어 예루살렘과의 거리가 점점 좁혀질수록 새 언약으로 인한 이러한 역동이 더없이 극명하게 드러난다. 성령의 인도하심과 바울을 깊이 염려해주던 경건한 사람들의 조언 사이에서 그가 느끼는 긴장이 점점 고조된다. 그래서 우리는 그의 경험을 찬찬히 들여다볼 가치가 있다.

—21:1-2—

눈물지으며 밀레도를 떠난 바울 일행은 "바로" 고스 섬으로 갔다(21:1). 바람이 등 뒤에서 불어 속도가 빨랐다는 뜻이다. 배는 이튿날 현재의 터키 남서부 해안을 따라 흩어진 섬들 사이를 요리조리 빠져나가 항해 사흘째 저녁에 바다라에 닿았다. 로마의 루기아 성(터키 본

토의 남해안)에 있던 이 항구는 그 지역에서 가장 크고 번성한 항구 가운데 하나였다.[3] 풍향이 지중해의 동쪽 방면으로 출항하는 배들에게 유리한 곳이었다. 여기서 바울 일행은 배를 갈아탔다.

베니게(페니키아)로 알려진 지역은 갈릴리 북서쪽 해안을 따라 좁게 뻗은 땅으로 수리아 성에 에워싸여 있었다. 본래 바울은 수리아와 특히 제2의 고향인 안디옥을 방문하려 했으나(20:3) 시간이 촉박했다. 오순절을 예루살렘에서 쇠려면 늦지 않게 도착해야 했다. 게다가 그는 마게도냐와 아가야의 이방인 교회들을 방문했을 때 건네받은 거액의 헌금을 지참하고 있었다(롬 15:26). 일행은 두로로 가는 배를 만나 승선했다.

—21:3-6—

누가가 설명한 대로 배는 구브로와 밤빌리아 사이의 위험 수역을 피하여 구브로 섬 남쪽으로 항로를 잡고 두로로 직행했다. 이 선박은 바울을 보다 남쪽인 가이사랴에 하선시키기 전에 두로에서 짐을 내려야 했다. 하역 작업에 꼬박 이레가 걸렸던 모양이다. 그 기간에 바울은 인근의 신자들을 불러 모임을 가졌고, 밀레도에서 그랬던 것처럼 틀림없이 교회들을 굳건하게 했을 것이다.

그런데 그들과 함께 머무는 내내 그리스도인들은 자꾸 바울에게 예루살렘을 피하라고 말했다. "성령의 감동으로"(21:4)라는 문구는 우리를 난감하게 한다. 바울이 성령에게서 상충되는 지시를 받은 것처럼 보이기 때문이다. 사도행전 20장 22절과 21장 14절 둘 다에 암시되어 있듯이 그가 예루살렘에 간 것은 하나님의 명령에 순종한 행위였다. 누가가 사용한 문법으로도 문제는 풀리지 않는다. 내러티브를 통틀어 그가 쓴 이 문구[4]는 하나님에게서 온 진정한 소통을 가리킨다(참고 1:2, 4:25, 11:28).

이 해석에 반대할 사람들도 있겠으나 나는 바울이 예루살렘에 간 것이 과오였다고 생각하지 않는다. 사도행전 20장 22절과 21장 14절을 그냥 일축할 수는 없다. 평소에 바울은 특히 유익함이 별로 없어 보일 때는 불필요한 고난과 임박한 위험을 기꺼이 피했다. 그러나 간혹 고난을 통해 자기방어보다 더 큰 선을 이룰 수 있다고 생각될 때는 뻔히 보이는 환난에 정면으로 맞서기도 했다. 요컨대 바울은 고생에 맞서는 남다른 용기를 보여주었으나 그렇다고 바보는 아니었다. 하지만 이번은 예사롭지 않은 상황이었다. 성령의 계시로 바울은 예루살렘에 고난이 기다리고 있음을 알았으나(20:23), 그래도 그곳으로 가서 위험에 직면하라는 성령의 감화를 거스를 수 없었다.

그렇다면 두로의 신자들이 경고한 내용을 어떻게 해석해야 할까? 이전에 있었던 많은 우려의 목소리처럼(20:23) 그들도 바울의 미래—예루살렘에서 당할 박해와 고난—를 성령이 계시해주신 대로 본 것까지는 옳았으나, 그들은 자신들의 바람에 근거해 조언했다. 바울의 고난을 충실하게 예고하면서도 "예루살렘에 들어가지 말라"(21:4)고 조언한 것이다. 성령의 강권하심으로 그곳에 꼭 가야겠다는 바울에게 말이다. 내가 성인이 되어 내린 중요한 결정 가운데 누군가가 틀렸다고 말하지 않은 경우는 한 번도 없었던 것 같다. 그러잖아도 힘든 결정이 그래서 더 힘들어진다. 하지만 나는 사랑에서 비롯된 부실한 조언이 당연히 있을 것을 예상하는 법을 배웠다. 가까운 가족과 친구들일수록 선의에서 우리가 잘되기를 바란다. 그러나 하나님이 잘되시기를 바라서 "하나님 마음대로 하시게 해드리라"고 조언해줄 사람들이 우리에게 필요하다.

바울은 신자들의 경고를 듣고도 아랑곳없이 내처 예루살렘으로 갔다. 밀레도에서처럼 두로의 신자들도 배에까지 따라와 바울과 함께 기도한 뒤, 다시는 그를 못 볼 것이라 생각하며 작별했다.

—21:7-9—

악고라고도 알려진 돌레마이는 베니게 해변의 남쪽으로 불과 40킬로미터 거리였다. 바울 일행으로서는 꼭 경유할 필요는 없었지만, 이참에 그곳의 그리스도인들과 함께 하루를 지내기로 했다. 이튿날 그들은 남쪽으로 48킬로미터를 더 가서 가이사랴 항구에 닿았다. 베드로는 그곳에서 이방인 신자들을 형제로 받아들이는 법을 처음으로 배웠다. 이제까지 바울이 한 선교여행들의 마지막 구간이 가이사랴에서 예루살렘까지임을 생각하면 제격인 상황이었다.

빌립은 첫 일곱 집사 중 하나이자(6:5) 사마리아에 복음을 처음 전한 사람인데(8:5), 그는 예루살렘 공의회 이후 로마의 요새인 가이사랴로 이주하여 그곳에 정착했다. 누가는

묵상의 서재

엄한 사랑(사도행전 21:4)

주님의 부르심으로 내가 텍사스에서 캘리포니아로 목회지를 옮기던 때가 기억난다. 어빙에서 풀러튼으로 운전하여 떠나는 날이 되자 몇몇 사람이 우리 집에 들러 마지막 작별 인사를 했다. 눈물과 포옹과 계속 연락하자는 약속을 주고받은 뒤 아내와 아이들과 나는 차에 앉았다. 집 앞을 빠져나가기 직전에 한 여성이 몸을 숙여 조수석 창문을 통해 네 아이와 아내와 나를 번갈아 보더니 이렇게 말했다. "자꾸 주님이 인도하셨다고 그러시는데, 아무 상관도 없는 일로 애꿎게 주님을 탓하는 경우가 많답니다." 그녀는 잠시 내 어리둥절한 눈빛을 빤히 보다가 휙 가버렸다. 듣고 있기 힘든 말이었다.

진입로에서 차를 빼면서 내가 말했다. "마지막 추억치고는 고약하군." 핀리 가(街)를 지나는 동안 아내는 아무 말 없이 울기만 했다. 한 아이가 "저 말이 무슨 뜻이에요?"라고 묻기에 나는 "응, 중요한 거 아니야"라고 대답했다. 하지만 애빌린을 지날 때까지 여성의 말이 내 귓전에 맴돌았다. 우리의 결정에 의심이 생겨서가 아니었다. 나는 교회를 위해 몇 가지 확인을 주님께 더 구했었고, 그분은 놀랍도록 다 들어주셨다. 어빙 성경교회를 친히 돌보시겠다는 주님의 명백한 확언 덕분에 나의 미심쩍던 마음은 깨끗이 사라졌다. 그녀의 말이 쓰라렸던 것은 나의 이임이 모두에게 좋게만 생각되기를 바랐기 때문이다. 하지만 그것은 비현실적인 바람이다. 사람들이 목사를 잃을 때 종종 나중에 후회할 말을 한다는 것을 나도 알고 있었다. 나는 어빙에서 사역했던 소중한 4년을 그 말 때문에 빛이 바래게 하지 않기로 했다.[5]

"그에게 딸 넷이 있으니 처녀로 예언하는 자라"(21:9)고 했는데, 그들이 미혼이라는 사실은 예언의 은사와는 아무런 관계가 없다. 누가의 말은 바울 일행이 가이사랴에 머무는 동안 딸들이 빌립의 집에 있었다는 것뿐이다. 아마 그들도 바울에게 고린도를 떠난 이후로 쭉 들었던 것과 똑같은 조언을 했을 것이다.

—21:10-12—

그들이 머무는 동안 선지자 아가보가 유대에서 방문했다(21:10). 일찍이 그가 예언했던 기근이 글라우디오 황제 재위 중인 AD 46년경에 발생했었고(11:28), 그는 또 예루살렘의 정치적 기류를 충분히 보아 알고 있었다. 바울의 안전과 관련하여 이 사람보다 더 정확한 정보를 내놓을 수 있는 사람은 없었다. 그는 구약의 위대한 선지자들을 연상시키는 극적인 몸짓을 취해(예: 왕상 11:29-31) 바울의 허리띠로 자신의 손과 발을 묶었다. 그것은 현대식 혁대처럼 버클이 달린 가죽 띠가 아니라 긴 헝겊 띠로서, 아마 허리에 몇 바퀴 두른 뒤 겉옷이 흘러내리지 않도록 매듭을 묶는 식이었을 것이다.

선지자가 시연 중에 밝혔듯이 그의 말은 하나님을 대언한 것이었다. "성령이 말씀하시되"(행 21:11)라는 표현은 오해의 여지를 거의 남기지 않는다. 그는 바울이 체포되어 이방인에게 넘겨질 것을 명확히 진술했다. 그가 택한 어휘는 주님이 자신이 체포당하실 일을 예언하시던 때와 아주 비슷하다(눅 18:31-32).

바울이 배를 타고 즉시 스페인으로 가는 게 이 모든 경고에 대한 자연스러운 반응이었을 것이다. 순전히 인간적인 관점에서 보면 그것이 하나님이 주신 암시적 메시지일 것이다. "예루살렘에 위험이 기다리고 있으니 그리로 가지 마라!" 그러나 바울은 내주하시는 성령의 강권하심을 떨칠 수 없었다. 누가를 비롯한 모든 일행이 예루살렘을 피하라고 만류해도 소용없었다(행 21:12). 바울은 자신이 예루살렘으로 부름 받았고, 아직 알려지지 않은 그분의 어떤 목적을 이루어야 함을 알았다. 그 동안 여기저기에서 들려온 경고는 시련이 시작되기 전에 미리 순종의 대가를 따져볼 기회가 되었을 뿐이며, 덕분에 그는 앞으로 닥칠 일에 심리적으로 대비할 수 있었다. 그런 준비 없이 그냥 예루살렘에 갔다가 불시에 체포되었다면, 그는 그 불의에 다르게 반응하여 사역의 기회를 놓쳤을지도 모른다.

누가가 바울의 예루살렘 방문에 대한 많은 경고를 기록으로 남긴 데는 적어도 세 가지 이유가 있다. (1) 바울이 당할 고초가 중대한 불의임을 밝힌다. (2) 바울의 사역이 주님의 발자취를 따른 것임을 분명히 한다. (3) 하나님이 그분의 계획을 주관하고 계심을 입증한다. 누가는 이전에도 바울에게 아무런 잘못이 없음을 역설했고(20:26), 이후에도 그에게 씌워진 혐오를 논박할 것이다(21:29). 거짓 고소는 믿지 않는 유대인들이 한때 동료였던 사람을 제거하려고 장기적으로 계획한 음모의 결정타였을 뿐이다.

—21:13-14—

친구들이 보인 반응에 바울은 상처 입고 오해받는 심정이었다. 그가 예루살렘으로 가야만 할 이유를 누구보다도 더 잘 알았어야 할 그들이기에 바울은 외롭다 못해 배신감마저 들었다. 자신의 숙명을 다하려면 그는 피할 수 없는 위험 속으로 걸어 들어가야만 했다. 예수님처럼 그도 자신의 목적을 동지들에게 이해받지 못한 채 그 길을 갔다(참고 눅 18:34). 이런 일을 겪은 사람은 그 후에도 많았다!

바울이 고난당할 때마다 늘 그러셨듯이 주님은 이번 상황을 통해서도 그분의 계획을 이루실 것이다. 사실 누가의 내러티브에 예증된 대로, 그리스도가 승천하실 때로부터 바울이 로마에 투옥될 때까지 모든 상황은 하나님의 계획대로 전개되었다.

사도행전 21장 14절의 마지막 말이 보여주듯 사람들도 결국은 지도자 바울처럼 주님의 뜻에 순복했다.

—21:15-17—

주님의 계획에 모두 뜻을 모은 가운데 바울과 조력자들은 예루살렘을 향해 길을 떠났고, 가이사랴에 사는 몇몇 신자도 함께했다. 그래서 여리고에서 예루살렘으로 올라가시던 주님의 마지막 길과 비슷하게 행렬이 제법 컸을 것이다. 도착한 일행은 구브로 출신의 그리스도인인 나손의 집에 머물며 예루살렘 교회의 지도자들을 만났다.

적용: 사도행전 21:1–17

지혜로운 조언을 주고받는 일

신약에도 십계명만큼이나 직설적인 지시가 꽤 있지만(예: 롬 12:19, 살전 5:14), 사안에 따라 아무런 구체적인 지시가 없는 경우도 많다. 대신 하나님의 영이 우리 안에 사시면서 우리를 그리스도처럼 생각하고 행동하도록 변화시키신다. 그분이 우리에게 주신 이 큰 특권에는 막중한 책임이 수반된다. 성령의 감화와 자신의 비뚤어진 사고방식을 어떻게 구분할 것인가? 물론 매사를 성경에 비추어 확인해야 하지만 우리의 해석조차도 각자의 희망 사항, 맹점, 호불호, 숨은 두려움 등으로 인해 왜곡될 수 있다. 그래서 우리에게는 경건한 상담자들이 해주는 지혜로운 조언이 필요하다.

조언을 구하고 베풀 때 필요한 세 가지 지침을 바울의 경험에서 찾아볼 수 있다.

지침 1: 조언을 구할 때는 분별하라. 하나님의 의중을 알려면 상담자들을 신중하게 선택해야 한다. 당신에게 필요한 것은 성숙한 그리스도인들의 관점이다. 그들은 지혜롭게 결정하는 습성이 검증된 사람들이다. 당신의 상담자는 당신이 존경하는 사람, 우선순위가 바른 사람, 늘 자신의 뜻보다 하나님의 뜻을 앞세우는 사람이어야 한다. 신앙생활에 경륜이 있고, 성경을 잘 알며, 기독교 공동체에서는 물론 비신자들 사이에서도 평판이 좋아야 한다.

상담자를 여러 명 구하여 관점을 폭넓게 들으라. 그들을 일찍 찾아내 최대한 많은 시간 동안 생각하고 의논하며 기도하고 대안을 비교 검토하라. 일상에서 나와 고독 속에서 기도하며, 결정에 대해 몇 번이고 조언자들과 상의하라.

지침 2: 조언을 베풀 때는 자제하라. 하나님은 우리에게 귀는 둘, 입은 하나를 주셨다. 중요한 결정을 앞둔 사람을 상담할 때 그 비율대로 하면 좋다! 말하기보다 듣기를 두 배로 하라. 말하는 중에는 배우는 게 없지만 듣는 중에는 늘 배우는 법이다. 정보만 수집하라는 말이 아니라 의지적으로 상대의 입장이 되어보라. 그러면 상대의 관점에서 문제를 이해할 수 있다. 반응을 내놓기 전에, 가능하다면 생각할 시간을 달라고 하라. 그 시간에 하나님의 관점에서 문제를 보며 그분이 중시하시는 바를 생각하라. 당신이 베풀 조언의 원리를 성경에서 취하라. 그러면 잘못된 길로 빠질 일이 없다. 하나님은 결코 그분 말씀과 모순되지 않는다. 그러므로 친구를 상담할 때는 모든 기초를 성경적 통찰에 두라. J. 그랜트 하워드(J.

Grant Howard)는 『하나님의 뜻을 알고 행하기』(*Knowing God's Will and Doing It!*)에 "말씀을 지향하는 조언을 베풀면 유익하지만 경험을 중심으로 하는 조언을 베풀면 의견에 불과할 수 있다"[6]고 썼다.

지침 3: 조언을 베풀 때든 받을 때든 인간이 오류가 많은 존재임을 잊지 마라. 뻔한 이야기인 줄 나도 안다. 그러나 주님의 인도하심을 명확히 받고 싶은 마음이 간절해지면 우리는 무리한 기대를 품는 것 같다. 상대를 제대로 찾거나 조언을 충분히 듣기만 하면 하나님의 메시지가 들려올 거라고 말이다. 안타깝게도 그토록 간절히 바라는 확답을 얻을 수 있는 경우는 드물다. 아무리 지혜롭고 동기가 선한 사람들도 잘못된 조언을 베풀 수 있다(나도 해보아서 안다). 지혜로운 조언자들의 견해가 전반적으로 일치하여 그렇게 결정했는데, 나중에 알고 보니 그들이 틀렸을 수도 있다(나도 받는 입장이 되어 보아 이 딜레마도 안다). 사실 인간은 오류가 많은 존재다. 따라서 백 퍼센트의 정확성을 기대하는 것은 현실적이지 못하다. 결국 우리는 주어진 정보를 가지고 최선의 결정을 내릴 뿐이며, 그것이 오판일 수도 있다는 가능성을 받아들여야 한다.

무기력하게 우유부단에 빠지기보다는 주어진 시간을 활용하여 최선의 행동 방침을 정한 다음, 주님께 맡기고 전진하라. 설령 오판한다 해도 동기가 선했다면 주님이 그분을 신뢰한 당신을 높여주실 것이다. 늘 그렇듯이 그분은 그 상황까지도 합력하여 우리의 선을 이루신다. 어쨌든 일장일단이 없는 결정이란 없음을 명심하라. 당신이 어떤 결정을 내리든 그 상쇄의 정도가 심각할 때도 있다.

오해가 득세할 때(사도행전 21:18-39)

18그 이튿날 바울이 우리와 함께 야고보에게로 들어가니 장로들도 다 있더라 19바울이 문안하고 하나
님이 자기의 사역으로 말미암아 이방 가운데서 하신 일을 낱낱이 말하니 20그들이 듣고 하나님께 영
광을 돌리고 바울더러 이르되 형제여 그대도 보는 바에 유대인 중에 믿는 자 수만 명이 있으니 다 율
법에 열성을 가진 자라 21네가 이방에 있는 모든 유대인을 가르치되 모세를 배반하고 아들들에게 할
례를 행하지 말고 또 관습을 지키지 말라 한다 함을 그들이 들었도다 22그러면 어찌할꼬 그들이 필연
그대가 온 것을 들으리니 23우리가 말하는 이대로 하라 서원한 네 사람이 우리에게 있으니 24그들을
데리고 함께 결례를 행하고 그들을 위하여 비용을 내어 머리를 깎게 하라 그러면 모든 사람이 그대에

대하여 들은 것이 사실이 아니고 그대도 율법을 지켜 행하는 줄로 알 것이라 25주를 믿는 이방인에게
는 우리가 우상의 제물과 피와 목매어 죽인 것과 음행을 피할 것을 결의하고 편지하였느니라 하니 26
바울이 이 사람들을 데리고 이튿날 그들과 함께 결례를 행하고 성전에 들어가서 각 사람을 위하여 제
사 드릴 때까지의 결례 기간이 만기된 것을 신고하니라

27그 이레가 거의 차매 아시아로부터 온 유대인들이 성전에서 바울을 보고 모든 무리를 충동하여
그를 붙들고 28외치되 이스라엘 사람들아 도우라 이 사람은 각처에서 우리 백성과 율법과 이 곳을 비
방하여 모든 사람을 가르치는 그 자인데 또 헬라인을 데리고 성전에 들어가서 이 거룩한 곳을 더럽
혔다 하니 29이는 그들이 전에 에베소 사람 드로비모가 바울과 함께 시내에 있음을 보고 바울이 그를
성전에 데리고 들어간 줄로 생각함이러라 30온 성이 소동하여 백성이 달려와 모여 바울을 잡아 성전
밖으로 끌고 나가니 문들이 곧 닫히더라 31그들이 그를 죽이려 할 때에 온 예루살렘이 요란하다는 소
문이 군대의 천부장에게 들리매 32그가 급히 군인들과 백부장들을 거느리고 달려 내려가니 그들이 천
부장과 군인들을 보고 바울 치기를 그치는지라 33이에 천부장이 가까이 가서 바울을 잡아 두 쇠사슬
로 결박하라 명하고 그가 누구이며 그가 무슨 일을 하였느냐 물으니 34무리 가운데서 어떤 이는 이런
말로, 어떤 이는 저런 말로 소리 치거늘 천부장이 소동으로 말미암아 진상을 알 수 없어 그를 영내로
데려가라 명하니라 35바울이 층대에 이를 때에 무리의 폭행으로 말미암아 군사들에게 들려가니 36이
는 백성의 무리가 그를 없이하자고 외치며 따라 감이러라

37바울을 데리고 영내로 들어가려 할 그 때에 바울이 천부장에게 이르되 내가 당신에게 말할 수
있느냐 이르되 네가 헬라 말을 아느냐 38그러면 네가 이전에 소요를 일으켜 자객 사천 명을 거느리고
광야로 가던 애굽인이 아니냐 39바울이 이르되 나는 유대인이라 소읍이 아닌 길리기아 다소 시의 시
민이니 청컨대 백성에게 말하기를 허락하라 하니

랠프 왈도 에머슨은 "위대해지면 오해받을 수밖에 없다"고 했다.[7] 자유분방한 작가이자 예술가이며 철학자인 엘버트 허버드(Elbert Hubbard)는 그런 생각을 『인생의 서른 가지 질문에 대한 해답』(*Life and Work*, 책 읽는 귀족 역간)이라는 책에 더 실감나게 표현했다. "누구든지 큰 일을 하려면 반드시 비난과 혹평과 오해를 받게 되어 있다. 그게 위대함에 따르는 형벌이다. 위대한 사람은 누구나 이를 알 뿐 아니라 그것이 위대함의 증거가 아니라는 것도 안다. 위대함의 최종 증거는 원망 없이 [조롱을] 견딜 줄 아는 데 있다."[8]

오해받을 때 큰 어려움은, 자신에게 유리한 사실을 애써 밝힐수록 더 유죄처럼 보인다는 점이다. 그렇다고 손 놓고 가만히 있으면 패배를 시인하는 것 같다. 이런 승산 없는 각본을 받아들이고도 괴로움에 시달리지 않으려면 거의 초자연적인 자신감이 필요하다. 또

는 이구동성의 비난에도 불구하고 하나님만은 나를 인정해주신다는 확신이 필요하다.

소통의 기술을 바울보다 더 열심히 갈고닦은 사람은 없다. 복음을 제대로 이해시키려는 자신의 철저한 헌신을 그는 이렇게 술회했다.

> 내가 모든 사람에게서 자유로우나 스스로 모든 사람에게 종이 된 것은 더 많은 사람을 얻고자 함이라 유대인들에게 내가 유대인과 같이 된 것은 유대인들을 얻고자 함이요 율법 아래에 있는 자들에게는 내가 율법 아래에 있지 아니하나 율법 아래에 있는 자 같이 된 것은 율법 아래에 있는 자들을 얻고자 함이요 율법 없는 자에게는 내가 하나님께는 율법 없는 자가 아니요 도리어 그리스도의 율법 아래에 있는 자이나 율법 없는 자와 같이 된 것은 율법 없는 자들을 얻고자 함이라 약한 자들에게 내가 약한 자와 같이 된 것은 약한 자들을 얻고자 함이요 내가 여러 사람에게 여러 모습이 된 것은 아무쪼록 몇 사람이라도 구원하고자 함이니 내가 복음을 위하여 모든 것을 행함은 복음에 참여하고자 함이라(고전 9:19-23).

그러니 동료 유대인들이 바울의 메시지를 곡해하여 그를 신성모독에다 모세 율법을 적대하는 자로 몰아갔을 때 그가 느꼈을 좌절감이 어떠했을지 상상해보라. 이미 바울은 세 번의 대장정을 통해 이방인 세계에 불후의 영향을 끼쳤다. 그런데 본국으로 돌아오니 편견을 품은 옹졸하고 쩨쩨한 폐쇄적 집단의 수호자들이 그를 기다리고 있었다. 복수심에 찬 그들 소수는 단순한 오해를 악용하여 대중을 선동했다. 이에 대해 바울이 어떻게 반응할지는 그의 위대함을 시험하는 가장 도전적인 시련이 된다.

—21:18-21—

21장 18절 이후로 내러티브의 시점이 "우리"가 아니지만, 그렇다고 누가가 떠났다고 볼 근거는 없다. 이때부터 일행은 배경으로 물러나고 바울이 이야기의 중심이 된다. 이방인인 누가는 예루살렘을 자유로이 활보할 수는 있었으나, 성전과 믿지 않는 유대인들 주위에서 지혜롭게 몸가짐을 삼갔다. 한편 바울은 그만의 독특한 경험 때문에 일행과 구별되었고,

따라서 "우리"에 해당할 만한 정황이 극히 드물었다. 누가는 바울의 경험을 직접 목격하며 사건이 진행되는 내내 그를 방문하기도 했지만 사도의 일에 가담하지는 않았다.

바울의 예루살렘 방문은 아주 즐겁게 시작되었다. 그는 예루살렘 교회의 장로들을 만났고, 예수님의 의붓동생으로서 실무적 지도자가 된 야고보도 만났다. 바울은 그들의 권위를 존중하며 세 번의 선교여행과 그 성과를 자세히 보고했다. 제국의 동쪽 절반에 해당하는 주요 도시들에 수십 개의 교회가 흥왕하여 이미 성장과 재생산이 시작된 상태였다. 그는 이방인 세계에 복음이 급속도로 퍼진 공로를 하나님께 돌렸다. 장로들도 바울이 성공 사례를 말할 때마다 마땅히 하나님께 영광을 돌렸다(21:19-20). 그러나 그들은 예루살렘에 그의 사역을 달가워하지 않는 이들도 있음을 경고했다. "수만 명"[*myrias*(3461)]의 믿는 유대인들 사이에 바울의 가르침에 대한 소문이 나돌고 있었다.

이들 수만 명의 믿는 유대인들은 율법을 지키는 데 열성이었다(21:20). 오직 그리스도를, 오직 믿음으로 말미암아, 오직 은혜로 구원받은 유대인 신자들은 사실 율법을 새삼 더 기뻐하게 되었던 것 같다. 구원의 수단으로서가 아니라 유대인의 독특한 문화적, 종교적 정황 속에서 하나님과 사람들을 향한 사랑을 표출하는 방편으로서 말이다. 이것을 꼭 율법주의라 할 수는 없다. 율법을 지키려는 그들의 결단은 진정한 예배와 헌신의 행위였다. 하나님의 비위를 맞추려는 것도 아니었고, 일부 율법주의적인 열성파 유대주의자처럼 이방인 회심자들에게 율법을 강요한 것도 아니었다.

그런데 바울이 율법을 지키려는 유대인들을 맹비난하며 할례 의식을 버리게까지 했다는 소문이 불행히도 예루살렘에 흘러들었다(21:21). 일찍이 교회는 이방인에게 할례를 요구해서는 안 된다고 결의한 바 있지만, 율법보다도 오래된 이 고대의 의식을 유대인마저 계속하지 못하도록 금한 적은 없었다.

물론 소문은 거짓이었다. 바울은 누군가가 할례를 구원의 조건으로 삼지 않는 한 그 의식을 반대하지 않았다. 오히려 편의상 디모데에게 할례를 행하기까지 했다(16:3). 장로들도 바울이 오기 전부터 그 사실을 알았을 것이고, 그가 온 뒤로는 일말의 의혹조차 다 씻겨나간 상태였다.

—21:22-24—

교회 장로들은 바울을 즉시 믿고 그와 그의 사역을 인정했다. 이제 문제는 사도를 직접 면담할 기회가 없는 신자들에게 그가 하는 일의 정당성을 입증하는 것이었다. 연합과 질서를 위해 장로들은 수만 명의 믿는 유대인에게 그 점을 확신시켜주되 대중매체의 도움 없이 그렇게 해야 했다. 그래서 그들은 그동안 퍼진 소문을 똑같이 입소문으로 불식시키기로 했다.

"서원한"(21:23)이라는 말은 이스라엘의 가장 오래된 관습 가운데 하나인 나실인의 서원을 가리킨다(민 6:1-21). 이는 유대인을 통상적 삶으로부터 구별해주던 특별한 맹세로, 대개 하나님께 쓰임 받아 특정한 목표를 이루기 위한 것이었다. 이 일에 헌신한 사람은 세 가지 규정을 받아들였다. 포도나무의 소산(포도주, 독주, 포도, 식초, 건포도, 주스 등)을 일체 삼가고, 죽은 자와의 접촉을 아예 피하며, 머리를 깎지 않는 것이었다. 기록된 히브리 역사에서 평생을 나실인으로 서원하고 산 사람은 우리가 알기로 삼손(삿 13:7, 16:17)과 세례 요한

할례, 권리인가 의식인가?(사도행전 21:21)

아브라함과의 언약을 세 번째이자 마지막으로 확립하실 때(창 17장) 주님은 언약 공동체 안에 사는 모든 남자에게 언약에 참여한다는 상징으로 할례를 받도록 명하셨다(참고 레 12:3, 눅 1:59). 할례를 거부하는 것(본인보다는 아들의 할례인 경우가 많았겠지만)은 스스로 공동체와 절연하고 하나님을 버리는 것과 같았다. 따라서 이렇게 반항하는 일가족은 히브리 사회에서 추방되어 외인으로 간주되었다. 하나님과 그분의 언약을 거부한 결과는 정죄였다. 반면에 할례를 충실하게 지킨 남자 후손은 성년이 되어 히브리 사회의 모든 권리와 특권을 누릴 수 있었다.

하나님의 언약에 참여하는 이 근본적 의식이 그토록 강조되다 보니 많은 유대인이 그 의미를 확대한 이유도 쉽게 알 만하다. 그들은 할례를 거부하는 사람이 정죄당할진대 할례를 받으면 당연히 구원받는다는 논리를 폈다. 언약에 참여하여 율법을 지키는 일을 구원의 배타적인 길로 보게 된 것인데, 이런 관점을 일부 유대인 그리스도인들이 교회에 그대로 답습하려 했다(행 15:1, 갈 2:3-4).

물론 그것은 하나님이 제정하신 의식을 변질시킨 처사였다. 믿음으로 의롭다 하심을 얻는다는 원리야말로 언제나 히브리 교리의 주춧돌이었다. 바울이 말했듯이 "아브라함이 하나님을 믿으매 그것을 그에게 의로 정하셨다"(갈 3:6, 참고 창 15:6). 할례 의식으로 사람이 죄에서 구원받거나 의롭게 여겨진 것이 결코 아니다. 바울은 할례를 가리켜 "인(印)친 것"(롬 4:11)이라 했는데, 이는 히브리 남자가 믿음으로 하나님의 아브라함 언약에 참여했음을 공증하는 도장이라는 뜻이다. 아브라함 언약이 일방적이고 무조건이기는 했지만—백성의 반응과 무관하게 하나님이 약속을 지키실 것을 맹세하셨다—주님의 뜻은 히브리인이 언약에 참여할 때 이 은밀한 신체적 증표만 아니라 겉으로 훤히 드러나는 경건한 성품까지 겸비하는 것이었다.

(눅 1:15) 둘뿐이다. 바울 시대에 이 서원은 대부분 한시적인 것이었다. 정해진 기한이 차면 나실인은 성전에서 특별한 제사를 드려야 했다.

> 그는 여호와께 헌물을 드리되 번제물로 일 년 된 흠 없는 숫양 한 마리와 속죄제물로 일 년 된 흠 없는 어린 암양 한 마리와 화목제물로 흠 없는 숫양 한 마리와 무교병 한 광주리와 고운 가루에 기름 섞은 과자들과 기름 바른 무교전병들과 그 소제물과 전제물을 드릴 것이요(민 6:14-15).

이 의식 도중에 나실인이 머리를 깎아 그 머리털을 제사장에게 주면 제사장은 그것을 제단에 불태웠다. 의식을 마친 후 나실인은 제물로 드려진 고기를 일부 받아서 먹었고, 그 때부터 다시 포도 열매를 즐길 수 있었다.

나실인의 서원을 종결하려면 당연히 큰돈이 들었다. 제물로 드려진 동물의 고기만도 잔치에서 백 명 몫은 되었다. 유대인들은 나실인을 아주 존경했으므로 나실인에게 베푸는 지원은 사회적으로 큰 영광으로 통했다. 게다가 이 서원은 구약의 율법을 존중하는 바울의 입장을 예시할 수 있는 절호의 기회였다. 할례는 유대인들이 구원을 얻는 수단으로 혼동했으나 나실인의 서원은 그들이 자발적으로 하던 일이었다. 바울로서는 은혜에 대한 소신을 굽히지 않으면서도 유대인의 율법을 지지하는 마음을 표현할 수 있는 기회였다. 그래서 장로들은 그에게 마침 서원을 완료하는 네 명의 그리스도인 유대인을 후원할 것을 제의했다. 그는 후원자로서 그들과 함께 결례(潔禮)를 치르고 제물을 구입하는 비용을 부담하면 되었다. 나실인 한 명이 의식을 치르는 데만 비용을 대도 유대인의 전통을 중시한다는 증거였으니 네 명의 비용을 댄다면 톱뉴스 감이었다.

이런 행동은 그리스도인 유대인들의 심기를 누그러뜨릴 뿐 아니라 믿지 않는 성난 유대인들을 달래는 데도 큰 도움이 될 터였다. 아그립바 1세는 글라우디오에게서 유대의 왕위를 받았을 때 "예루살렘에 와서 자신에게 해당되는 모든 제사를 드렸고 율법에 규정된 일을 하나도 빠뜨리지 않았다. 그래서 많은 나실인의 머리를 깎아주라는 지시도 내렸다."[9] 그가 제사 비용을 후원했다는 뜻이다. 바울은 민족, 문화, 교육, 관습 등 모든 면에서 아그립바보다 훨씬 더 골수 유대인이었다. 양심적인 유대인이라면 누구도 바울이 유대교를 욕되게 한다고 비난할 수 없었다. 적어도 장로들의 생각에는 그랬다.

—21:25-26—

장로들은 바울이 신성을 모독하거나 율법의 폐기를 선언하지 않았음을 유대인 그리스도인들에게 확신시키고자 했지만, 그럼에도 이방인 및 옛 언약에 관한 이전의 결의안(참고 15:20, 29)은 그대로 인정했다. 율법은 선한 것이지만 하나님은 율법을 구원의 방편으로 생각하신 적이 없다. 율법은 그것을 지키는 모든 이에게 유익을 주지만, 하나님은 그분의 율법을 신자들의 마음에 기록하셨고 그들의 생활방식을 친히 도우실 것이다. 다만 연합을 위해 예루살렘 공의회는 이방인들에게 유대인 형제들을 존중하여 자유를 자제할 것을 요청했었다. 유대인은 피로 더럽혀진 고기나 우상과 관련되어 부정해진 고기를 혐오했다. 아울러 이방인 신자들은 모든 음행[*porneia*(4202)]을 삼가야 했는데, 이 헬라어 단어는 각종 성적인 죄를 통칭하는 말이다.

바울은 장로들이 제의한 대로 행동에 옮겼다(21:26). 당시에 성전 측은 율법의 모든 조항에 그러했듯이 민수기 6장 13-21절에 기술된 의식도 윤색하여, 결례를 거창한 겉치레로 만들었다. 그래서 그 일을 모두 마치는 데 7일이 걸렸다. 물론 교회 장로들은 유대인들이 이처럼 경건함을 과시하는 것을 좋아하는 것이 바울에게 유리하게 작용하기를 바랐다. 이레 동안 바울은 네 명의 각 나실인과 함께 성전을 드나들며 절차를 꼼꼼히 따랐고, 상당한 제사 비용을 치렀다.

—21:27-29—

에베소에서 온 바울의 적들은 그의 이런 행동을 보고도 증오가 누그러들지 않았다. 애석하지만 놀랄 일은 아니다. 그들 몇 사람이 그를 알아보고 "붙들"었는데(21:27), 이는 백화점에서 시민들이 악명 높은 흉악범을 제압하는 것과 같이 일반인들이 그를 범인처럼 체포했다는 뜻이다.

그들은 바울이 유대 민족과 모세 율법에 반대되게 설교하고 성전을 더럽혔다며 그를 공공연히 비난했다. 이전에 그들이 스데반을 돌로 칠 때 바울도 동의했었는데(6:11-14), 이번에는 자신이 그때와 똑같은 죄목으로 고발당했으니 역사의 얄궂은 아이러니가 아닐 수 없다. 그들의 비난은 대번에 새빨간 거짓말로 드러났을 것이다. 율법을 존중하는 바울이 나실인으로 서원한 유대인 네 명의 후원자로서 성전에 가서 제단에 제사를 드리던 참이었으니 말이다! 에베소에서 온 거짓말쟁이들은 그 비방에 더하여 그에게 성전을 더럽혔다는 혐의까지 씌웠다. 이스라엘의 뜰과 이방인의 뜰을 가르는 담장 너머는 이방인 금지 구역인데, 바울이 거기에 할례받지 않은 이방인들을 데리고 들어갔다는 것이었다. 이 담장을 히브리어로 소렉(*soreg*)이라 했다(미쉬나 *Middot* 2:3).

담장 안쪽에 들어가지 말라고 이방인에게 경고하는 비문이 고고학자들을 통해 발굴되었다. 바울을 알아본 에베소 출신의 유대인들은 그 전에 그가 예루살렘 시내에서 드로비모와 함께 있는 것을 보았는데, 드로비모라면 그들이 에베소에서부터 알던 확실한 이방인이었다(21:29). 누가의 말대로 그들은 드로비모를 금지 구역 내에서 실제로 본 것이 아니라 그렇게 "생각"했을[*monizō*(3543)] 뿐이었다. 자신들이 바울의 성향을 안다고 생각하고 이에 근거하여 나름대로 가정했다는 뜻이다.

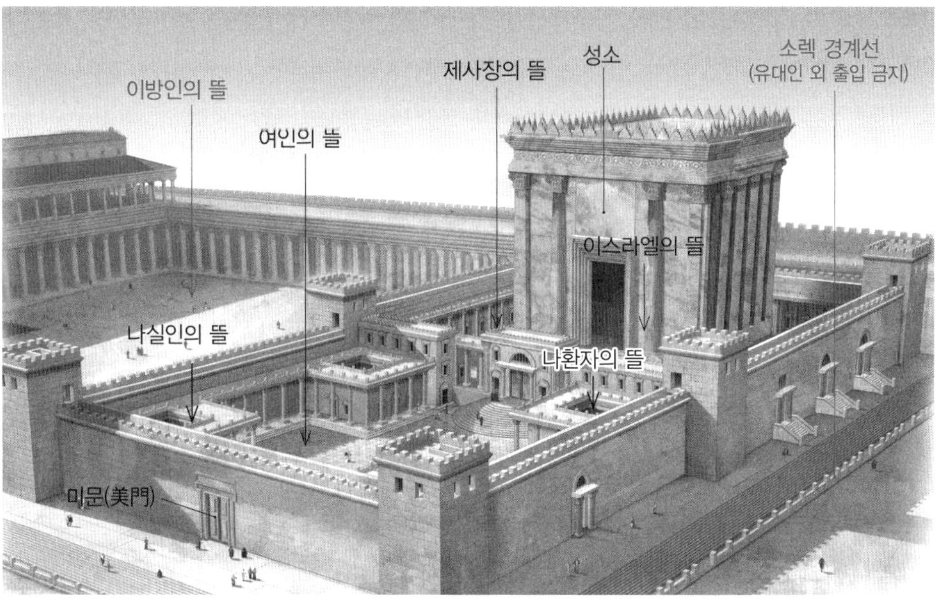

헤롯 성전 단지의 이 모형에서 성소(또는 지성소)를 둘러싼 여러 뜰을 볼 수 있다. 낮은 문 또는 소렉 경계선은 이방인이 넘어서서는 안 될 반경이었다.

그런데 그 가정이 갑자기 사실로 둔갑했고, 이를 이용해 그들은 성전 안의 무리를 선동했다. 그들은 은장색 데메드리오의 교습소에서 배웠던 모양인지(19:24-27) 사실을 뒷받침할 수 있는 근거가 거의 혹은 전혀 없는데도 군중을 자극하여 광란에 몰아넣는 기술에 달인이 되어 있었다. 에베소에서와 마찬가지로 폭도는 자신들이 왜 모였는지도 몰랐다.

—21:30-32—

폭도는 바울을 이스라엘의 뜰에서 이방인의 뜰로 끌어냈고, 성전 관리들은 혼란의 와중에 행여 이방인이 아무도 들어오지 못하도록 문들을 닫았다. 그들은 바울을 죽이려 했는데 이는 로마의 주권을 침해하는 일이었다. 로마는 사형을 집행할 권한을 독점했다. 게다가 사법권을 벗어나 그들이 자의적으로 행하는 이런 일들은 로마의 권위를 무너뜨렸고, 공공연한 반란으로 급속히 번질 수 있었다. 종교적 분파의 문제가 갑자기 정치적 문제로 비화되었다.

헤롯 대제가 거대한 성전 단지를 지을 때 로마 일각에서는 그곳이 유대인의 요새로도 병용될 수 있음을 우려했을 것이다. 긴장을 완화하고자 헤롯은 성전에 바로 잇대어 수비대 시설을 건축했고, 로마는 거기에 군대를 주둔시켰다.[10] 시설이 완공되자 헤롯은 자신의 은인인 마르쿠스 안토니우스를 기려 안토니아 요새라고 명명했다. 요새는 성전 담벼락의 북서쪽 모퉁이 바로 바깥에 있었고, 우뚝 솟아 있어 보초들이 성전 뜰을 감시할 수 있었다.

"소문"(21:31)은 아마 보초에게서 전해졌을 것이다. 나중에 글라우디오 루시아(23:26)로 밝혀지는 천부장은 질서를 회복하려고 2백 명이나 되는 군인을 이끌고 성전에 왔다(백부장은 군사 백 명을 관할했는데 천부장이 "군인들과 백부장들"을 데려왔다고 했으니 백부장이 적어도 둘은 되었다는 뜻이다). 로마는 대체로 유대인에게 재량을 많이 부여했으나 민간에서 발생하는 소요는 용납하지 않았다. 혼란이 발생하면 군인들은 폭력 가담자들에게 집중했고, 살해까지 포함해 무슨 수를 써서라도 진압했다. 당연히 폭도는 군인들이 도착하자마자 바울에게서 물러났다.

—21:33-36—

천부장이 바울을 체포한 것은 사도를 유죄로 여겨서가 아니라 폭도들의 분노가 향하고 있는 과녁인 그의 신병을 확보하기 위해서였다. 천부장의 우선순위는 질서 회복이 먼저였고 세부 사항을 확인하는 것은 나중이었다. 바울을 두 쇠사슬로 결박했다는 말은 양팔을 각각 군인 하나에게 묶었다는 뜻일 것이다. 천부장은 바울에게서 무언가 대답을 얻어내려 했으나 소동이 다시 고조되었다. 이 대목에서 누가의 묘사는 에베소 극장의 폭도였던 이교도 상인들을 묘사할 때와 비슷하다(19:32). 결국 천부장이 바울을 수비대 쪽으로 옮기기로 하자 오합지졸의 군중도 "그를 없이하자"(21:36)고 외치며 따라갔다. 이전에 그리스도를 대적하던 무리도 똑같이 외쳤었다(눅 23:18).

이 "층대"(행 21:35)는 아마 성전 출구와 안토니아 요새 사이의 포장된 통로로 이어졌을 것이다.

—21:37-39—

성전 뜰의 소요로부터 충분히 멀어졌을 때 바울은 정중히 천부장에게 면담을 청했다. 제국 전역의 대다수 사람처럼 예루살렘의 유대인들도 최소한 두 가지 언어, 즉 모국어와 헬라어를 했고, 라틴어까지 하는 사람도 많았다. 따라서 바울의 유창한 헬라어가 천부장에게 놀랄 일은 아니었다(21:37). 천부장은 자신이 혼란스러웠던 이유를 밝혔다. 그는 사도를 이집트의 거짓 예언자가 다시 돌아온 것으로 혼동했는데, 그 이집트인은 안토니아 요새를 점령하여 예루살렘을 지배하겠다고 장담하며 감람산에 소규모 군대를 소집했었다(21:38). 요세푸스에 따르면 그 사건이 벌어진 때는 로마의 마르쿠스 안토니우스 벨릭스가 총독으로 재위하던 기간이었다(AD 52-60). 총독은 "로마 군대를 이끌고 그에 맞섰고, 모든 백성은 그 이집트인을 도와 로마를 공격했다. 결국 전투가 벌어지자 이집트인은 몇 사람과 함께 도주했고, 그의 편에 섰던 이들은 태반이 죽거나 생포되었다."[11] 그런 일이 있은 지 얼마 되지 않았기에 천부장으로서는 그렇게 생각할 만도 했다.

바울은 로마 문명에서 대단하게 여겨지던 자신의 이력을 제시하여 천부장의 생각을 바로잡아주었다. 그는 이집트인이 아니라 유대인이었고, 교육과 문화로 유명한 큰 도시인 다소 출신이었으며, 악당이 아니라 로마 시민이었다. 이런 자격에 근거하여 그는 폭도들에게 발언할 기회를 달라고 청했다. 에베소의 유대인들이 제출한 무고에 합리적으로 대응함으로써 모든 사실이 밝혀지기를 바랐던 것이다(21:39). 순전히 오해에서 비롯된 일이었기에 그는 진실을 알리기만 하면 자신에 대한 고발이 무산되고 예루살렘 시가 이성을 되찾을 것이라 확신했다. 그러나 폭도를 선동하여 그를 대적하던 사람들은 사실이나 진실 따위에 관심이 없었다. 그들의 동기는 인간 영혼의 어두운 곳에서 비롯되었다. 그들은 시기심에 이끌렸고, 자기네가 지배할 수 없는 사람이면 무조건 다 제거해야 한다는 강박에 사로잡혀 있었다.

아주 지혜로운 바울인데도 대부분의 점잖고 합리적인 사람들과 똑같이 너무 순진했다. 진실을 알고 진실대로 사는 것을 싫어하는 사람도 있다는 것이 그로서는 상상 밖이었다. 교회 안에서 오해에 부딪혀본 적이 있는 바울이었지만, 성전 지도자들을 상대로 벌어진 이번 대결은 한 치의 양보도 없는 사상과 의제의 전면전이었다.

적용: 사도행전 21:18-39

오해를 바로 이해하자

오해받기를 좋아할 사람은 없다. 오해받으면 외롭고 속상하며 무력감과 절망감이 든다. 조심하지 않으면 남을 원망하게 되고, 자칫 한이 맺힐 수도 있다. 바울이 경험한 오해를 잘 보면 세 가지 진리가 드러난다.

첫째, 오해는 피할 수 없는 현실이다. 어떤 식으로든 뜻깊은 영향을 미치거나 중요한 관계를 가꾸려면 오해를 받을 수밖에 없다. 평생을 표류하며 남들이 하는 대로만 할 거라면 굳이 오해받을 일로 걱정할 필요도 없다. 다수 의견에 휩쓸려 의미 있는 언행을 하나도 하지 않을 거라면 말이다. 그러나 평범한 군중과는 다르게 여태 시도되지 않은 일을 이루고 싶고 현 상태를 개선하려 한다면, 다시 말하는데 당신은 반드시 오해받을 것이다. 분명한 사실이다.

노아는 어떠했던가? 방주를 짓던 기간 내내 불신의 대상이 되었다. 모세는 어떠했던가? 자신의 인생을 향한 하나님의 목적을 백성이 이해해줄 줄로 알았지만 그들은 이해하지 못했다. 요셉은 어떠했던가? 더할 나위 없이 성실하고 순전했지만 보디발은 자기 아내 편을 들어 그에게 강간 미수죄를 씌웠다. 요셉은 정직했음에도 감옥에 갇혔다. 구약의 선지자들은 어떠했던가? 무시, 소외, 불충하다는 비난, 매몰찬 비판, 공공연한 미움을 받았고, 아예 이스라엘의 적으로 내몰려 살해된 경우도 많았다. 세례 요한은 어떠했던가? 선지자로 칭송받다가 미치광이라고 무시당했다. 개신교의 개혁가들은 어떠했던가? 이단 취급을 받아 마귀처럼 저주의 말을 듣고 짐승처럼 추적당했다. 자고로 무엇이든 가치 있는 일을 한 사람은 누구나 오해받았다.

둘째, 오해의 원인을 예측할 수 없다. 오해를 부르는 이유는 하도 많아서 언제 어떻게 오해가 불거질지 예견할 수 없다. 게다가 대부분의 이유는 우리의 통제를 벗어나 있다. 속단, 교만, 두려움, 편견, 비방, 옹졸함, 야망, 허영심 등 원인이 워낙 가지각색이라 다 꼽을 수도 없다. 일단 오해가 발생하면 우리 쪽에서 풀 수 있는 방도가 거의 없다. 웬만한 오해는 간단한 대화를 통해 몇 분 만에 풀릴 수 있으련만, 그것은 상대가 들으려는 마음이 있는 경우에 한해서다. 정확히 소통하는 것까지만 당신의 책임이고, 상대 쪽이 보이는 반응은 당신의 소관이 아니다.

이런 상황 속에서 자신의 무력함을 인정하면 엄청난 해방감을 누릴 수 있다. 안심하고 한 걸음 물러나 하나님의 손에 문제를 맡길 수 있다.

셋째, 오해에 대한 반응은 본인이 정하기 나름이다. 대개 사람들이 오해에 반응하는 방식은 세 가지다. 어떤 이들은 격분에 휩싸여 상대로 하여금 진실을 듣고 인정하게 만들려 한다. 소리를 지르고, 애원하며, 같은 말을 끝없이 되풀이한다. 악착같이 이해받으려고 괴롭게 살아간다. 다른 이들은 안으로 향해 부루퉁하게 피해 의식에 사로잡힌다. 쓰라린 원한으로 자신의 심신을 축낸다. 둘 다 내가 권하고 싶은 반응이 아니다. 오해에 대한 최선의 반응은 상대에게 이 문제로 대화하자고 청한 뒤 삶에 복귀하는 것이다. 당신의 무력함을 받아들이고, 계속 살아갈 힘을 달라고 기도하라. 난관을 어떻게 해결할지는 하나님께 맡기고, 더는 그것을 풀려고 에너지를 소모하지 마라. 그 상태로 당신 인생의 목적을 이루는 데 혼신을 다하라. 이것이 위대함의 참 표지다.

반박할 수 없는 논증(사도행전 21:40-22:30)

40천부장이 허락하거늘 바울이 층대 위에 서서 백성에게 손짓하여 매우 조용히 한 후에 히브리 말로
말하니라

22:1부형들아 내가 지금 여러분 앞에서 변명하는 말을 들으라

2그들이 그가 히브리 말로 말함을 듣고 더욱 조용한지라 이어 이르되

3나는 유대인으로 길리기아 다소에서 났고 이 성에서 자라 가말리엘의 문하에서 우리 조상들의
율법의 엄한 교훈을 받았고 오늘 너희 모든 사람처럼 하나님께 대하여 열심이 있는 자라 4내가 이 도
를 박해하여 사람을 죽이기까지 하고 남녀를 결박하여 옥에 넘겼노니 5이에 대제사장과 모든 장로들
이 내 증인이라 또 내가 그들에게서 다메섹 형제들에게 가는 공문을 받아 가지고 거기 있는 자들도
결박하여 예루살렘으로 끌어다가 형벌 받게 하려고 가더니

6가는 중 다메섹에 가까이 갔을 때에 오정쯤 되어 홀연히 하늘로부터 큰 빛이 나를 둘러 비치매 7내가
땅에 엎드러져 들으니 소리 있어 이르되 사울아 사울아 네가 왜 나를 박해하느냐 하시거늘 8내가 대
답하되 주님 누구시니이까 하니 이르시되 나는 네가 박해하는 나사렛 예수라 하시더라 9나와 함께 있
는 사람들이 빛은 보면서도 나에게 말씀하시는 이의 소리는 듣지 못하더라 10내가 이르되 주님 무엇
을 하리이까 주께서 이르시되 일어나 다메섹으로 들어가라 네가 해야 할 모든 것을 거기서 누가 이르
리라 하시거늘 11나는 그 빛의 광채로 말미암아 볼 수 없게 되었으므로 나와 함께 있는 사람들의 손에
끌려 다메섹에 들어갔노라

12율법에 따라 경건한 사람으로 거기 사는 모든 유대인들에게 칭찬을 듣는 아나니아라 하는 이가
13내게 와 곁에 서서 말하되 형제 사울아 다시 보라 하거늘 즉시 그를 쳐다보았노라 14그가 또 이르되
우리 조상들의 하나님이 너를 택하여 너로 하여금 자기 뜻을 알게 하시며 그 의인을 보게 하시고 그
입에서 나오는 음성을 듣게 하셨으니 15네가 그를 위하여 모든 사람 앞에서 네가 보고 들은 것에 증인
이 되리라 16이제는 왜 주저하느냐 일어나 주의 이름을 불러 세례를 받고 너의 죄를 씻으라 하더라

17후에 내가 예루살렘으로 돌아와서 성전에서 기도할 때에 황홀한 중에 18보매 주께서 내게 말씀
하시되 속히 예루살렘에서 나가라 그들은 네가 내게 대하여 증언하는 말을 듣지 아니하리라 하시거
늘 19내가 말하기를 주님 내가 주를 믿는 사람들을 가두고 또 각 회당에서 때리고 20또 주의 증인 스
데반이 피를 흘릴 때에 내가 곁에 서서 찬성하고 그 죽이는 사람들의 옷을 지킨 줄 그들도 아나이다
21나더러 또 이르시되 떠나가라 내가 너를 멀리 이방인에게로 보내리라 하셨느니라

22이 말하는 것까지 그들이 듣다가 소리 질러 이르되 이러한 자는 세상에서 없애 버리자 살려 둘
자가 아니라 하여 23떠들며 옷을 벗어 던지고 티끌을 공중에 날리니 24천부장이 바울을 영내로 데려
가라 명하고 그들이 무슨 일로 그에 대하여 떠드는지 알고자 하여 채찍질하며 심문하라 한대 25가죽
줄로 바울을 매니 바울이 곁에 서 있는 백부장더러 이르되 너희가 로마 시민 된 자를 죄도 정하지 아

니하고 채찍질할 수 있느냐 하니 [26]백부장이 듣고 가서 천부장에게 전하여 이르되 어찌하려 하느냐
이는 로마 시민이라 하니 [27]천부장이 와서 바울에게 말하되 네가 로마 시민이냐 내게 말하라 이르되
그러하다 [28]천부장이 대답하되 나는 돈을 많이 들여 이 시민권을 얻었노라 바울이 이르되 나는 나면
서부터라 하니 [29]심문하려던 사람들이 곧 그에게서 물러가고 천부장도 그가 로마 시민인 줄 알고 또
그 결박한 것 때문에 두려워하니라
[30]이튿날 천부장은 유대인들이 무슨 일로 그를 고발하는지 진상을 알고자 하여 그 결박을 풀고
명하여 제사장들과 온 공회를 모으고 바울을 데리고 내려가서 그들 앞에 세우니라

AD 57년경 바울은 성전에 들어가 이스라엘에서 가장 귀하게 떠받들던 전통 가운데 하나에 참여했다. 네 사람이 복잡하고 값비싼 의식과 제사로 나실인의 서원을 종결하던 중이었다. 사도 자신도 2차 선교여행 중에 서원을 마쳤었고(18:18), 이제 네 명의 유대인 신자 곁에 서서 함께 결례를 치르고 제사 비용을 댔다. 유대인의 전통에 대한 그의 충절과 또 성전을 중시하는 마음을 이보다 더 잘 입증해줄 수 있는 행동은 없었다. 그런데도 그의 적들 곧 에베소에서 온 믿지 않는 유대인들은 괜히 트집을 잡아 그를 고발했다. 그가 신성을 모독하고, 유대 민족에 반대되게 설교하며, 이방인을 이스라엘의 뜰에 데리고 들어가 성전을 더럽혔다는 것이었다.

그 순간이 바울에게는 자신의 반박할 수 없는 논증을 내놓을 기회로 보였다. 그 논증이란 바로 자신이 살아온 이야기와 부활하신 주 예수님을 기적적으로 만난 사건이었다. 이런 사건과 이에 대한 개인의 간증은 복음을 전하는 반박할 수 없는 논증이 된다. 복음서의 한 사례가 요한복음 9장에 나온다. 예수님이 안식일에 맹인을 치유해주셨을 때 바리새인들은 그의 삶 자체—그가 맹인이었다가 지금은 앞을 본다는 사실—를 반박할 수는 없었다. 대신 그들은 예수님을 비방했고 치유된 사람을 출교시켰다.

이제 바울의 차례였다. 그는 교회를 박해할 때 눈멀어 있었다가 예수 그리스도를 믿자 시력을 얻었다(행 9장). 지금 그가 성전에서 형제들 앞에 간증하려는 내용도 말하자면 "내가 전에는 맹인이었으나 이제 앞을 본다"와 같았다. 문제는 자칭 성전의 수호자들이 계속 눈먼 상태를 고집할 것인가, 아니면 바울의 반박할 수 없는 논증을 통해 광명과 진리를 얻을 것인가였다.

—21:40—

바울의 적들이 일으킨 폭동이 어찌나 극으로 치달았던지 안토니아 요새에 있던 로마군의 천부장은 최소한 군사 2백 명을 동원하여 질서를 회복해야 했다. 그가 바울을 쇠사슬로 결박하자 군인들이 사도를 번쩍 들어 성전 단지 바깥에 있는 요새 쪽으로 데려갔다. 입구에서 바울은 천부장에게 청하여 발언할 기회를 얻었다. "백성"의 대다수는 잘못 알고 행동했다. 그래서 그는 진실을 밝히면 그들이 이성적으로 반응할 줄로 확신했다.

바울은 성전 바깥뜰 위쪽의 층대에 서서 군중을 잠잠하게 한 뒤 히브리 민족의 말로 발언했다. 아마 아람어였을 것이다. 그의 변호를 세 부분으로 나눌 수 있다.

- 그리스도를 믿기 전 바울의 삶(22:1-5)
- 바울이 그리스도를 만난 사건(22:6-16)
- 그리스도 안에서 바울이 해온 사역(22:17-21)

—22:1-3—

우선 서두에서 바울은 자신이 그들과 동족인 유대인임을 밝혔다. 물론 웬만한 사람은 그를 직접은 아니더라도 명성으로 이미 알고 있었다. 한때 그는 유대교의 교계와 정계에 떠오르는 별이었고 누구보다도 앞장서서 교회를 대적했다. 산헤드린의 일부 회원들은 "부형들아"(22:1)라는 첫마디에서 스데반의 변호(7:2)가 떠올랐을 수도 있다.

바울에게 가해지던 비난은 그가 성전을 더럽히고, 모세 율법에 반대되게 설교하며, 유대인의 할례를 막는다는 것이었다. 그래서 그는 즉시 자신이 흠 없는 히브리 혈통임을 밝혔다. "나는 유대인으로"(22:3)라는 말로도 충분히 직설적이었으나, 그가 길리기아의 이방인 도시인 다소 출신이다 보니 일각에서 그를 헬라게 유대인으로 여겼을 수도 있다. 그래서 얼른 그는 자신이 예루살렘에서 자랐고 유명한 가말리엘 학파에서 공부했음을 덧붙였다. 바울의 스승이었던 가말리엘은 한때 산헤드린의 가장 명망 있는 회원 중 하나였고(5:34), 전설적 랍비이자 글자 그대로 최고의 바리새인이었던 힐렐의 손자였다. 바리새인들은 성경을 아무렇게나 해석하여 하나님의 지시에 온갖 전통을 첨가했다. 그들은 잔뜩 경건한 인상을 풍기는 면에서 신학적 혁신을 이루었고, 유대의 방식이 아닌 것은 무조건 다 엄격히 끊어내면서 그런 행동을 거룩하게 여겼다. 힐렐의 가르침은 예수님과 바울 당시의 바리새주의를 사실상 규정했다.

바울은 자신이 "우리 조상들의 율법의 엄한"(22:3) 교육을 받았다고 했는데, "엄한" [*akribeia*(195)]으로 번역된 헬라어 단어는 수학적 정확성의 경우처럼 권위 있는 기준에 정확히 맞춘다는 뜻이다. 바울은 또 청중만큼이나 자신도 율법에 열심이었다고 덧붙인 뒤 그 증거로 바리새인이던 자신의 이력을 간략히 소개했다.

—22:4-5—

바울은 자신이 "이 도를 박해하여 사람을 죽이기까지"(22:4) 했다고 말했다. "박해"를 언급한 것이 우리에게는 그가 자신의 과오를 내심 인정하는 말로 들릴 수 있지만, 바울은 유대교 지도자들에게 이것을 그들과의 확실한 공통점으로 제시했다. 그는 율법에 대한 자신의 열정이 진짜였음을 예증하고자 그때 자신이 썼던 방법들을 회고했는데, 거기에는 그리스도인들을 감옥에 가두고 심지어 죽이는 일도 포함되어 있었다. 율법에 대한 그의 헌신에 누구라도 의심이 들거든 대제사장과 산헤드린에 물어 확인해보면 되었다. 당시 사울에게 "이 도"를 진압하도록 위임하고 심지어 다메섹 출장을 승인하여, 그쪽으로 피한 그리스도인들을 잡아오게 한 것이 바로 그들이었다.

"박해하여"[*diōkō*(1377), 아마 *radap*(H7291)의 의미를 살려냈을 것이다]로 번역된 원어는 '추구하다'는 뜻이지만 반드시 적의가 담긴 것은 아니다. 전적으로 부정적 어감을 지닌 역어 "박해하다"와는 대조된다. 예컨대 로마서 12장 13-14절에는 이 단어가 긍정적으로도 쓰이고 ("손 대접하기를 힘쓰라") 부정적으로도 쓰였다("너희를 박해하는 자를 축복하라").

—22:6-10—

바울은 부활하신 그리스도를 만난 극적인 사건을 말하면 청중의 주의를 끌 만한 사실들을 강조하여 자신의 취지를 살렸다. 예컨대 예수님은 "나사렛" 사람인데(22:8) 바리새인들 사이에서 이 세부 사항에는 부정적 어감이 있었다. 그들은 메시아가 갈릴리에서 나올 수 있음을 부인했고, 멸시받던 나사렛 고을은 더 말할 것도 없었다. 바울은 또 자신의 히브리어 이름이 사울임을 환기시켜 자신이 충실한 유대인이라는 주장에 힘을 실었다. 아울러 그 만남을 하나님이 주도하셔서 자신의 박해 행위를 막으셨음도 강조했다. 그가 자신을 이전부터 알던 그들에게 상기시켰듯이, 이 간증에 담긴 세부 사항들은 증인들—틀림없이 더러는 아직 살아 있었다—을 통해 확인할 수 있었다. 그들은 빛을 보았고, 비록 예수님의 말씀을 이해하지는 못했어도 그 음성을 들었다. 즉시 변화된 바울의 모습도 그들은 보았다.

바울이 그리스도를 만난 일을 그에게서 직접 듣노라면 이후 그가 행한 일들이 하나님에게서 난 것임을 똑똑히 알 수 있다. 그는 그때 오갔던 대화의 아주 중요한 부분을 인용했다. "주님 무엇을 하리이까"(22:10). 그리스도의 대답에 하나님의 부르심이 들어 있다. "우리 조상들의 하나님이 너를 택하여"(22:14). 바울의 청중인 유대인들은 이 초자연적 만남 속에서 마땅히 구약의 여러 선지자를 떠올렸어야 한다. 그 선지자들도 환상을 받고 불가항력적으로 하나님의 부르심에 응했었다. 요컨대 바울의 말에는 은연중 이런 뜻이 깔려 있다는 것이다. "내가 하고 있는 일이 당신들의 마음에 들지 않거든 하나님께 가서 알아보라!"

—22:11-16—

바울의 간증에는 아나니아와 함께 시간을 보냈던 이야기도 자세히 나온다. 아나니아는 "율법에 따라 경건한 사람으로 거기 [다메섹에] 사는 모든 유대인들에게 칭찬을 듣는" 사람이었다(22:12). 이 유대인도 바울의 사역에 관한 하나님의 메시지를 받았다. 누구라도 사도가 진실하지 않다거나 제정신이 아니라는 의심이 들거든 아나니아에게 연락해 확인해보면 되었다. 아나니아는 바울에게 그의 이방인 사역에 관하여 구체적인 지시를 전했다. 보다시피 바울은 자신이 만난 분을 "나사렛 예수"(22:8)라고 밝혔다. 또 아나니아는 그 지시를 "우리 조상들의 하나님"(22:14)에게서 들었는데, 이는 하나님을 지칭하는 유대인 특유의 표현이다. 이 모두를 종합하면 바울의 사역이 하나님에게서 난 것임이 입증되고, 이는 과거에 그 분이 선지자들을 통해 일하시던 방식과도 전적으로 일치한다.

—22:17-21—

바울이 단지 자신의 오명을 씻고 이방인 사역의 정당성을 입증하려 했다면 22장 16절로 변호를 마칠 수도 있었다. 그러면 이런 메시지가 전해졌을 것이다. "나는 하나님이 하라고 하신 일을 했을 뿐이다. 이것으로 사건은 종료되고 변호는 중지된다." 그러나 바울의 의중은 그게 다가 아니었다. 그는 이번 일을 동포들의 죄를 지적할 기회로 보았다. 정치적으로 똑똑한 방법은 아니었지만, 그는 메시지의 마지막 부분까지도 자신의 사명에 충실했다.

그때 바울이 예루살렘에 돌아와 보니 그 도시와 옛 동료들은 그를 대적하는 쪽으로 돌아서 있었다. 당시 누가의 기록을 보면(9:29-30) 예루살렘 교회의 지도자들이 바울을 안전하게 다소로 보냈다. 바울은 주님이 환상을 통해 그 방안을 확증해주셨다고 했다. 하나님이 언명하셨듯이 그가 떠나야 했던 이유는 성전 지도자들이 하나님에 대한 그의 증언을 받아들이지 않을 것이기 때문이었다(22:18). 그 말씀을 듣고서 바울도 청중에 대한 연민이 사라졌다. 그분의 말씀대로 그들이 하나님의 계시를 배척했기 때문이다. 바울은 그분께 순종하여 이방인 사역에 임했지만, 믿지 않는 유대인들은 불순종하여 바울을 대적했다. 나아가 자신의 '이전과 이후'를 밝힌 간증을 통해 그는 한때 그리스도인들을 박해했던 일이 죄라고 고백했는데, 이는 자신이 회개한 그 죄를 청중은 여전히 범하고 있다는 암시였다.

"곁에 서서 찬성하고"(22:20)라는 말은 기독교 최초의 순교자를 죽이는 일에 바울도 가담했다는 뜻이다. 그때 성전 지도자들의 주도로 시기심에 찬 유대인 폭도가 스데반을 도시 외곽으로 끌어내 돌로 쳤다. 바울은 그들도 자신과 함께 죄를 지었으니 회개해야 한다는 뜻으로 말했다. 또 그들이 자신에게도 똑같이 하려는 바람에 그때 자신이 부득이 예루살렘을 떠나야 한 것도 은연중 암시했다. 바울에게 떠나라고 지시하실 때 하나님은 이런 암시적 메시지로 유대 민족을 질타하셨다. "그들은 계속 죄 가운데 있어 너의 증언을 귀담아듣지 아니하리라. 그러므로 나는 너를 통해 나의 말을 이방인에게 보내노라"(참고 22:18, 21).

폭도들은 이스라엘이 더는 이방인을 향한 하나님의 빛이 아니라는 견해에 분노했다. 하나님이 교회—바울의 사역을 필두로 한—를 대신 쓰실 것이라는 그의 주장에 종교 지도자들은 살기등등해졌다.

—22:22-24—

격노한 청중은 바울을 처형하자고 부르짖었다(22:22). 그가 이방인에게 전도하는 것은 그들도 반대하지 않았다. 유대인들은 이미 수세기 동안 개종자를 끌어들이고 있었고, 바리새인들도 제국 전역을 다니며 이방인에게 설교했다(마 23:15). 그러나 바울이 사용한 방법은 두 가지 면에서 그들의 심기를 건드렸다. 첫째, 그는 이방인을 하나님 나라로 인도할 때 유대교의 관문을 통과시키지 않았다. 이는 이방인과 유대인이 하나님 앞에서 대등한 위치에 있다는 뜻이었다. 둘째, 자신이 이방인에게로 돌아섰다는 말을 통해 그는 하나님이 유대인을 저버리셨다는 메시지를 보냈다.

군중이 옷을 벗어 던지고 티끌을 공중에 날린 행위에는 상징적 의미나 문화적 의미가 전혀 없다. 그들은 분노가 치받쳐 그야말로 어찌할 줄 몰랐을 뿐이다. 바울을 손에 넣을 수 없었기에 망정이지 그렇지 않았다면 그들은 그를 찢어발겼을 것이다.

"그에 대하여 떠드는지"(행 22:24)라는 문구는 "그에게 소리를 지르는지"로 번역하는 게 더 낫다. 동사 *epiphōneō*(2019)는 단순히 '크게 외치다, 소리 지르다'는 뜻이며, 부사구 "…에 대하여"는 번역자들의 해석이다. 바울과 유대인들이 사건 내내 "히브리 말"(21:40, 아마 아람어였을 것이다)을 썼으므로 천부장은 군중이 무슨 속셈으로 무어라고 소리를 지르는지 몰랐다. 그가 본 거라고는 바울이 군중에게 발언하자 그들이 분노로 반응했다는 것뿐이었다. 그러니 어쩌면 사도가 이제 막 반란을 목적으로 성전의 무리를 결속시켰는지도 모를 일이었다. 진상을 규명해야겠는데 이중언어를 할 줄 아는 목격자들은 다 유대인이었다. 혹시 바울과 폭도가 로마를 대항하여 공모를 꾸몄다 해도, 천부장이 물어볼 수 있는 대상들은 다 거짓말을 할 동기가 성립되었다. 그래서 그는 로마인들이 즐겨 쓰던 방법을 쓰기로 했다. 바로 고문이었다.

바울을 "채찍질하며 심문하라"(22:24)는 명이 떨어졌다. 자백이 나올 때까지 매로 치라는 것이었다. 천부장은 제국의 이익에 부합되기만 한다면 바울을 때려서라도 진실을 밝혀낼 절대적 권한이 있었다. "채찍질하며"로 번역된 문구에서 명사 "채찍"[*mastix*(3148)]은 군인들이 예수님을 십자가에 못 박기 전에 그분께 썼던 도구와는 다르다. 여기서는 "매로 쳐서 심문하라"가 더 정확한 번역일 것이다. 바울은 로마 시민을 "채찍질할[*mastizō*(3147)] 수 있느냐"고 물었는데(22:25), 이 단어는 예수님이 당하셨던 "채찍질"[*mastigoō*(3146)]과는 다르다. 두 동사가 비슷하기는 하지만 후자는 쇳조각과 양의 뼛조각이 줄줄이 박혀 있는 플라그룸(*flagrum*)이라는 가죽 끈으로 사람을 "거반 죽게" 만들었다. 예수님이 당하셨던 일이 바로 그것이다. 로마인들이 이런 채찍을 쓸 때는 정보를 얻기 위해서가 아니었다. 피해자들이 충격으로 의식을 잃기 쉬웠기 때문이다. 반면에 *mastix*를 쓰는 *mastizō*는 몇 시간 동안 극심한 고통을 가해도 피해자의 의식이 멀쩡하여, 매질을 하나하나 다 느끼며 똑똑히 소통할 수 있었다.

—22:25–29—

로마 시민들은 제국의 여타 신민에 비해 비범한 특권을 누렸다. 오늘날 서구 국가들의 대다수 국민이 당연시하는 인권 보호를 그들도 받았다. 로마인은 정당한 절차 없이 처벌될 수 없었는데, 바울은 "죄도 정하지 아니"한 상태였다(22:25). 유죄가 입증될 때까지 무죄로 추정될 권리가 그에게도 주어져 있었다. 로마 시민은 모욕적인 형벌도 받지 않았다. 사형 선고를 받더라도 처형 방법이 신속하고 비공개적이었다. 또 그들은 상위 법원을 거쳐 황제에게까지 항소할 수 있었다.

바울은 감옥으로 옮겨져 매 맞을 자세로 가죽 끈에 묶일 때까지 기다렸다가 그제야 자신이 로마 시민임을 밝혔다. 그렇게 한 이유는 빌립보에서와 똑같이(16:37) 법률상의 전략 때문이었다. 그가 간수들을 불법 행위를 하기 직전까지 놓아둔 것은 그들의 두려움을 자신에게 유리하게 활용하기 위해서였다. 천부장은 하마터면 자신이 로마 시민을 때릴 뻔했다는 사실을 알고 오히려 바울을 고맙게 여겼고, 아마 바울을 더 친절하게 대했을 것이다. 게다가 사도를 면담하는 과정에서 밝혀졌듯이 바울의 사회적 신분이 천부장보다 더 높았다. 뇌물로 시민권을 산 사람에 비하면 자유민으로 태어난 시민은 귀족이었다. 시민권을 팔던 행위는 글라우디오 황제 재위 기간에 흔히 있던 부패상이었다.

—22:30—

어쨌든 천부장은 성전에서 벌어진 일의 진상을 규명할 의무가 있었다. 유대인들이 무슨 일인가로 바울을 고발했다는 것까지는 그도—아마 사도와 나눈 대화를 통해—규명한 듯 보였다. 그는 바울이나 로마 정부를 폭도의 손에 놀아나게 할 마음은 없었지만, 그래도 질서를 확립하는 차원에서 대제사장들과 산헤드린을 재판에 소집했다. 고소할 것이 있으면 법대로 하게 한 것이다.

공회의 판정에 따라 천부장은 바울을 기소할지 여부를 결정할 것이었다. 로마의 이해관계와 무관한 고발이라면 이 문제를 유대인 지도자들의 손에 넘길 것이고, 바울이 로마의 법규를 어겼다고 판단되면 사건을 총독에게 회부할 것이었다.

적용: 사도행전 21:40-22:30

들을 가치가 있는 증언

바울은 전도가 자기 삶의 유일한 목적이라 믿었기에 모든 상황을 복음의 증인 역할을 할 기회로 보았다. 또는 증언할 기회를 더 만들어냈다. 폭도가 죽이려던 그를 로마군의 분견대가 안전하게 옮겼을 때도 그는 증언할 기회를 포착했다. 그의 본보기에서 우리가 명심해야 할 세 가지 원리가 두드러지게 나타난다.

첫째, 내면의 체험만으로는 의심을 사기 쉽지만 사실에 기초한 개인 간증은 반박될 수 없다. 기독교를 변호하는 가장 설득력 있는 논증은 개인 간증이다. 개요는 다음과 같이 단순하다.

1. 그리스도를 만나기 전
2. 그리스도를 만난 과정
3. 그리스도를 만난 후

아무도 당신의 개인적 체험을 논박할 수는 없다. 그러나 주관적 체험만으로는 사람들을 설득하여 믿게 할 수 없다. 바울은 개인 간증에 확인 가능한 사실들을 가미했다. 그는 자신이 구원받기 이전과 다메섹 도상에서 그리스도를 만난 체험 그리고 그 이후의 삶에서 많은 사람이 목격했던 부분을 부각시켰다. 또한 청중이 존중하고 신뢰할 만한 객관적 증인들을 지명했다.

당신도 간증을 준비하려면 말의 표현을 심사숙고하라. 아예 글로 써두되 두 페이지가 넘지 않게 하라. 사람들이 목격했거나 확인할 수 있는 적절한 세부 사항만 담으라. 몇 번 쭉 읽으라. 암기하기 위해서가 아니라 자신이 하려는 말에 익숙해지기 위해서다. 그러고 나서 기회가 오는 대로 성령의 인도하심에 따라 마음을 다해 증언하라.

둘째, 존엄성의 유린은 겸손과는 전혀 다른 문제다. 군인들이 묶어놓고 부당하게 때리려 했을 때, 바울은 장교를 빤히 쳐다보며 자신이 시민임을 알려 불필요한 고난을 피했다. 빌립보에서 그가 억울한 매를 잠자코 맞았던 것은 그것이 목적에 부합했기 때문이다. 그는 불법적 처벌을 유리하게 활용하여 빌립보 교회가 보다 안전할 수 있도록 했다. 그러나 예루살렘에서는 그의 고난이 아무런 건설적 목적에도 부합하지 않았다. 그래서 그는 미리 그 일을 막았다.

기독교 교육에 이상한 추세가 하나 있다. 복종의 교리를 괴기스럽게 그리고 예수님의 가르침과 비참하리만치 다르게 변질시켜온 것이다. 이 개념에 따르면 그리스도인은 자신에게 어떤 종류의 학대가 가해져도 무조건 복종해야 한다. 그래서 아내들이 구타당해도 교회는 "복종하라!"고만 소리친다. 아이들은 복종과 훈육이라는 미명 아래 해괴한 방치와 학대를 당한다. 학대와 모욕을 감수하는 게 신앙생활의 본질이라고 믿는 그리스도인들이 도처에 널린 듯하다. 불의를 피할 수 있는 상황에서도 때리면 맞아야 한다는 것이다. 그러나 이것은 성경이 가르치는 바가 아니다.

바울은 더 큰 득이 있다고 판단될 때는 고난을 감내했다. 고난이 요구될 때는 하나님의 불변하신 뜻을 받아들여 복종했다. 피해서는 안 될 때는 학대를 존엄성 있게 당했다. 이거야말로 기독교의 본질이다. 그러나 학대와 불의를 자청하는 것은 복종의 교리가 변질된 모습이다. 하나님은 인간을 존엄한 존재로 지으셨다. 그런데 최초의 죄가 들어서던 순간부터 악은 하나님의 창조 세계를 파괴했다. 우리 그리스도인은 그리스도와 함께 고난당하고, 사탄에 맞서며, 죄에 대항해 싸우도록 부름 받았다. 그러나 하나님은 정의가 승리할 수 있는 상황일지라도 우리에게 인간의 존엄성을 버리도록 명하신 적은 없다.

셋째, 솔직한 간증은 우리의 책임이지만 긍정적 반응은 그렇지 않다. 긍정적 반응에 관한 한 바울의 간증은 대실패였다. 그가 복음과 이방인 사역을 변호했으나 청중은 설득되지 않았다. 그들이 생각을 고쳐먹고 4차 선교여행을 후원하는 일 따위는 없었다. 바울은 죄 가운데 살던 이전의 삶, 회심, 이후의 사역 등 자신이 체험한 예수 그리스도를 사실대로 말했을 뿐이다. 그런데 청중은 그의 '이전' 모습에 투영되는 자신들이 싫었고, 그의 '이후' 모습과 대비되는 자신들은 더더욱 싫었다. 처음부터 사도는 유대인들을 설득하여 회심시키려 했던 게 아니라 다만 진리를 말할 작정이었다. 진리에 대한 그들의 반응은 성령께 맡겼다.

사람들은 우리가 하는 말을 싫어할 것이다. 우리가 할 일은 그들의 생각을 바꾸는 것이 아니다. 우리의 책임은 더도 말고 덜도 말고 진리를 선포하는 것이다.

압력이 고조될 때(사도행전 23:1-22)

[1]바울이 공회를 주목하여 이르되 여러분 형제들아 오늘까지 나는 범사에 양심을 따라 하나님을 섬겼
노라 하거늘 [2]대제사장 아나니아가 바울 곁에 서 있는 사람들에게 그 입을 치라 명하니 [3]바울이 이르
되 회칠한 담이여 하나님이 너를 치시리로다 네가 나를 율법대로 심판한다고 앉아서 율법을 어기고
나를 치라 하느냐 하니 [4]곁에 선 사람들이 말하되 하나님의 대제사장을 네가 욕하느냐 [5]바울이 이르
되 형제들아 나는 그가 대제사장인 줄 알지 못하였노라 기록하였으되 너의 백성의 관리를 비방하지
말라 하였느니라 하더라

[6]바울이 그 중 일부는 사두개인이요 다른 일부는 바리새인인 줄 알고 공회에서 외쳐 이르되 여러
분 형제들아 나는 바리새인이요 또 바리새인의 아들이라 죽은 자의 소망 곧 부활로 말미암아 내가 심
문을 받노라 [7]그 말을 한즉 바리새인과 사두개인 사이에 다툼이 생겨 무리가 나누어지니 [8]이는 사두
개인은 부활도 없고 천사도 없고 영도 없다 하고 바리새인은 다 있다 함이라 [9]크게 떠들새 바리새인
편에서 몇 서기관이 일어나 다투어 이르되 우리가 이 사람을 보니 악한 것이 없도다 혹 영이나 혹 천
사가 그에게 말하였으면 어찌 하겠느냐 하여 [10]큰 분쟁이 생기니 천부장은 바울이 그들에게 찢겨질까
하여 군인을 명하여 내려가 무리 가운데서 빼앗아 가지고 영내로 들어가라 하니라

[11]그 날 밤에 주께서 바울 곁에 서서 이르시되 담대하라 네가 예루살렘에서 나의 일을 증언한 것
같이 로마에서도 증언하여야 하리라 하시니라

[12]날이 새매 유대인들이 당을 지어 맹세하되 바울을 죽이기 전에는 먹지도 아니하고 마시지도 아
니하겠다 하고 [13]이같이 동맹한 자가 사십여 명이더라 [14]대제사장들과 장로들에게 가서 말하되 우리

가 바울을 죽이기 전에는 아무 것도 먹지 않기로 굳게 맹세하였으니 15이제 너희는 그의 사실을 더 자
세히 물어보려는 척하면서 공회와 함께 천부장에게 청하여 바울을 너희에게로 데리고 내려오게 하라
우리는 그가 가까이 오기 전에 죽이기로 준비하였노라 하더니
16바울의 생질이 그들이 매복하여 있다 함을 듣고 와서 영내에 들어가 바울에게 알린지라 17바울
이 한 백부장을 청하여 이르되 이 청년을 천부장에게로 인도하라 그에게 무슨 할 말이 있다 하니 18천
부장에게로 데리고 가서 이르되 죄수 바울이 나를 불러 이 청년이 당신께 할 말이 있다 하여 데리고
가기를 청하더이다 하매 19천부장이 그의 손을 잡고 물러가서 조용히 묻되 내게 할 말이 무엇이냐
20대답하되 유대인들이 공모하기를 그들이 바울에 대하여 더 자세한 것을 묻기 위함이라 하고 내일
그를 데리고 공회로 내려오기를 당신께 청하자 하였으니 21당신은 그들의 청함을 따르지 마옵소서 그
들 중에서 바울을 죽이기 전에는 먹지도 않고 마시지도 않기로 맹세한 자 사십여 명이 그를 죽이려고
숨어서 지금 다 준비하고 당신의 허락만 기다리나이다 하니 22이에 천부장이 청년을 보내며 경계하되
이 일을 내게 알렸다고 아무에게도 이르지 말라 하고

미국이 4년간의 내전을 끝내고 평화를 되찾은 1865년에 지구 저편의 인도 봄베이에 한 남자아이가 태어났다. 당시에 그 지역을 알거나 굳이 알려고 하는 사람은 별로 없었다. 그는 그곳에서 태어난 수많은 아이 중 하나에 불과했으나 그래도 부유한 특권층 자녀였기에 가난을 겪어보지 않았다. 펀자브의 수백만 주민과 나란히 살던 때에 간접적으로 가난을 접했을 뿐이다. 그의 아버지가 유명한 라호르 박물관 관장으로 부임하게 되어 일가족이 그쪽으로 이사한 것이다. 집안이 영국 사회에서 특권적 지위를 누렸기에 그의 주변 사람들도 온통 상류 귀족층뿐이었다.

예술가였던 아버지는 아들의 남다른 예술적 재능을 일찍부터 알아보고 본국과 인도를 통틀어 영국이 제공할 수 있는 최고의 교육을 받게 했다. 이 아이 러디어드 키플링(Rudyard Kipling)은 점차 탁월한 문학성을 인정받아 41세의 나이에 노벨 문학상을 받기에 이른다. 그러나 식자층 세계의 칭송에도 불구하고 그는 보통 사람들과 허물없이 소통하는 삶을 살았다. 그가 비난받은 게 있다면 자기보다 불우한 이들을 향한 애정 때문이었다. 많은 부유층 동료들이 그를 헐뜯고 빈정거리며 깎아내리는 일을 낙으로 삼았다. 그래도 그는 위엄 있게 견뎌내며 끝내 소신을 버리지 않았다.

그가 자기 아들에게 이런 시를 쓴 것도 아마 쓰라린 어떤 비난을 견디던 도중이었을 것이다.

뭇사람이 이성을 잃고 너를 탓할 때
너만은 냉정을 유지할 수 있다면,
모두가 너를 의심할 때
너 자신을 믿고 그 의심마저 포용할 수 있다면,
기다리되 기다림에 지치지 않고
속고도 속이지 않으며
미움을 받아도 미워하지 않을 수 있다면,
그러면서도 너무 착하거나 똑똑한 척하지 않는다면.

꿈꾸되 꿈의 노예가 되지 않고
생각하되 생각에 얽매이지 않을 수 있다면,
승리를 만나든 재앙을 만나든
두 협잡꾼을 똑같이 대할 수 있다면,
악인이 네 진실한 말을 왜곡하여
어수룩한 이를 속여도 네가 참을 수 있다면,
평생을 바친 일이 와르르 무너져도
몸을 굽혀 낡은 연장으로 재건할 수 있다면.

여태 축적된 모든 자산을
단판의 모험에 걸었다가 잃더라도
한마디 넋두리도 없이
다시 시작할 수 있다면,
남들이 다 떠난 뒤에도 분골쇄신하여
너만의 소임을 다할 수 있다면,
의지 하나로 버텨야만 할 때도
끝내 버텨낼 수 있다면.

청중이 늘어도 덕을 잃지 않고
왕을 대면해도 늘 서민과 벗할 수 있다면,
적에게도 사랑하는 친구에게도 상처받지 않고
만인을 존중하되 아무도 떠받들지 않는다면,
가차 없이 흘러가는 1분을
60초만큼의 장거리 달리기로 채울 수 있다면,
그러면 온 세상이 네 것이 되고
무엇보다 너는 참 인간이 되리라,
내 아들아![12]

키플링이 이 감동적인 시를 발표하기 1850년 전에 한 사람이 살았는데, 그도 오해를 받았다. 그도 재능이 뛰어났고 명예를 얻었다. 성전 고위층 사이에서 유대 문화와 정부의 떠오르는 별로 칭송받던 그였다. 그런데 그의 신학이 바뀌었다. 이제 그는 율법을 구원의 길로 전하지 않고, 예수님의 부활로 확증된 은혜의 복음을 선포했다. 그분을 이스라엘과 자기 인생의 메시아로 받아들였다. 다소 출신의 위대한 사울이 예수 그리스도의 사도인 '작은 자' 바울이 되었다. 그는 미움을 받고도 도로 미워하지 않았다. 자신이 전한 진리가 자신에게 불리하게 왜곡될 때도 그는 견고히 서서 더욱더 단호히 진리를 수호하는 데 헌신했다. 하지만 바울에게도 힘든 날이 있었다. 성전에서 벌어진 폭동과 로마 수비대의 체포를 견뎌낸 그는 산헤드린의 이전 동료들 앞에 마주 섰다. 어언 20여 년이 흐른 뒤라 그들도 이제 흰머리와 잔주름이 생겼으나, 교계와 정계에 휘두르는 권력은 더 막강해져 있었다.

로마 수비대의 천부장이 이 재판을 개최했으나 바울은 이를 자기 인생의 앞길을 결정지을 재판으로 보지 않았다. 그거라면 하나님께 맡겼다. 대신 그에게 이것은 동포들의 죄를 지적하고, 잘되면 회개도 촉구할 수 있는 또 한 번의 기회였다.

—23:1—

사도행전 23장 10절로 미루어보건대 천부장도 얼마간의 병력을 데리고 재판을 지켜보고 있었다. 그런데 바울이 만일 실내에 있었다면 대제사장이 자기에게 말할 때 그인 줄 알았을 것이다(23:5). 그의 모습이 혹 보이지 않았더라도 목소리가 들려오는 위치로라도 알았을 것이다. 그래서 나는 산헤드린이 천부장의 요청에 응하면서도 신성한 전통을 타협하지 않고자 성전의 공동 구역 어딘가에 모였다고 믿고 싶다.

바울은 사두개인과 바리새인이 모두 존중할 수밖에 없는 담대한 고백으로 말문을 열었다. 그가 "범사에 양심을 따라 하나님을 섬겼노라"(23:1)고 말한 것은 죄를 지은 적이 없어서가 아니라 지금까지 열과 성을 다하여 하나님을 기쁘시게 했기 때문이고, 또 십자가에서 희생 제물이 되신 그리스도의 속죄를 믿음으로 말미암아 그분께 은혜로 의롭다 함을 받았기 때문이다.

—23:2-3—

"범사에 양심을 따라 하나님을 섬겼노라"(23:1)는 바울의 말이 대제사장의 귀에 거슬렸다. 그는 산헤드린의 규정을 어기고 수행원을 시켜 사도의 입을 치게 했다. 예수님도 안나스 앞에서 재판받으실 때 똑같은 일을 당하셨다(요 18:22). 주님은 대제사장을 부드럽게 꾸짖으신 반면 바울은 상대를 "회칠한 담"(행 23:3)이라 칭하며 신랄하게 비난했다. 이 은유에는 두 가지 의미가 깔려 있다. 하나는 전면을 하얗게 칠한 동굴 무덤이다. 함축된 의미는 대제사장이 겉으로만 깨끗해 보일 뿐 속은 시신의 뼈로 가득하다는 것이다(참고 마 23:27). 또 하나는 주님이 그분의 이름으로 거짓말하는 거짓 선지자들을 정죄하실 때 에스겔이 썼던 비유와 상통한다(겔 13:10-16). 바울은 대제사장의 위선에 격노했다. 그들이 지금 모여서 심문하려는 사도의 죄목 중에는 그가 이방인을 이스라엘의 뜰에 데리고 들어갔다는 혐의도 있었다. 그런데 정작 대제사장이 만인 앞에서 산헤드린의 규정을 어겼던 것이다.

—23:4-5—

재판을 지켜보고 있던 누군가의 발언은 산헤드린에 작용하던 이중 잣대를 보여준다. 바울이 이의를 제기한 것은 대제사장이 율법을 어겼기 때문인데, 오히려 바울 쪽에서 대제사장의 직분을 무시한다는 비난을 들었다! 이에 대한 사도의 반응은 해석하기 어렵다. 일각에서는 이를 갈라디아서 6장 11절과 더불어 그의 시력이 약했다는 증거로 본다. 그러나 이 해석은 사도행전 23장 1절의 "주목하여"라는 말로 반박된다. 두 가지 합리적 설명이 가능하다. (1) 그는 정말 대제사장을 알아보지 못했다. 상대가 재판에 필요한 예복을 입지 않은데다 바울이 지난번 예루살렘을 방문한 뒤로 대제사장이 몇 차례 바뀌었기 때문이다. (2) 그는 사실상 이런 말로 풍자적으로 반응했다. "그의 행실이 하나님의 대제사장답지 않아서 그를 알아보지 못했다."

바울이 인용한 출애굽기 22장 28절(행 23:5)은 두 번째 설명에 힘을 실어준다. 그는 이 상황에 담긴 아이러니를 부각시켰다. 지금 바울은 공회를 존중하여 그 앞에 자발적으로 서서, 자신이 성전을 더럽히고 하나님의 율법을 모욕했다는 그들의 고발을 듣고자 했다. 그런데 하나님의 대제사장은 등장하자마자 율법을 어겼다. 한 주석가는 그것을 이렇게 표현했다. "하나님의 계시된 뜻을 부정한다 하여 재판에 세워진 바울이 출애굽기 22장 28절을 인용하여 자신이 그분의 계시된 뜻에 복종하고 있음을 증명했다."[13]

—23:6-8—

바울이 산헤드린 앞에 출두한 것은 로마인 천부장에 대한 예의상, 자신에 대한 성전 관리들의 고발을 듣고 답변하기 위해서였다. 그런데 공회가 자신에게 결코 발언권을 주지 않으리라는 것이 대번 보였다. 그래서 그는 종교 관리들이 한심하리만치 비이성적이며 대책 없이 부패해 있음을 로마인 청중에게 보여주기로 했다. 사두개인과 바리새인의 극단적 견해 차이를 이용하여 그 주장을 밝혀야겠다는 생각이 든 것이다. 그는 다수인 바리새인 쪽을 바라보며 갑자기 이런 식으로 외쳤다. "나는 율법을 욕되게 해서 재판에 선 것이 아니오. 형제들이여, 나는 바리새인이며 내가 재판에 선 것은 사두개인들이 우리의 신학을 좋아하지 않기 때문이오"(참고 23:6). 그 말로 재판은 끝났다. 공회는 자중지란을 일으켜 일부는 바울을 동료 바리새인으로 여겨 옹호했고, 나머지도 다 끝없는 신학적 논쟁에 끌려들어 헤어나지 못했다(23:7-8).

—23:9-10—

다시 말하지만 내가 보기에 재판은 천부장과 병력이 지켜볼 수 있는 성전 단지의 공동 구역에서 비공식으로 진행되었다. 만일 그렇다면 청중은 공회만이 아니었다. 유대교의 일반 예배자들도 큰 "분쟁"[*stasis*(4714b)]이 나는 소리를 들었고, 위험한 논쟁이 전체 대중 사이로 퍼져나갔다. 이런 분쟁은 대개 대중이 일으키는 위험한 폭력 사태로 악화되었으므로 천부장은 "바울이…찢겨질까"(23:10) 염려되었다. 질서를 회복하고 로마 시민을 위험에서 구하기 위해 그는 안토니아 요새 쪽으로 손짓을 보냈고, 그러자 병력이 쏟아져 나와 바울을 빼내 수비대로 도로 데려갔다.

요세푸스는 이 사건을 사기(史記)에 언급하지는 않았으나 벨릭스의 임기가 끝날 때까지 예루살렘의 정치적 기류가 어떠했는지를 묘사한 바 있다. 그 시기가 바울이 가이사랴에서 재판받고 투옥되던 때와 일치한다.

> 대제사장들과 예루살렘의 많은 주요 인사들 사이에 소요가 발생했다. 양측 모두 가장 대담하고 혁신을 부르짖는 부류를 선두에 내세웠다. 그들이 서로 비난을 퍼붓고 돌을 던지며 싸우는데도 아무도 꾸짖는 사람이 없었다. 마치 정부가 없다는 듯 이런 무질서가 그 도시에 무법으로 자행되곤 했다.[14]

분명히 사두개인('대제사장들')과 바리새인('많은 주요 인사들'을 대변하는) 사이의 분쟁은 바울의 재판 이후에도 꾸준히 악화되었다.

—23:11—

그 전에 천부장은 바울이 로마 시민이라는 말을 듣고 그의 결박을 풀어주었다(22:30). 따라서 바울은 강제로 영내에 머문 게 아니다. 아마 그는 이전의 며칠 밤을 천부장의 보호 아래 지냈을 것이며, 그날 밤도 다를 바 없었다. 상황은 아주 달랐지만 공교롭게도 베드로도 똑같은 건물에서 밤을 보낸 적이 있다. 아그립바 1세는 유월절이 끝나면 처형할 생각으로 그를 가두었었다. 그런데 처형되기 전날 밤에 천사가 베드로를 찾아와 사슬을 풀어주고 요새 밖으로 이끌어냈다(12:1-11).

이번에 바울이 경험한 바는 아주 달랐다. 수비대에 어둠이 덮여 군인들이 잠들자 예수님이 사도에게 나타나 위로와 확신을 주셨다. 그분은 바울이 그날 밤 감옥을 빠져나갈 일은 없다면서 이번에 체포된 목적과 앞일을 계시해주셨다. 늘 로마에 가기를 바랐던 바울에게 예수님은 상황이 그가 계획했던 것과 다를 뿐 그가 희망하는 대로 될 거라고 다짐을 주셨다. 무엇보다 그분은 바울 곁에 서서 "내가 항상 너의 곁에 있느니라"고 말씀하신 셈이다.

—23:12-15—

요세푸스에 따르면 벨릭스 총독 때에 사람들이 '자객'(sicarii)을 고용하여 원수를 암살하는 일이 비일비재했다. 본래 이들 자객은 열심당에 속한 극단주의 분파로서 이방인, 로마 부역자, 헬라파 유대인, 헤롯당원 등을 독립 국가의 적으로 지목하여 이스라엘에서 제거하던 밀정이었다. 그런데 나중에는 한낱 청부 살인업자로 전락하고 말았다. 요세푸스의 기록을 보자.

> 그 후로 자객들은 가장 안전한 때인 명절을 노렸다. 평소처럼 무기를 숨긴 채 군중 속에 섞여 있다가 자신들이 지목한 적을 살해하는가 하면 돈을 받고 대신 죽여주기도 했다. 그들은 도시의 외진 곳들에서만 아니라 성전에서까지 사람을 죽였다. 그만큼 겁이 없었고 자신들이 저지르는 불경죄 따위에 개의치 않았다.[15]

아마도 사두개인과 연계되었을 40명도 넘는 도당이 음모를 꾸며 대제사장과 그의 측근을 찾아갔다. 대제사장들이 바울에게 공정한 발언권을 주려는 척하며 산헤드린 회의를 다시 소집하면, 그가 성전 뜰을 밟기도 전에 자신들이 그를 해치우겠다는 것이었다(23:15). 그들은 나실인의 서원보다도 더 극단적인 아주 엄격한 맹세[*anathematizō*(332)]로 음모에 구속력을 더했다(23:12, 14). 이 맹세는 약속을 지키지 못하거나 저버릴 경우 신의 저주를 자청하는 이교의 서원이었다. 그들은 바울을 암살하기 전에는 먹지도 않고 마시지도 않기로 다짐했다. 물론 바울은 그 후로도 몇 년을 더 살았다. 그를 죽이려던 적들은 굶어 죽었거나—그랬을 리는 없지만!—아니면 영리한 변호사를 고용해 말재주로 허점을 만들어 궁지를 모면했을 것이다.

—23:16-22—

바울의 생질이 그 음모를 알아차렸다. 바울은 그를 "청년"[*neanias*(3494), 23:17]이라 칭했는데 이는 드로아의 유두고에게 쓰인 단어와 똑같다(20:9). 아마도 10-17세 사이의 청소년이었다는 뜻이다. 백부장도 그를 "청년"[*neaniskos*(3495)]이라 칭했다. 필로(Philo)에 따르면 히포크라테스는 이 단어를 "수염이 나기 시작할 때까지의 소년으로, 그 시기에 7년 단위의 제3기가 끝난다"고 설명했다.[16] 즉 14-21세 사이라는 뜻이다. 바울의 생질은 천주교의 복사(服事)와 비슷하게 성전 봉사에 헌신했을 수 있다. 그래서 우연히 성전 지도자들이 나누는 말을 들었을 수 있다.

바울이 "죄수"(23:18)로 표현되어 있지만 감금되었다는 의미는 아니다. 오히려 그는 공권력의 보호를 받는 상태였다. 게다가 시민으로서 로마 천부장의 협조를 요청할 수도 있었다. 바울은 자신이 천부장에게 경고를 전달하기보다는 생질에게서 직접 음모를 듣게 했다. 누가가 기술한 방식을 보면 누가 자신도 이때 바울과 함께 영내에 있었던 것으로 보인다. 대개 면회가 허용되었으며 바울이 처한 것과 같은 상황에서는 특히 더했다.

천부장은 청년의 보고를 심각하게 받아들였고 정확히 어떻게 해야 할지를 알았다. 이런 일이라면 그의 전문 분야였다.

적용: 사도행전 23:1-22

과거를 직시하고 미래를 계획한다

이 본문을 약간의 상상력을 동원하여 관찰하면 두 가지 진리가 보인다.

첫째, 하나님의 은혜는 우리 안에 있는 모든 죄책감을 불식시킬 수 있다. 산헤드린 앞에 선 바울은 격세지감을 느꼈을 것이다. 한때 동료였던 그들을 그가 이렇게 대면하기는,

20년도 더 전에 살벌한 사명을 띠고 다메섹으로 떠나던 이래로 처음이었다. 그때 그는 대제사장에게 요청하여, 자신을 다메섹 회당의 유대인들이 보내는 대리인으로 위임하는 공문을 받아냈다. 그리스도인 유대인들을 색출하여 예루살렘으로 데려다가 재판에 회부할 수 있는 권한을 얻어낸 것이다. 다메섹으로 떠날 즈음, 그는 이미 많은 무죄한 이들을 잡아다가 유죄로 만들어 죽음에 이르게 한 화려한 경력이 쌓여 있었다. 그런데도 그는 지금 이스라엘의 공회 앞에 서서 이렇게 고백했다. "여러분 형제들아 오늘까지 나는 범사에 양심을 따라 하나님을 섬겼노라"(23:1).

그가 그렇게 주장할 수 있었던 것은 하나님의 은혜 덕분이다. 우리도 동일한 은혜로 해방되어 똑같이 말할 수 있다. 어쩌면 당신은 사람들의 정죄에 귀를 닫고 바울처럼 은혜 위에 서야 할지도 모른다. 늘 죄책감과 허물과 실패와 못난 모습과 무능함을 들쑤시는 목소리에 그리스도인들이 귀를 기울이는 것을 보면 정말 놀랍다! 그러나 은혜로 확신을 주시고 아버지로서 이렇게 말씀하시는 하나님은 더 놀랍다. "이미 다 사해졌다. 나는 너의 '로마'를 내다보고 있다. 너를 향한 계획이 내게 없다면 당장 너를 이 세상에서 데려갔을 것이다. 하지만 네가 살아 있음은 감옥이나 고난과 무관하게 내가 아직 일하고 있다는 뜻이다. 내가 어련히 알아서 한다." 알다시피 부족한 사람들을 쓰시는 것이 하나님의 전공이다. 하나님의 은혜는 우리 안의 모든 죄책감을 불식시킬 수 있다.

내가 여기서 발견한 두 번째 진리로, 하나님의 능력은 우리를 해치려는 모든 음모를 이길 수 있다. 당신이 예수 그리스도를 믿는 사람이라면 하나님의 자녀로 그분 앞에 선다. 당신은 칭의 곧 의롭다 하심을 받았으며, 그 누구도—자신까지 포함해서—상상하지 못할 큰 목적을 부여받았다. 아무도 그 계획을 꺾거나 변경하거나 반박할 수 없으며 하나님이 친히 당신을 목적지에 데려다놓으실 것이다. 우리의 실패와 실수와 죄에도 불구하고 그분은 이 일에 헌신하셨다. 그분은 당신을 아시고, 자신이 이루시려는 일을 아시며, 그 계획을 꺾으려는 위협 요소까지 미리 보신다. 아무것도 그분을 막을 수 없다.

당신을 통해 주님이 이루시려는 일에 늘 초점을 맞추고, 잠재적 위험은 그분이 처리하시도록 맡기라. 하나님의 능력은 우리를 해치려는 모든 음모를 이길 수 있다. 사탄이 직접 꾸며낸 음모도 마찬가지다.

악화일로로 치닫는 상황(사도행전 23:23-24:9)

23백부장 둘을 불러 이르되 밤 제 삼 시에 가이사랴까지 갈 보병 이백 명과 기병 칠십 명과 창병 이백
명을 준비하라 하고 24또 바울을 태워 총독 벨릭스에게로 무사히 보내기 위하여 짐승을 준비하라 명
하며 25또 이 아래와 같이 편지하니 일렀으되
26글라우디오 루시아는 총독 벨릭스 각하께 문안하나이다
27이 사람이 유대인들에게 잡혀 죽게 된 것을 내가 로마 사람인 줄 들어 알고 군대를 거느리고 가
서 구원하여다가
28유대인들이 무슨 일로 그를 고발하는지 알고자 하여 그들의 공회로 데리고 내려갔더니
29고발하는 것이 그들의 율법 문제에 관한 것뿐이요 한 가지도 죽이거나 결박할 사유가 없음을
발견하였나이다
30그러나 이 사람을 해하려는 간계가 있다고 누가 내게 알려 주기로 곧 당신께로 보내며 또 고발
하는 사람들도 당신 앞에서 그에 대하여 말하라 하였나이다 하였더라
31보병이 명을 받은 대로 밤에 바울을 데리고 안디바드리에 이르러 32이튿날 기병으로 바울을 호
송하게 하고 영내로 돌아가니라 33그들이 가이사랴에 들어가서 편지를 총독에게 드리고 바울을 그 앞
에 세우니 34총독이 읽고 바울더러 어느 영지 사람이냐 물어 길리기아 사람인 줄 알고 35이르되 너를
고발하는 사람들이 오거든 네 말을 들으리라 하고 헤롯 궁에 그를 지키라 명하니라

24:1닷새 후에 대제사장 아나니아가 어떤 장로들과 한 변호사 더둘로와 함께 내려와서 총독 앞에
서 바울을 고발하니라 2바울을 부르매 더둘로가 고발하여 이르되
3벨릭스 각하여 우리가 당신을 힘입어 태평을 누리고 또 이 민족이 당신의 선견으로 말미암아 여
러 가지로 개선된 것을 우리가 어느 모양으로나 어느 곳에서나 크게 감사하나이다 4당신을 더 괴롭게
아니하려 하여 우리가 대강 여짜옵나니 관용하여 들으시기를 원하나이다 5우리가 보니 이 사람은 전
염병 같은 자라 천하에 흩어진 유대인을 다 소요하게 하는 자요 나사렛 이단의 우두머리라 6그가 또
성전을 더럽게 하려 하므로 우리가 잡았사오니(6하반-8상반 없음) 8당신이 친히 그를 심문하시면 우
리가 고발하는 이 모든 일을 아실 수 있나이다 하니 9유대인들도 이에 참가하여 이 말이 옳다 주장하
니라

솔직히 우리는 상황을 스스로 통제할 수 있을 때 더 안전한 기분이 든다. 환자들을 대상으로 한 여러 연구에서도 그것이 사실로 확인되었다. 자신의 질병을 알고 해당 치료법이 처방된 이유를 이해하는 환자들은 치료에 대한 반응도 더 좋고, 의사의 지시에 더 협조하며,

우울 증세가 덜하고, 회복도 더 꾸준하다. 반면 자신의 상태나 이런저런 조치를 취해야 하는 이유를 잘 모르는 환자들은 스트레스 수위가 가장 높고 잘 낫지도 않는다. 그래서 최고의 의사들은 환자를 대하는 태도를 바꾸었다. 의사가 무턱대고 "당신에게 무엇이 제일 좋은지는 의료 전문가인 내가 잘 아니까 당신은 시키는 대로만 하시오"라고 말하던 시대는 지났다. 이제 최고의 의사들은 환자 교육을 치료 과정의 요긴한 도구로 본다. 그래서 병의 특성, 가능한 요법의 여러 대안과 결과, 각 절차나 치료의 작용 원리, 환자가 겪게 될 증세, 예측되는 결과 등을 시간을 들여 설명해준다. 병마를 무찌르는 데 환자를 동맹군으로 끌어들이는 것이다. 자신의 운명을 스스로 통제한다고 느끼는 사람일수록 삶이 그만큼 더 향상되기 때문이다.

누구나 철저히 무력감이 들 때가 있다. 나도 그 끔찍했던 목요일 오후가 기억난다. 전화를 건 사람은 "스윈돌 목사님, 목사님의 딸 카리사가 부상을 당해 구급 의료대원들이 도착했는데 목사님이 어느 병원으로 보내기를 원하시는지 알아야겠습니다"라고 말했다. 딸은 응원단에서 연습하던 중 인간 피라미드의 꼭대기에서 머리부터 거꾸로 떨어졌다. 학교에 도착해보니 딸이 들것에 뉘어 묶여 있는데 머리를 꼼짝도 하지 못했다. 딸은 눈물을 줄줄 흘리며 "아빠, 아무런 감각도 없어요"라고 말했다. 병원 응급실에서 의료진이 엑스레이를 찍고 신경 검사를 하는 동안, 대기실에서 기다리던 우리 부부에게는 시간이 정지해버렸다. 두려움이 엄습했다. 우리는 친한 친구인 조니 에릭슨 타다(Joni Eareckson Tada)의 잔상을 애써 떨쳐냈다. 그녀는 처참한 교통사고로 사지가 마비되었다. 우리는 서로 끌어안고 울며 절박한 심정으로 기도했다. "오 하나님, 안 됩니다…그것만은 안 돼요…제발, 주님, 안 됩니다…도와주세요, 제발…."

마침내 저녁 무렵에 담당 의사가 우리를 불렀다. 그는 엑스레이 사진을 보여주면서—봐도 뭐가 뭔지 몰랐지만—카리사에게 영구적 손상의 징후는 없다고 확인해주었다. 나는 현기증이 나면서 무릎에 힘이 쭉 빠졌다. 안도와 감사가 파도처럼 밀려오면서 아내와 나를 또 한 번 울렸다.

그럴 때 우리는 무슨 수를 써서라도 다만 얼마라도 통제권을 얻고 싶어진다. 하지만 그때야말로 다른 사람들을 그리고 그보다 훨씬 더 우리 구주를 신뢰하는 수밖에 없다. 철저히 무력감이 들 때—앞일을 털끝만큼이라도 바꾸어놓을 능력이 전무할 때—오히려 삶은 원래의 실체 그대로 경험된다. 사실 우리는 무력하다. 항상 무력했다. 우리의 안위는 회오리바람 속의 티끌 하나와 같다. 늘 무섭기만 한 삶을 피하려고 우리는 내 운명이 내 소관이라는 환상을 공들여 지어내지만, 이런저런 환경이 다시 우리를 현실 앞에 데려다놓는다.

더 좋은 길이 하나님께 있다. 그분은 우리의 망상인 자율 대신에 그분이 자기 백성을 주권적으로 돌보신다는 진리를 내놓으신다.

바울의 재판(22:30-23:10)은 순전히 인간적인 관점에서 보면 허망하게 끝났다. 발언권을 얻을 가망조차 없었는데 처음에 그는 그것을 몰랐다. 이스라엘의 지도자들이 선포되는 진리를 귀담아듣고 자신들의 반역을 회개하여 메시아를 받아들일지도 모른다는 일말의 희망을 그는 품고 있었다. 예루살렘을 향해 고린도를 떠나기 직전 그는 로마 교회에 이렇게 고백했다.

> 내가 그리스도 안에서 참말을 하고 거짓말을 아니하노라 나에게 큰 근심이 있는 것과 마음에 그치지 않는 고통이 있는 것을 내 양심이 성령 안에서 나와 더불어 증언하노니 나의 형제 곧 골육의 친척을 위하여 내 자신이 저주를 받아 그리스도에게서 끊어질지라도 원하는 바로라 그들은 이스라엘 사람이라 그들에게는 양자됨과 영광과 언약들과 율법을 세우신 것과 예배와 약속들이 있고 조상들도 그들의 것이요 육신으로 하면 그리스도가 그들에게서 나셨으니 그는 만물 위에 계셔서 세세에 찬양을 받으실 하나님이시니라 아멘(롬 9:1-5).

그러나 처음에 한마디 했다가 입을 얻어맞고는(행 23:2) 바울은 이스라엘의 마음이 돌처럼 굳어 있음을 깨달았다. 그가 무슨 말을 하더라도 반역에서 돌이킬 그들이 아니었다. 성전은 이 충실한 유대인에게 안식처가 되었어야 했다. 하지만 그날 이후로 주님은 이방인을 통해 자신의 사도를 보호하시고, 자신의 말씀을 보전하시며, 자신의 복음을 나머지 인류에게 전하신다. 그분이 열방의 빛으로 택하신 나라가 오히려 어두운 배경이 되어, 그 배경을 바탕으로 이방인들이 복음의 빛나는 희망을 보게 되었으니 아이러니가 아닐 수 없다. 바울이 향후 5년 동안 이방인 권력층 앞에 이 사건을 진술하게—즉 기쁜 소식을 변호하게—된 것(행 24-28장)은 이스라엘이 그를 무고(誣告)한 결과였다.

밤중에 예루살렘을 떠나 가이사랴로 향하던 순간부터(23:23) 바울의 운명은 타인의 손에 맡겨졌다. 그는 복음을 진척시키기 위해 더는 자유로이 여행하거나 다음 행보를 정할 수 없었고, 사람들의 행동을 기다렸다가 기회가 되는 대로 순간순간 대응해야 했다. 바울은 속수무책으로 무력했으나 어느 때보다도 더 침착했다. 그의 운명을 타인이 통제하는 듯 보였지만, 그는 다메섹으로부터 시작하여 세 차례의 제국 순회를 거쳐 이번 로마행에 이르기까지 자신의 걸음을 인도하시는 구주를 신뢰했다.

—23:23-24—

유대인들은 공정한 발언권을 주려는 척하며 바울을 유인해서 칼로 찔러 죽이려 했다. 이 음모를 알게 된 천부장은 백부장 둘을 불러 수송대를 꾸렸다. 백부장은 오늘날의 대위나 소령에 해당하는 계급으로 약 1백 명의 군사를 관할했으며, 그 인원에 하급 장교와 갑옷 담당자 등의 지원 간부도 포함되었다. 고위급 백부장은 상급 장교를 지원하는 간부직을 맡기도 했고, 고관을 호위하거나 죄수를 관리하거나 십자가형을 비롯한 형벌을 집행하는 등의 특수 임무를 관할하기도 했다.

천부장은 분명히 '인해 전술'을 신봉하는 사람이었다. 부하들의 안전을 확보하고자 그는 바울 주위에 대규모 병력을 투입하여 감히 누구도 암살을 기도하지 못하게 했다. 그는 밤 9시까지 군인 200명을 대령하라고 지시했다. 이어진 명령인 "기병 칠십 명과 창병 이백 명"(23:23)을 어떻게 해석하느냐에 따라 병력의 총수는 270명이나 470명으로 올라간다. 처음 "이백 명과"에서 "…과"[*kai*(2532)]로 번역된 접속사가 이런 문맥에서는 대개 "…에 더하여"를 뜻한다. 즉 그는 보병 200명에 기병 70명과 창병[*dexiolabos*(1187)] 200명을 추가했다. 여기 "창병"으로 옮겨진 단어는 '투석 병사, 활 사수, 창병' 등으로 다양하게 번역된다. 투석기로 돌을 날리든, 활로 화살을 쏘든, 손으로 창을 던지든 모두 무기를 발사하는 임무라는 공통점이 있었다.

그들은 바울을 아마도 말이었을 짐승에 태워 로마의 유대 본부인 가이사랴로 보냈다. 천부장은 바울의 사건을 자기 선에서 해결할 수 없음과 현지의 자경단으로부터 로마 시민의 권리를 보호하는 것이 자신의 의무임을 알았다. 시민을 폭도의 손에 죽게 둔다는 것은 로마의 수치였고, 바울을 예루살렘에 더 오래 둘수록 적들이 성공할 가망은 더 높아질 터였다.

—23:25–30—

천부장은 바울을 보낼 때 로마의 총독으로 임명된 벨릭스에게 편지도 함께 보냈다. 편지에 중요하게 강조된 내용은 세 가지다. 첫째, 바울은 로마 시민이었다. 따라서 이제부터 벨릭스는 로마를 대변하는 자로서 자신의 본문을 다할 의무가 있었다. 둘째, 바울은 로마법을 어긴 죄가 하나도 없었다(18:14–15, 23:9). 그렇지 않다면 루시아가 문제를 직접 처리했을 것이다. 셋째, 유대인들이 노하여 바울을 죽이려는 바람에 이 분쟁은 심각한 정치적 의미를 띤 국사(國事)로 변했다.

루시아는 자신이 용맹하고 지혜로워 보이도록 편지글에 신중을 기했다. 그가 바울을 폭도의 폭력에서 떼어내 구류한 것(21:30–32)이 바울을 "구원"한 결과가 되기는 했지만(참고 23:27) 처음부터 그러려던 것은 아니었고, 그는 바울이 로마 시민인지조차 몰랐다. 그는 다만 폭동의 구심점인 바울을 잡아 격리시켰을 뿐이고, 필요하다면 고문을 해서라도 나중에 진상을 밝힐 작정이었다.

천부장이 바울을 가이사랴로 보낸 것은 지혜로운 결정이었다. 그는 시민과 현지 정부 사이의 분쟁을 판결할 권한이 없었다. 그래서 문제를 당사자들끼리 자체적으로 해결하도록 주선했다가 결국은 바울을 관할 당국으로 이송한 것이며, 성전 지도자들에게도 총독에게 법적으로 소송을 제기하도록 조치했다.

—23:31–35—

안디바드리는 예루살렘에서 65킬로미터쯤 떨어진 사마리아 해안 평지에 위치한 성읍이었다. 호송대가 하룻밤을 지낸 후 백부장들은 여정의 가장 위험한 구간을 지나왔다고 보고 보병을 예루살렘으로 돌려보냈다. 가이사랴까지 남은 거리 40킬로미터는 기병이 정오 전까지 주파할 수 있었다. 벨릭스는 사도를 받아들여 편지를 읽고 상황을 파악하기 시작했다. 바울이 유대 출신이었다면 바로 벨릭스의 관할권이었다. 그러나 그가 당시 수리아 성

벨릭스(사도행전 23:24)

AD 50년경에 벨릭스의 전임자 쿠마누스는 스스로 유대 민족의 적이 되었다. 네베데우스의 아들인 대제사장 아나니아와 분쟁하다가 로마에서 재판까지 받게 된 것이다. 두 사람은 서로 제국에 대한 반란죄를 씌웠다. 한편 유대에서는 안나스의 아들 요나단이 임시 대제사장이 되었다. 글라우디오 황제는 쿠마누스를 유죄로 평결하여 추방했고, 그러자 요나단은 마르쿠스 안토니우스 벨릭스를 총독으로 임명해줄 것을 요청했다.[17]

벨릭스는 본래 자기 형 팔라스와 함께 마르쿠스 안토니우스의 딸의 노예였다가 해방된 자유민이었다. 둘 다 자유를 얻은 뒤 고위직에 올라 팔라스는 글라우디오와 네로 두 황제의 재정비서가 되었다.[18] 벨릭스는 집안의 인맥과 권모술수를 동원하여 힘들이지 않고 출신 성분의 오명을 벗었다. 그는 용케 요나단의 환심을 샀는데, 어느새 요나단은 예루살렘의 범죄 조직인 안나스 가문의 수장이 되어 있었다. 그 결과 벨릭스는 기록상 노예 출신으로 총독에 오른 유일한 사람이 되었다.

처음에 벨릭스는 점점 늘어나는 현지의 강도들을 통제하려 부심했다. 그들은 강탈과 암살로 점령국 로마에 대항하던 무법자들이었다. 그는 그중 다수를 잡아 처형했으나 다 없애지는 않고 일부는 자신이 부렸다. 2년 동안 요나단에게서 끊임없이 비난을 듣던 그는 열심당의 극단주의 분파인 '자객'(sicarii)[19]을 시켜 이 임시 대제사장을 제거했다. 그러나 머지않아 그 음모는 역풍으로 돌아왔다. 임무를 수행한 암흑가의 자객들이 벨릭스 총독과의 연줄을 이용하여 도시를 지배하려 한 것이다. 그 주모자 중 하나가 바로 "소요를 일으켜 자객 사천 명을 거느리고 광야로 가던" 이집트 출신의 거짓 선지자였다(21:38). 벨릭스는 교활하게 이 봉기를 기회 삼아 도시를 숙정하여 로마의 영웅이 되었고, 자신의 청부 살인을 아는 목격자들을 몰살했다. 그 이집트인이 도주하여 다시는 나타나지 않았는데도 벨릭스는 자객 4백 명을 죽였다.

벨릭스는 양심이 없는 기회주의자였다. 역사가 타키투스가 묘사한 그는 "온갖 정욕과 잔학한 짓을 일삼으며 온통 노예의 본능으로 왕의 권력을 휘두른" 사람이다.[20] 그는 사람들과 환경을 이용하여 자신의 속셈을 이루었는데, 그 속셈이란 곧 권력을 더 거머쥐고 재물을 더 축적하는 것이었다. 그는 요나단을 이용하여 유대 총독으로 부임한 뒤에 그를 암살했다. 손에 피를 묻히는 일을 강도들에게 시킨 뒤 그들을 사법 처리하여 자신을 정당화했다. 그는 또 뇌물을 밝혔고 분쟁을 판결할 때도 정의는 간곳없이 정치적 사리(私利)에 근거했다. 네베데우스의 아들인 대제사장 아나니아가 부패와 착취를 일삼는 것도 그는 간섭하지 않고 그냥 두었다가, 그 부패를 이용하여 유대와 수리아 사이의 분쟁을 부추겨 자신의 정치적 이득을 챙겼다.

이유는 알려져 있지 않지만 벨릭스는 AD 59년경에 로마로 돌아갔다. 거기서 유대인 대표들이 그를 법정에 고소했다. 이번에도 연줄이 아니었다면 그에게 유죄가 선고되었을 것이다. 마침 그때 네로의 총애를 받고 있던 그의 형 팔라스의 탄원으로 그는 무사히 풀려났다.[21]

에 속했던 길리기아 출신이라서, 이 사건은 벨릭스와 수리아 총독 쿠아드라투스의 관계와도 맞물려 있었다. 그는 벨릭스의 전임자 쿠마누스를 면직되게 한 사람이었다.

벨릭스는 사건을 맡기로 하고 예루살렘에서 원고가 오는 대로 바울의 말을 듣겠다고 약속했다. 바울은 시민인데다 아직 범죄 혐의가 없었다. 게다가 루시아가 분명히 밝혔듯이 바울은 보호 수감 중이었다. 그래서 사도는 헤롯 궁에서 군인들의 감시를 받으며 비교적 편하게 지냈다. "지키라"[*phylassō*(5442)]로 번역된 동사는 '감시하다, 망을 잘 보다, 보호하다'는 뜻이지만 꼭 감방에 가두고 자물쇠를 채운다는 말은 아니다.

—24:1—

닷새 후에 아나니아가 여러 장로—당연히 사두개인 중에서 엄선했을 것이다—와 한 "변호사"[*rhētōr*(4489)]와 함께 왔다. 여기서 변호사란 로마법의 전문가라기보다 연설의 전문가였다. 당시에는 세세한 법규에 대한 지식이나 법적 절차는 별 의미가 없었고, 권력자를 설득하여 자기에게 유리한 행동을 이끌어내는 것이 관건이었다. 본문의 경우에도 법은 많은 요인 중 하나에 불과했고, 가장 중요한 요인은 벨릭스가 무엇을 자신에게 가장 큰 이득으로 여길 것인가였다. 따라서 유능한 웅변가라면 표시 나지 않게 아첨하는 법을 알 것이고, 벨릭스의 이득—권력과 돈—을 챙겨주면서도 성전 관리들에게 유리한 쪽으로 은근히 판결을 유도할 것이다.

—24:2-4—

더둘로는 로마에서 흔히 쓰이는 이름이었으나 이 사람은 유대인이었을 수 있다. 그가 정성 들여 준비한 아첨으로 논고를 시작한 것도 당시에 흔한 일이었다. 그는 벨릭스를 평화의 수호자요 정의의 투사라고 치켜세웠다. "개선된 것"(24:3)이란 벨릭스가 강도와 자객을 소탕한 일을 가리킨다. 그가 강도와 자객을 자기편으로 부려 먹다가 죄를 덮어씌운 사실을 역시 악명 높은 착취자였던 아나니아도 틀림없이 알았다. 사실 아나니아도 임시 대제사장을 살해하는 일에 일부분 가담했을 수 있다.

—24:5-6—

더둘로는 세 가지 죄목으로 바울을 고발했다.

1. 바울은 천하에 이름난 말썽꾼이었다(24:5상). 로마는 사회적 불안을 대단히 경계했으며, 민간의 질서를 유지할 책임을 각 총독에게 맡겼다. 이 사명을 수행하기 위한 조치라면

황제는 무엇이든 존중했고, 그 과정에서 정의가 훼손되더라도 동기를 감안하여 과오를 눈감아주었다. 더둘로는 바울이 아무리 시민이라 해도 그를 제거하는 일이 평화 유지를 위한 수단으로 정당화될 수 있다고 넌지시 뚱겼다. 더둘로를 지지하는 증언을 해줄 만한 유대인들이 고린도, 에베소, 예루살렘 등 최소한 세 곳의 큰 도시에 있었다.

2. 바울은 위험한 반로마 이단의 수장이었다(24:5하). 로마는 타종교를 용인하면서도 제국의 모든 신민에게 로마의 신들을 받아들일 것을 요구했다. 로마의 신을 숭배하는 것은 국기에 대한 경례와 같았고, 숭배하지 않는 것은 나라를 모독하는 일이었다. 그런데 바울은 사람들을 이끌어 로마의 종교를 거부하게 했을 뿐 아니라 가이사 이외의 왕이 있다고 공언했다.

3. 바울은 유대인의 성전까지 더럽히려 했다(24:6). 이 문제는 더둘로도 살짝 언급만 하고 말았는데, 로마인인 벨릭스와 무관한 일이어서가 아니라 오히려 그가 성전에 함축된 정치적 의미를 훤히 알았기 때문이다. 그의 전임자는 로마에서 아나니아—지금 변호사 옆에 서 있는—와 분쟁하다가 패소했다. 게다가 벨릭스가 현직에 오른 것도 임시 대제사장의 덕이었다. 더둘로의 발언에는 이런 의미가 깔려 있었다. "벨릭스여, 바울이 성전을 더럽혔는데 성전은 당신의 미래를 바꾸어놓을 위력이 있나이다."

—24:7-9—

더둘로는 논고를 마치면서 성전 측에서 유대인의 내부 문제로 보는 일에 루시아가 부적절하게 개입했다는 식으로 말했다. 벨릭스의 전임자인 쿠마누스의 경솔했던 처사를 그런 식으로 빗대어 말한 것이다. 어느 해 유월절에 전임 총독은 성전 단지의 지붕에 빙 둘러 로마 병력을 배치했었다. 요세푸스에 따르면 "한 군인이 군복을 내리고 상스럽게 유대인들 쪽으로 엉덩이를 엉거주춤 내밀고는 그런 자세에서 나올 법한 말을 내뱉었다."[22] 이 행위로 폭동이 발발하여 많은 예배자가 죽었고, 유대인들과 쿠마누스 사이의 오랜 반목이 시작되었다. 결국 전임 총독은 이 일로 유죄 평결을 받고 추방되었다.[23]

더둘로의 말이 끝나자 다른 성전 관리들—모두 사두개인이었을 것이다—도 고발에 가세했다. 많은 영향력 있는 인사들이 벨릭스에게 자기들 쪽에 유리하게 판결해줄 것을 촉구한 것이다. 벨릭스는 그들 모두가 장차 로마에서 자기편이나 혹은 상대편의 증인으로 나설 수 있는 자들임을 알았다.

바울은 반론의 첫마디를 떼는 순간 자신이 어떤 상황에 직면해 있는지를 간파했을 것이다. 예루살렘에서는 그에게 제대로 발언할 기회조차 주어지지 않더니 이번 가이사랴에서는 부패한 권력자에게 재판을 받게 된 것이다. 그는 이 길의 끝이 석방이 아니라 로마인 것도 알았다. 바울의 미래에 대한 통제권은 그 자신에게 있지 않았으나 다행히 이 권력자들에게도 있지 않았다.

적용: 사도행전 23:23-24:9

자신의 무력함을 최대한 활용하는 법

두 가지 변할 수 없는 상황의 중간에 끼어 있던 바울은 예루살렘에서 보호 수감 중일 때나 가이사랴로 수송될 때나 관정에 머물 때나, 자신의 무력한 처지에 한결같이 순복했다. 자신의 무력함에 대한 그의 반응에 우리가 명심해둘 만한 두 가지 교훈이 있다.

첫째, 저항하지 말고 안식하는 법을 배우라. 저항하면 사고가 명쾌해지지 못한다. 저항하면 말이 많아지고 기도는 줄어든다. 저항하면 신뢰하기보다 당황한다. 저항하면 자신의 방법과 권리와 계획과 행복만 생각하게 된다. 싸워야 할 때가 없다는 말이 아니다. 싸워서 죄짓지 않고도 분명한 목표를 달성할 수 있다면 전력을 다해 싸우라. 그러나 상황에 맞서 싸워 일이 더 악화된다든지 어느 쪽을 택하든 문제가 풀리기보다 더 많아진다면, 그때는 자제하고 자신의 앞날을 하나님의 주권에 맡겨야 한다.

둘째, 압박감을 내려놓고 하나님의 평안을 주장하라. 로버트 와이즈(Robert Wise)가 『시련의 도가니』(*Your Churning Place*)에 말했듯이 사람은 누구나 압박감과 긴장감과 불안감과 좌절감이 몸의 증세로 느껴지는 부위가 있다.

> 이런 [도가니]를 우리는 인생의 어린 시절에 알게 된다. 그 부위는 근육이 경직되는 명치께나 목덜미인 것 같다. 이곳이 낡은 세탁기처럼 쿵쾅거리며 돌아가기 시작하면, 어느새 삶의 다른 모든 영역도 사람을 무력하게 하는 그 육중하고 둔탁한 박자에 맞

> 추어 행진한다.
>
> 망령처럼 떠도는 기억과 파탄 난 전망에서 비롯되는 냉혹한 파장, 우리는 그것을 그 무엇으로도 면제받을 수 없다. 심장과 머리가 누구에게나 있듯이 도가니의 존재도 부인할 수 없다.
>
> 그곳은 건설적인 자리가 아니다. 긍정적 사고는 행동과 결과를 낳지만 도가니는 정체된 병적 불안으로 가득 찬 탱크다.[24]

하나님은 삶의 압력과 요구에 우리 방식대로나 우리 힘으로 대응하라고 요구하신 적이 없다. 자기 힘을 의지하면 사람이 불안하고 심란해질 뿐이며, 결국 마음이 점점 완고해져 하나님의 인도하심에 무디어진다. 바울은 사역 초기에 무력함에 대처하는 비결이 곧 순복임을 배웠다. 스스로 통제할 수 없는 문제에 더는 저항하지 않았을 때, 비로소 그는 하나님의 평안에서 힘을 얻었다.

> 나에게 이르시기를 내 은혜가 네게 족하도다 이는 내 능력이 약한 데서 온전하여짐이라 하신지라 그러므로 도리어 크게 기뻐함으로 나의 여러 약한 것들에 대하여 자랑하리니 이는 그리스도의 능력이 내게 머물게 하려 함이라 그러므로 내가 그리스도를 위하여 약한 것들과 능욕과 궁핍과 박해와 곤고를 기뻐하노니 이는 내가 약한 그 때에 강함이라(고후 12:9-10).

하나님의 손에 통제권을 넘겨드림으로써 바울은 상상을 초월하는 큰 힘을 얻었다.

질질 끌면 위험하다(사도행전 24:10-27)

10총독이 바울에게 머리로 표시하여 말하라 하니 그가 대답하되
당신이 여러 해 전부터 이 민족의 재판장 된 것을 내가 알고 내 사건에 대하여 기꺼이 변명하나
이다 11당신이 아실 수 있는 바와 같이 내가 예루살렘에 예배하러 올라간 지 열이틀밖에 안 되었고
12그들은 내가 성전에서 누구와 변론하는 것이나 회당 또는 시중에서 무리를 소동하게 하는 것을 보
지 못하였으니 13이제 나를 고발하는 모든 일에 대하여 그들이 능히 당신 앞에 내세울 것이 없나이다

14그러나 이것을 당신께 고백하리이다 나는 그들이 이단이라 하는 도를 따라 조상의 하나님을 섬기고
율법과 선지자들의 글에 기록된 것을 다 믿으며 15그들이 기다리는 바 하나님께 향한 소망을 나도 가
졌으니 곧 의인과 악인의 부활이 있으리라 함이니이다 16이것으로 말미암아 나도 하나님과 사람에 대
하여 항상 양심에 거리낌이 없기를 힘쓰나이다 17여러 해 만에 내가 내 민족을 구제할 것과 제물을 가
지고 와서 18드리는 중에 내가 결례를 행하였고 모임도 없고 소동도 없이 성전에 있는 것을 그들이 보
았나이다 그러나 아시아로부터 온 어떤 유대인들이 있었으니 19그들이 만일 나를 반대할 사건이 있으
면 마땅히 당신 앞에 와서 고발하였을 것이요 20그렇지 않으면 이 사람들이 내가 공회 앞에 섰을 때
에 무슨 옳지 않은 것을 보았는가 말하라 하소서 21오직 내가 그들 가운데 서서 외치기를 내가 죽은
자의 부활에 대하여 오늘 너희 앞에 심문을 받는다고 한 이 한 소리만 있을 따름이니이다 하니

22벨릭스가 이 도에 관한 것을 더 자세히 아는 고로 연기하여 이르되 천부장 루시아가 내려오거
든 너희 일을 처결하리라 하고 23백부장에게 명하여 바울을 지키되 자유를 주고 그의 친구들이 그를
돌보아 주는 것을 금하지 말라 하니라

24수일 후에 벨릭스가 그 아내 유대 여자 드루실라와 함께 와서 바울을 불러 그리스도 예수 믿는
도를 듣거늘 25바울이 의와 절제와 장차 오는 심판을 강론하니 벨릭스가 두려워하여 대답하되 지금은
가라 내가 틈이 있으면 너를 부르리라 하고 26동시에 또 바울에게서 돈을 받을까 바라는 고로 더 자
주 불러 같이 이야기하더라 27이태가 지난 후 보르기오 베스도가 벨릭스의 소임을 이어받으니 벨릭스
가 유대인의 마음을 얻고자 하여 바울을 구류하여 두니라

옛날에 어떤 사람이 땅 속의 캄캄한 나락으로 내던져졌는데 거기에 악령들과 대장 사탄이 모여 있었다. 그는 사탄과 귀신들 사이에 오가는 대화를 지켜보았다. 손에 악의 홀(笏)을 든 대장이 큰 소리로 말했다. "내가 인간들의 영혼을 멸하려 하는데 누가 세상에 나가 그들을 회유하겠느냐? 어떤 메시지를 어떻게 전하여 남녀노소 할 것 없이 다 하나님을 등지게 만들겠느냐?"

한 귀신이 "제가 나가서 사람들에게 천국이 없다고 말하겠습니다"고 대답하자 사탄이 얼굴을 찡그리며 되받았다. "아니, 그 방법은 안 통한다. 인류가 천국이 있다는 말을 들은 지 너무 오래되었기 때문이다. 게다가 우리의 원수인 하나님이 그리스도인들에게 준 책에 천국이 나와 있고, 죽음과 눈물과 슬픔과 고통과 고생과 비극이 더는 없는 곳으로 약속되어 있다."

두 번째 귀신이 쪼르르 나서며 말했다. "제가 가서 인간들에게 지옥이 없다고 말하겠습니다." 대장의 반응은 이번에도 부정적이었다. "그 방법도 안 통한다. 언젠가는 반드시 심

판 날이 있어서 각자 살아온 삶에 상응하는 곳으로 가야 함을 인간들은 최소한 양심으로라도 알고 있다. 사실 내가 말했던 그 책 곧 그리스도인들의 지침서에는 천국에 대한 말보다 지옥에 대한 말이 더 많다. 지옥이 없다는 말을 그들이 믿을 리가 없다."

잠시 침묵이 흐른 뒤 사탄이 덧붙였다. "인간이 살고 있는 지상 모든 나라의 모든 계층, 모든 연령, 모든 문화, 모든 남녀에게 고루 통할 만한 방법이 필요하다."

그러자 음흉한 귀신 하나가 앞으로 나서며 말했다. "제게 답이 있으니 제가 가겠습니다. 저는 인간들에게 지옥이나 천국이 없다고 말하지 않고 그냥 서두를 것 없다고만 말하겠습니다."

사탄은 그를 보냈다.[25]

영혼을 파괴하는 이 주범을 일컬어 '지연작전'이라 한다.

—24:10—

처음부터 바울은 하나님의 계획에서 자신에게 주어진 역할을 받아들였다. 며칠 전 밤에 예수님이 그의 곁에 서서 "담대하라 네가 예루살렘에서 나의 일을 증언한 것 같이 로마에서도 증언하여야 하리라"(23:11)고 확신을 주셨다. 그래서 바울은 자신이 마르쿠스 안토니우스 벨릭스 앞에 선 것이 방면을 얻어내기 위해서가 아님을 알았다. 그의 목적은 예수님이 "네가 나를 본 일과 장차 내가 네게 나타날 일에 너로 종과 증인을 삼으려"고(26:16) 그를 부르시던 날 이후로 달라지지 않았다. 그의 임무는 오직 하나였으니 곧 진리를 단순 명료하게 말하는 것이었다.

바울을 죽이려던 성전 관리들의 변호사는 세 가지 죄목을 주장한 뒤 논고를 마쳤다. 이에 바울은 혐의별로 반론을 제기한 뒤 그 이상으로 넘어간다. 웬만하면 예의상 입에 발린 칭찬이라도 했을 바울이지만, 양심상 벨릭스를 칭찬할 게 거의 없었다. 바울은 그를 "각하"(참고 24:3)라 부르지 않았고 큰 개선을 이루었다고 아부하지도 않았다. 반론으로 넘어가기 위한 서론조차 달지 않았다. "당신이…이 민족의 재판장 된 것을"이라는 말은 못생긴 아기의 엄마에게 "어, 아기로군요!"라고 말하는 것과 같았다.

—24:11-13—

바울은 자신이 천하에 이름난 말썽꾼이라는 첫 번째 죄목(24:5상)을 세 가지 사실로 논박했다. 첫째, 체포될 당시 그는 예루살렘에 있은 지 일주일 남짓밖에 되지 않았었다. 그 후 지난 며칠간은 보호 수감 중이었다(24:11).

바울은 "이레가 거의 차"갈 때 성전에서 붙잡혔고(21:27), 이튿날 산헤드린 앞에 섰으며(22:30), 그날 밤을 영내에서 보냈고(23:11), 이튿날 밤 9시에(23:23) 안디바드리로 이송되어 밤을 보낸 뒤(23:31-32), 다음 날 가이사랴에 도착했다(23:33). 그곳에 와서도 짤막한 면담 후 그는 원고 측이 출두할 때까지 닷새를 기다렸다(24:1). 일주일 정도 되는 시간 동안 그가 예루살렘에 '분쟁을 야기할' 정도로 성사시킬 수 있는 일은 별로 없었다.

둘째, 그가 성전이나 회당에서 누구와 "변론하는 것"을 본 사람이 없었다(24:12). 그는 무리를 선동하여 폭동을 일으키기는 고사하고 누구를 개종시키려 하지도 않았다. 사실 그가 성전에서 한 일이라곤 나실인의 서원을 종결하는 네 사람을 지원한 것뿐이었다(21:23-26).

셋째, 원고 측의 주장을 뒷받침할 증거가 전혀 없었다. 그들이 돈을 주고 법정에 거짓 증인들을 세워 위증하게 한다 해도 바울은 여남은 명의 증인을 불러 조목조목 반박할 수 있었다(24:13).

—24:14-16—

이어 그는 자신이 위험한 반로마 이단의 수장이라는 두 번째 혐의(24:5하)에 대해 답변했다. "나는 이단을 이끈 죄는 없으나 영적 진리에 헌신한 사람이다"는 논조로 말한 뒤 네 가지 요지로 이를 입증했다.

- 나는 히브리의 하나님을 섬긴다.
- 나는 히브리 성경을 그대로 다 믿는다.
- 나의 소망은 히브리의 하나님께 있다.
- 나는 부활을 믿고, 이 하나님 앞에서 이루어질 최후의 심판을 믿는다.

처음 세 가지 요지에서는 바울과 원고 측(사두개파)이 완전히 일치했다. 네 번째 요지도 사두개인들이 동의하지 않았을 뿐이지 유대교 신학자의 다수를 차지하는 바리새인들은 바울과 견해가 같았다. 따라서 바울이 위험한 이단을 퍼뜨리는 자라는 혐의는 성립될 수 없었다. 이번 재판에서 바울은 그리스도를 전하려 하지 않았다. 기독교의 합리성을 예증할 기초를 놓았을 뿐이다. 기독교는 이상한 신비 종교나 반정부 도당이 아니었다. 유대교인들에 대해 이의가 없는 로마라면 당연히 그리스도인들에 대해서도 이의가 없어야 했다. 더둘로는 양측의 차이를 정치적인 것으로 몰아가려 했지만 바울은 진짜 문제가 신학적인 것임을 예증했다.

그가 이 부분의 반론을 맺으며 내놓은 고백은 철학이나 종교를 떠나 이성적 인간이라면 누구나 긍정해야 할 덕목이다. "이것으로 말미암아 나도 하나님과 사람에 대하여 항상 양심에 거리낌이 없기를 힘쓰나이다"(24:16). 불행히도 벨릭스와 아나니아는 바울처럼 이렇게 고백할 수 없는 사람들이었다. 감히 어림도 없었다!

—24:17-21—

바울은 자신이 유대인의 성전을 더럽히려 했다는 세 번째 죄목으로 넘어갔다(24:6). 성전을 더럽히려는 사람은 우선 성전에 헌금하지 않는다. 그런데 그는 성전에 들어가 거액의 돈을 내서 네 명의 나실인을 후원했다(24:17). 게다가 바울은 예루살렘에 도착할 때 고린도와 빌립보의 신자들이 유대인 그리스도인들의 고생을 덜어주려고 헌금한 큰돈을 지참한 상태였다(롬 15:25-26, 고전 16:1-4, 고후 8:1-4). 더욱이 붙잡힐 당시 바울은 그 경건한 네 사람과 더불어 결례까지 행한 뒤였는데, 역시 성전을 더럽힐 사람이 할 행동은 아니었다(행 21:26, 24:18).

이어 바울은 예루살렘에서 온 원고 측 무리를 향하여 말하기를, 정작 소요를 일으킨 에베소 출신의 믿지 않는 유대인들(21:27)은 재판에 궐석했음을 지적했다(24:19). 바울을 기소하려면 그들의 증언이 필요한데도 말이다. 루시아가 벨릭스에게 보낸 편지에 따르면 본래의 원고들이 직접 와서 고발하도록 되어 있었다(23:30). 그들은 어디에 있다는 말인가? 그들은 출두하지 않았다. 그래서 바울은 성전 관리들에게 아무거나 직접 목격한 바에 근거하여 자신을 기소해보라고 도전했다(24:20).

말을 마치면서 바울은 자신이 그 전에 산헤드린 앞에서 고백했던 말을 솔직히 시인했다. 즉 그는 모든 사람이 부활하여 하나님 앞에서 최후의 심판을 맞이할 거라고 믿었고, 바로 그 소신 때문에 재판에 세워졌다(24:21). 이 마무리 발언을 통해 그는 두 가지 목표를 이루었다. 첫째, 대제사장과 자신의 분쟁이 전적으로 신학적인 것이지 로마가 개입할 문제가 아니라며 분쟁의 참 성격을 재차 강조했다. 둘째, 그는 벨릭스가 그가 지은 죄가 초래할 영원한 결과와 자신의 삶에 대해 생각해보기를 바랐다. 앞으로 구원에 대해 대화할 수 있도록 미리 토대를 깔아두려 한 것이다.

—24:22-23—

누가는 벨릭스가 "이 도에 관한 것을 더 자세히 아는 고로"(24:22)라고 논평했다. 이 말은 주로 두 가지로 해석된다. (1) 벨릭스는 이미 이 도를 더 자세히 알고 있어서 판결을 연기했다. (2) 벨릭스는 지금 이 도를 더 자세히 알게 되어서 연기했다.

첫 번째 해석도 가능성은 있다. 벨릭스의 아내 드루실라는 헤롯 아그립바 1세의 딸로 누가의 말대로 "유대 여자"(24:24)였다. 가이사랴에 유대인과 이방인 신자들이 많이 살고 있었으므로, 특히 그곳에 그녀와 오랜 구면인 그리스도인들이 있었을 수 있다. 벨릭스도 장기간 유대의 총독으로 재임하면서 그리스도인들을 다만 얼마라도 접하지 않을 수는 없었다. 그러니까 누가는 벨릭스가 성전 지도자들에게 속지는 않았지만, 속이 빤한 그들의 정치적 위협을 무시할 수도 없었다는 뜻으로 말했을 수 있다. 그러나 나는 두 번째 해석이 더 개연성이 있다고 본다. 바울이 증언한 결과로 벨릭스는 이 문제가 로마법과 관계된 것이 아니고 유대인의 신학과 관계된 것임을 더 잘 알게 되었다. 그럼에도 예루살렘에서 온 대표단은 그를 진퇴양난에 빠뜨렸다.

어느 경우든 벨릭스는 사건의 시비를 가리거나 정의롭게 판결할 마음이 없었다. 어쩌면 딱히 어찌해야 할지 몰라 질질 끌었다. 예루살렘의 천부장 글라우디오 루시아로부터 정보를 얻으려는 척하며 판결을 연기한 것이다. 물론 그는 이 송사를 진척시킬 의향이 없었고 적어도 가까운 미래에는 아니었다. 그가 자신의 수비대장으로 일하는 백부장에게 내린 명령이 그 증거다.

"지키되"(24:23)로 번역된 헬라어 단어는 단순히 '지키다, 간수하다'는 뜻이며, "자유"로 번역된 단어는 '해방, 면제'를 뜻한다. 나라면 이 명령을 "자유를 누리도록(직역하면 '가지도록'-역주) 지켜주라"고 번역하겠다.[26] 바울은 아직 보호 수감 중이었고 그 어떤 죄로도 기소되기 전이었다. 이번 재판은 성전 관리들이 제기한 공소였을 뿐, 이에 근거한 벨릭스의 판결은 아직 미정이었다. 그는 바울이 탈출한다 해도 정말 개의치 않았다. 오히려 이로써 그가 안고 있던 정치적 문제가 해결될 수도 있었다.

—24:24-25—

"수일 후"(24:24)라는 말만으로는 얼마나 긴 기간인지 알 수 없다. 사도행전의 다른 곳에 쓰인 "며칠" 혹은 "수일"은 한 달이 못 되는 기간을 가리킨다(9:19, 10:48, 16:12). 벨릭스는 여행을 갔던 모양인데, 아마도 아내 드루실라가 머물고 있던 곳으로 갔다가 가이사랴로 함께 돌아왔을 것이다. 그녀는 벨릭스의 두 번째 아내였다. 타키투스에 따르면 벨릭스의 첫 아내는 마르쿠스 안토니우스와 클레오파트라의 증손녀였다(역시 이름이 드루실라였다).[27] 유대에서 권력을 잡은 지(AD 52) 얼마 안 되어 벨릭스는 아그립바 1세의 딸이자 아그립바 2세의 누이인 드루실라를 만났다. 당시 그녀는 14세쯤 되었을 것이다. 벨릭스는 조강지처와 이혼한 뒤 젊은 드루실라까지 남편과 갈라서게 만들었다.[28] 다음은 요세푸스의 기록이다.

> 그는 자기 친구인 시몬이라는 사람을 그녀에게 보냈다. 구브로 태생의 유대인인 그는 마술사 행세를 하며 그녀에게 현 남편을 버리고 벨릭스와 결혼하라고 자꾸 부추겼다. 벨릭스의 청을 거부하지 않으면 그가 그녀를 행복한 여인이 되게 해줄 거라는 약속도 덧붙였다. 그래서 그녀는 꾀병을 부렸다. 마침 언니 버니게에게 심히 구박을 받던 터라 언니의 시기심에서 벗어나고 싶기도 했다. 결국 드루실라는 시몬의 설득에 넘어가 조상의 법도를 어기고 벨릭스와 결혼했다.[29]

어쨌든 불륜으로 맺어진 이 부부는 바울을 불러 설교를 들었다. 벨릭스는 마음을 열고 사도에게 발언할 기회를 줄 만큼 진지했던 것 같다. 그가 바울을 노리개로 삼았다고는 생각되지 않는다. 혹 그랬더라도 그는 설교 내용이 마음에 들지 않았다. 바울이 전한 메시지는 이 부부에게 민감한 주제였다. 둘 중 누구도 의와 절제의 모범은 아니었다. 바울이 최후의 심판에 대해 말하기 시작하자 벨릭스는 움찔하며 특유의 반응인 지연작전으로 물러났다(24:25). 나중에 이 문제를 다시 생각해보겠다며 그는 성전 관리들을 돌려보낼 때처럼 바울도 보냈다.

벨릭스의 말에서 드러나는 핵심 문구를 잘 보라. "내가 틈이 있으면"이라는 말은 질질 끄는 사람들의 단골 구호다.

—24:26-27—

흔히 이 기간을 '바울의 가이사랴 투옥'이라 칭하지만 총독의 궁은 사람이 갇혀 지내기에 그리 열악한 곳은 아니었다. 바울은 관정 안에서 자유를 누렸다. 외부인의 면회도 받고 궁을 지키는 감시병들 사이로 자유로이 왕래할 수도 있었다. 틀림없이 그는 이 기회를 살려 벨릭스의 고위급 방문객들과도 교류했을 것이다. 그렇게 2년이 흐르는 동안 총독은 바울의 부유한 친구들에게서 은근슬쩍 뇌물이 들어오기를 바라며 그와 대화하곤 했다. 하지만 바울의 신앙에 호기심을 보이면서도 본인이 결단하거나 그리스도를 믿는다는 징후는 보이지 않았다. 결국 그는 로마로 귀환했는데 그 이유는 역사에 밝혀져 있지 않다. 타키투스를 비롯한 여러 역사가에 따르면 그는 임기 중에 유대인들에게 강탈을 일삼은 죄로 하마터면 처벌을 받을 뻔했다. 그러니 바울을 그토록 오래 구류해둘 만도 했다. 자신의 잔학한 행위를 상쇄해줄 만한 신민들의 호의가 아쉬웠던 것이다.

자신이 고발당한 사건에 대해서나 그리스도를 전한 일에 대해서나 바울은 2년 동안 벨릭스의 결단을 기다렸으나 아무런 결과도 없었다. 벨릭스는 로마로 떠났고 베스도가 후임으로 왔다. 톰 컨스터블(Tom Constable) 박사가 아주 잘 표현했듯이 "사도는 하나님의 뜻 가운데서 정치적 장기판의 졸(卒)이 되었다."[30]

적용: 사도행전 24:10-27
더는 기다리지 마라

벨릭스는 바울에게 발언권을 주기는 했으나 양심에 찔리는 메시지를 듣고 행동으로 옮기지 못했다. 역사에 따르면 영적 세계와 바울에 대한 벨릭스의 태도는 계속 더 완고해졌다. 우리가 아는 한 그는 죄 가운데 죽었다.

지연작전은 결코 득이 되지 않는다. 서두를 게 없다고 믿을수록 자신의 무위(無爲)가 초래할 결과에 대한 우려도 줄어든다. 하나님이 성령을 보내신 데는 잃어진 사람들로 하여금 두려움을 품고 창조주 앞에서 각자의 죄를 깨닫게 하시려는 뜻도 있다. 벨릭스의 경험—질질 끌었던 고금의 무수히 많은 사람도 마찬가지다—에서 부각되는 두 가지 중요한 교훈이 있다.

첫째, 자꾸 미룰수록 성령의 칼날 앞에 마음이 완고해진다. 하나님의 진리는 결코 무디어지거나 날이 뭉툭해지지 않는다. 그러나 마음이 무감각해지면 그 검조차도 더는 불편하게 느껴지지 않을 수 있다. 권위 있는 성경학자도 하나님의 말씀에 아무런 영향을 입지 못할 수 있다. 말씀의 경고를 귀담아듣지 않고 꼭 필요한 반응을 뒤로 미루면 그렇게 둔감해진다. 이는 치명적인 상태다! 자칭 성도들이 사후 세계에 무관심한 채로 무덤에 들어간다. 심지어 믿는 사람들도 마음이 완고해져, 때로 겉으로는 기독교의 빛나는 모범이지만 속으로는 완전히 부패해 있을 수 있다.

중요한 결정을 뒤로 미루지 마라. 특히 성경 말씀의 지적을 받거나 성령이 깨우쳐주실 때는 더하다. 양심이 처음 찔리는 순간 바로 그 일에 주목하라. 문제를 하나님께 가져가 필요하다면 어떤 조치를 통해서든 그분께 해결을 받으라.

둘째, 자꾸 미룰수록 덜 중요한 일로 생각이 산만해진다. 벨릭스는 자신의 죄와 그리스도를 믿어야 할 필요성에 직면했으나 뒤로 물러나 꼭 필요한 결정을 질질 끌었다. 그러고는 권력을 키우고 돈을 불리는 사사로운 목적에 몰두했다. 바울과 벌인 종교적 변론에도 어느새 온통 물질주의적 동기가 작용했다. 그는 바울을 2년이나 만났다. 예수 그리스도의 대언자 중 1세기 최고의 논객과 직접 교류한 기간이 장장 2년이었다! 둘 사이에 오갔을 많은 대화를 상상해보라. 그런데도 그는 시종 수평적 차원에서 헤어나지 못했다.

종교계에 지천으로 널려 있는 현상이 바로 지적인 토론이고, 물질주의적 동기이며, 수평적 차원에 몰두함이다. 사람들은 자선 사업 기금을 모으거나, 심오한 주제를 논하거나, 사람들을 즐겁게 해주는 일 등을 통해 보람을 느낀다. 하지만 결코 이렇게 말할 생각은 없다. "하나님 앞에서 나는 죄인이다. 이제 내 삶을 열어놓고 그분 앞에 엎드린다. 그분께 내 삶과 가정과 사업과 사교적 인맥을 근본적으로 변화시켜주시기를 구한다. 나도 예수 그리스도의 제자가 되고 싶다."

언젠가는 당신에게도 마지막 날이 올 것이다. 예수 그리스도의 복음을 아직 받아들이지 않았다면 더는 뒤로 미루지 마라. 천국과 지옥은 실재하며, 이 문제야말로 어서 서둘러야 할 일이다.

성숙에 이르는 훈련(사도행전 25:1-22)

1베스도가 부임한 지 삼 일 후에 가이사랴에서 예루살렘으로 올라가니 2대제사장들과 유대인 중 높은
사람들이 바울을 고소할새 3베스도의 호의로 바울을 예루살렘으로 옮기기를 청하니 이는 길에 매복
하였다가 그를 죽이고자 함이더라 4베스도가 대답하여 바울이 가이사랴에 구류된 것과 자기도 멀지
않아 떠나갈 것을 말하고 5또 이르되 너희 중 유력한 자들은 나와 함께 내려가서 그 사람에게 만일
옳지 아니한 일이 있거든 고발하라 하니라

6베스도가 그들 가운데서 팔 일 혹은 십 일을 지낸 후 가이사랴로 내려가서 이튿날 재판 자리에
앉고 바울을 데려오라 명하니 7그가 나오매 예루살렘에서 내려온 유대인들이 둘러서서 여러 가지 중
대한 사건으로 고발하되 능히 증거를 대지 못한지라 8바울이 변명하여 이르되 유대인의 율법이나 성
전이나 가이사에게나 내가 도무지 죄를 범하지 아니하였노라 하니 9베스도가 유대인의 마음을 얻고자
하여 바울더러 묻되 네가 예루살렘에 올라가서 이 사건에 대하여 내 앞에서 심문을 받으려느냐 10바울
이 이르되 내가 가이사의 재판 자리 앞에 섰으니 마땅히 거기서 심문을 받을 것이라 당신도 잘 아시
는 바와 같이 내가 유대인들에게 불의를 행한 일이 없나이다 11만일 내가 불의를 행하여 무슨 죽을 죄
를 지었으면 죽기를 사양하지 아니할 것이나 만일 이 사람들이 나를 고발하는 것이 다 사실이 아니면
아무도 나를 그들에게 내줄 수 없나이다 내가 가이사께 상소하노라 한 대 12베스도가 배석자들과 상
의하고 이르되 네가 가이사에게 상소하였으니 가이사에게 갈 것이라 하니라

13수일 후에 아그립바 왕과 버니게가 베스도에게 문안하러 가이사랴에 와서 14여러 날을 있더니
베스도가 바울의 일로 왕에게 고하여 이르되 벨릭스가 한 사람을 구류하여 두었는데 15내가 예루살렘
에 있을 때에 유대인의 대제사장들과 장로들이 그를 고소하여 정죄하기를 청하기에 16내가 대답하되

무릇 피고가 원고들 앞에서 고소 사건에 대하여 변명할 기회가 있기 전에 내주는 것은 로마 사람의
법이 아니라 하였노라 [17]그러므로 그들이 나와 함께 여기 오매 내가 지체하지 아니하고 이튿날 재판
자리에 앉아 명하여 그 사람을 데려왔으나 [18]원고들이 서서 내가 짐작하던 것 같은 악행의 혐의는 하
나도 제시하지 아니하고 [19]오직 자기들의 종교와 또는 예수라 하는 이가 죽은 것을 살아 있다고 바울
이 주장하는 그 일에 관한 문제로 고발하는 것뿐이라 [20]내가 이 일에 대하여 어떻게 심리할는지 몰라
서 바울에게 묻되 예루살렘에 올라가서 이 일에 심문을 받으려느냐 한즉 [21]바울은 황제의 판결을 받
도록 자기를 지켜 주기를 호소하므로 내가 그를 가이사에게 보내기까지 지켜 두라 명하였노라 하니
[22]아그립바가 베스도에게 이르되 나도 이 사람의 말을 듣고자 하노라 베스도가 이르되 내일 들으시리
이다 하더라

가치 있는 신앙 여정에는 훈련이 포함될 수밖에 없다. 그리스도인의 삶에서 우리가 흔히 생각하는 훈련은 기도, 성경 읽기, 절제, 희생, 예배 등이다. 이런 활동에 힘입어 우리는 "그리스도와 그 부활의 권능과 그 고난에 참여함을 알"게 된다(빌 3:10). 우리가 자원하여 시행한다는 점에서 이런 행동은 '능동적 훈련'이라 할 수 있다. 그러나 주님은 우리를 신앙 여정 가운데 홀로 두지 않으신다. 우리 스스로 할 능력이나 의향이 없을 때도 그분은 책임지고 우리를 변화시키신다. 이는 그분이 지속적으로 베푸시는 은혜다. 바울은 빌립보의 제자들에게 "너희 안에서 착한 일을 시작하신 이가 그리스도 예수의 날까지 이루실 줄을 우리는 확신하노라"(빌 1:6)고 단언했다. 그래서 하나님은 영적 삶의 일부 훈련을 우리의 허락 없이 주도하시고, 이런 훈련 기간을 통해 우리를 그분 아들의 형상으로 빚으신다.

이런 훈련은 흔히 뜻밖의 모양으로 찾아온다. 바울이 벨릭스의 결정—아무 결정이든!—을 기다리던 2년 동안 네로의 인사 발령으로 갑자기 다른 총독이 관정에 입주했다. 이제 바울의 삶의 노정도 달라질 수밖에 없었다. 이 기간 동안 벌어진 다음 네 가지 상황이 바울에게 훈련의 기회가 되었다.

1. 자꾸 길어지는 지연(24:27)
2. 무고한 고발(25:6-8)
3. 불공정한 악용(25:9-12)
4. 불확실한 상태의 연속(25:13-22)

하나님은 일부 훈련을 주도하여 신자들 안에 그분의 거룩한 목적을 충실히 이루신다. 그러나 우리도 변화의 과정에 한몫한다. 즉 어떻게 반응할 것인지는 우리가 선택하기 나름이다. 우리는 환경을 밀쳐내 그분의 훈련에 저항하거나 파괴적 대응으로 그분이 주시는 교훈을 무시할 수 있다. 반대로 그분을 신뢰하여 인도하심에 순복할 수도 있다. 선택은 우리 몫이지만 그분은 결국 목적을 이루신다. 우리가 따라야 할 훌륭한 모본을 바울의 반응에서 찾을 수 있다.

—25:1-5—

보르기오 베스도가 유대에 부임해보니 온 성이 뒤죽박죽 엉망이 되어 있었다. 정부 고위층은 정치적 음모를 일삼았고, 거리에는 노상강도가 들끓었으며, 자객의 패거리가 배회했다. 자객들은 정치 활동 자금을 조달하려고 이 마을 저 마을을 유린했다. 베스도에 대해서는 거의 알려진 바가 없으나 그는 이런 폭력단의 문제만은 가짜 인물을 내세워 약삭빠르게 처리했다. 그 인물은 강도떼의 두목으로 행세하면서, 그들이 들판으로 집결하기만 하면 자신이 조직하여 이끌겠노라고 약속했다. 그러나 베스도가 미리 매복시켜둔 병력이 폭력단을 모조리 칼로 쳤다. 이로써 자객들은 일망타진되었다.[31]

그러나 얽히고설킨 정치 쪽은 무한히 더 어려웠다. 부임한 지 사흘 만에 베스도는 예루살렘으로 가서 유대의 정치와 종교 지도층을 만났다. 왕이 없다 보니 대제사장들이 곧 지도층이었고 그들은 모두 사두개인이었다. 그즈음 아그립바 2세는 아나니아를 제거하고 파비의 아들 이스마엘을 그 자리에 대신 앉혔다.[32] 하지만 아나니아는 예수님이 재판받으시던 당시의 안나스처럼 여전히 막후 실세였다.[33]

베스도가 알고 보니 종교 지도자들은 2년이 지났는데도 바울의 사건에 대한 관심을 잃지 않고, 은밀히 그를 죽일 기회를 노리고 있었다. 많은 안건이 논의된 이 첫 회동에서 그들은 바울을 다시 고발했다. 그들의 요청은 합리적인 듯 보였다(25:3). "호의"로 옮겨진 단어는 우리가 흔히 '은혜, 은총, 호의적 행위'로 번역하는 *charis*(5485)다. 그들은 베스도에게 호의의 몸짓으로 작은 은전을 베풀어줄 것을 청했다. "바울을 예루살렘으로 옮"겨 재판에 세우자는 것이었다.

묵상의 서재

뒷전으로 밀려난 상태(사도행전 24:27)

벨릭스는 성전 지도자들과 바울 사이의 분쟁을 2년이나 미결 상태로 방치했다. 아마 그는 대제사장들 쪽에서 관심을 잃거나 바울 쪽에서 탈출하거나 양측이 알아서 타협하기를 바랐을 것이다. 그러면 자신의 입장을 정해야만 하는 부담에서 벗어날 수 있었을 테니 말이다. 바울은 그 2년을 법적으로 불확실한 상태에서 답답하게 보냈다. 기결수도 아니고 자유인도 아닌 그는 면회를 받을 수는 있으나 잠재력을 십분 발휘하여 사역할 수는 없었다. 그가 마게도냐와 아가야에서 2년을 보냈을 때는 대여섯 개나 어쩌면 그 이상의 교회가 세워져 흥왕했다. 아시아에서 2년을 보냈을 때는 그 지역의 기독교 신학을 주도할 한 교회의 기초가 닦였다. 그가 서부의 변방에서 2년을 보냈더라면 어떤 일이 이루어졌을지 누가 알겠는가? 대신 바울은 하나님의 주권적 계획에 따라 죄수로 남아 있었다. 놀랍게도 사도는 하나님이 벽을 두르신 그 감방에서 탈옥하려 하지 않았다. 주님의 계획대로 전개되도록 참을성 있게 가만히 있었다. 하나님은 로마를 약속하셨고 바울은 주님을 기다렸다.

내가 캘리포니아 주 풀러튼의 거의 이상적이고 흥미진진한 교회 사역을 떠나 달라스 신학대학원이라는 낯선 학계의 문화 속으로 옮기던 때에도, 예상치 못했던 2년간의 영적 여정이 내게 시작되었다. 그 이사로 집 주소만 바뀐 게 아니라 내가 심혈을 기울이고 있던 '인사이트 포 리빙'(Insight for Living) 사역까지 다 이주해야 했다. 그 작업은 사실상 처음부터 다시 시작하는 것과 같을 정도로 오래 걸리고 대규모인데다 재정적으로도 무리가 되었다. 그 기간에 아내와 나는 여러 주씩 떨어져 지내야 했다. 아내는 캘리포니아에서 달라스로 이전하는 모든 과정을 맡았고, 나는 달라스에서 직무를 시작했다. 두 집 살림을 할 형편도 아니었으므로, 나는 달라스 신학교의 한 이사님 집 차고 윗방에서 2년간 더부살이를 했다.

거처를 정하고 나니 비로소 현실이 피부로 느껴졌다. 캘리포니아는 날씨가 쾌적한데 텍사스는 여름에는 폭염이고, 겨울은 칙칙하며, 하늘은 변덕이 심했다. 두고 온 집은 네 자녀가 모두 장성한 곳이라서 23년의 시간이 만든 정든 추억으로 가득했는데, 새로 입주한 방은 신학교에서 보낸 학창 시절 이후로는 살아본 적이 없는 아주 비좁은 공간이었다. 무엇보다 가장 힘든 것은 내가 교회 없는 목사, 양 떼 없는 목자가 되었다는 사실이었다. 그럼에도 나는 하나님이 원하시는 바로 그 자리에서 사역하고 있었고, 그 24개월은 내게 혹독한 훈련장이 되었다. 차고의 작은 윗방, 그 외로움 속에서만 이루어질 수 있는 개인적 연단의 시기였다.

그 기간에 나는 허드슨 테일러(Hudson Taylor)의 생애에서 곧잘 망각되는 한 시기가 떠올랐다. 그는 중국 내륙의 현장에서 6년 동안 개척 선교사로서 많은 일을 이루었다. 그런데 병이 나서 귀국하여 5년을 지내야 했다. 한 작가는 그 비통한 시절을 이렇게 묘사했다.

> 중국에서 6년간 열심히 섬기다가 29세의 나이에 병약한 몸으로 귀국한 그는 몇 안 되는 식구와 함께 런던의 동쪽 변두리에 거처를 정했다. 그들을 향한 외부의 관심은 줄어들었고, 친구들도 차차 그를 잊었다. 그렇게 잊힌 채로 기나긴 5년을 런던의 황량한 빈민가에서 지내며 테일러 일가는 "꼼짝없이 기도하며 인내할 수밖에 없었다." 그 시기를 기록한 글에 이런 말이 나온다. "그러나 그 잊힌 세월 동안 이루어진 모든 성장과 시험이 없었다면 어떻게 젊은 날의 비전과 열정이 이후의 리더십으로 성숙할 수 있었겠는가?"[34]

나도 거기에 공감한다. 차고 윗방의 그 혹독한 훈련장에서 2년을 보내며 나는 변화되었다. 그때 주님이 내 마음속에 역사하신 결과로 사역을 보는 내 눈이 달라졌다. 그 일을 다시 겪고 싶지는 않지만 그때 체득한 교훈은 세상의 모든 금은보화보다도 더 귀하다.

베스도도 성전 지도자들로부터 약간의 호의가 필요했다. 앞서 보았듯이 바로 직전의 두 전임자인 쿠마누스(AD 48-52)와 벨릭스(AD 52-59)는 유대인과의 관계를 잘 관리하지 못했다가 톡톡한 대가를 치렀다. 총독으로서 정치적으로 살아남으려면 유대인과의 관계가 훨씬 좋아야 함을 베스도도 인식했을 것이다. 따라서 제사장들과의 교류에 신중을 기해야 했다. 그는 그들의 요구를 바로 들어주기보다 자신이 바울을 보호 수감 중인 데는 그만한 이유가 있음을 넌지시 일깨웠다. 게다가 베스도는 예루살렘에 오래 머물 계획도 없었다. 그는 가이사랴에 와서 재판하라며 거꾸로 그들을 자기 쪽으로 초청하는 호의를 베풀었다.

베스도로서는 약삭빠른 조치였다. 그는 제사장들이 원하는 대로 바울을 내주지 않으면서도 그들의 심기를 건드릴 만한 근거를 남기지 않았다.

—25:6-8—

대제사장과 산헤드린과 더불어 첫 회합을 마친 베스도는 가이사랴로 돌아가 재판을 열어 바울 문제를 다루었다. 이전의 벨릭스는 소송을 공식화해야 할지 여부를 결정하고자 비공식 재판을 열었으나 베스도는 더 과단성을 보였다. 그가 "재판 자리"[*bēma*(968)]에 앉았다는 말은 지금으로 하자면 판사의 법복을 입고 손에 의사봉을 들고 판사석에 앉았다는 뜻이다. 그는 문제를 공식적으로 해결하여 기록에 남길 작정이었다. 제기된 죄목은 많고도 중했다. 원고는 유대 나라의 가장 명망 있는 기관으로, 아마도 그런 종교적 권위의 고위직에 오를 만한 인사들이었을 것이다. 베스도가 재판 자리에 앉아 벨릭스가 구류해둔 피고에 대한 의견을 취합하는데, 단신의 사도를 둘러싼 원고들은 말끝마다 거짓말을 늘어놓았다.

무고한 고발을 당하는 고통 또한 영혼을 연단하는 경험이 될 수 있다. 그런 피고는 어쩔 수 없이 자신의 행실을 정직하게 점검하여, 허구에서 진실의 덩어리를 골라낸 뒤 잘못에는 책임지고 나머지는 버려야 한다. 거짓 고소의 피해자는 주변 사람들의 견해와 무관하게 자신이 그리스도 안에서 누구인지를 알게 되며, 이 특정한 불꽃을 통과하고 나올 때는 교만과 자책이 둘 다 제거된다.

성전 관리들은 전략을 짤 시간이 2년이나 있었는데도 자기네 주장을 입증할 증거를 전혀 제시하지 못했다. 베스도는 그 유대인들의 권력을 존중했으나 그의 손에 달린 한 시민의 운명에도 큰 파장이 내포되어 있었다. 바울의 변호는 간명했다. 원고 측에 확실한 증거가 없으니 자신도 반박할 것이 없음을 그는 알았다. 그가 세 가지를 부인한 데서 보듯이(25:8) 그는 예루살렘에서도("유대인의 율법이나") 로마의 법정에서도("가이사에게나") 재판받을 의무가 없는 사람이었다. 사실에 입각한 바울의 간단하고도 정연한 반응은 확신에 찬 무죄한 피고만이 내놓을 수 있는 것이었다.

—25:9-12—

앞서 누가는 바울의 사건이 2년 동안 미결로 남은 이유를 이렇게 밝혔다. "벨릭스가 유대인의 마음을 얻고자 하여 바울을 구류하여 두니라"(24:27). 총독이 교체되었으나 사도를 장기판의 졸로 이용하려는 동기는 똑같았다. 베스도도 성전 지도자들의 호의를 얻고 싶었으나(25:9), 그렇다고 정의를 무시한다거나 바울에게 예루살렘에서 재판받도록 강요할 수는 없었다. 그래서 그는 바울이 재판 장소를 바꾸는 것에 순진하게 동의해주기를 바랐다. 분명히 바울을 과소평가한 것이다. 이에 바울은 상황을 공식적으로 명확히 규명했다. 그는 아직 로마를 상대로 한 어떤 죄로도 기소되지 않았기 때문에 법정은 그에게 아무것도 강요할 사법권이 없었다. 그뿐 아니라 유대인들이 제기한 혐의를 뒷받침할 만한 증거가 전혀 없었으므로 제국은 시민을 보호할 의무가 있었다.

앞서 인용한 톰 컨스터블 박사의 말대로 사도는 하나님이 운영하시는 장기판에서 정치적인 사람들의 졸이 되었다.[35] 불공정한 악용은 복종의 문제를 표면화하여 영혼을 연단시킨다. 이때 복종의 대상은 사람이 아니라 하나님이다. 법정의 모든 사람이 자신을 물건 취급하는 것이 바울에게 뼈저리게 느껴졌을 것이다. 하지만 그는 하나님이 소송을 중단시키고 친히 개입하여 자신을 도우실 수 있는 분임을 알았다. 그는 하나님의 뜻에 복종했으나 그분을 대적하는 자들에게 부당한 대우를 당하는 것은 거부했다. 그 용기로 그는 구차할 것 없이 담대하게 진실을 말했고, 자신의 입장에 대한 결과를 받아들일 각오가 되어 있었다.

그는 자기 앞에 덫이 놓이고 있음을 간파했다. 편의상 자칫 대제사장 쪽에 유리한 판결이 내려질 위험이 있었다. 그래서 바울은 시민이라면 누구나 행사할 수 있는 권리를 내세워 총독이 놓을 다음 수를 미리 막았다. 자신의 사건을 황제가 직접 심리해줄 것을 요청한 것이다(25:11). 그에게 그런 권리가 자동적으로 부여되어 있었는지에 대해서는 일각의 이견이 있다. 로마법상 베스도는 바울의 요구를 들어줄 의무가 없었을 수도 있다. 그는 "배석자들"과 상의했는데 여기서 배석자란 총독이 곁에 두던 법률 자문단이었다. 총독들은 법에 전문 지식이 없을 수도 있었다. 베스도는 요청에 응할 법적 의무는 없었을지 몰라도 이 상소로 그의 문제가 해결되었다. 사도를 상급 법원으로 넘김으로써 그는 승산 없는 각본의 한복판에서 헤어날 수 있었다(25:12).

—25:13—

불확실한 상태는 아무리 강인한 사람까지도 지치게 하는 법이다. 바울은 애매한 상황을 2년 넘게 견뎠다. 인간적으로 말해서 그의 미래는 사람들의 손에 달려 있었는데, 그들은 철저히 각자의 사사로운 규정에 따랐을 뿐이며 바울을 사사로운 이익에 이용할 장기판의 졸로밖에 보지 않았다. 가이사랴에서 벌어진 재판이 끝나자 바울은 예수님이 약속하신 대로(23:11) 로마로 이송되기를 기다렸다. 그럼에도 사도가 당면한 미래는 여전히 불확실했다. 가이사랴와 로마 사이에 긴 시간과 먼 거리가 놓여 있었다. 게다가 주님은 바울이 로마에서 증언하리라는 사실만 확언하셨을 뿐 그 증언의 결과는 밝히지 않으셨다. 그래도 바울은 하나님의 계획에 복종했다. 사람들과 상황은 불확실했지만 그는 주님에게서 재차 확신을 얻었다.

그 기간 내내 바울이 그리스도만 바라본 것은 잘한 일이다. 이제 이 부조리극에 등장할 두 인물은 여태까지 등장한 모든 사람을 능가한다. 또한 거기에 깊은 의미가 담겨 있다! 우선 아나니아는 탐욕에 찌든 악한 대제사장으로, 그 범죄 실력이 전설적인 안나스에 필적했다. 어떤 비난에도 굴할 줄 모르던 벨릭스 총독은 아내 빼앗기, 뇌물 수수, 갈취, 표리부동의 정치, 살상 등 온갖 부패를 일삼으면서도 흠 하나 잡히지 않고 출세 가도를 달리는 신통한 재주가 있었다. 베스도는 그나마 역기능이 가장 덜했지만 방향타 없이 삶을 항해하기는 마찬가지여서, 사리를 위해 정의를 저버리고 편의상 무죄한 사람을 희생시키는 일쯤이야 아무것도 아니었다. 그런데 이제 아그립바 2세와 버니게가 등장한다.

사도행전 25장 13절부터 26장 32절까지를 읽고 나서 아그립바와 버니게가 부부간이라는 인상을 받는다면 당신도 그들을 1세기의 다른 사람들이 보듯이 본 것이다. 내막을 잘 모르던 많은 사람은 당연히 그들이 부부려니 생각했다. 둘은 함께 다녔고 공식 석상에 함께 참석했으며, 어느 쪽도 배우자와 같이 지내는 시간이 별로 없었다. 아그립바의 부인은 역사에 언급되어 있지 않으며, 버니게는 삼촌인 칼키스의 헤롯과 결혼한 지 얼마 안 되어 그를 사별했다. 그녀는 두 번째 남편과도 오래 살지 못하고 그를 떠나 아그립바에게로 왔다.[36] 대부분 기록을 보면 두 사람은 사랑에 푹 빠져 있었으나 법적으로 혼인은 불가능했다. 아무리 로마의 이교 문화라 해도 남매간에 결혼할 수는 없었던 것이다!

—25:14-22—

누가가 아그립바와 버니게의 방문을 기록한 데는 두 가지 이유가 있다. 첫 번째 목적은 관련된 법적 이슈들을 명료하게 요약한 베스도의 설명 속에 들어 있다. 즉 이야기가 더 진행되기 전에 독자들이 상황을 이해할 필요가 있었던 것이다.

둘째, 누가는 바울이 아무런 죄도 범하지 않았음을 한층 더 입증하고자 했다. 아그립바가 결국 그에게 무죄 선고를 내린 것(26:31-32)은 의미심장한 일이다. 이 왕이 심히 부도덕한 사람이기는 했지만 그보다 더 객관적으로 말할 수 있는 인물은 없었다. 그는 베스도나 대제사장 중 어느 쪽과도 마찰이 없었다. 사실 버니게의 남편이 죽은 후로 그는 대제사장을 마음대로 지명할 권한을 받았고, 이번 회합에 오기 전에 이미 그 권한을 행사한 후였다. 게다가 그는 유대인으로서(누가는 그의 다른 누이인 드루실라가 유대 여자라고 밝혔다. 24:24) 히브리의 율법에 정통했고, 식민지의 왕으로서 로마의 정치와 법률도 알았다. 따라서 그는 확실한 지식에 근거하여 객관적으로 발언할 수 있었다.

베스도는 아그립바에게 바울의 사건을 설명했으나 딱히 조언을 구한 것은 아니다. 대제사장을 임명할 권한이 있는 아그립바를 자신의 동맹군으로 끌어들이기 위해 그의 도움이 필요한 척했을 뿐이다. 다시 말하거니와 "사도는 하나님의 뜻 가운데서 정치적 장기판의 졸이 되었다."[37]

적용: 사도행전 25:1-22
나이만 들어서는 안 되고 장성해야 한다

성숙은 우리 모두가 갈망하는 자질 가운데 하나다. 이는 주 안에서 나이만 드는 게 아니라 장성해야 하는 문제다. 사도 바울의 삶에서 훌륭한 귀감을 볼 수 있는데, 특히 사도행전에서 공부하고 있듯이 거듭되는 재판의 스트레스를 통과하는 그의 모습이 그렇다. 주님은 필요에 따라 우리를 친히 훈련시키시며 변화의 과정을 지속하시는데, 거기에 나를 안심시켜 주는 세 가지 진리가 있다.

첫째, 하나님의 훈련은 우리에게 그분의 사랑을 확증해준다(참고 히 12:5-11). 선수가 잘못해도 코치가 혼내지 않으면 그게 좋은 신호가 아님을 선수는 안다. 이는 코치가 다른 선수들을 더 장래성과 투자 가치가 있다고 여긴다는 뜻이다. 하나님은 결코 우리를 포기하지 않기로 약속하셨다. 그분은 우리가 지속적으로 성장하고 성숙하게 하시려고 늘 자신을 투자하신다. 애석하게도 성장이 쉽거나 금방 되거나 즐거운 경우는 많지 않다. 그럼에도 성장의 기회는 성령이 여전히 헌신적으로 개입하신다는 가시적 증거다.

둘째, 훈련에 수반되는 책망에는 하나님의 메시지가 들어 있다. 혹독한 시련을 경험하고 나면 무언가 놀라운 일이 벌어진다. 우리 심령의 일부가 변화되어 있다. 한때 유혹에 혹하던 내면 깊은 곳이 이제 성경의 진리와 온전히 조화를 이룬다. 한때 머리로만 받아들였을 뿐 결코 완전히 내 것이 되지 않았던 성경의 진리가 이제 우리 삶의 모든 면을 밝게 비추어준다. 세상이 더 선명하게 보이고 관계가 더 충만해진다. 결정을 내릴 때도 더 지혜로워진다. 보다 효과적으로 일하고 사랑하며 섬기고 창조하며 배우고 분별하게 된다. 매번 책망을 받을 때마다 우리의 생각과 행동이 점점 더 그리스도를 닮아간다.

셋째, 훈련과 책망의 결과로 우리는 그분께 아주 귀한 그릇이 된다. 신자들이 처음 주님을 믿는 순간 그분은 그들을 세상에서 데려가지 않으신다. 그분이 우리를 여기에 두신 데는 이유가 있다. 예수님은 우리를 위해 이렇게 기도하셨다. "아버지께서 나를 세상에 보내신 것 같이 나도 그들을 세상에 보내었고 또 그들을 위하여 내가 나를 거룩하게 하오니 이는 그들도 진리로 거룩함을 얻게 하려 함이니이다"(요 17:18-19). 물리적으로 떠나시기 직전에는 제자들에게 이렇게 말씀하셨다. "오직 성령이 너희에게 임하시면 너희가 권능을 받고 예루살렘과 온 유대와 사마리아와 땅 끝까지 이르러 내 증인이 되리라 하시니라"(행 1:8). 그분은 밖으로는 훈련을 통해 그리고 안으로는 성령으로 말미암아 우리를 격려하시고 무장시키신다. 그리하여 우리로 하여금 더 효과적으로 목적을 수행하게 하신다.

하나님께는 당신을 향한 계획이 있다. 그분은 구체적인 목적을 염두에 두고 당신을 지으셨다. 당신이 필요해서가 아니라—그분은 혼자서도 모든 일을 완수하실 수 있다—그분이 이루실 놀라운 일에 당신을 끼워주신 뒤 승리의 기쁨에 동참하게 하시기 위해서다. 그분의 훈련을 통해 당신은 잘 준비되어, 세상을 악에서 구속하시는 그분의 계획에서 독특한 역할을 수행할 수 있다.

권함을 받다 만 사람(사도행전 25:23-26:32)

23이튿날 아그립바와 버니게가 크게 위엄을 갖추고 와서 천부장들과 시중의 높은 사람들과 함께 접견
장소에 들어오고 베스도의 명으로 바울을 데려오니 24베스도가 말하되 아그립바 왕과 여기 같이 있는
여러분이여 당신들이 보는 이 사람은 유대의 모든 무리가 크게 외치되 살려 두지 못할 사람이라고 하
여 예루살렘에서와 여기서도 내게 청원하였으나 25내가 살피건대 죽일 죄를 범한 일이 없더이다 그러
나 그가 황제에게 상소한 고로 보내기로 결정하였나이다 26그에 대하여 황제께 확실한 사실을 아뢸
것이 없으므로 심문한 후 상소할 자료가 있을까 하여 당신들 앞 특히 아그립바 왕 당신 앞에 그를 내
세웠나이다 27그 죄목도 밝히지 아니하고 죄수를 보내는 것이 무리한 일인 줄 아나이다 하였더라

26:1아그립바가 바울에게 이르되 너를 위하여 말하기를 네게 허락하노라 하니 이에 바울이 손을
들어 변명하되

2아그립바 왕이여 유대인이 고발하는 모든 일을 오늘 당신 앞에서 변명하게 된 것을 다행히 여기
나이다 3특히 당신이 유대인의 모든 풍속과 문제를 아심이니이다 그러므로 내 말을 너그러이 들으시
기를 바라나이다

4내가 처음부터 내 민족과 더불어 예루살렘에서 젊었을 때 생활한 상황을 유대인이 다 아는 바라
5일찍부터 나를 알았으니 그들이 증언하려 하면 내가 우리 종교의 가장 엄한 파를 따라 바리새인의
생활을 하였다고 할 것이라 6이제도 여기 서서 심문 받는 것은 하나님이 우리 조상에게 약속하신 것
을 바라는 까닭이니 7이 약속은 우리 열두 지파가 밤낮으로 간절히 하나님을 받들어 섬김으로 얻기를
바라는 바인데 아그립바 왕이여 이 소망으로 말미암아 내가 유대인들에게 고소를 당하는 것이니이다
8당신들은 하나님이 죽은 사람을 살리심을 어찌하여 못 믿을 것으로 여기나이까

9나도 나사렛 예수의 이름을 대적하여 많은 일을 행하여야 될 줄 스스로 생각하고 10예루살렘에
서 이런 일을 행하여 대제사장들에게서 권한을 받아 가지고 많은 성도를 옥에 가두며 또 죽일 때에
내가 찬성 투표를 하였고 11또 모든 회당에서 여러 번 형벌하여 강제로 모독하는 말을 하게 하고 그들
에 대하여 심히 격분하여 외국 성에까지 가서 박해하였고

12그 일로 대제사장들의 권한과 위임을 받고 다메섹으로 갔나이다 13왕이여 정오가 되어 길에서
보니 하늘로부터 해보다 더 밝은 빛이 나와 내 동행들을 둘러 비추는지라 14우리가 다 땅에 엎드러
지매 내가 소리를 들으니 히브리 말로 이르되 사울아 사울아 네가 어찌하여 나를 박해하느냐 가시채
를 뒷발질하기가 네게 고생이니라 15내가 대답하되 주님 누구시니이까 주께서 이르시되 나는 네가 박
해하는 예수라 16일어나 너의 발로 서라 내가 네게 나타난 것은 곧 네가 나를 본 일과 장차 내가 네게
나타날 일에 너로 종과 증인을 삼으려 함이니 17이스라엘과 이방인들에게서 내가 너를 구원하여 그들
에게 보내어 18그 눈을 뜨게 하여 어둠에서 빛으로, 사탄의 권세에서 하나님께로 돌아오게 하고 죄 사
함과 나를 믿어 거룩하게 된 무리 가운데서 기업을 얻게 하리라 하더이다

19아그립바 왕이여 그러므로 하늘에서 보이신 것을 내가 거스르지 아니하고 20먼저 다메섹과 예
루살렘에 있는 사람과 유대 온 땅과 이방인에게까지 회개하고 하나님께로 돌아와서 회개에 합당한
일을 하라 전하므로 21유대인들이 성전에서 나를 잡아 죽이고자 하였으나 22하나님의 도우심을 받아
내가 오늘까지 서서 높고 낮은 사람 앞에서 증언하는 것은 선지자들과 모세가 반드시 되리라고 말한
것밖에 없으니 23곧 그리스도가 고난을 받으실 것과 죽은 자 가운데서 먼저 다시 살아나사 이스라엘
과 이방인들에게 빛을 전하시리라 함이니이다 하니라

24바울이 이같이 변명하매 베스도가 크게 소리 내어 이르되 바울아 네가 미쳤도다 네 많은 학문
이 너를 미치게 한다 하니 25바울이 이르되 베스도 각하여 내가 미친 것이 아니요 참되고 온전한 말
을 하나이다 26왕께서는 이 일을 아시기로 내가 왕께 담대히 말하노니 이 일에 하나라도 아시지 못함
이 없는 줄 믿나이다 이 일은 한쪽 구석에서 행한 것이 아니니이다 27아그립바 왕이여 선지자를 믿으
시나이까 믿으시는 줄 아나이다 28아그립바가 바울에게 이르되 네가 적은 말로 나를 권하여 그리스
도인이 되게 하려 하는도다 29바울이 이르되 말이 적으나 많으나 당신뿐만 아니라 오늘 내 말을 듣는
모든 사람도 다 이렇게 결박된 것 외에는 나와 같이 되기를 하나님께 원하나이다 하니라

30왕과 총독과 버니게와 그 함께 앉은 사람들이 다 일어나서 31물러가 서로 말하되 이 사람은 사
형이나 결박을 당할 만한 행위가 없다 하더라 32이에 아그립바가 베스도에게 이르되 이 사람이 만일
가이사에게 상소하지 아니하였더라면 석방될 수 있을 뻔하였다 하니라

교회사의 초기에 로마의 많은 통치자가 그리스도인을 죽이는 일을 다반사로 했다. 플리니우스 2세(Pliny the Younger)가 AD 100년경에 트라야누스 황제에게 보낸 편지에 보면, 비두니

아와 본도의 총독으로 부임한 그가 그 지역의 그리스도인들을 색출하여 학살한 과정이 이렇게 설명되어 있다.

> 그동안 제가 제 앞에 잡혀온 그리스도인들에게 쓴 방법은 다음과 같습니다. 일단 그들에게 그리스도인이냐고 물어 시인하면 질문을 한 번 더 반복하면서 벌하겠다고 위협합니다. 그래도 고집하면 당장 그들을 벌하도록 명합니다. 저는 사상의 성격이 무엇이든 반항적인 옹고집은 마땅히 징벌해야 한다고 확신합니다. 어떤 사람들은 같은 종교에 미쳐 제 앞에 잡혀 왔으나 로마 시민이라 로마로 보내도록 지시했습니다. 하지만 이 죄는 (대개 그렇듯이) 소송에 걸렸음에도 아랑곳없이 퍼지고 있어 같은 성격의 사건들이 번번이 발생했습니다. 몇 사람을 고발하는 익명의 제보가 들어와 심문해보니 그들은 자신들이 그리스도인이었던 적이 없거나 현재 아니라고 부인했습니다. 그들은 나를 따라 신들에게 기도했고, 각하의 동상 앞에 포도주와 향불로 종교 의식을 행했으며(그렇게 하려는 목적으로 제가 이미 지시하여 각하의 동상을 다른 신상들과 함께 갖추어놓았습니다), 그리스도의 이름을 욕하기까지 했습니다. 아무리 억지로 시켜도 진짜 그리스도인들은 절대로 그중 어느 것에도 응하지 않는다고 합니다. 그래서 저는 그들을 풀어주는 게 적절하다고 판단했습니다. 목격자에게 직접 고발당한 사람들은 처음에는 자신이 그리스도인이라고 고백했다가 즉시 부인했습니다. 나머지는 자신이 한때 그 일원이었으나 지금은(사람에 따라 3년 전에, 그보다 더 전에, 몇몇은 20년도 더 전에) 그 과오를 버렸다고 자인했습니다. 그들은 모두 각하의 동상과 신상들에 절하면서 동시에 그리스도의 이름을 저주했습니다. 그들이 증언한 자신들의 죄나 과오의 전말은 이렇습니다. 그들은 정해진 날 먼동이 트기 전에 모여 신에게 하듯 그리스도에게 기도한 뒤 엄숙한 맹세로 결속을 다집니다. 악을 모의하기 위한 맹세가 아니라 결코 사기나 절도나 간음을 범하지 않고, 결코 거짓말도 하지 않으며, 신임을 지켜야 할 때 신임을 저버리지 않는다는 맹세입니다. 그 후 흩어졌다가 다시 모여 악의 없는 식사를 함께 나누는 것이 그들의 관례입니다.[38]

지난 스무 세기 동안 그리스도인에게 시대가 바뀌었고, 그 변화가 가장 컸던 곳은 장구한 기독교 유산에 문화의 바탕을 둔 서구 국가들이었다. 근래에 서구에 기독교를 대적하는 풍조가 시작되기는 했지만, 그래도 우리는 많은 선조가 제자도의 대가로 받아들였던 대학살을 당하지는 않는다(결코 그런 일이 다시 있어서도 안 된다). 따라서 바울이 세상 최고의 권력자들 앞에서 겪었던 일을 우리로서는 상상하기 힘들다. 그의 여정은 예루살렘에서 벌어진 사이비 재판으로 시작되었다. 그곳의 대제사장과 성전 관리들은 아무런 근거도 없이 순전히 시기심과 증오심에서 바울을 처형할 것을 요구했다. 그래서 그는 가이사랴에 보호 수감되었고, 두 번 더 진행된 재판에서 불경한 사람들이 더 많은 권력과 돈을 노리고 바울을 장기판의 졸처럼 이용했다. 법정[*bēma*(968)]에 출두할 때마다 위험은 더 커졌고, 판사도 전보다 더 큰 권위를 휘둘렀다.

그리스도인들을 향한 로마의 박해가 아직 시작되기 전이었지만 바울이 그 시발점이 되지 말라는 법도 없었다. 그는 교회와 로마가 충돌로 치닫고 있음을 두 가지 이유에서 알았을 것이다. 첫째, 교회는 제국의 곳곳에서 기하급수적으로 성장해왔으며 머지않아 로마가 무시할 수 없는 세력이 될 것이었다. 둘째, 기독교적 세계관은 로마가 떠받들던 모든 것과 완전히 상극을 이루었다. 주(主)는 황제가 아니라 예수님이었고, 기독교는 다원주의 사회의 많은 대안 중 하나가 아니라 유일한 참 종교였으며, 그리스도를 따르는 이들의 삶에서 최종 권한은 로마법이 아니라 하나님의 법에 있었다. 따라서 재판이 거듭될수록 바울이 사형당할 확률도 그만큼 높아졌다.

로마행 길목에서 바울의 다음번 경유지는 아그립바 2세였다. 로마에서 그의 영향력은 베스도와 대제사장보다 훨씬 컸다. 그가 일순간 홧김에 즉결 처형을 명하지 못하도록 바울을 보호해줄 수 있는 것은 로마 시민권뿐이었다. 그래도 그는 손짓이나 고갯짓 하나만으로 바울의 삶을 비참하게 만들 수도 있었다. 그럼에도 바울은 자신의 운명은 하나님의 손에 맡긴 채 진리를 선포해야 했다.

결국 아그립바는 바울이 무죄라는 사실을 분명히 알게 되고(26:32), 복음을 변호하는 바울의 논증도 듣는다. 그러나 이 왕이 권함을 받고 어떻게든 행동하는 일은 없다. 그래도 바울의 행동은 세상의 권력자들 앞에서 신앙을 진술해야 하는 모든 충실한 신자에게 좋은 본보기가 된다.

—25:23-27—

누가는 아그립바가 크게 "위엄"[25:23, *phantasia*(5325)]을 갖추고 들어왔다는 말로 그와 바울 사이에 현격한 차이가 있음을 부각시킨다. 이는 겉모습의 개념을 강조하는 단어로, 어느 사전에 따르면 '높은 지위를 천박하게 과시한다'는 뜻이 담겨 있다.[39] 아그립바는 법정에 입장할 때 화려한 행색으로 주목을 끌었으나 바울은 사슬에 결박된 채 들어왔다(26:29). 아그립바는 일단의 고위급 사령관들[40]과 도시의 유력한 지도자들에 에워싸여 있었으나 바울은 혼자였다. 아그립바는 인간의 큰 권력을 휘둘렀으나 바울은 하나님의 진리를 품고 있었다. 사사건건 대비되는 이 대면은 로마와 기독교의 많은 조우 가운데 첫 번째가 된다.

사적으로 만날 수 있는데도 베스도는 굳이 이 회합을 주선했다. 그가 로마와 관련된 인사들을 다 초대한 것은 그들을 자신이 처한 정치적 딜레마의 증인이자 어쩌면 자신이 내릴 결정의 공모자로 삼기 위해서였다. 가이사랴의 고위층이 지지해준다면 그는 성전 측에서 제기하는 어떤 반론도 잠재울 수 있었다. 이를 성취하고자 그는 자기가 처한 정치적 딜레마를 사교장의 놀이로 둔갑시켰다. 그가 한 말은 사실상 이런 것이었다. "이 수수께끼를 푸는 데 당신들의 도움이 필요합니다. 예루살렘의 비이성적인 유대인들이 나를 곤란한 입장에 빠뜨렸습니다. 아무런 죄증도 없는 로마 시민을 사형에 넘겨달라고 우기는 겁니다. 그 사람은 권리대로 로마에 상소했으나 확실한 죄목도 없이 그를 보내기도 우스운 일입니다. 그래서 여기 당신들이 해야 할 숙제가 있습니다. 카이사르에게 보낼 편지에 적시할 만한 적당한 죄목을 찾아내주십시오."

이는 정치적으로 기발한 조치였다. 베스도는 아그립바까지 포함하여 가이사랴 전체를 자신의 입장에서 자신이 처한 곤경에 공감하게 만들었다. 그들을 성전 관리들에 맞설 동맹군으로 삼은 것이다.

—26:1-3—

바울은 베스도의 발언을 들었다. 바울은 정치적 지형을 훤히 꿰고 있었다. 복잡하게 얽힌 역학관계를 알았고, 각 진영에서 원하는 바가 무엇인지 알았으며, 총독이 지금 무엇을 하고 있는지도 알았다. 바울은 비록 변론을 준비할 시간이 별로 없었지만—사전에 통지를 받았다는 암시가 누가의 기록에 없다—평생의 경험을 통해 이 순간에 준비되어 있었다. 이미 모든 부류의 청중 앞에서 장황하게 발언한 바 있는 그였다. 유대인과 이방인, 미신을 신봉하는 사람과 철학을 추구하는 사람, 교양인과 미개인, 무식자와 학자 등 그야말로 각계각층의 인간이었다. 게다가 지난 2년은 상황을 평가하기에 충분한 시간이었다.

손을 드는 행위(26:1)에서 보듯이 바울은 교양인들이 듣는 데 익숙해 있던 웅변가의 반열에 속했다. 훌륭한 연설의 관례에 준하여 서두에 칭송의 말도 빠뜨리지 않았다. 진실하지 않은 말을 한 것은 아니지만 무어라도 찾아내서 아그립바를 인정했다. 이 왕은 유대교를 자기 아버지처럼 두드러지게 믿지는 않았지만 그럼에도 "유대인의 모든 풍속과 문제"를 알았다(26:3). "문제"[*zētēma*(2213)]로 번역된 단어는 분쟁 중인 복잡한 이슈나 쟁점을 가리킨다. 왕은 유대교의 상이한 분파들 사이에 긴장을 유발하는 신학적 문제들을 웬만큼 다 알고 있었다.

—26:4-7—

바울이 변론하고 있는 내용의 몸체는 "그래서"[*men*(3303)+*oun*(3767)]라는 표현으로 시작된다(헬라어 원문과 영어성경 NASB의 4절 서두에 있는 이 문구가 개역개정에는 생략되었다-역주). 방금 한 말과 이제 하려는 말을 연결해주는 표현이다. 그가 인정했듯이 아그립바는 유대인끼리 끊임없이 싸우는 신학적 논쟁들을 알았고, "그래서" 적들이 바울을 지독하게 미워하는 이유도 의당 알 터였다. 바울은 이 분쟁을 많은 "문제"(참고 26:3) 가운데 또 하나에 불과한 것으로 제시했다.

바울은 적들이 시비를 걸어온 내막이 수십 년 전으로 거슬러 올라간다면서, 그때 자신이 메시아에 대한 대망까지 포함하여 그들의 신학적 입장을 대변하던 대표 주자였음을 시인했다. 그런데 그가 그 대열에서 떨어져 나와 예수 그리스도를 모세 이후의 모든 히브리인이 "바라는" 그 대상으로 받아들이면서 문제가 생겼다(26:6). 성전 측 사람들은 바울이 율법을 모독하고 성전을 더럽혔다는 등 다른 죄명으로 그를 고발하려 했으나, 바울은 그들의 속셈을 폭로했다. 일찍이 메시아를 죽인 그들이 이제 예수 그리스도를 믿는 사람이면 누구나 다 죽이려 했다(26:7).

—26:8—

바울이 제기한 이 반문은 그가 하려는 논증의 흐름을 끊어놓는 듯 보인다. 대다수 유대인을 대변하던 바리새파는 부활을 믿었고, 작당을 주도하여 예수님을 죽인 사두개파는 제자들이 그분의 부활을 선포하기 전부터 이미 그분을 거부했다. 게다가 유대인의 신념은 차치하고라도 부활 문제는 바울의 청중을 소외시킬 뿐이었다. 부활을 믿는다는 것은 제국의 지배적 세계관에 도전하는 행위였다. 바울의 주장은 지구가 평평하다고 믿는 청중에게 구형(球形)의 지구를 설파하는 것과 같았다. 부활 문제는 법정에서 변호를 개진하는 데는 적합하지 않았다. 하지만 바울이 품은 더 큰 목적에는 부합했다. 그는 이 재판에서 사면을 얻으려 한 것이 아니라 장내를 둘러보며 자신에 대한 오래전 예언이 성취된 것을 보았다. 그때 예수님은 "이 사람은 내 이름을 이방인과 임금들과 이스라엘 자손들에게 전하기 위하여 택한 나의 그릇이라"(9:15)고 말씀하셨다.

부활은 바울의 무죄를 변호하는 일과는 무관했지만 복음의 구심점이다. 기독교 신학 전체가 이 핵심 사안에 달려 있다.

—26:9-11—

바울의 논증은 또 "그래서"[*men*(3303)+*oun*(3767)]로 재개되어(헬라어 원문과 영어성경 NASB의 9절 서두에 있는 이 문구가 개역개정에는 생략되었다-역주) 그동안 설명한 내용을 이후의 진술로 연결시킨다. 이런 말이나 같다. "나도 바리새인들과 완전히 뜻이 일치했고, 그래서 예수의 이름을 대적하여 많은 일을 행하였나이다"(참고 26:9). 본인의 고백처럼 그는 성전 당국자들과 한편이 되어, 예수님을 그리스도로 믿고 그분의 부활을 선포하는 이들을 대적했다(26:10-11). 그는 그리스도인들을 미워한 까닭에 헤롯의 아버지이며 사도 야고보를 죽였고 베드로까지 죽이려 했던 아그립바 1세와도 확실한 한편이 되었다. 바울은 예수님을 따르는 유대인 분파를 죽이던 박해를 주도했고, 그리스도인들을 소탕할 임무를 띠고 대표로 다메섹에까지 갔다(26:12). 그가 이런 고백을 한 것은 자신이 신학적으로 180도 돌아선 경위와 이유를 설명하기 위해서였다.

이전에 그가 그런 식으로 믿고 행동했던 것은 자신이 하나님과 그분의 계획을 안다고 생각했기 때문이었다. 그가 변화된 것은 이전의 동료들을 괴롭히거나 무슨 정치적 목적을 달성하거나 자신의 권력이나 재물을 늘리기 위해서가 아니었다. 그가 처한 현재 상황이 좋은 증거였다! 그가 만일 무슨 이기적인 동기에서 성전 측과 의견을 달리했다면, 예수님을 믿는 믿음을 버림으로써 일찌감치 문제를 해결할 수 있었다. 그의 신학이 바뀐 것은 부활하신 예수님을 직접 만나 하나님과 그분의 계획에 대한 진리를 계시로 받았기 때문이다.

—26:12-18—

바울이 회심의 체험을 자세히 말한 것은 자신이 그토록 극적이고도 갑작스럽게 변화되어 확신을 품게 된 경위를 설명하기 위해서였다. 부활하신 그리스도를 직접 인격적으로 만남으로써 입증되었듯이, 부활 이야기들은 다 사실이었고 하나님께는 바울의 이해를 뛰어넘는 계획이 있었다. 이번 간증에서 그가 새롭게 밝힌 몇 가지 세부 사항이 있다. 예수님은 그에게 "히브리 말"(아마 아람어의 유대 방언이었을 것이다)로 말씀하여 그 음성이 누구의 것인지에 대한 일체의 의구심을 일소하셨다(26:14). 또 그가 밝혔듯이 주님은 하나님의 계획에 저항하는 그를 꾸짖으셨다. "가시채를 뒷발질하기가"라는 표현은 목자의 막대기에 발길질을 하는 가축에서 유래했다. "벽을 들이받는다"는 현대의 은유처럼 이 말에도 부질없이 불가피한 일에 저항하느라 몸만 상한다는 개념이 담겨 있다. 헬라 문학을 알던 바울의 청중은 이 표현이 신에게 대항한다는 뜻을 담은 보편적 은유임을 알아들었을 것이다.

바울은 며칠에 걸쳐 받았던 메시지를 하나의 긴 대화로 축약했다. 21세기 서구의 역사가들은 그것이 부정확한 방식이라며 반기를 들 수 있다. 그러나 동양의 이야기꾼들은 빈번히 그렇게 했고, 청중도 사건의 시점을 꼭 문자적으로 해석하지는 않았다. 그들에게는 관계와 대화가 더 중시되었고, 인물들이 언제, 얼마나 오랫동안 말했는가는 부차적인 문제였다. 본문에 나오는 청중 가운데에는 히브리의 하나님이 유대인의 교만을 꺾고 바울의 이방인 사역을 승인하신 것을 고소하게 여긴 이들도 있었을 것이다. 그들은 '흠, 그러니 예루살렘의 유대인들에게 이 사람이 이렇게 눈엣가시가 될 만도 했겠군'이라고 생각했을지도 모른다.

바울은 인용 중이던 예수님 말씀의 끝부분에 복음을 명확히 제시했다(26:18). 이 자리에 모여 있던 "이방인과 임금들과 이스라엘 자손들"(9:15)은 사도의 전달을 통해 구원의 계시를 그리스도가 하시는 말씀으로 들었다.

—26:19-23—

바울이 예수님을 만난 이야기를 한 것은 중요한 요지를 밝히기 위해서였다. 그가 헌신하고 순종하는 대상은 무슨 분파가 주장하는 사상이 아니라 한 인격체였다. 그는 한낱 신학적 관점을 위해 목숨을 내건 것이 아니었다. 하나님이 그와 관계를 맺으셨고 그를 불러 그분의 계획 가운데 일부로 삼아주셨다. 모세 이후로 가동되어 모든 선지자가 선포했던 그 구속의 계획에서 바울에게 중요한 역할이 맡겨졌다. 그래서 그는 유대인과 이방인 모두에게 그리스도의 속죄의 희생과 악의 파멸에 대해 늘 말했던 것이다(26:18).

바울이 기술한 그의 사역은 엄밀한 시간 순서가 아니라 우선순위의 관점에서 보아야 한다. 그의 말을 직역하면 이렇게 된다. "먼저 다메섹 사람들에게, 또 예루살렘과 유대 지역에, 또 이방인에게 내가 회개와 하나님께 돌아올 것을 전하므로"(나의 번역). 바울이 쓴 갈라디아서에 이와 명백하게 모순되는 말이 있다고 보는 사람들도 있다. 그가 다소와 수리아 안디옥에서 지낸 후 "그리스도 안에 있는 유대의 교회들이 나를 얼굴로는 알지 못하고"(갈 1:22)라고 쓴 대목이다. 그러나 내가 보기에는 모순이 아니다. 아라비아에서 다메섹으로 돌아갔다가(갈 1:17) 부득이 그곳을 피해 나와야 했던 바울(행 9:23-25)은 그 뒤로 예루살렘에 가서 "주 예수의 이름으로 담대히 말"했다(9:29). 그런데 그를 죽이려는 음모가 다시 불거져 제자들이 그의 목숨을 보전하려고 그를 다소로 보냈다. 요컨대 기간이 아주 길지 않았다 뿐이지 바울이 유대를 복음화하려 했던 것은 사실이다. 그럼에도 사역이 진행된 시간 순서는 그가 의도하는 요지가 아니다. 그의 취지는 이방인 사역을 하는 내내 자신의 우선순위가 늘 동족에게 있었음을 밝히는 것이었다. 그가 이방인에게로 돌아선 것은 유대인이 대체로 복음을 거부했기 때문에 취한 부득이한 조치였다. 어느 도시를 방문하든 그는 먼저 회당에서 말했고, 거기서 거부당하면 그다음에 이방인에게로 향했다.

바울에게 씌워진 혐의는 그가 사역의 우선순위를 유대인에게 두었기에 더욱 무효가 된다. 바울이 동족을 버린 것이 아니다. 오히려 유대인들이 메시아의 죽음과 부활에 대한 자기네 성경의 진리를 거부함으로써 바울을 버린 것이다. 26장 23절 마지막 말에 그의 반격이 들어 있다. 하나님이 그들에게 "빛"을 주셨건만(참고 사 42:6, 49:6) 성전은 그 빛을 선포하는 청지기의 본분을 저버렸다.

—26:24-29—

이상의 본문이 사도의 연설을 그대로 옮겨 적은 것이라면 그가 발언한 시간은 5분도 채 되지 않았을 것이다. 누가가 기록한 것이 연설의 전문이 아니라 약술임을 잊어서는 안 된다. 베스도가 바울의 "많은 학문"(26:24) 곧 광범위한 지식에 찬탄을 표한 데서 그것을 엿볼 수 있다. 바울은 자신의 모든 진술을 논리와 성경으로 뒷받침했을 것이다. 실제로 그는 "내가 진리와 이성의 말을 선포하나이다"(26:25, 나의 직역)라고 단언했다.

베스도는 사도의 해박한 지식이 그를 "미치게 한다"[*mania*(3130)]고 했는데, 이는 헬라의 세계관에서 부활이 논리상 불가능했기 때문이다. 바울의 반응으로 미루어보아 아그립바는 헬라인들보다 시야가 넓었다. 바울은 또 그에게 성경 지식도 있다고 전제했다. 왕이 신학적 식견을 갖추고 있었음을 바울이 미리 알고 있었다는 뜻이다. 사도는 아그립바에게 "선지자"에 대해 그가 사적으로 믿고 있는 내용을 공적으로 확언해줄 것을 촉구했다(26:26-27). 왕이 만일 구약의 선지서를 성경으로 인정한다면 그의 입장은—자신의 귀족층 동료들이 대부분 사두개인인데 반해—바리새인과 같아질 것이고, 그렇게 부활을 믿는 그는 헬라인 동료들 사이에서 웃음거리가 될 것이다. 나아가 아그립바가 구약이라는 저작물을 인정하면 바울이 주장하는 논리의 기초도 인정하는 셈이 되고, 바울이 주장하는 논리를 인정하면 곧 복음을 믿는다는 시인이 된다.

바울은 베스도가 내뱉은 모욕적인 말을 계기로 아그립바를 신학적인 길로 이끌었다. 그러나 왕은 그 길을 갈 마음이 없었다. 그는 부활의 가능성을 믿었던 것 같고 다만 얼마라도 구약의 선지자들을 존경했으나, 이런 논리적 흐름의 귀결점이 싫었다. 그래서 농담으로 대꾸했다. 헬라어 원문에는 현대역의 물음표에 상응하는 구두점이 없지만 아그립바의 말은 반어적 풍자로 보는 것이 가장 타당하다. "네가 적은 말로 나를 권하여 그리스도인이 되게 하려느냐?" 어쨌든 이로써 아그립바는 자기 몫의 심문을 끝냈다.

사도는 이에 대한 반응으로 복음과 하나님과 사역에 대한 자신의 헌신을 재확인했다. 그가 언급한 "결박된 것"은 아마 물리적 결박을 뜻할 것이다. 그만큼 그의 처지가 달라졌다는 뜻이다. 벨릭스 때 가이사랴에 처음 왔을 때만 해도 그는 관정에서 비교적 편하게 살면서 면회도 받을 수 있었고, 감시가 느슨해서 아마 경내를 자유로이 왕래할 수도 있었을 것이다. 그런데 나중에 처지가 달라졌다. 사도에게 제기된 혐의를 듣고 난 베스도는 그가 탈옥할까 봐 우려했을 수 있다. 나아가 바울이 가이사에게 상소하면서부터 베스도는 이 사건을 형사 사건으로 돌렸다(다만 공식 죄목이 없어 이렇게 아그립바 앞에서 재판을 열었다). 따라서 이제 바울의 수감은 그를 보호하기 위한 차원이 아니었다. 베스도는 그를 로마로 이송할 의무가 있었다.

—26:30-32—

누가는 베스도와 아그립바가 나눈 이 마지막 대화를 첨언하여 바울에게 아무런 잘못도 없음을 입증했다. 사도가 아무런 죄도 범하지 않았으며 이런 대우가 그에게 합당하지 않다는 것은 이미 바리새인들(23:9)과 예루살렘의 천부장(23:29)과 총독 벨릭스(24:27, 아무런 행동도 취하지 않음으로써)와 베스도(25:25)의 일치된 견해였다. 이제 거기에 아그립바도 견해를 보태, 바울이 로마에 상소하지만 않았다면 석방될 수 있었을 것이라고 말했다. 물론 왕은 순전히 법적인 관점에서 말한 것이고, 벨릭스와 베스도는 둘 다 정치적 문제로 고심하느라 성전을 무시할 수 없었다. 그뿐 아니라 바울이 석방된다면 평생을 광야로 피해 다니지 않는 한 살해당할 것이 거의 확실했다.

적용: 사도행전 25:23-26:32

복음의 한계

바울은 가이사랴의 사회적, 정치적 지도층 앞에서 기독교의 진리를 강력하게 변호했다. 여기서 기쁜 소식이 인간에게 해줄 수 없는 일에 대해 두 가지 깨달음을 얻을 수 있다.

첫째, 그리스도에 대해 듣는다고 내면이 저절로 변화되는 것은 아니다. 어떤 이들은 그리스도에 관한 기쁜 소식을 평생 듣지만 끝내 믿음으로 반응하지 않는다. 주일마다 교회에도 나가고 성경 공부도 하지만 자신의 영원한 운명에 대해 결단하지 않는다. 매번 그들은 성경책을 덮으며 "또 모일 텐데 뭐"라고 말한다. 교회에 충분히 다니면 그리스도인이 되어 천국에 갈 자격이 생긴다고 생각하는 모양이다. 물론 영적 각성이 긴 여정일 수는 있으나 그 도중에—그리스도를 믿기로 결단하기 전에—죽는 이들을 기다리는 것은 천국이 아니라 지옥이다. 하나님은 은혜로 우리에게 죄에서 구원받을 기회를 주시며, 아들 예수님을 신뢰하는 것 외에는 아무것도 요구하지 않으신다. 그러나 우리 쪽에서 반응하지 않는다면 진리가 비신자 안에 이룰 수 있는 일은 없다.

둘째, 그리스도께 반응한다고 해서 외적 결박이 즉각 풀리는 것은 아니다. 종교를 장사의 수단으로 삼는 이들이 딴 소리를 하지만, 하나님의 자녀가 된다고 해서 하늘에서 행운의 신통력이 우리에게 내려와 지상의 불행을 면제해주는 것이 아니다. 일각의 주장에 따르면, 하나님 백성은 아무런 고생도 없이 건강하고 부유하게 사는 게 그분의 뜻이며, 당신이 만일 힘들게 고생한다면 이는 믿음이 부족하기 때문이다. 그러나 바울의 생애를 간략하게만 보아도 그런 이단은 깨끗이 처치될 수밖에 없다. 가이사랴에서 그는 사슬에 매인 채 아주 초라한 모습으로 홀로 섰다. 예수님을 메시아로 믿고 자신의 인생을 향한 하나님의 계획을 충실히 따른 결과였다. 이해하기 어렵지만 자기 백성을 향한 하나님의 계획은 우리를 특권으로 가득한 안락한 삶으로 인도하지 않을 수도 있다. 오히려 아들 예수님과 그분을 따른 사도들처럼 우리도 역경을 견뎌야 한다.

그리스도를 믿어도 이생에서는 고난의 결박이 없어지지 않는다. 고생 없는 건강과 부는 내세에 주어지고, 죄악으로 타락한 이 땅의 삶은 그때 끝난다. 그분은 싸움에서 결국 승리할 것을 우리에게 약속하셨다. 지금 여기에서 부딪히는 역경을 이겨내도록 끝까지 우리를 도우시고, 상상을 초월하는 소망과 미래를 주기로 약속하셨다. 그것이 기쁜 소식이 주는 약속이다.

파선을 즐기는 법(사도행전 27:1-44)

1우리가 배를 타고 이달리야에 가기로 작정되매 바울과 다른 죄수 몇 사람을 아구스도대의 백부장 율리오란 사람에게 맡기니 2아시아 해변 각처로 가려 하는 아드라뭇데노 배에 우리가 올라 항해할새 마게도냐의 데살로니가 사람 아리스다고도 함께 하니라 3이튿날 시돈에 대니 율리오가 바울을 친절히 대하여 친구들에게 가서 대접 받기를 허락하더니 4또 거기서 우리가 떠나가다가 맞바람을 피하여 구브로 해안을 의지하고 항해하여 5길리기아와 밤빌리아 바다를 건너 루기아의 무라 시에 이르러 6거기서 백부장이 이달리야로 가려 하는 알렉산드리아 배를 만나 우리를 오르게 하니 7배가 더디 가 여러 날 만에 간신히 니도 맞은편에 이르러 풍세가 더 허락하지 아니하므로 살모네 앞을 지나 그레데 해안을 바람막이로 항해하여 8간신히 그 연안을 지나 미항이라는 곳에 이르니 라새아 시에서 가깝더라

9여러 날이 걸려 금식하는 절기가 이미 지났으므로 항해하기가 위태한지라 바울이 그들을 권하여 10말하되 여러분이여 내가 보니 이번 항해가 하물과 배만 아니라 우리 생명에도 타격과 많은 손해를 끼치리라 하되 11백부장이 선장과 선주의 말을 바울의 말보다 더 믿더라 12그 항구가 겨울을 지내기에 불편하므로 거기서 떠나 아무쪼록 뵈닉스에 가서 겨울을 지내자 하는 자가 더 많으니 뵈닉스는 그레데 항구라 한쪽은 서남을, 한쪽은 서북을 향하였더라

13남풍이 순하게 불매 그들이 뜻을 이룬 줄 알고 닻을 감아 그레데 해변을 끼고 항해하더니

14얼마 안 되어 섬 가운데로부터 유라굴로라는 광풍이 크게 일어나니 15배가 밀려 바람을 맞추어 갈 수 없어 가는 대로 두고 쫓겨가다가 16가우다라는 작은 섬 아래로 지나 간신히 거루를 잡아 17끌어 올리고 줄을 가지고 선체를 둘러 감고 스르디스에 걸릴까 두려워하여 연장을 내리고 그냥 쫓겨가더니 18우리가 풍랑으로 심히 애쓰다가 이튿날 사공들이 짐을 바다에 풀어 버리고 19사흘째 되는 날에 배의 기구를 그들의 손으로 내버리니라 20여러 날 동안 해도 별도 보이지 아니하고 큰 풍랑이 그대로 있으매 구원의 여망마저 없어졌더라

21여러 사람이 오래 먹지 못하였으매 바울이 가운데 서서 말하되 여러분이여 내 말을 듣고 그레데에서 떠나지 아니하여 이 타격과 손상을 면하였더라면 좋을 뻔하였느니라 22내가 너희를 권하노니 이제는 안심하라 너희 중 아무도 생명에는 아무런 손상이 없겠고 오직 배뿐이리라 23내가 속한 바 곧 내가 섬기는 하나님의 사자가 어제 밤에 내 곁에 서서 말하되 24바울아 두려워하지 말라 네가 가이사 앞에 서야 하겠고 또 하나님께서 너와 함께 항해하는 자를 다 네게 주셨다 하였으니 25그러므로 여러분이여 안심하라 나는 내게 말씀하신 그대로 되리라고 하나님을 믿노라 26그런즉 우리가 반드시 한 섬에 걸리리라 하더라

27열나흘째 되는 날 밤에 우리가 아드리아 바다에서 이리 저리 쫓겨가다가 자정쯤 되어 사공들이 어느 육지에 가까워지는 줄을 짐작하고 28물을 재어 보니 스무 길이 되고 조금 가다가 다시 재니 열

다섯 길이라 29암초에 걸릴까 하여 고물로 닻 넷을 내리고 날이 새기를 고대하니라 30사공들이 도망
하고자 하여 이물에서 닻을 내리는 체하고 거룻배를 바다에 내려 놓거늘 31바울이 백부장과 군인들에
게 이르되 이 사람들이 배에 있지 아니하면 너희가 구원을 얻지 못하리라 하니 32이에 군인들이 거룻
줄을 끊어 떼어 버리니라
33날이 새어 가매 바울이 여러 사람에게 음식 먹기를 권하여 이르되 너희가 기다리고 기다리며
먹지 못하고 주린 지가 오늘까지 열나흘인즉 34음식 먹기를 권하노니 이것이 너희의 구원을 위하는
것이요 너희 중 머리카락 하나도 잃을 자가 없으리라 하고 35떡을 가져다가 모든 사람 앞에서 하나님
께 축사하고 떼어 먹기를 시작하매 36그들도 다 안심하고 받아 먹으니 37배에 있는 우리의 수는 전부
이백칠십육 명이더라 38배부르게 먹고 밀을 바다에 버려 배를 가볍게 하였더니
39날이 새매 어느 땅인지 알지 못하나 경사진 해안으로 된 항만이 눈에 띄거늘 배를 거기에 들여
다 댈 수 있는가 의논한 후 40닻을 끊어 바다에 버리는 동시에 키를 풀어 늦추고 돛을 달고 바람에 맞
추어 해안을 향하여 들어가다가 41두 물이 합하여 흐르는 곳을 만나 배를 걸매 이물은 부딪쳐 움직일
수 없이 붙고 고물은 큰 물결에 깨어져 가니 42군인들은 죄수가 헤엄쳐서 도망할까 하여 그들을 죽이
는 것이 좋다 하였으나 43백부장이 바울을 구원하려 하여 그들의 뜻을 막고 헤엄칠 줄 아는 사람들을
명하여 물에 뛰어내려 먼저 육지에 나가게 하고 44그 남은 사람들은 널조각 혹은 배 물건에 의지하여
나가게 하니 마침내 사람들이 다 상륙하여 구조되니라

눈에 자주 띄는 자동차 범퍼스티커에 "나의 취미는 뱃놀이"라는 문구가 있다. 그것이 무엇을 말하려는지 충분히 이해가 된다. 바다를 좋아하는 이들은 아름다운 범선에 올라 말 없는 풍력에 밀려 수면을 미끄러지는 그 희열을 물리칠 수 없다. 선상들이 하는 말을 들어보면 자연력을 제어하는 도전도 즐겁고, 고요하고 평화로운 공해상에 고립되어 있는 것도 똑같이 즐겁다고 한다. 그런 말을 듣노라면 나도 전장 10미터짜리 요트를 구입해서 강습을 받은 뒤 취미 삼아 바다 물살을 가르고 싶어진다. 그러다 문득 군대의 수송선을 타고 샌디에이고에서 출항했던 나의 첫 항해의 기억이 떠오른다. 처음 몇 시간은 쾌적한 유람선 여행 같았으나 이틀 후 우리 배는 높이가 12미터나 되는 큰 파도에 이쑤시개처럼 요동쳤다. 지휘관은 우리 모두에게 각자의 몸을 침상에 묶도록 지시했다.

"나의 취미는 파선"이라는 범퍼스티커는 본 적이 없다. 어딘가에 좌초하려고 배를 띄우는 사람은 없다. 하지만 노련한 항해사들은 바다를 즐기는 대신 불가피한 위험도 받아들일 줄 안다. 좋기만 한 일이란 어차피 없다. 마찬가지로 바울도 고난과 역경을 하나님이 자신

을 위해 계획하신 놀라운 삶의 일부로 받아들일 줄 알았다. 하나님의 사람으로서 비범했던 그는 위대한 삶의 이면을 이렇게 묘사했다.

> 유대인들에게 사십에서 하나 감한 매를 다섯 번 맞았으며 세 번 태장으로 맞고 한 번 돌로 맞고 세 번 파선하고 일 주야를 깊은 바다에서 지냈으며 여러 번 여행하면서 강의 위험과 강도의 위험과 동족의 위험과 이방인의 위험과 시내의 위험과 광야의 위험과 바다의 위험과 거짓 형제 중의 위험을 당하고 또 수고하며 애쓰고 여러 번 자지 못하고 주리며 목마르고 여러 번 굶고 춥고 헐벗었노라 이 외의 일은 고사하고 아직도 날마다 내 속에 눌리는 일이 있으니 곧 모든 교회를 위하여 염려하는 것이라(고후 11:24-28).

솔직히 나도 때로는 바울 같은 사람이 되고 싶지만, 그의 인생 역정을 생각해보면 그냥 내 모습과 하나님이 내게 예비하신 삶으로 만족하게 된다. 위대한 삶에 그런 대가가 따른다면 나는 적당한 수준으로 만족하고 싶다!

물론 바울은 이제부터 펼쳐질 자신의 앞날을 호강하는 길로 보지 않았다. 여태껏 그의 사역은 멀리 퍼져나가는 쪽이었으나, 이제 하나님은 뜻하신 바 있어 그를 높은 사람들 쪽으로 인도하신다. 그를 이끈 야망이 있다면 그것은 바로 예수 그리스도의 기쁜 소식을 로마의 최고 권력층에까지 전하는 일이었다. 거기서부터 복음이 아래로 흘러내려 오기를 바라면서 말이다. 베스도의 판결을 계기로 주님의 약속(행 23:11)이 성취되기 시작했다. 마침내 바울이 복음을 들고 로마로 가게 된 것이다. 비용까지도 정부가 부담했으나 그렇다고 쾌적한 순항은 아니었다. 흔히 그러시듯이 하나님은 이 제자로 하여금 운명에 이르는 길목에서 고난을 통과하게 하셨다. 다행히 바울은 이미 어떤 상황에서든 사람들에게 예수 그리스도를 가리켜 보일 줄 알았다. 이제부터 닥쳐올 무서운 시련도 예외는 아니었다.

—27:1-2—

율리오가 속해 있던 부대의 정체에 대해서는 확실히 알려진 것이 없다. "아구스도 대"(27:1)

라는 이름은 명예로 하사된 호칭이었다. 즉 이 부대는 수리아에 주둔해 있다가 전투에 혁혁한 공을 세웠을 수 있다. 바울은 인원수를 알 수 없는 다른 죄수들과 함께 로마로 이송될 예정이었고, 배의 본래 기항지인 아드라뭇데노는 드로아의 동남쪽에 위치한 무시아의 해안 도시였다. 이 선박은 그 해의 마지막 항해 중이었을 수 있는데, 마침 모항(母港)으로 돌아가기 전에 운이 좋게도 정부의 하청이 떨어졌다. 로마 군인들이 탄 배를 해적들이 공격할 리는 없을 테니 밤빌리아를 지나 아시아의 남해안으로 접어드는 노정이 그만큼 덜 위험할 것이었다.

여기서 누가의 일인칭 대명사 "우리"가 다시 시작된다. 그는 바울이 가이사랴에서 기다리던 2년 동안 아마도 시중을 들었을 것이고, 사도가 죽는 날까지 그의 곁을 떠나지 않았다. 이번 여행은 물론이고 바울이 로마에서 재판을 기다릴 때도 누가는 그와 함께 있었다. 바울은 로마에 2차로 투옥되어 처형당하기 직전에도 누가를 언급했다(딤후 4:11).

바울의 많은 길동무 중 누가가 언급한 사람은 3차 선교여행 후 바울과 함께 예루살렘에 왔던 아리스다고 하나뿐이다(참고 행 20:4-5). 바울의 각 여정마다 여러 사람이 동행했을 텐데도 누가는 여간해서 그들을 언급하지 않는다. 디모데는 2차 선교여행 초기에 바울에게 합류했으나(16:1-5) 누가의 내러티브에 거의 등장하지 않으며, 다른 인물들이 거명될 때조차도 그는 빠져 있다. 디도는 예루살렘 공의회에 바울과 바나바와 함께 갔고(갈 2:1), 2차 선교여행 때도 섬겼으나(고후 2:13) 그의 이름은 사도행전에 아예 나오지도 않는다. 따라서 이 배에도 바울 일행이 더 동승했을 수 있으나—나는 필시 그랬다고 본다—따로 언급되지는 않았다. 바울이 로마에서 쓴 편지들을 보면 요한 마가(골 4:10)와 데마(몬 1:24)가 그와 함께 로마에 있었다. 다만 그들이 바울에게 합류한 시기는 더 늦었을 수 있다. 어쨌든 누가가 왜 데살로니가 사람 아리스다고의 이름만 밝혔는지는 수수께끼로 남아 있다.

—27:3-5—

상선은 아시아로 떠나기 전에 수하물을 싣고자 시돈에 정박했다. 이전에 두로에서 다른 배의 하역 작업에 이레가 걸렸으니(21:3-4) 이 배도 시돈에 일주일이나 그 이상 머물렀을 수 있다. 바울은 일반 죄수가 아니었다. 로마로 가는 것이 자신에게 유리했으므로 탈출할 우려가 없었다. 백부장은 바울이 가이사랴에 있던 24개월 동안 그와 아는 사이가 되었을 수도 있다. 그는 바울을 아주 존대하여 "친절히"[27:3, *philanthrōpōs*(5364)] 대하고 남다른 자유도 허락했다.

가을에는 바람이 서쪽에서 동쪽으로 불었으므로 시돈을 떠난 배는 섬을 바람막이 삼아 내해 쪽으로 항해했다(27:4). 항해 조건이 더 좋아진 대신 해적이 출몰하는 구브로와 밤빌리아 사이의 위험 수역을 지나가야 했지만, 배에 백부장이 타고 있었으므로 선장도 좀더 안심할 수 있었다. 배는 무사히 무라에 도착했다(27:5). 고대의 유적을 보면 이 항구에서 자주색 염료의 거래가 성행했는데, 패류 껍데기에서 채취되던 그 염료는 두로의 주요 수출품이었다.

—27:6-12—

백부장이 바울 일행과 모든 죄수를 옮겨 태운 알렉산드리아의 배는 곡물(27:38)과 최소한 276명의 승객(27:37)을 실어 나를 수 있는 대형 선박이었다. 그 시기에 기록된 고대 문헌을 보면 중간급 상선들은 전장이 21미터였고,[41] 가장 큰 것은 45미터에 달했다.[42] 배가 육지에서 멀리 떨어져 공해상을 항해하는 경우는 드물었다. 선장들은 대개 육안에 의지하여 배를 조종했다. 바울이 탄 배의 선장이 예상한 항로는 로도 섬을 지나 북쪽으로 방향을 틀어 에베소에 이르는 것이었다. 거기서 섬들을 지표 삼아 에게 해를 동서로 곧장 횡단하면 그리스의 피라우스가 나오고, 거기서 다시 디올코스(선박 이동용 도로)라는 육로로 배를 운송하여 고린도 지협을 통과한 다음 이오니아 해를 건너면 이탈리아였다.

가을바람 때문에 예정된 항로대로 북진할 수 없어 배는 그레데(크레타)로 향했다. 바람이 불어가는 쪽으로 따라가다가 거기서 아가야 쪽으로 북향할 생각이었을 것이다. 배는 일단 미항(美港)에 정박하여 "여러 날"을 보냈다(27:7-9). 분명히 바울은 그 기간에 그레데 교회의 상태를 살폈을 텐데, 알아본 결과 기독교 공동체들은 지리멸렬하게 고전하고 있었다. 훗날 그는 그 섬에 다시 갔고, 조력자 디도에게 교회를 굳건하게 하고 조직하는 일을 위임했다(딛 1:5).

누가가 언급한 "금식하는 절기"란 9월이나 10월에 돌아오는 속죄일을 가리키므로 일

년 중 항해하기에는 늦은 시기였다. 바울은 미항에서 겨울을 나도록 권유했으나 선원들은 섬의 서쪽 끝에 있는 다른 항구를 선호했다(27:9-12). 최종 결정권을 쥔 백부장이 선장 편에 섰는데 그것이 결국 악수가 되고 말았다.

—27:13-20—

섬 아래쪽으로 길을 잡은 배를 남풍이 섬 쪽으로 밀어주었으므로 배가 바다 쪽으로 바람에 떠밀릴까 봐 염려할 필요는 없었다. 그래서 선원들은 닻을 올려 항속을 높였다. 그때 난데없이 북동풍[*Eurakylōn*(2146b)]이 불어 배를 바다 쪽으로 밀어냈다. 배는 그레데 남해안에서 40킬로미터쯤 떨어진 작은 섬으로 피하려 했으나 바람이 너무 강했다. 선원들은 배를 안전하게 지키려고 몇 가지 비상조치를 취해야 했다. "거루"(27:16)는 항구가 없을 때 배에서 해안까지 사람들을 실어 나르는 데 쓰려고 뒤에 달고 다니던 작은 배였다. 그 거루가 침수되었거나 바람에 깨질 듯하여 본선(本船) 위로 끌어올려야 했다. 그들은 거루의 선체 밑으로 밧줄을 동여 힘을 보강했다. 그리고 배의 닻을 내려 남쪽으로 표류하는 속도를 늦추었다. 북아프리카 해안 근처에 좌초할까 봐 염려되었던 것이다. 선원들은 또 짐을 버려 배를 더 높이 띄우고 배에 물이 덜 차게 했다. 그러다 배의 기구마저 물속으로 던지기 시작했다. 해도 별도 보이지 않아 항해가 불가능했다. 그들은 아프리카에 얼마나 가까이까지 떠밀려갔는지 보려고 수심을 재서 해도(海圖)와 대조해보았을 수도 있다.

—27:21-26—

선원들은 한동안 음식을 먹지 못했는데 여러 가지 이유가 있을 수 있다. 주어진 식량으로 얼마나 오래 버텨야 할지 몰랐거나, 스트레스로 입맛을 잃었거나, 뱃멀미가 극심했거나, 신들의 비위를 맞추려고 금식했을 것이다. 어쨌든 그들은 살아서 상륙하리라는 희망을 다 잃었다. 이때부터 바울이 상황을 지휘했다. 그는 자신이 경고했던 말을 상기시키며 그 권유를 귀담아듣지 않은 그들을 꾸짖었다(27:21). "거봐, 내가 뭐라던가"라는 식으로가 아니라 이번에는 자신의 말에 따르도록 권하기 위해서였다. 이 기회에 그는 자신이 받은 환상으로 그들을 격려했다. 바울도 이 환상을 통해 이번 곤경 속에서 전원이 다 살아남으리라는 확신을 얻었다. "안심하라"[*euthymeō*(2114)]는 그의 말은 "마음을 굳게 먹고 용기를 내라!"는 뜻이다.

사도는 이전에도 그를 안심하게 하시려고 초자연적으로 주시는 말씀을 받은 적이 있었지만(18:9-10, 23:11) 이번에 주님이 그에게 주신 메시지는 동승자들을 위한 것이었다. 하나님은 그분의 사자를 위해 모든 사람의 목숨을 보전하실 것을 약속하셨고, 이는 바울이 예수 그리스도에 대해 사람들에게 전하는 말에 신빙성을 더해주었다. 그는 자신이 하나님의 말씀을 믿는다고 고백하면서 그들에게도 함께 믿자고 권했다(27:22-25).

바울은 한 가지 실제적 조언으로 말을 마쳤다. 다음에 적당한 섬이 보이거든 배를 거기에 좌초시켜야 한다는 것이었다(27:26). "한"[*tis*(5100)]으로 번역된 헬라어 단어는 '아무, 어떤'이라는 뜻이다. 주님이 약속하신 대로 전원이 위기를 뚫고 살아남겠지만 그래도 그들은 지혜롭게 행동해야 했다. 목적지나 배의 보전 따위는 잊어버리고 생존을 최우선으로 삼아야 했다. 하나님이 생존을 약속하셨다고 해서 미련하게 만용을 부려도 되는 것은 아니었다. 오히려 바다에서 구조되리라는 약속을 받았기에 더욱 지혜를 구사해야 했다.

—27:27-32—

누가는 배의 위치를 "아드리아 바다"(27:27)의 어디쯤이라고 밝혔는데 이는 고대에 사용하던 명칭이다. 오늘날 아드리아 해는 '장화' 모양의 이탈리아와 크로아티아 해안 사이의 바다를 가리킨다. 현대의 지도대로 하자면 이 배가 표류한 해역은 이오니아 해 남쪽의 그레데(크레타)와 멜리데(몰타) 사이였다.

절망적으로 길을 잃고 풍랑에 속수무책으로 떠밀린 지 꼬박 두 주가 지나서야 선원들은 배가 육지에 가까워졌음을 짐작했다. "짐작하고"[*uponoeō*(5282)]라는 단어는 '추측하다, 희박한 증거에 기초하여 입장을 정하다'는 뜻이다. 한밤중이라 육지가 있음을 알리는 새들이나 구름이 보였을 리 없었을 테니 그들은 멀리서 부서지는 파도 소리를 들었거나 심지어 뭍의 냄새를 맡았던 것이 분명하다. 노련한 항해사들은 뭍의 냄새까지 맡는 것으로 알려져 있다. 선원들은 또한 납추로 수심을 재서 그 결과를 해도에 표시된 수심과 비교했다.

BC 4세기에 역사가 헤로도토스는 "이집트 땅의 성질은 이러하니 우선 바다에서 접근하여 육지까지 뱃길로 하루쯤 남은 지점에서 추를 내려 수심을 재면 진흙이 묻어 올라오고 깊이는 열한 길쯤 된다"고 썼다.[43] 선원들이 수심을 재어보니 스무 길에서 열다섯 길로 얕아졌다(27:28). 여기 "길"[*orguia*(3712)]이란 성인이 두 팔을 양쪽으로 쭉 뻗은 길이에 해당했으니 한 길은 1.8미터쯤 되었다. 요컨대 이 배가 위치한 곳의 수심이 약 27미터였다.

선원들은 네 개의 닻을 끌어내려 배를 고정했다(27:29). 선원들 몇 명은 본선으로 자칫 암벽을 들이받느니 거루를 타는 것이 살아서 상륙할 확률이 높다고 판단했다(27:30). 그래서 닻을 내리는 데 쓰는 척하며 거루를 내렸으나 바울이 그들의 속셈을 간파했다. 이미 파선을 세 번이나 겪은 그인지라 웬만한 꼼수는 다 알았고, 사람들이 어떻게 행동할지도 알았다. 지금 이 배는 선원을 하나라도 잃을 여유가 없었다(27:31). 충돌을 피하면서 배를 육지에 가까이 대려면 항해 경험이 필요한데 일반 승객들은 그런 경험이 없었다.

이쯤 되자 백부장도 바울의 조언을 신뢰해야 함을 배웠다. 그래서 작은 배를 매단 밧줄을 잘라내도록 지시했다(27:32).

—27:33-38—

다들 이 모든 고초를 겪는 사이에 바울은 그들을 이끌 지도자로 명백히 부상했다. 파도 소리와 수심 측정으로 확인되었듯이 육지가 멀지 않았고, 따라서 이후 몇 시간은 모든 사람과 특히 선원들에게 체력이 요구될 것이었다. 바울은 배만 좌초할 뿐 사람은 다 무사할 거라며 하나님의 권위로 일동을 안심시켰다. 대부분 승선자가 지난 며칠 동안 먹지 못했으므로 바울이 주도하여 식사를 하게 했다(27:33-36). 이 기회에 그는 여태까지 모두를 안전하게 지켜주신 하나님께 감사드렸다.

선원들은 좌초에 대비하여 곡물을 배 밖으로 버렸다(27:38). 선장이 곡물을 남겨둔 데는 물론 재정적 이유도 있었으나 또한 폭풍 속에서 바닥짐(배의 균형을 유지하기 어려울 때 안전을 위하여 배의 바닥에 싣는 중량물-편주)으로 쓰려던 뜻도 있었다. 하지만 이제 짐이 조금이라도 많을수록 선체와 해저의 간격은 그만큼 좁아졌다. 최대한 뭍에 가까이 가서 좌초하려면 배가 가벼워야 했다.

—27:39-44—

배 안의 누구도 육안으로는 육지를 보지 못했으나 배를 최대한 바짝 그쪽으로 대는 수밖에 없었다(27:39-40). 선수가 암초에 부딪히자 파도가 배를 갈라놓을 듯 선미를 때렸다(27:41). 군인들은 배를 버리는 혼란의 와중에 죄수들이 탈출하는 것을 방임할 수 없었기에 통상적 수순에 따라 그들을 죽이려 했다. 그러나 바울의 말을 신뢰해야 함을 배운 백부장이 전원을 살려서 상륙시키기로 했다(27:42-43).

일부는 헤엄치고 일부는 무엇이든 물에 뜨는 물건에 매달려 전원이 육지에 이르렀으니 곧 주님께서 바울을 통해 약속하신 대로였다(27:44).

적용: 사도행전 27:1-44

세 가지 영적 닻

곡물 선박에 올라 미항을 떠난 276명의 인원은 겨울을 나기에 더 적합한 항구인 뵈닉스까지 크레타의 해안을 따라 고작 64킬로미터만 갈 예정이었다. 그러나 종종 그렇듯이 자연은 그들의 간단한 계획을 끔찍한 시련으로 바꾸어놓았다. 뱃놀이 수준으로 항해하여 한나절이면 될 길이 두 주간의 표류로 변하자, 그들은 끝없이 연속되는 생사의 기로에서 살아남고자 사투를 벌여야 했다. 상황이 악화될수록 선상의 각 지도자는 말없이 내러티브에서 사라지고 바울만 걸출한 지도자로 남았다. 선원들이 닻을 던져 배를 다시 고정시켰듯 바울도 사람들이 희망을 잃지 않도록 세 가지 영적 닻을 던졌다.

영적 닻 1: 하나님이 임재하신다는 확신(27:22-26). 주님은 승선자 전원이 해상의 고초에서 살아남을 것을 바울에게 확언하셨다. 바울은 그 말씀을 사람들에게 전해, 하나님이 그들이 처한 곤경을 보셨고 그들을 버리지 않으셨음을 알렸다. 아예 그는 그들에게 이미 구조된 것처럼 즐거워하라고 촉구했다. 주님이 사실상 그들을 이미 구조하셨기 때문이다. 그분의 구조 계획이 실행되는 것은 시간문제일 뿐이었다. 바울은 하나님 말씀을 신뢰했고, 사람들에게도 똑같이 하도록 권했다.

지금처럼 이야기의 결말을 아는 상태에서 당신이 시간을 거슬러 올라가 그 배의 갑판에 승객으로 서 있다고 상상해보라. 당신은 다른 승선자들과 어떻게 다르게 행동하겠는가? 물론 당신도 악조건에 똑같이 영향을 입고 비바람에 똑같이 한기를 느낄 것이다. 하지만 불안이 당신의 관점을 흐려놓지는 못할 것이다. 현재 당신이 처한 상황도 마찬가지다. 고생과 난관은 늘 우리 삶의 일부이며, 이 땅의 삶은 언젠가는 끝난다. 그때까지 우리는 하나님이 성령으로 우리 안에 임재하신다는 확신을 받았다. 하나님은 또 그분을 신뢰하는 사람은 누구나 구원하겠다고 약속하셨다. 그뿐 아니라 쾌적한 순항이든 파선이든 모든 경험이 재료로 쓰여 우리를 위하여 선을 이룬다.

영적 닻 2: 실제적 격려(27:33-38). 바다에서 여러 날이 지나자 사람들은 그들 모두의 목숨을 지켜주시겠다는 하나님의 약속을 잊었다. 일부 선원들은 배와 승객들을 버리고 거루에 오르려 했으나 바울이 개입했다. 배가 육지에 가까워진 듯 보이자 그는 사람들을 권하여 음식을 먹게 했다. 음식만 아니라 안전하리라는 확신을 주신 하나님께 감사드리고 빵을 나누었다. 아직 육지가 눈에 보이지 않는데도 그들은 짐을 배 밖으로 버려 해안에 좌초할 준비를 했다.

바울의 격려는 유형적이고 가시적인 형태를 띠었다. 두 주 전에는 말만으로도 괜찮았으나 하나님의 약속을 구체화시킨 것은 행동이었다. 그의 행동은 전원이 곧 육지를 밟으리라는 믿음의 표출이었다.

영적 닻 3: 절대적 믿음(27:39-44). 시련이 지속되었지만 바울은 하나님의 약속에 대한 침착하고 확실한 믿음을 끝없이 보여주었고, 그 믿음은 전염되었다. 군인들이 죄수들을 죽이려 하자 백부장이 말렸다. 첫 번째 동기는 바울의 목숨을 살리려는 것이었지만, 그렇게 결정할 때 백부장은 확신에 차 있었다. 사람들은 바울이 이끄는 대로 따랐고, 생존할 수 있다는 희망을 끝까지 포기하지 않았다.

당신이 시련에 대처하는 방식은 사람들이 하나님의 말씀을 대하는 방식에 영향을 미친다. 말로 하는 간증도 하나님의 약속을 알리는 데 도움이 되지만, 행동으로 믿음을 직접 보여주면 메시지가 더욱 확증된다. 물론 사람들은 복음을 들어야 한다. 그러나 그들에게 믿음을 보다 효과적으로 권유하려면 백 마디 말보다도 기쁜 소식이 어떤 결과를 가져오는지 삶으로 보여야 한다.

"치료할 때"(사도행전 28:1-11)

1우리가 구조된 후에 안즉 그 섬은 멜리데라 하더라 2비가 오고 날이 차매 원주민들이 우리에게 특별
한 동정을 하여 불을 피워 우리를 다 영접하더라 3바울이 나무 한 묶음을 거두어 불에 넣으니 뜨거움
으로 말미암아 독사가 나와 그 손을 물고 있는지라 4원주민들이 이 짐승이 그 손에 매달려 있음을
보고 서로 말하되 진실로 이 사람은 살인한 자로다 바다에서는 구조를 받았으나 공의가 그를 살지 못
하게 함이로다 하더니 5바울이 그 짐승을 불에 떨어 버리매 조금도 상함이 없더라 6그들은 그가 붓든
지 혹은 갑자기 쓰러져 죽을 줄로 기다렸다가 오래 기다려도 그에게 아무 이상이 없음을 보고 돌이켜
생각하여 말하되 그를 신이라 하더라

7이 섬에서 가장 높은 사람 보블리오라 하는 이가 그 근처에 토지가 있는지라 그가 우리를 영접
하여 사흘이나 친절히 머물게 하더니 8보블리오의 부친이 열병과 이질에 걸려 누워 있거늘 바울이 들
어가서 기도하고 그에게 안수하여 낫게 하매 9이러므로 섬 가운데 다른 병든 사람들이 와서 고침을
받고 10후한 예로 우리를 대접하고 떠날 때에 우리 쓸 것을 배에 실었더라

11석 달 후에 우리가 그 섬에서 겨울을 난 알렉산드리아 배를 타고 떠나니 그 배의 머리 장식은
디오스구로라

BC 400년경에 그리스의 한 의사가 동료들보다 두각을 드러내 이른바 '현대 의학의 아버지'가 되었다. 히포크라테스는 질병이 신의 형벌이나 악귀 때문이 아니라 자연적 원인에서 발생한다는 것을 공언한 최초의 의사였다. 그렇게 의학과 종교를 분리한 대가로 그는 20년을 감옥에서 보냈다. 동시대 의사들이 질병을 공격적으로 진단하고 처방하여 종종 백해무익한 결과를 낳은 데 반해 그는 그런 철학을 배격했다. 몸에 자체적 치유력이 있음을 믿었기에 그는 거동을 자제함, 청결함, 고통을 덜어주는 향유, 충분한 휴식 등을 처방했다. 그의 책 『교훈』(*Precepts*)은 이런 단순한 지혜로 시작된다. "치료란 시간의 문제이지만 때로는 기회의 문제이기도 하다."[44] 그래서 그는 몸에 치료의 시간과 기회를 주어야 한다고 믿었다.

히포크라테스로부터 4세기 후 또 다른 의사가 지중해를 가로지르는 고생스러운 여정 속의 바울을 수행했다. 히포크라테스의 뒤를 이은 의학계의 지성인 누가는 자신의 환자가 섬이라는 피난처에서 시간을 보내는 데 당연히 찬성했다. 그로부터 1천 년 전에 솔로몬 왕이 "범사에 기한이 있고 천하 만사가 다 때가 있나니"(전 3:1)라고 썼는데 그 정해진 때 중에는 "치료할 때"(전 3:3)도 있다.

그런데 현대는 누가나 히포크라테스의 지식보다 광년 단위로 더 의학이 발전된 '문명' 시대인데도, 우리 신학에 휴식의 여지나 성경적 개념의 "치료할 때"가 별로 없으니 이상한 일이다. 우리는 사람들이 그냥 이겨내기를 바란다. 당신이 만일 엑스레이로 설명되지 않는 지병에서 좀처럼 회복되지 않고 있다면, 틀림없이 누군가로부터 "어서 떨치고 일어나라!"는 말을 들었을 것이다. 끈질긴 우울증에 붙들려 있거나 사랑하는 이를 사별한 깊은 슬픔에서 헤어나지 못할 것만 같을 때에도, "기운을 차리라!"는 말을 들었을 것이다. 히포크라테스의 말이 옳았다. 치료는 과연 시간의 문제이자 기회의 문제인데도 오늘날에는 기회를 주려는 사람이 거의 없다.

가이사랴에서 겪은 오랜 시련에 이어 두 주 동안 바다에서 당한 위기까지 겪고 난 바울이, 다시 로마로 떠나기에 앞서 이 석 달 동안 휴식을 만끽했을 것은 자명하다. 하지만 몰타에서 회복된 것은 그의 개인적 휴식과 건강만이 아니었다. 하나님은 사도를 통해 많은 섬사람을 치료해주심으로써 자신을 증언하셨다. 기적적인 치유이든, 병이 낫는 데 필요한 통상적 과정으로 인한 결과이든, 우리 신앙생활에서 몸과 마음과 정서를 치료하는 시간은 복음의 능력을 표출하고 묵상하는 기회이기도 하다. 복음에는 사람을 긍휼히 여겨 구속하는 능력이 있다. 그 동일한 능력이 바울을 준비시켜 여정의 다음 단계에 오르게 한다.

—28:1-2—

상륙한 직후 누가는 그 섬의 이름이 멜리데[*Melitē*(3194), 현재의 몰타]임을 알게 되었다. "원주민들"[28:2, *barbaros*(915)]로 번역된 단어는 외국인을 가리키는데, 중얼거리는 듯 들리는 외국어의 소리를 딴 의성어다. 헬라인과 로마인은 자기네 '문명화된' 언어를 할 줄 모르는 사람을 문화적으로나 지적으로 무조건 열등하게 여겨 얕보았다. 몰타 사람들은 일찍이 BC 5세기경에 그 섬으로 이주해온 베니게(페니키아) 부족의 후손으로, BC 218년에 로마에 점령당한 뒤로도 섬의 터줏대감으로 남았다.

몰타의 주민들은 파선한 길손들에게 "특별한 동정"[*philanthrōpia*(5363)]을 베풀어 불을 쬐게 해주며 환대했다.

—28:3-6—

누가는 바울이 뱀에 물린 이야기로 원주민들의 특성을 보여준다. 바울이 나무 한 묶음을 불에 던지니 뱀이 그의 손에 붙어 있었다(28:3). 원주민들은 현지에 서식하는 야생 생물에 익숙했으므로 그 뱀이 독사임을 알았다. 그래서 사도의 몸이 부어올라 죽을 줄로 알았다. 그들은 미신에 근거하여 정의가 바울을 잡았다고 믿었다. 그가 분명히 여러 죄수 가운데 하나였으므로 살인범이려니 생각했던 것이다(28:4). 그들은 정의를 헬라의 여신인 "공의"[*dikē*(1349)]로 의인화했다. 페니키아의 문화와 혈통을 이어받은 주민들이었지만 그들이 믿는 미신은 헬라의 신들과 연관되어 있었다. 보이지 않는 세력이 바울을 벌하는 줄로 알았는데 그에게 아무런 불상사도 없자, 주민들은 이제 바울을 신으로 여겼다(28:5-6)!

사도는 이미 산전수전 다 겪은데다 신으로 떠받들린 적도 있었다(14:11). 누가는 이 이야기를 굳이 바울의 반응을 보여주는 식으로 끝내지 않는다. 그 정도는 이제 독자들도 짐작할 수 있다. 대신 누가는 사도가 전도에 활용한 다른 일화로 넘어간다.

—28:7-10—

누가는 보블리오라는 이름의 "가장 높은 사람"[*prōtos*(4413)]을 언급했는데, 이 섬에서 발굴된 한 행정장관의 비문에 동일한 칭호가 붙어 있다.[45] 보블리오는 흔한 로마식 이름인 만큼 그는 몰타에 토지를 소유한 로마인이었을 것이다. 그가 일행에게 사흘 동안 환대를 베풀었는데(28:7), 마침 그의 아버지는 "열병과 이질[*dysenterion*(1420)]"에 걸려 누워 있었다(28:8). 이질은 심한 설사에 피와 점액이 섞여 나온다 하여 '하혈'이라고도 한다. 지금은 그 원인이 기생 박테리아나 아메바로 밝혀졌으나 바울 당시에는 많은 질병을 신의 진노나 악귀 탓으로 돌리는 미신이 성행했다. 이 병은 대개 환자의 체액에 접촉할 때 감염되므로 유행병으로 도는 경우도 적지 않았다. 회복되지 못한 환자는 대개 탈수증으로 사망했다. 열병도 있었다는 의사 누가의 말로 보아 본문의 경우는 세균성 이질로 보이는데, 말로우(Marlow) 증후군으로 알려진 이 이질은 유독 치료가 어려울 수 있다.

바울이 환자를 위해 기도하자 하나님이 그를 낫게 하셨다. 즉각적 치유였음이 문맥에 암시되어 있다. 수많은 사람이 바울을 보러 온 것도 그래서다. 각종 병을 앓던 몰타 사람들이 죄다 병을 고치러 왔다(28:9). 바울이 이 기회에 복음을 전했다고 누가가 굳이 명시하지는 않았지만, 사도행전 전체에 나타난 바울의 습성으로 미루어 의당 그랬으리라는 추측이 가능하다. 바울 일행은 현지인들의 후하고 따뜻한 송별을 받으며 로마행 알렉산드리아 배에 올랐다.

—28:11—

이 구절에 누가가 제시한 두 가지 단서를 다른 사기(史記)들과 종합해보면, 출발의 시점을 꽤 정확히 알아낼 수 있다. 플리니우스 1세에 따르면 항해가 가능한 철은 "2월 13일로부터 엿새 전에" 시작되었다.[46] 오늘날 달력으로 2월 8일에 해당한다. 몰타에 머문 기간이 석 달이었으니 해안에 좌초한 때는 11월 초가 되고, 그 전에 금식의 속죄일을 지내고 크레타를 떠난 때는 10월 말이 된다. 그렇다면 그해의 절기는 날짜가 늦었던 셈이다. AD 59년에 "금식의 절기는 예년보다 한참 늦은 10월 5일경이었다."[47]

그들이 탄 알렉산드리아의 배는 제우스의 쌍둥이 아들[*Dioskouroi*(1359)]이자 항해사들의 수호신인 카스토르와 폴룩스로 장식되어 있었다. 바울 일행은 승선하면서 아이러니를 느끼지 않았을까? 3개월 전에 거의 피할 수 없던 죽음에서 선원들과 승객들을 구해내신 분은 누구네 신이었던가?

애초에 선장과 백부장이 바울의 조언에 따랐더라면(27:10-11) 그는 크레타에서 3개월을 기다리며 겨울을 나는 동안 몸을 회복할 기회가 있었을 것이다. 그 전에 2년 동안 사도는 많은 일을 겪었고, 로마에 가도 그 못지않게 긴장된 시절이 기다리고 있을 터였다. 그러나 애석하게도 그의 조언은 무시되었고, 그 결과 그들은 2주 동안 바다를 방랑하며 고생하다 선장의 배와 값비싼 화물을 잃었다. 오직 하나님의 은혜로 276명 전원이 몰타의 해안을 밟을 수 있었다. 백부장이 내린 오판에도 불구하고 주님은 승리하셨다. 또 크레타가 아니면 몰타에서라도 그분은 반드시 바울에게 요긴한 휴식을 주셨다. 오히려 그곳은 겨울 날씨가 푸근하고 햇빛도 풍성했다.

적용: 사도행전 28:1-11

치료 중인 이들을 위하여

몰타 사람들은 바울을 통해 즉각적으로 치유하시는 하나님의 은혜를 받았지만, 세상에 그런 치료를 경험한 사람은 극소수다. 그들은 안수 한 번에 증상이 순식간에 사라지고 기력이 완전히 돌아왔지만, 대개 치료에는 과정이 필요하다. 시간이 걸린다. 회복이 되는 듯 차도를 보이다가도 이따금씩 환자의 병세가 다시 도진다. 나아지지도 않고 악화되지도 않는 소강상태가 오래 지속될 때도 있다. 그러다 갑자기 확 호전되어 모두를 놀라게 한다. 히포크라테스의 말이 옳았다. "치료란 시간의 문제이지만 때로는 기회의 문제이기도 하다."

그 점을 염두에 두고, 지금 치료 중인 이들에게 힘이 되어줄 두 가지 원리를 제시하고자 한다. 몸의 회복에도 적용되지만 비극, 이혼, 실직, 불임, 파산, 우울, 사랑하는 이의 죽음 등 다른 종류의 상처를 치료 중인 이들에게도 똑같이 유효하다.

첫 번째 원리는 이것이다. 치료에 시간이 걸리는 이들을 원망할 것이 아니라 존중해야 한다. 치료 중인 이들은 대개 소통할 에너지가 없기 때문에 자신을 잘 표현하지 못한다. 하지만 속으로는 긍휼히 여겨달라고 외치고 있다. "나 자신을 찾고 있는 중입니다. 정리하는 중입니다. 내 곁에 남아 끝까지 사랑해주세요. 이런 나를 밀쳐내지 말고 받아주세요." 회복 중에 남에게 짐이 되어 죄책감을 느끼는 이들이 많다. 가족이나 친구가 그들의 고통을 못 견뎌하면 그들은 더 괴로워진다. 치유 과정이 가장 싫은 사람은 그 과정을 통과 중인 본인이다. 그러므로 치유 중인 이들에게 은혜를 듬뿍 베풀라. 포기하지 않고 지속적으로 치유의 과정을 밟는 그들을 당신이 얼마나 존중하는지 말해주라.

두 번째 원리는 이것이다. 치유받은 사람일수록 더 잘 준비되어 남을 도울 수 있다. 심리학자 빅터 프랭클(Victor Frankl) 박사는 제2차 세계대전 중 아우슈비츠에서 극한의 박탈을 당하던 때에, 현재의 고난이 장래에 어떻게 쓰일지를 생각하며 힘을 얻었다. 다음은 그가 남긴 글이다.

> 문득 환하고 따뜻하고 쾌적한 강의실 강단에 서 있는 내 모습이 그려졌다. 맞은편에는 청중이 편하고 푹신한 의자에 앉아 집중하고 있었다. 내가 강의하는 주제는 강제

수용소의 심리학이었다! 그 순간 나를 짓누르고 있던 모든 것이 객관적으로 변하면서 초연한 과학적 관점에서 이해되고 설명되었다. 이런 식으로 나는 지금 나를 누르는 고난과 상황을 초월하여 그것을 마치 이미 지나간 일처럼 대할 수 있었다.[48]

아기를 잃은 심정을 이미 자녀를 사별한 적이 있는 부모만큼 이해할 사람은 없다. 집중 치료를 거쳐 건강해지고 자존감까지 회복한다는 것이 어떤 의미인지 이전에 정신 질환을 앓았던 환자가 아니면 누가 알겠는가? 이혼과 관련한 지원 사역은 이혼자들이 운영하고, 중독에서 회복 중인 사람들은 다른 사람을 중독에서 이끌어내는 법을 안다. 우리가 어떤 난관과 비극을 이겨내면 동일한 문제를 겪는 이들을 대할 때 진정성이 생겨난다. 나도 치유 과정을 지날 때마다 이 원리에서 큰 도움을 받곤 한다. 덕분에 우리는 오늘 겪은 고통스러운 경험으로 장차 어떻게 다른 사람을 도울 것인지를 생각할 수 있다.

시작의 끝(사도행전 28:12-31)

[12]수라구사에 대고 사흘을 있다가 [13]거기서 둘러가서 레기온에 이르러 하루를 지낸 후 남풍이 일어나
므로 이튿날 보디올에 이르러 [14]거기서 형제들을 만나 그들의 청함을 받아 이레를 함께 머무니라 그
래서 우리는 이와 같이 로마로 가니라 [15]그 곳 형제들이 우리 소식을 듣고 압비오 광장과 트레이스 타
베르네까지 맞으러 오니 바울이 그들을 보고 하나님께 감사하고 담대한 마음을 얻으니라

[16]우리가 로마에 들어가니 바울에게는 자기를 지키는 한 군인과 함께 따로 있게 허락하더라

[17]사흘 후에 바울이 유대인 중 높은 사람들을 청하여 그들이 모인 후에 이르되 여러분 형제들아
내가 이스라엘 백성이나 우리 조상의 관습을 배척한 일이 없는데 예루살렘에서 로마인의 손에 죄수
로 내준 바 되었으니 [18]로마인은 나를 심문하여 죽일 죄목이 없으므로 석방하려 하였으나 [19]유대인들
이 반대하기로 내가 마지 못하여 가이사에게 상소함이요 내 민족을 고발하려는 것이 아니니라 [20]이
러므로 너희를 보고 함께 이야기하려고 청하였으니 이스라엘의 소망으로 말미암아 내가 이 쇠사슬
에 매인 바 되었노라 [21]그들이 이르되 우리가 유대에서 네게 대한 편지도 받은 일이 없고 또 형제 중
누가 와서 네게 대하여 좋지 못한 것을 전하든지 이야기한 일도 없느니라 [22]이에 우리가 너의 사상이
어떠한가 듣고자 하니 이 파에 대하여는 어디서든지 반대를 받는 줄 알기 때문이라 하더라

[23]그들이 날짜를 정하고 그가 유숙하는 집에 많이 오니 바울이 아침부터 저녁까지 강론하여 하나
님의 나라를 증언하고 모세의 율법과 선지자의 말을 가지고 예수에 대하여 권하더라 [24]그 말을 믿는
사람도 있고 믿지 아니하는 사람도 있어 [25]서로 맞지 아니하여 흩어질 때에 바울이 한 말로 이르되

성령이 선지자 이사야를 통하여 너희 조상들에게 말씀하신 것이 옳도다 [26]일렀으되

이 백성에게 가서 말하기를
너희가 듣기는 들어도
도무지 깨닫지 못하며
보기는 보아도 도무지
알지 못하는도다
[27]이 백성들의 마음이 우둔하여져서
그 귀로는 둔하게 듣고
그 눈은 감았으니
이는 눈으로 보고
귀로 듣고
마음으로 깨달아 돌아오면
내가 고쳐 줄까 함이라 하였으니

[28]그런즉 하나님의 이 구원이 이방인에게로 보내어진 줄 알라 그들은 그것을 들으리라 하더라
[29](없음)
[30]바울이 온 이태를 자기 셋집에 머물면서 자기에게 오는 사람을 다 영접하고 [31]하나님의 나라를
전파하며 주 예수 그리스도에 관한 모든 것을 담대하게 거침없이 가르치더라

1942년 11월 10일도 런던의 하루는 암울했다. 그보다 더 암울했던 적은 없을 것이다. 2년 동안 사정없이 퍼부은 나치 공군의 폭격으로 거리마다 잔해가 쌓여 있었고, 그나마 남아 있는 건물들에는 유명을 달리한 이들의 유해가 들러붙어 있었다. 교회 종도 더는 즐거운 일로 울리지 않고, 독일 폭격기가 하늘을 뒤덮을 때마다 시민들에게 경보를 발하는 용도로만 쓰였다. 그래도 영국인들은 제3제국의 위협에 단호히 맞섰다. 나머지 유럽이 나치의 비위를 맞추던 여러 해 동안 영국은 독일의 실성한 땅딸보 하사인 히틀러에 대항했고, 그러느라 시민들의 목숨이라는 큰 대가를 치렀다. 다행히 그 즈음 여러 전선에서 낭보가 들려왔다. 드디어 미국이 전쟁에 개입했고 다른 나라들도 다시 결집하여 독일에 맞서기 시작했다.

11월 9일에 시의 행정을 관할하던 고관들은 7백 년도 넘는 전통에 따라 런던 시장을 수석 재판관에게 추천하여 공식 승인을 받고자 모였다. 평소 같았으면 경사였지만 독일과의

장기전 때문에 당연히 분위기가 가라앉았다. 그래도 시 관리들은 관례대로 이튿날 시 전역에서 모여—아마도 오는 길에 널린 전쟁의 잔해를 뛰어넘으면서—시장 관저에서 열린 오찬에 참석했다. 거기서 윈스턴 처칠 수상이 연설할 예정이었다.

승전보가 계속 들려오고 있고, 여러 나라가 동맹에 가입했음에도 불구하고 자유를 위한 싸움은 아직도 갈 길이 멀었다. 계속되는 폭격에 사기가 땅에 떨어지다시피 했다. 그래도 처칠은 "우리는 결코 굴하지 않습니다. 나는 대영제국의 파산이나 주재하려고 국왕의 총리가 된 게 아닙니다"라고 선포했다.[49] 그의 굳은 결의는 전쟁이 최악으로 치닫던 이후 몇 년 동안 영국민이 보여준 불굴의 의지를 드러내는 표상이었다. 영국의 용맹한 장군인 처칠은 동포들이 안일에 빠져 나약해질 것을 우려하여 이렇게 경고했다. "아직 끝이 아닙니다. 끝의 시작조차 아닙니다. 어쩌면 오히려 시작의 끝입니다."[50]

첫 그리스도인들에 대한 누가의 역사가 막바지에 이른 지금, 처칠의 그 말이 내 귀에 쟁쟁히 울린다. 교회는 튼튼한 아기로 태어났으나 그 즉시 조직적 학대의 과녁이 되었다. 이를테면 아기 침대에서 기어 나오기도 전에 멍이 들도록 얻어맞은 것이다. 발길질당하고 씨름하고 피 흘리면서도 신자 공동체는 베드로와 바나바와 요한과 야고보(예수님의 동생) 같은 사람들의 양육을 받으며 초기에 살아남았다. 이 훌륭한 사람들이 목숨을 바쳐 도운 덕분에 교회는 세상을 변화시키는 세력으로 성숙해갔다. 박해에 떠밀려 예루살렘을 벗어난 하나님의 백성은 기쁜 소식을 유대와 사마리아에 고루 전했다. 이어 하나님은 교회를 대적하던 한 사람을 가장 영향력이 큰 사도로 변화시키셨다. 바울의 사역을 통해 하나님 나라는 예루살렘과 로마 사이의 제국으로 퍼져나갔다. 그는 악과 싸워 중대한 승리를 많이 거두었으나 전투는 아직 시작에 불과했다. 이제부터 그는 세상 최고의 권좌 앞으로 전선을 옮기게 된다.

본래 바울은 로마를 도약대로 삼아 서쪽 변방으로 나가 동쪽에서 수행했던 사역을 거기서도 지속할 생각이었다. 그러나 주님의 계획은 달랐다. 여태 사도는 복음을 사방에 널리 전했으나 이제 복음을 들고 정치적 사다리의 상층부인 권력의 정점에까지 올라갈 때가 왔다. 통치자들이 왕이신 예수님께 복종하면 기쁜 소식이 각 지역 전체에 영향을 미칠 수도 있었다. 바울이 만일 자유인으로 로마에 왔다면 정치 권력자가 그를 만나줄 일은 없었을 것이다. 그런데 성전 관리들의 시기심과 지방 총독들이 부린 졸렬한 꼼수 덕분에 그는 황제를 직접 알현하게 되었다.

—28:12-14—

몰타에서 석 달 동안 요긴한 휴식을 취한 바울 일행은 수라구사로 가는 알렉산드리아의 또 다른 곡물 수송선에 올랐다. 키케로는 로마 시칠리아 성의 수도인 수라구사를 "고도로 꾸며진 가장 아름다운 곳"이라 표현했다.[51] 거기서 사흘을 지낸 배는 맞바람 때문에 갈지자로 항해하여 레기온에 이르렀고, 승객들은 거기서 남풍이 불기를 기다렸다. 배는 사흘 만에 냄새나는 유황 온천으로 유명한 나폴리 만의 항구 보디올에 닿았다.[52] 불쾌한 냄새에도 불구하고 그곳은 로마의 주요 항구가 되었고, 부유한 로마인들 사이에 휴양지로도 인기가 높았다.

바울은 백부장의 허락으로 그곳에 거주하는 그리스도인들을 방문한 뒤 일주일 만에 제국의 수도를 향해 떠났다. 선교사 일행은 아마 걸어서 카푸아까지 간 다음 거기서부터 로마에 이르는 230킬로미터는 유명한 아피아 가도를 따라갔을 것이다.

—28:15-16—

로마의 신자들은 바울이 도착했다는 소식을 이미 한참 전에 받았다. 바울은 로마에 초행길이었으나 아굴라와 브리스길라를 비롯한 몇몇 그리스도인은 그리스와 에베소에 갔을 때 바울을 알게 되었다(롬 16:3-15). 물론 그들은 바울이 보내준 로마서의 가르침도 존중했다. 몇 사람이 그를 맞으러 나왔다(행 28:15). "맞으러"[*apantēsis*(529)]로 번역된 단어는 수행단이 시외까지 나가 고관을 영접해서 안내하던 관행을 표현하는 말로, 대개 경사에 쓰였다.

압비오 광장은 아피아 가도에 있던 장터이자 숙박지로 로마에서 남쪽으로 64킬로미터 거리에 있었는데, 열악한 환경으로 악명을 떨쳤다. 로마의 풍자작가인 호라티우스는 이 역참에 "선원들과 퉁명스러운 지주들이 들끓었다"[53]며 이렇게 덧붙였다. "여기는 수질이 최악이라서 내 배는 물과의 전쟁을 선포한다…지긋지긋한 각다귀며 늪의 개구리 때문에 편히 쉴 수가 없다. 뱃사공과 승객이 서로 두고 온 정부(情婦)를 자랑하며 다투는데, 이 승객은 진한 포도주를 잔뜩 마셔 만취해 있다."[54] 숫자가 늘어난 바울 일행은 로마에 48킬로미터쯤 못 미치는 트레이스 타베르네라는 다른 숙박지까지 더 갔다. 로마에서 신자들 몇이 더 마중을 나오자 그는 확신으로 충만해졌다. "담대한 마음을 얻으니라"로 번역된 헬라어 단어(28:15)는 칠십인역에서 곤경에 처한 이들에게 주어진 용기를 기술할 때 흔히 쓰였다(참고 사 41:10-14, 43:1, 44:2).

누가의 내러티브는 바울이 로마에 도착하는 장면에서 절정에 달한다. 예수님은 일찍이 자신의 제자들이 "예루살렘과 온 유대와 사마리아와 땅 끝까지 이르러 내 증인이 되리라"(행 1:8)고 예언하셨다. 누가의 취지상 로마는 충분히 "땅 끝"이었고 이로써 그리스도의 약속이 성취되었다.

바울은 아직 정식으로 기소되기 전이었으나(베스도가 황제에게 보낸 서신에 최종적으로 뭐라고 썼는지는 알 수 없다) 그렇다고 자유인도 아니었다. 그는 범죄 혐의자들처럼 감옥에서 재판을 위해 대기한 것이 아니라 셋집을 얻어 가택연금 상태에서 대기했고, 그를 지키는 군인도 한 명뿐이었다(28:16). 물론 탈출을 시도할 수도 있었으나 그러면 더는 시민권자로서 보호받을 수 없었다. 이 법적인 보호 장치는 로마 서쪽에 자리한 덜 안정된 도시들로 갈수록 더 한층 값진 것이었다.

—28:17-20—

바울이 누린 수용 시설이 제국이 세운 감옥 체제보다는 훨씬 나았으나 자유로운 출입은 허용되지 않았다. 엄연히 셋집에 감금된 상태에서 그는 방문객을 영접했고 조수들이 심부름을 해주었다. 회당에 갈 수 없었으므로 유대인 장로들을 집으로 초대했다(28:17). 그가 그들과 대화한 데는 두 가지 이유가 있다. 첫째, 성전 관리들에게서 로마에 소식이 당도했을 경우 그는 이곳 유대인 지도자들의 적의가 얼마나 되는지 알아보고 싶었다. 놀랍게도 그들은 이번 분쟁에 대해 아는 바가 없었다(28:21). 둘째, 그는 늘 유대인에게 먼저 말씀을 전한 뒤 이방인에게로 향했다.

바울은 우선 사신이 재판을 받아온 이력을 간략히 소개했다. 자신이 왜 로마에 왔으며 왜 이방인에게 심문받을 수밖에 없는지를 설명한 것이다. 그들에게 밝혔듯이 성전 측에서 바울을 미워한 것이지 그 반대가 아니며, 바울은 그들의 적의를 불러일으킬 만한 부도덕한 일을 전혀 하지 않았다. 성전 지도자들만 제외하고 유대의 모든 사람이 이미 그의 무죄를 인정했다(28:18-19). 바울이 맨 끝에 한 말은 상대의 관심을 불러일으키려는 의도가 명백했다. 그가 쇠사슬에 매인 것은 무슨 잘못을 저질러서가 아니라 "이스라엘의 소망"을 전했기 때문이었다(28:20). 이것은 의심의 여지없이 히브리의 메시아를 가리키는 표현으로, 그분은 이스라엘에 관한 모든 예언을 성취하실 것을 약속하셨다.

—28:21-22—

유대인 지도자들은 그런 논쟁이 로마에까지 번져오기를 원하지 않았다. 역사가 수에토니우스에 따르면 글라우디오 황제가 "로마의 모든 유대인을 추방한 것은 그들이 한 크레스투스(Chrestus)에 선동되어 계속 소란을 일으켰기 때문이다."[55] 역사가들은 이 추방령이 내려진 시기를 본문의 시점으로부터 10년 전인 AD 49-50년경으로 본다(참고 18:2).[56] 그 사이에 황제가 네로로 바뀌어 유대인들은 로마로 돌아왔다. 유대인 지도자들은 바울의 송사에 대해 무슨 연락을 받았거나 그를 나쁘게 말하는 이야기를 들은 적이 없다고 말했다(28:21).

한편으로 이는 뜻밖의 사실이다. 유대의 유대인들은 바울을 암살하거나 처형시키려고 혈안이 되어 있었는데, 그런 그들이 왜 로마의 회당들을 끌어들이려 하지 않았는지 수수께끼다. 물론 로마의 유대인들은 다시 로마의 눈 밖에 나느니 차라리 일부러 모르는 쪽을 흔쾌히 택했을 것이다. 다른 한편으로 유대의 유대인들은 정치적 연줄이 없는 로마에서 바울의 유죄를 이끌어낼 가망이 없음을 자인했을 수 있다. 총독까지는 그들이 위협할 수 있었어도 황제를 겁박할 사람은 아무도 없었다.

로마의 유대인들은 바울의 사상에 관심을 표했다(28:22). 그들도 기독교에 대해 웬만큼 들었으므로 그가 말한 "이스라엘의 소망"(28:20)이 예수님과 연관된 것임을 알았다. 다만 자세한 내용은 딱히 아는 바가 없다고 거듭 주장했는데, 아마도 충돌을 피하기 위해서였을 것이다.

—28:23-24—

정한 날짜에 장로들이 로마의 유대교 회당들에서 바울의 집으로 왔다(28:23). 그 셋집은 한꺼번에 수많은 방문객을 수용할 수 있을 정도로 컸던 모양이다. 그들은 "유대인 중 높은 사람들"이었고(28:17), 당시 로마에는 아주 많은 유대인이 살고 있었다. 역사에 따르면 기독교 시대가 시작될 즈음 로마 안팎에 거주하던 유대인은 무려 6만 명에 달했다.[57] 이 높은 사람들은 각각 그 밑에서 가르침을 받던 유대인 수백 명이나 어쩌면 수천 명에게까지 능히 영향을 미칠 수 있었다.

바울은 하나님 나라에 초점을 맞추어 히브리인의 정체의 핵심을 환기시켰다. 여기에는 그들의 역사와 문화와 우주론과 통치가 두루 망라된다. 하나님 나라는 하나님이 아브라함(창 12:1-3, 15:1-21, 17:1-27)과 이스라엘(신 28장)과 다윗(삼하 7:8-17)과 맺으신 모든 언약이 메시아에 대한 약속과 맞물리는 지점이다. 여러 세기 동안 유대교 신학자들은 하나님 나라를 완전히 이해했다고 생각했다. 하나님의 의중과 그분이 계획을 수행해나가실 방식을 자신들이 안다고 생각한 것이다. 바울은 유대인 장로들이 그런 잘못된 해석의 틀을 버리고 하나님 나라를 아버지가 아들을 통해 계시해주신 그대로 볼 수 있도록, 그들에게 "강론하여…증언하고… 권"했다.

누가에게 하나님 나라란 복음의 핵심이며, 복음의 효력은 물질계의 영역을 초월하여 우주적 차원의 초자연 세계 전반에까지 미친다. 신학자들은 누가가 강조하는 이 점을 '종말론적'이라 칭한다. '종말의 일' 곧 시간의 끝과 관계되기 때문이다. 그때 그리스도가 몸으로 다시 오셔서 우리가 아는 이 세상을 종결지으실 것이다. 그분의 죽음과 장례와 부활은 재림에 꼭 필요한 서곡이었다. 그때 그분은 악의 통치를 종식시키고 자신의 나라로 대신하실 것이다. 그래서 누가의 복음서와 사도행전 전체에 하나님 나라가 언급된다.[58] 사실 그는 사도행전의 맨 첫머리에 하나님 나라와 교회의 연관성을 부각시켰다(행 1:6-8).

"강론하여"[*ektithēmi*(1620)]로 번역된 동사는 '상술하다, 설명하다, 해설하다'는 뜻이다. 요즘 말로 하면 "핵심을 파헤쳐보자" 정도가 될 것이다.

"증언하고"[*diamartyromai*(1263)]로 번역된 동사는 '진리를 엄숙하게 선언하다'는 뜻인 *martyromai*(3143)의 강조형이다. 일반적으로 증인은 자신이 직접 본 사실만 증언할 수 있다. 그러니 틀림없이 바울도 그리스도를 직접 만났던 일을 증언했을 것이다. 그의 신학은 자신의 논리로 도출한 것이 아니라 하나님께 직접 받은 것이다. 구약의 선지자들이 하나님의 계시를 받아 그분의 백성에게 전하던 것과 똑같다.

"권하더라"[*peithō*(3982)]는 말은 모든 수단을 동원하여 상대로 하여금 무언가를 하게 한다는 개념이다. 부정적으로는 '꾀다, 오도하다'는 뜻이고, 긍정적으로는 '설득하다, 마음을 얻어내다'는 뜻이다. 본문의 경우 바울은 자신이 보기에 명약관화한 사실을 그 사람들도 믿기를 원했다.

바울은 논리도 활용했고 예수님을 직접 만난 경험도 말했지만, 모든 기초를 구약성경에 대한 분명한 설명에 두었다. 그렇게 온종일 유대인 지도자들에게 심혈을 기울였으나 성과는 부분적이었다. 바울의 증거를 마음에 담아두는 이들도 있었지만 나머지는 대놓고 거부했다(28:24).

—28:25-28—

누가가 사도행전 전체에 일관되게 제시한 틀이 있다(13:46, 18:6, 참고 롬 11:7-10).

- 누군가가 유대인들에게 복음을 전한다.
- '남은 자들'은 믿지만 대다수는 기쁜 소식을 거부한다.
- 주님은 유대인에게서 돌아서서 이방인에게 초점을 맞추신다.
- 믿지 않는 유대인들이 교회를 박해한다.

바울은 그 틀이 로마에도 재현되려는 것을 보았다. 유대인 지도자들은 서로 싸우기 시작했고, 믿음을 고백하는 사람은 있다 해도 극소수였다. 떠나가는 그들에게 바울은 이사야 6장 9-10절을 인용했다(행 28:26-27). 상대가 동족 유대인인 만큼 필시 그는 본문을 히브리어로 인용했을 텐데, 누가가 기록할 때는 칠십인역의 표현을 그대로 옮겼다. 바울은 이 말씀이 성령에게서 온 것임을 밝혀 오류가 없음을 못 박았다(28:25). 구약의 본문은 이사야가 동족 히브리인을 평가한 말이 아니라 하나님의 말씀이었다. 마찬가지로 바울도 그 말씀을 인용하여 자신의 견해를 밝힌 것이 아니라 주님의 예언이 성취되고 있음을 지적했을 뿐이다.

사도는 하나님의 언약 백성이 저버린 구원을 이방인들이 기쁘게 받아들일 것이라고 경고했다(28:28). 오히려 유대인들이 최악의 거부를 당한 것이다. 이 진술로 누가의 내러티브는 절정에 이른다. 교회 시대는 이미 시작되었다. 유대인들은 한동안 출장이 정지된 채 뒷전으로 밀려나 있을 것이다. 그러다 미래의 어느 날 하나님이 다시 그들을 무대의 중앙에 세우실 것이다(롬 11:11-29).

—28:29—

초기의 사본들에는 이 구절이 없다. 아마 원문에도 없었을 것이다. 로마의 회당 지도자들이 보인 반응을 정확히 담아낸 듯한 말이기는 하지만, 아마 누가는 바울의 경고로 내러티브를 급히 맺은 뒤 간략한 후기로 넘어가려 했을 것이다.

—28:30-31—

누가는 자신이 기록한 사기의 제2권을 또 하나의 요약된 서술로 마무리한다. 바울은 '셋집'에서 사역했는데(28:23), 그곳은 1세기의 로마에 흔했던 작은 셋방보다 꽤 실속이 있었던 것 같다. 거기서 사도는 에베소서, 골로새서, 빌레몬서, 빌립보서 등 학자들이 말하는 '옥중 서신'을 썼다. 그는 로마 교회와 자유로이 교류했고, 방문객을 받았으며, 에베소의 서원[*scholē*(4981)]에서처럼 주중에도 가르쳤고, 유대인이든 이방인이든 찾아오는 모든 사람에게 말씀을 전했다(28:30). 틀림없이 바울은 로마의 고관도 적잖이 만날 기회가 있었을 것이다. 부활했다는 예수라는 사람을 입에 달고 살던, 이 유명한 유대인에 관한 말이 고관들의 귀에도 들어갔을 테니 말이다.

예수님이 약속하셨듯이 그 무엇도 그분의 교회를 제압할 수 없었고 앞으로도 마찬가지다(마 16:18). 세계를 통치하던 제국의 수도에 자리한 바울의 셋집에서 복음은 "거침없이"(행 28:31) 계속 퍼져나갔다.

거의 모든 학자의 일치된 견해에 따르면 바울은 결국 재판을 받았고, 워낙 사소한 일이 크게 부풀려졌던 것이니만큼 싱거운 석방으로 끝났다. 내가 보기에 이 사건 전체가 네로 황제의 심기를 건드려 그의 반유대주의를 부추겼을 개연성도 없지 않다. 그 후 일어난 일은 어느 쪽 가설이나 다 일리가 있다. 바울이 서부의 변방으로 선교를 떠나 정말 스페인에까지 다녀왔다고 보는 이들도 있다. 나는 바울이 그레데, 밀레도, 드로아, 빌립보, 데살로니가, 베뢰아, 에베소, 고린도 등 에게 해 연안의 교회들로 마지막 고별 여행을 떠났다고 보는 쪽이다(『찰스 스윈돌의 신약 인사이트: 디모데전 · 후서, 디도서』에서 디모데전서 서론에 자세히 고찰해놓았다[59]). 이 마지막 방문 후 바울은 마침내 로마의 서부로 선교를 떠날 작정이었다. 그런데 그즈음 네로의 박해가 본격화되었다. 가장 절박한 시기에 차마 교회를 두고 떠날 수 없었던 바울은 결국 미치광이 황제에게 순교당한 수천 명의 사람 가운데 하나가 되었다.

훗날 바울은 처형당하기 몇 달 전 옥중에서 보낸 마지막 편지에 누가가 함께 있다고 말했다(딤후 4:11). 틀림없이 이 의사는 바울이 가택 연금에서 풀려난 후에도 그와 함께 다니다가 그가 죽는 날까지 곁을 지켰을 것이다. 그 시기 전체에 대해서도 누가는 탁월하고 소중한 일인칭의 기록을 남길 수 있었으나 그러지 않았다. 성령이 글을 쓰도록 그에게 감화하지 않으셨다. 하나님이 기록되기를 원하신 이야기는 완간되었다. 하지만 거기가 이야기의 끝이라서는 아니다. 심지어 끝의 시작조차도 아니다. 오히려 이 이야기는 당신과 나를 통해 오늘도 계속되고 있다. 여전히 전해야 할 복음이 있기 때문이다. 누가가 붓을 내려놓던 순간은 시작의 끝에 불과했다.

적용: 사도행전 28:12-31

전도의 지침

베드로, 바울, 바나바, 실라, 디모데 등 최초의 사도들과 선지자들과 전도자들은 진정한 개척자였다. 그들은 하나님께 부름 받아 성령을 통해 무장되고 예수 그리스도의 복음에 이끌려, 여태껏 아무도 시도해보지 않은 일에 착수했다. 편안하고 익숙한 삶을 떠나 낯선 땅과 낯선 문화의 낯선 사람들에게로 복음을 들고 갔다. 예루살렘에서부터 유대와 사마리아와 땅 끝에까지 나아갔다(1:8). 처음 몇 번의 선교여행 때는 무슨 일이 닥칠지 모르고 어떻게 준비해야 할지 몰라 좌충우돌도 많았다. 결국 그들이 세운 전도와 선교의 틀을 오늘날에도 많은 사람이 따르고 있다.

그들이 사도행전 전체에 모범을 보여준 전도와 선교를 바탕으로, 제자 삼는 사역의 세 가지 지침을 살펴보고 이 공부를 맺고자 한다.

지침 1: 가장 친숙한 사람들로부터 시작하라. 대개 사도들은 새로운 지역에 갈 때마다 먼저 회당의 유대인 동족에게 접근했다. 신학적인 이유에서만 아니라—"먼저는 유대인에게요 그리고 헬라인에게로다"(롬 1:16, 참고 행 3:26, 13:46)—실제적인 이유에서도 그랬다. 유대인은 같은 아브라함의 핏줄이므로 금방 신뢰가 싹텄고, 히브리 문화를 공유하고 있어 소통이 더 쉬웠으며, 세계관이 같아서 극복해야 할 신학적 장애물도 적었다. 무엇보다 중요한 것은 이 친숙한 집단의 회심자들이 지역사회 안에 있는 덜 친숙한 집단들과 소통하는 데 다리 역할을 해줄 수 있다는 점이었다. 덕분에 바울과 바나바는 후자와도 더 효과적으로 신뢰를 구축할 수 있었다.

오늘 우리도 가족이나 친구나 직장 동료나 이웃이 있다. 그들은 여러 모로 우리와 비슷하다. 언어와 문화와 가치관은 물론 하루 일과도 비슷하다. 전도와 선교—지상명령의 수행—를 위해 지구 반대편까지는 못 가더라도 길 하나를 건널 수는 있다. 당신의 '예루살렘과 유대'에서부터 시작하라. 그리스도의 사랑과 복음의 메시지를 당신이 아는 사람들, 당신을 아는 사람들에게 나누어주라.

지침 2: 다가가려는 대상을 최대한 많이 알아가라. 회당에서 쫓겨나거나 그 지역에 유대인 사회가 없는 경우 사도들은 이방인들과 소통하려 최선을 다했다. 그럴 때는 상대와 허심탄회하게 교류하면서 거기서 배우는 지식에 의지했다. 평소대로라면 상대를 이해하지 못했겠지만, 이런 식으로 편견을 극복하고 문화적 장벽을 뛰어넘었다.

바울이 2차 선교여행 중 아레오바고에서 한 설교를 보면 그가 다양한 문화와 종교와 가치관에 대한 지식을 어떻게 유리하게 활용했는지 알 수 있다(17:22-34). 그는 청중의 세계관을 더 잘 이해하고자 그들을 알아가려고 노력했다. 발언할 때도 우선 신뢰감을 형성하고, 영적인 문제에 대한 그들의 관심을 칭찬하며, 서로 일치하는 부분을 인정했다. 그다음 곧장 복음의 메시지로 넘어갔다. 그래도 많은 사람이 그의 설교를 받아들이지 않았지만,

그가 준비되어 있지 않았거나 말뜻이 애매해서는 아니었다.

우리도 각자의 '예루살렘과 유대'를 벗어나면 불편한 지대가 나온다. 하지만 꼭 접근이나 극복이 불가능한 것은 아니다. 베드로와 바울처럼 우리도 다문화 사역을 배울 수 있다. 그러려면 다른 사람들이 왜, 무엇을, 어떻게 생각하는지 배워야 한다. 서로의 접촉점을 찾아야 한다. 그런 연결 고리를 발판으로 삼아 자신의 간증을 나누고 위대한 이야기—예수 그리스도의 구원—를 소개할 수 있다. 잘 들을 줄 알아야만 잘 말할 수 있다.

지침 3: 하나님이 인도하시면 어디든 가라. 흔히 "주님이 인도하시는 곳에 주님의 공급도 따라온다"고 말한다. 상투적인 말 같지만 사실이다. 앞서 보았듯이 하나님은 예루살렘과 유대에서부터 사마리아를 두루 지나 로마와 그 너머에까지 베드로와 바울과 바나바와 실라의 사역을 인도하시고 공급하셨다. 하나님의 공급이 언제나 현금이나 물자처럼 물질적 후원으로 온 것은 아니다. 오히려 바울은 천막을 만들어 생활비를 벌어야 할 때가 많았다. 그러나 하나님은 늘 기회를 공급하여 군중과 왕들 앞에서 전도할 문을 열어주셨다. 그분은 선교사들을 그들 스스로는 결코 가지 못했을 곳들로 이끄셨다. 또 때와 장소에 맞게 꼭 필요한 동역자들도 보내주셨다.

우리 자신의 예루살렘과 유대와 사마리아를 벗어나 땅 끝까지 이르러 주님을 섬기려면 우리도 하나님이 인도하시는 대로 믿음의 걸음을 내디뎌야 한다. 결코 우리를 엉뚱한 데로 데려가지 않으실 그분을 신뢰해야 한다. 사도행전에 나오는 최초의 선교사들에게 그러셨듯이, 그분이 인도하시는 곳에 그분의 공급도 따라온다는 것을 알아야 한다. 당신이 직접 가는 사람이든 아니면 누군가를 보내는 사람이든 땅 끝의 사람들에게까지 다가가시려는 하나님의 비전을 결코 놓치지 마라.

주

1. Douglas MacArthur, *Reminiscences*(New York:Ishi Press, 2010), 142-143.(『맥아더 회고록』 일신서적)
2. 같은 책, 145.
3. Fant & Reddish, *A Guide to Biblical Sites in Greece and Turkey*, 259-260.
4. 전치사 *dia*(1223) 뒤에 *pneuma*(4151)의 속격(俗格)이 쓰였다("성령을 통하여, 성령으로 말미암아"로 직역될 수 있다-역주).
5. 다음 책에 나오는 내용을 다듬었다. Charles R. Swindoll, *Saying It Well:Touching Others with Your Words*(New York: Faith Words, 2012), 75.
6. J. Grant Howard Jr., *Knowing God's Will and Doing It!*(Grand Rapids:Zondervan, 1976), 66.
7. Ralph Waldo Emerson, "Self-Reliance", *Self-Reliance and Other Essays*(Nashville:American Renaissance, 2010), 36.(『자기신뢰』 창해)
8. Elbert Hubbard, *Love, Life and Work: Being a Book of Opinions Reasonably Good-Natured Concerning How to Attain the Highest Happiness for One's Self with the Least Possible Harm to Others*(자비 출판, 1906), 54.(『인생의 서른 가지 질문에 대한 해답』 책읽는귀족)
9. Josephus, *Antiquities* 19.6.1(293-294).
10. Lee I. Levine, *Jerusalem:Portrait of a City in the Second Temple Period(538 B.C.E-70 C.E.)*(Philadelphia:The Jewish Publication Society, 2002), 194-196.
11. Josephus, *Wars of the Jews* 2.13.5(263).
12. Rudyard Kipling, "If—", *Rewards and Fairies*(New York: Doubleday, Page & Company, 1911), 181-182.
13. Constable, *Expository Notes*, 사도행전 23:4-5.
14. Josephus, *Antiquities* 20.180.
15. 같은 책, 20.165.
16. Philo of Alexandria, On the Creation 105, 출전:*The Works of Philo:Complete and Unabridged*, Charles Duke Yonge 번역(Peabody, MA:Hendrickson, 1996), 16.
17. Emil Schürer, *A History of the Jewish People in the Age of Jesus Christ*, Geza Vermes, Fergus Millar, & Matthew Black 개정 편집(London:Bloomsbury, 2014), 1:459-460.
18. Rainer Riesner, *Paul's Early Period:Chronology, Mission Strategy, Theology*, Doug Stott 번역(Grand Rapids:Eerdmans, 1998), 104-105. Gerhard A. Krodel, Acts, Augsburg Commentary on the New Testament(Minneapolis:Augsburg, 1986), 434-435.
19. Josephus, *Antiquities* 20.162-164,179.
20. Tacitus, *Histories* 5.9.
21. Josephus, *Antiquities* 20.182.
22. Josephus, *Wars of the Jews* 2.224.
23. Daniel R. Schwartz, *Studies in the Jewish Background of Christianity*, WUNT 60(Tübingen: Mohr Siebeck, 1992), 226-227.
24. Wise, *Your Churning Place*, 9-10.

25. 다음 책에 나오는 내용을 다듬었다. "Origin of Procrastination", *New Cyclopaedia of Prose Illustrations*, Elon Foster 편집(New York: Thomas Y. Crowell, 1870), 1:527.
26. '가지다'는 뜻의 부정사 *echō*(2192)가 원문에 부사적 용법으로 쓰여 "지키다, 망보다"를 수식한다. 나는 이를 결과의 부사로 본다(Wallace, *Grammar*, 592).
27. Tacitus, *Histories* 5.9.
28. Ironside, *Acts*, Ironside Expository Commentaries(Grand Rapids: Kregel, 2007), 323.
29. Josephus, *Antiquities* 20.142-143.
30. Constable, *Expository Notes*, 사도행전 24:27.
31. Josephus, *Antiquities* 20.185-188.
32. 같은 책, 20.179.
33. 같은 책, 20.205-207.
34. V. Raymond Edman, *The Disciplines of Life*(Eugene, OR:Harvest House Publishers, 1982), 82.(『인생 훈련』 기독교문서선교회)
35. Constable, *Expository Notes*, 사도행전 24:27.
36. Josephus, *Antiquities* 20.145-147. 요세푸스는 아그립바 2세와 친한 친구가 되었다. 아그립바는 『요세푸스 1·2: 유대 고대사』와 『요세푸스 3: 유대 전쟁사』(이상 생명의 말씀사)를 집필하는 그에게 내부 정부를 제공했고, 그의 정확성을 칭송했으며, 자신도 책을 주문했다.
37. Constable, *Expository Notes*, 사도행전 24:27.
38. Pliny the Younger, "Letter 97", *The Selected Letters of Pliny:Pliny the Younger*, William Melmoth 번역, F. C. T. Bosanquet 개정(Lawrence, KS:Digireads Publishing, 2010), 136.
39. Louw & Nida 편집, *Lexicon*, 738.
40. 헬라어 원어 *chiliarchos*(5506)는 "천부장"을 뜻한다.
41. Lionel Casson, *Ships and Seamanship in the Ancient World*(Baltimore:Johns Hopkins University Press, 1995), 164.
42. 같은 책, 166.
43. Herodotus, *Histories* 2.5.2, 출전:*Herodotus, With an English Translation by A. D. Godley*, A. D. Godley 편집(Medford, MA:Harvard University Press, 1920).(『헤로도토스 역사』 동서문화사)
44. Hippocrates, Precepts 1, 출전:*Hippocrates Collected Works I*, W. H. S. Jones 편집(Cambridge, MA:Harvard University Press, 1923), 313.
45. Larkin, *Acts*, 381.
46. Pliny the Elder, *The Natural History* 2.47, John Bostock 편집(Medford, MA:Taylor and Francis, Red Lion Court, Fleet Street, 1855), 1075.
47. Colin J. Hemer, "First Person Narrative in Acts 27-28", *Tyndale Bulletin* 36(1985):79-109.
48. Victor E. Frankl, *Man's Search for Meaning*(New York:Simon & Schuster, 1962), 73-74.(『죽음의 수용소에서』 청아출판사)
49. Winston S. Churchill, "A Speech at the Lord Mayor's Day Luncheon at the Mansion House, London, 10 November 1942", *The End of the Beginning*(London:Cassell, 1943), 265-266.

50. 같은 연설.
51. Cicero, *In Verrem* 4.52, 출전:*The Orations of M. Tullius Cicero*, C. D. Yonge 번역(London: George Bell & Sons, 1903).
52. H. F. Helmolt, *The World's History:A Survey of Man's Record*, 제4권, *The Miditerranean Nations*(London:William Heinemann, 1902), 331.
53. Horace, *Satires* 1.5, 출전: *The Works of Horace*, C. Smart 번역(Medford, MA:Harper & Brothers, 1863).
54. 같은 책.
55. C. Suetonius Tranquillus, *Divus Claudius* 25, 출전:*Suetonius:The Lives of the Twelve Caesars:An English Translation, Augmented with the Biographies of Contemporary Statesmen, Orators, Poets, and Other Associates*, Alexander Thomson 편집(Medford, MA: Gebbie, 1889)(『열두 명의 카이사르』 다른세상). 어떤 학자들은 "Chrestus"를 "Christos"(그리스도)가 잘못 표기된 것으로 본다.
56. Brian Rapske, *Paul in Roman Custody*, The Book of Acts in Its First Century Setting 3(Grand Rapids Eerdmans, 1994), 161.
57. F. F. Bruce, *Paul:Apostle of the Heart Set Free*(Grand Rapids:Eerdmans, 1977), 30.(『바울 신학』 기독교문서선교회)
58. 누가복음 1:33, 4:43, 6:20, 7:28, 8:1, 10, 9:2, 11, 27, 60, 62, 10:9, 11, 11:2, 20, 12:31-32, 13:18, 20, 28-29, 14:15, 16:16, 17:20-21, 18:16-17, 24-25, 29-30, 19:11, 21:31, 22:16, 18, 29, 23:42, 51. 사도행전 1:3-6, 8:12, 14:22, 19:8, 20:25, 28:23, 31.
59. Charles R. Swindoll, *Insights on 1 & 2 Timothy, Titus*(Carol Stream, IL:Tyndale, 2014). (『찰스 스윈돌의 신약 인사이트: 디모데전·후서, 디도서』 디모데)

찰스 스윈돌의 신약 인사이트 시리즈
사도행전

1쇄 발행 2017년 12월 8일

지은이 찰스 스윈돌
옮긴이 윤종석
펴낸이 고종율

펴낸곳 주) 도서출판 디모데 〈파이디온 선교회 출판 사역 기관〉
등록 2005년 6월 16일 제 319 – 2005 – 24호
주소 서울특별시 서초구 서초대로 141–25(방배동, 세일빌딩 8층)
전화 마케팅실 070) 4018–4141
팩스 마케팅실 031) 902–7795
홈페이지 www.timothybook.com

값 42,000원
ISBN 978–89–388–1627–6 04230
ISBN 978–89–388–1499–9 (세트)